Sabine Andresen · Micha Brumlik · Claus Koch (Hrsg.)

Das ElternBuch

Sabine Andresen
Micha Brumlik
Claus Koch (Hrsg.)

Das ElternBuch

Wie unsere Kinder geborgen aufwachsen und stark werden

0–18 Jahre

Mit Illustrationen von Philip Waechter

BELTZ

Inhaltsverzeichnis

196 Frühe Kindheit (4 bis 6 Jahre)   3

294 Kindheit (6–12 Jahre) 4

Vorwort

Erziehung und Bildung werden in Deutschland spätestens seit PISA öffentlich diskutiert und gehören zu den populären Themen der Gegenwart. Davon zeugen nicht nur Sachbuchbestseller, die sich mit Erziehungsthemen beschäftigen, sondern auch Fernsehserien wie die »Supernanny«, »Eltern auf Probe« oder »Die Superlehrer«, bei denen man sich einer überdurchschnittlich hohen Quote gewiss sein kann – wären diese Formate nicht äußerst marktgängig und nachgefragt, würden sie vom kommerziellen Fernsehen erst gar nicht ausgestrahlt.

Erklärungen für diese neue Aufmerksamkeit sind nicht schwer zu finden: Sie liegen in einer veränderten Arbeitswelt, in der Überwindung traditioneller Geschlechterrollen, in neuen Familienkonstellationen und auch in der demographischen Entwicklung begründet. Der immer wieder beschworene und nun auch tatsächlich eintretende Wandel von der Industrie- und Dienstleistungsgesellschaft zur »Wissensgesellschaft« erzwingt hohe persönliche Qualifikationsprofile nicht nur bei schulischen und dann später akademischen Leistungen, also im kognitiven Bereich, sondern auch im affektiven Bereich. Die zunehmende Integration von Frauen in den Arbeitsmarkt – inzwischen massiv von der Wirtschaft gefordert – macht die Frage der Vereinbarkeit von Familie und Beruf zu einer öffentlichen und nicht mehr nur zu einer privaten Angelegenheit. Durch einen frühen Wiedereinstieg in den Beruf verändert sich das Bild der Mutter, aber auch der Blick auf Kindheit und die Bedürfnisse von Kindern. Nötig sind eine qualitativ hochstehende Frühbetreuung von Kindern und eine Abwägung der Risiken, die mit der außerfamiliären Betreuung verbunden sein können. Hier müssen Eltern abwägen und Entscheidungen treffen.

Die von Soziologen und Wirtschaftsforschern stetig verbreitete Botschaft, dass die Kinder heutiger Eltern aus den Mittelschichten ohne exzellente Bildung und günstige soziale Platzierung den Status ihrer Eltern nicht mehr werden halten können, beunruhigt und verunsichert viele und hat zum Beispiel 2008 zu jenem Jahr gemacht, das die in der Geschichte der Bundesrepublik bisher höchste Quote für Anmeldungen an Privatschulen gekannt hat.

Die wenigen Bemerkungen zu den gesellschaftlichen Rahmenbedingungen heutiger Elternschaft führen deutlich vor Augen, dass Eltern in der Erziehung vor zahlreichen Herausforderungen stehen. Dabei machen sie oft die Erfahrung, dass ihre Erziehungsarbeit wenig anerkannt, im Gegenteil ihnen häufig pauschal Versagen vorgeworfen wird. Dabei waren vermutlich das Verständnis für Kinder, das Engagement von Eltern und elterliche Bildungsansprüche historisch gesehen noch nie so hoch. Gleichwohl zeigt sich eine enorme soziale Differenz, weil Eltern mit einem niedrigen Bildungsabschluss und einem niedrigen Einkommen deutlich weniger in Erziehung und Bildung ihrer Kinder investieren können. Armutserfahrungen, elterliches Desinteresse oder fehlende Kompetenz verschärfen soziale Ungleichheit, mit erheblichen Folgen für Kinder.

Parallel zur »Erziehungskrise« nimmt die Auflagenhöhe einer von eher verhaltenstherapeutisch geprägten Psychologen bzw. Schulmedizinern verfassten Beratungsliteratur wie »Jedes Kind kann schlafen lernen« unaufhaltsam zu; Literatur, die nicht selten in den Wartezimmern kinderärztlicher Praxen beworben wird und die es an Auflagenhöhe leicht mit den oben genannten Sachbuchbestsellern aufnehmen kann.

Ein Blick in diese Literatur zeigt schnell, dass hier eher Rezept- als Expertenwissen bereitgestellt wird, Rezeptwissen, das kurzfristige Lösungen verheißt, ohne dass es der Komplexität von Erziehungsproblemen gerecht wird. Preisen die populären »kulturpessimistischen« Sachbücher à la Bueb und Winterhoff einen schlichten, wissenschaftlich unbelegten Rückgang zu alten Werten und autoritären Verhaltensweisen an, so will die verhaltenspsychologisch orientierte Ratgeberliteratur eine scheinbar auf Sicherheit beruhende funktionale Sozialtechnik bereitstellen.

Dies alles hat uns dazu veranlasst, das vorliegende Buch herauszugeben. Wir stellen uns damit auch der oftmals geäußerten und kritischen Frage, warum sich die Wissenschaft so gerne von den Vereinfachungen und populistischen Absichten einer in hohen Auflagen erscheinenden Ratgeberliteratur distanziere, aber selbst zu praktischen Erziehungsfragen ganz offenkundig nichts beizutragen habe. Mit diesem »ElternBuch« wird also jetzt nach langer Vorarbeit das erste Mal eine Brücke gebaut zwischen verschiedenen

Ansätzen und wissenschaftlichen Erkenntnissen der Kindheits- und Jugendforschung und ihrer Anwendung auf die alltägliche Erziehungspraxis.

Dass wir bei diesem Unterfangen auch auf Schwierigkeiten gestoßen
sind, soll nicht verschwiegen werden. Denn wendet man den Blick von der
Sphäre der Öffentlichkeit und ihrer enormen Aufmerksamkeit für praktische Erziehungsfragen ab und der Sphäre der Erziehungswissenschaft zu,
so fällt auf, dass sie sich hier bedeckt hält. Zwar beteiligt sie sich an den Leis-
tungsvergleichsuntersuchungen ebenso wie an Studien, die unser Erzie-
hungssystem bewerten, sie lieferte wichtige Befunde zur historischen Bildungsforschung und trägt zur Theoriebildung bei, aber sie hat die gegenwärtige öffentliche Erziehungsdebatte kaum kritisch begleitet oder gar analysiert. Zu erkennen ist außerdem ein deutlicher Unwille, selbst Aussagen zu
gelungenen und gelingenden Erziehungsprozessen oder -handlungen zu
wagen. Und dies, obwohl die wissenschaftliche Erforschung der Kindheit
und Jugend zwar über kein Rezeptwissen, wohl aber über erhebliche sowohl
theoretische Einsichten als auch empirische Erkenntnisse gerade zu ganz
alltäglichen Erziehungsproblemen verfügt. Die Erziehungswissenschaft
sollte also ihr Licht nicht unter den Scheffel stellen.

Darauf baut der vorliegende Band auf: Er soll – anders als die populären
»kulturkritischen« Bestseller – *gesichertes Wissen* in seiner Vielfalt und
auch – so ist Wissenschaft – in seiner gelegentlichen Widersprüchlichkeit als
pädagogisches Wissen bekannt machen. Er soll – anders als die psychologische oder medizinische Ratgeberliteratur – verdeutlichen, dass Erziehen ein
komplexes, vielfach bestimmtes Interaktionsgeschehen zwischen Angehörigen verschiedener Generationen darstellt, das weder mit dem heilenden Eingriff eines Arztes nach geglückter Diagnose noch mit der erfolgreichen sozi-
altechnischen Intervention eines Verhaltenspsychologen gleichzusetzen
oder zu verwechseln ist.

Jede Wissenschaft, auch und gerade die Erziehungswissenschaft, muss
in einem gewissen Ausmaß selbstkritisch verfahren und ihre Grenzen kennen. Daher haben wir die Autorinnen und Autoren dieses Bandes – und es
handelt sich hierbei, wie die LeserInnenschaft schnell erkennen wird, nicht
nur um Erziehungswissenschaftler, sondern um theoretisch und vor allem
pädagogisch reflektierte Professionelle aus den verschiedensten Disziplinen – gebeten, ihre Beiträge so zu halten, dass sie auf der Basis der ihnen
wesentlichen theoretischen Erkenntnisse nachvollziehbar begründen, welche Handlungsoptionen sie mit welcher Gewissheit verantworten können.

Dieses Buch beansprucht – und ob es diesem Anspruch gerecht geworden ist, haben Sie, die Leserinnen und Leser, zu entscheiden –, mündigen Eltern Entscheidungshilfen an die Hand zu geben; Hilfen für Entscheidungen, die Sie in allerletzter Instanz noch immer vor sich und Ihren Kindern zu verantworten haben.

Wir haben das Buch entlang kindlichen »Entwicklungsetappen« aufgebaut, auch, um seinen Leserinnen und Lesern eine bessere Übersicht über die Vielfalt der Themen zu ermöglichen. Was nicht heißt, dass diese Teile wie erratische Blöcke nebeneinanderstehen und nichts miteinander zu tun haben. Wie bei der Lektüre schnell festzustellen ist, ist geradezu das Gegenteil der Fall; es gibt natürlich fließende Übergänge zwischen den einzelnen Lebensabschnitten und manche Probleme früherer Entwicklungsetappen kehren wieder, wenn die Kinder älter geworden sind, so wie sich die Probleme in der Adoleszenz häufig auf solche in der frühen Kindheit zurückführen lassen. Insofern lohnt der Elternblick sowohl voraus wie auch zurück: Die kindliche Entwicklung erfolgt nicht nach einem streng festgelegten, für alle gleich ablaufenden Plan, und auch die Erziehungsumgebung ist einem ständigen, vom Alter der Kinder oft unabhängigen Wandel unterworfen, so dass bestimmte Themen wie zum Beispiel Trennung oder Scheidung der Eltern auch nicht bestimmten Entwicklungsetappen zuzuordnen sind.

Unser Wunsch mit der Veröffentlichung dieses Buches ist, dass es Sie als Eltern ermutigt, den kleineren und größeren Problemen, die jede Elternschaft mit sich bringt, mit kluger Gelassenheit, also selbstbewusst und kompetent, mit einem Blick auf das Wesentliche zu begegnen. Und dieses Wesentliche besteht, wie es alle Beiträge ausgesprochen oder unausgesprochen thematisieren, in einer von Liebe, Geborgenheit und Respekt geprägten Beziehung und Bindung zwischen Ihnen und Ihrem Kind. Wenn wir Sie als Eltern und Ihre Kinder mit dem »ElternBuch« stärken können, dann hätte sich der Brückenbau der Wissenschaften hin zu Ihrer alltäglichen Erziehungspraxis auf ganz unspektakuläre Weise gelohnt.

Sabine Andresen   *Micha Brumlik*   *Claus Koch*

Vor der Geburt

Vor der Geburt

»Ich bin schwanger!
Wie soll ich damit umgehen?«

Pränatale Erfahrungen und
ihre Auswirkungen auf das Kind

Ralph Dawirs, Gunther Moll

Möchte eine Frau wissen, ob sie schwanger ist, kann sie ganz einfach und bequem zuhause einen Schwangerschaftstest durchführen (Stäbchentest). Solche Tests sind in jeder Apotheke erhältlich. Ein nahezu hundertprozentiges Verfahren, wenn der Test nicht zu früh durchgeführt wird. Der Test erkennt das Schwangerschaftshormon HCG (Human Chorion Gonadotropin). Das Vorhandensein dieses Hormons im Urin ist ein untrügliches Zeichen dafür, dass die während des letzten Eisprungs freigesetzte Oozyte mit einem Spermium verschmolzen wurde und die Befruchtung erfolgreich war. Mehr noch, inzwischen hat sich die befruchtete Eizelle lebhaft geteilt und ist in einem der Eileiter in Richtung Gebärmutterhöhle gewandert. Dort ist der zur Blastozyste entwickelte Keim nach 4 Tagen angekommen, um sich etwa am 6. Tag in die Gebärmutterschleimhaut einzunisten. Das Schwangerschaftshormon HCG wird in dem Teil der Blastozyste gebildet, der zusammen mit Teilen der Gebärmutterschleimhaut die Plazenta bildet, und verhindert letztlich, dass die Gebärmutterschleimhaut abgestoßen wird und die Menstruation eintritt. Die Produktion und Freisetzung von HCG sind gewissermaßen die erste »Wortmeldung« eines Menschen, der so sicherstellt, dass seine Entwicklung fortgesetzt werden kann. Im Urin ist HCG ab etwa dem 14. Tag nach der Befruchtung sicher nachzuweisen. Das entspricht ungefähr dem Zeitpunkt, zu dem die aktuelle Monatsblutung eigentlich stattgefunden hätte.

Freud oder Leid?

»Ich bin schwanger!« – ein kurzer Satz mit großer Reichweite. Und niemals ohne Emotion. Unmittelbar wandelt sich diese bloße Feststellung zu »Endlich, ich bin schwanger!« oder »O Gott, ich bin schwanger!«. Vielleicht ja auch zu »Schatz, wir sind schwanger«. Jedes Kind, das erwartet wird, ist ein soziales Ereignis, ein öffentliches Signal. Die Fortpflanzung war erfolgreich. Solche wichtigen Ereignisse im Leben eines Menschen und der menschlichen Gemeinschaft sind mit vielen Emotionen verknüpft. Diese emotionalen Einfärbungen unserer Empfindungen und Handlungen sollen sicherstellen, dass alle nötigen Vorkehrungen zur Entwicklung eines Kindes von Anfang an in erfolgversprechende Bahnen gelenkt werden. Das heißt, unter günstigen Bedingungen kann die Mutter eigentlich nur alles richtig machen.

> »Ich bin schwanger!« – ein kurzer Satz mit großer Reichweite. Und niemals ohne Emotion.

Aber auch die günstigsten Bedingungen können Probleme bereiten. Zwar weiß die Schwangere intuitiv, dass sich ihr Leben einschneidend verändern wird, doch wie, das hängt ganz wesentlich von ihrer Einstellung zu ihrer Situation und von ihren Lebensumständen ab. Hat sie sich das Kind gewünscht? Ist sie positiv oder negativ überrascht? In welchem Verhältnis begleiten sie ab jetzt Vorfreuden, Sorgen und Ängste? Im besten Fall ist die Schwangere jetzt nicht allein und kann ihre Hoffnungen und Sorgen mitteilen. Wichtige Fragen sind nun: Ist die Mutter körperlich und psychisch gesund? Lebt sie in sozialer Sicherheit und Geborgenheit?

Unsere offene demokratische Gesellschaftsform bietet den Frauen neben ihrer klassischen Rolle als Mutter Zugang zu einer Fülle von Betätigungsfeldern. Zumindest vor dem Gesetz herrscht Gleichberechtigung. Zudem versprechen Kinder keinen erkennbaren Vorteil mehr. Man kann auch ohne eigene Kinder leben. Im Alter sorgen die Sozialsysteme für ein Auskommen. Die eigenen Kinder müssen sich nicht mehr direkt um ihre Eltern kümmern. Versprachen Kinder einst Reichtum, Ansehen und Sicherheit im Alter, so werden sie heute zunehmend als soziales Risiko wahrgenommen. In einer Gesellschaft, in der der erwachsene Mensch mit seinem Bestreben nach Optimierung seiner persönlichen Lebensbedingungen im Mittelpunkt steht, werden Kinder zu Störfaktoren. Kinder stören die Karriere, die persönliche Selbstverwirklichung und die Befriedigung materieller Bedürfnisse. Andererseits erfordern eigene Kinder ein Höchstmaß an Liebe, Kraft, Ausdauer und Mut, was mit einem Teilverzicht auf persönliche materielle Befriedigung einhergeht.

Vor diesem Hintergrund haben es Frauen und Kinder oft schwer. Schwangerschaft ist nicht selten die Eintrittskarte für kulturelle Ausgrenzung und Armut. Das ist für jede Frau belastend. Die Erkenntnis »Ich bin schwanger« und die vielleicht bange Frage »Wie soll ich damit umgehen?« betreffen immer Mutter und Kind zugleich. Das Kind im Mutterleib ist vollständig von der Mutter abhängig. Es kann ohne sie nicht leben. Der mütterliche Körper stellt die unmittelbare natürliche Umwelt für die Entwicklung des Kindes bis zur Geburt dar. Die Mutter ist von Anfang an die wichtigste Partnerin für die Entwicklung des Kindes. Dabei ist sie nicht nur passiv beteiligt, nicht bloße Überlebensquelle für das Kind. Die Mutter ist ein wesentlicher Bestandteil der Kindesentwicklung. Sie ist in diesen Entwicklungsprozess verantwortlich eingebunden. Diese Verbindung ist eine »heilige« Angelegenheit. Sie sichert den Fortbestand der Menschen. Die mit der Schwangerschaft einhergehenden Veränderungen ihrer Körperfunktionen tragen dazu bei, dass die Mutter ihr Kind erwartet. Sie trifft Vorbereitungen für das Kind, das sich da bald für alle Welt sichtbar in ihr entwickelt. Das Kind braucht seine Mutter, die Mutter hingegen braucht das Kind nicht, um weiterzuleben.

> **Das Kind im Mutterleib ist vollständig von der Mutter abhängig. Es kann ohne sie nicht leben.**

Das Grundgesetz für die Bundesrepublik Deutschland gewährt jeder Mutter das Recht auf Schutz und Fürsorge der Gemeinschaft (Artikel 6, Absatz 4). Schwangerschaft und Mutterschaft brauchen Unterstützung und Anerkennung. Denn Kinder, auch die ungeborenen, sind keine Privatangelegenheit, niemandes Eigentum. Sie sind Teil der Gemeinschaft. Das Kind ist Person von Anfang an. Es hat das Recht auf Inanspruchnahme von Artikel 2 des Grundgesetzes, der das Recht auf freie Entfaltung der Persönlichkeit gewährt. Dieses Recht kann das Kind natürlich in den frühen Phasen seines Lebens noch nicht selbst wahrnehmen. Es muss darauf vertrauen können, dass dies die Mutter und ihr soziales Umfeld tun.

Doch wie oft wird ein Kind von niemandem sonst als der Mutter selbst erwartet? Das neue Leben im Mutterleib ist scheinbar »privatisiert« worden. Die Mutter kann abwägen. Sie kann sich legal für oder gegen das Kind entscheiden. Wie sie sich auch entscheidet, die Verantwortung liegt bei ihr. Für beide Entscheidungen gibt es rechtliche Rahmen. Wie soll sie sich verhalten? Kann sie sich das Kind überhaupt leisten? Das Kind ist ja schon da. Wenn

auch für die Welt noch unsichtbar. Es ist klein, ganz am Anfang seiner Entwicklung. Sie entscheidet über Leben und Tod. Das ist eine große Belastung.
Hat sie sich erst einmal in diese Abwägung begeben und sich dann so oder
anders entschieden, können Zweifel bleiben. Die Zweifel können spät kommen: »Hätte ich doch bloß abgetrieben, solange es noch rechtlich möglich
war, dann ginge es mir jetzt besser.« Oder: »Warum habe ich bloß abgetrieben? Welche Schuld habe ich auf mich geladen?« Entscheidet sie sich für das
Kind, dann bedeutet das einen Einschnitt. Abschied von der Karriere? Weitgehender Ausschluss von der Teilnahme am kulturellen und beruflichen Leben?
Wird ihr das schwerfallen? Wird sie darunter leiden? Wird ihr Kind darunter
leiden? Wird ihr Partner bei ihr bleiben? Wird er sie unterstützen, wenn sie
das Kind behält? Wird er bei ihr bleiben, wenn sie das Kind abtreiben lässt?

Hat sich eine Mutter für ihr Kind entschieden, ist ihr zu wünschen, dass
es ihr gelingt, sich ganz auf das Wunder einzulassen, das da gerade an
ihr geschieht. Vertrauen aus der Natur zu schöpfen, die diesen Prozess in
Gang setzt und unterhält. Den vielleicht aufkeimenden Stolz wahrzunehmen und zuzulassen. Ja, ich bin schwanger! Was für ein Glück! Eine solche
Grundstimmung bietet beste Voraussetzungen für
gute Anfangsbedingungen der Kindesentwicklung.
Schwangerschaft und Mutterschaft sind jedoch kein
Wettbewerb. Niemand braucht sich vorzunehmen,
eine tolle Schwangerschaft hinzulegen. Bleiben Sie
gelassen. Natürlich lauern auch unter günstigsten
Voraussetzungen allerlei Gefahren auf das Kind.
Gefahren, vor denen weder Intuition noch Gelassen-
heit Schutz bieten. Es folgen daher einige »Tipps«, wie Sie die Entwicklung
Ihres Kindes schon vor der Geburt positiv unterstützen können.

> **Ja, ich bin schwanger! Was für ein Glück! Eine solche Grundstimmung bietet beste Voraussetzungen für gute Anfangsbedingungen der Kindesentwicklung.**

Entwicklung

Kinder fallen nicht einfach so vom Himmel. Auch kommen sie nicht erst mit
der Geburt zur Welt. Jeder einzelne Mensch entwickelt sich auf individuelle
und einzigartige Weise. Diese Entwicklung beginnt mit der Befruchtung
und endet mit dem Tod. Zu jedem Zeitpunkt seiner Lebensspanne ist der
Mensch das vorläufige Ergebnis einer unvorhersehbaren Entwicklung. Es

gibt keinen Plan des fertigen Menschen in der Eizelle, der Samenzelle oder in der Zygote. Keinen Plan, den es nur noch abzuarbeiten gilt. Es gibt nur das Wunder der Entwicklung. Der Keim ist der Beginn des einzelnen Menschen mit einer klaren Option auf eine erfolgreiche Entwicklung. Dabei weiß der erste Schritt nichts vom zweiten. Das Ende der Entwicklung wird nicht vorhergesehen. Alles passiert immer zum ersten Mal. Das sich im Mutterleib entwickelnde Kind bildet keinen Vorgänger nach. Der Einzelne ist kein Prototyp für seine Nachkommen. Es entsteht aus sich heraus ein völlig neuer und einzigartiger Mensch. Der Mensch ist während seiner gesamten Entwicklung ein erfahrungserwartendes System. Er definiert sich durch seine Entwicklung in der Abfolge der Generationen. Anpassungen an Bedingungen der Umwelt, in der wir leben, werden in der frühen Entwicklung eines jeden Menschen immer wieder neu begründet. So gesehen, ist die Schöpfung also längst noch nicht am Ende. Der Mensch ist ohne seine Umgebungsbedingungen gar nicht denkbar. Er ist unauflösbar an seine Umwelt gekoppelt. Diese Anpassungsprozesse beginnen schon im Mutterleib und betreffen die verschiedenen Ebenen der menschlichen Individualentwicklung, von den Organanlagen bis zu den Persönlichkeitsmerkmalen. Jeder Mensch entwickelt sich im Zuge eines Lernprozesses, in dem Signale von außen den Gang der Entwicklung nachhaltig prägen. Während der Schwangerschaft ist die Innenwelt der Mutter die Außenwelt des Embryos und des Fötus. Die äußeren Signale sind zunächst ausschließlich stofflicher Natur. Alle Signalstoffe werden über den Blutkreislauf herangeführt. Das sich entwickelnde Kind nimmt so vollen Anteil am »Innenleben« der Mutter. Signale von außerhalb der Mutter sind während der Schwangerschaft für das Kind nur dann von wesentlicher Bedeutung, wenn sie Auswirkungen auf die Signalstoffe der Mutter haben.

> Während der Schwangerschaft ist die Innenwelt der Mutter die Außenwelt des Embryos und des Fötus.

Während der Schwangerschaft nimmt das Kind nicht nur an Länge und Gewicht zu, es entwickelt sich. Und das tut es ganz allein. Dazu braucht es keine Hilfe. Vor allem möchte es nicht gestört werden. Es hat alles, was es braucht. Alles Nötige ist im Blut der Mutter enthalten: Nährstoffe, Vitalstoffe, Signalstoffe und Sauerstoff. Die Mutter braucht eigentlich überhaupt nichts tun. Besser gesagt, fast nichts. Denn, sobald eine Frau schwanger ist, tut sie alles, was sie sich selbst antut, ebenso ihrem Kind an. Im Guten wie im Schlechten. Es gibt keine Schranke zwischen ihr und ihrem Kind. Von jetzt an ist es für ihr Kind von wesentlicher Bedeutung, was seine Mutter ihrem Körper zuführt und wie sie sich fühlt. Aus der Sicht des Kindeswohls ergeben sich drei Empfehlungen: (1) Achten Sie auf eine möglichst ausgewogene Ernährung, (2) nehmen Sie keine Drogen und (3) vermeiden Sie Stress. Mit einem Wort, leben Sie gesund!

Ernährung

Während der Schwangerschaft isst die Mutter für zwei. Aber bitte nicht die doppelte Menge wie zuvor. Die Devise lautet: Klasse statt Masse! Während der ersten Monate benötigt eine Schwangere nur wenig mehr Energie als vor der Schwangerschaft. Erst in der zweiten Hälfte der Schwangerschaft steigt ihr Energiebedarf leicht an. Dieser zusätzliche Energiebedarf ist relativ gering (etwa 250 kcal pro Tag) und kann durch einen zusätzlichen Apfel mit etwas Brot und Käse abgedeckt werden. Andererseits nimmt ihr Nährstoffbedarf in der Schwangerschaft erheblich zu. Es ist daher sehr empfehlenswert, Lebensmittel mit einem hohen Nährstoffgehalt und niedrigem Energiegehalt zu sich zu nehmen. Außerdem sollten Schwangere versuchen, solche Lebensmittel zu meiden, die auch nur in dem Verdacht stehen, schadstoffbelastet zu sein, oder mit denen eine erhöhte Wahrscheinlichkeit einer Lebensmittelinfektion einhergeht. Während der Schwangerschaft ist eine gute Hygiene bei der Zubereitung und Lagerung der Speisen besonders wichtig.

Die folgenden Lebensmittel sollten Schwangere deshalb meiden: nicht ganz durchgegarte Eier; Rohmilch und Rohmilchprodukte, wie Ziegenkäse, Schafskäse, Weichkäse; rohes und unvollständig durchgegartes Fleisch, wie Mettwurst, Tatar, Salami; Thunfisch, Räucherfisch, roher Fisch (Sushi). Empfehlenswert sind dagegen: frisches und gründlich gewaschenes Obst und Gemüse; frisch zubereitete Obst- und Gemüsesäfte; Vollkornprodukte; gut durchgegartes mageres Fleisch und Geflügel; gekochter Schinken; frischer, gut durchgegarter Seelachs, Kabeljau; fettarme Milch; fettarmer Joghurt; fettreduzierte Butter; magerer Käse. Eine rein vegane Ernährung, das heißt eine Ernährung unter Verzicht auf alle tierischen Produkte, führt zu einer mangelhaften Versorgung mit Nährstoffen und beeinträchtigt daher die Entwicklung des Kindes.

Essen ist Genuss. Daher sollten Schwangere versuchen, negative Einstellungen zum Thema Essen möglichst zu vermeiden. Mal eine Portion Pommes mit viel Majonäse? Dem Kind wird es nicht schaden. Wichtig ist, dass sich die Mutter wohl fühlt. Unterm Strich sollte allerdings herauskommen: Senken Sie Ihr Infektionsrisiko, erhöhen Sie Ihre Nährstoff- und Vitaminzufuhr, nicht jedoch Ihre Energiezufuhr. Unter bestimmten Voraussetzungen kann es empfehlenswert sein, während der Schwangerschaft zusätzlich Folsäure, Jod, Eisen und Kalzium aufzunehmen. Trinken Sie ausreichend, am besten, so viel Sie können. Mindestens jedoch 2 Liter Wasser täglich. Den Rest erledigt Ihr Körper dann für Sie und das Kind von ganz allein.

Ein großes Problem ist die Überversorgung der ungeborenen Kinder durch eine übermäßige Nahrungsaufnahme der Mutter. Bis zu 30 % der Schwangeren gelten als übergewichtig. Jede Dritte dieser Übergewichtigen leidet unter Schwangerschaftsdiabetes. Das anhaltende Nährstoffüberangebot führt zu einer chronischen Erhöhung des Insulinspiegels im Fötus. Die sich entwickelnden Regelsysteme im Gehirn des Fötus stellen sich konsequenterweise auf diesen erhöhten Pegel ein. Das bedeutet, der Fötus wird auf diesen hohen Insulinpegel, den er von jetzt an als »normal« erkennt, programmiert. Im Gehirn des Kindes entwickelt sich ein an das Essverhalten der Mutter angepasstes Regelsystem. Man kann es auch so ausdrücken: Das Essverhalten des Kindes wird auf einen großen Bedarf programmiert. Das Resultat ist bekannt: Übergewicht des Kindes mit dem erhöhten Risiko, später selbst einen Diabetes und eine Herz-Kreislauf-Erkrankung zu entwickeln. Übergewichtige Mütter verursachen also übergewichtige Kinder.

Die Schwangere programmiert durch ihr Essverhalten das ihres Kindes. Sollte es dann nicht auch möglich sein, seinen Fötus und damit das Verhalten und die Fähigkeiten seines Kindes auf andere Art und Weise positiv zu »programmieren«? Tatsächlich gibt es solche Bestrebungen, die unter dem Begriff »Baby-Tuning« zweifelhaften Ruhm erlangt haben. All diese Bemühungen haben eines gemeinsam, sie bringen nichts, außer dass sie die Entwicklung des Kindes im Mutterleib stören. Die Hoffnung, dass die Intelligenz oder die Persönlichkeit des Kindes etwa durch Beschallungen der Bauchdecke der Schwangeren mit Musik positiv beeinflusst werden könnten, ist trügerisch. Das heißt nicht, dass keine Beeinflussungen der Intelligenz oder der Persönlichkeit des ungeborenen Kindes stattfinden können. Nur werden solche Einflüsse über einen Stoffaustausch zwischen der Mutter und ihrem ungeborenen Kind vermittelt.

Alkohol und Nikotin

1

Das Wohl des Kindes verpflichtet zu einem eindringlichen Rat an jede schwangere Frau: Möglichst keinen einzigen Tropfen Alkohol und keine einzige Zigarette mehr, sobald sie weiß, dass sie schwanger ist. Günstigstenfalls hat sie schon vorher damit aufgehört und bleibt auch nach der Schwangerschaft, mindestens aber während der Stillzeit, abstinent. Auch wenn es schwerfällt: Alkohol und Nikotin sind keine Lebensmittel. Hier geht es nicht so sehr darum, ob sich die Schwangere ohne einen solchen Konsum wohl fühlt oder nicht. Der Gehalt an Alkohol und Nikotin im Blut des Embryos und Fötus ist genauso hoch wie der von alkohol- und nikotinkonsumierenden Müttern. Mütter, die nicht auf den Konsum von Alkohol und Nikotin verzichten wollen oder können, nehmen vermeidbare Beeinträchtigungen der körperlichen und psychischen Entwicklung ihres Kindes in Kauf. Dadurch beschränken sie das Grundrecht ihres Kindes auf freie Entfaltung seiner Persönlichkeit. Nur die Mutter selbst ist in der Lage, das Kind vor den Beeinträchtigungen durch Alkoholkonsum und Rauchen zu bewahren. Der Gesetzgeber tut dies nicht.

> Der Gehalt an Alkohol und Nikotin im Blut des Embryos und Föten ist genauso hoch wie der von alkohol- und nikotinkonsumierenden Müttern.

Mehr als 50 % der Schwangeren geben an, mindestens gelegentlich Alkohol zu trinken. Aber schon mäßiger Konsum von Alkohol durch Schwangere kann zu Beeinträchtigungen führen, wie Verminderung der Intelligenz und anderen psychischen Störungen.

Etwa 20 % der Schwangeren rauchen. Mütter, die während der Schwangerschaft rauchen, fügen ihrem Kind einen erheblichen Schaden zu. Das Nikotin, das sie sich zuführen, verengt ihre Blutgefäße und beeinträchtigt so unter anderem die Durchblutung der Plazenta. Dies führt zu erheblichen Einschränkungen der Sauerstoff- und Nährstoffversorgung des ungeborenen Kindes. Rauchen erhöht so die Wahrscheinlichkeit des Auftretens von Mangelgeburten. Die betroffenen Kinder werden zu früh geboren, haben ein niedriges Geburtsgewicht und sind kleiner als Kinder nicht rauchender Mütter. Die Kinder von Müttern, die während der Schwangerschaft geraucht haben, sind allgemein krankheitsanfälliger und haben ein erhöhtes Risiko, schon bald nach der Geburt den plötzlichen Kindstod zu erleiden. Zu den langfristigen Entwicklungsschäden zählen Lern- und Konzentrationsschwächen, Hyperaktivität, Aggressivität und niedrige Intelligenz.

Stress

Stress ist eine überlebenswichtige Reaktion auf Gefahrensituationen. Wie andere Säuger auch reagiert der Mensch auf Bedrohungen mit einer raschen Mobilisierung von Energiereserven. Dies dient der Vorbereitung einer unmittelbar bevorstehenden kurzen Phase stark erhöhter körperlicher Aktivität, die mit einem Flucht- oder Kampfverhalten verbunden ist. Diese primäre Stressreaktion wird über eine Reihe aufeinanderfolgender Hormonfreisetzungen gesteuert. Diese umfassen die Ausschüttung von CRH (Corticotropin Releasing Hormone) und AVP (Arginin-Vasopressin) aus dem Hypothalamus. Dies stimuliert die Ausschüttung von ACTH (adrenocorticotropes Hormon) aus der Hypophyse. Über das Blut gelangt ACTH in die Nebennieren, wo es die Ausschüttung von Glycocorticoiden (GC) stimuliert (Cortisol beim Menschen). Dieses Hormonsystem mit seinen Rückkopplungsschleifen kennzeichnet die sogenannte HPA-Achse (Hypothalamus-Hypophysen-Nebennierenrinden-Achse). Stress- und Angsterlebnisse aktivieren die HPA-Achse. Besonders unter chronischen Stressbedingungen werden die Konzentrationen von ACTH und Cortisol im Plasma erhöht. Außerdem hebt Stress die Ausschüttung von CRH in der Plazenta an.

Wie wirken die mütterlichen Stresshormone auf den Fötus? Stressbedingt erhöhte Konzentrationen der mütterlichen Stresshormone erreichen den Fötus in vollem Umfang. Allerdings wird die eigene HPA-Achse des Fötus erst ungefähr am Ende des zweiten Drittels der Schwangerschaft aktiv. Die sich entwickelnden HPA-Achsenfunktionen des Fötus können jetzt stressbedingt über die Mutter aktiviert werden. Der Fötus wird also von nun an genauso »gestresst« wie die Mutter. Tatsächlich verfügt er aber noch über keine Möglichkeiten, darauf zu reagieren. Diese Stresssignale sind für ihn deshalb völlig sinnlos. Gleichwohl passt er seine HPA-Achse an die chronisch erhöhten Konzentrationen der mütterlichen Stresshormone, die er nicht von den von ihm selbst ausgeschütteten unterscheiden kann, an. Der Fötus stellt sich also schon im Mutterleib auf ein nachgeburtliches Leben unter stressvollen Bedingungen ein. Diese im Mutterleib induzierten Anpassungen der HPA-Achsenfunktionen können bis ins Erwachsenenalter anhalten. Solche Erwachsenen zeigen dann schon in relativ milden Stresssituationen unangemessen heftige Reaktionen ihres Stresssystems, was Störungen des Empfindens und Verhaltens mit sich bringt.

Der Fötus wird genauso »gestresst« wie die Mutter.

Es gibt einen nachgewiesenen Zusammenhang zwischen Stresserfahrungen während der Schwangerschaft und der Entwicklung von Verhaltensauffälligkeiten und psychischen Störungen der Kinder, die deren späteres Leben nachhaltig beeinträchtigen. Widrige Lebensumstände und Angsterlebnisse während der Schwangerschaft erhöhen zudem die Wahrscheinlichkeit von Frühgeburten und niedrigen Geburtsgewichten. Häufig sind Verhaltensauffälligkeiten bei Kindern nach pränatalen Stresserfahrungen unter Alltagsbedingungen nicht feststellbar, treten jedoch unter Bedingungen von mildem Stress, wie zum Beispiel dem Einbringen in eine neue Umgebung (Kindergarten, Einschulung), deutlich zu Tage.

Neben schicksalhaften Katastrophen, wie zum Beispiel Kriegen, Erdbeben, Verlust eines Partners, die emotionale Traumata auslösen können, können auch die eher alltäglichen Tragödien, unter denen viele schwangere Frauen oft zu leiden haben, die Entwicklung des Kindes beeinflussen. So stellen ständige Ehestreitigkeiten während der Schwangerschaft ein erhöhtes Risiko dar. Die Entwicklung weiter Bereiche des kindlichen Gehirns wird durch die pränatalen Stresserfahrungen in Mitleidenschaft gezogen. Es scheinen dabei vornehmlich solche Regionen und Funktionen des Gehirns betroffen zu sein, die eng mit den emotionalen Kompetenzen des Menschen verknüpft sind. Schwangere sollten daher nach Möglichkeit unnötigen, »bösen« Stress vermeiden.

Don't worry, be happy!

Natürlich ist Stress nicht völlig auszuschließen. Auch lassen sich unbefriedigende Lebensumstände nicht immer so ohne weiteres von heute auf morgen verbessern. Daher lautet die Devise: Nur nicht verrückt machen lassen. Von niemandem, nicht von der Mutter, der Familie, der besten Freundin, auch nicht von gutmeinenden **Nur nicht verrückt** Tipps in Zeitschriften und allerlei Ratgebern. Am **machen lassen.** besten versucht sich die Schwangere so zu verhalten und ihr Umfeld so zu organisieren, dass sie sich möglichst wohl fühlt. Eine gesunde Portion »Egoismus« ist durchaus erlaubt und empfehlenswert. Ein möglichst guter körperlicher und psychischer Status der Schwangeren bieten optimale Voraussetzungen für eine tolle Schwangerschaft und eine gesunde Entwicklung des Kindes. Schwangere, die Freude und Spaß am Leben haben, sich ausgewogen ernähren, Sport treiben, wenn sie es wollen, die zuversichtlich in die Zukunft schauen können, bieten so ihrem Kind schon im Mutterleib eine grundlegende und nachhaltige Unterstützung. Dabei kommt der Pflege guter sozialer Kontakte eine große Bedeutung zu. Frauen, die im Verlauf einer ungewollt stressvollen Schwangerschaft Hinwendung und Fürsorge erfahren, weisen eine geringere Konzentration von Stresshormonen auf, als diejenigen, die eine solche Unterstützung nicht erfahren durften. Ein gutes soziales Netz schützt und fördert die Entwicklung des ungeborenen Kindes genauso wie eine gute Ernährung und körperliche Fitness.

Ein gutes soziales Netz ist wichtig.

Ein Kind verändert die Welt:
Frauen werden zu Müttern,
Männer zu Vätern und Paare zu Eltern

Margarita Klein, Bernhard Schön

Sie sind schwanger? Wir gratulieren Ihnen herzlich und heißen Sie willkommen zum Beginn einer mindestens 18-jährigen Abenteuerreise. Von jetzt an werden Sie körperlich und seelisch neuartige Erfahrungen machen, Sie werden sich gedanklich mit bisher fremden Themen beschäftigen, und Sie werden einen anderen Platz in der Gesellschaft einnehmen. Wunderbarerweise sind Sie dafür recht gut ausgerüstet, auch wenn Ihnen das bisher nicht bewusst war.

In diesem Kapitel möchten wir Ihnen einen kurzen Einblick geben in die Landschaft der Elternwelt und die Lebensbedingungen dort und Sie ausstatten mit Ideen und Strategien, die es Ihnen erleichtern, sich darin zu orientieren. Und wir möchten Ihnen seelischen Reiseproviant anbieten, der Sie in anstrengenden Momenten stärkt.

Elternwerden und Elternsein sind ein Zustand fortwährenden Wandels. Sie als Frau und Sie als Mann werden sich verändern und daran reifen und wachsen. Auch Ihre berufliche Zukunft wird von Ihrem neuen Status unweigerlich beeinflusst.

Jedes Kind hat zumindest biologisch eine Mutter und einen Vater, und ein Kind entsteht in der Regel aus einer Liebesbeziehung. Auch die Veränderung und Entwicklung dieser Beziehung sind unser Thema.

Wenn das bei Ihnen anders ist, sei es, dass Sie allein mit dem Kind leben werden oder in einer gleichgeschlechtlichen Partnerschaft oder in einer Patchworkfamilie, werden Sie sich dennoch von vielen Aspekten angesprochen fühlen.

Eins plus eins macht drei

Eine Frau, die Mutter wird, und ein Mann, der Vater wird, erleben etwas Gemeinsames: Ihr Kind entsteht. Aber sie machen auch sehr unterschiedliche Erfahrungen. Nie im bisherigen Leben wurde so deutlich wie jetzt, dass trotz gesellschaftlicher Gleichstellung, selbstverständlicher Koedukation in den Schulen und weitverbreiteter Unisex-Kleidung aus dem kleinen Unterschied ein großer wird. Die Schwangerschaft findet im Körper der Frau statt, und während dieser neun Monate, am Tag der Geburt und in der Stillzeit sind die Erfahrungen von Frauen und Männern kaum miteinander zu vergleichen. Die tiefe körperliche Erfahrung führt auch zu unterschiedlichen seelischen Entwicklungen. Dies wahrzunehmen und anzuerkennen hilft Frau und Mann, die Besonderheiten ihres eigenen Erlebens und das ihres Partners, ihrer Partnerin zu respektieren. Aus dem Anerkennen des Verschiedenen kann gemeinsame Nähe entstehen.

Aus dem Anerkennen des Verschiedenen kann gemeinsame Nähe entstehen.

Eins: Eine Frau wird Mutter

Mit Beginn der Schwangerschaft macht eine Frau die für sie vielleicht überraschende, manchmal sogar überwältigende Erfahrung, dass ihr Körper in bisher nicht gekanntem Ausmaß ihr Leben bestimmt. Nein, eine Krankheit sind Schwangerschaft, Geburt und frühe Mutterschaft nicht. Sie sind sogar Ausdruck großer Gesundheit und Lebenskraft. Dennoch sind sie ein Ausnahmezustand, etwas Besonderes. Wir sind gewohnt, digital zu denken: Ein Mensch ist entweder krank oder gesund. Die besonderen, gesunden Zustände des weiblichen Körpers im Verlauf des Zyklus, während der Schwangerschaft und der folgenden Monate und auch in den Wechseljahren werden entweder übergangen (»Das ist ja keine Krankheit«) oder schnell pathologisiert und medikalisiert. Das deutsche Mutterschutzgesetz ist da hoch zu loben: Es ermöglicht schwangeren Frauen, ihre Arbeit weiter auszuüben und schützt sie gleichzeitig vor besonderen Belastungen. Es gibt ihnen sechs Wochen vor der Geburt die Zeit, die sie brauchen, um ihre Kräfte zu sammeln und sich auf die Geburt vorzubereiten. Nach der Geburt existiert sogar ein

Beschäftigungsverbot für Mütter. Damit wird anerkannt, dass die Zeit des Wochenbetts Schutz vor äußeren Anforderungen erfordert.

Die Erfahrung, dass sich in dieser Lebensphase die Bedürfnisse des Körpers so unübersehbar in den Vordergrund schieben, kann im günstigen Fall dazu führen, dass eine Frau für sich neu definiert, was wirklich wichtig ist für ihr Wohlbefinden: ausreichend Schlaf vielleicht, Bewegung, gute Ernährung, freundliche Begegnungen mit anderen Menschen, Hilfe annehmen zu können, anstelle von Extremem und pausenlos Aufregendem vielleicht eher der Wunsch nach Ruhe und Ausgeglichenheit. Solche Erkenntnisse können sich neu anfühlen, können sogar fremdartig sein. Bisher hatte sie vielleicht ganz andere Vorlieben, und die passen jetzt irgendwie nicht mehr so recht. Manche junge Frau fragt sich fast ärgerlich oder besorgt: »Werde ich jetzt etwa eine Müslitante?« Die eigene Identität, der Blick auf sich selbst, ihre Lebensgewohnheiten, ihre Wünsche und Ziele werden rundum erneuert. Das fordert Energie und Aufmerksamkeit, kann auch mit Irritation und Verunsicherung einhergehen. Die Frage »Wer bin ich?« heißt ja immer »Was für eine Frau, was für ein Mann bin ich?«. Unter dem Eindruck der körperlichen Veränderungen stellt sie sich für eine schwangere Frau früher und unausweichlicher als für einen werdenden Vater. Das macht es ihr trotz möglicherweise auftretender Missempfindungen wie Übelkeit, Müdigkeit oder Reizbarkeit in gewisser Weise leichter als einem Mann, sich den neuen Entwicklungen und Erfordernissen zu stellen. Sie hat nicht die Wahl.

»Werde ich jetzt etwa eine Müslitante?«

Eins: Ein Mann wird Vater

Nein, schwanger ist ein Mann nicht. Auch wenn er noch so sehr bereit sein mag, Anteil zu nehmen von Anfang an: In der Schwangerschaft, während der Geburt und in der Stillzeit gibt es eine körperliche Symbiose zwischen dem Kind und der Mutter, die ihn in gewisser Weise ausschließt. Die Bedeutung des Vaters für die Entwicklung der Kinder wird immer wieder betont. Dabei ist allerdings zu beachten, dass seine Aufgaben stets im Zusammenhang mit dem Lebensalter des Kindes zu verstehen sind. Zu Anfang ist das Kind für ihn abstrakt, eine Idee. Er hat keine körperliche Empfindung, die ihn spüren lässt, dass er jetzt Vater wird. Eigentlich könnte er so weiterleben wie bisher. Jetzt ist es einerseits der Gedanke daran, wie es wohl sein wird, mit dem Kind zu leben, und andererseits die Liebe zu seiner Partnerin, die ihn bewusst werden lassen, wirklich Vater zu werden. Wenn er sich seiner Verantwortung stellt, dann übernimmt er schon während der Schwangerschaft die Aufgabe, Mutter und Kind zu schützen und zu unterstützen. Da er nicht fühlen kann, was seine Frau braucht, ist er in hohem Maße darauf angewiesen, Fragen zu stellen und die Antworten sorgfältig wahrzunehmen. Diese Qualitäten kommen in dem gängigen männlichen Rollenmodell eher weniger vor. Der moderne Ritter möge sich hinter die Dame stellen und ihr den Rücken stärken, damit sie ihre Aufgabe erfüllen kann. In der Regel gibt es wenig Anlässe, um ritterlich kämpfend vor ihr her zu reiten. Es wird voller Einsatz gewünscht, aber es ist zunächst unklar, was genau für ihn zu tun ist.

Ein schwieriger Balanceakt, denn nur wenige Männer mögen zugeben, dass bei allem guten Willen und dem Wunsch, ein liebevoller Vater zu werden, auch Vorbehalte, oft sogar Ängste vorhanden sind, die Erwartungen und Ansprüche als Überforderung erlebt werden. Aber der Versuch lohnt sich! Lernen Sie im Gespräch mit Ihrer Partnerin ganz neue Seiten Ihrer Beziehung kennen. Und suchen Sie den Austausch mit anderen Männern, die ähnliche Erfahrungen machen: In speziellen Angeboten der Geburtsvorbereitung für werdende Väter finden Sie Gelegenheit dazu.

Ein Mann auf dem Wege dahin, ein Vater zu werden, hat die Chance, neue Qualitäten zu entwickeln: Aufmerksamkeit, Zuwendung, Unterstützung; und dies, ohne sich und seine Bedürfnisse aus den Augen zu verlieren

Nehmen Sie sich jetzt die Zeit für gemeinsame Kuschelzeiten. Körperliche Nähe und Berührung helfen Ihnen und Ihrer Partnerin zueinander zu finden und auch das Unsagbare auszudrücken. Ab dem sechsten Monat haben Sie immer wieder einmal das Glück, bei leichten Streicheleinheiten für Ihre Frau Reaktionen vom Kind zu spüren – es scheint tatsächlich auf Ihre zärtlichen Bauchspiele zu antworten, und Sie können allmählich eine intensivere Beziehung zu Ihrem Kind aufbauen.

Ein Mann auf dem Wege dahin, ein Vater zu werden, hat die Chance, neue Qualitäten zu entwickeln: Aufmerksamkeit, Zuwendung, Unterstützung; und dies, ohne sich selbst und seine Bedürfnisse aus den Augen zu verlieren.

Drei

Das Kind ist die große Unbekannte in der Familiengleichung. Es ist nicht vorherzusehen und kaum zu beeinflussen, mit welchem Temperament das Kind auf die Welt kommen wird. Wird es seinen Eltern die Eingewöhnung leicht machen, weil es ruhig ist und seine Bedürfnisse nach Essen, Zuwendung, Anregung und Ruhe deutlich zeigt? Oder ist es empfindsam und reagiert auf neue Reize eher erschrocken? Ja, natürlich beeinflussen Eltern die Entwicklung ihrer Kinder mit ihrem Verhalten. Und gleichzeitig steht die Entwicklung der Eltern in einem zirkulären Zusammenhang mit den besonderen Eigenarten des Babys.

Der Übergang von einer Zweier- zu einer Dreierbeziehung weckt überraschende Gefühle. Auch in einer Familie gilt die Regel, dass ein Mensch zur selben Zeit immer nur mit einem anderen kommunizieren kann. Da das Baby seine Ansprüche nach der Geburt unmissverständlich deutlich machen wird, ist es unausweichlich, dass derjenige der beiden Erwachsenen, der das Kind nicht gerade auf dem Arm hält oder wickelt, vielleicht ein Gefühl des Ausgeschlossenseins erlebt. Und es ist nicht ganz leicht, bei der notwendigerweise in der ersten Zeit nach der Geburt unterschiedlichen Rollenverteilung Lösungen zu finden, die von allen als gerecht empfunden werden. Betrachten Sie jede Phase als vorübergehend: Schon in wenigen Monaten sind ganz neue Dinge möglich. Je älter das Kind wird, umso leichter können Berufstätigkeit, Hausarbeit, Versorgungszeiten und Spiel mit dem Kind gleichmäßiger so verteilt werden, wie es Ihnen beiden entspricht.

Drei plus zwei und zwei

Die zukünftigen Eltern spüren schon während der Schwangerschaft, dass sie nicht mehr länger nur Tochter oder Sohn, sondern auch selbst Mutter und Vater sein werden, Leben weitergeben, aber auch selbst vergehen werden. Viele Männer und Frauen beginnen, sich in dieser Zeit zum ersten Mal für ihre Wurzeln zu interessieren: War ich ein pflegeleichtes Baby, ein lebhaftes kleines Kind, viel stiller als meine Geschwister? Und sie nehmen Kontakt zu

Die zukünftigen Eltern spüren schon während der Schwangerschaft, dass sie nicht mehr länger nur Tochter oder Sohn, sondern bald auch selbst Mutter und Vater sein werden, Leben weitergeben, aber auch selbst vergehen werden.

ihren Eltern auf, um zu erfahren, welches Bild von einem Vater, einer Mutter sie mit sich tragen und für ihre neue Rolle besser kennen lernen und vielleicht verändern wollen. »Was warst du für eine Mutter, hast du dir Zeit für mich genommen, bist du längere Zeit zu Hause geblieben?« ... »Und wie warst du als Vater, konntest du mit mir als Baby etwas anfangen?« ... Und wie erinnere ich mich an meine Mutter, an meinen Vater?

Beim Austausch mit dem Partner, der Partnerin über die eigene Kindheit wird es viele Gemeinsamkeiten, aber auch Unterschiede geben: Auf diese Art und Weise hat sich der Vater mit dem Sohn auseinandergesetzt, so hat sich die Tochter mit der Mutter identifiziert. Ihren Vater hat die Tochter vielleicht nur selten gesehen, die Mutter hat den geliebten Sohn womöglich immer verwöhnt. Oder es war noch ganz anders ...

Wenn sich ein Baby ankündigt, müssen sich auch die Eltern des jungen Paares erst einmal in die neue Rolle hineinfinden. Sie werden jetzt Großvater und Großmutter sein, obwohl sie vielleicht noch mitten im Leben stehen, ihrem Beruf nachgehen und sich so gar nicht fühlen wie Oma oder Opa. Andere werdende Großeltern können es womöglich gar nicht erwarten und zeigen ihre »gute Hoffnung« durch ständiges Nachfragen oder ungebetenen »Expertenrat«. Gehen Sie dennoch mit Ihren Eltern pfleglich um: Ihre und die Eltern Ihres Partners werden die Großeltern sein und sind allein schon deshalb für das Kind bedeutungsvoll. Vielleicht können Sie sich sogar darauf freuen, dass sie Sie unterstützen und das Enkelkind später gern betreuen werden.

Alles im Fluss: Elternsein im gesellschaftlichen Wandel

All diese Entwicklungsprozesse sind individuell und intrafamiliär. Gleichzeitig sind sie eingebettet in den historischen und sozialen Rahmen, in dem diese Familie lebt. Dieser Rahmen bestimmt, welche Belastungen oder Unterstützung Familien erhalten, und er liefert die jeweils gültigen Bewertungsmaßstäbe, die an das Verhalten der Frau, des Mannes und des Kindes angelegt werden. Was als eine gute Mutter, ein guter Vater, ein gutes Kind gesehen wird, verändert sich im Kontext des gesellschaftlichen Wandels.

1

Heute ist eine gute Mutter ganz selbstverständlich auch berufstätig. Die Rechtsprechung zum neuen Unterhaltsgesetz Anfang 2009 macht deutlich, dass eine alleinerziehende Frau (seltener: ein Mann) nach dem dritten Geburtstag des Kindes nur noch Anspruch auf Unterhaltszahlungen durch den anderen Elternteil hat, wenn die konkreten Umstände das erfordern. Eine junge Mutter weiß heute, dass sie sich im Zweifelsfall selbst um ihre Absicherung kümmern muss – und viele Frauen wollen auch gar nicht vom Partner finanziell abhängig sein. War bis vor einigen wenigen Jahren die frühe Berufstätigkeit von Müttern mit dem Ruch der Rabenmutter verbunden, so wird eine Frau heute schon bald nach der Geburt daran denken, wie sie sich und ihre Kinder auch materiell alleine oder mit dem Partner gemeinsam versorgen kann. Ob sie selbst und das Kind dieser Herausforderung emotional gewachsen sind, ob sie Beruf und frühe Mutterschaft wirklich gut vereinbaren kann, ist heute gesellschaftlich so wenig von Interesse wie vor einigen Jahren der Wunsch vieler Frauen, wieder arbeiten zu dürfen. Was eine gute Mutter ist, bestimmt eher das gesellschaftliche Umfeld als die eigenen Wünsche und die Empfindungen der Frau.

Auch die Vorstellung vom »guten Vater« hat sich während der letzten Jahrzehnte stark verändert, Vorbilder gibt es immer noch zu wenige, Ansprüche dafür umso mehr. Stark soll er sein und freundlich, toben, aber auch zärtlich sein, Körperkontakt, doch bitte keine »Übergriffe«; Verlässlichkeit wird erwartet, aber wo soll er die Sicherheit hernehmen? Gleichbleibend hoch ist in allen Umfragen der Wunsch junger Männer, nach der Familiengründung viel Zeit mit ihrem Kind zu verbringen. Tatsächlich aber steigen die meisten Väter sofort nach der Geburt mit doppeltem Eifer wieder in den Job ein – gilt es doch, als vorübergehender Alleinverdiener das Auskommen für die Familie zu sichern. Trotzdem möchte fast jeder Vater seine Berufstätigkeit mit dem Familienleben in Einklang bringen. Das kann zu einer ähnlichen Doppelbelastung führen, wie sie in den letzten Jahrzehnten für berufstätige Mütter hinreichend beschrieben worden ist. Auch wenn die Politik den Einsatz von Vätern in der Familie fordert und fördert, ist noch längst nicht jeder Arbeitsplatz darauf eingerichtet, dass ein Mann einige Monate aussteigt und in den folgenden Jahren pünktlich nach Hause geht oder seinen An-

> Fast jeder Vater möchte seine Berufstätigkeit mit dem Familienleben in Einklang bringen. Das kann zu einer ähnlichen Doppelbelastung führen, wie sie in den letzten Jahrzehnten für berufstätige Mütter hinreichend beschrieben worden ist.

spruch auf freie Tage wegen eines kranken Kindes geltend macht. So ist es weiterhin ein täglich geprobter Spagat für den Mann, erfolgreich im Beruf zu sein und gleichzeitig fürsorglich am Aufwachsen der Kinder teilzunehmen.

Im günstigen Fall kann ein Elternpaar nach einigen Jahren zurückblicken und sagen: Wir haben es geschafft. Vermutlich wird es dann in der Vergangenheit immer wieder Anpassungen und Veränderungen gegeben haben. Es muss nicht zu jedem Zeitpunkt das Verhältnis aus Familienzeit und Gelderwerb völlig gleich gewesen sein. Mal hat vielleicht er und mal sie intensiver im einen oder im anderen Bereich gearbeitet. Wenn es geglückt ist, haben beide mit hoher Wahrscheinlichkeit beide Arbeitsbereiche als notwendig, sinnvoll und wertvoll gewürdigt und die Leistung des Partners, der Partnerin respektiert. Und sie haben erfahren, dass sie sich gegenseitig vertrauen können, füreinander einstehen, dass sie sich gegenseitig unterstützen und jeder seinen Part verlässlich erfüllt.

Selbstmanagement in der Paarbeziehung

Wenn zwei erwachsene Menschen eine Partnerschaft eingehen und daraus ein gemeinsames Kind entsteht, erwächst eine große Nähe, die durch das gemeinsame Erleben von Schwangerschaft, Geburt und Wochenbett noch vertieft wird. Vertrauen und Hingabe sind Qualitäten einer tiefen Beziehung.

Gleichzeitig ist es unerlässlich, dass jeder die Verantwortung für sich selbst, die Gestaltung seines Alltags und seinen Gefühlshaushalt übernimmt. Es ist nicht Ihr Partner/Ihre Partnerin, der/die Sie ärgert, Sie selbst ärgern sich – er oder sie bietet Ihnen vielleicht nur den willkommenen Anlass.

Kinder- und Haushaltsversorgung sind ebenso viel wert wie Arbeit für den Gelderwerb – das gilt für beide Seiten! Und: Hüten Sie sich vor allem davor, aus Ihrer jeweiligen Tätigkeit Sonderrechte abzuleiten.

Neben den vielen guten Gefühlen füreinander helfen konkrete Absprachen zur Organisation des Alltags, zum Umgang mit Zeit und Geld, um den häuslichen Frieden zu erhalten, auch in Zeiten größerer Belastung. Erkennen Sie an, dass jeder vermutlich sein Bestes gibt. Kinder- und Haushaltsversorgung sind ebenso viel wert wie Arbeit für den Gelderwerb – das gilt für beide Seiten! Und: Hüten Sie sich vor allem davor, aus Ihrer jeweiligen Tätigkeit Sonderrechte abzuleiten.

Es gibt Tageszeiten, in denen der eine fürs Geldverdienen, die andere für Kind und Wohnung zuständig ist. Außerhalb dieser Kernzeiten gilt die Vereinbarung, dass Sie beide Kinderbetreuung und Haushalt verantworten bzw. sich diese Arbeiten teilen.

Schenken Sie sich gegenseitig zwei Stunden pro Woche für die eigene Erholung, »Eigenzeit« ohne Kind und auch außerhalb der Wohnung.

Schenken Sie sich gegenseitig zwei Stunden pro Woche für die eigene Erholung, »Eigenzeit« ohne Kind und auch außerhalb der Wohnung.

Handeln Sie miteinander für beide Seiten akzeptable Lösungen aus. Ein guter Handel besteht immer aus einer Balance zwischen Geben und Nehmen.

Auch die Paarbeziehung will gepflegt sein! Sie braucht Intimität, Zuwendung und Zeit zu zweit, um etwas Gemeinsames zu unternehmen oder Gemeinsamkeit zu erleben.

Ressourcenkoffer

Sie stehen am Beginn einer aufregenden Zeit – oder sind schon mittendrin. Für den Fall, dass Ihnen einmal alles zu viel wird, greifen Sie in den Notfallkoffer und wählen eine oder mehrere der folgenden Ideen aus:

Sorgen Sie gut für Ihren Körper – essen, trinken, schlafen Sie ausreichend.

Setzen Sie die natürlichen Zaubermittel gegen Stress ein – Bewegung, frische Luft und Tageslicht.

Gestatten Sie sich Ihre Gefühle – und dem Partner seine –, und sprechen Sie darüber.

Freuen Sie sich über die kleinen Dinge des Alltags, danken Sie für das, was das Leben Ihnen schenkt, und bewältigen Sie Chaoszeiten mit Humor.

Frühe Kindheit
(0 bis 3 Jahre)

Frühe Kindheit (0 bis 3 Jahre)

Die Bedeutung der frühen Kindheit

Claus Koch

Auch wenn es schon andere entwicklungspsychologische Ansichten gab, so ging man in der Erziehungspraxis noch bis weit in die Mitte des letzten Jahrhunderts davon aus, dass das kleine Kind je nach Anlage zu dem Menschen heranreifen würde, der bereits in ihm angelegt war. Äußeren Einflüssen auf das Kind wie dem elterlichen Umgang oder seiner sozialen Umgebung, aber auch der Förderung seiner emotionalen und kognitiven Kompetenz in der frühen Kindheit wurde im Rahmen dieses »Reifegedanken«-Konzepts nur wenig Bedeutung zugemessen. Und auch Härte, ungerechte Behandlung und Berührungslosigkeit würden einem kleinen Kind letztlich nicht schaden, sei sein Lebensschicksal doch weitgehend in ihm selbst angelegt und könne es, wenn es nur stark genug sei, auch damit fertig werden. Schließlich würde es seine ersten Lebensjahre später sowieso mehr oder weniger vergessen haben. Alles in allem maß man also vor noch nicht allzu langer Zeit der frühen Kindheit keine besondere Bedeutung zu und sowohl Eltern wie Fachleute, Kinderärzte und Psychologen handelten entsprechend. Diese Sichtweise ist heute überwunden, und zudem ist sie wissenschaftlich unhaltbar.

Seit den 1960er-Jahren wurde das Konzept, ein Kind entfalte sich im Prinzip wie von selbst und verarbeite gemäß inneren Anlagen alles, was ihm von außen zugetragen wird, von vier Forschungsansätzen abgelöst, die, ein jeder auf seine Weise, den besonderen Einfluss von Umwelt und elterlichem Erziehungsverhalten in den ersten Lebensjahren des Kindes betonen. Diese vier Sichtweisen bestimmen auch heute noch die Diskussion über die Bedeutung der frühen Kindheit: Anfangs sind es, in scheinbar unversöhnlichem Gegensatz, die aus den USA stammenden psychologischen Lern- oder kognitiven Theorien und die Psychoanalyse. Dann folgte die vom britischen Kinderpsychiater John Bowlby und von der kanadischen Psychologin Margaret Ainsworth von psychoanalytisch orientierten Vorstellungen beeinflusste »Bindungstheorie«, und hinzu kommen, besonders in den letzten Jahren, immer mehr Erkenntnisse aus der modernen Hirnforschung, die wiederum viele

Theorieansätze von Lerntheorie, Psychoanalyse und Bindungstheorie sowie deren Forschungsergebnisse zu bestätigen scheinen. Heute besteht kein Zweifel, dass die Phase der frühen Kindheit, also die Zeit von der Geburt bis etwa drei bis fünf Jahren, von außergewöhnlich großer Bedeutung für die weitere Entwicklung des Kindes ist und dies in erster Linie hinsichtlich der Herausbildung seines Selbstwertgefühls und Selbstbewusstseins, seines Vertrauens in die jeweilige Umgebung und seiner kommunikativen Fähigkeiten. Eltern brauchen deshalb für diesen besonders sensiblen Entwicklungsabschnitt jede nur mögliche Unterstützung von Seiten der Gesellschaft.

Wie nun bewerten die genannten Ansätze die Bedeutung der frühen Kindheit und ihren Einfluss auf die weitere Entwicklung des Kindes, Jugendlichen und Erwachsenen?

> **Eltern brauchen für diesen besonders sensiblen Entwicklungsabschnitt jede nur mögliche Unterstützung von Seiten der Gesellschaft.**

Die *Lerntheorien* gingen anfangs davon aus, dass letztlich jedes Verhalten durch belohnendes oder strafendes Verhalten bzw. durch Imitation von Vorbildern erlernt sei, und betonten somit die bedeutende Rolle aller äußeren Faktoren, die auf das Kind einwirken. Und da dem Lernen »am Modell« eine besondere Bedeutung zukam, spielten gerade die Eltern mit ihrem das Kind unterstützenden oder es strafenden Verhalten von Beginn an eine entsprechend wichtige Rolle. Viele Erziehungsratgeber und alltägliche Erziehungspraktiken gehen bis heute von diesen Vorstellungen aus, auch wenn sie die psychischen Prozesse eines Kindes, also das, was in ihm jeweils vorgeht, stark vereinfachen.

Andere lerntheoretisch orientierte Ansätze bevorzugen denn auch eine differenzierte Sichtweise auf die »inneren« psychischen Prozesse und berücksichtigen insbesondere die kognitiven Faktoren, die unser Verhalten beeinflussen. Ein besonders »prägender Einfluss« der frühen Kindheit wird nicht gesehen, man geht von der Vorstellung eines Individuums aus, das in der Lage ist, lebenslang zu lernen und entsprechend sein Verhalten zu modifizieren, woraus sich insgesamt eine sehr optimistische Sichtweise auf die lang andauernden Entwicklungsmöglichkeiten eines Kindes ergibt.

Das sah die *Psychoanalyse*, die seit den 1970er-Jahren in Deutschland die Ansichten vieler Eltern hinsichtlich der Erziehung ihrer Kinder beeinflusste, besonders in ihrer Anfangszeit ganz anders. Für ihren Begründer Sigmund Freud und für die meisten Psychoanalytiker der ersten und zweiten Generation lag der Schlüssel für das Verhalten bis ins Erwachsenenalter in der frühen Kindheit, und zwar in den ersten drei bis vier Jahren, in denen sich die Erfahrungen der kleinen Kinder in näher – triebtheoretisch – definierten und sexuell konnotierten frühkindlichen Phasen zu bestimmten charakterlichen Dispositionen formen würden. »Traumatische« Erlebnisse in dieser Zeit würden jedes spätere Verhalten – unbewusst – maßgeblich beeinflussen. Zahlreiche klinische Fallstudien und zuletzt auch die Gehirnforschung konnten die von der Psychoanalyse hervorgehobene außergewöhnliche Bedeutung der ersten Lebensjahre durchaus bestätigen. Als klinische Methode bei der Suche nach den Ursachen für die Störungen im Kindes-, Jugend- und Erwachsenenalter ist sie und sind ihre therapeutischen Ansätze nach wie vor bedeutsam, hinsichtlich der Entwicklungspsychologie des Kleinkindes und bei Fragen der Erziehung aber spielt die psychoanalytische Triebtheorie keine besondere Rolle mehr. Ihr besonderes Verdienst liegt bis heute darin, mit der Vorstellung Schluss gemacht zu haben, die ersten Lebensjahre seien für die weitere Entwicklung des Kindes mehr oder weniger bedeutungslos, das Kleinkind verfüge über keine sexuellen Regungen, und das, was nicht mehr gewusst wird, habe keinen Einfluss auf das aktuelle Verhalten eines Menschen. Unterschätzt aber hat die Psychoanalyse aus heutiger entwicklungspsychologischer Sichtweise auf jeden Fall, dass Säuglinge schon kurz nach der Geburt wesentlich aktiver in eine wechselseitige Beziehung mit ihren ersten Bezugspersonen treten. So haben akribische Verhaltensbeobachtungen insbesondere des Psychoanalytikers und Entwicklungspsychologen Daniel Stern gezeigt, dass der Säugling keineswegs das passive, von seinen anfangs mehr oder weniger primitiven Triebregungen geleitete Wesen ist, das sich später nur mühevoll aus einer anfänglichen Symbiose von Mutter und Kind befreit, sondern dass sich seine Handlungsweisen im Bezug auf die äußere Welt rasch differenzieren. Kurzum, der Säugling kann offensichtlich mehr, als die Psychoanalyse ihm in ihren Anfängen zugetraut hat.

Das besondere Verdienst, die frühe Selbstständigkeit des Säuglings und gleichzeitig die damit verbundene besondere Rolle seiner Bezugspersonen herausgestellt zu haben, kommt Mitte des letzten Jahrhunderts der *Bindungstheorie* zu. Hervorgegangen aus der Psychoanalyse und Ethologie war für sie weniger das frühe »Triebschicksal« eines Kindes maßgeblich für seine weitere Entwicklung als die schon mit der Geburt einsetzende wechselseitige Kommunikation des Säuglings und Kleinkindes mit seiner Mutter. Das hier erlernte Muster frühkindlicher Kommunikation und besonders die emotionale Atmosphäre, in der sich diese frühkindliche Interaktion mit der Außenwelt abspielt, würde nicht nur das spätere Bindungsverhalten des Menschen entscheidend beeinflussen, sondern seine Gesamtpersönlichkeit. Die Befunde der Bindungstheorie sind heute wissenschaftlich gut abgesichert und ich gehe im Folgenden etwas ausführlicher auf sie ein.

Die Befunde der Bindungstheorie sind heute wissenschaftlich gut abgesichert.

Die Bindungstheorie versucht zu erklären, auf welche Weise die verlässliche Präsenz von liebevollen, zugewandten Bezugspersonen in der frühen Kindheit Grundbedingung für eine lebenslange psychische Gesundheit ist. Sie geht davon aus, dass das Bindungsverhalten der Eltern den Grundstein legt für die psychische Entwicklung des Kindes, insbesondere was sein Selbstwertgefühl und seine psychische Sicherheit betrifft. Aber auch die Gefühlsäußerungen gegenüber anderen und seine Fähigkeit, sich später offen und kommunikativ zu verhalten sowie sich in andere einzufühlen, werden von der Art und Weise, wie die Eltern besonders im ersten Lebensjahr auf ihr Kind emotional und kommunikativ eingehen, stark geprägt.

Bei der Herausbildung dieser Eigenschaften liegt die Bedeutung, die den ersten Lebensmonaten des Kindes zugesprochen wird, auf der Hand, muss doch der Säugling nach seiner Geburt, um zu überleben, eine vertrauensvolle und feste Bindung zu denen aufbauen, die ihn versorgen und ihm gleichsam das Tor zur Welt sind. So zielt sein Bindungsverhalten zunächst darauf ab, die Nähe einer bevorzugten Person, zumeist die Mutter, zu suchen, um dort Sicherheit zu finden. Lächeln, Schreien, der suchende Blick, aber auch Festhalten versuchen, den engen Kontakt zur Bezugsperson herzustellen, und ebenso, ihn anzuregen. Die im Wesentlichen affektive Erfahrung, die das Kind im Rahmen solcher wechselseitigen Kommunikation im ersten halben Lebensjahr mit seinen wichtigsten Bezugspersonen macht, bestimmt dann über sein weiteres »Bindungsschicksal«. In positiver Hinsicht kommt es gerade in dieser Zeit darauf an, dass das Kind von seiner Bezugsperson angenommen wird und diese auf seine nicht nur körperlichen, sondern auch emotional-kommunikativen Bedürfnisse kontinuierlich und zuverlässig eingeht.

In seiner weiteren Entwicklung bis zu etwa 18 Monaten entdeckt das Kind, dass es seine inneren Erfahrungen, seine inneren Zustände anderen zielgerichtet kommunizieren kann, und macht umgekehrt die Erfahrung, dass die Affekte der Bezugsperson sein Handeln und seine Stimmung – positiv oder negativ – beeinflussen. Das Baby wird traurig, wenn die Mutter traurig ist, und hält in seinen Handlungen inne. Umgekehrt gibt ihr Lächeln auch ihm Sicherheit und fordert es förmlich auf, weiter nach einem geliebten Gegenüber zu suchen. So, wie sich die primäre Bezugsperson über Affekte dem Kind mitteilt, versucht eben auch das Kind, über seine Affekte deren Verhalten zu beeinflussen. Auch wenn es dies in gewisser Hinsicht seit seiner Geburt tat, kommt jetzt hinzu, dass es die Außenwelt zunehmend als verschieden von sich erlebt und weiß, dass es ihrer Eigenständigkeit Tribut zollen muss: Von »allein« geht hier offensichtlich gar nichts mehr. Diese Phase, in der das kleine Kind seine Bezugsperson als unabhängig anerkennt und dennoch um seine Hilflosigkeit und sein Angewiesensein weiß, ist von außerordentlicher Bedeutung für sein weiteres psychisches Erleben. So ist mit dieser Phase, in der das Kleinkind erlebt, dass seine Gefühle »gespiegelt« werden, das später so wichtige Gefühl verbunden, sich in andere hineinfühlen zu können (Empathie) bzw. sich vorstellen zu können, was die oder der andere gerade denkt, was die Psychologie als »theory of mind« bezeichnet. Bleibt die Spiegelung aus, hat das weitreichend negative Konsequenzen für sein soziales Handeln. Ich komme, wenn wir auf die Rolle der »Spiegelneuronen« eingehen, auf diesen wichtigen Vorgang noch einmal zurück.

> Die Phase, in der das kleine Kind seine Bezugsperson als unabhängig anerkennt und dennoch um seine Hilflosigkeit und sein Angewiesensein weiß, ist von außerordentlicher Bedeutung für sein weiteres psychisches Erleben.

In einer klug angelegten experimentellen Situation konnte die kanadische Bindungsforscherin Margaret Ainsworth drei Bindungstypen feststellen, die sich nachweisbar aus dem Bindungsgeschehen in der frühen Kindheit ergaben und die später großen Einfluss auf die weitere psychische Entwicklung eines Menschen haben. Zum einen gab es die Kinder mit einer sicheren Bindung an ihre Bezugspersonen. Ein weiterer »Typus« waren solche Kinder, die sich eine Art von Pseudounabhängigkeit von ihren Bezugspersonen verschafften, da sie die Erfahrung gemacht hatten, von ihnen nicht zuverlässig und kontinuierlich in ihren emotionalen Bedürfnissen versorgt worden zu sein. Schließlich gab es Kinder, die sich gegenüber den Bezugspersonen sehr ambivalent, manchmal hochaggressiv, manchmal anklammernd verhielten und hier offensichtlich und nachweisbar einem Bindungsverhalten seitens ihrer Eltern folgten, das solchen emotionalen Reaktionen entsprechend angelegt war. Diese Kinder fühlten sich schon in den ersten Monaten oft »im Stich gelassen« oder, kompensatorisch, ohne Achtung ihrer eigenen, auch kommunikativen Bedürfnisse, zudringlich umsorgt. Später fand man noch einen weiteren, völlig desorganisierten Bindungsstil heraus, wie er aus schweren Traumata in der Kindheit resultiert und der in stark desorganisiertes Verhalten mündete.

Betrachten wir kurz, welche Voraussetzungen die Forscher für das erstrebenswerte »sichere Bindungsverhalten« fanden. Die Basis dafür ist, so banal es klingen mag, die Liebe der Eltern zu ihrem Kind. Sie wird kurz nach der Geburt durch das Hormon Oxytocin quasi automatisch in Gang gesetzt, und entsprechend positiv ist in den allermeisten Fällen die Beziehung der ersten Bezugspersonen zu ihrem neugeborenen Kind. Ein sicheres Bindungsverhalten stellt sich dann her, wenn die Eltern die Bedürfnisse ihres Kindes richtig deuten können und das Kind die Erfahrung macht, dass seine emotionalen Signale auch bei denen ankommen, an die sie gerichtet sind, und angemessen zurückgespiegelt werden – durch die Befriedigung primärer Bedürfnisse, wozu nicht nur Nahrung, sondern auch Schutz und Geborgenheit gehören, und ebenso durch sozial-emotionale Signale wie ein Lächeln, eine beruhigende Geste, einen entsprechenden Tonfall der Stimme usw. Hinzu tritt ein kohärenter, also Zuverlässigkeit ausstrahlender Bindungsstil der Eltern, d. h., das Kind weiß, woran es ist, und kann, was besonders für seine späteren Bindungserfahrungen wichtig ist, einigermaßen zuverlässig vorhersehen, wie seine Außenwelt, am Anfang hauptsächlich die Eltern, auf seine kommunikativen Angebote reagiert. Genau diese Vorhersehbarkeit schafft die Grundlage für ein gesundes Selbstwertgefühl, verschafft eine Art von »Urvertrauen in die Welt«. Derart sicher gebundene Kinder zeigen später ein adäquateres Sozialverhalten im Kindergarten und in der Schule, sie ruhen quasi ein Stück in sich selbst und müssen nicht immer auf

> **Ein sicheres Bindungsverhalten stellt sich dann her, wenn die Eltern die Bedürfnisse ihres Kindes richtig deuten können und das Kind die Erfahrung macht, dass seine emotionalen Signale auch bei denen ankommen, an die sie gerichtet sind, und angemessen zurückgespiegelt werden.**

der Hut sein, dass mit ihnen etwas Unvorhergesehenes passiert, gegen das sie sich – oft durch aggressives Verhalten, aber auch durch vorweggenommenen Rückzug oder durch Ängste – von vornherein abschirmen müssen. Da sicher gebundene Kinder großes Vertrauen in sich selbst besitzen (aus der Erfahrung heraus, dass dieses Vertrauen ganz am Anfang ihres Lebens entsprechend gewürdigt wurde), sind sie emotional ausgeglichener, weniger »sprunghaft« und auf sofortige Zuwendung angewiesen und auch im kognitiven Bereich »mutiger« und erfindungsreicher, weil selbstständiger und phantasievoller. Sie erleben sich als »ganz« und sehen, weil ihre frühkindlichen Kontaktversuche mit der Außenwelt erfolgreich verliefen, in ihren Gedanken und zielgerichteten Aktionen einen Sinn. Ein solches Kohärenzgefühl und Selbstvertrauen sind erwiesenermaßen eine entscheidende Voraussetzung, um im späteren Leben mit Problemen sicher, souverän und kreativ, getragen von einem positive Selbstbewusstsein und einer optimistischen Weltsicht, umgehen zu können. So fanden Resilienzforscher heraus, dass solchermaßen sicher gebundene Kinder als Erwachsene spätere traumatische Erfahrungen wie Lagerhaft oder Vertreibung wesentlich besser bewältigen konnten als Kinder, denen diese Stabilität in ihrer frühen Kindheit nicht gegeben wurde.

Kurz zusammengefasst besteht die große Bedeutung der Bindungstheorie darin, in dem Bedürfnis des Kindes nach Kommunikation mit seiner ersten Bezugsperson den Schlüssel für sein weiteres psychisches Erleben gesehen zu haben. Nicht die Befriedigung lebensnotwendiger Bedürfnisse und nicht die Lust treiben das Kind hin zum anderen, sondern sein Bedürfnis nach Sicherheit und Geborgenheit, das lebensnotwendig verbunden ist mit Anerkennung und dem kommunikativen Austausch mit anderen.

Nicht die Befriedigung lebensnotwendiger Bedürfnisse und nicht die Lust treiben das Kind hin zum anderen, sondern sein Bedürfnis nach Sicherheit und Geborgenheit, das lebensnotwendig verbunden ist mit Anerkennung und dem kommunikativen Austausch mit anderen.

Seit einigen Jahren ist als relativ selbstständige Forschungsrichtung hinsichtlich der Bedeutung der frühen Kindheit nun noch die *Hirnforschung* dazugekommen, die den Einfluss der frühkindlichen Erfahrungen besonders auf die Entwicklung und Vernetzung jener Zentren des Gehirns betont, die für unsere Emotionen und den Umgang mit ihnen zuständig sind. So gilt es als erwiesen, dass eine sichere Umgebung und ein feinfühliger und liebevoller Umgang der Mutter mit ihrem Säugling und Kleinkind nicht nur Gehirnareale stimulieren, die für die Sinne- und Bewegung zuständig sind, sondern auch das für unseren Gefühlshaushalt so wichtige limbische System mit seinen weiteren »Zentren« für Gedächtnisorganisation, die Steuerung der Aufmerksamkeit und unseres auf die Außenwelt gerichteten Bewusstseins. Entsprechende frühkindliche Erfahrungen können auf diese Weise Strukturveränderungen im Gehirn in Gang setzen, die basale Gefühlsäußerungen wie Angst, Wut, aber auch die Sexualität beeinflussen, auch wenn diese Gefühlszustände und ihre besonderen Charakteristika zeitlebens durch – positive oder negative – Lernerfahrungen noch modifiziert werden können. Umgekehrt zeigen Forschungsergebnisse, dass ein Ausbleiben von sensorischen, motorischen und emotionalen Umweltreizen den komplexen Aufbau des limbischen Systems negativ beeinflusst.

Insgesamt bestätigen diese Forschungen, dass unser Gehirn ein soziales Organ ist und nicht wie eine isolierte Maschine in uns gleichsam »aus sich heraus« funktioniert. Und dass psychosoziale Einflüsse unser Gehirn durchaus auch strukturell formen können.

Forschungen bestätigen, dass unser Gehirn ein soziales Organ ist und nicht wie eine isolierte Maschine in uns gleichsam »aus sich heraus« funktioniert. Und dass psychosoziale Einflüsse unser Gehirn durchaus auch strukturell formen können.

Neue Nahrung erhielten diese Auffassungen durch die Entdeckung von Spiegelnervenzellen im Gehirn, den sogenannten »Spiegelneuronen«. Situationen, in denen solche Spiegelneuronen am Werk sind, kennen wir alle: So öffnen wir selbst den Mund, wenn wir unser kleines Kind füttern, oder verziehen schmerzhaft das Gesicht, wenn wir zusehen, wie jemand anderem Schmerz zugefügt wird. Spiegelneuronen sorgen also dafür, dass wir einen anderen Menschen dadurch verstehen, dass sich sein gefühlsmäßiges Verhalten gleichsam in uns spiegelt und wir es dadurch wie nachvollziehend verstehen. Insofern sind diese Resonanz hervorrufenden neurobiologischen Vorgänge in unserem Gehirn nichts anderes als eine unabdingbare Voraussetzung, dass wir uns in andere einfühlen, auf sie reagieren, ihr Verhalten aber auch vorhersehen können.

Das Neugeborene kommt nun mit einer genetisch vorprogrammierten Grundausstattung von Spiegelneuronen auf die Welt, die ihm ermöglichen, mit seinen ersten Bezugspersonen erste solcher Spiegelungsaktionen vorzunehmen. Entscheidend aber ist, so der Gehirnforscher Joachim Bauer, dass ihm in seiner frühen Kindheit auch die Chance gegeben wird, solche Aktionen zu realisieren. So zeigen Experimente, wie sich ein Säugling oder Kleinkind nach einer kurzen Toleranzschwelle impulsiv von seinem Gegenüber abwendet, wenn dieser entgegen seinen Intentionen nicht auf sein kommunikatives Angebot eingeht. Wiederholt sich dieser ausbleibende Spiegeleffekt positiv gerichteter Emotion, wird das Kind erst aggressiv, um sich bei weiterem Ausbleiben emotionalen Entgegenkommens ganz zurückzuziehen. Spiegelnervenzellen werden auf diese Weise buchstäblich wieder abgebaut, was später zu schweren Störungen im sozialen Verhalten führen kann. Umgekehrt fördert eine sensible »Wiedergabe« der sozialen Signale, die das Kleinkind aussendet, den Aufbau der Spiegelnervenzellen beim Kleinkind und damit seine spätere Fähigkeit, sich in den anderen ebenso wie in sozial komplexe Situationen hineinversetzen zu können.

Umgekehrt fördert eine sensible »Wiedergabe« der sozialen Signale, die das Kleinkind aussendet, den Aufbau der Spiegelnervenzellen beim Kleinkind und damit seine spätere Fähigkeit, sich in den anderen ebenso wie in sozial komplexe Situationen hineinversetzen zu können.

Was die Entwicklung der Intelligenz des Kindes betrifft, wird heute nach allen Forschungsergebnissen von keinem eng bemessenen »Zeitfenster« in der frühen Kindheit mehr ausgegangen, in dem sich sozusagen »alles« für die weitere kognitive Entwicklung eines Kindes entscheiden würden. Voraussetzung für eine gesunde kognitive Entwicklung sei eine anregende Umgebung, wie sie die meisten Elternhäuser ihren Kindern bieten würden, ein spezielles Training der Intelligenz des Kleinkindes sei nicht notwendig und stehe in keinem bedeutenden Zusammenhang mit seinen späteren intellektuellen Leistungen. Insbesondere die vor noch nicht allzu langer Zeit geäußerte These, dass der enorme Reichtum an Verbindungsmodulen zwischen einzelnen Nervenzellen im Gehirn, den Synapsen, wie er in den ersten zwei Jahren nachweisbar ist, eine solche Frühförderung der intellektuellen Fähigkeiten des Kindes erforderlich mache, gilt heute als unbewiesen und ebenso die Vermutung, dass sich das Erlernen kulturell vermittelter Fähigkeiten wie Lesen, Rechnen, Schreiben, aber auch Musizieren, auf »kritische Phasen« in der frühen Kindheit beschränke und bei Nichteinhaltung von entsprechenden »Zeitfenstern« ungleich schwerer falle. Die enorme Plastizität des menschlichen Gehirns ermögliche vielmehr ein lebenslanges Lernen und Hinzulernen bis ins hohe Alter.

Fassen wir zusammen, so lässt sich hinsichtlich der emotional-kommunikativen Fähigkeiten durchaus sagen, dass die ersten drei Jahre wirklich ein Leben lang dauern. Für die Herausbildung kognitiver Fähigkeiten hingegen trifft dies nicht im gleichen Ausmaß zu, auch wenn die Bereitstellung einer »Lernumgebung«, die das Kind der Außenwelt gegenüber öffnet und neugierig macht, bewiesenermaßen förderlich ist. Aus der unzweifelhaften Bedeutung der frühesten und frühen Kindheit heraus deterministisch zu schließen, dass »später« nichts mehr zu machen sei, weil ja alles schon »gelaufen« ist, wäre aber sicherlich die völlig falsche Schlussfolgerung. Alle Forschungsbefunde legen nahe, dass auf der Grundlage einer enormen Plastizität des menschlichen Gehirns lebenslange Lernprozesse möglich sind und es »nie zu spät«, nur manches eben viel einfacher ist, wenn die Zeit der frühen Kindheit von den Kindern als besonders wichtiger Lebensabschnitt von den Eltern – und auch von der Gesellschaft! – gewürdigt wird.

Die ersten drei Jahre können ein Leben lang dauern.

2

Statt Sorgen: »Guck mir zu, hilf mir und freue dich mit mir!«

Was Babys uns sagen können

Mauri Fries

Ankommen und sich zurechtfinden

Nicht wenige Eltern fühlen sich im Umgang mit ihrem Baby, insbesondere in den ersten Tagen und Wochen, recht unsicher und stellen sich oft die Frage, ob sie alles richtig machen. Die beste Antwort auf diese Frage gibt das Baby mit seinem Verhalten selbst. Zu Beginn mag uns sein Verhalten jedoch wie eine Fremdsprache vorkommen. Aber diese Sprache kann man lernen, denn Babys und Erwachsene haben Fähigkeiten, die das allmähliche Verstehen erleichtern.

Babys kommen mit einer angeborenen Bereitschaft auf die Welt, mit anderen in Kontakt zu treten. In den ersten Wochen interessieren sie sich am meisten für das Gesicht und die Stimme eines Menschen. Sie können auch riechen, schmecken und sie genießen Berührungen. Alle Sinne sind da, manche müssen sich noch verfeinern, aber für die ersten wichtigen Eindrücke funktionieren sie wunderbar. Sie sind im Wesentlichen darauf ausgerichtet, genau die Menschen, die das Baby versorgen und umhegen, wahrnehmen zu können.

Die Erwachsenen besitzen ein so genanntes intuitives Wissen, das ihnen sozusagen »aus dem Bauch heraus« erlaubt, meistens das Richtige im Umgang mit dem Baby zu tun. Unsere intuitiven Handlungen sind auf die Lernmöglichkeiten des Babys abgestimmt. Würden wir erst lange nachdenken, was jetzt zu tun sei, könnte das Baby nur schwer einen Zusammenhang zwischen seinem Verhalten und den Reaktionen des Gegenübers herstellen. Babys »verzeihen« uns auch kleine Fehler. Mit zunehmender Erfahrung werden wir sicherer im Umgang mit unserem Kind, aber auch das Kind mit uns. Es entsteht ein Wechselspiel gegenseitiger Abstimmung.

Sollte es doch einmal nicht ganz das Richtige gewesen sein, ist es wichtig, die Reaktion des Babys zu beachten und nicht so sehr ein starres Programm durchzuziehen. Babys und Eltern brauchen etwas Zeit, sich kennen zu lernen und aufeinander einzustimmen. Das ist alles recht anstrengend und so ist es nicht verwunderlich, dass Babys noch sehr viel schlafen. Dann wäre es gut, dass sich die Eltern auch ausruhen. Sollte es mal sehr anstrengend werden, was zu einem Leben mit einem Baby dazugehört, dann möchten wir Eltern ermutigen, andere um Hilfe zu bitten.

Die Feinzeichen des Befindens

Wir wollen zunächst die Verhaltensweisen des Babys genauer betrachten, mit denen es uns sagt, ob es ihm gut geht oder ob es sich vielleicht etwas gestresst fühlt und was wir dann tun können, damit es sich wieder wohl fühlen kann.

Babys können uns mit ihrem Verhalten sehr fein abgestimmt mitteilen, ob sie gerade offen für einen Dialog sind oder sich kurz mit sich selbst beschäftigen wollen, ob sie sich überfordert fühlen oder eine kürzere oder längere Pause brauchen. Das Baby kann mit seinem Verhalten zum Beispiel sagen: »*Mmh, das gefällt mir, wenn du mich anguckst und mit mir redest, da bekomme ich Lust, dich auch anzugucken, zu lächeln und zu plappern.*«

»*Uff, das war jetzt nicht so gut, irgendwie zu schnell, ich bin gar nicht hinterhergekommen, aber ich möchte doch verstehen, was du mir zeigst und mit dir Spaß am Entdecken haben.*«

»*Langsam, langsam, jetzt brauch ich eine Pause, das war doch ganz schön anstrengend*«.

Manchmal sind ihre Botschaften sehr eindringlich, wie Lächeln oder Schreien, manchmal eher unauffällig und so kurz, dass sie uns gar nicht bewusst sind, wie beispielsweise das Spreizen eines Fingers oder ein kurzes Wegdrehen des Kopfes. Diese kleinen oder größeren Signale des Kindes an seine Umgebung nennen wir nach Anregungen der Säuglingsforscher Heideliese Als und T. Terry Brazelton Feinzeichen des Befindens. Wenn wir sie sehen und verstehen können, dann wird es einfacher sein, mit Babys die wundervollen Zwiegespräche zu genießen und ihnen zu helfen, bei kleineren oder größeren Belastungen wieder in die Balance zu kommen.

Üben wir uns zunächst in einer kurzen Selbstbeobachtung. Woran merken wir, aber auch andere, dass wir entspannt und ausgeglichen oder im Stress sind? Bei Anspannung und Stress könnte es sein, dass wir mit keinem reden und in Ruhe gelassen werden wollen. Manche fangen vielleicht auch an zu schimpfen. Unsere Aufmerksamkeit ist auf wenige Dinge eingeschränkt oder auf alles und nichts gerichtet. Geht es uns gut, dann haben wir Lust, mit anderen zu reden, die Dinge des Alltags gehen uns locker von der Hand, unsere Stimme ist klangvoll und unsere Mimik ist entspannt. Vielleicht lachen wir sogar. Wir sind ganz wach und aufmerksam.

Momente von Anspannung verraten sich auch durch unsere Körpersprache. Möglicherweise haben wir die Schultern hochgezogen und fühlen uns sehr verspannt. Hektische Bewegungen können ebenfalls unsere Anspannung verraten. In Situationen von Entspannung haben wir keine Muskelverspannungen, unsere Bewegungen machen einen harmonischen, fließenden Eindruck. Dann ist unsere Atmung ruhig und gleichmäßig, was sich auch auf unsere Stimme auswirkt. In Situationen von hoher Anspannung verändert sich unsere Atmung, sie kann schneller werden, gepresst wirken oder stocken. Manche kennen auch rote Hautflecken oder Probleme mit der Verdauung.

In Momenten von Zufriedenheit oder Überlastung sind die Signale des Babys den unsrigen ähnlich.

Worin besteht der Zusammenhang mit dem Verhalten der Babys? Verkürzt gesagt, sind die Signale des Babys in Momenten von Zufriedenheit oder Überlastung den unsrigen sehr ähnlich. Ihnen fehlt zwar noch die Sprache, um uns zu sagen, wie es ihnen geht. Umso mehr zeigen sie ihr Befinden in körperlichen Reaktionen.

Wie bei uns lassen sich diese Reaktionen in vier unterschiedlichen Bereichen in einem Gesamtsystem von typischen Verhaltensweisen beobachten.

Den Kern des Gesamtsystems bildet das so genannte Autonome System. Es steuert die grundlegenden körperlichen Funktionen des Kindes. Veränderungen können sich in der Atmung oder in der Hautfarbe bemerkbar machen. Auch Reaktionen wie Spucken, Schluckauf, Zucken, Zittern weisen auf körperliche Zustände hin, die für das Kind belastend sind. Gerade in den ersten Tagen und Wochen sind diese Reaktionen recht alltäglich und geben Auskunft über das momentane körperliche Befinden des Kindes.

Bewegungen des Kindes werden durch das motorische System gesteuert. Man kann Unterschiede in der Art und im Tempo der Bewegung und im Muskeltonus je nach Befinden des Kindes beobachten.

Ob ein Kind wach oder eingeschränkt in seiner Aufmerksamkeit ist, quengelt oder schreit bzw. schläft, sagt etwas über den Grad seiner Aufmerksamkeit aus. Die Fähigkeit des Babys, zur Ruhe zu kommen, die Fähigkeit, mit Quengeln oder Schreien auf unangenehme Zustände aufmerksam zu machen, und die Fähigkeit, wach und aufmerksam mit anderen in Kontakt zu treten, erlauben dem Kind, selbst zu entscheiden, wie es sich verhält. Blickkontakt, Lächeln, Töne von sich geben sind Zeichen an den anderen, dass das Baby bereit zu einem kleinen Dialog ist. Wenn es eine kurze Pause braucht, dann wendet es seinen Blick ab und hört auf zu sprechen. Auch die Mimik verrät die bestehende Anstrengung oder Belastung. In der Darstellung von Heideliese Als werden diese Verhaltensweisen als interaktives System zusammengefasst, weil sie uns Hinweise darüber geben, ob und wie das Kind für einen direkten Austausch mit seiner Umwelt bereit und in der Lage ist.

Die Tabelle gibt einen Überblick über typische Verhaltensweisen, die eher auf Entspannung und Aufmerksamkeit oder eher auf Anspannung und Abwendung hinweisen.

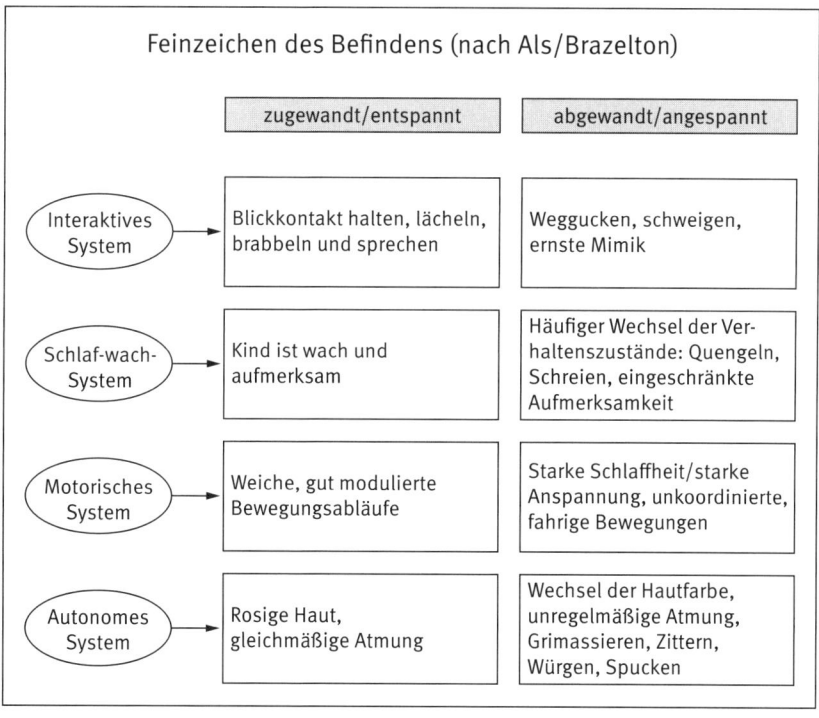

Feinzeichen des Befindens (nach Als/Brazelton)

	zugewandt/entspannt	abgewandt/angespannt
Interaktives System	Blickkontakt halten, lächeln, brabbeln und sprechen	Weggucken, schweigen, ernste Mimik
Schlaf-wach-System	Kind ist wach und aufmerksam	Häufiger Wechsel der Verhaltenszustände: Quengeln, Schreien, eingeschränkte Aufmerksamkeit
Motorisches System	Weiche, gut modulierte Bewegungsabläufe	Starke Schlaffheit/starke Anspannung, unkoordinierte, fahrige Bewegungen
Autonomes System	Rosige Haut, gleichmäßige Atmung	Wechsel der Hautfarbe, unregelmäßige Atmung, Grimassieren, Zittern, Würgen, Spucken

Anspannungen, die das Baby erlebt, können in ihm selbst entstehen, z. B. durch Hunger oder Schmerzen. Sie können auch durch äußere Umstände, z. B. eine geringe Temperatur oder unbehagliche Handlungen der Mutter oder des Vaters entstehen. Es ist nicht immer sofort ersichtlich, ob die Anzeichen für Anspannung und Belastung vom Baby selbst kommen oder durch seine Umgebung verursacht werden.

Es geht dabei nicht um eine Bewertung des Verhaltens, ob das eine besser als das andere ist oder die Zeichen für Belastetheit unter allen Umständen vermieden werden sollten. Alle aufgeführten Verhaltensweisen gehören zu einem Baby dazu. Vielmehr ist es faszinierend, zu sehen, wie fein abgestimmt Babys Mitteilungen über ihr Befinden machen können. Auch Anstrengungen und Belastungen gehören zum Alltag eines Babys. Was am Anfang noch viel Kraft kostet und sehr anstrengend ist, wie zum Beispiel das Windeln, wird allmählich immer leichter und selbstverständlicher. Das Baby braucht noch viel Hilfe durch ruhiges Ansprechen, vorsichtiges Berühren und die eine oder andere Pause. Im Laufe der Zeit wird das Windeln für das Baby immer weniger anstrengend. Die Feinzeichen, die auf die Anstrengung hinweisen, werden dann seltener und das Baby zeigt beim Windeln mehr Interesse an seiner Umgebung, brabbelt vielleicht mit oder ist kaum noch zu halten, weil es sich wegdrehen oder krabbeln möchte.

> Auch Anstrengungen und Belastungen gehören zum Alltag eines Babys.

Genaue Beobachtungen haben gezeigt, dass Babys in Momenten von Anspannung und Belastetheit eigene Aktivitäten nutzen können, um zumindest bei kleineren Anstrengungen selbst wieder zur Entspannung zurückzufinden. Diese Möglichkeiten zur so genannten Selbstregulation oder Selbsthilfe kann das Baby besonders gut nutzen, wenn es zusätzlich Hilfe von außen bekommt. Diese Unterstützung von außen besteht genau in dem, was Eltern tun, nämlich mit dem Kind sprechen, es berühren und halten. Ein kurzes Weg- und Wiederhingucken kann ein Anzeichen für diese Selbsthilfe sein, weil das Kind selbst bestimmt, wann es zur Seite guckt, um sich auszuruhen und das gerade Erlebte zu verarbeiten, und wann es sich dann wieder der Mutter oder dem Vater zuwendet. Weggucken ist das Zeichen an den anderen: »*Moment mal, ich brauch eine kurze Pause.*« Wird diese dem Kind gewährt, so wird es meistens von selbst wieder den Blickkontakt aufnehmen, so als wollte es sagen: »*So, da bin ich wieder, ich habe mich einen kurzen Moment ausgeruht und jetzt kann es weitergehen.*« Ab- und Zuwendung zum Er-

2

wachsenen, auch das kurzzeitige Betrachten eines Gegenstandes oder ein kurzer starrer Blick tragen zur Selbstregulation in einem Moment von Belastetheit bei. Anstrengungen, die seine Aufmerksamkeit beeinträchtigen können, kann es selbst ausgleichen, indem es mal kurz quengelt und sich abwendet. Mehr und von uns besser beobachtbare Möglichkeiten, in der Balance zu bleiben oder diese wieder zu erlangen, hat das Baby durch bestimmte eigene Bewegungen. Man kann sehen, wie es die Finger oder die ganze Hand an oder in den Mund führt und daran saugt. Saugen dient also nicht nur der Nahrungsaufnahme, sondern auch der Beruhigung. Manche Eltern machen sich dann Sorgen über die Entwicklung der Zähne. In diesem frühen Alter ist es jedoch so, dass die Kinder meistens die ganze Hand in den Mund stecken und daran saugen, also es sich hier nicht um das befürchtete Daumenlutschen handelt. Es scheint auch so zu sein, dass die Erkundung der eigenen Hände mit dem Mund eine gute Unterstützung der Sprachentwicklung ist. Die eigene Hand hat das Kind immer dabei. Einen Nuckel muss man oft suchen. Meistens ist er dann nicht zu finden, wenn er gerade dringend gebraucht wird.

Zur Selbstberuhigung und zum Haltfinden führen die Kinder ihre Hände und Füße in der Körpermitte aneinander. Der Kontakt mit den Füßen beim Gegenüber oder das Ergreifen eines Gegenstandes sind Bewegungen, die das Baby ebenfalls für sich selbst nutzen kann. Wenn man genau beobachtet, stellt man fest, dass das Baby diese Bewegungen immer dann zeigt, wenn eine kleine Belastung aufgetreten ist. Häufig ist es danach wieder etwas kontaktbereiter als in den Sekunden davor. Dabei können die Übergänge zwischen den vier Bereichen fließend sein. Ein Baby zeigt beispielsweise Anzeichen von Belastetheit in seinen Bewegungen und kann dennoch seine Mutter anschauen und etwas sagen. Vielleicht hat es noch ein bisschen Kraft, der Mutter zu antworten, die gerade selbst etwas gesagt hat.

> **Zur Selbstberuhigung und zum Haltfinden führen die Kinder ihre Hände und Füße in der Körpermitte aneinander.**

Beobachtet man deutliche Belastungszeichen im Autonomen System, also dem Bereich, der die grundlegenden körperlichen Funktionen des Kindes steuert, so ist das meist ein Hinweis darauf, dass die erlebte Anstrengung relativ hoch und die Fähigkeit des Babys, selbst etwas zu tun, weitgehend ausgeschöpft ist. Damit wächst auch das Bedürfnis des Babys, mehr Unterstützung durch Ruhe, Halt und Wärme zu erhalten. Vielleicht ist auch jetzt Stillen dran oder ein Schluck aus der Flasche, vielleicht ist die Windel nass oder das Baby will einfach schlafen. Das Baby lernt also in den aufmerksamen, wachen Momenten, wie man in Kontakt mit einem anderen tritt. Es lernt ebenso, wie man in anstrengenden Momenten selbst in die Balance kommen kann und Hilfe und Unterstützung durch Ansprechen, Pausemachen und Halten finden kann. Manche Babys zeigen **Manche Babys zeigen ihre Feinzeichen deutlicher als andere.** ihre Feinzeichen deutlicher als andere und für jedes Kind brauchen die Eltern immer wieder eine Zeit des Kennenlernens und genauen Beobachtens. Jedes Baby ist anders.

Lernen, Schlafen und Trinken, das sind die Hauptbeschäftigungen des Babys. Die Wachzeiten sind noch kurz und kosten viel Kraft. In diesen kurzen Momenten von wacher Aufmerksamkeit betrachtet das Baby neugierig seine Umgebung und eben besonders seine Mutter oder seinen Vater. Nicht immer wird es ihm gelingen, ruhig vom Schlafen zum Wachen, vom Trinken zum Schlafen oder vom Wachsein zum Schlafen zu gelangen. Und so gehören auch Momente des Quengelns und Schreiens zum Alltag mit einem Baby. Wie schon häufig betont, sind die Kinder dabei sehr unterschiedlich.

Etwa mit Ende des zweiten Monats, manchmal auch ein wenig eher, beginnt das Kind die Mutter oder den Vater direkt anzulächeln, wenn diese sich dem Kind zeigen. Ein wunderbarer Moment für die Eltern, weil sie jetzt deutlicher das Gefühl haben, ihr Baby reagiert auf sie. Das kann wie eine Wiedergutmachung schwieriger Momente und wie eine Aufforderung empfunden werden, das Zwiegespräch mit dem Baby zu intensiveren. Dies wiederum hilft dem Baby, länger wach zu bleiben und seine Ausdauer für diese behaglichen Momente zu verlängern. Am Ende des ersten Vierteljahres finden sich die allermeisten Babys gut zurecht. Sie haben aufgrund des häufigen Kontaktes mit ihren Eltern beim Füttern, Windeln, Beschäftigen, Schaukeln und Herumgetragenwerden ihre eigenen Eltern und deren Vorlieben kennen gelernt. Ein körperlicher Reifungsschub unterstützt das Baby in dieser Zeit außerdem in der Ausbildung eines gleichmäßigeren Schlaf-wach-Rhythmus. Die Eltern können daher auch etwas zuverlässiger vorhersagen, wann es schlafen wird, wann es Hunger hat oder zu einem kleinen Gespräch bereit ist. Natürlich klappt das nicht immer und natürlich sind die Kinder sehr unterschiedlich. Eltern können bei der Entwicklung eines gleichmäßigeren Rhythmus mitwirken, indem sie ihr Kind behutsam an einen regelmäßigen Tagesablauf heranführen, also vielleicht die nächste Mahlzeit um ein paar Minuten verschieben. Wenn mehrere kleine Kinder in einer Familie leben, kann sich das jüngste Kind nach den ersten Wochen auch gut auf den Rhythmus der Familie einstellen. Da, wo Eltern, insbesondere Mütter befürchten, es bekomme nicht so viel Zuwendung wie ihr Erstgeborenes, sei daran erinnert, dass es dafür viele wichtige Erfahrungen mit seinen Geschwistern machen wird.

Erkundungen in die nähere und fernere Umgebung

Zwischen dem zweiten und vierten Monat erlangt das Baby zunehmend mehr Kraft, insbesondere im Schultergürtel und in den Armen. Es kann nun seinen Kopf in verschiedenen Positionen aufrecht halten und an der Körpermitte ausrichten. Mit etwa vier Monaten entwickelt sich die Fähigkeit, die Bewegungen der Hand mit den Augen zu kontrollieren und Augen-, Hand- und Mundbewegungen besser aufeinander abzustimmen. Hinzu kommt die allmähliche Verbesserung des scharfen Sehens. Damit verstärkt sich die Neugier des Kindes an Gegenständen in der näheren Umgebung erheblich. Jetzt ist es an der Zeit, ihm Gegenstände anzubieten, die es mit seiner kleinen Hand gut halten kann. Gibt man Babys zu einem früheren Zeitpunkt Spielgegenständen, sind sie in der Regel damit überfordert, da sie diese nicht festhalten, untersuchen und loslassen können. Erst eine feinere Abstimmung zwischen dem, was die Augen sehen, und dem, was die Hände tun, erlaubt den Kindern eine selbstständige Erkundung von Füßen, Händen und eben auch dem Spielzeug. Jetzt sind die Babys auch eher bereit, für einige Zeit alleine zu spielen. Sie beschäftigen sich neugierig und ausdauernd mit ihren Händen, Füßen und greifbaren Gegenständen. Im Gegensatz zum Spielzeug bleiben aber Mutter oder Vater doch die bevorzugten »Mitspieler«, weil diese zumeist Rücksicht auf die sich entwickelnden Fähigkeiten nehmen. Sie können durch ihre Beobachtung feststellen, ob das Baby noch neugierig ist, sich langweilt oder erschöpft ist. Außerdem ist der sprachliche Austausch für Babys überaus interessant. Sie entdecken, dass sie die stimmlichen Angebote der Eltern durch ihr »Mitreden« variieren und mitgestalten können. Die Stimme hilft zudem, etwas über die Gefühle des Gegenübers zu erfah-

> Jetzt ist es an der Zeit, dem Baby Gegenstände anzubieten, die es mit seiner kleinen Hand gut halten kann.

ren, was wiederum bedeutsam für die eigene Gefühlsentwicklung ist. Und die Kinder machen in diesem Alter noch eine interessante Entdeckung. Ein Spielzeug oder ein Gegenstand, der ihre Neugier erweckt, wird von ihnen ausgiebig betrachtet. Dann wechseln sie die Blickrichtung. Sie schauen ihre Mutter oder ihren Vater an und dann wieder auf den Gegenstand. Dabei können sie häufig feststellen, dass der Erwachsene dann auch auf diesen interessanten Gegenstand blickt und ihn vielleicht dem Kind reicht, weil es das noch nicht kann. Was stellt das Kind fest? Es bemerkt, dass es mit seinem eigenen Blickverhalten das Blickverhalten seines Gegenübers beeinflussen kann, dass beide ihre Aufmerksamkeit gemeinsam auf das Gleiche lenken und dass der andere dies als eine Aufforderung versteht, beim Ergreifen zu helfen. Eine wichtige Erfahrung, selbst etwas bei Mutter oder Vater erreichen zu können!

Mit weiterer Kraftzunahme im Rumpfbereich entwickelt das Kind die Fähigkeit, frei zu sitzen, den Kopf zu drehen, ohne aus der Balance zu geraten, und den Oberkörper seitlich zu drehen, etwa mit Beginn des sechsten bis achten Monats. Es greift zielsicher und wechselt einen Gegenstand von einer Hand in die andere. Seine Sehschärfe und sein Entfernungssehen entsprechen fast denen eines Erwachsenen. Mit dem Herumrollen, dem selbstständigen Sitzen und Krabbeln kann es nun seine Erkundungen über den noch recht kurzen Greifraum seiner Hände in die weitere Umgebung ausdehnen.

Erkundungen in die fernere Umgebung

Zwischen dem achten und zehnten Monat beginnen die meisten Kinder zu krabbeln, zu kriechen oder sich in einer anderen Weise fortzubewegen. Auch hierin unterscheiden sie sich zum Teil erheblich voneinander. Manche Kinder entwickeln ganz eigenartige Fortbewegungsarten, wie zum Beispiel auf dem Hosenboden zu rutschen oder das Rollen. Ganz wenige probieren es sogar aus der Rückenlage, indem sie eine Brücke bilden und mit den Beinen abstoßen. Nach kurzer Zeit entdecken sie jedoch, dass es bequemere und schnellere Möglichkeiten gibt, um an die ersehnten Gegenstände heranzukommen. Auch der Zeitraum, in welchem die Kinder ihre Fähigkeiten zur Fortbewegung entwickeln, kann sehr unterschiedlich sein. Einige Kinder kriechen bereits mit sechs oder sieben Monaten, andere lassen sich bis zu zwölf Monate Zeit. Noch größer sind die Unterschiede beim freien Gehen. Die ganz schnellen gehen bereits mit acht bis neuen Monaten, andere warten manchmal bis zum zwanzigsten Monat. Die meisten probieren ihre ersten noch wackligen Schritte zwischen dem dreizehnten und vierzehnten Monat aus. Diese Entwicklungsprozesse kann man nicht durch Üben beschleunigen, weil sie überwiegend durch innere Reifungsprozesse gesteuert werden. Also hilft es nicht, das kleine Baby zum Sitzen hochzuziehen oder Kinder vorzeitig, bevor sie nicht selbst dazu bereit sind, hinzusetzen. Ohne Hilfe würden sie vor dem selbst bestimmten Zeitpunkt des freien Sitzens wieder umfallen. Folgt man den Impulsen des Kindes, so wird es später beim Laufen, Springen und Herumtollen in seinen Bewegungen sicherer sein und die wackligen Momente besser ausbalancieren können.

Was bedeuten diese Entdeckungen, sich selbst fortbewegen zu können, für das Kind? Einfach gesagt, seine Neugier, seine Lust an der Bewegung und die Entdeckung der Selbstständigkeit bekommen einen erstaunlichen Aufschwung. Endlich kann es den ersehnten Gegenstand selbst herbeiholen und neben dem Austausch mit den Eltern, der Entdeckung der eigenen Finger, Hände und kleinen Spielsachen kommt jetzt noch mal deutlich die Lust an der Bewegung dazu. Auch wenn der Weg zum eigenen freien Gehen mühsam sein kann, ist es doch immer wieder erstaunlich, mit wie viel Ausdauer Kinder sich diese Fähigkeit zu eigen machen.

Dieser Zugewinn an Selbstständigkeit hat jedoch eine Kehrseite. Macht sich das Baby auf den Weg, unbekannte Ecken in der Umgebung zu entdecken oder einem davonrollenden Spielzeug nachzukrabbeln, gerät es vielleicht in fremde oder unheimliche Situationen. Der Papierkorb, an dem es sich hochziehen wollte, fällt einfach um. Oder es hat sich in seinem Überschwang weit weg von einem vertrauten Ort begeben und ist plötzlich allein.

Wunderbarerweise tauchen jetzt aber beim Baby neue Fähigkeiten auf, die es davor schützen, unbekannten Situationen hilflos ausgeliefert zu sein. Etwa parallel zum Loskrabbeln kann sich das Kind besser als vorher merken, wie die Mutter, der Vater oder andere vertraute Personen aussehen, auch wenn sie gerade nicht in Sichtweite ist. Das hilft, wenn man sie herbeirufen muss, weil gerade irgendetwas unheimlich oder schwierig geworden ist und keiner da ist. Man kann nur nach etwas gezielt rufen oder suchen, wenn man davon eine Vorstellung oder eben ein Bild im Kopf hat. Nun wird auch klar, warum die Kinder in dieser Phase bei Kummer, Überforderung oder

Unsicherheit sich nur von vertrauten Personen trösten und beruhigen lassen. Fremde haben, solange sie fremd sind, wenig Chancen. Ja selbst in weniger unsicheren Momenten werden sie vorsichtig gemustert und viele Kinder reagieren mit Fremdenangst, wenn kein Vertrauter hilft, die fremde Person kennen zu lernen. Kleine Kinder in diesem Alter suchen Rat und Hilfe, indem sie sehr darauf achten, wie der vertraute Erwachsene guckt und spricht. Guckt und spricht Mutter oder Vater ermutigend, dann trauen sie sich unterschiedlich vorsichtig an eine fremde Person oder einen unbekannten Gegenstand heran. Durch eine warnende oder angstvolle Reaktion von Mutter oder Vater werden sie eher gebremst. Meistens dient das ihrem Schutz. Manchmal übertragen sich aber die Angst und Unsicherheit der Erwachsenen ungünstig auf das Kind, denn das Kind holt sich in diesem aufregenden Lebensabschnitt beim Erwachsenen eine Art Rückversicherung über das, was jetzt zu tun ist.

> **Fremde haben, solange sie fremd sind, wenig Chancen.**

Dieses zielgerichtete Rufen, Schreien, Weinen tritt also genau dann eindrucksvoll als Trennungs- und Fremdenangst auf, wenn sich das Kind aufgrund seiner Neugier und eigenen Fortbewegung selbst in schwierige Situationen bringen kann. Es aktiviert damit sozusagen die unsichtbare Sicherheitsleine, die es mit der Mutter oder auch dem Vater verbindet. Man könnte es auch vergleichen mit dem Ruf nach einem Lotsenschiff, welches das Kind in den sicheren Hafen geleitet, um dort erst mal wieder aufzutanken und mit neuer Energie die noch unbekannte Situation oder Person in Augenschein zu nehmen.

Es ist ein gutes Zeichen, wenn das Kind in solchen Momenten seiner Umgebung mitteilt, dass es Hilfe braucht. Es zeigt damit auch, dass es weiß, dass es um Hilfe bitten kann und dass jemand bereit ist, zu helfen. Dann ist das Kind getröstet und spürt meistens wieder neuen Mut, aufzubrechen. Manchmal sind Eltern besorgt über diese Verhaltensweisen, weil sie glauben, ihr Kind sei nicht artig oder dramatisiere die Situation. Kinder dieses Alters brauchen aber immer vertrauensvolle, verlässliche und verfügbare Erwachsene, die ihnen in Situationen beistehen, die sie noch überfordern. Wenn Kinder diese Unterstützung in den allermeisten Fällen erleben, dann werden sie mutiger, nicht zuletzt deshalb, weil der Erwachsene ihnen ja damit auch zeigt, wie man aus einer schwierigen Situation herausfinden kann. Auch hier gibt es wieder Unterschiede zwischen den Kindern. Diese Unterschiede haben zu tun mit den Erfahrungen, die die Kinder bisher mit Vater,

Mutter oder anderen vertrauten Personen gemacht haben. Sie haben zum Teil auch mit dem Temperament der Kinder zu tun, was ja mit darüber entscheidet, wie vorsichtig oder neugierig, wie schnell oder langsam Kinder auf neue Situationen zugehen.

Manche Kinder versuchen in Momenten von Verunsicherung erst mal tapfer zu sein und geben keine deutlichen Signale an die Erwachsenen. Sie verstecken ihre Unsicherheit und Überforderung und tun so, als ob ihnen die Unvertrautheit einer Situation nichts ausmacht. Vielleicht haben sie von den Erwachsenen Botschaften bekommen, die diesen auch nicht immer bewusst sein müssen. Solche unterschwelligen Botschaften könnten lauten: »Stell dich nicht so an« oder »Ich bin stolz auf dich, wenn du nicht weinst«. Kinder, auch schon sehr kleine, haben dafür feine Antennen und sie versuchen, sich den Erwartungen der Erwachsenen anzupassen.

Wieder andere Kinder haben für sich eine andere Lösung gefunden, wie sie mit unsicheren oder unvertrauten Situationen umgehen können. Sie bevorzugen es, schon bei den kleinsten Anzeichen von Schwierigkeiten dem Erwachsenen mit Weinen und Schreien deutlich Bescheid zu sagen, damit er auch unbedingt zur Stelle ist, wenn er gebraucht wird. Möglicherweise haben sie die Erfahrung gemacht, dass sie sich der Aufmerksamkeit von Mutter oder Vater nicht so sicher sein konnten, weil diese manchmal sehr beschäftigt und nicht erreichbar waren, wenn sie gebraucht wurden, und dann wieder trösten und helfen wollten, auch wenn gerade alles in Ordnung war. Also geben sie schon ein bisschen eher oder auch intensiver Bescheid, um auf ihre Situation aufmerksam zu machen.

Für die Entwicklung von Babys ist es gut, wenn Mutter und Vater und andere vertraute Personen einerseits von der Idee Abschied nehmen können, dass ihr Kind in schwierigen Situationen alleine klarkommen und tapfer sein sollte und dass sie anderseits mit Gelassenheit den Drang nach Selbstständigkeit begleiten und nur dann helfen, trösten und ermutigen, wenn sie wirklich gebraucht werden. Da ist es nicht immer leicht, die richtige Balance zwischen der nötigen Geborgenheit und der Ermutigung zur Selbstständigkeit für das Baby zu finden.

Die richtige Balance finden zwischen »Lass mich selber« und »Hilf mir mal!«

Auch die Babys, die nun schon fast Kleinkinder sind, müssen im zweiten Lebensjahr immer wieder die richtige Balance finden zwischen »Lass mich selber« und »Hilf mir mal!«. Das eine oder andere Missverständnis gehört dann einfach dazu bei den Erkundungen in die fernere Umgebung.

Abenteuer »Essen« –
mit Kleinkindern gemeinsam essen lernen

Barbara Methfessel, Barbara Miltner-Jürgensen

Warum es nicht »egal« ist, was gegessen wird – oder: Der Mensch ist, was er isst

Nichts ist alltäglicher als essen – wir tun es regelmäßig, scheinbar naturge-geben. Gleichzeitig ist es eine Quelle des »schlechten Gewissens«. »*Eine aus-gewogene Ernährung ist für einen gesunden Start ins Leben wichtig und trägt zentral und langfristig entscheidend zur Gesundheit der Kinder bei*«, diese Bot-schaft setzt viele Eltern unter Druck. Sie suchen nach einer Antwort, wie sie ihr Kind von Anfang an »richtig« ernähren.

Ernährung *ist* grundlegend, denn unser Körper kann *nur* aus dem zu-sammengesetzt sein, was ihm zugeführt wird. D. h. wie erfolgreich er aufge-baut wird und funktioniert, das bestimmt die Qualität der Nahrung entschei-dend mit. Mit Chips und Cola starke Knochen, ein kräftiges Herz oder ein entwickeltes Gehirn aufzubauen geht ebenso wenig, wie aus einer Hand voll übriggebliebener defekter Legosteine ein großes Schloss. Die Vielfalt des Körpers, seiner unterschiedlichen Teile und Funktionen benötigt eine spezi-fische Zusammensetzung an Nährstoffen, die wiederum von Lebensmitteln kommen, die im Laufe des Heranwachsens auch immer vielfältiger werden müssen. Die größte Sicherheit für eine gute Versorgung ist nach heutiger Kenntnis eine Ernährungsweise, die eine Vielfalt der Lebensmittel beinhal-tet. Auch die *Qualität* der Lebensmittel ist entscheidend: Die Menge an wert-gebenden Inhaltsstoffen (z. B. Nährstoffe, Vitamine und Schutzstoffe) und wertmindernden Anteilen (wie Pflanzenschutzmittel) hat Auswirkungen auf den Körper. Kinder sind dabei umso gefährdeter, je kleiner sie sind.

Unsere Kinder sollten es uns also wert sein, sie vor Schaden zu schützen und ihnen das zu bieten, was ihr Körper benötigt. Das Öl, das wir bzw. unsere Kinder essen, sollte uns nicht weniger wichtig sein als das, was für das Auto oder für die Haut gewählt wird.

Und der Blick auf die Kinder kann auch für Eltern Anlass sein, neu zu überlegen, wie sie mit ihrem Körper umgehen und was sie ihm »Gutes tun«.

2

Essen muss gelernt werden

»Essen lernen« klingt seltsam. Denn schließlich meldet der Körper Hunger und Durst ebenso wie Sättigung. *Dass* der Mensch essen muss, ist naturgegeben. Aber dafür, *was* er isst, gibt ihm die Natur keine (zumindest für die heutigen Bedingungen keine relevanten) Instinkte und Begrenzungen. Er ist ein »Omnivore«, ein »Allesfresser«, und sein Essverhalten ist durch die Kultur und die darin erworbenen Gewohnheiten geprägt.

Die Vielfalt des Essbaren ist weitaus größer als die übliche alltägliche Auswahl. Die Kombination von Lebensmitteln zu Speisen, deren Verteilung über die Mahlzeiten, den Tag und das Jahr ist, wie die Esskulturen der Welt zeigen, weitaus vielfältiger als das, was als »normal« empfunden wird. Da aber nicht vor jedem Bissen das gesamte Spektrum der Essenswelt analysiert und entschieden werden kann, benötigen Menschen den *Rahmen einer Esskultur*. Diese leitet wie selbstverständlich das alltägliche Handeln, gibt Rhythmen (z. B. der Mahlzeiten) und damit verbundene Speisen vor (morgens: Kakao und Butterbrot, oder freitags: Fisch) und lässt dieses Essen dann als »normal« und »selbstverständlich« erscheinen. Diese selbstverständlichen Rhythmen und Gewohnheiten ermöglichen, dass wir »unbeschwert genießen« können.

In diese Welt müssen Kinder – im wahrsten Sinne des Wortes – hineinwachsen.

Warum wird Essen ein Thema?

Dieses »Hineinwachsen« der Kinder ist schwieriger, als es auf den ersten Blick scheint. Das Bemühen vieler Eltern um eine gute Ernährung ist nicht einfach. Von widersprüchlichen und verunsichernden Empfehlungen über »gutmeinende Verwandte«, die die Kinder mit Süßigkeiten versorgen, bis hin zum Kleinkriegen am »Kampfplatz Esstisch« reicht das Spektrum der Widrigkeiten, die selbst die besten Vorsätze unterhöhlen können.

Alte Erziehungsregeln wie »*Was auf den Teller kommt, wird gegessen*« sind infrage gestellt, ohne dass neue Regeln selbstverständlich sind. Kinder dürfen und sollen immer mehr mitbestimmen und werden zu »heimlichen Diktatoren«, sind dabei aber selbst ihren Motiven und den Einflüssen von außen oft hilflos ausgesetzt.

Industriell gefertigte hochwertige Kindernahrung erleichtert auf der einen Seite gerade bei Säuglingen und Kleinkindern die Ernährung. Dagegen verunsichern die zu einzelnen Aspekten auch kontrovers geführten wissenschaftlichen Diskussionen. Durch die wirtschaftliche Konkurrenz kommen zahlreiche ähnliche oder gleiche Produkte auf den Markt, deren Unterschiede für Laien nicht erkennbar sind. Ebenso ist für Laien auch schwierig einzuschätzen, ob man die vielen zusätzlichen »Kinderprodukte« wirklich benötigt.

Was also tun? Zur Beantwortung sollen im Weiteren zunächst allgemeine fachliche und pädagogische Hinweise gegeben werden und dann konkretere Orientierungen für die Ernährung in den ersten Lebensjahren.

Wie lernen Kinder essen?

Die Antwort ist einfach: Durch Gewohnheit! – Gefördert durch die Eltern (und andere maßgebliche Personen wie z. B. Geschwister), deren Vorbild und Interaktion.

> Kinder essen, was ihnen schmeckt – wie Erwachsene auch. Auf den Geschmack kommen sie dadurch, dass sie diesen durch Essen kennenlernen – und zwar verbunden mit positiven Emotionen und eingebettet in Gewohnheiten.

Essen lernen beginnt schon im Mutterleib
Entwicklungsgeschichtlich ist nur die Präferenz für *süß* und die Aversion gegen *bitter* vorgegeben. Aber was man als *süß genug* empfindet, ist ein Lernprozess, ebenso wie die Gewöhnung an *bitter*.

Schon im Mutterleib entwickeln Kinder erste Präferenzen. Sie können schon die leichte Süße des Fruchtwassers schmecken und lernen die Aromen aus dem Essen der Mutter kennen. Eine erste Ernährungsbildung ist daher die Gewöhnung an unterschiedliche Aromen durch eine vielseitige Ernährung der Schwangeren. Auch die Muttermilch beinhaltet unterschiedliche Aromen aus dem Essen der Stillenden. Und da Geschmäcker im Ge-

2

hirn im Zusammenhang mit Gefühlen gespeichert werden, speichern Kinder beim Stillen bzw. Füttern auch, wie der quälende Hunger sich in ein Gefühl des Wohlbefindens und der Sicherheit wandelt, ein Gefühl, das Essen auch bei Erwachsenen einen besonderen Stellenwert gibt. Dabei spielen nicht nur das Geschmacks- und Sättigungserlebnis eine Rolle, sondern auch das Gefühl der Sicherheit, das ein *vertrauter* und mit *Geborgenheit* verbundener Geschmack vermittelt – auch wenn das nicht bewusst geschieht.

Kinder »erarbeiten« sich neue Geschmäcker, indem sie positive Erfahrungen wiederholen möchten, anders als Erwachsene, die eher die Abwechslung suchen. Man darf sich also auch nicht wundern, wenn sie mit großer Beharrlichkeit immer wieder das Gleiche verlangen.

Geschmackspräferenzen sind z. T. Prägungen. Die positive Orientierung auf die »Geschmäcker der Kindheit« verliert man nie, man kann sie aber das Leben lang erweitern. Die Aufgabe der Eltern ist, diese systematische Erweiterung zu fördern, indem sie Kinder langsam und vorsichtig an neue Geschmäcker heranführen. Dies kann schon damit beginnen, dass nicht nur die Sorten, sondern auch die Marken von Kinderlebensmitteln gewechselt werden. Denn auch die Lebensmittelindustrie (wie auch die Tierfutterindustrie) weiß um die Bedeutung der Geschmacksbindung an ihre Produkte.

Generationen junger Menschen, die sich an den bitteren Geschmack von Bier gewöhnen, um »erwachsen zu werden«, beweisen, dass Geschmack erlernt werden kann.

> Generationen junger Menschen, die sich an den bitteren Geschmack von Bier gewöhnen, um »erwachsen zu werden«, beweisen, dass Geschmack erlernt werden kann.

Kinder haben zwar weniger Geschmackserfahrungen, aber eine mehrfach stärkere Geschmackswahrnehmung. Von Eltern als »fad« empfundene Speisen sind für Kinder aromatisch genug, sodass sie vor allem mit dem Nachsüßen und Nachsalzen unnötig an übersüßte und zu salzige Speisen gewöhnt werden. Ebenso sind Gemüseschnitze für Kinder roh und ohne Sauce oft attraktiver.

Von den »Großen« lernen – Ernährungssozialisation durch gemeinsames Essen

Wie und was »man isst«, lernen Kinder bereits im Kleinkindalter, denn sie sind genaue Beobachter und ahmen die wichtigsten Personen in ihrem Leben auch in deren Ernährungsverhalten nach. Eltern beeinflussen das Essverhalten der Kinder dabei nicht nur dadurch, dass sie bestimmte Speisen anbieten und was sie dazu sagen, sondern auch dadurch, *wie* sie sich selbst gegenüber Speisen *verhalten*. Kinder registrieren sehr feinfühlig, welche Gefühle und Wertschätzungen einzelnen Speisen entgegengebracht werden. Was gilt als *lecker*, als *gut*, was nur als *notwendig* oder was als *besonders*. Diese Wertschätzungen übernehmen sie ebenso wie die Wertschätzung, die der Zubereitung entgegengebracht wird. Wird die Fürsorge, die in der Essenszubereitung zum Ausdruck kommt, positiv geachtet oder darf jede/r beliebig am Essen »herummeckern«? Wird Kritik konstruktiv geäußert (»Mit einem anderen Gewürz könnte das noch besser schmecken«) oder werden Zubereitung und Speise mit Verachtung behandelt (»Was ist das denn schon wieder für ...«)? Viele unnötige Kämpfe um das Essen werden hierdurch vorbereitet. Ebenso können der »Essfrust« einer Mutter im Dauerkampf mit der Figur und die Haltung eines Vaters zu Gemüse als »Kaninchenfutter« die Akzeptanz des Kindes beeinflussen.

Kinder wollen »groß werden« – wie die Erwachsenen! Eltern sollten sich ihrer wichtigen Vorbildrolle bewusst sein und die Chance nutzen, in dieser Zeit auch das eigene Ernährungsverhalten und ihren Umgang mit dem Essen und mit sich zu überdenken.

Wenn der Esstisch zum Kampfplatz wird

In Zeiten des Überflusses sind nicht mehr Kinder dankbar für Essen, sondern Eltern dankbar, wenn Kinder essen. Eltern ist auch wichtig, dass Kinder »richtig« essen. Das spüren Kinder und merken schnell, dass sie Eltern mit ihrem Essverhalten steuern können. Kinder nutzen dann die Gelegenheit, selbstständig zu werden auch dadurch, dass sie sich von Eltern und Geschwistern abgrenzen, ihre Machtmöglichkeiten erkunden usw. Dem sollte man so begegnen, dass man das Kind respektiert und damit seine Entwicklung fördert, aber Machtkämpfen am Tisch keinen Raum gibt. Dies ist einfacher gesagt als getan und hierfür gibt es auch keine Patentregeln. Generell gilt, dass im Vordergrund stehen sollte, dass Essen Freude macht und Speisen auch dadurch verlocken, dass ihr Genuss ein Teil des Erwachsenwerdens ist. Die genauere Grenzziehung muss in den jeweiligen Familien erfolgen. Sie wird erleichtert, wenn das Kind andere Felder hat, in denen es seinen Willen entwickeln und lernen kann, wie es sich in die Gemeinschaft einfügt.

> Im Vordergrund sollte stehen, dass Essen Freude macht und Speisen auch dadurch verlocken, dass ihr Genuss ein Teil des Erwachsenwerdens ist.

Familienspezifische *Regeln, Rhythmen* und *Rituale* haben sich dabei mit Kleinkindern immer als sehr entlastend erwiesen, weil sie Selbstverständlichkeiten schaffen und Routinen ermöglichen.

Verantwortung nicht an Kinder abgeben – aber Kinder respektieren
Kinder sind überfordert, wenn sie die Verantwortung für ihr Essen übernehmen sollen. Dass sie – unterschiedlich intensiv und häufig – ihr Essen mitbestimmen wollen, ist normal. Sie können auch Vorlieben und Abneigungen formulieren oder bestimmen, wie viel Hunger sie haben, d. h. wann sie satt sind (da sie das vorher aber nicht abschätzen können, sind immer erst kleinere Portionen angebracht!). Die auftauchenden Widerstände dienen jedoch meist dem Entwicklungsprozess und der Suche nach Grenzen und Möglichkeiten, sie richten sich selten direkt auf das Essen. Diesen Entwicklungsprozess zu fördern ist sinnvoll, doch darf die Verantwortung für das Essen damit nicht den Wünschen der Kinder übergeben werden. Der Kinderpsychologe Jesper Juul beschreibt sehr eindrucksvoll, wie Eltern in dem Wunsch, Kinder nicht zu unterdrücken, diese permanent überfordern und grundlegend verunsichern, und er gibt wertvolle Hinweise, wie man das vermeiden kann. Bei alldem müssen die Eltern ihre Verantwortung immer übernehmen.

Was müssen Kinder essen?

Das erste Lebensjahr
Kein anderer Lebensabschnitt ist so stark von Veränderungen und Nahrungsumstellungen geprägt, wie das erste Lebensjahr. Die Ernährung in den ersten Lebensmonaten wird insbesondere von den physiologischen Veränderungen eines Säuglings geprägt. So entwickeln sich beispielsweise manche Verdauungsfunktionen erst im Laufe der Zeit im Zusammenhang mit der Ernährung. Diesen unterschiedlichen Entwicklungen muss Rechnung getragen werden.

Säuglingsmilch: Säuglinge erhalten in den ersten Lebensmonaten ausschließlich Milch. Mutter- oder Säuglingsmilch stellen eine optimale Versorgung des Kindes in den ersten vier bis sechs Lebensmonaten sicher. Daher benötigen Babys in dieser Zeit *keine andere Nahrung.* Von Fachleuten wird das ausschließliche Stillen im ersten Halbjahr empfohlen. Kann ein Kind nicht gestillt werden, bieten die auf dem Markt erhältlichen Säuglingsmilchnahrungen eine gute Alternative, mit der Babys bedarfsgerecht und sicher ernährt werden können. Die Zusammensetzung und der Nährstoffgehalt industriell hergestellter Säuglingsmilch unterliegt strengen gesetzlichen Vorgaben. Säuglingsmilch sollte daher nicht selbst hergestellt werden, da im Privathaushalt kann die exakte Zusammensetzung nicht erreicht und die hygienischen Bedingungen nicht so optimal eingehalten werden.

Beikost: Etwa mit einem halben Jahr ändert sich der Nährstoffbedarf von Säuglingen. Viele werden von der Muttermilch oder Säuglingsmilch nicht mehr satt und erhalten ihren ersten Brei. Sie beginnen sich auch verstärkt für das Essen der »Großen« zu interessieren. Frühestens *ab dem 5. Lebensmonat* kann mit der Erweiterung auf die neue Kostform begonnen werden. Die Beikost ergänzt nun teilweise die bisherigen Milchmahlzeiten.

Nach und nach werden die Milchmahlzeiten am Mittag, am Abend und schließlich am Nachmittag jeweils durch eine Breimahlzeit ersetzt. Bei zu frühem Füttern (d. h. der Gabe vor dem 5. Monat) erhöht sich das Allergierisiko. Wenn Sie die Beikost selbst zubereiten wollen, halten Sie sich am besten an die Rezepte des Ernährungsplanes des Forschungsinstitutes für Kinderernährung. Diese Orientierungshilfe erleichtert auch die Auswahl von Fertigprodukten, da diese in ihrer Zusammensetzung und im Nährstoffgehalt teilweise von den Empfehlungen abweichen.

Über das Forschungsinstitut für Kinderernährung und den aid-Infodienst kann man speziell für die Ernährung von Säuglingen und Kleinkindern Rezepte sowie Informationsbroschüren für die Ernährung bei einer Lebensmittelallergie beziehen.

Die Umstellung von der Milchnahrung auf die erste »feste Nahrung« ist für ein kleines Kind, das bislang nur gestillt wurde oder Milch aus der Flasche getrunken hat, eine große Veränderung: Die Konsistenz des Essens ist anders, es muss das Essen von einem Löffel aufnehmen – abgesehen davon, dass es jetzt auch noch ganz anders schmeckt! Und schließlich müssen sich auch Magen und Darm an die Verdauung der »neuen« Nahrung gewöhnen. Geben Sie Ihrem Kind die Zeit, die es braucht, um sich an Neues zu gewöhnen, denn nicht immer wird die Umstellung auf eine andere Kostform problemlos ablaufen. Jedes Kind hat seinen eigenen Rhythmus. Im Einzelfall kann dies Absprachen mit den betreuenden Ärztinnen/Ärzten erfordern.

Grundsätzlich sollten einem Säugling mit der Beikost neue Lebensmittel nur schrittweise und einzeln gefüttert werden. Bevor Sie Ihrem Kind ein neues Lebensmittel anbieten, sollte es sich an die zuletzt angebotene Nahrungskomponente bereits ein paar Tage gewöhnt haben und dieses vertragen.

Babys brauchen keine Abwechslung beim Essen. Was den Eltern als eintöniger Speiseplan erscheint, gibt einem kleinen Kind Sicherheit, weil es ihm vertraut wird.

Welche Getränke? Ihr Kind kann Flüssigkeit noch nicht speichern. Es muss regelmäßig trinken, damit es nicht austrocknet. Mit der Einführung der festeren Breikost kann das Kind zu den Mahlzeiten etwas trinken. Die besten Getränke sind Wasser oder Mineralwasser, es darf aber auch ein (zuckerfreier) Kräuter- oder Früchtetee sein. Eltern müssen beim Kauf so genannter Instanttees aufmerksam die Zutatenliste lesen, da diese Tees häufig Zucker enthalten, welcher die Entstehung von Karies begünstigt.

Die besten Getränke sind Wasser oder Mineralwasser, es darf aber auch ein (zuckerfreier) Kräuter- oder Früchtetee sein.

Dies gilt auch für Frucht- und Gemüsesäfte, da sie neben Fruchtsäuren auch Fruchtzucker enthalten. Frucht- und Gemüsesäfte sollten daher nicht unverdünnt, sondern mindestens im Verhältnis 1:2 mit Wasser verdünnt werden. Zucker und Fruchtzucker in Getränken liefern als Kohlenhydrate Energie. Getränke sollten zum Durstlöschen aber am besten frei von energiereichem Zucker sein, da der Zuckergehalt bei der Entwicklung von Übergewicht eine nicht unerhebliche Rolle spielt.

Und noch etwas: Überlassen Sie Ihrem Kind die Trinkflasche oder Trinklerntasse nur für die kurze Zeit des Trinkens. »Dauernuckeln« schadet Kiefer und Zähnen in ihrer Entwicklung.

Selber Kochen oder Fertigbreie? Sowohl mit Fertigbreien als auch mit selbst gekochtem Brei kann ein Kleinkind bedarfsgerecht und sicher ernährt werden. Die Vor- und Nachteile der Fertigbreie beziehungsweise der selbst gekochten Beikost sollten Sie gegeneinander abwägen: Fertigbreie sparen Zeit und Arbeit und haben eine gleichbleibende Qualität. Für industriell hergestellte Beikost gelten die hohen gesetzlichen Qualitäts- und Sicherheitsstandards eines diätetischen Lebensmittels. *Kritisch* anzumerken sei die häufige Verwendung überflüssiger Zutaten in Fertigprodukten (wie zum Beispiel

Salz und Zucker, Aromastoffe), die nicht nur unnötig, sondern z. T. »nicht empfehlenswert« sind. *Der Hinweis »ohne Kristallzucker« auf den Verpackungen von Getränken, Fertigbreien, Gläschenkost und Säuglingsmilch kann irreführend sein. Anstelle von Kristallzucker (Saccharose) enthalten diese Lebensmittel oft eine andere Zuckerart, wie Maltose (Malzzucker) oder Maltodextrin, Fructose (Fruchtzucker), Glucose (Traubenzucker) oder Glucosesirup.*

Zur Bewertung der Nahrung kann man sich bei deren Zusammensetzung an den entsprechenden Rezepten für die selbst zubereitete Beikost orientieren. Noch einfacher ist es, wenn man die Bewertung Profis überlässt: *Ökotest* und *Stiftung Warentest* testen regelmäßig Kindernahrungsmittel. Ihre Kritik hat zu ständigen Verbesserungen geführt und die Bewertung hilft bei der Entscheidung.

Die Breie für die so genannte Beikost kann man auch bedenkenlos selbst herstellen und sich dabei an den Empfehlungen des FKE oder des *aid*-Infodienstes orientieren. Grundrezepte werden hier und bei den anderen empfohlenen Institutionen angeboten. So kann man auch selbst über die Zutaten entscheiden und spart nebenbei noch Geld. Insbesondere aber bleibt der Geschmack bei einem selbst hergestellten Brei wesentlich besser erhalten. Übrigens: Sollte das Kind einmal weniger Appetit haben, den einmal erwärmten Brei nicht aufbewahren und für eine spätere Mahlzeit wieder erwärmen! Das Risiko, dass sich gesundheitsschädliche Keime im Brei vermehren, ist zu groß.

Die prägende Zeit – gemeinsames Essen ab dem 10. Monat
Der Übergang zur festeren Nahrung orientiert sich am Entwicklungsstand des Kindes und braucht Zeit. Die etwa gleich großen Brei- und Milchmahlzeiten gehen langsam in drei Haupt- (Frühstück, Mittag- und Abendessen) und zwei Zwischenmahlzeiten (am Vormittag und Nachmittag) über. Mit der neuen Mahlzeitenfolge besteht nun auch für das Baby die Möglichkeit, gemeinsam mit den anderen Familienmitgliedern zu essen.

Zwischen dem 10. und 12. Monat hat sich das Baby so weit entwickelt, dass es jetzt alleine, ohne Unterstützung in einem Kinderstuhl am Esstisch sitzen kann. Die Motorik der Hände ermöglicht ein gezieltes Greifen und vielleicht unternimmt Ihr Kind sogar schon die ersten Versuche, selbstständig mit einem Löffel zu essen oder den eigenen Becher zu halten. Das Verdauungssystem und der Stoffwechsel sind nahezu ausgereift. Das sind die besten Voraussetzungen, um mit der Familie bei den üblichen Mahlzeiten

2

mitzuessen. Kinder lieben das gemeinsame Essen, sie wollen der (Ess-)Gemeinschaft angehören, sie sind neugierig auf die Speisen von Eltern und Geschwistern. Dies ist ein guter Zeitpunkt, um neue Lebensmittel anzubieten, wobei die Akzeptanz recht groß ist, denn das Kind wird die Lebensmittel der »Großen« gerne probieren.

Da Kinder am Ende des ersten Lebensjahres fast alle Lebensmittel vertragen, kann nun Abwechslung in den Speiseplan kommen und das Kind nach und nach neue Obst- und Gemüsesorten kennenlernen. Die Nahrung muss nun nicht mehr püriert werden. Auch wenn die Backenzähne noch nicht durchgebrochen sind (dies geschieht meist erst im zweiten Lebensjahr) und ein Kauen fester Nahrungsmittel noch eingeschränkt ist, können Kinder ab dem 10. Monat allmählich an festere Kost herangeführt werden. In dieser Zeit lernen Kinder auch, sich an den *Mahlzeitenrhythmus* und die den Mahlzeiten kulturell zugeordneten Speisen zu gewöhnen.

Die morgendliche Milchmahlzeit und der Milchbrei am Abend können z. B. zu einer Brot-Milch-Mahlzeit werden. Das Mittagessen bleibt anfangs als Gemüse-Kartoffel-Fleisch-Brei in seinen Komponenten bestehen, wird aber nicht mehr püriert, sondern nur noch mit der Gabel zerdrückt. Die Größe der Portionen werden dem Alter und dem Appetit des Kindes angepasst. Nach und nach geht der Gemüse-Kartoffel-Fleisch-Brei in das normale Mittagessen der Familie mit Gemüse, Kartoffeln, Reis oder Nudeln und an manchen Tagen einer kleinen Portion Fleisch über. Als *Zwischenmahlzeiten* eignen sich Brot, Reiswaffeln und etwas Obst. Ein Müsli aus Getreideflocken anstelle von Brot, gemischt mit Obst, ist eine gute Alternative. Ab und zu kann man dem Kind als Zwischenmahlzeit auch Vollkornkekse oder Vollkornzwieback geben. Da diese aber zum Teil gesüßt sind, sollte man sie nur ab und zu anbieten.

Trinken nicht vergessen: Mit den in zunehmendem Maße fester werdenden Mahlzeiten, die die Breikost allmählich ablösen, wird auch der Bedarf an Getränken größer. Bieten Sie daher zu jeder Mahlzeit etwas zu trinken an.

Noch nicht geeignet für Babys: Vorsichtig sollte man mit stark blähenden Gemüsesorten sein und auf *kleine* Lebensmittel wie Nüsse, Erdnüsse oder Johannisbeeren möglichst ganz verzichten, weil diese beim Verschlucken leicht in die Luftröhre gelangen können. Naturbelassener Honig darf im ersten Lebensjahr nicht auf dem Speiseplan stehen. Seien Sie mit dem Würzen und Salzen von Speisen, die Ihr Kind mitisst, zurückhaltend, wobei die im üblichen Maß gesalzenen Nahrungsmittel wie Brot, Reis und Nudeln in Ordnung sind. Fettes, Frittiertes und scharf angebratene Speisen sind für Ihr Kind noch nicht bekömmlich.

Im 2. Lebensjahr: Essen und Trinken für Kleinkinder

Kinder, die ihren ersten Geburtstag gefeiert haben, gelten als Kleinkind. Für sie gibt es nun praktisch keine Einschränkungen bei der Lebensmittelauswahl. Und wie sieht jetzt gutes Essen aus? Generell gilt: Kinder sollten möglichst viele verschiedene Lebensmittel essen, da sie so ihren Nährstoffbedarf am besten decken. Reichlich pflanzliche Lebensmittel wie Obst und Gemüse; optimal sind 5 Portionen am Tag, wobei eine Portion einer Hand (Kinderhand) voll entspricht. Um den Appetit und die Neugierde für Obst und Gemüse anzuregen, bieten Sie Ihrem Kind diese auch als »Fingerfood« an. Ein bunter und appetitlich angerichteter Teller, mit mundgerechten Obst- oder Gemüsestückchen, wird schnell leer. Kohlenhydratreiche Lebensmittel wie Brot, Reis, Nudeln und Kartoffeln dürfen ebenso reichlich gegessen werden. Tierische Lebensmittel wie Fleisch, Wurst, Fisch und Eier sollten mäßig (eine Portion am Tag) verzehrt werden. Milchprodukte sind für die kindliche Entwicklung wertvoll. Von ihnen sind drei Portionen am Tag empfohlen (möglichst ohne Zucker und Aromastoffe). Ausreichend trinken darf nicht vergessen werden.

Die Ernährungsempfehlungen der im Anhang genannten Institute und Einrichtungen vermitteln Informationen zur Ernährung, mit denen man sicher sein kann, dass das Kind gut versorgt ist.

Welche »Kinderlebensmittel« sind nicht notwendig? Kinderlebensmittel, die oftmals mit einem »Plus an wichtigen Nährstoffen für die Entwicklung des Kindes« werben, sind sowohl aus ernährungsphysiologischer als auch aus pädagogischer Sicht nicht notwendig. Sie sind sogar z. T. wegen der Mengen an Zucker und Fett sowie an überflüssigen Aromen und Farbstoffen problematisch. Die den sog. *Kinderlebensmitteln* (aber auch den Fertigprodukten)

2

oft zugesetzten Vitamine und Mineralstoffe sind bei einer ausgewogenen Ernährung überflüssig und bieten keine gesundheitlichen Vorteile, z.T. sogar Nachteile. Pädagogisch gesehen besteht die Gefahr, dass über Extralebensmittel Kinder über Jahre hinweg vom Familientisch ausgegrenzt werden, sich an den Geschmack industriell hergestellter Produkte gewöhnen und ihnen der Eindruck vermittelt wird, dass die angebotenen natürlichen Nahrungsmittel nicht für die tägliche Ernährung ausreichen.

Wie viele Mahlzeiten am Tag? Für Kinder ist es sinnvoll, die tägliche Nahrungsmittelmenge auf die genannten fünf Mahlzeiten zu verteilen. Bezogen auf ihr Körpergewicht brauchen Kinder einerseits relativ viel Energie und Nährstoffe, andererseits haben sie nicht die Möglichkeit, Nahrungsenergie in größerem Umfang zu speichern. Reserven sind bei Kindern schneller verbraucht als bei Erwachsenen. Die geistige und körperliche Leistung hängen aber entscheidend von der Verfügbarkeit von Nährstoffen und Energie ab. Deshalb sind regelmäßige Mahlzeiten für Kinder sehr wichtig, damit die individuelle Leistungskurve nicht abfällt. Regelmäßige Essenszeiten gewährleisten eine konstante Energiezufuhr und geben außerdem dem Tagesablauf über wiederkehrende Handlungen eine Struktur, die das Kind für seine innere Sicherheit benötigt.

> **Regelmäßige Essenszeiten gewährleisten eine konstante Energiezufuhr und geben außerdem dem Tagesablauf über wiederkehrende Handlungen eine Struktur, die das Kind für seine innere Sicherheit benötigt.**

... und was an Fragen bleibt.

Der Alltag mit Kindern bringt viele Fragen, von denen hier nur einige angesprochen werden können, zu denen man noch viele weitere wertvolle Hinweise findet.

Wie viel »muss« ein Kind essen?
Der Nahrungsbedarf eines Kindes hängt von seiner Größe, seinem Geschlecht, Alter und stark davon ab, wie sehr es körperlich aktiv ist. Kinder, die sich viel bewegen, verzehren mehr als Kinder, die eher zart gebaut und vielleicht ruhiger sind. Selbst von Tag zu Tag können die Essmengen eines

Kindes sehr unterschiedlich sein. Schwankungen sind ganz normal und kein Grund zur Besorgnis, solange Wachstum und Körpergewicht im Normalbereich liegen. Körpergröße und Gewicht werden im Rahmen der regelmäßigen Untersuchungen (U1 bis U9) vom Kinderarzt überprüft. Kinder, die selbst entscheiden lernen, wie viel sie essen möchten, entwickeln in aller Regel ein sehr gesundes Hunger- und Sättigungsgefühl. Werden sie hingegen *bedrängt* oder *gezwungen* über die Sättigungsgrenze hinaus zu essen (z. B. »Der Teller wird leer gegessen!«), verlieren sie leicht das Gefühl für Essmengen. Lehnt das Kind ein Lebensmittel ab, muss man dieses nicht vom Speiseplan streichen, sondern bietet es ohne Zwang zu einem späteren Zeitpunkt wieder an und ermuntert zum Probieren. Oftmals muss ein Lebensmittel mehrmals angeboten werden, bis ein Kind bereit ist, dieses zu essen oder zu probieren. Kinder begegnen neuen Speisen und Geschmacksrichtungen oftmals ablehnend. Das ist ein ganz normales Verhalten. Bleiben Sie trotz Ablehnung geduldig und gelassen. Eine fröhliche Essgemeinschaft erleichtert dies meist.

Kinder begegnen neuen Speisen und Geschmacksrichtungen oftmals ablehnend. Das ist ein ganz normales Verhalten.

Kinder helfen lassen

Werden Kinder in die Auswahl und Zubereitung von Lebensmittel und Speisen oder in die Vorbereitung des gemeinsamen Essens (z. B. Tischdecken) eingebunden, lernen sie nicht nur etwas über die Herkunft der Nahrung, sondern auch jede Menge Fertigkeiten. Beim Rühren und Schälen fragen Kinder viel über die Herkunft von Lebensmitteln und probieren nebenbei auch, wie sie schmecken. So lernen Kinder neue Lebensmittel nicht nur kennen, sondern auch schätzen und bekommen Lust, diese zu essen. Für ein Kind ist es ein Erfolgserlebnis, wenn es bei der Zubereitung des Essens oder beim Tischdecken mithelfen darf. Es schult dabei seine motorischen Fähigkeiten und stärkt sein Selbstbewusstsein. Außerdem entwickelt es über den regelmäßigen Umgang mit Lebensmittel und der Tischkultur ein Bewusstsein für das Thema Ernährung.

»Was Süßes« zum Schluss

Ein grundsätzliches Verbot von Süßigkeiten in der Kinderernährung ist nicht notwendig, denn dies führt eher dazu, dass der Heißhunger auf Süßes gefördert wird.

Bei Kindern, die eine Vorliebe für Süßes haben und dazu neigen, mehr davon zu essen, sind Regeln sinnvoll, wann und wie viel davon verzehrt werden darf. Bei ihnen sollte Süßes z. B. nicht vor den Mahlzeiten gegessen werden und nicht offen herumliegen, um nicht zum unkontrollierten Naschen zu verführen. Kinder mit Süßigkeiten trösten und belohnen, verschafft diesen »Nahrungsmitteln« in ihrem Leben eine bevorzugte Stellung, was vermieden werden sollte. Auch speziell für Kinder ausgewiesene Süßigkeiten sind und bleiben Süßigkeiten und sind nicht besser als »normale« Bonbons und Schokolade. Sie dienen dazu, das schlechte Gewissen der Erwachsenen zu erleichtern und vermitteln den Kindern das Gefühl, als gäbe es »gesunde« und »ungesunde« Bonbons oder Schokolade.

> **Kinder mit Süßigkeiten trösten und belohnen, verschafft diesen »Nahrungsmitteln« in ihrem Leben eine bevorzugte Stellung, was vermieden werden sollte.**

Muss es Bio sein?

Bio-Lebensmittel haben nachweislich eine geringere Rückstandsbelastung und sind daher sehr zu empfehlen, denn Kinderkörper sind empfindlich.

Wer keine Bio-Lebensmittel kaufen kann oder möchte, kann andere Maßnahmen ergreifen, z. B. Gemüse aus Exportländern meiden, welche für eine hohe Rückstandsbelastung bekannt sind, oder jahreszeitliches Gemüse bevorzugen. Zeitschriften wie *ökotest* informieren regelmäßig dazu.

An wen kann man sich halten? Wo muss man aufpassen?

Generell gilt, dass man sich nicht vorschnell verunsichern lassen soll. Radikale Ernährungskonzepte, wie sie immer wieder in Mode kommen, sind nichts für Kinder. Die im Anhang genannten Kontakte geben Grundorientierungen. Wenn diese nicht hundertprozentig umgesetzt werden, überleben das Kinder auch.

Auch die vielen »Lebensmittel-Skandale« sollte man mit Abstand beobachten. In Deutschland sind die Empfehlungen zur Kinderernährung breit diskutiert und Säuglingsmilch und Beikostprodukte sehr gut überwacht. Pressemeldungen stellen Probleme oft gravierender dar, als sie sind. Wir haben kritische Organisationen (ökotest, greenpeace, foodwatch) und Institutionen (Bundesinstitut für Risikobewertung), die die Hintergründe prüfen. Man sollte sie wachen lassen und unterstützen– und sich selbst nicht verrückt machen. Das Leben mit Kindern wird schon aufregend genug.

Mein Kind ist krank

Michael Kirchner

»Mein Kind ist krank.« »Mein Kind ist schon wieder krank.« Oder gar: »Mein Kind ist ständig krank!« Für viele Familien, erst recht für die meisten Alleinerziehenden bedeutet diese Feststellung: Der Alltag gerät aus dem Gleichgewicht, Turbulenzen entstehen. Die Berufstätigkeit beider Elternteile, die vielfachen Einschränkungen für Alleinerziehende, das soziale Umfeld der Kleinfamilien, leider auch mit zunehmender Tendenz: die finanziellen Überforderungen sozial schwächer gestellter Eltern gegenüber medizinischen und sozialen Hilfsangeboten – all dies verlangt ein rasches und flexibles »Umorganisieren« des gesamten Alltags, nicht selten von Tag zu Tag aufs Neue: Wer bleibt zu Hause beim Kind? Wer geht mit dem kranken Kind zum Arzt? Wer holt das Geschwisterkind aus der Schule ab? Wie halte ich das kranke Kind im Bett? Wie motiviere ich es zum Essen, zum vermehrten Trinken? Wie halte ich es »bei Laune«? Wo besorge ich »uns« die Hausarbeiten für den Schulunterricht? Wie und wo beziehe ich das »Krankengeld bei Erkrankung eines Kindes«?

Mein Kind ist krank: Fieber oder Unwohlsein lassen es ermatten, Schmerzen quälen, die meisten Aktivitäten, insbesondere die körperlichen Aktivitäten und die Spielmöglichkeiten, sind begrenzt, soziale Kontakte werden unterbunden oder eingeschränkt. Das alles begünstigt Missstimmungen, depressive oder aggressive Verhaltensweisen, lässt Wehleidigkeit und Egoismus entstehen. Wie schnell kommt es da auf der ganzen Linie (bei Eltern und Kindern) zu Überforderungen! Unsicherheiten, Befürchtungen, Ängste, schlechte Erfahrungen verschlimmern das Ganze zusätzlich. All diese Probleme stellen sich angesichts eines chronisch kranken Kindes naturgemäß in wesentlich höherem Maße als bei einem akut kranken Kind.

Es ist klar, dass es in solchen Situationen sowohl für die Eltern als auch für die Kinder zu nicht unerheblichen Belastungsproblemen im erzieherischen Miteinander kommen kann, schaffen doch solch krisenhafte Zustände stets auch neue oder zumindest wenig erprobte »pädagogische Situationen«. Missgeschicke und Fehler unterlaufen fast zwangsläufig. Nicht selten bekunden sich gerade jetzt, im Alltag mehr oder weniger kaschierte, Unstimmigkeiten im Erziehungskonzept. Die Lage verschärft sich, wenn sich bei den Eltern und/oder bei den erkrankten Kindern bewusste oder unbewusste Schuldgefühle einstellen.

In dieser Not wird häufig das bisherige Erziehungskonzept für kurz oder lang »ausgesetzt« – nach der gut gemeinten, aber meist wenig reflektierten Devise: Das kranke Kind muss »geschont« werden. Oft werden dann nur noch verwöhnende Strategien angewandt. Häufiger als vermutet, kommen in solchen Situationen aber auch verschärfende »Droh-Mittel« oder »moralisierende Appelle« zur Anwendung: »Sonst müssen wir zum Arzt«, »Der gibt eine Spritze oder Infusion«, »Du musst sonst ins Krankenhaus«, »Du bist aber böse«, »Da ist die Mama aber traurig«.

Besonders belastend für das kranke Kind ist ein mehr oder weniger willkürlicher, allenfalls situationsangepasster Wechsel der Erziehungsmethoden oder ein diffuses Nebeneinander von »Droh«-, »Straf«- und »Kuschel«-Pädagogik. Nicht selten wird durch dieses merkwürdige »Konglomerat« aus den Krankheitssymptomen, den ungeklärten Alltagssituationen und dem »neuen«, wenig erprobten »Erziehungs-Milieu« das Kranksein geradezu verschleppt. Auf diese Weise können sogar neue Verhaltensstörungen entstehen, die über die eigentliche Zeit des Krankseins hinaus das Miteinander erheblich beeinträchtigen. Nicht von ungefähr schreibt der Kinderarzt Adalbert Czerny, einer der Mitbegründer der Kinderheilkunde in seinem Bestseller *Der Arzt als Erzieher des Kindes* (1908), dass sich die Unterbrechung der Erziehung eines Kindes während der Krankheit meistens ungünstig auswirkt. Dies vor allem im psychosozialen Bereich. Nicht selten wirken sich gerade diese pädagogischen Fehlmaßnahmen im weiteren Verlauf nachteiliger aus als die eigentliche Erkrankung.

Diese einleitenden Bemerkungen zeigen, dass sich eine Klärung (Aufklärung) der vielfältigen Probleme, die sich aus dem Umgang mit dem kranken Kind ergeben, nicht durch den Blick in die übliche Ratgeberliteratur oder ins Internet bewältigen lässt. Ein tieferes Verstehen sowohl der allgemeinen als auch der konkreten Zusammenhänge ist »notwendig«.

> **Besonders belastend für das kranke Kind ist ein mehr oder weniger willkürlicher, allenfalls situationsangepasster Wechsel der Erziehungsmethoden oder ein diffuses Nebeneinander von »Droh«-, »Straf«- und »Kuschel«-Pädagogik.**

Was verstehen wir unter Gesundheit und Krankheit?

Das Leben des Menschen ist von der Geburt bis zum Tod durch einen ständigen Parallelismus von Wachsen und Absterben geprägt. In diesen Zusammenhang gehören auch die Gesundheit und die Krankheit. Für den namhaf-
ten Schweizer Pädiater Remo H. Largo gehören Kranksein und Gesundsein
natürlicherweise zusammen. Die Disposition zum Kranksein ist uns Menschen gleichsam in die Wiege gelegt. Die Manifestationszeiten und Manifes-
tationsorte von Krankheiten hingegen sind, allen Fortschritten in der Medizin zum Trotz, nicht selten schicksalhaft und rätselhaft, in vielen Fällen sind
sie aber auch vorhersehbar und vermeidbar, in bestimmten Fällen sind sie
sogar notwendig (Aufbau der körpereigenen Abwehrleistungen) und sinnvoll (Frühwarnzeichen).

In ihrem Beitrag *Über Kranksein und Heilen* in der Zeitschrift *Die Kreatur*
(1927/28), abgefasst in der Gründungsphase einer psychosomatisch und
ganzheitlich orientierten Heilkunde, definiert die Ärztin Edith Klatt denjenigen Menschen als krank, der an irgendeiner Stelle seines Leibes oder Wesens
so getroffen wurde, dass sein Gleichgewicht erschüttert ist, dass er Ruhe
braucht – und vielleicht auch Pflege, um wieder ins Gleichgewicht zu kommen. Für Klatt gibt es somit zweierlei Kranke: Die einen produzieren die
gleichgewichtserhaltende Kraft aus sich selbst, die anderen sind auf die Unterstützung durch andere Menschen angewiesen. Diese Begriffsbestim-
mung greift der Philosoph Hans-Georg Gadamer in seinem Buch *Von der
Verborgenheit der Gesundheit* (1993) offensichtlich auf. Auch er bestimmt die
Gesundheit als einen »Gleichgewichtszustand«, in dem sich die »Gewichte«
des Lebens (Eigen- und Fremdkräfte) gegenseitig »die Waage halten«. Gesundheit trete trotz aller Verborgenheit in einer Art Wohlgefühl zutage, sie
äußere sich darin, dass der Mensch vor lauter Wohlgefühl unternehmungs-
freudig, erkenntnisoffen und selbstvergessen sei und selbst Strapazen und
Anstrengungen kaum spüre. Gesundheit sei nicht ein Sich-Fühlen, sondern
ein Da-Sein, In-der-Welt-Sein, Mit-den-Menschen-Sein. Krankheit ist dementsprechend eine Störung in diesem Gleichgewicht. Sie trifft den Menschen
an einer Stelle seines Leibes oder Wesens.

Der Leib als konkrete Erscheinungsform des Menschen wird oft als mehr
oder weniger »physikalischer Körper«, als ein berechenbares und beherrsch-
bares »Ding«, nicht selten auch als »Ware« missverstanden. Der Leib ist aber
ein Organismus, ein lebendiges, hochkomplexes Gebilde: das elementare
Ausdrucks-Organ für das Wesen des Menschen, für das Gesamt von Körper,

Geist und Seele. Der Leib, nicht zuletzt der kranke Leib des Kindes, bedarf in besonderer Weise des Schutzes vor Ausnutzung und Ausbeutung. Heilung als ein leibliches Geschehen lässt sich demgemäß nicht über »mechanistische« Reparaturen oder über »chemische Eingriffe« erzielen. Krankheiten lassen sich nicht »beherrschen«, sie wollen »geheilt« werden. Dies gilt in besonderem Maße für das kranke Kind, es ruft geradezu nach »Behandlung«, es möchte »an« und »in« die Hand genommen werden.

> Krankheiten lassen sich nicht »beherrschen«, sie wollen »geheilt« werden. Dies gilt in besonderem Maße für das kranke Kind, es ruft geradezu nach »Behandlung«, es möchte »an« und »in« die Hand genommen werden.

Der Philosoph Platon fordert, dem Ganzen die Sorge zuzuwenden, denn dort, wo das Ganze sich übel befinde, könne unmöglich ein Teil gesund sein. Gesundheit und Krankheit unter dem Bild des Gleichgewichts zu verstehen bedeutet: sie beide gleichermaßen der »condition humaine« zuzuordnen. Es gilt endgültig Abschied zu nehmen von der Idee einer dem Menschen zustehenden »objektiven Gesundheit«, einer Idee, die in den Bereich der Mythen gehört. (Im Umgang mit dem kranken Kind verbinden sich häufig – das ist kritisch zu bedenken – der »Mythos des heilen Kindes« und der »Mythos der Gesundheit«. Beide Mythen stützen sich auf den Kausalitäts- und auf den Fortschrittsmythos. Mythen kann man zwar nicht einlösen, sie können aber dennoch eine Vielzahl von gravierenden Nebenwirkungen herbeiführen.) Kranksein ist ein anthropologischer Tatbestand. Dies zu akzeptieren erspart einem jeden von uns viele Enttäuschungen und bewahrt vor Mutlosigkeit.

Was macht ein Kind krank?

Das angesprochene leiblich-geistig-seelische Gleichgewicht (im Sinne von Gesundheit) besteht auch für das Kind in der immer wieder zu erstellenden Balance aus Risiko- und Schutzfaktoren. Beide Faktoren sind als innere (leibliche/geistige/seelische) und äußere (soziale/fremde) Kräfte zu verstehen. Krankheit entsteht durch ein Ungleichgewicht dieser Kräfte: durch ein Zuviel an Risiko- oder ein Zuwenig an Schutzfaktoren. Häufig besteht sogar eine Kombination aus beiden Faktoren. Das macht verständlich, warum eine »monokausale« Betrachtungsweise immer zu kurz greift. Allen Krankheiten liegen mehrere Ursachen zugrunde, die sich in vielen Bereichen auswirken. (Selbst bei einer Virusinfektion liegen noch viele Dispositionseinflüsse vor.)

Am häufigsten stellen sich beim Kind so genannte »banale, fieberhafte

Infekte« ein, die eigentlich allenfalls in der Häufung des Auftretens Probleme bereiten können. All diesen Infekten liegen – recht verstanden – lebensnotwendige Aufbauleistungen des kindlichen Organismus zugrunde. Jeder Säugling muss sich nach dem Abbau der mütterlichen »Leih«-Antikörper mit den Krankheitserregern seiner Umwelt auseinandersetzen. Die Häufigkeit solcher zumeist fieberhaften Erkrankungen (der Organismus »läuft auf Hochtouren«) richtet sich nach dem sozialen Umfeld. Was dem Kind in der überwiegend von Erwachsenen bestimmten Umwelt in den ersten Lebensjahren »erspart« bleibt (3 bis 5 Erkrankungen pro Jahr gelten als »normal«), das hat es zumeist während der Zeit in der Kindertagesstätte oder im Kindergarten nachzuholen. Bis zu 10 Erkrankungen pro Jahr gelten unter diesen Bedingungen als tolerabel (Langzeitstudien von R. H. Largo in der Schweiz).

Bis zu 10 Erkrankungen pro Jahr gelten unter diesen Bedingungen als tolerabel.

Über diese zumeist harmlosen und nur wenige Tage anhaltenden Krankheiten hinaus gibt es (jetzt: weniger »natürlich«) noch eine Vielzahl von Fehlsteuerungen, die beim Kind zu akuten oder chronischen Gleichgewichtsstörungen führen. (R. H. Largo spricht in diesem Zusammenhang vom »misfit«.) Wir denken vor allem an die vielfältigen »Balance-Störungen«:

- im Immunsystem (Heuschnupfen, Neurodermitis, Ekzem);
- bei der Nahrungsaufnahme und im Ernährungsverhalten (Magersucht, Fettsucht);
- bei der Sinneskoordination (Hörschäden, Überforderung, Konzentrationsstörung);
- bei psychischer Beanspruchung (Nervosität, Schlafstörung, Minderwertigkeitsgefühl);
- bei sozialer Anforderung (Isolation, Bandenbildung, Kriminalität);
- bei Überforderung im Freizeitbereich (Konsumzwänge, Sinndefizite);
- bei Verlust der leiblichen und sprachlichen Kommunikation (Autismus, Mutismus, Magersucht);
- durch riskantes Gesundheitsverhalten (Alkohol, Nikotin, Drogen).

Bei den chronisch-degenerativen Erkrankungen ist aber über diese »Dys-Balance« hinaus in verstärktem Maße auch ein Zusammenwirken von Erbinformationen, Lebensweise und Umwelt festzuhalten.

Wenn wir uns vor Augen halten, welche Ursachen heutzutage das Kind aus dem gesunden Gleichgewicht bringen, beobachten wir seit etwa einer

Generation wesentliche Verlagerungen. Mit der bedeutsamen Einschränkung, dass diese Feststellung weitgehend auf europäische und nordamerikanische Verhältnisse zutrifft, lässt sich konstatieren, dass sich dank medizinischer und technischer Fortschritte vielfache Verschiebungen von der körperlichen (somatischen) hin zur psycho- und soziosomatischen Seite hin vollzogen haben. Der (zunehmenden) Beherrschbarkeit von Infektionskrankheiten und den erstaunlichen Möglichkeiten des operativen Korrigierens von »Organdefekten« (z. B. Herzfehler, Gelenkdeformitäten) steht die deutliche Zunahme von psychosomatischen (z. B. Ess- oder Schlafstörungen, allergische Hauterkrankungen) und soziosomatischen Erkrankungen (aggressive oder sexuelle Verhaltensstörungen) gegenüber. Ohne Zweifel wird ein Kind auch heute noch häufig (drei- bis viermal pro Jahr gilt für das Kleinkind und Grundschulkind als normal) durch Viren, Bakterien oder durch Verletzungen »aus dem Gleichgewicht« gebracht. Diese Erkrankungen lassen sich aber in der Regel wesentlich leichter und schneller auskurieren als etwa die vielen Störungen im individuellen und sozialen Schutzbereich, wie beispielsweise die durch fremd- oder »selbstverschuldete« Stress-Einwirkungen.

Gerade bei komplexen Krankheitsverläufen drängen sich viele Fragen nach den Ursachen, nach der Vermeidbarkeit oder der Verschuldung auf. Sehr schnell müssen dann Fehler- oder Schuldzuweisen an andere zur eigenen Entlastung herhalten. Nicht selten wird auf diese Weise der eigentliche Lösungsweg »verstellt«. Zumeist liegen die Erkrankungsursachen näher als vermutet. Besonders für chronisch kranke Kinder lohnt sich eine intensive Kommunikation zwischen Kind – Eltern – Kinderarzt – Erzieherin/Lehrer. Nur so sind lange und alle Seiten belastende Umwege zu vermeiden. Diese Kommunikation sollte rechtzeitig (frühzeitig), aktiv und offen (selbstkritisch) von den Eltern gemeinsam mit dem Kind gesucht werden. Bei den anderen Gesprächspartnern schieben sich immer wieder Barrieren des »Datenschutzes« (nicht selten zu Lasten des Kindes) dazwischen.

Wie erlebt das Kind sein Gesund- oder Kranksein?

Unter Gesundheit versteht das Kind mehreren aktuellen Umfragen zufolge: »sich wohl fühlen«, »erwünschte Dinge tun«, »leckeres Essen«, »viel Bewegung«, »sich sicher fühlen«, »glücklich sein«, »Kraft haben«. Auf die Frage, wie das Kind sein Kranksein erlebt, antwortet es: »Ich muss im Bett bleiben«, »Ich darf nicht mit anderen spielen«, »Es ist langweilig«, »Ich darf viel fernsehen«. Zur Verdeutlichung einige Daten aus dem *LBS-Kinderbarometer Deutschland 2007*: 36 % aller befragten Kinder fühlen sich relativ häufig krank. Kinder aus Familien, die von Arbeitslosigkeit betroffen sind, fühlen sich häufiger krank. An Beschwerden werden benannt: Stresskopfschmerz 33 %; Allergien 28 %; Stressbauchschmerz 22 %; Heuschnupfen 12 %; andere Krankheiten 12 %; Asthma 3 %. Von diesen befragten Kindern hatten 11 % in der vergangenen Woche, 26 % im letzten Monat und 35 % im vergangenen Jahr einen Arzt aufgesucht. Der Arztbesuch jüngerer Kinder liegt zumeist länger zurück als der von älteren Kindern. 27 % der Kinder fühlen sich durch »Stress« ständig beeinträchtigt, 21 % durch Allergien, 25 % durch multiple Einflüsse – worin sich nicht zuletzt ein gestörtes Verhältnis zum eigenen Körper manifestiert. Migrantenkinder sind deutlich häufiger krank, stress- und mehrfach-belastet.

Das Kind fühlt sich in der Regel »ganzheitlich« krank: »Ich bin ganz krank«, »Alles tut weh«. Anfangs sind fast immer nur uncharakteristische Symptome festzustellen, die oft erst im Nachhinein ihre Bedeutung gewinnen. Erste Anzeichen für eine bevorstehende Erkrankung sind: Das Kind isst schlechter, verrichtet Alltägliches lustlos oder teilnahmslos, ihm »ist übel«, es fühlt sich schwach, es zieht sich zurück, entwickelt Fieber, schläft vermehrt oder sehr unruhig, gebärdet sich aggressiv. Später werden dann oft Schmerzen angegeben: diffus (»Der Bauch tut weh«) oder lokalisiert (bei einer Angina: Schmerzen beim Schlucken, bei einem Harnwegsinfekt: Brennen beim Wasserlassen etc.). Diese Ursachen lassen sich durch den Arzt/die Ärztin meist mühelos abklären und einer Heilung zuführen.

Das Kind fühlt sich in der Regel »ganzheitlich« krank: »Ich bin ganz krank«, »Alles tut weh«.

Oft greift aber selbst in »einfachen Fällen« eine »monokausale« Betrachtungsweise zu kurz. Gar nicht selten ist nämlich medizinisch »nichts« zu finden, so dass die Symptome (Zeichen) des Krankseins einer Entschlüsselung unterzogen werden müssen. Psychosomatische und soziosomatische Probleme stehen im Raum. Was stört das Gleichgewicht des Kindes? Welche Gewichte/Gewichtungen haben sich verschoben, sind verschoben worden (Geburt eines Geschwisterkindes, Erkrankungen in der Familie, Eheprobleme, Scheidung, Kindergarten- oder Schulbesuch, Verlust einer Freundschaft, Überforderung in der Schule)? Wo und durch wen wird das Kind zu sehr belastet? In sehr vielen Fällen fühlt es sich eingeengt, nicht »frei genug«, unter Druck gesetzt – durch sich selbst oder durch andere? So gut wie immer ängstigt es sich, trägt etwas mit sich herum, das es loswerden möchte, ist es durch etwas blockiert, was es lösen möchte.

An dieser Stelle sei auf die Bedeutung der unterschiedlichen Wahrnehmung und Darstellung der Krankheitsbeschwerden durch das Kind und durch den Erwachsenen hingewiesen. Der jüdisch-polnische Kinderarzt und Pädagoge Janusz Korczak (1878–1942) konstatiert, dass der Erwachsene zwar sehr vieles wisse, was das Kind nicht wisse, das Kind aber selbst am besten wisse, was es denkt und fühlt. Die Erkrankungsumstände erschließen sich also leichter, wenn der Erwachsene das Kind (das gilt ausdrücklich auch für das »Sprechzimmer« des Arztes) sich selbst aussprechen lässt und zuhört, statt etwas Vermutetes aus dem Kind herauszuhören oder hineinzuinterpretieren. Dem Kind ist unter allen Umständen Zeit zu gewähren.

Die Erkrankung ermöglicht dem Kind im Idealfall eine Pause, eine »Frei-Zeit« für die notwendige »Problemlösung«. Diese Zeit sollte auch nicht durch »Schulversäumnisse« oder anderen Leistungsdruck beeinflusst werden.

Die Erkrankung ermöglicht dem Kind im Idealfall eine Pause, eine »Frei-Zeit« für die notwendige »Problemlösung«. Diese Zeit sollte auch nicht durch »Schulversäumnisse« oder anderen Leistungsdruck beeinflusst werden. Rechtzeitig ist aber darauf zu achten, dass die Krankheit über die »Pause« hinaus nicht den Charakter eines weiterreichenden Rückzugs, einer Regression« annimmt oder gar einer Flucht aus der Umwelt gleichkommt.

Wie »signalisiert« das Kind sein Kranksein?

Das kranke Kind macht sehr häufig durch eine besondere Symbolik auf sich aufmerksam. Appetitlosigkeit, »Kopfschmerz«, »Bauchschmerz« oder Hautausschlag verlangen eine »Entschlüsselung«. Am häufigsten klagen die Kinder über *Kopfschmerzen*. Gewiss gibt es sehr ernst zu nehmende und jedenfalls durch einen kompetenten Arzt auszuschließende Erkrankungen im Kopfbereich (Hirnhautentzündung, Hirntumor, Sehschwäche). Viel häufiger aber sind die Ursachen für diese so (schwer objektivierbaren) Beschwerden erst über Beobachtungen und Untersuchungen im psycho- oder soziosozialen Umfeld zu finden.

Viktor von Weizsäcker, einem der Mitbegründer einer psychosomatischen Medizin, zufolge steht an der Pforte des Krankheitsgeschehens so gut wie immer ein Konflikt. Es bestehe immer ein »psycho-physiologischer Parallelismus«. Bei den häufig von Kindern geäußerten Kopfschmerzen ist also stets auch zu fragen: Worüber »zerbricht« sich das Kind den Kopf? Was »geht ihm durch den Kopf«? Was will ihm nicht »aus dem Kopf gehen«? Unabhängig von dem eigentlichen »Erkrankungsort« projiziert das Kind seinen Kummer aber auch bevorzugt in seine Körper-Mitte (Nabelbereich) in Form von *Bauchschmerzen*. Was liegt ihm quer? Was hat es noch nicht »verdaut«? Was rumort dort weiter? Was will (als »Verstopfung«) nicht heraus? *Schlaflosigkeit* beim Kind kann durch jede Krankheit hervorgerufen werden, nicht selten auch durch (notwendige oder überflüssige) Medizin. Oft kann sie aber erst dann behoben werden, wenn dem Kind zu entlocken ist, was es »um den Schlaf bringt«, was es nicht »zur Ruhe kommen lässt«. Die Zunahme der *Allergien* im Kindesalter lässt sich fraglos auch auf stressinduzierte Störungen im Immunsystem zurückführen. Selbst das *Fieber*, mag es in vielen Fällen auch durch die gesteigerte Körperreaktion auf Viren (sehr häufig) oder Bakterien (weniger häufig) bedingt sein, ist eine Reaktion auf Störeinflüsse.

Das Kind zeigt, dass es »irgendwo brennt«, dass es einer »Sache« entgegenfiebert oder »fieberhaft« nach einer Problemlösung sucht. Es gilt, auf die »Botschaft der Krankheit« zu hören oder auch den »Schlupfwinkel« für Krankheiten zu entdecken. Viktor von Weizsäcker sieht in jeder Krankheit eine gleichnishafte Darstellung eines Leib-Geschehens. In vielen Fällen lässt sich erst über eine Dechiffrierung der Krankheitssymptome eine Heilung anbahnen und erzielen.

Wie versorge ich das kranke Kind kompetent?

»Akute Not«
Sobald die »organisatorischen Probleme« zu Beginn der Erkrankung halbwegs gelöst sind, breiten sich bei den Eltern verständlicherweise die Sorgen um das kranke Kind aus. Je nach den eigenen Erfahrungen, nach den Erkrankungen in der Familie oder den Geschichten aus der näheren Umgebung erfährt die Beurteilung der Situation einen spezifischen Charakter – nicht selten mit der Tendenz zum Übertreiben. (Die Körpertemperatur wird nicht gemessen, da ohnehin feststeht, dass »fast 40 Grad Fieber« bestehen.) Oft wird gleich zu Beginn der Erkrankung Schlimmstes befürchtet. Der Blick in den »Ratgeber« oder ins Internet bestätigt die Befürchtungen. (Ty-

pisch sind »Kurzschlüsse« wie: Fieber + Kopfschmerz = Hirnhautentzündung, oder: Fieber + Bauchschmerzen = Blinddarmdurchbruch.) Der sofortige Arztbesuch, nachts und am Wochenende, oder die Einbestellung des Notarztes ergeben sich dann aus einer solchen panischen Situation nahezu zwangsläufig.

Wenn es den Erwachsenen gelänge, sich mit der Definition der Krankheit als einer »Gleichgewichtsstörung« hinreichend vertraut zu machen, müssten die Reaktionen natürlich anders ausfallen: Ruhe bewahren, Ruhe einkehren lassen, (stabilisierende) Sicherheit und Geborgenheit vermitteln, dem Kind einen Ruhe-Raum schaffen, es zur Ruhe kommen lassen, gegebenenfalls es auch in Ruhe lassen. Eine friedsame, sichere Umgebung dient der Genesung fraglos mehr als eine erzwungene Isolierung im Kinder-Krankenzimmer, zumal das Kind in vielen Fällen gar nicht (ständig) das Bett hüten muss. Die Ruhe ist entscheidend. Jedes kranke Kind braucht dann vor allem frische Luft – dies auch im übertragenen Sinne. Wenn es dann noch ein frisch aufgeschütteltes Bett mit dem (ebenfalls kranken) Teddybären, etwas Leckeres zu trinken und die Lieblings-CD bekommt, ist das fraglos viel sinnvoller als der überstürzte Sprung ins Auto und das Warten im vollbesetzten Arzt-Wartezimmer. Vor allem aber sollte dem Kind die Angst genommen werden: die Angst vor »schlimmen« oder »bösen Dingen«, vor unabsehbaren Folgen, die Angst, allein gelassen zu werden, sich selbst überlassen zu sein. Auch schon bei der ersten »Bestandsaufnahme« bewirken beruhigende Erklärungen (in einer dem Kind verständlichen Sprache) »kleine Wunder«. Wichtig ist es, das kranke Kind von Anfang an über seine Krankheit/sein Kranksein aufzuklären – in einer ruhigen und beruhigenden Weise.

> Vor allem aber sollte dem Kind die Angst genommen werden: die Angst vor »schlimmen« oder »bösen Dingen«, vor unabsehbaren Folgen, die Angst, allein gelassen zu werden, sich selbst überlassen zu sein.

Als hilfreich hat es sich erwiesen, wenn die Erwachsenen dem Kind Geschichten über ihre eigenen durchgemachten Erkrankungen erzählen. Dies wird oft zu einem gegenseitigen Austausch von Geschichten führen (»Krankengeschichte«/»narrative Pädagogik«). Beim Kind können im Geschichtenaustausch vielleicht sogar Gründe für die gestörte Balance herausgehört werden. Die Situation des Krankseins ist für das Kind immer auch eine Chance, in der Vergangenheit Zu-kurz-Gekommenes aufzugreifen und zu erproben: Geschichtenerzählen, Lesen, Malen, Zeichnen, Basteln, gemeinsame Spiele, Rollenspiele (z. B. Vater oder Mutter sind die Patienten und das kranke Kind spielt die pflegende Mutter). All dies könnte wieder oder neu in den Alltag eingeführt werden. Dass dafür sinnvolle Hilfen (Bett-Tischchen etc.) besorgt werden sollten, versteht sich von selbst.

Beobachtung und Betreuung

Wenn die Eltern von Anfang an ihren Kopf so »frei« halten, dass sie das Kind gründlich beobachten können (exakte Protokolle zum Temperaturverlauf, bei Säuglingen: Gewichtskontrolle, insbesondere bei »Brech-Durchfall«, exakte Notizen über neue Krankheitszeichen etc.), wird mit Sicherheit nichts versäumt. Gelassenheit ist das Gebot der Stunde! Es gilt vor allem abzuwarten, ob es sich bei der Erkrankung des Kindes um eine harmlose, vorübergehende Störung handelt, die aus eigenen Kräften wieder behoben werden kann, oder ob Fremdhilfe vonnöten ist. Voraussetzung für einen gelingenden Umgang mit dem kranken Kind sind die gründliche Beobachtung und Entzifferung der Körpersprache – noch besser: »Leibes-Sprache« des Kindes: die Beschaffenheit der Haut (Blässe, Schwitzen, Fieberrötung), des Körper-Tempos (Beschleunigung oder Verlangsamung des Herzschlags, der Atmung), der Gesichtsausdruck (beim Kind meist noch »unverstellt«), die Sprache der Hände (krampfhaftes Ergreifen des Teddys), die Stimme, die viel über die Stimmung verrät. Janusz Korczak ermutigt die Eltern, gegebenenfalls den Arzt für zehn Minuten zu rufen, selbst aber auch zwanzig Stunden lang die Augen und das Ohr für das Kind offen zu halten. Er spricht von der »Sprache der Tränen und des Lächelns, der Sprache der Augen und des Mündchenverziehens, der Sprache der Bewegungen und des Saugens«. Alle Beschwerden des Kindes sind ernst zu nehmen, sie sollten aber nicht (von übertriebener Sorge geleitet) noch verschlimmert werden. Eine durch Beobachtung/Achtung geleitete Sorge um das kranke Kind wird die individuellen Bedürfnisse des Kindes erkennen und eine spezifische Fürsorge im jeweiligen besonderen sozialen »Umfeld« ermöglichen.

Auch wenn das Buch schon vor nahezu 100 Jahren geschrieben worden ist, bietet *Wie liebt man ein Kind* von Janusz Korczak eine ausgezeichnete Schule der Beobachtung und eine Einführung in die pflegerische und pädagogische Behandlung des Kindes. In beeindruckender Weise beschreibt

Korczak die gesunde (ganzheitliche) Entwicklung des Kindes (von der Geburt bis ins Schulalter). Er vermittelt subtile Beobachtungen über den Unterschied zwischen dem Erleiden oder der Demonstration von Schmerzen, über die Formen des kindlichen Weinens oder Schreiens, über die Langeweile und über den Schlaf. Natürlich werden von Korczak auch wichtige Tipps für die Bewertung und Behandlung der Probleme gegeben. (Bereits das Lesen des Buches vermittelt Gelassenheit.) Ohne Zweifel werden durch solche Erfahrungen belehrte Eltern/ErzieherInnen mühelos ein lustloses, gelangweiltes Kind von einem apathischen oder gar somnolenten (bewusstseinsgetrübten) Kind zu unterscheiden wissen. (Die beiden letzteren Formen erfordern eine rasche Arzt-Konsultation.) Als Trost sei notiert: All dies wissen die Eltern beim zweiten und dritten Kind aus eigener Erfahrung. (Der Verfasser konnte über viele Jahre hinweg besorgten Eltern demonstrieren, dass für das erste Kind in den ersten zwei Jahren ca. 20–30 Einträge im Krankenblatt zu verzeichnen waren, beim dritten Kind fanden sich nur noch die Eintragungen über Vorsorgeuntersuchungen und Impfungen – den Rest haben die Eltern allein geregelt.)

Geduld

Selbst wenn es den Eltern gelingt, in den ersten zwei, drei Tagen Ruhe zu bewahren oder sich zur Besonnenheit zu zwingen, kommt es doch immer wieder zu Einbrüchen von Besorgnis und Unruhe. »Das müsste doch nun schon längst viel besser sein!« Ganz schnell entwickelt sich die Neigung zu einer unruhigen Umtriebigkeit, zu einem (oft »blinden«) Aktionismus: Ein zweiter Arzt wird konsultiert, der Notdienst in Anspruch genommen, die Wirkungen der Medikamente werden in Frage gestellt, Alternativen ausprobiert. Das für die Gesundung notwendige »Sich-Einpendeln« auf eine stabile Gleichgewichtslage wird so nicht selten erneut gestört. Die Unruhe der Erwachsenen überträgt sich (destabilisierend) auf das kranke Kind. Wer in dieser Phase »kopflos« wird, verschlechtert die Situation oft erheblich. Auf der Suche nach dem Richtigen, das sich schnell als wirksam erweisen soll, wird vieles unternommen. Nicht selten mit dem Resultat, dass sich das Geschehen verlängert oder komplizierter entwickelt. Hier zahlt es sich in besonderer Weise aus, wenn ein über Jahre bewährtes Vertrauensverhältnis zum Haus- oder Kinderarzt besteht. Jedes spezifische Heilmittel bedarf als allgemeine »Darreichungsform« des Vertrauens. (Dieser »Vertrauensvorschub« ist fraglos wichtiger als der »Beipackzettel«.) Nach wie vor gilt die

Regel – gerade auch für Kinder: Ein banaler Infekt braucht zur Kurierung mit Medikamenten meist drei bis vier Tage und ohne Medikamente eine halbe Woche.

Maß finden – Maß geben – Maß halten
Falls die Krankheit länger als wenige Tage dauert, ist es wichtig, das kranke Kind trotz möglicher Einschränkungen weitgehend ins alltägliche Familienleben einzubinden und einen geregelten Tagesrhythmus beizubehalten oder herzustellen. Auch für das kranke Kind gilt: Bisher Geregeltes bleibt geregelt, Verbotenes bleibt verboten. Das dürfen selbst Tanten, Onkel, Opa und Oma nicht durchkreuzen. Auch die Eltern sollten sich untereinander abstimmen, damit nicht unversehens verschiedene Erziehungsmethoden praktiziert werden. Der Schriftsteller Peter Handke beschreibt in seiner *Kindergeschichte* eine geradezu klassische Situation: Er selbst möchte nachts zu seinem unruhigen Kind gehen, seine Frau versucht das zu unterbinden. Und schon herrscht böse Stummheit, fast Feindschaft. Die Frau hält sich an die Bücher und die Verhaltensregeln der Fachleute, die er selbst allesamt, so erfahrungsbestimmt sie auch sein mochten, verachtet.

> **Bisher Geregeltes bleibt geregelt, Verbotenes bleibt verboten. Das dürfen selbst Tanten, Onkel, Opa und Oma nicht durchkreuzen.**

Falls im Erkrankungsfall Ausnahmen gewährt werden müssen, ist es notwendig, auch über diesen Ausnahmestatus mit dem Kind zu sprechen, um »neue Regeln« aufstellen zu können. Wie stets im pädagogischen Alltag ist auf das konsequente Beibehalten der Erziehungsrichtung zu achten. Inkonsequenzen erschweren nicht nur die Kommunikation zwischen Eltern und Kind, sie verunsichern das Kind – zusätzlich zu dem ungewohnten Kranksein. Außerdem sollte dem Kind auch gar nicht erst die Chance zum »Austricksen« und »Taktieren« geboten werden. Es sei mit Nachdruck darauf hingewiesen, dass es, von wenigen Ausnahmesituationen abgesehen, sinnvoll ist, das Kind nachts im eigenen Bett schlafen zu lassen. Mit etwas Geschick lassen sich auch dort hinreichend Geborgenheit und Sicherheit vermitteln. Auch sollten die Essgewohnheiten nicht aus falscher Rücksichtnahme aufgegeben werden. Dass der Appetit meist verringert ist, darf kommentarlos akzeptiert werden. Auf eine gesteigerte Flüssigkeitszufuhr muss geachtet werden (gegebenenfalls penible Protokollierung). Dies gilt besonders dann, wenn Durchfallserkrankungen mit begleitendem Erbrechen und/oder hohem Fieber bestehen.

Ermutigung statt Verwöhnen

Kinder, die häufig krank sind, neigen zu Mutlosigkeit und können mehr oder weniger schnell Minderwertigkeitsgefühle entwickeln. Die Individual-psychologie betont (im Anschluss an Alfred Adler) immer wieder die Bedeu-tung der Ermutigung für eine fortschrittliche Pädagogik. Nicht nur die Ein-schränkungen durch das Kranksein, sondern auch das Verwöhnen bewirken aber, dass sich das kranke Kind schwach und hilflos fühlt. Gerade dieser Verlust an Selbstachtung kann, dem Psychotherapeuten Josef Rattner zufol-ge, über die Erkrankung hinaus die Entwicklung des Kindes auf längere Zeit hin beeinträchtigen. An die Stelle des Verwöhnens sollte eine freigiebige, ermutigende Fürsorge treten. Dass wir unter »Verwöhnen« nicht die ermuti-genden Zuneigungsgesten, die kleinen »Extras« oder »Trostpflaster« verste-hen, sei nur nebenbei erwähnt. Fraglos gibt es auch Kinder, die von sich aus, also ohne größere Probleme, in den Alltag zurückfinden. In der Regel ge-schieht dies aber nicht. Die Ermutigung sollte sich nicht so sehr auf Worte als vielmehr auf erfahrbares Vertrauen stützen. Wenn wir ein krankes Kind betreuen, sprechen wir gerade diese Dimension an, denn im Wort »betreuen« steckt »Treue«. Gerade das gegenseitige Vertrauen, die bekundete Treue, begünstigt die Heilung.

Im Wort »betreuen« steckt »Treue«.

Zur Problematik des Verwöhnens, und sei es auch nur befristet prakti-ziert, ist noch kritisch anzumerken, dass die Rücknahme bestimmter ver-wöhnender Standards vom Kind nicht selten als Liebesentzug empfunden wird. Das gesundende oder wieder gesunde Kind will (und kann) es nicht verstehen, warum nun plötzlich wieder die alltäglichen Essens- oder Schlaf-gewohnheiten gelten, die »großzügigen« Fernsehzeiten wieder einge-schränkt werden sollen. Das Kind wird sich fragen, was es »falsch« gemacht habe, dass die Eltern nun wieder »strenger« sind. Diese Deprivation erscheint dem Kind willkürlich, und es wird sich dagegen auflehnen und gegebenen-falls vermehrte Zuwendung erzwingen wollen. Ausführliche klärende Ge-spräche sind in dieser Situation vonnöten.

Heilung in der Begegnung

Angst und Schmerz sind nicht etwa sekundäre Folgen, sondern zentrale Ereignisse jeglichen Krankheitsgeschehens. Gerade in den Nöten des Krankseins wird das Getrenntsein von anderen, von der Welt, von den nächs-ten Menschen als einschneidend oder ausgrenzend empfunden (Viktor von

Weizsäcker). Jeder Mensch, vor allem aber das kranke Kind, ruft geradezu nach »umfassender Begegnung« (Martin Buber). Diese Begegnung ist nicht nur für das Patient-Arzt-Verhältnis, sondern auch für die Eltern-krankes-Kind-Beziehung zu wünschen.

Die von uns beschriebene Betreuung des kranken Kindes einschließlich der pädagogischen Konsequenzen schafft also fraglos auch neue Möglichkeiten der Begegnung des kranken Kindes mit den Eltern. Oft knüpfen die neuen Erfahrungen – unmerklich und unbewusst – bei Eltern und Kindern an die ersten, intensiven Begegnungen in der frühesten Kindheit an und wirken als »Erinnerung« heilend. Wenn wir unsere Überlegungen über einen ganzheitlichen Charakter weiterdenken, so werden wir erkennen, dass das Krankheitsgeschehen in die individuellen »Zwischen-Bereiche«, also zwischen leibliche und geistig-seelische Vorgänge, eingreift, aber auch in den Binderaum zwischen dem Individuum und der sozialen Umwelt. Jede Erkrankung schließt somit die Chance eines Neuanfangs ein. Beziehungen können neu aufgebaut, korrigiert, variiert oder bestärkt werden. Der Weg führt über die Zuwendung, die Vermittlung von Geborgenheit und Ermutigung (»Zusammen schaffen wir das!«) – keinesfalls über das Verwöhnen. Das kranke Kind, das lässt sich immer wieder beobachten, baut oft auch zu den Geschwistern bislang ungenutzte neue oder intensivierte Beziehungen auf. Dies fraglos nicht so sehr bei kurzfristigen oder harmlosen, gewiss aber bei länger währenden Krankheiten. Allen Turbulenzen und Unbilden des Krankseins zum Trotz können sich auf diese Weise neue Begegnungen ereignen, kann »Heilung aus der Begegnung« (Hans Trüb) geschehen.

> Jede Erkrankung schließt die Chance eines Neuanfangs ein. Beziehungen können neu aufgebaut, korrigiert, variiert oder bestärkt werden. Der Weg führt über die Zuwendung, die Vermittlung von Geborgenheit und Ermutigung (»Zusammen schaffen wir das!«) – keinesfalls über das Verwöhnen.

Wenn Schlafen gestört ist

Hans von Lüpke

Einleitende Bemerkungen

Schlaf entzieht sich dem Zugriff, je mehr wir ihn zu kontrollieren versuchen. Dies zeigt sich am deutlichsten, wenn wir auf den Schlaf eines anderen, eines Kindes, Einfluss nehmen wollen. Wohlmeinende Ratgeber vermitteln zwar die Vorstellung, man könne in einer Art »Schlafschule« Kindern das Schlafen beibringen, verkürzen das Problem aber schon dadurch, dass sie es als Leistung definieren. Dabei verweist bereits die Umgangssprache auf die Vielfältigkeit des Phänomens: Schlaf kann uns »geraubt« werden oder im ungeeigneten Moment »überfallen«, soziale Peinlichkeiten oder gar Unfälle auslösen. Ein schlafloses Kind gefährdet den Familienfrieden, die Partnerschaft der Eltern und deren Arbeitsfähigkeit. Schläft es jedoch unerwartet einmal durch, so schrecken die Eltern auf und überprüfen, ob es noch lebt. Der Schlaf als »Bruder des Todes« findet seinen Ausdruck nicht zufällig in der euphemistischen Beschreibung des Sterbens als »Einschlafen«. Diese wenigen Bemerkungen zeigen bereits, dass Schlafen nur im sozialen Kontext zu verstehen ist. Je kleiner das Kind, desto stärker kommt dieser Aspekt zum Tragen – also bei der hier diskutierten Altersgruppe in besonderem Maße.

Was ist überhaupt eine Schlafstörung? Hier vermischen sich kulturell bedingte Gepflogenheiten mit gesundheitsbezogenen Argumenten, so der Mythos von einer unverzichtbaren Qualität des »Schlafs vor Mitternacht«. In Deutschland werden Kinder zu vorgegebenen Zeiten ins Bett gezwungen, während mediterrane Kinder bis tief in die Nacht auf der Straße spielen, ohne dass dies zu erkennbaren Schäden führt. Der kulturellen Orientierung unterliegt auch die Entscheidung darüber, ob es als Störung anzusehen sei, wenn Kinder bei den Eltern im Bett schlafen. Während in westlichen Kulturen die getrennten Schlafzimmer der Norm entsprechen – nicht selten Auslöser von erbitterten Kämpfen um das Schlafen im eigenen Bett –, ist gemeinsames Schlafen in anderen Kulturen die Regel. Durch die Tatsache, dass getrenntes Schlafen neuerdings als prophylaktische Maßnahme gegen den plötzlichen Säuglingstod empfohlen wird, gewinnen diese Aspekte zusätzliche Relevanz. Auf dem Hintergrund all dieser gesundheitsorientierten und kulturellen Bewertungen kommen biographische und aktuelle Erfahrungen der Eltern zum Tragen. Im Folgenden soll versucht werden, Vorstellungen vom Zusammenspiel dieser Faktoren zu vermitteln. Dadurch könnten Ressourcen zugänglich werden.

Was wissen wir über Schlaf und Traum?

Schlaf ist nicht, wie der Eindruck zunächst vermuten lässt, der Wechsel von Aktivität zu Passivität. Eher kann Schlaf verstanden werden als eine Verschiebung von Aktivitäten in der Auseinandersetzung mit der Umwelt auf die Aktivierung innerer Prozesse. Dies zeigt sich bereits auf der physiologischen Ebene. Während Parameter wie Körpertemperatur, Puls und Blutdruck zurückgehen, finden manche hormonellen Aktivitäten – etwa die des Wachstumshormons – im Schlaf gerade ihre höchste Ausprägung. Auch für geistige Prozesse ist der Schlaf offenbar von großer Bedeutung. Nicht zufällig sagen wir: »Darüber muss ich erst mal schlafen.« Nicht nur in emotionalen Konflikten finden sich dann neue Wege. Manches wissenschaftliche Problem konnte buchstäblich »über Nacht« gelöst werden. So soll der Chemiker Kekulé nach langem vergeblichem Bemühen eines Morgens beim Aufwachen die Formel für den Benzolring vor sich gesehen haben. Als erwiesen kann heute auch gelten, dass Schlafentzug das Gedächtnis und damit die Voraussetzung zum Lernen beeinträchtigt. Dass ein kurzer Schlaf tagsüber die Leistungsfähigkeit fördert, hat Firmen dazu gebracht, ihren Mitarbeitern einen kurzen Mittagsschlaf zu verordnen.

Schlaf kann verstanden werden als eine Verschiebung von Aktivitäten in der Auseinandersetzung mit der Umwelt auf die Aktivierung innerer Prozesse.

Damit stellt sich die Frage nach dem Schlafbedarf. Hier besteht eine deutliche Abhängigkeit vom Alter. Gehen wir von statistischen Mittelwerten aus, so verbringt das reife Neugeborene in 24 Stunden mit wechselnden Unterbrechungen 16 bis 18 Stunden schlafend. Im Verlauf des ersten Lebenshalbjahres nähert sich ein Schlaf-wach-Rhythmus dem Tag-Nacht-Zyklus an.

Im Verlauf des ersten Lebensjahrs reduziert sich die Gesamtschlafzeit dann auf 14 bis 15 Stunden. Eine weitere Reduktion auf 12 Stunden folgt im Verlauf des Vorschulalters. Diese Werte lassen über den Schlafbedarf ebenso im Unklaren wie über Faktoren, die den Schlaf-wach-Rhythmus regulieren. Für den Bedarf ist nicht allein die Zeit, sondern auch die Qualität von Bedeutung. Jeder kennt Nächte, in denen er zwar lang genug geschlafen hat, sich morgens jedoch »wie gerädert« fühlt. Hier dürften eine Vielzahl an Stoffwechselprozessen wie auch deren zeitliche Verteilung von Bedeutung sein.

Träume können als deren psychosomatisches Äquivalent verstanden werden. Sie lassen sich, unabhängig von den Interpretationsmodellen der verschiedenen Schulen, als eine Möglichkeit der Verarbeitung von Auseinandersetzungen mit der Umwelt im Zusammenspiel mit eigenen Bedürfnissen verstehen. Eine Wunscherfüllung (wie Freud zunächst gemeint hat) ist bei den frühen Kinderträumen eher selten. Hier geht es meist um die Verarbeitung von Ängsten. Nicht immer wird der Traum zum »Hüter des Schlafes«, oft führen Angstträume zu vorzeitigem Erwachen und Angst vor dem Wiedereinschlafen. Für das Verständnis von Träumen in dem hier zur Diskussion stehenden Alter ergibt sich dabei das Problem, dass die Mitteilung von Träumen an die sprachliche Darstellung des Träumers gebunden ist. Damit entsteht eine Abhängigkeit vom Entwicklungsstand, insbesondere von der Sprachentwicklung. Gelegentlich gibt die Beobachtung jedoch Hinweise auf frühe Träume. Eine solche Beobachtung beschreibt der Schlafforscher Hamburger bei seinem eigenen zwei Tage alten Sohn: »In seiner zweiten Lebensnacht, er war ziemlich genau 24 Stunden alt, konnte ich bei Jakob beobachten, wie er sich im Schlaf zusammenkrümmte und – so schien es mir – etwas sehr Anstrengendes erlebte. Das dauerte einige Sekunden oder Minuten (Zeitschätzung ist nicht die Sache frischgebackener Väter), dann entspannte er sich wieder und schlief friedlich weiter. Derselbe Traum wiederholte sich in der folgenden Nacht um dieselbe Zeit. Mir kam in den Sinn, dass er vielleicht die Pressphase der Geburt nacherlebte, die ja für ihn sehr anstrengend gewesen sein musste. Obwohl – oder weil? – ich bereits an der Arbeit über Kinderträume saß, verwarf ich diese Deutung rasch wieder und betrachtete sie als Ausgeburt meines Stolzes. Schließlich wusste ich ja, dass kein Neugeborenes so exakt bestimmte Szenen nachträumen kann. Meine Verwunderung stieg aber, als sich nach

> Eine Wunscherfüllung (wie Freud zunächst gemeint hat) ist bei den frühen Kinderträumen eher selten. Hier geht es meist um die Verarbeitung von Ängsten.

etwa drei Tagen die immer um dieselbe Nachtzeit auftretenden Träume zu
verändern begannen: Jakob wurde wieder von jenem Anstrengenden heim-
gesucht, er ächzte und wischte sich mit den Händchen das Gesicht, bis er
sich dann wieder entspannte. Nur hatte jetzt die Entspannung eine andere
Qualität, sie war nicht bloß Rückkehr in den ungestörten Schlaf, sondern
sein ganzes Gesicht wurde glatt und hellte sich auf, etwas wie ein Lächeln
stand um seinen Mund, der anfing, Saugbewegungen zu machen. Und diesen Gesichtsausdruck kannte ich nun genau: Es war der Ausdruck der Befriedigung, die er ja erst am Tag vor diesem Traum kennengelernt hatte – wie
die meisten Babys musste er ja auf das Einschießen der Muttermilch etwas
warten, und die Ersatzbefriedigungen, die wir ihm angeboten hatten, waren
wohl nicht das Wahre. Es gibt für mich keinen Zweifel, dass er in dieser vierten Lebensnacht das Erlebnis des Gestilltwerdens geträumt hatte. Und wenn
ich ganz ehrlich bin, werde ich seither die Erinnerung an diese tröstliche
Beobachtung nicht los, die für mich die Bedeutung hatte: ›Es geht mir gut,
ich habe diese Geburt überstanden, jetzt werde ich wachsen und gedeihen‹,
oder so ähnlich.«

Verbal mitgeteilte Träume finden sich in Literatur und eigenen Beobachtungen ab dem Alter von zwei Jahren. Es liegt auf der Hand, dass die Mitteilung der Träume in diesem Alter nicht nur vom Entwicklungsstand, sondern
auch von den Beziehungen zur Umwelt, vor allem zu den Eltern, abhängt.
Ermutigende Neugier sowie die Fähigkeit und Bereitschaft, den oft noch ru-
dimentären sprachlichen Äußerungen zu folgen, begrenzen hier die Möglichkeit, Trauminhalte zu erfahren. Wegen dieser subjektiven Faktoren sind
objektive Hinweise auf Traumphasen schon lange von Interesse. Bei einem
Teil der Traumphasen finden sich charakteristische Muster im EEG, verbunden mit einer Erschlaffung der Muskulatur und jenen raschen Augenbewe-
gungen, die als »Rapid Eye Movements« zum Begriff der REM-Phasen geführt haben. Die Vorstellung, dass diese Phasen allein das Korrelat für Träume seien, lässt sich jedoch nicht mehr aufrechterhalten. Ohne auf die Diskussion im Detail einzugehen, wird heute angenommen, dass Träume in der
REM-Phase stärker visuell und emotional geprägt sind, während sie in anderen Phasen eher abstrakte Gedankenbruchstücke enthalten. Möglicherweise
gibt es überhaupt keinen Schlaf ohne irgendeine Form von Traumaktivitä-
ten. Je jünger die Kinder sind, desto weniger entspricht das Verhalten in der
REM-Schlafphase dem beim Erwachsenen. Der Säugling ist im REM-Schlaf
fast ständig in Bewegung, strampelt und grimassiert. Das EEG in diesen

Phasen ähnelt – mehr als beim Erwachsenen – einem Kurvenverlauf im Wach-zustand. Im Gegensatz zum Erwachsenen geht der Wachzustand oft direkt in die REM-Phase über. Möglicherweise sind Schlafen und eine bestimmte Form von Träumen in diesem Alter noch wenig voneinander getrennt – ein Aspekt, der dem Einfluss der Umwelt während des Schlafens zusätzliche Bedeutung gibt. Auffallend ist, dass der Anteil des REM-Schlafes beim Neugeborenen – beginnend bereits mit der zwanzigsten Schwangerschaftswoche – die Hälfte der Schlafphasen ausmacht und sich allmählich bis zum fünften Lebensjahr auf den später charakteristischen Anteil von etwa 20 % reduziert. Den REM-Phasen muss daher in der frühen Entwicklung eine hohe Bedeutung zukom-men, auch wenn wir die psychologischen Inhalte des dabei Erlebten nur ver-muten können – wie Hamburger bei seinen Beobachtungen.

REM-Phasen scheinen in frühen Lebensphasen nicht nur mit körperli-cher, sondern auch mit geistiger Aktivität einherzugehen. Dies dürfte bereits für die fötalen REM-Phasen gelten. Da ab der zwanzigsten Schwanger-schaftswoche alle Sinnesorgane funktionsfähig sind, wären auch hier die Voraussetzungen dafür gegeben, dass taktile, akustische und optische Wahr-nehmungen auf der Grundlage ihrer emotionalen Bedeutung geistig verar-beitet werden. Es dürfte kein Zufall sein, dass diese Form der Verarbeitung zu einem Zeitpunkt beginnt, an dem durch das Wachstum des Kindes sein Spielraum für körperliche Bewegungen immer stärker eingeschränkt wird.

Wechselseitigkeit im Schlaf

Beratung bei Schlafproblemen stellt meist die Bedingungen des Einschla-fens in den Vordergrund. Dies orientiert sich an der Vorstellung, dass Schla-fen einen Rückzug aus der Wahrnehmung der Umwelt darstellt. Ohne die Bedeutung dieser Zusammenhänge schmälern zu wollen, ergibt sich aus dem bislang Dargestellten jedoch die Frage, ob bei jüngeren Kindern auch die während des Schlafes von außen kommenden Botschaften in zunehmen-dem Maße die Qualität des Schlafes beeinflussen. Bereits die Alltagserfah-rung zeigt, dass manches Kind, das seinen Schlaf nur im Körperkontakt mit einem der Eltern findet, sofort wieder aufwacht, wenn es nach dem Einschla-fen in sein Bett gelegt wird. Auch ohne Körperkontakt können äußere Ein-drücke aus dem Umfeld in den Traum eingebaut werden. Gut bekannt ist dieses Phänomen beispielsweise beim klingelnden Wecker. Experimente von Leuschner, Hau und Fischmann im Schlaflabor des Sigmund-Freud-Instituts haben gezeigt, dass sogar solche akustischen Botschaften, die durch Verzerrung in Lautstärke und Tempo bei wachem Bewusstsein gar nicht verstanden werden können – so genannte subliminale Botschaften –, sich später in Trauminhalten wiederfinden. Schließlich konnte Leuschner ebenfalls bei Experimenten im Frankfurter Sigmund-Freud-Institut zeigen, dass Botschaften eines »Senders« in einer Träumen analogen Verformung bei einem »Empfänger« über die Distanz von zwei Stockwerken wiederzufinden waren. Damit wird deutlich, dass es hier um eine Art von Vermittlung geht, die sich nicht auf Wahrnehmungen über die fünf Sinnesorgane reduzieren lässt. Begriffe wie der sechste oder der siebte Sinn benennen solche Phänomene jenseits esoterischer Spekulationen, etwa im Titel einer Sendung zum Straßenverkehr. Schon in der Schwangerschaft gibt es Hinweise darauf, dass ein solcher Austausch wechselseitig sein kann. So wurde ein rhythmischer Wechsel zwischen den maximalen Bewegungsaktivitäten von Föten und REM-Phasen der Mutter beobachtet. Ein alternierender Rhythmus zwischen REM-Phasen bei Mutter und Kind findet sich in den ersten Nächten nach der Geburt und zeitweilig auch während des Stillens. Der amerikanische Säuglingsforscher Louis Sander beobachtete Zusammenhänge zwischen den Ernährungsgewohnheiten bei Säuglingen und der Entwicklung eines Tag-Nacht-Rhythmus. Er konnte feststellen, dass der Tag-Nacht-Rhythmus sich dann am schnellsten entwickelte, wenn die Kinder nicht nach festen Zeiten, sondern ihrem Bedürfnis entsprechend (»free demand«) gefüttert wurden.

Dies verweist auf ein anderes, für die Entwicklung des Schlafverhaltens offenbar ebenfalls bedeutsames Phänomen: den aktiven Anteil des Kindes im Rahmen einer wechselseitigen Abstimmung. Den Erkenntnissen der neueren Säuglingsforschung entsprechend, bedarf das Kind für die Entwicklung eines sicheren Selbstgefühls der Erfahrung einer im wechselseitigen Austausch mit den Bezugspersonen wahrgenommenen und beantworteten Handlungsfähigkeit. Die Situation erscheint paradox: Voraussetzung für den ruhigen Schlaf ist zwar die schützende, absichernde Umwelt, gleichzeitig aber auch die Erfahrung des Kindes, aktiv an der Gestaltung des Schlafszenarios beteiligt zu sein. Die gegenteilige Erfahrung – sich passiv ausgeliefert zu fühlen – findet ihren Niederschlag in jenen Angstträumen, die bei höherer Intensität zum Aufwachen führen. Körperkontakt kann bei der wechselseitigen Wahrnehmung hilfreich sein, ist dafür jedoch nicht Voraussetzung. Dies zeigt das Phänomen des »Ammenschlafs«: Ein Erwachsener – der nicht unbedingt die Mutter sein muss, aber einen verantwortlichen Bezug zum Säugling hat –, wacht auch dann schon auf, wenn der Säugling ein Bedürfnis signalisiert, ohne dass dies erst durch Schreien vermittelt wird. Später kann diese Person schon durch subtile Zeichen des im Nebenzimmer schlafenden Kindes wach werden und es der Mutter – die erst in diesem Augenblick erwacht – zum Stillen bringen. Wie sensibel Säuglinge und Kleinkinder auf manche von den Eltern gar nicht bewusst wahrgenommenen Spannungszustände reagieren, ist eine Alltagserfahrung aus der kinderärztlichen Praxis. Nicht selten kommen Eltern mit einem schreienden Säugling, der sich durch nichts mehr beruhigen lässt, in die Praxis eines Kinderarztes. Gelingt es, mit den Eltern über ihre Sorgen oder einen zurzeit nicht lösbar erscheinenden Konflikt zu sprechen, fällt nicht selten erst im Verlauf des Gespräches plötzlich auf, dass das Kind eingeschlafen ist. Dass die Stimmung oft von größerer Bedeutung ist als der Lärmpegel, zeigt die Erfahrung bei Festen. Selbst an Silvester schlafen Säuglinge zur allgemeinen Überraschung oft unbehelligt durch, während sie in manch einer ruhigen Nacht keinen Schlaf finden.

Konsequenzen

Der hier vorgestellte Ansatz geht von der Annahme aus, dass menschliche Kommunikation auch im Schlaf noch durch den Austausch einer unendlichen Vielzahl von Signalen bestimmt wird. Davon sind nur wenige den Beteiligten bewusst. Im Umgang mit Kindern wird der Anteil der nicht kontrolliert verfügbaren Botschaften umso größer, je jünger diese sind, insbesondere jenseits der sprachlichen Kommunikation. Wenn Schlafen gestört ist, folgt daraus für die Beratung zunächst große Unsicherheit, da sie der Vielzahl beteiligter Faktoren, insbesondere der nicht bewusst verfügbaren, niemals gerecht werden kann. So bleiben traditionelle Empfehlungen wie regelmäßige Schlafzeiten, ruhige Phasen im Vorfeld und Einschlafrituale nach wie vor von Bedeutung, werden jedoch von der Befindlichkeit des jeweils beteiligten Erwachsenen überlagert. Das Einhalten des äußeren Ablaufs kann daher nicht alleinige Richtschnur sein. Erst die »Stimmigkeit« zwischen den Bedürfnissen des Kindes und denen des Erwachsenen führt zur Entspannung und damit zum Schlaf.

Das Kind als »Seismograph« für das Befinden der Eltern rückt den Stellenwert einer »Psychohygiene« der Eltern in den Vordergrund. Nicht selten wird mit dem Hinweis auf eine stärker »kindgerechte« Praxis in anderen Kulturen der ständige Körperkontakt beim Schlafen (Co-Sleeping) empfohlen. In Kulturen mit kontinuierlichem Körperkontakt zwischen Mutter und Kind werden die Signale des Kindes jedoch in einer Weise wahrgenommen, für die westlichen Eltern in der Regel die Voraussetzungen fehlen. Ein Beispiel dafür ist die Fähigkeit von Müttern in manchen afrikanischen und indonesischen Kulturen, zu spüren, ob das Kind an ihrem Körper kurz davor ist, seine Blase zu entleeren, um es rechtzeitig von sich wegzuhalten. Dabei gilt es als Schande, diese Situation zu verpassen und selbst durchnässt zu sein. Hier geht es um jene Ebene der Kommunikation, von der oben die Rede war. Das Kind ist aktiver Mitspieler und fühlt sich dadurch, dass seine Signale wahrgenommen werden, als wirksam Handelnder. Dieser Aspekt bleibt dann unbeachtet, wenn es lediglich um den Körperkontakt als anzustrebendes Ideal geht. Bei der Frage des gemeinsamen Schlafens von Eltern und Kindern ist dies von Bedeutung, besonders dann, wenn das getrennte Schlafen im Säuglingsalter als prophylaktische Maßnahme gegen das Risiko eines »plötzlichen Kindstodes« empfohlen wird. Auch hier dürfte es weniger um das Setting des gemeinsamen Schlafens gehen als um die Frage der sensiblen Wahrnehmung des Säuglings als einer anderen Person. Jenseits des Säuglingsalters ist dann vor allem von Bedeutung, ob bei Eltern und Kindern Spielräume zum wechselseitigen Aushandeln bestehen: das allmählich sich verändernde Gleichgewicht zwischen Nähe und Distanz, Versorgung und Unabhängigkeit. Hier geht es um die Überprüfung eigener Bedürfnisse bei den Eltern: »Muss mein Kind bei mir schlafen, weil ich mich selbst so allein fühle, mir Wärme und Zärtlichkeit fehlen?« Wie geht es den Eltern in ihrer Partnerschaft? Ist das Kind durch belastende Erfahrungen oder das Leben in einer angespannten Familiensituation verunsichert und ständig »auf der Hut«? Ein noch so günstiges Setting allein kann hier das Schlafproblem nicht lösen. Bedeutung hat auch das Ernstnehmen von Ängsten: gemeinsam mit dem Kind nachzusehen, ob wirklich kein Krokodil unter dem Bett liegt,

ein kleines Licht während der Nacht und eine Möglichkeit, die Eltern herbei-
zurufen oder zu ihnen ins Bett zu kommen. Und schließlich kann auch der
Umgang mit Träumen dazu beitragen, dass diese eher zum »Hüter des
Schlafes« werden. Dabei geht es weniger um Deutungen als um Interesse
und Respekt vor der darin erkennbaren kreativen Leistung. Der Austausch
hilft den Kindern, Distanz zu entwickeln und damit auch in Angstträumen
die Gewissheit: »Es ist nur ein Traum! Ich werde aufwachen und alles ist
wieder gut.«

2

Wenn das Baby zu viel schreit –
Wie Eltern helfen können

Renate Barth

Ein Baby zu bekommen ist mit vielen Wünschen und Hoffnungen verbunden. Eltern sehnen sich nach einer glücklichen Beziehung zu ihrem Kind, vielleicht sogar nach einer besseren als die, die sie selbst mit ihrer Mutter oder ihrem Vater erfahren haben. Manchmal aber kommt alles ganz anders.

Der 10-wöchige Nico schreit. Er hat schon einen ganz roten Kopf und sein Körper biegt sich weit nach hinten. Frau R. geht mit ihm im Zimmer auf und ab. Vielleicht hat er Hunger, denkt sie und bietet ihm die Brust an. Nico trinkt ein paar Schlückchen und schläft dabei ein. Als Frau R. ihn jedoch ins Bettchen legen will, schreckt er wieder schreiend auf. Jetzt versucht Herr R., Nico mit Spielzeug abzulenken, dann hopst er mit ihm auf einem großen Ball herum und wechselt seine Windeln, aber alles ist nur für kurze Zeit wirksam. Gegen Abend hilft dann nichts mehr. Nico ist nicht zu beruhigen. »So geht es jeden Tag«, sagt Frau R. »Ich kann nicht mehr. Manchmal werde ich richtig wütend und schreie den Kleinen an. Neulich habe ich ihn sogar geschüttelt. Darüber bin ich sehr erschrocken. Wenn ich doch bloß wüsste, was er hat. Wir tun doch alles für ihn.«

Es ist eine große Enttäuschung und Sorge, wenn das Baby auf die Beruhigungsangebote der Eltern nicht reagiert, sondern lange Phasen hat, in denen es quengelt und schreit. Über solches exzessives Säuglingsschreien klagen 10 bis 20 % aller Eltern. Es handelt sich hierbei um unstillbar erscheinende Unruhe- und Schreiphasen, die in den ersten 3 bis 6 Lebensmonaten ohne ersichtlichen Grund bei einem ansonsten gesunden Säugling auftreten. Das Schreien geht häufig mit Fütter- und Schlafproblemen einher und ist in den späten Nachmittags- und frühen Abendstunden meist besonders ausgeprägt.

Warum manche Babys viel schreien

»*Wenn ich nur wüsste, was er hat*«, sagt Nicos Mutter und spricht damit eine Schwierigkeit an, die viele Eltern exzessiv schreiender Säuglinge teilen. Sie haben keine Erklärung und können ihrem Kind deshalb auch nicht in effektiver Weise helfen. Andere Eltern neigen dazu, sich selbst die Schuld zu geben, oder sie suchen die Ursache allein beim Kind, indem sie denken, mit ihm stimme etwas nicht, es habe ein schwieriges Temperament, Schmerzen, Ängste oder andere Leiden. Solche einseitigen Betrachtungsweisen werden dem Problem jedoch nicht gerecht. Selbst wenn das Baby an einer Erkrankung des Magen-Darm-Traktes (wie an einer Kuhmilchallergie oder einem gastroösophagealen Reflux, bei dem Magenflüssigkeit in die Speiseröhre zurückfließt) leidet, kann dies das exzessive Schreien allein in der Regel nicht erklären. Heutigen Erkenntnissen zufolge ist das übermäßige Schreien im ersten Lebenshalbjahr in den meisten Fällen *Ausdruck eines unzureichenden Zusammenspiels zwischen den Schwierigkeiten des Säuglings, sich selbst zu regulieren, und des elterlichen Umgangs damit.* Man nennt diese frühen Schrei-, Schlaf- und Fütterprobleme deshalb auch Regulationsstörungen (Papousek/ Schieche/Wurmser 2004). Was ist damit gemeint?

Man nennt diese frühen Schrei-, Schlaf- und Fütterprobleme auch Regulationsstörungen.

Schlafen, Spielen, Trinken, Bewegung – Das Baby lernt, sich zu regulieren

In den letzten Schwangerschaftswochen befindet sich das ungeborene Kind in einer gebeugten Körperhaltung und seine Bewegungen werden durch die Gebärmutter begrenzt. Alle Abläufe funktionieren automatisch. Die Temperatur ist konstant, so dass es weder friert noch schwitzt. Es verspürt keinen Hunger, da es durch die Nabelschnur optimal ernährt wird. Ab der 36sten Schwangerschaftswoche entwickelt es klare Schlaf- und Wachphasen und gleitet problemlos von einem dieser Zustände in den nächsten und zurück. Durch die Geburt wird dieser, im Fall einer normalen Schwangerschaft wunderbare, Zustand beendet, und alles ist anders. Das Neugeborene wird von der Mutter getrennt und befindet sich nicht mehr in einem eng begrenzten Raum, in dem es die Grenzen spürt und sein Körper in der gebeugten Position gehalten wird. Plötzlich ist viel Platz vorhanden, ohne dass es eine ausreichende Kontrolle über seine Bewegungsabläufe hat. Es verspürt Hunger, aber die Milch ist nicht immer sofort verfügbar oder es kommt zu viel davon. Verdauungsprozesse müssen sich erst einspielen. Die Eltern sprechen mit ihm, lächeln, wickeln und füttern es. Das Telefon klingelt, der Fernseher läuft und so weiter.

Eine wichtige erste *Entwicklungsaufgabe des Säuglings besteht nun darin, mit diesen vielen inneren und äußeren Schwierigkeiten und Anforderungen fertig zu werden und sich selbst regulieren zu lernen.* Dabei spielen Reifungsvorgänge eine Rolle, aber auch Lernprozesse. In den ersten 3–4 Lebensmonaten kommen der Schlaf-wach-Regulation, der Regulation der Nahrungsaufnahme und der motorischen Regulation zentrale Bedeutungen zu.

Schlaf-wach-Regulation

Hierbei geht es um die Fähigkeit, aufmerksam und wach zu sein oder ohne lange Quengelphasen ein- und für einige Stunden durchzuschlafen. Exzessiv schreiende Säuglinge haben diesbezüglich erheblich größere Schwierigkeiten als andere Babys. Sie

⋯⟩ schlafen weniger;

⋯⟩ brauchen länger (manchmal Stunden), bis sie eingeschlafen sind;

⋯⟩ finden nur mit aufwendigen elterlichen Hilfen in den Schlaf;

⋯⟩ haben kürzere Schlafphasen;

⋯⟩ wachen nachts häufiger auf und sind länger wach;

⋯⟩ machen tagsüber nur kurze Nickerchen;

⋯⟩ haben Wachphasen von geringerer Qualität: Statt im Wachzustand aufnahmefähig und interaktionsbereit zu sein, neigen sie zu vermehrtem Quengeln oder Schreien.

Regulation der Nahrungsaufnahme

Gut regulierte Säuglinge nehmen in einem überschaubaren Zeitraum ausreichende Mahlzeiten zu sich, die tagsüber für zwei bis drei Stunden sättigen, nachts etwas länger. Weniger gut regulierte trinken zu wenig oder zu häufig und dann jeweils nur ein paar Schlückchen. Letzteres liegt häufig daran, dass sie die Brust oder Flasche auch als Einschlafhilfe benutzen.

Motorische Regulation

Zu Beginn des Lebens hat das Kind noch wenig Kontrolle über seine Körperbewegungen. Es kann seinen Kopf noch nicht allein halten. Bei plötzlichen Veränderungen seiner Lage oder wenn es sich, zum Beispiel durch laute Geräusche, erschreckt, wird der Moro-Reflex ausgelöst; dabei öffnet das Baby mit fächerförmig gestreckten Fingern ganz plötzlich die Arme und führt sie dann wieder vorn zusammen. Wenn es unruhig wird oder schreit, können die Arme zu zittern beginnen, manchmal streckt sich der ganze Körper nach hinten. Ein solches »Eigenleben« des Körpers erschwert es dem Baby, sich selbst zu beruhigen sowie gut zu schlafen, zu spielen und zu trinken.

Die angeborenen Fähigkeiten des Babys, sich selbst zu regulieren

Kinder kommen mit Fähigkeiten zur Welt, die es ihnen gestatten, sich in begrenztem Umfang selbst zu regulieren und zu beruhigen. Dazu gehört, dass sie sich an störende Reize wie helles Licht, Berührungen oder laute Geräusche gewöhnen und diese ignorieren können. Auch versuchen sie von Geburt an, sich selbst zu beruhigen, indem sie an ihren Fingern oder Händen nuckeln, Saugbewegungen machen, ohne etwas im Mund zu haben, im Bettchen herumwühlen oder auf einen Fleck starren und einen glasigen Blick bekommen. Sind sie etwas älter, machen sie zudem manchmal monotone Bewegungen oder Geräusche, um sich zu beruhigen, und sie entwickeln eine intensive Beziehung zu bestimmten Tüchern oder Stofftieren (so genannten Übergangsobjekten), die sie, zum Beispiel beim Einschlafen oder wenn sie Kummer haben, immer bei sich haben wollen.

Babys sind auf die Unterstützung ihrer Eltern angewiesen

Von Geburt an gibt es große Unterschiede zwischen Babys. Manche benötigen viel elterliche Unterstützung, um einen guten Schlaf-wach-Rhythmus zu entwickeln, befriedigende Mahlzeiten zu sich zu nehmen und mit der unreifen körperlichen Motorik zurechtzukommen. Andere weniger. Aber kein Baby ist allein dazu in der Lage. Alle brauchen Bezugspersonen, die verlässlich für sie da sind und sie unterstützen, die ihrem entwicklungspsychologischen Alter entsprechenden Aufgaben zu meistern, ohne über- oder unterfordert zu werden. Mütter und Väter tun dies in der Regel intuitiv, das heißt, ohne bewusst darüber nachzudenken. Zwei Effekte einer hinreichend guten elterlichen Unterstützung sollen besonders hervorgehoben werden:

> Von Geburt an gibt es große Unterschiede zwischen Babys. Manche benötigen viel elterliche Unterstützung, um einen guten Schlaf-wach-Rhythmus zu entwickeln.

Durch elterliche Hilfe wird vermieden, dass Säuglinge übermäßig lange in negativen Gefühlszuständen verhaften.
Da sie sich allein noch nicht verlässlich helfen können, würden kleine Kinder schnell von unangenehmen Empfindungen überschwemmt werden, wenn Eltern nicht kontinuierlich in Bereitschaft stünden, ihnen hilfreich zur Seite zu stehen, um in positive Gefühlszustände zurückzufinden.

Über differenzierte Reaktionen seiner Eltern auf seine Signale lernt sich der Säugling mit der Zeit immer besser kennen und regulieren
Säuglinge haben zu Beginn ihres Lebens zwar Empfindungen, aber keine klare Bewusstheit darüber. Das bedeutet, dass sie weder genau wissen, was sie fühlen, noch wodurch diese Empfindungen ausgelöst, geschweige denn verändert werden können. Wie das folgende Beispiel verdeutlicht, wird das differenzierte Bewusstwerden innerer Befindlichkeiten und Gefühle ganz wesentlich durch den elterlichen Umgang damit geprägt.

2

Die dreimonatige Marie fängt an, zu quengeln. Ihr Vater reagiert darauf, indem er den Gefühlszustand seiner Tochter spiegelt, benennt und beantwortet. Das heißt, er guckt selbst ein bisschen betrübt und sagt in spielerischer Weise so etwas wie: »Ach, ist das alles schlimm ... so schlimm ... Mein kleines Mädchen ist ganz müde ... Ja, ja, ich weiß, es ist Schlafenszeit.« Und da Marie gewöhnt ist, alleine einzuschlafen, legt ihr Vater sie in ihr Bettchen, zieht die Spieluhr auf und verlässt das Zimmer. Marie wühlt ein bisschen herum und schläft schließlich ein. Hätten ihre Eltern sie noch nicht unterstützt, das Einschlafen selbstständig zu regulieren, würde ihr Vater sie vielleicht an der Flasche einschlafen lassen oder im Kinderwagen umherfahren.

Über täglich wiederkehrende Interaktionen dieser Art lernt sich Marie mit der Zeit immer besser kennen. Wenn sie ihre neu erworbenen Erkenntnisse über sich in Worte fassen könnte, würde sie nach dem Schlafen vielleicht so etwas sagen wie: *»Eben, als ich quengelte, wusste ich nicht, was mit mir los war. Papa sagte, ich sei müde gewesen. War das wirklich der Grund? Ja, denn Papa hat mich schlafen gelegt, und als ich wieder aufgewacht bin, ging es mir gut. Das scheint etwas mit dem Schlafen zu tun zu haben. Aha: Ich muss schlafen, wenn es mir so geht wie eben, und dann fühle ich mich besser.«*

In vergleichbarer Weise lernen Kinder, auch ihre anderen Befindlichkeiten und Gefühle wie zum Beispiel Hunger, Freude, Ärger oder Traurigkeit über die Reaktionen einfühlsamer anderer mit der Zeit bewusster wahrzunehmen. Aber nicht nur das. Sie lernen dadurch auch, immer besser selbst damit zurechtzukommen, und werden nicht mehr, wie in den ersten Lebensmonaten, so schnell von unangenehmen Empfindungen überwältigt (Dornes 2006). Dadurch lässt das übermäßige Schreien mehr und mehr nach.

Merken Eltern, dass sie ihr Kind falsch verstanden haben, formulieren sie neue Vermutungen und überprüfen diese anhand seiner Reaktionen. So nähern sie sich langsam einem »richtigen« Verständnis der Botschaften ihres Babys an.

Es ist jedoch nicht immer einfach, sofort zu verstehen, was ein Baby sagen will, so dass *vorübergehende Missverständnisse* die Regel sind. Merken Eltern, dass sie ihr Kind falsch verstanden haben, formulieren sie neue Vermutungen und überprüfen diese anhand seiner Reaktionen. So nähern sie sich langsam einem »richtigen« Verständnis der Botschaften ihres Babys an.

Exzessiv schreiende Babys und ihre Eltern

Gelingt es Eltern längerfristig nicht, die Signale ihres Kindes richtig zu interpretieren und angemessen zu beantworten, wird es – da es in seinen Bedürfnissen nicht ausreichend verstanden wird – mit vermehrtem Weinen reagieren. Aus seiner Sicht ganz folgerichtig.

Exzessiv schreiende Säuglinge machen es ihren Eltern aber auch schwerer, sie zufriedenzustellen. Verglichen mit anderen Kindern sind ihre Signale oft nicht leicht zu entschlüsseln. Ihre Befindlichkeiten ändern sich abrupter. Erscheinen sie in einer Minute noch gut gelaunt, brechen sie in der nächsten, oft ohne ersichtlichen Grund, in anhaltendes Weinen aus. Werden ihre Äußerungen nicht richtig gedeutet und beantwortet, neigen sie dazu, extremer, das heißt sofort mit Schreien, zu reagieren. Ihre Fähigkeiten, sich selbst zu beruhigen, sind weniger gut entwickelt, und sie lassen sich schwerer trösten. Damit stellen diese Babys die angeborenen intuitiven Kompetenzen ihrer Mütter und Väter auf eine große Probe.

Exzessiv schreiende Babys stellen die angeborenen intuitiven Kompetenzen ihrer Mütter und Väter auf eine große Probe.

Aus der Erfahrung heraus, ihrem Kind sowieso nicht helfen zu können, neigen Eltern exzessiv schreiender Säuglinge dazu, nicht spezifisch auf das Quengeln und Weinen zu reagieren, sondern mit allgemeinen Beruhigungsmaßnahmen. So laufen sie beispielsweise mit ihrem weinenden Kind im Zimmer auf und ab, bepusten es mit einem Fön, fahren mit ihm im Kinderwagen oder Auto umher, stillen oder füttern es »pausenlos« und so weiter. Auf diese Weise bekommt das Baby aber keine spezifische Antwort auf seine Bedürfnisse und kann somit langfristig gar nicht zufriedener werden. Wieso sollte es sich beispielsweise beruhigen, wenn es durch sein Weinen mitteilt, dass es übermüdet ist und Hilfe braucht, in den Schlaf zu finden, und als Antwort mit einem Fön bepustet wird? Oder wenn Eltern es mit ständig wechselnden Spielangeboten zu beruhigen suchen und nicht erkennen, dass es schreit, weil es überfordert ist und äußere Reize noch nicht gut genug ignorieren kann?

Was Eltern tun können:
Feinfühliges Eingehen auf die kindlichen Signale

Erfolgversprechender ist es, erst einmal Ursachenforschung zu betreiben. Was will das Baby durch sein Verhalten sagen? Genauer: Was will es in *diesem Moment* zum Ausdruck bringen, und wie kann ihm geholfen werden, das zu tun, was es allein nicht bzw. noch nicht kann? Theoretisch formuliert, geht es darum, möglichst feinfühlig auf die vorsprachlichen Mitteilungen des Babys einzugehen, das heißt, seine Signale

⋯⋗ frühzeitig wahrzunehmen (und nicht erst, wenn es bereits aus vollem Halse schreit),

⋯⋗ richtig zu interpretieren sowie

⋯⋗ angemessen und prompt zu beantworten.

Feinfühliges elterliches Verhalten führt meist schnell zu einer Reduzierung des exzessiven Schreiens. Es ist jedoch auch mit einer guten Kindesentwicklung assoziiert, insbesondere mit der Herausbildung einer sicheren Bindung zu den Eltern (Brisch, Grossmann, Grossmann, Köhler 2006).

Mütter und Väter haben in der Regel ein intuitives Wissen über einen feinfühligen Umgang mit ihrem Kind. Schreit das Baby jedoch übermäßig viel, kann es hilfreich sein, ein wenig nachdrücklicher auf folgende Aspekte zu achten (Barth 2008):

Bereits bei ersten Anzeichen von Unwohlsein und Quengeln Vermutungen über die Ursache anstellen und diese anhand der kindlichen Reaktionen überprüfen

Das folgende Beispiel soll dies verdeutlichen: *Herr S. vermutet, dass Linus aus Langeweile zu quengeln beginnt. Deshalb initiiert er ein kleines Zwiegespräch mit ihm, aber Linus wendet sich ab. »Er möchte nicht spielen«, denkt Herr S. und überlegt, ob Linus Hunger haben könnte. Linus nimmt zwar eine gute Mahlzeit zu sich, ist aber weiterhin unruhig. Auch ein Wechsel der Windel führt zu keiner Besserung seines Befindens. Jetzt ist sich Herr S. ganz sicher: Linus ist müde und muss schlafen.*

Dem Baby eine spezifische Antwort geben

Aus der richtigen Ursache ergibt sich zwangsläufig das weitere Vorgehen. Ein aus Hunger schreiendes Baby muss gestillt oder gefüttert werden. Eins, das aus Langeweile quengelt, braucht ein Spielangebot. Eins, das weint, weil es seine Bewegungen noch nicht koordinieren kann, benötigt mehr körperlichen Halt. Ein müdes Kind muss schlafen und so weiter. Manchmal sind mehrere regulatorische Bereiche gleichzeitig betroffen; beispielsweise kann das Baby nicht ausgiebig genug trinken, weil es müde ist, und es kann nicht länger schlafen, weil es hungrig ist. Es ist nicht immer einfach, die kindlichen Bedürfnisse zu befriedigen. So erkennen Eltern beispielsweise häufig, dass ihr Kind schlafen möchte und es nicht kann, wissen aber nicht, wie sie ihm helfen können.

Feinfühlig und gleichzeitig strukturierend auf das Baby eingehen
Dies soll an Beispielen aus den drei Regulationsbereichen veranschaulicht werden.

Förderung der Schlaf-wach-Regulation
Ein aus *Müdigkeit* weinendes Baby muss schlafen. So weit sind sich Eltern einig. Aber wenn sie es dann in sein Bettchen legen und es ausdauernd zu weinen beginnt, werden sie unsicher und nehmen es wieder hoch. »Wenn es wirklich müde wäre, würde es doch schlafen«, denken sie, oder: »Vielleicht hat es Angst allein im Bettchen.« Die Eltern sind ratlos, das Baby wird immer müder und unzufriedener.

Das kindliche Verhalten wird verstehbar, wenn man berücksichtigt, dass Babys, wie andere Menschen auch, aufgrund ihrer bisherigen Erfahrungen Erwartungen über die Abläufe des Lebens bilden. Dies bezieht sich auch auf das Schlafen. Nehmen Dinge einen anderen Verlauf als erwartet, fangen sie an, zu schreien. Ein Baby, das beispielsweise früh beigebracht bekommen hat, allein im Bettchen zur Ruhe zu kommen, wird dies erwarten und weinen, wenn es plötzlich an der Brust oder auf dem Arm einschlafen soll. Ebenso wird ein Kind, das gewöhnt ist, mit elterlicher Hilfe in den Schlaf zu finden, mit Geschrei reagieren, wenn es sich plötzlich in einer Wiege wiederfindet, nicht verstehend, was es da soll.

Wir wissen, dass exzessiv schreiende Säuglinge besonders große Probleme mit der Regulation ihres Schlafes haben. Sie sind müde, aber es fällt ihnen schwer, einzuschlafen. Haben sie endlich in den Schlaf gefunden, wachen sie häufig nach kurzer Zeit schreiend auf. Das führt dazu, dass sie insgesamt zu wenig schlafen und chronisch übermüdet sind. Sie brauchen Mütter und Väter, die wie Schlaflehrer fungieren und ihnen, unter Berücksichtigung ihres jeweiligen Entwicklungsstandes, helfen, gut schlafen zu lernen. Eltern können von Geburt an darauf hinwirken, die selbstregulativen Fähigkeiten ihres Kindes zu stärken, so dass es schon früh lernt, selbstständig in seinem Bettchen zur Ruhe zu kommen. Es ist jedoch auch möglich, diesen Lernprozess auf später zu verschieben und es zunächst mit Hilfe (das heißt an der Brust/Flasche, beim Umhertragen und so weiter) einschlafen zu lassen. Welches Vorgehen Eltern auch immer wählen, für das Baby ist wichtig, dass sie gefühlsmäßig hinter dem stehen, was sie tun, und ihm wiederkehrende und dadurch vorhersagbare, Erfahrungen vermitteln, so dass es weiß, wie das Einschlafen vonstattengeht. Dadurch wird sich seine Schlafmenge erhöhen und mehr Ruhe einkehren.

Welches Vorgehen Eltern auch immer wählen, für das Baby ist wichtig, dass sie gefühlsmäßig hinter dem stehen, was sie tun, und ihm wiederkehrende und dadurch vorhersagbare, Erfahrungen vermitteln, so dass es weiß, wie das Einschlafen vonstattengeht.

Jedes Baby hat auch Zeiten, in denen es *wach und gut gestimmt* ist. Jetzt und nur jetzt ist es spielbereit. In den ersten drei Lebensmonaten interessiert es sich noch nicht für Spielzeug. Es hat am meisten Freude an den innigen Dialogen (den sogenannten Zwiegesprächen), die Eltern und Babys überall auf der Welt mit Wonne führen. Dazu bringen Mütter und Väter ihr Kind in eine ihnen zugewandte Position, sprechen in der Ammensprache und initiieren ein wechselseitiges »Gespräch« mit ihm. Gegen Ende des dritten Lebensmonats entwickeln sich daraus kleine Spiele mit einer sich wiederholenden Struktur und einem Höhepunkt, den das Kind erwartet und mit einem freudigen Lächeln begrüßt (zum Beispiel »Kommt ein Schornsteinfeger die Treppe herauf ...«). Es ist wichtig, diese kostbaren, weil anfangs so kurzen, spielbereiten Zeiten des Babys zu nutzen, da sie für die Beziehungsentwicklung so wichtig sind und Eltern und Kind für schwierige Zeiten entschädigen.

Förderung der Regulation der Nahrungsaufnahme

Ein aus *Hunger* weinendes Baby, dem es noch schwerfällt, seine Nahrungsaufnahme zu regulieren, wird vielleicht nach ein paar Schlückchen an der Brust oder Flasche in den Schlaf fallen. Anfangs akzeptieren dies viele Eltern. Dann werden sie jedoch zunehmend versuchen, es nicht beim Trinken einschlafen zu lassen, indem sie seinen Mund stimulieren, mit seinen Händen spielen oder es kurz hochnehmen, um ihm dann, in wacherem Zustand, erneut etwas zu trinken anzubieten. Auf diese Weise wird das Baby mit der

Zeit lernen, mehr Nahrung zu sich zu nehmen. Außerdem wird ein solches Vorgehen zu einer besseren Regulation seines Schlafes beitragen, da Essen und Schlafen nun voneinander getrennt sind.

Förderung der motorischen Regulation

Gut schlafen, spielen und trinken zu können setzt eine körperliche Stabilität voraus, die junge Säuglinge aufgrund ihrer *motorischen Unreife* noch nicht in ausreichendem Maße haben. Eltern können ihrem Baby helfen, indem sie es in eine gebeugte Haltung bringen, mit leicht angewinkelten Armen und Beinen und einem zur Brust geneigten Kinn. Halten oder positionieren sie es in dieser Weise, ist es seinen unwillkürlichen Bewegungen weniger ausgeliefert und kann sich besser entspannen. Es hilft ihm in den ersten zwei bis drei Lebensmonaten auch, wenn es zum Schlafen in ein dünnes Tuch gewickelt (gepuckt) wird. Körperlicher Halt vermittelt dem Baby ein Gefühl der Geborgenheit, vergleichbar vielleicht der Situation, die es aus der Gebärmutter kennt, wo gegen Ende der Schwangerschaft ja auch nicht mehr viel Raum war.

Hilfsangebote

Kinderärzte und Hebammen sind erste Ansprechpersonen für Eltern mit exzessiv schreienden Säuglingen. Darüber hinaus gibt es mittlerweile in allen größeren deutschen Städten weitere Einrichtungen, die auf diese Problematik spezialisiert sind und Beratung sowie Eltern-Säuglings-Psychotherapie anbieten. Eine Übersicht findet sich auf der Homepage der Deutschsprachigen Gesellschaft zur Förderung der seelischen Gesundheit in der frühen Kindheit (GAIMH) unter www.gaimh.de

»Muss ich mit meinem Kind sprechen üben?«
Frühkindliche Sprachentwicklung

Gisela Szagun

2

Der Spracherwerb ist so natürlich, dass ihm gewöhnlich wenig Aufmerksamkeit gewidmet wird, außer der Freude am ersten Lallen, an den ersten Wörtern, an Wortschöpfungen, gelegentlich mit Aufregung vorgetragenen, hoch komplizierten Sätzen und Gedankengängen und amüsanten Fehlern wie »gesingen«, »aufgegesst« und »Nudelns«. Glaubt man allerdings manchen Negativschlagzeilen über die Sprache unserer Kinder, so gibt es diese Freude gar nicht. Stattdessen müssen wir uns Sorgen machen, dass Kinder heute schlechter sprechen als »früher«, dass sie gar in Sprachlosigkeit erstarren aufgrund solch kultureller Übel wie berufstätiger Mütter, Fernsehen und Computer und dass der Anteil spracherwerbsgestörter Kinder in manch einem Bundesland annähernd die Hälfte aller Kindergartenkinder umfasst. Um eine imminente Katastrophe zu verhindern, muss möglichst früh gefördert, geübt oder sogar therapiert werden. Ist das notwendig?

Sprache – ein natürliches Verhalten

Wir scheinen eine unumstrittene Tatsache völlig vergessen zu haben: Sprache gehört zu den natürlichen Verhaltensweisen des Menschen – so wie das Laufen auf zwei Beinen. Kinder müssen Sprache nicht durch Training, Übung und Instruktion lernen – wie etwas das Lesen oder Geigespielen, sondern sie lernen sie ganz von alleine und mühelos. Voraussetzungen für den Erwerb der Sprache sind die genetische Ausstattung des Menschen zum Erwerb einer grammatikalisierten Sprache und eine menschliche Gemeinschaft, in der gesprochen wird. Wächst ein gesundes menschliches Kind in einer solchen Gemeinschaft auf, kann man es kaum daran hindern, seine

Muttersprache zu erwerben. Wie es das bewerkstelligt und welche Rolle Erwachsene dabei spielen, ist das Thema der nächsten Abschnitte.

Frühe Sprachwahrnehmung

Von Geburt an orientieren sich Babys auf menschliche Stimmen und Sprachlaute. In den ersten sechs Monaten sind Babys Alleskönner. Sie können feine Unterschiede zwischen Sprachlauten wahrnehmen – auch solche, die es in der Sprache, die um sie herum gesprochen wird, nicht gibt. So können Babys, die in einer englischsprachigen Umwelt aufwachsen, die Laute [ü] und [u] unterscheiden, obwohl diese in der Sprache, die sie hören, nicht vorkommen. Babys verfügen über eine allgemeine Fähigkeit für feine akustische Unterschiede. Sie haben damit die Fähigkeit, potenziell vorkommende Lautkontraste in irgendeiner Sprache der Welt zu unterscheiden und diese zu lernen.

In den ersten sechs Monaten sind Babys Alleskönner. Sie können feine Unterschiede zwischen Sprachlauten wahrnehmen – auch solche, die es in der Sprache, die um sie herum gesprochen wird, nicht gibt.

In der zweiten Hälfte des ersten Lebensjahres jedoch werden Babys zu Spezialisten. Jetzt hören sie lieber den Lauten zu, die in ihrer Muttersprache vorkommen, und schenken anderen Lauten weniger Aufmerksamkeit. Auch lernen sie die für ihre Muttersprache charakteristischen Muster, mit der sich Laute zu Wörtern kombinieren. So etwa stehen im Deutschen [str] und [kn] am Wortanfang, aber nicht am Wortende. Babys, die mit Deutsch aufwachsen, hören länger den typischen Lautmustern des Deutschen zu. In der zweiten Hälfte des ersten Lebensjahres entwickeln Babys auch eine Vorliebe für die Betonungs- und Pausenmuster ihrer Muttersprache. Babys lernen die Lautstruktur, indem sie wiederkehrende Muster im Strom der Rede erkennen. Das bedarf keiner bewussten Anstrengung und keines Übens. Es entspricht der Funktionsweise unseres Gehirns, das ständig Informationen aus der Umwelt aufnimmt, ähnliche Muster verallgemeinert und im Gedächtnis speichert.

Wortschatzerwerb

Die meisten Kinder sprechen ihre ersten Wörter um den ersten Geburtstag herum, manche früher, manche deutlich später. Monatelang bleibt es bei einigen wenigen Wörtern. Dann beschleunigt sich das Wortschatzwachstum. Bei den meisten Kindern geschieht das zwischen 17 und 24 Monaten. Es kann aber auch deutlich später sein. Manche Kinder machen in dieser Zeit ein explosionsartiges Wortschatzwachstum durch, andere ein allmähliches. Beide Wege führen zu einem größeren Wortschatz und sind normal. Zunächst gebrauchen Kinder überwiegend Substantive und »kleine Wörter« wie *ab, auf, weg*. Etwas später kommen Verben und Adjektive hinzu. Der Wortschatz kleiner Kinder umfasst die Welt ihrer Erfahrungen. Im weiteren Verlauf ist das Wortschatzwachstum beeinflusst von der Reichhaltigkeit oder Armut des Sprachangebots der Umwelt. Das Vorlesen aus Bilderbüchern (siehe auch den Beitrag in diesem Buch von Irit Wyrobnik) ist eine exzellente Gelegenheit, den Wortschatz zu erweitern, da dabei neue Wörter in Abständen wiederholt angeboten werden. Gemeinsame Erlebnisse, über die gesprochen wird, Erzählungen und Gespräche mit Kindern über Themen, die sie interessieren, erweitern den Wortschatz. Das bedarf keiner besonderen Didaktik, sondern lediglich einer gewissen Sensibilität und Bereitschaft, sich mit den Interessen und Fragen der Kinder mit Aufgeschlossenheit und Freude zu beschäftigen. Auch das Fernsehen kann sinnvoll genutzt werden, um Wortschatz und Weltwissen zu erweitern.

> Der Wortschatz kleiner Kinder umfasst die Welt ihrer Erfahrungen.

Kleine Kinder machen gelegentlich Benennungsfehler. Ich hatte vor einiger Zeit das Erlebnis, dass ein 1½-jähriges Kind meinen Hund, der als Labrador eine beachtliche Körpergröße aufwies, strahlend mit »Katze« bezeichnete. Tagebuchaufzeichnungen der Sprachentwicklung von Kindern in vielen Sprachen berichten über ähnliche Benennungsfehler. So benutzte ein Kind das Wort »Mond« für einen Knopf an der Geschirrspülmaschine, für eine halbe Grapefruit, eine halbe Zitronenscheibe und selbst Stierhörner an einer Wand. Warum machen Kinder so etwas? Dafür gibt es verschiedene Erklärungen. Entweder ihre Begriffe sind nicht identisch mit denen Erwachsener, so dass sie z. B. alles Vierbeinige als »Katze« bezeichnen und alles Runde oder Sichelförmige als »Mond«. Oder sie treiben ein Symbolspiel mit Wörtern – in ähnlicher Weise, wie sie ein Symbolspiel mit Dingen betreiben. So wie sie ein längliches Stück Holz in ein Flugzeug umfunktionieren, so machen sie aus einer halben Zitronenscheibe einen Mond. Sie meinen nicht wirklich, dass dies ein Mond ist.

Kleine Kinder benennen manchmal mit einer gewissen Ausschließlichkeit. Das hat zur Folge, dass sie nur eine Benennung für einen Gegenstand akzeptieren. Ein Beispiel ist dieses:

KIND, 2 JAHRE, 8 MONATE UND ERWACHSENER GUCKEN SICH EIN BILDERBUCH AN:

Erwachsener: *Das is ein ganz großer Vogel, ne?*

Kind: *Is kein Vogel.*

Erwachsener: *Is das kein Vogel?*

Kind: *Nein.*

Erwachsener: *Was is das denn?*

Kind: *Ein Rabe.*

Kasten 1: Alles hat nur einen Namen

Die Gründe für solche Ausschließlichkeit liegen vermutlich darin, dass das Kind noch nicht versteht, dass ein Rabe gleichzeitig ein Vogel und ein Rabe sein kann. Es erkennt die Beziehung zwischen einem Begriff und Oberbegriff noch nicht. Daher kann es auch nicht zwei Benennungen für den gleichen Vogel akzeptieren.

Müssen wir Benennungsfehler korrigieren? Nein. Wir dürfen uns ruhig daran erfreuen. Kinder korrigieren diese »Fehler« von alleine. Sie verschwinden mit den sich verändernden Begriffen.

Grammatikerwerb

Zwischen 18 und 24 Monaten fangen die meisten Kinder an, Zweiwortsätze zu bilden, manche jedoch deutlich später. Mit Zweiwortsätzen nehmen Kinder Bezug auf das Vorhandensein von Gegenständen und auf ihre Standortveränderungen: *Auto da, Pferd rein.* Auch haben die Wörter in Zweiwortsätzen oft schon grammatische Funktionen wie in Sätzen Erwachsener. So gibt es Handlungsträger und Handlung (*Hund bellt*) oder Handlung und Objekt (*brauch das*). Zweiwortäußerungen sind also eine rudimentäre Grammatik.

Im dritten Lebensjahr zeigen sich bei den meisten Kindern deutliche Fortschritte in der Grammatik. Die Äußerungen werden länger, und die Wörter werden systematisch durch Endungen verändert. Die Fortschritte im Grammatikerwerb finden bei individuellen Kindern in stark unterschiedlichem Tempo statt. Viele Kinder bilden mit zweieinhalb Jahren häufig und mit drei Jahren überwiegend Mehrwortsätze. Andere Kinder sind deutlich langsamer, holen aber im 4. Lebensjahr auf.

Kinder fangen meist schon im zweiten Lebensjahr an, Endungen an Wörtern zu verändern. Sehr früh fangen sie mit der Mehrzahlbildung an, die im Deutschen recht kompliziert ist. So gibt es verschiedene Endungen, so die Mehrzahlbildung mit *–n* (Blume-*n*), mit *–e* (*Tier-e*), mit *–er* (*Kind-er*), mit *–s* (*Auto-s*) oder ohne Endung (*die Eimer*). Der Erwerb der Mehrzahl beginnt sehr früh, erstreckt sich aber über viele Jahre. Fehler treten bis ins Schulalter auf.

Ebenfalls sehr früh lernen Kinder das grammatische Geschlecht der Substantive. Kinder fangen schon im zweiten Lebensjahr an, die Artikel *der, die, das* und *ein, eine* zu gebrauchen. Dabei machen sie zwar zunächst Fehler, aber diese sind mit drei Jahren fast völlig verschwunden. Die Kinder nutzen beim Erwerb des grammatischen Geschlechts die Regelmäßigkeiten der Lautkombinationen in Substantiven, die ihnen ja bereits über die Sprachwahrnehmung bekannt sind. Diese Regelmäßigkeiten stehen in Beziehung zum grammatischen Geschlecht der Substantive. So sind die meisten Substantive auf *–e* (*die Blume*) weiblich, die meisten Substantive mit Konsonantenkombinationen am Wortanfang und am Wortende männlich (*der Zwerg, der Stift*). Diese Lautmuster und die Tatsache, dass die Wörter des Grundwortschatzes sehr häufig gebraucht werden, machen das grammatische Geschlecht für Kinder einfach.

Dagegen machen Kinder sehr viele Fehler bei der Beugung der Artikel. Die häufigsten Fehler sind die Verwechslung von *dem* und *den* und von *einen* und *ein*, wie in: *Die fährt jetzt mit'n Aufzug* und *Ich will auch ein Schneemann*. Die Dativfehler erreichen im vierten Lebensjahr noch 50 %, und die Akkusativfehler liegen bei 25 %. Das muss nicht verwundern, denn die Formen *dem/den* und *einen/ein* sind akustisch schwer zu unterscheiden. Kleine Kinder lernen aber ihre Muttersprache nun einmal nur über die gesprochene Sprache, nicht die geschriebene. Die Fehler bleiben bis in die Schulzeit erhalten.

Die Verbmarkierungen bereiten den Kindern weniger Probleme. Personmarkierung wird im dritten Lebensjahr schnell erworben. Bei den Formen des Partizips Perfekt dagegen werden zwar nicht viele Fehler gemacht, aber auch diese treten bis ins Schulalter auf, etwa *getrinkt* statt *getrunken* oder *genehm* statt *genommen*. Ebenfalls einfach für Kinder ist der Satzbau. Sie lernen schnell und mit wenigen Fehlern, vollständige Satzmuster zu bilden. Das beinhaltet die korrekte Verbstellung. So gehört das gebeugte Verb in die zweite Satzposition (*Ich zeig die*), die Grundform an das Satzende (*Der soll tanken*). Die Stellung des Verbs in Sätzen ist ab ca. drei Jahren überwiegend korrekt.

Kinder haben bis zum Alter von vier Jahren eine grundlegende Grammatik erworben. Komplexere Strukturen und auch Satzgefüge werden auch danach noch erworben. Bei gesunden Kindern verläuft der Grammatikerwerb sehr schnell und mühelos. Fehler sind normal. Sie offenbaren den Prozess des Aufbaus von regelhaften, abstrakten Mustern, die **Fehler sind normal.** Kinder bilden. Auch Unterschiede in der Schnelligkeit des Erwerbs im zweiten und dritten Lebensjahr sind normal, obwohl die Kinder wenig später zum gleichen Ziel der grundlegenden Grammatik ihrer Muttersprache gelangen.

Lernmechanismen

Mit welchen Lernmechanismen erwerben Kinder ihre Muttersprache? Ahmen sie einfach nur nach? Natürlich ahmen sie nach. Kinder, die Deutsch hören, erwerben Deutsch und nicht Italienisch. Kinder ahmen Wörter oft dann nach, wenn sie sie schon verstehen, aber noch nicht aktiv benutzen. Kurz danach tauchen diese Wörter in ihrem aktiven Wortschatz auf. Ähnlich sieht es bei grammatischen Strukturen aus. Solche, die weit über ihrem Niveau liegen, ahmen sie nicht nach. Solche, die im Bereich ihrer Möglichkeiten liegen, schon. Es gibt jedoch individuelle Unterschiede bei der Vorliebe für Nachahmung. Manche Kinder sind große Nachahmer und wiederholen häufig – ganz oder in Teilen –, was ein Erwachsener gerade gesagt hat. Andere Kinder haben dafür überhaupt keinen Sinn und tun es nicht. Auf die Schnelligkeit oder Qualität des Spracherwerbs hat das keinen Einfluss.

Was jedoch alle Kinder machen, sind Analogiebildung und Verallgemeinerung. Kinder sammeln ähnliche Formen im Gedächtnis und bilden daraus ein allgemeines – oder abstraktes – Muster. Das sei am Beispiel der Mehrzahlformen verdeutlicht. Wenn man die Formen *Blume-n, Lampe-n, Kerze-n* und *Puppe-n* kennt, dann kann man auch *Möhre-n* und *Schere-n*. Das allgemeine Muster ist: Wörter auf *–e* erhalten ein *–n*. Dummerweise erlaubt dieses Muster auch Formen wie *Tiere-n* und *Höfe-n*. Und diese sind – außer im Dativ – falsch. Derartige Fehler müssen uns nicht beunruhigen. Im Gegenteil. Sie offenbaren die Regeln, mit denen Kinder operieren und sind Ausdruck ihrer regen geistigen Aktivität. Die Fehler zeigen uns, dass die Kinder im Prozess des Aufbaus grammatischer Regeln begriffen sind. Für die Mehrzahl sind einige Regeln und die dazugehörigen Fehler in den Beispielen im Kasten 2. Der wohlmeinende, aber misslungene Versuch, einen Fehler zu korrigieren, findet sich in Kasten 3. Das System des Kindes erwies sich als überlegen.

REGEL	FEHLER
Wörter auf *-e* bekommen ein *-n*: *Blumen, Kerzen, Bananen*	*Laufen die Tieren alle weg.* *Die Hunden sieht man nicht oft.* *Un' die Zügen blinken auch immer.*
Wörter auf unbetontem Vokal bekommen ein *-s*: *Mamas, Opas, Autos, Sofas*	Am Ende eines Wortes spricht sich *–er* gleich *–a* und das Kind wendet daher fälschlicherweise die Regel an: *Da sind die Mülleimers.* *Da tu ich die kleinen Tigers rein.*

Kasten 2: Fehler haben System

**KIND, ZWEIEINHALB JAHRE, SPIELT MIT LASTER UND NUDELN
UND LÄDT NUDELN AUF EINEN LASTER**

Kind: *Mehr Nudelns.*

Mutter: *Mehr Nudeln.*

Kind: *Das ein Nudeln. Das ein weggefahren. (fährt eine Nudel weg)*

         Das sind die Nudelns. (schaut auf mehr Nudeln)

Mutter: *Nudeln, hm.* (denkt vielleicht: Ob *Nudeln* wohl Einzahl ist?)

Kasten 3: Wie man sich ein System schafft und es aufrechterhält

Kinder nutzen auch die Häufigkeit, mit der sprachliche Formen vorkommen, zum Lernen. Wenn ähnliche Muster häufig sind, wird das Lernen einfach. Die Kombination der Verallgemeinerung von ähnlichen Mustern und Häufigkeit macht den Erwerb des grammatischen Geschlechts der Substantive einfach. Kleine Kinder hören und gebrauchen die Wörter des Basiswortschatzes immer wieder. So tauchen die Regelmäßigkeiten, dass Wörter auf *−e* weiblich und Wörter mit Konsonantenkombinationen männlich sind, immer wieder auf. Das macht das grammatische Geschlecht einfach. Auch wenn wir beim Büchervorlesen neue Wörter wiederholen, werden sie gut gelernt. Sie werden in einer kurzen Zeit häufig gesagt, und Kinder können daraus lernen.

Sensible Phase

Es gibt jedoch noch etwas, das Kindern beim Spracherwerb hilft. Das ist eine besondere Sensibilität ihres Gehirns für sprachliches Lernen. Diese Sensibilität ist besonders bei sehr jungen Kindern vorhanden, eben in dem Alter, in dem der Spracherwerb typischerweise stattfindet, zwischen einem und vier Jahren. Man spricht auch oft von einer »sensiblen Phase« für Sprache. Eine sensible Phase ist eine Zeitspanne, in der ein junger Organismus eine erhöhte Sensibilität für das Erlernen eines Verhaltens hat und dieses sehr schnell lernt. Viele Spezies – und auch Menschen – haben für einige, typische Verhaltensweisen eine solche »sensible Phase«. Gerade das zeigt auch wieder, welch ein natürliches Verhalten der Spracherwerb für den kleinen Menschen ist.

Allerdings neigen wir im Zuge der aktuellen Panikreaktionen über die angeblich so schlechten sprachlichen Fertigkeiten unserer Kinder dazu, die »sensible Phase« misszuverstehen. Wir interpretieren sie im Sinne von »Was Hänschen nicht lernt, lernt Hans nimmermehr«. Beliebt sind Behauptungen, dass sich das Zeitfenster für den Erwerb von Sprache abrupt schließt und dass der Spracherwerb nicht mehr normal verlaufen kann, wenn eine grundlegende Grammatik nicht bis zum Alter von zweieinhalb oder drei Jahren erworben ist. Empirische Belege für eine derartige Behauptung gibt es nicht. Wohl aber solche, die dagegen sprechen. Gehörlose Kinder, die ein Cochlea-Implantat (eine elektronische Mikroprothese bei Gehörlosigkeit des Innenohrs) erhalten, können einen natürlichen Grammatikerwerb haben, auch wenn dieser erst mit ca. drei Jahren beginnt.

Es gibt kein abruptes Schließen des Zeitfensters für den Spracherwerb, wohl aber ein allmähliches Nachlassen der erhöhten Sensibilität für sprachliches Lernen. So ist die Fähigkeit zum Zweitspracherwerb bei Kindern am besten, wenn dieser bis ungefähr vier Jahre beginnt. Zwischen fünf und 16 Jahren ist eine graduelle Abnahme der Fähigkeit zum Zweitspracherwerb beobachtbar. Das deutet nicht auf ein abruptes Ende, sondern ein allmähliches Nachlassen der Sensibilität für sprachliches Lernen hin. Richtig am Hänschen-Motto ist also, dass Hänschen Sprache besser lernt als Hans. Aber Hans ist nicht zum »nimmermehr« verdammt. Er kann noch Sprache lernen, hat jedoch weniger Glück mit der Schnelligkeit.

> **Es gibt kein abruptes Schließen des Zeitfensters für den Spracherwerb, wohl aber ein allmähliches Nachlassen der erhöhten Sensibilität für sprachliches Lernen.**

Individuelle Variabilität

Es ist oft erstaunlich, wie unterschiedlich Kinder gleichen Alters sprechen. Das eine Kind spricht mit zwei Jahren in Zweiwort- und sogar Mehrwortsätzen, das andere hat kaum begonnen, Wörter zu kombinieren und spricht hauptsächlich in Einwortsätzen. Die Abbildung 1 stellt den Verlauf der Zunahme an Mehrzahlformen bei zwei Kindern zwischen 16 und 44 Monaten dar. Das Kind LIS hat im Alter von 16 schon einige Mehrzahlformen, während EM erst mehr als ein Jahr später ihre ersten Mehrzahlformen produziert. Im Alter von 44 Monaten jedoch sind beide Kinder gleich. Wer ist besser?

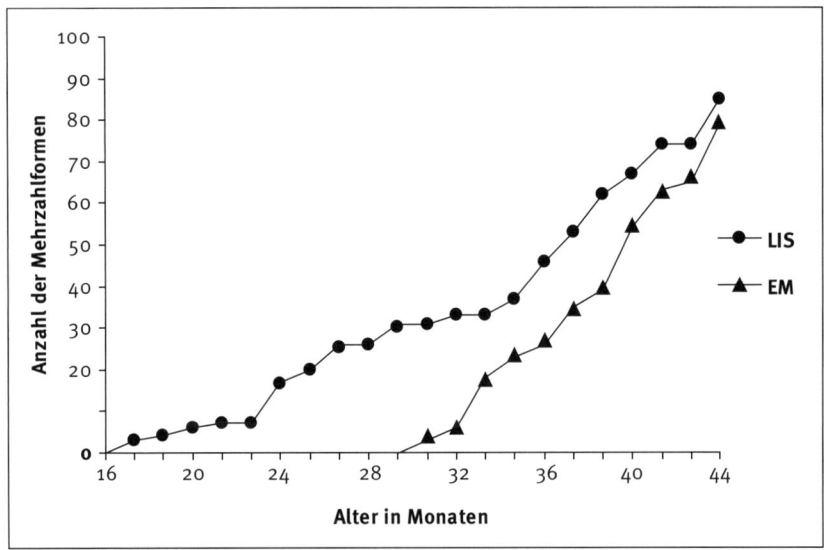

Abbildung 1: Wachstumskurve der Mehrzahlformen bei zwei Kindern

Nicht nur beschäftigt uns, wer besser ist, sondern wir fragen auch: Wer ist »normal«? Die Antwort dazu ist, dass beide Kinder einen normalen Verlauf ihrer Sprachentwicklung haben.

Um zu wissen, was normal ist, müssen wir uns ansehen, wie der Spracherwerb für eine so große Anzahl von Kindern verläuft, dass sie die Bevölkerung repräsentieren. Die Abbildung 2 zeigt den Verlauf des Wortschatzwachstums zwischen 18 und 30 Monaten bei 1240 Kindern. Zieht man eine Linie (s. Abbildung 2), die die extrem langsamen und extrem schnellen Kinder (unterstes und oberstes Zehntel) abtrennt, und betrachtet die 80 % Kinder dazwischen, so ist der Unterschied im Sprachstand so erheblich, dass er fast 12 Monate beträgt. Das heißt, dass ein 1½-jähriges Kind und ein 2½-jähriges Kind auf dem gleichen Sprachstand sein können. Derartige Unterschiede im frühen Spracherwerb sind normal. Normal sind Unterschiedlichkeit und Vielfalt.

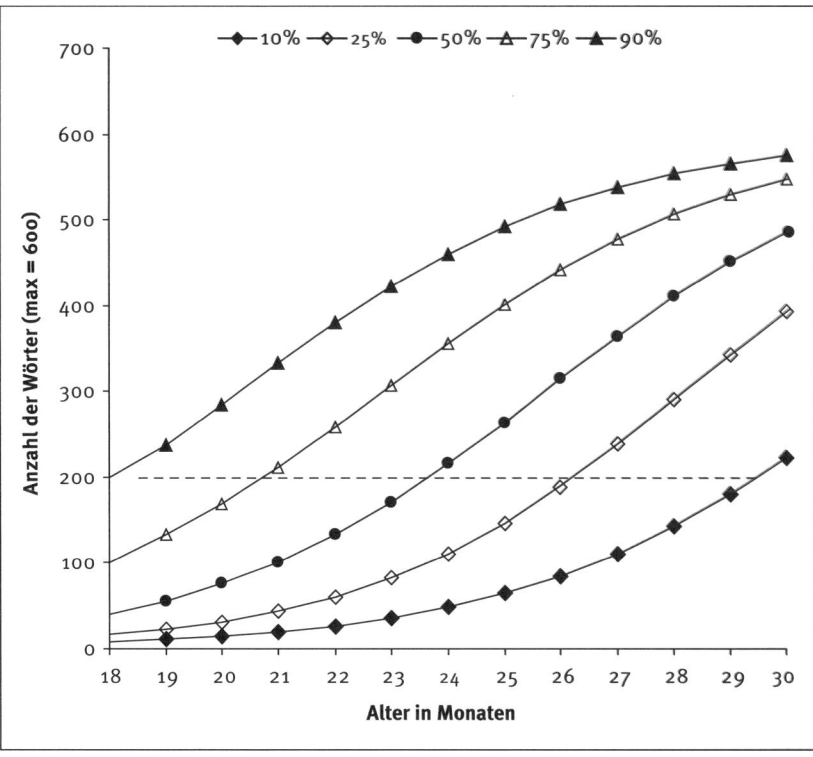

Abbildung 2: Unterschiedlichkeit von Kindern beim Wortschatzwachstum: Die Linien trennen das unterste Zehntel, das unterste Viertel, die Hälfte, das oberste Viertel und das oberste Zehntel der Kinder zwischen 18 und 30 Monaten ab.

Die Sprache Erwachsener

Erwachsene sprechen mit Kindern zwischen ein und drei Jahren anders als untereinander. Sie sprechen in einer höheren Tonlage, mit breiter Variation der Tonhöhen, trennen die Wörter etwas klarer, gebrauchen einfache Sätze und einen Basiswortschatz. Ihre Sprache bezieht sich vielfach auf das Hier und Jetzt. Sie gebrauchen viele Fragen und auch inhaltliche Wiederholungen. Aber es sind weniger diese besonderen Merkmale ihres Sprechens, die den Spracherwerb günstig beeinflussen, sondern ihre Art, sich auf die wechselnden Inhalte kleiner Kinder einzulassen und im Gespräch sensibel zu reagieren. Wenn Erwachsene dem Thema des Kindes folgen und sich auf Gegenstände und Ereignisse beziehen, die das Kind interessieren, hat ihre Sprache einen förderlichen Einfluss.

Ein besonderes Merkmal der Erwachsenensprache sind die Erweiterungen unvollständiger oder fehlerhafter kindlicher Äußerungen. Kleine Kinder lassen grammatische Elemente aus oder produzieren sie fehlerhaft. In etwa 15–20 % der Fälle wiederholen Erwachsene die kindliche Äußerung und machen sie dabei richtig. Beispiele sind: Kind: *Die Maus schön*. Erwachsener: *Die Maus ist schön*. Kind: *Zwei Bär*. Erwachsener: *Zwei Bären*. Kind: *Kann Baby schieben*. Erwachsener: *Du kannst das Baby schieben*. Erwachsene haben mit diesen Wiederholungen keine lehrende Absicht. Sie streuen sie ein, ohne sich dessen bewusst zu sein – als Teil des natürlichen Dialogs. Damit bieten sie dann, wenn das Kind aufmerksam ist und den Inhalt schon kennt, die richtige grammatische Form an. Wahrscheinlich liegt das Geheimnis der förderlichen Wirkung von Erweiterungen gerade in ihrer Seltenheit und darin, dass sie sensibel in den Gesprächsfluss eingestreut werden. Bei den vielen unvollständigen Sätzen und Fehlern der Kinder würden häufige Wiederholungen mit Korrektur wahrscheinlich störend wirken. Aber das gelegentliche Auftreten von erweiterten Äußerungen beeinträchtigt den Gesprächsfluss nicht. Erweiterungen sind eine indirekte und sensible Art der Korrektur.

Erwachsene erzielen ihre größte Wirkung, indem sie sich ganz natürlich, mit Freude an der Kommunikation und Interesse an den kindlichen Themen, mit ihren Kindern unterhalten. Wir müssen mit unseren Kindern nicht sprechen üben. Wohl aber müssen wir mit ihnen sprechen.

Die Rolle des Vaters in der Kindheit

Michael Matzner

2

Über Jahrtausende hinweg nahmen Väter wichtige Aufgaben und Funktionen für ihre Kinder wahr. Als Beschützer, Erzieher, Ernährer und Hauslehrer waren sie im Alltag ihrer Kinder präsent. Erst im Zuge der Industrialisierung wurden die früheren »Hausväter« zu »Berufsmenschen«, so dass im vergangenen Jahrhundert die meisten Väter relativ wenig Zeit mit ihren Kindern verbrachten.

Wissenschaftliche Untersuchungen belegen, dass sich in den letzten Jahrzehnten das Selbstverständnis von Vätern verändert hat. Die Männer von heute verstehen ihre Vaterschaft zunächst einmal als eine erzieherische Rolle, bevor sie ihre Aufgabe als Ernährer ansprechen. 90 % der Väter sind bei der Geburt ihrer Kinder anwesend, viele engagieren sich bei der Betreuung und Pflege ihrer Kinder und begleiten aktiv deren weiteren Lebensweg. Gleichwohl haben viele Väter aufgrund ihrer Rolle als Haupternährer zu wenig verfügbare Zeit für Familie und Kinder, während bei anderen Männern die Trennung oder Scheidung der Eltern eine aktive Vaterschaft zusätzlich erschwert oder gar verhindert. In einer aktuellen Studie äußerten lediglich 34 % der befragten 8- bis 11-jährigen Kinder, dass der Vater »genügend Zeit für mich hat« (bezüglich ihrer Mutter stimmten 67 % dieser Formulierung zu) (World Vision Deutschland 2007, S. 93).

> Die Männer von heute verstehen ihre Vaterschaft zunächst einmal als eine erzieherische Rolle, bevor sie ihre Aufgabe als Ernährer ansprechen.

In diesem Beitrag beschreibe ich zunächst die kaum zu überschätzende Bedeutung von aktiven, im Alltag präsenten Vätern für die Persönlichkeitsentwicklung ihrer Kinder. Anschließend zeige ich auf, wie Väter und Mütter unter den gegebenen gesellschaftlichen und beruflichen Rahmenbedingungen eine aktive Vaterschaft realisieren können.

Schon für Babys sind Väter wichtige Bezugspersonen

In den vergangenen Jahrzehnten hat sich eine umfangreiche Forschung über Väter und Vater-Kind-Beziehungen entwickelt. Mittlerweile bestreitet niemand mehr, dass Väter eine große Bedeutung für die Entwicklung ihrer Kinder haben; zumal dann, wenn sie im Familienalltag präsent sind. Schon Kleinstkinder können Beziehungen aktiv gestalten und frühzeitig – ungefähr gegen Ende des ersten Lebensjahres – zu mehreren Personen Bindungen mit unterschiedlichen und spezifischen Qualitäten entwickeln. Der Vater ist als so genanntes »zweites Bindungsobjekt« eine alternative Bezugs- und Bindungsperson für das Kind und unterstützt dieses bei der Herstellung einer sicheren Bindung zur Mutter. Er ermöglicht dem Kind – ergänzend zur so genannten Mutter-Kind-Dyade – den Aufbau weiterer psychosozialer Systeme, nämlich der Vater-Kind-Dyade sowie der Mutter-Vater-Kind-Triade. Damit leistet der Vater einen wichtigen Beitrag zur Autonomieentwicklung des Kindes, wenn dieses allmählich beginnt, sich von der Mutter zu lösen.

Nicht nur Mütter, auch Väter sind von Natur aus in der Lage, ein Kind von Geburt an kompetent zu betreuen, zu versorgen und dessen Entwicklung positiv zu fördern. Bei günstigen Rahmenbedingungen entwickeln Väter und Kinder frühzeitig enge emotionale Beziehungen, die unabhängig von der Beziehung zur Mutter sind. Das Kleinkind kann dann mit zwei Personen unterschiedlichen Aussehens, Verhaltens und Charakters Erfahrungen sammeln. Außerdem werden bei zwei präsenten Elternteilen Einseitigkeiten in der Erziehung vermieden und es wird der Gefahr einer zu engen symbiotischen Beziehung zwischen dem Kind und der Mutter vorgebeugt.

> Nicht nur Mütter, auch Väter sind von Natur aus in der Lage, ein Kind von Geburt an kompetent zu betreuen, zu versorgen und dessen Entwicklung positiv zu fördern.

Väter gehen mit Kindern anders um als Mütter

Mütter und Väter erfüllen spezifische Funktionen und haben jeweils eine besondere Bedeutung für die Entwicklung ihrer Kinder. Männer haben nicht nur einen anderen Körper, sie bewegen und verhalten sich auch anders als Frauen und gehen mit ihren Kindern anders um.

Die Betonung von spielerischen Aktivitäten fördert die Motorik und den Körper des Kindes. Väter stimulieren Kinder visuell und akustisch stärker und haben mit ihnen oft einen etwas »gröberen«, »aufregenden« Körperkontakt. Sie sind eher taktil und kinästhetisch, d. h. auf Anfassen und Bewegung hin ausgerichtet, während Mütter eher emotional orientiert und auf Nähe bedacht sind. Mit Söhnen sind Väter tendenziell strenger, wilder und direktiver im Spiel, während sie mit ihren Töchtern eher weicher, vorsichtiger und unterstützender sind. Ganz wichtig – nicht nur für Jungen – ist die Tatsache, dass viele Väter gerne mit ihren Kindern toben und »kämpfen«. Dies fördert den konstruktiven Umgang mit Konfrontationen, die Beherrschung von Emotionen, den Respekt vor dem Gegner, das Aneignen von Regeln und nicht zuletzt das konstruktive Kanalisieren der bei vielen Jungen besonders ausgeprägten körperlichen Aggressionen und Kräfte.

> **Mit Söhnen sind Väter tendenziell strenger, wilder und direktiver im Spiel, während sie mit ihren Töchtern eher weicher, vorsichtiger und unterstützender sind.**

Interessanterweise wurde in wissenschaftlichen Untersuchungen festgestellt, dass Väter mit ihren Kleinkindern oft anders sprechen als Mütter. Nicht selten sind sie die »anspruchsvolleren« Gesprächspartner. Ihr Vokabular ist mitunter präziser, komplexer und umfassender, so dass die Kinder ihren Wortschatz erweitern können. So sagt ein Vater beispielsweise eher ›Mercedes, VW, Ferrari, Audi oder Range Rover‹ als einfach ›Auto‹! Außerdem fragt er häufiger nach, wenn ein Kind unklar oder undeutlich spricht.

Väter spielen oft auch anders als Mütter. Im gemeinsamen Spiel werden manche gar selbst wieder zum Kind und begegnen ihren Kindern zeitweise auf gleicher Augenhöhe. Denken wir nur an Modelleisenbahnen, Lego, Playmobil, Modellbausätze, Spielkonsolen oder ferngesteuerte Flugzeuge. Viele Väter gehen hier voll auf. In einem Interview sagte ein Vater zu mir: »Väter können einfach besser spielen und werden deswegen als Spielkamerad von ihren Kindern bevorzugt.«

Wichtig ist auch, dass Väter Lernvorgänge anders lenken. Oft sind sie herausfordernder, sie erschließen ihren Kindern die Umwelt, sie konfrontieren sie mit Risiken und Gefahren, belassen ihnen größere Freiräume und fördern damit deren Selbstständigkeit. Dies kann man beispielsweise beobachten, wenn Eltern ihren Kindern das Schwimmen beibringen oder wenn Kinder auf hohe Bäume oder Gerüste klettern.

Väter ermöglichen ihren Kindern den Zugang zu den kleinen und großen Dingen des Lebens aus ihrer spezifisch männlichen Perspektive heraus. In manchen Situationen verhalten sich Männer oft anders als Frauen, so dass sich dadurch für anwesende Kinder neue Erfahrungen ergeben. Darüber hinaus treffen wir in einigen gesellschaftlichen Bereichen vor allem auf Männer – seien es bestimmte Berufsfelder, Sportarten, Hobbys oder Vereine. Als Väter können sie ihre Söhne und Töchter an von Frauen weniger frequentierte Lebenswelten heranführen.

Die große Außenorientierung vieler Männer, ihr Interesse für politische und berufliche Dinge, kann sich auf die soziale, intellektuelle, moralische, staatsbürgerliche und religiöse Entwicklung ihrer Kinder positiv auswirken. Experten sprechen in diesem Zusammenhang von der »Weltöffnungsfunktion« des Vaters. Diese Öffnung der Welt durch den Vater, im antiken Griechenland sprach man von *deixis* – dem Zeigen der Welt – geschieht zum einen durch geplante Vorhaben wie z. B. Ausflüge oder den Besuch öffentlicher Veranstaltungen, vor allem aber auch beiläufig im Alltag. Durch Gespräche und Diskussionen beim Essen, Fernsehen, Zeitunglesen, Haus- und Gartenarbeit oder Spaziergängen wird dem wissbegierigen Kind die Welt geöffnet.

In der Jugendphase haben Väter ebenfalls eine besondere Bedeutung. Ihnen gelingt es mitunter besser als Müttern, ihren pubertierenden Söhnen und Töchtern auch einmal Grenzen aufzuzeigen und jugendtypische Verhaltensweisen in geeignete Bahnen zu kanalisieren. Denken wir an Themen wie Sozialverhalten, Beachten von Regeln, Drogen-, Alkohol- und Nikotinkonsum, Freizeitgestaltung oder Engagement in Schule und Ausbildung. Da Väter oft besser als Mütter die groß werdenden Kindern »loslassen« können, tragen sie auch auf diese Weise zum Erwachsenwerden ihrer Kinder bei. Darüber hinaus sehen Kinder gerade ihre Väter als Experten für berufliche Dinge an. Engagierte Väter können hier die berufliche Entwicklung ihrer Kinder ganz entscheidend positiv beeinflussen.

In der Jugendphase haben Väter ebenfalls eine besondere Bedeutung.

Zusammenfassend können wir feststellen: Wenn es um die optimale Förderung von Kindern geht, sind Väter und Mütter nicht austauschbar. Kinder brauchen Mütterlichkeit und Väterlichkeit sowie Weiblichkeit und Männlichkeit. Die Mehrzahl der Väterforscher betont die große Bedeutung von Elternschaft im Sinne des *doppelten Unterschieds* der Generationen und der

Geschlechter. Es wird ein engagierter und liebevoller Vater favorisiert, der sich dennoch von der Mutter unterscheidet, indem er sich bewusst zur Ungleichheit der Geschlechter und Generationen bekennt. Durch die Bestätigung dieses zweifachen Unterschieds erhält Vatersein seine wesentliche Bedeutung. Dem widerspricht überhaupt nicht, dass sich Väter manchmal »mütterlich« verhalten, genauso wie Mütter »väterlich« mit ihren Kindern umgehen können. Erst die ausgewogene Mischung beider Erfahrungen, »mütterlicher« und »väterlicher« Anteile, ermöglicht den für jedes Kind und jeden Jugendlichen so wichtigen Entwicklungsprozess von Loslösung und Verselbstständigung.

Väter und Söhne

Für die psychosexuelle Entwicklung von Jungen sind Väter von größter Bedeutung. Als einziger Mann in der Familie und Liebespartner der Mutter fungieren sie als männliches Rollenmodell und Identifikationsobjekt, womit sie eine selbstbewusste und stabile sexuelle Identität des Sohnes fördern. Schon im zweiten Lebensjahr beginnt der Prozess der Aneignung der so genannten Geschlechtsidentität. Die kleinen Jungen entdecken ihre Männlichkeit und entwickeln diese im Zusammenspiel mit ihrer sozialen Umwelt, die sie nun als Jungen bzw. »kleine Männer« wahrnimmt. Damit entsteht bei ihnen Orientierungsbedarf: Wie sind Jungen und Männer? Wie sehen sie aus? Wie verhalten sie sich? Andere Jungen können unsere Jungs alltäglich in Kindergarten, Schule und Freizeit wahrnehmen. Hinsichtlich der Männer ist es schwieriger, über präsente Modelle im Alltag zu verfügen. Nicht wenige Jungen wachsen mehr oder weniger ohne Vater auf. In Kindergärten und Grundschulen sind Männer als Erzieher oder Lehrer die Ausnahme.

Wie sind Jungen und Männer?
Wie sehen sie aus?
Wie verhalten sie sich?

Jedoch benötigen Jungen präsente Männer in ihrer unmittelbaren Umgebung, damit sie mediale Bilder von Männern (z. B. Sportstar, Popstar, Krieger, Held, Boss) und Männlichkeit (»Coolness«, Härte, Furchtlosigkeit, Souveränität, Brutalität) mit alltäglichen Verhaltensweisen und Eigenschaften von Männern vergleichen können, um somit über Verhaltensalternativen zu verfügen.

Allerdings garantiert die Verfügbarkeit eines lebendigen männlichen Rollen-
modells in Form des Vaters allein noch nicht die Entwicklung einer sicheren
und positiven männlichen Identität und Persönlichkeit. Die Art und Weise,
wie sich Väter als so genanntes »leitendes männliches Modell« (Schon 2000,
S. 229) verhalten und welche Erwartungen sie an Jungen haben, kann ja
sehr verschieden sein: Wie geht ein Vater mit seinen Kindern um? Welche
Unterschiede und Gemeinsamkeiten gibt es im Vergleich zur Mutter? Wie
und bei welchen Gelegenheiten zeigt er Gefühle? Ist er einfühlsam und unterstützend? Wie reagiert er bei Konflikten und Problemen? Wie geht er mit
anderen Menschen um? Welche Tätigkeiten übernimmt er in Familie, Beruf
und Freizeit?

Jungen haben ein großes Bedürfnis nach männlichen Bezugspersonen.
Greifbare, Schutz gewährende und Grenzen setzende Väter, die ihre alltäglichen Schwächen und Probleme durchaus nicht ver-
bergen sollten, leisten für die Entwicklung der männlichen Identität des Sohnes einen entscheidenden
Beitrag. Im Idealfall wird dies durch die Entstehung
einer wechselseitigen Identifikation begünstigt. Der
stolze Vater erkennt sich in seinem Sohn wieder wie
auch umgekehrt der Sohn in seinem Vater. Die gegenseitige Entdeckung der Gleichheit fördert bei beiden das Interesse am anderen. Beim Sohn erwacht
das Bedürfnis, vom Vater zu lernen und ihn zu imitieren. Aktivitäten, in denen Vater und Sohn zusammen in emotionale männliche Welten vordringen,
fördern eine solche Identifikation. In solchen Situationen kommt dann mancher Vater besser als seine Frau an den Jungen heran; aus seiner eigenen
Entwicklung und Sozialisation heraus kann er ihn einfach besser verstehen.

In der Jugendphase, in der es darum geht, ein Bild des eigenen männlichen Erwachsenenseins zu entwerfen, kann ein präsenter Vater als Rei-
bungsfläche für die Auseinandersetzung mit männlicher Autorität und
Macht dienen und bei der Suche des Sohnes nach Identität, Selbstständigkeit, Sicherheit, Werten und Zielen eine größere Bedeutung haben als der
mütterliche Elternteil. Dies zeigt sich auch darin, dass sich Jungen mit präsenten Vätern – im Unterschied zu vaterlosen Jungen – in der Regel nicht
besonders auffällig oder aggressiv verhalten, da sie ja die Liebe und Aufmerksamkeit ihrer Väter haben und nicht erringen müssen.

> **Greifbare, Schutz gewährende und Grenzen setzende Väter, die ihre alltäglichen Schwächen und Probleme durchaus nicht verbergen sollten, leisten für die Entwicklung der männlichen Identität des Sohnes einen entscheidenden Beitrag.**

Väter und Töchter

Dass Väter auch eine besondere Bedeutung für die Entwicklung von Mädchen haben, wird oft übersehen. Die Vater-Tochter-Beziehung zeichnet sich im Unterschied zur Mutter-Tochter-Beziehung durch Differenz und Verschiedenheit aus. So sind Väter für ihre Töchter die ersten erwachsenen Vertreter des männlichen Geschlechts. Das Mädchen nimmt den einzigen Mann in der Familie nicht nur als Vater, sondern auch als Mann und Partner der Mutter wahr, was sich auf ihre späteren Vorstellungen von Männlichkeit, Weiblichkeit und Partnerschaft auswirkt.

In verschiedenen Untersuchungen wurde festgestellt, dass Väter mit Töchtern oft anders umgehen als mit Jungen. Sie behandeln sie sanfter und fördern ihr weibliches Verhalten. Damit stärken Väter die Herausbildung einer stabilen weiblichen Identität. Die gewisse, zumal körperliche Distanz, die Töchter und Väter ab der Pubertät oft zueinander entwickeln, fördert eine konstruktive und instrumentelle Vater-Tochter-Beziehung, während sich innerhalb der Familie das expressive Mutter-Tochter-Verhältnis nicht selten am konfliktreichsten darstellt.

Es wird auch oft übersehen, dass gerade Väter wichtige Beiträge zur beruflichen Entwicklung ihrer Töchter leisten. Unter günstigen Bedingungen unterstützen sie sehr nachhaltig die Persönlichkeitsentwicklung ihrer Töchter, was besonders bei beruflich erfolgreichen Frauen nachgewiesen wurde. So stellte man beispielsweise in einer Studie fest, dass Schulleiterinnen auffällig oft einen präsenten und beruflich erfolgreichen Vater hatten.

Unter günstigen Bedingungen unterstützen Väter sehr nachhaltig die Persönlichkeitsentwicklung ihrer Töchter, was besonders bei beruflich erfolgreichen Frauen nachgewiesen wurde.

Wie kann ich als Vater, wie können wir als Eltern eine aktive Vaterschaft realisieren?

Die meisten Männer möchten aktive Väter sein, allerdings haben sie es nicht allein in der Hand, wie sich ihre Vaterschaft konkret gestaltet. So besteht ein Dilemma vieler motivierter Väter darin, dass sie aufgrund ihrer Funktion als

Haupternährer über zu wenig Zeit verfügen. Wie kann auch unter diesen »üblichen« Alltagsbedingungen eine möglichst aktive Vaterschaft realisiert werden?

Der Übergang zur Vaterschaft

Der Übergang zur ersten Vaterschaft ist für viele Männer eine sehr ambivalente Phase, vor allem dann, wenn sie davon überrascht werden. In dieser Zeit ist es sehr wichtig, dass Sie sich mit der zukünftigen Elternschaft auseinandersetzen, sich zu Ihrer Vaterschaft und Vaterrolle bekennen und diese annehmen. Tauschen Sie sich dazu regelmäßig mit Ihrer Frau und anderen Bezugspersonen aus, und zwar gerade auch dann, wenn Sie verunsichert sind.

Bereiten Sie sich aktiv auf Ihre Vaterschaft und Elternschaft vor, indem Sie diese schon einmal gedanklich in Ihr zukünftiges Leben integrieren und sich in Gedanken und Gesprächen damit vertraut machen (siehe auch den Beitrag von Margarita Klein und Bernhard Schön am Anfang dieses Buches). Wie stellen Sie sich Ihre Vaterrolle ganz konkret vor? Welche Erfahrungen haben Sie als Kind mit Ihrem Vater gemacht? Wie möchten Sie als Vater sein? Wie stellen Sie und Ihre Frau sich die gemeinsame Elternschaft vor? Wie möchten Sie Ihr Familien- und Berufsleben aufeinander abstimmen? Wie möchten Sie beide die Elternzeit aufteilen?

> **Bereiten Sie sich aktiv auf Ihre Vaterschaft und Elternschaft vor, indem Sie diese schon einmal gedanklich in Ihr zukünftiges Leben integrieren und sich in Gedanken und Gesprächen damit vertraut machen.**

Begleiten Sie Ihre Frau bei den nun anstehenden Aufgaben und Terminen. Seien Sie auf jeden Fall bei der Geburt anwesend. Sie unterstützen damit Ihre Frau und ermöglichen sich beiden ein einmaliges Erlebnis, welches Ihre gemeinsame Elternschaft und damit auch Ihre Vaterschaft entscheidend fördert.

Wenn Sie im Umgang mit Ihrem Baby, zumal wenn es Ihr erstes ist, verunsichert sind, ist das völlig normal. Übrigens gilt das auch für Ihre Frau, die als solche einem größeren Druck unterliegt, es »richtig« zu machen. Erfreulicherweise hat es die Natur eingerichtet, dass wir Mütter und Väter, ohne groß nachzudenken, vieles richtig machen, man nennt das »intuitives Elternverhalten«. Beispielsweise wählen wir automatisch den geeigneten Abstand, die geeignete Stimmhöhe und Mimik, wenn wir uns dem Baby zuwenden.

Versuchen Sie vom ersten Tag an im Alltag ein aktiver Vater zu sein. Beteiligen Sie sich an der Pflege und Betreuung und übernehmen Sie gemeinsam mit Ihrer Frau die Verantwortung. Sie werden sehen, dass sich schnell eine positive Routine einstellt und die meisten Tätigkeiten Ihnen immer besser und schneller gelingen. Mit der regelmäßigen Pflege und Betreuung Ihres Kindes – auch wenn diese aus beruflichen Gründen auf bestimmte Tageszeiten eingeschränkt sein sollten – legen Sie ein wichtiges Fundament für eine enge Vater-Kind-Bindung. Der frühzeitige Erwerb von Verhaltenssicherheit beim Füttern, Baden, Windeln, Beruhigen, Ausfahren etc. bewirkt, dass Sie sich schnell als Vater kompetent fühlen. Dadurch steigt Ihr Engagement und somit auch die Bindung zum Kind. Lassen Sie sich auf Neues und Unbekanntes ein! Engagieren Sie sich in möglichst vielen Bereichen. Falls Sie sich durch Dritte eingeschränkt oder kritisiert fühlen, behaupten Sie sich konstruktiv gegenüber ihren weiblichen und männlichen »Ratgebern«.

Allerdings muss Ihnen klar sein, dass Ihre persönliche Freiheit zunächst einmal stark eingeschränkt sein wird. Gemeinsam mit Ihrer Frau stehen Sie nun vor der Herausforderung, das Kind so in Ihr Leben, Ihren Lebensstil und Ihre Paarbeziehung zu integrieren, dass alle davon profitieren.

Was kann die Partnerin und Mutter zu einer aktiven
Vaterschaft beitragen?
Wissenschaftliche Untersuchungen bestätigen, dass das Verhalten der Mutter einen entscheidenden Einfluss auf die Gestaltung der Vaterschaft hat. Das neunmonatige Erleben des Kindes im eigenen Körper, die gravierenden physischen, psychischen und hormonellen Veränderungen sowie die weibliche Sozialisation in der Kindheit und Jugend bewirken, dass Mütter in der Annahme der Elternrolle einen Vorsprung haben. Während in unserer Kultur den Müttern eine größere Bedeutung für das Kind zugeschrieben wird (»Norm der guten Mutter«), ist die Vaterrolle in der Kleinkindphase doch eher unbestimmt. Damit ergibt sich für Väter die Notwendigkeit, die eigene Rolle konkret zu bestimmen.

Die Mutter mit ihrer so genannten »Gate-keeping-Funktion« (Schrankenwärterfunktion) kann bewusst oder unbewusst eine aktive Vaterschaft fördern, behindern oder auf bestimmte Funktionen einschränken. Sie ist der Schlüssel zu einer positiven Väterlichkeit, wenn sie ihrem Mann ermöglicht, sich von Beginn an intensiv um das Kind zu kümmern. Dies setzt voraus, dass sie dessen kindbezogenen Fähigkeiten vertraut. Im Idealfall regt die Mutter und Partnerin einen unsicheren oder passiven Vater an, sich zu engagieren. Dabei sollte sie ihrem Partner positive Impulse geben und Kritik vermeiden. Eine aktuelle Studie zeigt auf, dass sich wiederholt kritisierte Väter schnell zurückziehen, während Väter, die von ihren Partnerinnen ermuntert und gelobt werden, dauerhaft aktiv sind.

Väter als Erzieher und Begleiter ihrer Kinder

Die Erziehung von Kindern umfasst eine überaus große Vielfalt von Aufgaben, Themen, Problemen und Herausforderungen, auf die in diesem Buch umfassend eingegangen wird. Insofern möchte ich aus der Perspektive von Vätern lediglich einige allgemeine Ratschläge zum Thema Erziehung geben.

Reagieren Sie angemessen und prompt auf kindliche Signale. Nehmen Sie Ihre Kinder ernst – so wie andere Menschen auch! Zeigen Sie ihnen Ihre Zuneigung und Liebe! Wenden Sie niemals körperliche und psychische Gewalt an! Achten Sie im Umgang mit Ihren Kindern auf ein angemessenes Maß an emotionaler Wärme, Förderung, Schutz, Sicherheit, Struktur und Distanz. Beteiligen Sie sich bei der schulischen Förderung Ihrer Kinder. Zeigen Sie ihnen, dass Lesen und Lernen auch Männersache sind! Dies zu sehen ist gerade für Jungen sehr wichtig. In einer aktuellen repräsentativen Befragung von Kindern stellte sich heraus, dass nur 8 % der Kinder sagen konnten: »Mein Papa liest mir vor.«

Gute Väter müssen Vaterschaft nicht zu bestimmten besonderen »Events« inszenieren, sondern sie erleben den Alltag zusammen mit ihren Kindern und ihrer Partnerin. Kinder profitieren sehr von Vätern zum »Anfassen« im Sinne der »Gartenzaunfunktion«, wie es ein von mir befragter Vater ausdrückte:

»Ich denke, es ist wichtig für Kinder, für meine Kinder, ich denke auch für andere Kinder, dass wir Väter auch sichtbarer sind, dass wir 'ne Reibefläche geben, ich sag's mal so wie, wie ein Gartenzaun sind, so. Der muss nicht fürchterlich starr sein, aber er muss einigermaßen fest sein. An dem die Kinder sich entlanghangeln können, aber auch mal weggehen können. Aber wissen, hier ist ein Gartenzaun, das gibt denen Sicherheit. Die wissen, hier geht's lang, aber man erlaubt ihnen auch, ein Stück weit eigenen Weg zu gehen. So. Und ich will Gartenzaun sein. So, kein, kein Gummizaun, der irgendwie so, je nachdem, wie der Wind kommt, hält oder umfällt. Kinder brauchen auch Sicherheit.«

Aktive Vaterschaft bei Trennung und Scheidung der Eltern

Auffällig viele Jungen und junge Männer, die zu extremen Regelverletzungen, Grenzüberschreitungen und aggressivem Verhalten neigen, sind mehr oder weniger vaterlos aufgewachsen. Die entsprechende Forschung stellt bei vielen vaterlosen Jungen immer wieder auffällige Mängel auf der sozialen, moralischen, geistigen und psychosexuellen Ebene fest. Ein typisches Beispiel sind rechtsradikale junge Männer, die sich auf diese besondere Art und Weise auch ihrer Männlichkeit versichern wollen. Einer Untersuchung zufolge stammt gut die Hälfte von ihnen aus zerbrochenen Familie, so dass ihr natürlicher »Vaterhunger« nicht befriedigt werden konnte. Auch die hohen Anteile von Söhnen allein erziehender Mütter als Nutzer der diversen Erziehungshilfen der Jugendämter weisen auf die Unverzichtbarkeit von männlichen Bezugspersonen und Autoritäten hin.

Interessanterweise entstehen seltener Auffälligkeiten, wenn der Vater verstorben ist. Er ist dann oft psychisch positiv präsent, die Kinder fühlen sich nicht von ihm verlassen. Außerdem fördern verwitwete Mütter ein positives Vaterbild. Das Gegenteil gilt für diejenigen der geschiedenen Mütter, die ihre ehemaligen Partner abwerten, so dass es für den von der Mutter ungeliebten oder gar verachteten Vater schwierig ist, eine enge Bindung zum Kind zu erhalten; für das Kind gilt dies umgekehrt erst recht. Es gerät in einen Loyalitätskonflikt, wobei es den Verlust der mütterlichen Liebe fürchtet, wenn es am Vater praktisch und emotional festhält. (Siehe auch den Beitrag von Claus Koch zu Trennung und Scheidung in diesem Buch.)

Insofern haben getrennt lebende und geschiedene Mütter und Väter die Pflicht und Schuldigkeit, alles dafür zu tun, dass ihre Kinder zu beiden Elternteilen ihre Bindungen und Beziehungen erhalten und ausbauen können. Wir sollten bedenken, dass *jedes* Kind eine Mutter und einen Vater haben möchte und darauf auch einen Anspruch hat. Mütter und Väter müssen hier ihre Eigeninteressen zurückstellen, sonst schaden sie dem Wohle ihrer Kinder ganz erheblich. Geschiedenen und ledigen Vätern, denen der Umgang mit ihren Kindern erschwert oder gar behindert wird, empfehle ich, beharrlich am Ball zu bleiben, nicht aufzugeben und sich von kompetenter Seite beraten zu lassen.

Zum Abschluss noch ein Tipp: Genießen Sie Vatersein, Muttersein und Familienleben – es geht schneller vorbei, als man denkt.

Die Bedeutung des Spiels
für die seelische Gesundheit

Leona Maywald

> »*Und wir spielten und spielten und spielten,*
> *so dass es das reine Wunder ist, das wir*
> *uns nicht totgespielt haben.*«
> (ASTRID LINDGREN, DAS ENTSCHWUNDENE LAND)

Zum Leben jedes Kindes gehört das Spiel. Alle Kinder haben von Geburt an die Bereitschaft zum Spielen. Wenn Erwachsene an die Spiele ihrer Kindheit denken, gelingt es ihnen bisweilen, den besonderen Zauber zu spüren, der damit verbunden war. Dann tauchen sie vielleicht wieder ein in die sagenhaften Märchenschlösser, abenteuerlichen Expeditionen und wilden Scharmützel, in denen immer wieder neue Fabelwesen erschienen, losgelöst von Zeit und Raum. Auch wenn Erwachsene die Fantasiewelten ihrer Kindheit längst verlassen haben, so bleiben ihnen diese dennoch als innere Kraftquelle erhalten, die hilft, Herausforderungen des Lebens zu meistern.

Wenn wir ein Kind beim Spielen beobachten, fällt eine bestimmte Art seiner Vertiefung auf, ein Zustand gleichzeitiger Zugewandtheit und Zurückgezogenheit, die der Konzentration Erwachsener ähnelt. Das ins Spiel versunkene Kind geht ganz in seiner Tätigkeit auf. Der Verlauf der Spielhandlung schreitet flüssig voran. Die Konzentration erfolgt wie von selbst. Die Zeit wird weitgehend ausgeblendet. Spielen entspringt einer inneren Motivation des Kindes, die keinen äußeren Antrieb benötigt.

Spiel lässt sich als eine Tätigkeit mit Selbstzweck charakterisieren. Die Wirklichkeit wird umgestaltet zu einer Fantasiehandlung, die alle Möglichkeiten offen hält. Häufig werden die Spielszenarien wiederholt und bekommen den Charakter eines Rituals. Spiel ist nicht nur Lustgewinn und Mittel zur Bedürfnisbefriedigung. Die biologischen und anthropologischen Wurzeln liegen viel tiefer.

Warum Kinder spielen

In der Evolution hat sich das Spiel bereits bei Säugetieren herausgebildet. Aus biologischer Sicht ist Spielen ein Grundbedürfnis und zentrales Verhaltenssystem des Menschen. Für das aktuelle Erleben eines Kindes ist es ebenso bedeutsam wie für die Persönlichkeitsentwicklung. Das Kind lernt im Spiel, sich mit seiner Umwelt vertraut zu machen, sie zu begreifen und zu bewältigen. Aus Sicht des Entwicklungspsychologen Jean Piaget ist das Spiel eng verknüpft mit der geistigen Entwicklung des Kindes. Im Spiel gestaltet das Kind seine Neugier auf die Umwelt, seine Art und Weise, sie zu erfor-

Das Kind lernt im Spiel, sich mit seiner Umwelt vertraut zu machen, sie zu begreifen und zu bewältigen.

schen. Daraus entwickelt es seine spätere Leistungsmotivation. Neugier, Freude und Begeisterung speisen sich aus der inneren Motivation eines Kindes. Diese wiederum wird genährt aus dem frühen spielerischen Zusammensein mit seinen Eltern. Hierbei lernt schon der Säugling, seine Emotionen zu regulieren und neue Fähigkeiten zu erproben. Auf einer späteren Entwicklungsstufe – der Zeit des Symbolspiels – unternimmt das Kind mentale Probehandlungen und löst dadurch soziale Konflikte.

Sigmund Freud, der Begründer der Psychoanalyse, beschreibt die wunscherfüllende Funktion des Spiels. Diese erlaubt dem Kind, den Zwängen der Realität zu entfliehen. Sie ermöglicht das Ausleben von Bedürfnissen, vor allem aggressiven Impulsen, die mit den Gesetzen der Umwelt kollidieren. Durch die Wiederholung im Spiel können Probleme bewältigt werden. Der englische Psychoanalytiker D. W. Winnicott hält Spiel sogar für eine Universalie. Er versteht Spiel als Ausdruck von Gesundheit und ist der Auffassung, dass ohne Spiel keine Kommunikation, kein Austausch, keine wirklichen Beziehungen und damit kein Gefühl von Lebendigkeit möglich sind. Der Entwicklungspsychologe Rolf Oerter wiederum geht davon aus, dass Spielen hilft, genau diejenige Anpassungsfähigkeit zu gewinnen, die im späteren Leben notwendig ist, um die unterschiedlichsten Herausforderungen zu bewältigen. Mit all diesen Überlegungen wird dem Spiel ein tieferer Sinn zugewiesen: Es übernimmt Aufgaben der Lebensbewältigung zu einem Zeitpunkt, da dem Kind andere Möglichkeiten noch nicht zur Verfügung stehen.

Frühe Formen des Spiels

Ab wann können Kinder spielen? Die moderne Säuglingsforschung hat gezeigt, dass ein Baby bereits mit erstaunlichen Kompetenzen zur Welt kommt. Von Geburt an verfügt es über eine Reihe von Fähigkeiten, seine Umwelt wahrzunehmen, diese Wahrnehmungen zu speichern und nach Ursache-Wirkungs-Zusammenhängen zu sortieren. Daraus bildet es dann Erwartungen, die es ständig überprüft und korrigiert. Es entdeckt Regeln und stimmt sein eigenes Verhalten darauf ab.

Schon kurz nach der Geburt imitiert ein Baby seine Eltern. Nachahmung ist ein wichtiger Baustein der Kommunikation, denn damit versetzt sich das Kind in seine Eltern. So nimmt es deren Verhaltensmuster wahr und auch die Gefühle, die dadurch bei ihm ausgelöst werden. Mit Hilfe der Imitation baut der Säugling seine angeborenen Fähigkeiten ständig aus.

Vom Spielen kann man dann sprechen, wenn der Säugling durch absichtsvolle Betätigung etwas in seiner Umwelt verändert. Das ist in der Regel mit drei bis vier Monaten der Fall. Das Baby hat nun durch erste Greifversuche, zum Beispiel nach Klanghölzchen, die Erfahrung gemacht, dass es immer neue Klangvariationen hervorbringt, wenn es die Hölzchen in Bewegung setzt. Natürlich sind seine kognitiven Fähigkeiten noch nicht voll ausgebildet. Deshalb haben die Eltern in den ersten Monaten die wichtige Aufgabe, ihrem Kind die Umwelt in spielerischer Weise zu vermitteln. Auch sie haben die Fähigkeit, intuitiv das Richtige zu tun. Ohne nachzudenken, nehmen Eltern im Kontakt mit ihrem Kind zum Beispiel genau den passenden Sichtabstand von ca. 20 cm ein, bei dem Neugeborene über eine optimale Sichtweise verfügen. Wie automatisch sprechen sie in höherer Tonlage, tragen einfache Sätze in häufiger Wiederholung vor. Ihre Anregungen variieren zwischen Wiederholung und Abwechslung, Bekanntem und Unbekanntem. Damit bieten sie ihm eine Kette von Anreizen, die nicht abreißt.

Beim Säugling kommt es so zu bestimmten Erwartungen und auch immer wieder zu Überraschungseffekten, die dem Spiel einen besonderen Reiz geben. Das gemeinsame Spielen des Babys mit seinen Eltern enthält also schon alle wichtigen Elemente des Spiels: Erwartung über dessen Ablauf, Freude über deren Erfüllung, Verfremdungseffekte mit einer Spur von Lustangst, wenn die Eltern neue Anreize einbringen. Das einfache Guck-Guck-Da-Spiel enthält alle diese Komponenten. Das Baby wird in die Lage versetzt, Zusammenhänge zwischen Ereignissen aus der Umwelt und sei-

2

nem eigenen Handeln zu entdecken. Immer wieder stellt es Vermutungen an, die sich erfüllen oder nicht. Wenn sie sich erfüllen, freut es sich, wenn nicht, korrigiert es seine Tätigkeiten entsprechend. Das Baby macht die Entdeckung von Urheberschaft. Es spürt: »Ich kann etwas bewirken!« Damit wird durch diese Art des Spiels die Grundlage für Selbstwirksamkeit, zielgerichtetes Handeln und Willenskraft geschaffen.

Wenn man den frühen spielerischen Dialog zwischen Eltern und Kind beobachtet, erinnert dieser an die Schönheit eines zyklischen Tanzes: Es gibt einen Beginn, einen Höhepunkt und ein Ende. Bei diesem Tanz kommt es zu einem Hin und Her von Anreizen und gegenseitiger Nachahmung, bis ein optimaler Erregungszustand erreicht ist. Es entsteht nun ein Selbsterleben von großer Freude und Spannung beim Kind. Zu diesem lustvollen Erleben kann das Baby gelangen, wenn die Eltern die Intensität und Dauer ihrer Anregungen sorgfältig dosieren, das heißt, wenn sie ihm nur anbieten, was seinem Entwicklungsalter, seiner momentanen Stimmung und Befindlichkeit entspricht. Wenn der spielerische Dialog dann seinen Höhepunkt erreicht hat, ebbt er ab, indem der Säugling durch Wegschauen oder Abwenden des Kopfes seinen Eltern signalisiert, dass er genug hat und Erholung braucht. Dies ist einer der ersten Akte der Selbstbehauptung des Kindes. Im positiven Fall setzen die Eltern dem Säugling nicht nach, sondern warten geduldig, bis er zu einem neuen Spielzyklus bereit ist. Beim gemeinsamen Spiel spiegeln die Eltern die Gefühle des Säuglings einfühlsam. Das Baby bringt seine Eltern mit seinem Blickverhalten, seiner Mimik und Motorik dazu, es zu stimulieren, oder zeigt ihnen, wenn es ein anderes Stimulationsniveau wünscht. Dieser Gefühlszustand, den das gemeinsame Spiel bewirkt, schwillt in regelmäßigen Rhythmen an und ab. Durch die langsame Steigerung des Intensitätsniveaus gestaltet sich eine Spirale positiver gegenseitiger Bestätigung. Nicht nur das Kind erwirbt ein Gefühl hoher Selbstwirksamkeit, sondern auch die Eltern fühlen sich in ihrer Kompetenz als Eltern anerkannt, sind zufrieden und genießen ihr Baby.

In diesem zyklischen Tanz ist ein Element enthalten, das für die seelische Gesundheit eines Kindes unverzichtbar ist: die gegenseitige Affektabstimmung. Sie entspricht einer Art Intuition von Eltern und Kind. Der Säugling ist auf einen anderen angewiesen, der sein Selbsterleben reguliert, um sich dann nach und nach selbst regulieren zu können. Durch die Nachahmung und die Spiegelung der Gefühle des Babys tragen die Eltern zur Gefühlsregulierung ihres Kindes bei. Gefühle, die das Baby überreizen oder verängstigen, werden von den Eltern anerkannt und in einer Weise zurückgespiegelt, die sie für das Kind erträglich machen und es wieder in ein emotionelles Gleichgewicht pendeln lassen. Außerdem fördert dieses Spiegeln einen Prozess der Bewusstwerdung über seine eigenen Gefühlszustände und somit die Ausbildung von komplexen inneren Bildern über sich selbst und seine Umwelt. Auf der Grundlage dieser inneren Bilder entwickelt das Kind ein Selbstempfinden. Nur mit dessen Hilfe ist es später in der Lage, seine eigenen Gefühle zu identifizieren und sich in andere Menschen einzufühlen.

Ein wichtiger Bestandteil einer gelungenen Affektabstimmung ist das Markieren. Dies ist ein betont spielerischer Umgang mit den Gefühlen, die das Baby zeigt. Diese Affekte werden in übertriebener, dramatisierter Weise von den Eltern wiedergegeben. Wenn Erwachsene miteinander so kommunizieren würden, erschiene dies bizarr. Das Baby aber ist auf diese übertriebene Spiegelung angewiesen, weil es dadurch lernt, dass es sich bei den Eltern um einen Als-ob-Affekt handelt, also um einen Affekt, der nicht wirklich ihrer ist. So erkennt das Kind, dass es sich bei dem markierten Affekt um seinen eigenen handelt. Es kann also den elterlichen Affekt von seinem eigenen entkoppeln und ihn als spielerischen Ausdruck seines eigenen wahrnehmen.

In dieser frühen Spielform geht es um das Erlernen der emotionalen und körperlichen Selbstregulation im spielerischen Dialog und der wechselseitigen Affektabstimmung mit den Eltern. Sie ereignet sich innerhalb der ersten beiden Lebensjahre. Hier werden die Grundlagen der kindlichen Spielfähigkeit gelegt.

Wie Eltern das frühe Spiel fördern können

In der Regel können Eltern auf die angeborenen Kompetenzen ihres Babys und auf ihre eigenen intuitiven Fähigkeiten vertrauen. In den meisten Fällen haben sie all diese wunderbaren Fertigkeiten in ihrer frühen Kindheit erworben. Diese intuitiv zur Verfügung stehenden Programme sichern einen wechselseitigen Anpassungsprozess, in dem Eltern und Kind sich mit ihrem Verhalten spielerisch aufeinander einstimmen.

Trotzdem fühlen sich viele Eltern nach der Geburt ihres Babys verunsichert. Manchmal können sie nicht mehr auf die Unterstützung und Orientierung ihrer eigenen Herkunftsfamilien zurückgreifen, wie dies der Fall war, als Familienverbände noch dichter beieinanderlebten. Manche Eltern möchten alles perfekt machen und keine Förderungsmöglichkeit für ihr Kind versäumen. Dies kann dazu führen, dass Eltern sich mit einer Vielzahl von Elternratgebern unterschiedlichster Ausrichtungen eindecken. Bisweilen übergehen sie dann ihre eigenen Kompetenzen und verlassen sich lieber auf das Fachwissen von Spezialisten, um nur nichts falsch zu machen. Das kann leicht zur Verwirrung führen. Es ist viel wichtiger, auf die eigenen Eingebungen zu horchen und das Baby genau zu beobachten. Wenn Eltern sich Zeit und Ruhe nehmen, beantworten sie die Signale ihres Säuglings in der Regel einfühlsam und angemessen.

Im ersten Jahr braucht der Säugling kaum Spielzeug. Ein Mobile über dem Wickeltisch, ein paar bunte Rasseln und Klanghölzchen reichen vollkommen aus. Viel wichtiger ist **Im ersten Jahr braucht der** das gemeinsame Spiel mittels Körper, Mimik, Ges- **Säugling kaum Spielzeug.** tik und Stimme in den aktiven Wachphasen des Babys. Zu viel Spielzeug kann den Säugling überstimulieren und eine Distanz zwischen Eltern und Kind herbeiführen. Wenn Eltern gelassen bleiben, ihren Kompetenzen vertrauen und das Spiel mit ihrem Kind genießen, dann kommt es meistens zu Empfindungen der Freude, die genau den Glanz in die Augen der Eltern bringen, den das Kind braucht, um ein starkes Selbstwertgefühl zu entwickeln.

Auch in gut eingespielten Eltern-Kind-Paaren kommen Fehlabstimmungen vor. Das liegt daran, dass kein Elternteil den emotionalen Zustand seines Babys identisch wiedergeben kann. Die Signale des Säuglings werden immer mit der Brille der eigenen Lebenserfahrungen wahrgenommen. So kommt es bei der Beantwortung der kindlichen Signale bisweilen zu leichten Verzerrungen oder Missverständnissen. Diese Verfehlungen in der gegenseitigen Verständigung gehören notwendig zur Entwicklung. Eltern müssen deswegen kein schlechtes Gewissen haben. Das Verfehlen der Grenzen eines Babys zum Beispiel zwingt es zu Anpassungsmaßnahmen, die seinen Spielraum ausweiten. Wenn die Wünsche eines Kleinkindes fast jederzeit und über das erste Lebensjahr hinaus wie von Zauberhand erfüllt würden, dann hätte das Kind keine Chance, sich dieser Bedürfnisse bewusst zu werden und sie einzufordern.

Manchmal kommt es aber auch zu anhaltenden Dialogentgleisungen. Wenn eine Mutter beispielsweise an einer nachgeburtlichen Depression erkrankt, kann sie nur zeitlich verzögert auf die kindlichen Signale reagieren und ihm nur geringe Anregungen geben. Das kann dazu führen, dass das Interesse des Kindes an gegenseitigem Austausch und seine Neugier an der Umwelt sich reduzieren. In anderen Fällen überhäufen Mütter ihr Baby mit spielerischen Angeboten, z. B. aus Angst, zu versagen. Dann kann sich das Erregungsniveau des Säuglings auf ein unerträgliches Maß steigern. In solchen Situationen sind die mütterlichen Fähigkeiten der Wahrnehmung und Einfühlung absorbiert von eigenen unbewältigten inneren Konflikten.

In diesen Fällen ist es empfehlenswert, sich an eine Babyambulanz oder an eine(n) niedergelassene(n) Kindertherapeutin/Kindertherapeuten mit Zusatzqualifikation in Eltern-Säuglings-Therapie zu wenden. Hier können oft schon in wenigen Sitzungen Ursachen für einen entgleisten Eltern-Kind-Dialog aufgedeckt und Lösungsmöglichkeiten gefunden werden.

Das Symbolspiel

Etwa in der Mitte des zweiten Lebensjahres tritt das Symbolspiel in den Vordergrund. In diesem Alter kann sich das Kind im Spiegel bereits selbst erkennen. Es hat nun die Fähigkeit zur inneren Vorstellung, der so genannten Imagination. Beim Symbolspiel geht es um die Stellvertreter der Dinge und um ihre möglichen Bedeutungen. Dies erfordert eine gewisse Distanz zu den Geschehnissen, die schon im Säuglingsalter eingeübt wird. Die Eltern konfrontieren ihr Baby mit gespielten Affekten, verbunden mit der Botschaft: Dies ist ein Spiel.

In der Gestaltung von Als-ob-Situationen macht sich das Kind die Realität verfügbar. Mittels symbolischer Gesten und Handlungen setzt es Erfahrungen und Ereignisse in Szene, die von realen Geschehnissen und Gegenständen entkoppelt sind. Die komplexeste Form des Symbolspiels ist das Rollenspiel.

Wie gut ein Kind die Fähigkeit zum Symbolspiel entwickelt, hängt u. a. von der elterlichen Unterstützung ab. Die wechselseitige Nachahmung im spielerischen Austausch mit dem Kind ist dabei sehr hilfreich. Ebenso sind das Lenken der kindlichen Aufmerksamkeit auf alle Arten von Symbolen und deren sprachliches Betonen von großer Bedeutung bei der Ausgestaltung dieser Spielkompetenz. Die Ausbildung und fortschreitende Differenzierung des Symbolspiels gehen mit der Fähigkeit zum symbolischen Denken einher.

Ein Beispiel dafür, wie Spielen das symbolische Denken fördert, ist das Versteckspiel Guck-Guck-Da. Hierbei verwandelt das Kind die erlebten Spiel-in Erinnerungsepisoden. Wenn sich diese Spiele häufig wiederholen, verfestigen sich die Erinnerungsepisoden zu inneren Bildern oder Repräsentanzen. Beim Guck-Guck-Da-Spiel bildet das Kind die innere Repräsentanz heraus, dass die »verschwundenen« Eltern immer wiederkommen. Auf diese Weise verhilft das Spiel dem Kind zu einer größeren Sicherheit in Trennungssituationen. Mittels spielerischer Dialoge entwickeln die Kinder eine verinnerlichte Vorstellung von sich selbst und anderen Menschen. Sie können nun auch über Dinge und Lebewesen kommunizieren, die nicht anwesend sind. Die den Kindern hierfür zur Verfügung stehenden Mittel sind die sich entwickelnde Sprache, fiktive Erfindungen und spielerische, zeitlich verzögerte Nachahmungen.

Das Kind hat nun einen großen Entwicklungssprung vollzogen. Beim Symbolspiel macht es die Erfahrung, innere Gefühlszustände durch äußeren Ausdruck erfolgreich steuern zu können. In der Spielhandlung verlagert das Kind seinen inneren Zustand nach außen. Es identifiziert sich mit seinen Spielfiguren und reguliert dadurch seine Gefühle. Die die Entwicklung fördernde Wirkung des kindlichen Spiels beruht nicht zuletzt auf dieser Eigenschaft.

Wie Eltern das Symbolspiel unterstützen können

Viele Eltern versuchen, das Interesse ihres Kindes auf Spiele und Spielzeuge zu lenken, die sie für pädagogisch besonders wertvoll halten. Wenn das Kind jedoch gerade in ein Spiel vertieft ist, wird es die elterlichen Versuche, seine Aufmerksamkeit auf einen anderen Gegenstand zu lenken, als Zudringlichkeit empfinden. Kommen solche Unterbrechungen häufig vor, kann dies negative Auswirkungen auf die Spielmotivation haben. Es ist daher sinnvoll, das Kind bei seinen Spielhandlungen möglichst nicht zu unterbrechen und zu warten, bis es bereit ist, seine Aufmerksamkeit auf etwas anderes zu richten.

Auch wenn das Kind die Fähigkeit zum Symbolspiel schon erworben hat, ist es von Bedeutung, dass der Spielpartner den Als-ob-Charakter des Spielgeschehens deutlich macht. Man stelle sich beispielsweise einen Vater vor, der von seinem Sohn im Spiel angewiesen wird, sich totschießen zu lassen. Der Vater lässt sich auf das Spiel ein, spielt mit und stirbt auf eine dramatisch übertriebene Weise, die deutlich macht, dass er nicht wirklich stirbt. Auf diese Weise hilft er dem Kind, seine aggressiven Impulse zu bewältigen. Durch das gemeinsame Spiel wird der Junge seine aggressiven Wünsche als Fantasien und Gedanken begreifen und nicht als Realität. Würde der Vater mit Ärger oder Furcht auf die Aufforderung seines Sohnes reagieren, so erhielten dessen aggressive Fantasien eine reale Qualität. Beim Kind würde in dieser Situation der Unterschied zwischen Fantasie und Realität verschwimmen.

Die meisten Erwachsenen haben den Wunsch, Kinder zu einer ablehnenden Haltung gegenüber Gewalt zu erziehen. Aus diesen Gründen verbieten viele Eltern den Umgang mit Spielzeugwaffen. Bei aller Anerkennung ihrer Motive, irren sie sich doch über die Bedeutung des Symbolspiels. Wenn das Spiel mit Waffen grundsätzlich tabuisiert oder gar verteufelt wird, besteht die Gefahr, dass Kinder diese Spielzeuge wie reale Waffen wahrnehmen. Dann wird es ihnen erschwert, auch hier den Unterschied zwischen Fantasie und Realität zu erkennen.

Natürlich sollte nicht zugelassen werden, dass Kinder zum Beispiel mit Pistolen oder Gewehren spielen, die täuschend echt aussehen. Damit könnten sie andere Menschen ernsthaft erschrecken und sich selbst in missverständliche, gefährliche Situationen bringen. Allerdings sollte Kindern durchaus ermöglicht werden, mit Spielzeugwaffen in deutlich abgegrenzten Fantasieräumen zu spielen. Wo sonst sollen Kinder den Unterschied zwischen Realität und Fantasie erkennen, wenn nicht im Spiel?

Wie man gesundes von gestörtem Spielen unterscheidet

Das Spiel eines seelisch gesunden Kindes ist geprägt von Freude, Konzentration, Fantasie, Spontaneität und Kreativität. Es zeigt einen stimmigen Spielfaden mit Anfang, entfaltetem Höhepunkt und auflösendem Ende, nach dem sich das Kind zufrieden und vom Spiel gesättigt einer anderen Beschäftigung zuwenden kann. Es bezieht andere Menschen und die Umgebung in sein Spiel mit ein, so dass es zu einem kreativen Austausch kommt. Die Geschichte, die das Kind spielt, bleibt auf der spielerischen Als-ob-Ebene. Beim spielerischen Kampf zum Beispiel greift es seine Gegner nur symbolisch an, nicht wirklich. Es bewegt sich zwischen seinen aggressiven Fantasien und den Regungen seines Gewissens flexibel hin und her. So kann es auch die Rolle des »Bösen« übernehmen, ohne die Kontrolle über die Steuerung seiner aggressiven Impulse zu verlieren. Eine fesselnde, vergnügliche Handlung in einem fantasierten oder realen Austausch mit Erwachsenen oder Gleichaltrigen dient dem Kind als Quelle der Selbstbestätigung und Kompetenzerweiterung.

Manchmal jedoch wirken Kinder in ihrem Spiel unbeteiligt, kraftlos, wenig gefühlvoll und verlangsamt. Andere fallen durch Fantasiearmut auf. Es gibt bei ihnen einen planlosen Wechsel von einer Aktivität in die andere und sie scheinen chronisch unzufrieden. Ihre Spielfäden sind brüchig. Stattdessen führen sie unermüdlich immer wieder dieselben Aktivitäten durch, begleitet von einem Minimum an verbalen Äußerungen. Es gibt keine Entwicklung oder Auflösung des Spiels, das trist und freudlos erscheint. Eine symbolische Handlung fehlt. Schließlich gibt es Kinder, für die kein Spielzeug gut genug ist und die sich gänzlich weigern zu spielen, obwohl sie sich langweilen.

Die Art und Weise, in der ein Kind spielt, zeigt seine Konflikte und möglicherweise sogar Entwicklungs- oder Beziehungsstörungen auf.

In der psychotherapeutischen Arbeit können wir beobachten, wie das Spielen eines Kindes seine frühen Erfahrungen zum Ausdruck bringt. Die Art und Weise, in der ein Kind spielt, zeigt seine Konflikte und möglicherweise sogar Entwicklungs- oder Beziehungsstörungen auf. Wenn ein Kind über einen längeren Zeitraum durch verarmtes oder reduziertes Spielen auffällt oder überhaupt nicht spielt, kann dies ein Symptom sein für einen unbewältigten inneren Konflikt oder eine Entwicklungsstörung. In diesen Fällen sollte eine Erziehungsberatungsstelle oder direkt ein Kinderpsychotherapeut aufgesucht werden.

Die örtlichen Kassenärztlichen Vereinigungen verfügen über Listen mit Praxen zugelassener Kinder- und Jugendlichenpsychotherapeuten. Diese führen mit Hilfe der Spieldiagnostik eine differenzierte Analyse des kindlichen Spiels und seiner Symbolsprache durch. Dadurch erhalten sie genauere

Hinweise über das Selbsterleben eines Kindes und die Art und Weise, in der es seine Umwelt wahrnimmt und mit ihr in Beziehung tritt. Reduzierte oder gestörte Formen des Spiels laufen meist parallel zu gestörten Beziehungsmustern und Persönlichkeitsstrukturen.

Durch das diagnostische Spiel bekommen wir Aufschluss über mögliche innere Konflikte. Das lustlose, gefühlsarme und verlangsamte Spiel eines Kindes bietet möglicherweise Anzeichen für eine beginnende depressive Erkrankung. Das sprunghaft getriebene, monotone, wortarme und fantasielose Spiel eines chronisch unzufriedenen Kindes könnte ein Symptom für eine Verhaltensstörung sein. Meist läuft das gestörte oder verweigerte Spielen einher mit anderen Auffälligkeiten, z. B. Problemen in Kindergarten oder Schule, sozialem Rückzug oder übermäßig aggressivem Verhalten.

> Das sprunghaft getriebene, monotone, wortarme und fantasielose Spiel eines chronisch unzufriedenen Kindes könnte ein Symptom für eine Verhaltensstörung sein.

Nicht selten folgt einer diagnostischen Abklärung die Empfehlung zu einer Kinderpsychotherapie. Aufgabe des Psychotherapeuten ist es dann, das Kind dabei zu unterstützen, sein Spiel wieder voll zu entfalten. Kann ein Kind gar nicht spielen, ist die Psychotherapie darauf ausgerichtet, ihm das Spiel wieder zu ermöglichen. Psychotherapie kann als eine Tätigkeit verstanden werden, bei der zwei Menschen miteinander spielen. Der Psychoanalytiker D. W. Winnicott vertrat sogar die Auffassung, dass ein Psychotherapeut, der nicht spielen kann, für seine Arbeit ungeeignet ist.

»Der Mensch ist nur ganz da Mensch, wo er spielt«, schreibt Friedrich Schiller. Tatsächlich ist das kindliche Spiel eine Grundform des Lebens, die alles enthält, was dem Menschen ermöglicht, selbst schöpferisch zu sein. Insofern ist ein kreatives und seelisch gesundes immer auch ein spielendes Kind.

Kindern vorlesen –
Ratschläge für Eltern

Irit Wyrobnik   **2**

Für viele Eltern gehört das Vorlesen zum ganz normalen Alltag mit ihren Kindern, und ist, zumal wenn die Kinder klein sind, ein regelrechtes Ritual. Andererseits gibt es auch Familien, in denen Kindern nie oder kaum vorgelesen wird. In den letzten Jahren konnte man einen sprunghaften Anstieg an Initiativen zur Leseförderung bemerken, darunter auch solche, welche die große Bedeutung des Vorlesens für Kinder hervorheben. Zu diesen Initiativen gehören die Bemühungen der »Stiftung Lesen«, die gemeinsam mit anderen Partnern und Sponsoren verschiedene Aktionen startete, unter anderem »Wir lesen vor – überall und jederzeit«, an der sich viele aus dem öffentlichen Leben bekannte »Vorlesepaten« beteiligt haben. Aber auch die Entwicklung und Verbreitung von Materialien zur frühen Leseförderung (»Vorlese-Koffer«/»Lesestart«) tragen mit dazu bei, die Relevanz des Vorlesens für die kindliche Entwicklung bewusst zu machen. Darüber hinaus haben sich viele Bibliotheken und pädagogische Einrichtungen dieses Themas angenommen. Sie betreiben eine Förderung des Lesens durch Anregung und Begleitung von Vorleseaktivitäten und die Förderung einer Vorlesekultur. Die erste PISA-Studie, die 2001 veröffentlicht wurde, ergab, dass 42 % der 15-Jährigen in Deutschland überhaupt nicht zum Vergnügen lesen, viel zu viele Schülerinnen und Schüler nur niedrige Lesekompetenzstufen erreichen (10 % der Jugendlichen gehören zur Risikogruppe) und der überwiegende Anteil davon männlich ist. Vor allem nach diesen und anderen beunruhigenden Ergebnissen von Leistungsvergleichsstudien wurden die Bemühungen insgesamt, aber auch im Hinblick auf das Lesen, besonders auf den Vor- und Grundschulbereich konzentriert. Dies ist von der Überzeugung geprägt, dass die frühen Bildungsprozesse den weiteren Bildungsverlauf wesentlich zu beeinflussen vermögen. Außerdem kam man zu der Einsicht, dass die Lesefreude, das Leseinteresse oder das »Leseglück« (Wyrobnik 2005) entscheidenden Anteil an der Häufigkeit und Intensität von Lesetätigkeiten haben.

Doch warum ist das Vorlesen eigentlich so wichtig? Weshalb sollten Eltern ihren Kindern regelmäßig vorlesen und was müssen sie dabei beachten? Auf diese Fragen wird in den folgenden Ausführungen eingegangen. Zunächst wird begründet, weshalb das Vorlesen in der (frühen) Kindheit so wichtig ist. Anschließend geht es mit der Frage weiter, welche Lektüren für welches Alter empfehlenswert sind. Auch die Vorlesezeiten und -orte werden angesprochen, um schließlich die nicht zu vernachlässigenden Fragen zu erörtern, wer vorlesen soll und vor allem auf welche Weise dies geschehen kann. Eine abschließende Betrachtung rundet die Darstellung ab.

Weshalb wir Kindern vorlesen sollten

Es gibt viele Argumente für das Vorlesen. Hier sollen die wichtigsten gebündelt dargestellt werden.

···⁚ Beim Vorlesen nehmen sich Eltern Zeit für ihre Kinder. Eine bestimmte Zeit ist also für dieses gemeinsame Erlebnis reserviert. Meist handelt es sich um Abendstunden, aber besonders bei kleinen Kindern lesen Eltern auch tagsüber viel vor. Ebenso wie beim Brettspiel verbringt man beim Vorlesen eine intensive und – in Zeiten von Berufs-

Kinder haben während des Vorlesens die Eltern ganz für sich.

tätigkeit oft beider Eltern – daher auch kostbare Zeit miteinander, die nur dem Kind gewidmet wird. Die Kinder haben während des Vorlesens die Eltern ganz für sich.

···⁚ Die vorlesenden Eltern strahlen in der Regel eine Ruhe aus, die sich auch auf die Kinder überträgt. Vorgelesen wird meist nicht gehetzt, sondern man nimmt sich Zeit. Dementsprechend ist auch die Stimme entspannt und wohlklingend. Findet das Vorlesen abends statt, so schlafen Kinder dabei oft ein, werden durch den Vorleserhythmus sozusagen in den Schlaf gewiegt. Das Vorlesen ist demnach ein wichtiges Einschlafritual unter anderen. (Schurian-Bremecker 2008)

···⁚ Durch regelmäßiges Vorlesen und die Wiederholung von Geschichten kommen wir dem Wunsch von Kindern nach Bekanntem, Regelmäßigkeit und Verlässlichkeit nach. Das Vorlesen als wiederkehrendes Ritual erfüllt somit auch Sicherheitsbedürfnisse. Dies kann jeder bestätigen, der dem Wunsch eines Kindes »Lies mir dieselbe Geschichte noch ein-

2

mal vor« nachgekommen ist. Wichtig ist es also, Texte vorzulesen, in denen immer wieder die gleichen Hauptpersonen vorkommen, die von den Kindern erkannt werden und ihnen vertraut sind.

⋯⋙ Während des Vorlesens können Kinder – abhängig vom Lesestoff bzw. den erzählten Geschichten – selbst Erlebtes (besser) verarbeiten und bewältigen, ob es sich um Alltagserlebnisse oder bestimmte Gefühle wie Ängste und Aggressionen handelt: Literatur ist imstande, Kindern sowohl eine nachträgliche Verarbeitung von Gefühlen und Erlebtem zu bieten als auch auf Künftiges vorzubereiten und noch nicht Erlebtes gedanklich vorwegzunehmen. Die vorgelesenen Geschichten können Kinder also auch trösten und stärken.

Die vorgelesenen Geschichten können Kinder also auch trösten und stärken.

⋯⋙ Literatur ermöglicht es ferner, in Rollen zu schlüpfen, zusammen mit den Eltern in ferne (Phantasie-)Welten einzutauchen und diese besondere Dimension, die das wunderbare Medium Buch uns bereitstellt, kennen zu lernen. Das Kind kann imaginieren, kommt auf Ideen, kurz: Seine Phantasie wird in besonderem Maße angeregt. Wenn wir vorlesen, eröffnen wir Kindern damit neue Welten.

⋯⋙ Eltern vermitteln, indem sie vorlesen – je nach Inhalt – auch ein Stück Kultur bzw. führen ihre Kinder in Kultur(en) ein: Das kann eine Einführung in die Welt der Belletristik sein, wenn Kinderliteratur vorgelesen wird, eine Vermittlung von Sachwissen zu bestimmten zum Beispiel naturwissenschaftlichen Themen durch Sachbücher oder eine Einführung in die Herkunftskultur der Eltern, wenn diese aus einem anderen Land stammen. Mütter und Väter übernehmen bei dieser Kulturvermittlung eine wichtige, nicht zu unterschätzende Aufgabe, die auch für die weitere Bildungsbiographie der Mädchen und Jungen von immensem Wert ist: Sie bauen damit Brücken zwischen der (eigenen) Bildungswelt und der Welt der Kinder, tradieren Wissen und sind so in gewisser Weise auch informelle Lehrerinnen und Lehrer ihrer Kinder.

⋯⋙ Gleichzeitig führen Eltern durch das Vorlesen ein »lesendes Vorbild« vor und ebnen ihren Kindern somit einen ganz natürlichen Einstieg in die Lesekultur. Sie gehen also mit gutem Beispiel voran. Kinder, denen vorgelesen wird, die dabei Freude empfinden und merken, welche Welten sich hinter den »Buchstabenreihen« verbergen, werden automatisch zum eigenen, selbstständigen Lesen motiviert.

···❯ Vorlesen bietet Kindern Lust-, Freuden- und Glücksmomente. Sie lieben spannende Geschichten mit Happy End.

···❯ Nicht zuletzt trägt das Vorlesen – wie durch Studien erwiesen (Hurrelmann 2004, S. 169–201) – maßgeblich zur sprachlichen Bildung, zur Verbesserung des Sprachstils, Ausdrucks, der Grammatik und des Wortschatzes bei. Beim gemeinsamen Lesen und Betrachten von Bilderbüchern findet oftmals eine intensive Kommunikation zwischen den Beteiligten statt. Man kann beispielsweise auf eine Abbildung zeigen, die das Kind dann benennt, oder fragen, wo sich eine bestimmte Figur auf einer Buchseite befindet. Wer vorliest, verwendet eine gewählte Sprache und artikuliert die Texte gut – eine ganz andere »Sprachsituation« als im Alltag, in dem oft umgangssprachlich miteinander kommuniziert wird.

Welche Bücher, welche Literatur?

Bei der Vielzahl an angebotenen Büchern, ist es ziemlich schwierig, konkrete und individuell zugeschnittene Vorschläge für die Art der Lektüre zu machen. Jede Mutter, jeder Vater sollte selbst wissen, welche Bücher und Geschichten seinem Kind gefallen. Wichtig ist, dass dem Kind eine große Auswahl an Büchern und Textsorten zur Verfügung steht. Dann kann es auch besser seine »Favoriten« finden. Damit ist nicht gemeint, dass man Kinder ohne Unterstützung aus einem riesigen Angebot wählen lassen soll. Vielmehr kann man hin und wieder die Autoren, die Themen, die Buchform wechseln. Man muss vieles ausprobieren. Ein Kind ist von Märchen fasziniert, ein anderes vielleicht von Pferdegeschichten, ein drittes ist an technischen oder naturkundlichen Themen interessiert. Um herauszubekommen, welche Bücher sie mögen, muss man ihre (Lese-)Bedürfnisse kennen. Allerdings sollte man dabei auch die eigenen Interessen nicht vernachlässigen. Die Vorlesegeschichten sollten auch den Eltern gefallen, sonst kann die Freude an der Geschichte nicht authentisch vermittelt werden.

Kleine Kinder mögen Bilderbücher, die keinen oder nur wenig Text enthalten müssen. Oft ergibt sich schon aus dem alleinigen Betrachten des Bilderbuchs ein anregendes Gespräch zwischen der vorlesenden Person und

2

dem Kind (Wieler 1995). Je älter die Kinder sind, desto mehr Text kommt hinzu und die Abbildungen und Illustrationen nehmen bis zum Ende der Grundschulzeit ab. Aber auch ältere Kinder lieben es, während des Vorlesens die zum Text gehörenden Bilder zu betrachten, die oftmals auch eine Verständnishilfe und Bereicherung für die Lektüre sind. Hier geschieht nicht nur ein Einüben in Lesekultur, sondern auch in besonderem Maße in die visuelle Kompetenz, sozusagen in das »Lesen von Bildern« – ein wichtiges »Nebenprodukt« des Vorlesens. Man muss sich darüber im Klaren sein, dass es außer klassischen Büchern noch eine ganze Reihe anderer interessanter gedruckter Medien gibt (Zeitschriften, Comics etc.), die ebenso genutzt und Kindern angeboten werden sollten. Es spielt nämlich keine Rolle, mit welcher Literatur eine »Lesekarriere« beginnt, entscheidend ist, dass sie überhaupt beginnt, indem gelesen und vorgelesen wird.

Ist es wichtig, dass die Bücher altersgerecht sind? Was bedeutet in diesem Zusammenhang »altersgerecht«? Soll man, wenn ein Vater seiner 1-jährigen Tochter unbedingt und gerne »Jim Knopf und die wilde 13« vorlesen möchte, ihn auffordern, dies bleiben zu lassen, da es ganz offensichtlich nicht dem Alter des Kindes entspricht und es diese Geschichte noch nicht verstehen kann? Nein – dies ist damit nicht gemeint. Zum einen kann die Stimme des Vaters dabei sehr beruhigend wirken, zum zweiten macht ihm diese Form der Zuwendung offenbar auch selbst viel Freude. Außerdem sollte man keine Scheu davor haben, Kindern auch einmal etwas zuzumuten, was offiziell noch nicht ihrer Altersstufe entspricht.

Bücher sind in Buchhandlungen und Bibliotheken in der Regel aus gutem Grund nach Altersgruppen sortiert. Es gibt Bilderbücher, die 2-Jährige überfordern, da sie zum Beispiel zu detaillierte Bilder enthalten, welche 4-Jährige aber faszinieren, und es gibt Bücher, die 5-Jährige langweilig finden, da diese sie unterfordern und die Kinder mehr »Action« brauchen.

Aber auch hier sollte man nicht zu strikt in »Schubladen« denken. Manche Kinder mögen etwas langsamer in ihrer Leseentwicklung sein, andere hingegen sehr fortgeschritten. Es gibt nicht die »ideale« Literatur für ein bestimmtes Kind. Man kann Eltern nur raten, das eigene Kind genau zu beobachten, auch vielleicht auf Ratschläge seitens der Kindertageseinrichtung zu achten und vielfältige Themen, Genres und Bücher in unterschiedlichen Formen, Farben und Größen hinzuzuziehen. Es gibt Bücher mit Geräuschtasten, Tierfellimitationen zum »Erfühlen«, solche mit aufklappbaren Elementen (Pop-up), Bilderbücher mit und ohne Text, Wimmelbilderbücher,

Papp- und Badewannenbilderbücher, Riesenbücher und winzig kleine Bücher. Die meisten Bücher – und das kann man nicht oft genug betonen – müssen nicht gekauft werden. Eine große Zahl an Bibliotheken hat sich eigens auf Kinderliteratur spezialisiert und dort wird man auch bei der Suche nach geeigneter Literatur unterstützt.

Vorlesezeiten

Ab und bis zu welchem Alter soll man vorlesen? Wann und wie viel können Eltern ihren Kindern vorlesen? Es gibt keine Grenze nach unten. Manche lesen bereits ihren ganz kleinen Säuglingen vor. Wie schon beschrieben, kann die Stimme der Eltern die Kinder beruhigen, außerdem haben sie das Gefühl, dass sie aktiv etwas für ihr Kind tun.

Man sollte Kleinkindern auf alle Fälle nicht nur abends etwas zum Einschlafen vorlesen, sondern auch den Tag dafür nutzen. Dann sind die Kinder nämlich aufnahmefähig und noch nicht zu müde. Nach einem ereignisreichen Tag lässt die Konzentrationsfähigkeit abends oft nach und die Kinder sind mit ihren Gedanken schon »ganz woanders«. Andererseits sollte auf das wichtige Abendvorleseritual nicht verzichtet werden, da man auf diese Weise den Tag sehr schön ausklingen lassen kann. Man sollte regelmäßig vorlesen. 37 % der Kinder, die in einer neueren Studie (Vorlesen im Kinderalltag 2008) dazu befragt wurden, wird nie vorgelesen.

Man sollte regelmäßig vorlesen.

Wie lange und wie viel sollte man vorlesen? Es ist besser, öfter kurze, z. B. maximal 5- bis 15-minütige Vorlesephasen einzuplanen, als zu lange Texte vorzulesen und damit zu riskieren, dass Kinder sich langweilen oder abschalten. Auf keinen Fall sollten Kinder das Gefühl bekommen, dass das Vorlesen ein »Muss« ist und sie zum Zuhören gezwungen werden. Wenn ein Kind partout nicht vorgelesen bekommen will, muss man diesen Willen auch erst einmal akzeptieren. Dies gilt auch für den Fall, dass ein Mädchen oder Junge sagt, es/er habe genug und wolle nicht mehr vorgelesen bekommen. Dann darauf zu bestehen und weiter vorzulesen würde kontraproduktiv sein. Will man durch das Vorlesen das Lesen überhaupt positiv besetzen, so muss man zum Lesen verlocken. Viele Kinder möchten ihre Lieblingsgeschichte mehrmals vorgelesen bekommen, auch diesem Wunsch sollte man nachkommen. Kinder wissen dann zwar, wie die Geschichte endet, aber sie finden sie so lustig oder aufregend, dass sie diese immer wieder »durchleben« wollen. Schließlich stellen sich viele Eltern wohl auch die Frage, wann denn nun ein Schlusspunkt zu setzen sei. Bis zu welchem Alter soll man den Kindern vorlesen? Bis sie 8, 10, 12 Jahre alt sind? Bei gelingenden Lesebiographien erfolgt der Übergang vom Vorlesen zum Selberlesen zwischen 8 und 12/13 Jahren (Garbe 2008, S. 309). Oft löst sich diese Frage »Bis wann?« von selbst auf, wenn die Kinder irgendwann sagen, dass sie es nicht mehr möchten und lieber selbst lesen. In der Pubertät verändern sich die Beziehungen zwischen Eltern und Kindern ohnehin, die Jugendlichen werden selbstständiger, die Gleichaltrigengruppe spielt eine immer größere Rolle, aber auch die Themen, mit denen sich Jugendliche beschäftigen, ändern sich. Jugendliche lesen – wenn sie lesen – oft und gerne für sich selbst und nicht selten bearbeiten sie mit der Lektüre ihre jeweiligen Entwicklungsaufgaben.

> **Bis zu welchem Alter soll man den Kindern vorlesen?**

Vorleseräume

Wie der Slogan »Wir lesen vor – überall und jederzeit« treffend ausdrückt, kann man fast überall vorlesen. Drinnen und draußen, im Rahmen der Familie oder in Bibliotheken, unterwegs auf Reisen, bspw. auf Zugfahrten. Die leichte Transportierbarkeit von Büchern macht sie zu idealen (Reise-)Begleitern. Zu beachten ist aber insbesondere, dass man in einem möglichst von äußeren Störungen freien Raum vorliest. Will man einem Kind in einem Raum vorlesen, in dem gerade eine Fernsehsendung zu hören und zu sehen ist, so ist dies eine große Ablenkung, da das eine Medium in Konkurrenz zu dem anderen tritt. Idealerweise sollte man also einen ruhigen Raum wählen, der es erlaubt, ohne Ablenkung durch Unterbrechungen (von anderen Menschen oder Geräuschquellen) ungestört vorzulesen. Manche Kindergärten haben spezielle Leseecken oder kleine Bibliotheken dafür eingerichtet. Zu beachten ist sicherlich auch, dass eine gemütliche Situation geschaffen werden sollte: angefangen bei der Zimmertemperatur und den Sitzgelegenheiten (Kissen, Sofa, Bett, Teppich usw.) bis hin zur Raumbeleuchtung. Eine angenehme Temperatur und gedämmtes Licht sowie gute, bequeme Sitzgelegenheiten tragen mit zu einer entspannten Vorleseatmosphäre bei. Eine beliebte Vorlesesituation ist folgende: Mutter/Vater sitzt am oder neben dem Bett, das Kind liegt schon im Bett, das Licht ist bereits etwas abgedunkelt und das Vorlesen wirkt als Einschlafritual. Aber auch in einem Garten, am Strand, auf der Bank eines Spielplatzes, in einem Park kann vorgelesen werden, solange das Kind nicht zu sehr durch äußere Reize abgelenkt wird. Das Vorlesen findet auch in der Schule statt, aber oftmals herrscht dort eine nicht so entspannte oder gemütliche Atmosphäre, zumal das Lesen und Vorlesen in der Schule ja auch meist mit einer Bewertung verbunden ist. Lesen in der Schule bedeutet vor allem Informationen aus Texten entnehmen, deuten und verarbeiten zu müssen. Wenig wird in diesem Rahmen – wie bei Vorlesewettbewerben oder Gedichtvorträgen – auf lautes, ausdrucksstarkes (Vor-) Lesen Wert gelegt, selten werden Theaterstücke aufgeführt. Umso mehr sollten wir daher Kindern vielfältige Vorleseerlebnisse bieten, und dazu gehört auch, entspannte und handlungsentlastete Vorleseatmosphären und -räume zu schaffen. Lesungen in Bibliotheken sollten ebenfalls genutzt werden. Je eher man Kinder daran gewöhnt, dass es »Häuser für Bücher« gibt, desto wahrscheinlicher werden sie diese Räume auch in ihrem weiteren Leben aufsuchen und in ihnen verweilen.

> **Je eher man Kinder daran gewöhnt, dass es »Häuser für Bücher« gibt, desto wahrscheinlicher werden sie diese Räume auch in ihrem weiteren Leben aufsuchen und in ihnen verweilen.**

Wer liest vor? Wer sollte vorlesen?

Die Studie »Vorlesen im Kinderalltag 2008« ergab, dass Mütter am häufigsten vorlesen (64 %). An zweiter Stelle stehen »Mama und Papa gemeinsam« mit 11 %, gefolgt von nur 8 % vorlesenden Vätern (Basis: Kinder, denen vorgelesen wird). Väter fehlen somit größtenteils als Lesevorbilder und dies kann sich vor allem auf die Lesekarriere von Jungen negativ auswirken. In vielen Ländern hat man signifikante Unterschiede zwischen den Lesefähigkeiten von Jungen und Mädchen festgestellt. Gerade Jungen beim Lesen zu fördern müsste demzufolge ein besonderes Anliegen von Männern sein, seien sie nun Väter, Sozialpädagogen oder Erzieher im Kindergarten. Ein Junge, der mitbekommt, wie das Lesen dem eigenen Vater Vergnügen bereitet oder der am eigenen Leib merkt, wie der Vater mit ihm eine gemeinsame Vorlesezeit verbringt, wird sich mit ihm (im besten Falle) identifizieren und das Lesen nicht als eine rein »weiblich« besetzte Tätigkeit betrachten. Da Jungen und Mädchen manchmal auch unterschiedliche Leseinteressen haben, könnten Väter als Vorleser hier ebenfalls eine wichtige Rolle bei der Lesesozialisation spielen. Übrigens können nicht nur die Söhne, sondern auch die Töchter von einem vorlesenden Vater profitieren. Der Vater ist ja nicht nur Lesevorbild, sondern steuert durch seine eigenen und sich von der Mutter unterscheidenden Interessen auch einen anderen Lesestoff bei.

Der Vater ist ja nicht nur Lesevorbild, sondern steuert durch seine eigenen und sich von der Mutter unterscheidenden Interessen auch einen anderen Lesestoff bei.

Die spezifische Personalsituation im Kindergarten bewirkt, dass dort vorwiegend Frauen tätig sind und nur sehr wenige Männer als Erzieher arbeiten. Diese als »Feminisierung« der frühen Bildung bezeichnete Tendenz besagt, dass die Erziehung der kleinen Kinder vor allem in »Frauenhand« liegt. Sie setzt sich noch weit bis in den Grundschulbereich hinein fort. Auf die Gründe und möglichen Folgen kann an dieser Stelle nicht eingegangen werden. (Siehe besonders die Beiträge von Barbara Rendtorff, Michael Matzner und Wolfgang Bergmann in diesem Buch sowie Wyrobnik 2010.) Auf alle Fälle ist hier (Garbe 2008, S. 313) ein Umdenken bis hin zu politischen Schritten erforderlich, denn die Lesemotivation von Jungen hängt wesentlich von männlichen Lesevorbildern ab. Wenn Männer Jungen vermitteln können, dass Lesen »cool« und spannend sein kann, wäre schon viel gewonnen.

Wer außerdem noch vorlesen könnte: andere Bezugspersonen wie Großeltern, weitere Verwandte, Tagesmütter und -väter, Erzieherinnen und Erzieher usw. Schließlich sei noch auf öffentliche Lesungen und Vorleseaktivitäten in Bibliotheken hingewiesen sowie nicht zuletzt auf Theaterstücke als »Inszenierung von Literatur«. Kassettenrekorder, CD- oder MP3-Player bzw. Hörspiele sollten das Vorlesen durch eine Bezugsperson nie ganz verdrängen, können aber – auch und gerade bei Kindern aus Familien mit Migrationshintergrund bzw. solchen, deren Erstsprache nicht Deutsch ist – eine wichtige Ergänzung bedeuten und die Sprachförderung vorantreiben.

Vorlesen, aber wie?

Wie soll Kindern vorgelesen werden? Zunächst einmal muss man beim Vorlesen von Bilderbüchern beachten, dass das Kind die Bilder gut sehen kann. Man sollte ferner die Kinder aktiv daran beteiligen, also auch etwas benennen lassen, Fragen zulassen, kleine Ratespiele durchführen. Natürlich sollte so vorgelesen werden, dass das Kind alles versteht, das heißt, man muss die Geschwindigkeit anpassen und nicht zu schnell vorlesen, andererseits sollte auch das zu langsame oder monotone Vorlesen vermieden werden. Kinder mögen es in der Regel, wenn man die Stimme ein wenig moduliert, wenn man besondere Stellen einer Geschichte stimmlich unterstreicht. Es sollte auch ausreichend Zeit für Rückfragen, Pausen und für nochmaliges Lesen zur Verfügung stehen. Je nach Geschichte kann ein richtiggehendes Gespräch dabei entstehen, das nicht mit dem Hinweis auf den weiteren Fortgang der Geschichte schnell abgebrochen werden sollte. Selbstverständlich spielt auch die eigene Gemütsverfassung beim Vorlesen eine Rolle. Kinder nehmen sofort wahr, wenn Eltern das Vorlesen als Pflichtübung schnell hinter sich bringen wollen, gehetzt, müde oder nervös sind. Daher ist es besser, einmal auf das Vorlesen zu verzichten, als es ohne Elan und völlig lustlos zu tun. Schließlich sind auch Erwachsene nicht immer in »Vorlesestimmung«.

> Es sollte auch ausreichend Zeit für Rückfragen, Pausen und für nochmaliges Lesen zur Verfügung stehen.

Lesen Sie Ihren Kindern vor!

Wenn Sie Ihren Kindern vorlesen, bereiten Sie ihnen damit unvergessliche Erlebnisse und Erinnerungen an diese Stunden trauten Zusammenseins und tragen maßgeblich zu ihrer Bildungsbiographie und Persönlichkeitsbildung bei. Genießen Sie diese Zeit, denn die Kinder wachsen bekanntlich schnell und schon sind sie aus dem Vorlesealter heraus. Lassen Sie Ihre Kinder Freude an Büchern gewinnen! Trauen Sie sich auch einmal, eine Geschichte in eigenen Worten wiederzugeben, nachzuerzählen oder selbst zu erfinden – manche Erwachsene wissen überhaupt nicht, welche Phantasiepotentiale in ihnen stecken. Viele Kinder- und Jugendbuchautorinnen und -autoren haben so angefangen: indem sie den eigenen Kindern selbst erfundene Geschichten erzählt haben. Von Eltern frei erzählte Geschichten, Erlebnisse und Tageseindrücke berühren Kinder häufig mehr als vorgelesene Geschichten. (Konrad/Schultheis 2008, S. 159ff.) Denken Sie vor allem nicht, Vorlesen sei altmodisch oder – wenn Sie Männer sind – eine Angelegenheit von Frauen! Tun Sie es Ihren Kindern zuliebe. Nehmen Sie sich Zeit dafür! Denn Vorlesen ist »in«!

2

Kinderkrippe – ja oder nein?

Jörg Maywald

Immer mehr Eltern geben ihr Kind in eine Krippe. Die frühe Betreuung von Kindern in einer Tageseinrichtung wird keineswegs mehr nur als sozialer Notbehelf angesehen. Häufig sind es gerade die gut ausgebildeten, informierten Eltern, die ihrem Kind die besten Startchancen bieten wollen und sich für eine außerhäusliche Betreuung bereits vor dem dritten Lebensjahr entscheiden. Einer Umfrage des Instituts für Demoskopie Allensbach aus dem Jahr 2008 zufolge sind Eltern im Durchschnitt der Auffassung, dass Kinder ab dem Alter von 2,3 Jahren gut in einer Krippe oder Kindertagesstätte betreut werden können. Im Osten Deutschlands liegt dieser Wert sogar bei 1,6, im Westen bei 2,4 Jahren.

Auf den steigenden Bedarf an Krippenplätzen hat die Politik mit dem Ausbau der frühen Tagesbetreuung reagiert. Bis zum Jahr 2013 sollen insgesamt 750.000 Betreuungsplätze für unter 3-jährige Kinder zur Verfügung stehen, davon etwa 70 % in Krippeneinrichtungen und 30 % in Kindertagespflege. Bezogen auf alle Kinder dieser Altersgruppe entspricht dies einer Quote von rund 35 %. Am Ende der Ausbauphase werden voraussichtlich etwa zwei Drittel aller 2-Jährigen, ein Viertel aller 1-Jährigen und 5 bis 10 % der Kinder unter einem Jahr eine Krippe oder Kindertagespflegestelle besuchen. Ab 2013 wird dann für jedes Kind ab Vollendung des ersten Lebensjahres, d. h. im Anschluss an die Elternzeit, ein Rechtsanspruch auf einen Tagesbetreuungsplatz bestehen.

Trotz der wachsenden Möglichkeiten, Kinder frühzeitig in eine Krippe zu geben, sind viele Eltern unsicher: Beeinträchtigt Krippenerziehung die Bindung des Kindes an Mutter und Vater? Woran erkenne ich die Qualität einer Einrichtung? Welche Bildungs- und Förderangebote kann ich erwarten? Mache ich etwas falsch, wenn ich mich gegen Krippenerziehung entscheide? Wie sollte eine gute Erziehungs- und Bildungspartnerschaft mit den Erzieher(inne)n aussehen? Was tun, wenn mein Kind mit der Krippe nicht zurechtkommt?

Auf die Qualität kommt es an

Die Sorge, dass frühe Tagesbetreuung Kindern generell schadet, ist aus wissenschaftlicher Perspektive unbegründet. Bei ausreichend guter Qualität müssen Eltern nicht befürchten, dass die Sicherheit der Eltern-Kind-Bindung irritiert oder sogar gestört wird. Kinder sind durchaus in der Lage, in Ergänzung zu den Eltern weitere (sekundäre) Bindungen zum Beispiel zu einer Krippenerzieherin einzugehen, von der sie in Belastungssituationen Trost und Zuwendung erhalten. Entscheidend für das Kind sind die Stabilität der Beziehungen und die Feinfühligkeit der Bezugspersonen gegenüber seinen Signalen. Dabei ist die Qualität der Betreuungssituation entscheidend, nicht die Tatsache, ob es ausschließlich von einem Elternteil zu Hause oder zusätzlich auch von anderen Personen außerhalb seiner Familie betreut wird. Wichtig sind vor allem allmähliche Übergänge im Rahmen einer Eingewöhnung nach anerkannten fachlichen Standards sowie eine gut funktionierende Erziehungs- und Bildungspartnerschaft zwischen Eltern und Erzieher(inne)n.

Eine frühe Betreuung in ausreichend guten Einrichtungen führt bei den Kindern auch nicht zu einer klinisch relevanten Erhöhung des Aggressionspotentials oder anderen Störungen der sozial-emotionalen Entwicklung. Durchschnittlich gute Eltern fördern ihr Kind nicht weniger (allerdings auch nicht mehr) als eine durchschnittlich gute Krippe. Kinder jedoch, die von ihren Eltern nicht ausreichend gefördert werden, wie zum Beispiel zahlreiche Kinder aus bildungsfernen Familien und ein Teil der Kinder mit Migrationshintergrund, profitieren deutlich von einer guten Tagesbetreuung. Diese Förderung wirkt sich auch positiv auf den späteren Schulerfolg aus. Insofern kann ein hoher Qualitätsstandard dazu beitragen, Begabungen dieser ansonsten benachteiligten Kinder zu fördern, die Chancengerechtigkeit zu verbessern sowie soziale und demokratische Verhaltensweisen zu verinnerlichen.

Durchschnittlich gute Eltern fördern ihr Kind nicht weniger (allerdings auch nicht mehr) als eine durchschnittlich gute Krippe.

Krippen allerdings, die anerkannten Mindestanforderungen an Qualität nicht genügen, können für die dort betreuten Kinder ein erhebliches Entwicklungsrisiko darstellen. Die Anpassungsfähigkeit des Kindes kann überfordert, das Sicherheitsgefühl erschüttert und die seelische Gesundheit beeinträchtigt werden. Risiken ergeben sich insbesondere in den Fällen, in denen eine Krippe konzeptionell, strukturell oder personell nicht ausreichend für die Altersgruppe der unter 3-Jährigen ausgestattet ist. Frei gewordene Plätze in Kindertageseinrichtungen ohne Weiteres mit Kindern unter drei Jahren aufzufüllen, ohne über die notwendigen Voraussetzungen zu verfügen, wird den Bedürfnissen der Kinder nicht gerecht und ist insofern fahrlässig.

Auch von den Eltern können, wenn es um die Entscheidung für eine Krippe geht, im Einzelfall Risiken für das Kind ausgehen. Zu frühe, unvorbereitete oder zu lange Trennungen der Kinder – besonders wenn deren Sprach- und Zeitverständnis noch nicht weit genug entwickelt sind – erschüttern das Kind in seinem Vertrauen in die Verlässlichkeit seiner wichtigsten Bezugspersonen. Risiken bestehen besonders dann, wenn die Bindung des Kindes an die Eltern bereits unsicher ist oder ein intensiver Bindungsaufbau nicht stattfinden konnte.

Eckpunkte guter Qualität

Obwohl sich Wissenschaftler und Praktiker weitgehend darüber einig sind, was eine gute Krippe ausmacht, existieren in Deutschland bisher keine verbindlichen, Länder und Träger übergreifenden Mindeststandards. Um diese Lücke zu schließen, hat die »Deutsche Liga für das Kind« Eckpunkte für »Gute Qualität in Krippe und Kindertagespflege« entwickelt (Deutsche Liga für das Kind 2008). Im Folgenden werden die wichtigsten Qualitätsmerkmale einer guten Krippe zusammengefasst.

Leitbild und schriftliches Konzept
Die Einrichtung verfügt über ein Leitbild und ein schriftliches Konzept, die explizit die Altersgruppe der Kinder unter drei Jahren einbeziehen. Das Leitbild orientiert sich am Wohl der Kinder, an ihren Grundbedürfnissen und Grundrechten. Der Vorrang pädagogischer Qualität vor anderen Gesichtspunkten ist gewährleistet. Das Konzept bezieht die Eltern im Sinne einer Erziehungs- und Bildungspartnerschaft ein und berücksichtigt die unterschiedliche soziale und kulturelle Herkunft der Familien. Leitbild und Konzept werden den Eltern vor der Aufnahme ihres Kindes unaufgefordert zur Verfügung gestellt.

2

Erzieher(innen)-Kind-Schlüssel
Der Erzieher(innen)-Kind-Schlüssel wird in Abhängigkeit vom Alter der Kinder festgelegt: Kinder im ersten Lebensjahr: 1:2; Kinder im Alter von ein bis zwei Jahren: 1:3; Kinder im Alter von zwei bis drei Jahren: 1:5. Bei altersgemischten Gruppen sind die Zahlen entsprechend anzupassen (Beispiel: Bei zwei Kindern zwischen ein und zwei Jahren und zwei Kindern zwischen zwei und drei Jahren ergibt sich ein Schlüssel von 1:4). Bei Kindern mit besonderen Bedürfnissen (z. B. einer Behinderung) wird die Zahl der Kinder pro Erzieher(in) reduziert.

Gruppengröße
Die Gruppengröße wird in Abhängigkeit vom Alter und der Alterszusammensetzung der Kinder festgelegt. Je jünger die Kinder sind und je altershomogener die Gruppe zusammengesetzt ist, desto kleiner muss die Gruppe sein. Altershomogene Gruppen: sechs Kinder pro Gruppe bei unter 2-Jährigen; acht Kinder pro Gruppe bei Kindern zwischen zwei und drei Jahren. Altersgemischte Gruppen: 15 Kinder pro Gruppe (darunter nicht mehr als fünf Kinder unter drei Jahren). Gehören Kinder unter einem Jahr der altersgemischten Gruppe an, so umfasst die Gruppe nicht mehr als zehn Kinder. In altersgemischten Gruppen stehen den Kindern jeder Altersgruppe genügend gleichaltrige Spielpartner zur Verfügung.

> **Je jünger die Kinder sind und je altershomogener die Gruppe zusammengesetzt ist, desto kleiner muss die Gruppe sein.**

Räumliche Voraussetzungen
Jede Gruppe verfügt mindestens über einen Gruppen- und einen Nebenraum mit zusammen mindestens 74 qm (bzw. 5 bis 6 qm pro Kind). Hinzu kommen ein Schlafraum, Sanitärräume und weitere Spielflächen. Um den Kindern vielfältige Sinneserfahrungen zu ermöglichen und ihrem hohen motorischen Aktivitätslevel gerecht zu werden, bietet der den Kindern zur Verfügung stehende Innenraum ausreichende Freiflächen zu freiem Spiel und zu Bewegungsaktivitäten sowie Ausruh- und Rückzugsbereiche. Das Spielmaterial ist altersangemessen und entwicklungsfördernd. Das Außengelände bietet den Kindern Gelegenheiten für Entdeckungen, Laufen, Springen und Klettern.

Qualifikation der Erzieher(innen)

Die in der Krippe tätigen Erzieher(innen) haben eine qualifizierte Ausbildung. Sie verfügen u. a. über entwicklungspsychologische, pädagogische, pflegerische und gesundheitsbezogene Kenntnisse, die in Ausbildungsgängen auf akademischem Niveau (BA-Abschluss) oder durch die Teilnahme an qualifizierten Fort- und Weiterbildungskursen erworben wurden.

Die in der Krippe tätigen Erzieher(innen) haben eine qualifizierte Ausbildung.

Individuelle Eingewöhnung

Es findet eine qualifizierte, individuelle Eingewöhnung des Kindes nach anerkannten Standards unter Einbezug der Eltern statt. Die Eltern werden vor Aufnahme ihres Kindes über die Notwendigkeit der Eingewöhnung und ihre aktive Mitwirkung informiert.

Aufbau verlässlicher Bindungen

Jedem Kind wird ein(e) Bezugserzieher(in) zugeordnet. Die Erzieher(innen) gehen auf die Bindungsbedürfnisse der Kinder ein. Sie sind bereit und werden darin unterstützt, in Ergänzung zu den Eltern sekundäre Bindungen zu den Kindern aufzubauen und für sie zu vertrauten Bezugspersonen zu werden. Die/der Bezugserzieher(in) begleitet das Kind kontinuierlich während der Eingewöhnungszeit und soweit möglich während des gesamten Verbleibs des Kindes in der Einrichtung. Sie/er ist zugleich die zentrale Ansprechpartner(in) für die Eltern. Unvermeidliche Wechsel von Erzieher(inne)n werden rechtzeitig bekannt gegeben und der Übergang wird gemeinsam mit den Eltern geplant.

Beziehungsvolle Pflege und wertschätzender Dialog

Die Fähigkeit und die Bereitschaft der Erzieher(innen) zu beziehungsvoller Pflege und zum wertschätzenden Dialog mit den Kindern sind Grundlage des pädagogischen Handelns. Die Erzieher(innen) sind bereit und in der Lage, die Bedürfnisse und Signale der Kinder wahrzunehmen, sie richtig zu interpretieren und darauf angemessen zu reagieren. Aufmerksamkeit, Feinfühligkeit und Wertschätzung der Kinder sind Kennzeichen der Bildung, Erziehung und Betreuung. Die Erzieher(innen) vertreten eine demokratische Erziehungshaltung. Sie setzen altersangemessene Grenzen, ohne die Kinder zu bestrafen oder seelisch zu verletzen.

2

Struktur und Flexibilität im Tagesablauf

Bei der Gestaltung des Tagesablaufs besteht ein ausgewogenes Verhältnis zwischen einer klaren und überschaubaren Struktur und der notwendigen Flexibilität. Begrüßung und Verabschiedung, Mahlzeiten, Zeiten für strukturierte und freie Aktivitäten sowie Ruhe- und Schlafzeiten sind altersgerecht aufeinander abgestimmt und ausreichend veränderbar. Die Bedürfnisse jedes einzelnen Kindes und der Kindergruppe insgesamt werden gleichermaßen und ausgewogen berücksichtigt.

Individuelle Förderung

Die Angebote und Aktivitäten beziehen sich auf sämtliche Bereiche frühkindlicher Bildung (u. a. emotionale, geistig-kognitive, kreative, motorische, musikalische, soziale, sprachliche und religiöse Bildung) und ermöglichen die individuelle Förderung jedes Kindes. Die Förderung und Pflege von Kindern mit chronischen Gesundheitsstörungen oder besonderem Entwicklungsbedarf werden eng mit den medizinischen Diensten und Einrichtungen und mit den Eltern abgestimmt. Der Förder- und Entwicklungsplan des Kindes ist der Einrichtung bekannt und findet hier Berücksichtigung. Kontakte, Spielpartnerschaften und Freundschaften zwischen den Kindern werden entwicklungsangemessen unterstützt und gefördert.

Gesunde Ernährung

Die Nahrung der Kinder ist ausgewogen und gesund (optimierte Säuglings- und Mischkost gemäß den Empfehlungen des Deutschen Forschungsinstituts für Kinderernährung). Die Mahlzeiten werden kindgerecht gestaltet.

Schutz der Kinder vor Gefahren

Die Erzieher(innen) verfügen über Kenntnisse in Erster Hilfe. Ein Notfallmanagement ist vorbereitet und eingeübt. Die Einrichtung nimmt Hinweise auf Gesundheitsgefahren, Gewalt gegen Kinder und Vernachlässigung wahr und thematisiert diese mit den Eltern.

Altersgerechte Beteiligung

Die Kinder begegnen Riten und Regeln, die sie zugleich beeinflussen können. Sie werden an den sie betreffenden Entscheidungen entsprechend ihrem Alter und ihrer Reife angemessen beteiligt.

Beobachtung und Dokumentation
Beobachtung der Kinder und Dokumentation sind Bestandteil der pädagogischen Arbeit. Die Beobachtungen sind Grundlage für den Dialog mit den Kindern und die Gespräche mit den Eltern. Der Schutz persönlicher Daten wird dabei gewahrt.

Einbeziehung der Familien
Mütter und Väter sowie weitere Familienangehörige sind in der Einrichtung willkommen. Es bestehen ausreichend Raum und Zeit für die Übergabesituationen. Für die Eltern gibt es ausgewiesene Sprechzeiten.

Erziehungs- und Bildungspartnerschaft
Die Erzieher(innen) berichten den Eltern anhand ausgewerteter Beobachtungen regelmäßig mindestens zwei Mal jährlich (bei Kindern bis zu zwei Jahren häufiger) über die verschiedenen Bereiche der Entwicklung des Kindes. Erzieher(innen) und Eltern überlegen und planen im Rahmen ihrer Erziehungs- und Bildungspartnerschaft gemeinsam, wie das Kind bestmöglich unterstützt und gefördert sowie vor Gefahren für sein Wohl geschützt werden kann. Der Austausch mit den Eltern schließt den Gesundheitszustand (einschließlich Vorsorge- und Impfstatus) des Kindes ein. Hospitationen der Eltern in der Krippe sind nach Absprache möglich und erwünscht. Kontakte zwischen den Eltern werden unterstützt. Es stehen Räume für Treffen der Eltern in der Einrichtung (z. B. Elterncafé) zur Verfügung.

Hospitationen der Eltern in der Krippe sind nach Absprache möglich und erwünscht.

Wahl von Elternvertretungen
Die Eltern werden ermutigt, Wünsche, Fragen und Kritik zu äußern. Es werden Elternvertreter(innen) gewählt, die die Belange und Interessen aller Eltern in die grundlegenden Entscheidungen der Einrichtung einbringen.

Öffnung in das Gemeinwesen
Die Einrichtung öffnet sich in das Gemeinwesen hinein und ist für Anregungen von außen offen. Die kulturellen, sozialen und anderen Dienste und Einrichtungen im Umfeld der Krippe werden als Erfahrungsorte für die Kinder genutzt.

Auf die Passung kommt es an

Kinderkrippen, die den genannten Qualitätskriterien uneingeschränkt genügen, sind in Deutschland bisher kaum vorhanden.
Eine von Tietze (2007) mittels der so genannten Krippen-Skala (KRIPS) durchgeführte Untersuchung zeigt, dass es um die pädagogische Qualität der Krippen nicht gut bestellt ist. Mehr als ein Viertel der insgesamt 109 untersuchten Krippen war von unzureichender Qualität. Etwa zwei Drittel hatten eine mittlere und nur zwei Einrichtungen eine gute bis ausgezeichnete Qualität.

Eine mittels der so genannten Krippen-Skala (KRIPS) durchgeführte Untersuchung zeigt, dass es um die pädagogische Qualität der Krippen nicht gut bestellt ist.

Eltern, die ihr Kind in eine Krippe geben möchten, stehen daher vor schwierigen Abwägungsentscheidungen. Die Chancen für das Kind und der Nutzen für die Eltern müssen gegen eventuelle Risiken abgewogen werden, die sich im Falle mangelnder Qualität der Einrichtung ergeben können. Welche Entscheidung die »richtige« ist, hängt vom individuellen Zusammenspiel – der Passung – zwischen Kind, Eltern und Krippe ab.

Ob ein Kind in eine Krippe »passt«, hängt von zahlreichen Faktoren ab. Entwicklungsstand und Temperament des Kindes spielen ebenso eine Rolle wie biografische Erfahrungen, Vorstellungen und Wünsche der Mutter und des Vaters. Hinzu kommen örtliche Lage, Ausstattung und Qualität der Krippe sowie Offenheit und Feinfühligkeit der für das Kind zuständigen Erzieherinnen und der Leitung. Inwieweit negative Faktoren an Bedeutung verlieren oder positive in einem ungünstigeren Licht erscheinen, hängt nicht zuletzt vom Verlauf des Kontaktes ab, der von vielen Unwägbarkeiten geprägt ist. Objektive Qualitätsmerkmale können und sollten den Eltern bei ihrer Entscheidung für oder gegen eine Krippe eine Hilfestellung sein. Ob jedoch eine bestimmte Krippe für ein bestimmtes Kind die richtige Entscheidung ist, kann allein anhand von Checklisten nicht entschieden werden. Da es um eine individuelle und nicht standardisierbare Passung geht, spielen intuitives »Bauchgefühl« und ein gesunder Menschenverstand bei der Gesamtbewertung und Entscheidung eine unverzichtbare Rolle.

Entscheidungshilfen für Eltern

Niemand kennt ein Kind so gut wie seine Eltern. Die Verantwortung darüber, ob und wann ein Kind erstmals regelmäßig während eines Teils des Tages außerhalb seiner Familie betreut wird, liegt daher zu Recht ganz bei den Eltern. Sie sollten sich dieser Verantwortung bewusst sein und frühzeitig die unterschiedlichen Gesichtspunkte, das Pro und Kontra der Betreuung ihres Kindes in einer Krippe abwägen. Der Prozess von den ersten Überlegungen bis hin zur Eingewöhnung des Kindes in die Krippe – oder der Entscheidung gegen Krippenbetreuung – kann in mehrere Einzelschritte unterteilt werden.

Die eigene Einstellung gegenüber Krippen reflektieren
In einem ersten Schritt sollten sich beide Eltern vor dem Hintergrund ihrer Lebens- und Berufssituation ihre eigene Einstellung gegenüber Krippenbetreuung bewusst machen und darüber offen sprechen. Wie geht es mir selbst mit der Vorstellung, mein Kind tagsüber für einige Stunden anderen Personen anzuvertrauen? Ist die Betreuung meines Kindes in einer Krippe ein von mir gern gegangener Weg, auf dem ich mein Kind begleiten und unterstützen werde? Wann und unter welchen Umständen bin ich dafür bereit? Würde ich diese Betreuungslösung lieber vermeiden, und handelt es sich um eine Notsituation, die mit äußerem und/oder innerem Druck und mit Schuldgefühlen meinem Kind gegenüber belastet ist? Gibt es Alternativen, und welche Vor- und Nachteile sind damit verbunden? Wenn keine andere Lösung zur Verfügung steht, was kann ich tun, damit es meinem Kind dennoch so gut wie möglich geht und eventuelle Nachteile abgemildert werden? Welche zusätzlichen Informationen benötige ich, um zu einer fundierten Entscheidung zu kommen? Es kann hilfreich sein, die Vor- und Nachteile unterschiedlicher Lösungen schriftlich zu notieren und in ihrer Gewichtung zu bewerten, unter Umständen mit Hilfe eines Dritten.

> **Ist die Betreuung meines Kindes in einer Krippe ein von mir gern gegangener Weg, auf dem ich mein Kind begleiten und unterstützen werde?**

Die Situation des Kindes beachten
Im zweiten Schritt sollten das Kind und seine Situation in den Blick genommen werden. Hat das Kind bereits eine gefestigte Bindung an seine wichtigsten Bezugspersonen entwickelt? Wie neugierig ist es in unvertrauten Situa-

tionen? Auf welche Weise reagiert es auf kurzzeitige Trennungen? Wie geht es mit Stress um? Zeigt das Kind Interesse am Umgang mit anderen Kindern? Wie stabil ist es körperlich und seelisch? Was ist aus Sicht des Kindes ein günstiger Zeitpunkt für den Übergang in die Krippe, und welche Schwierigkeiten sind dabei zu erwarten? Bei Unsicherheiten sollte der Rat einer Kinderärztin oder einer entwicklungspsychologischen Beratungsstelle eingeholt werden.

Verschiedene Alternativen prüfen
Sobald eine Vorentscheidung für die Krippenbetreuung getroffen wurde, beginnt die Suche nach der für das Kind am besten geeigneten Einrichtung. Die Nähe zum Wohnort der Eltern und die entstehenden Kosten sind wichtige, aber nicht die einzigen Gesichtspunkte, die eine Rolle spielen sollten. Am besten ist, wenn sich Eltern vorab die ihnen persönlich besonders wichtigen Gütekriterien bewusst machen. Ergänzend kann das Gespräch mit anderen, eventuell in puncto Krippenbetreuung bereits erfahrenen Eltern gesucht werden. Eine Liste sämtlicher vorhandener Einrichtung vor Ort ist über das zuständige Jugendamt sowie in vielen Fällen im Internet erhältlich.

Wenn irgend möglich, sollten die Eltern mehrere Einrichtungen miteinander vergleichen und die Vor- und Nachteile abwägen. Manche Einrichtungen oder deren Träger verfügen über eigene Websites. Viele Krippen verteilen Informationsbroschüren und bieten Informationsabende oder Schnupperbesuche an, bei denen wichtige Eindrücke gewonnen werden

Wenn irgend möglich, sollten die Eltern mehrere Einrichtungen miteinander vergleichen und die Vor- und Nachteile abwägen.

können. Möglich ist auch, nach den Elternvertretern zu fragen, um auf diese Weise von den Erfahrungen anderer Eltern zu profitieren. Bei allen Kontakten sollten bestehende Fragen, Wünsche und Bedenken offen angesprochen werden.

Das Aufnahmegespräch sorgfältig vorbereiten
Nächster Schritt ist das Anmelde- oder Aufnahmegespräch. Beide Eltern sollten daran teilnehmen und dafür ausreichend Zeit einplanen. Um nichts zu vergessen, kann es sinnvoll sein, bestehende Fragen vorab zu notieren. Neben dem Austausch von Informationen über das Kind und seine Familie einerseits und das Angebot der Krippe andererseits sollten die Gestaltung der Eingewöhnung und die dafür einzuplanende Zeit angesprochen werden.

Auch nach dem schriftlichen Konzept der Einrichtung sollte ausdrücklich gefragt werden, sofern dies nicht bereits von der Krippe vorgestellt wird. Wenn Fragen offen bleiben oder Unsicherheiten bestehen, sollten Eltern nicht zögern, die Entscheidung nochmals zu überdenken oder um ein zweites Gespräch zu bitten.

Ausreichend Zeit für die Eingewöhnung einplanen
Nach erfolgter Anmeldung muss die Eingewöhnung in die Krippe vorbereitet werden. Da die Eingewöhnung auch in zeitlicher Hinsicht bei jedem Kind etwas anders verläuft, sind ausreichende Zeitpuffer einzuplanen. Ähnliches gilt für die Bringe- und Abholsituationen, die besonders zu Beginn nicht immer planmäßig verlaufen und zusätzliche Zeit benötigen. Schließlich sollte bei der Zeitplanung die Möglichkeit kleinerer körperlicher oder seelischer Krisen beim Übergang des Kindes in die Krippe bedacht werden.

> **Da die Eingewöhnung auch in zeitlicher Hinsicht bei jedem Kind etwas anders verläuft, sind ausreichende Zeitpuffer einzuplanen.**

Inwieweit Kinder mit der täglichen Trennung zurechtkommen und den Aufenthalt in der Krippe genießen, können Eltern an verschiedenen Kriterien erkennen. Besonders wichtig ist, ob das Kind entspannt spielen kann, sich von der Bezugserzieherin versorgen lässt und bei Anspannung oder in Stresssituationen ihre Unterstützung einfordert. Ein weiteres Anzeichen dafür, dass das Kind sich in der Krippe wohl fühlt, besteht darin, dass es neugierig auf seine Umgebung zugeht, Humor zeigt und Kontakt mit anderen Kindern aufnimmt.

Wenn ein Kind den Übergang in die Krippe nicht sofort bewältigt, sollte überlegt werden, die Eingewöhnungszeit zu verlängern oder den Zeitpunkt für den Übergang in die Krippe noch hinauszuzögern. Im anderen und weitaus häufigeren Fall jedoch, wenn nämlich das Kind in der Krippe »angekommen« ist, sich dort wohl fühlt und das Zusammensein mit den anderen Kindern genießt, kann die Krippe für das Kind und auch für die Eltern ein bereichernder Ort des Lernens, der Freude und guter Entwicklung werden.[1]

---

1   Weitere Hinweise und Materialien für Eltern finden Sie unter www.fruehe-tagesbetreuung.de

Mein Kind kommt in den Kindergarten

Sabine Andresen

Der Besuch des Kindergartens ist freiwillig. Wohingegen Eltern, die ihre Kinder nicht zur Schule schicken, sich strafbar machen. Geben Sie Ihre Kinder also nicht in den Kindergarten, hat das keinerlei rechtliche Konsequenzen. Sie können selbst entscheiden, ob und wann Sie Ihr Kind in den Kindergarten geben, welche Einrichtung Ihnen zusagt und wie viele Stunden Sie Ihr Kind dort betreuen lassen.

Zurzeit gibt es in Deutschland aber eine Diskussion, ob man den Kindergarten oder zumindest das letzte Jahr vor der Einschulung nicht ebenfalls zur Pflicht machen und somit der Schulpflicht eine Kindergartenpflicht beistellen sollte. Außerdem gibt es viele Stimmen, die einen gebührenfreien Kindergarten fordern, denn bislang müssen Eltern für den Besuch im Kindergarten finanziell aufkommen. Beide Forderungen und die teilweise sehr kontroversen Diskussionen darüber belegen, dass Erziehungsvorstellungen einem radikalen Wandel unterworfen sind und besonders die Familien mit kleinen Kindern Adressaten dieses Reformprozesses sind.

Während alle Eltern selbstverständlich an ihre eigene Schulzeit anknüpfen können, wenn ihr Kind eingeschult wird, trifft das für den Kindergarten nicht unbedingt zu. Noch Ende der 1980er-Jahre galt die Erziehung von Kindern als reine Privatsache und eine Betreuung im Kindergarten war allenfalls eine Ergänzung. Allerdings gab es große Unterschiede zwischen der alten Bundesrepublik und der DDR. Viele der heutigen Eltern, die im Westen aufgewachsen sind, werden vermutlich nur vormittags einen Kindergarten besucht haben, vielleicht erst ein Jahr vor der Einschulung oder nicht an allen Tagen in der Woche. Eltern, die in der DDR oder in den neuen Bundesländern ihre frühe Kindheit erlebten, werden hingegen viel Zeit in einer Kindertageseinrichtung verbracht haben. Und so können unterschiedliche biographische Erfahrungen vielleicht Unterschiede bei elterlichen Entscheidungen für oder gegen einen Kindergarten, den Zeitpunkt des Besuchs und die damit verbundenen Einstellungen und Gefühle mit bestimmen.

Hilfreich mag sein, sich die aktuelle Entwicklung von Betreuung, Erziehung und vor allem Bildung der Kinder unter sechs Jahren vor Augen zu führen, um die eigenen Ansichten und Interessen hinsichtlich des Kindergartens besser einordnen zu können. Außerdem sind Informationen bei der derzeitigen Reformentwicklung etwa über aktuelle Besuchs- und Bedarfsquoten und vor allem über Qualitätskriterien ebenfalls aufschlussreich.

Zur Angebotsstruktur

Für heutige Kinder ist der Besuch eines Kindergartens fast eine Selbstverständlichkeit geworden. Es gibt zwar immer noch einen Teil, der keine Einrichtung besucht, wofür die DJI-Betreuungsstudie unterschiedliche Gründe nennt (Bien/Rauschenbach/Riedel 2007). Dazu gehören das regionale Platzangebot, die soziale Herkunft, aber vor allem auch die familiäre Situation von Kindern. Kinder besuchen umso seltener einen Kindergarten, je mehr Geschwister sie haben, und sie gehen später in den Kindergarten, wenn die Mütter nicht erwerbstätig sind. Aber es zeigt sich auch, dass Kinder aus so genannten bildungsfernen Elternhäusern und auch aus einigen Migrantenfamilien seltener oder aber später am Kindergartenangebot teilhaben. Insgesamt sprechen wir hier, gemessen an einem ganzen Jahrgang, von etwa 10 % der 5- und 6-Jährigen, die keinen Kindergarten besuchen, und von etwa einem Drittel der 3-Jährigen. Die historisch gewachsenen Unterschiede zwischen West und Ost zeigen sich im Übrigen bis heute, denn in den ostdeutschen Bundesländern sind die Besuchsquoten höher, ist das Selbstverständnis außerfamiliärer Betreuung ausgeprägter. Nach dem Mauerfall, der Westdeutschland mit dem Betreuungssystem der DDR sozusagen konfrontierte, schaffte das Kinder- und Jugendhilfegesetz, SGB VIII, 1990 eine gesetzliche Grundlage für das Zusammenspiel von Bildung, Erziehung und Betreuung, und die Novellierung des Gesetzes schrieb 1996 einen Anspruch auf einen Kindergartenplatz für Kinder ab drei Jahren fest. Allerdings haben die Kommunen einen gewissen Gestaltungsspielraum was den Zeitpunkt der Aufnahme neuer Kinder angeht. Das führt in manchen Regionen dazu, dass 3-Jährige eine längere Zeit auf einen Kindergartenplatz warten müssen.

Während in Westdeutschland überwiegend Halbtagsplätze zur Verfügung stehen, können Eltern in Ostdeutschland auf Ganztagsplätze mit Mittagessen zurückgreifen. Berufstätige Eltern sind bei Halbtagsplätzen also darauf angewiesen, einen Betreuungsmix zu organisieren, der es ihnen ermöglicht, ihrer Erwerbstätigkeit nachzugehen und Zeit mit ihren Kindern zu verbringen. Insbesondere beruflich stärker eingebundene Mütter greifen zusätzlich auf private Betreuungsmöglichkeiten zurück, denn wenn sie Vollzeit erwerbstätig sind, fehlen ihnen im Schnitt etwa drei bis vier Betreuungsstunden pro Werktag (Honig/Joos/Schreiber 2004). Viele Eltern wünschen sich, obwohl das ihren Organisationsgrad erhöht, einen solchen Betreuungsmix für ihre Kinder.

Hinter dem Betreuungsmix verbergen sich strukturelle Bedingungen, z. B. die ungenügend flexiblen Angebote der Einrichtungen, aber auch eine Haltung vieler Eltern. Sie hoffen, dass durch eine Mischung aus einem beständigen, aber zeitlich befristeten Besuch im Kindergarten, zusätzlichen privat organisierten Freizeit-, Bildungs- und Betreuungsangeboten und der gemeinsamen Familienzeit ihre Kinder optimal gefördert werden.

Eine solche Organisation setzt aber meist voraus, dass ein Elternteil, in der Regel die Mutter, die »Zwischenzeiten« zwischen Kita und Musikschule oder Sportverein, zwischen Mittagessen, Ruhephase und dem Treffen mit Freunden begleiten kann. Wenn dies nicht möglich ist, muss sich das für Ihr Kind aber nicht zwangsläufig nachteilig auswirken: Prüfen Sie die kommunalen Angebote für die Kinder genau und führen Sie darüber und auch über die Interessen von Ihnen und Ihren Kindern entsprechende Gespräche. Wohlgemerkt, Ihr Kind hat einen Rechtsanspruch auf einen Kindergartenplatz ab der Vollendung des dritten Lebensjahres, aber es hat keinen Anspruch auf einen Ganztagsplatz. Die Träger der öffentlichen Jugendhilfe haben aber auf ein bedarfsgerechtes Angebot hinzuwirken, und solange Ganztagsplätze fehlen, sind Kinder von erwerbstätigen oder beschäftigungssuchenden Eltern vorrangig zu behandeln.

Solange Ganztagsplätze fehlen, sind Kinder von erwerbstätigen oder beschäftigungssuchenden Eltern vorrangig zu behandeln.

Der gesetzlich festgeschriebene Anspruch auf einen Kindergartenplatz hat viele Kommunen vor ungeheure Herausforderungen gestellt, was auch dazu führte, dass zunächst die Plätze für Kinder unter drei Jahren nicht weiter ausgebaut wurden. Die Betreuung dieser Altersgruppe außerhalb der Familie steht aber gegenwärtig auf der politischen Agenda. Seit 2005 ist das »Tagesbetreuungsausbaugesetz« in Kraft getreten, welches 230.000 zusätzliche Betreuungsangebote in Tageseinrichtungen und Tagespflege für unter 3-Jährige bis zum Jahr 2010 vorsieht. Außerdem soll die Qualität verbessert und so frühe Förderung ermöglicht werden und Eltern sollen zwischen Angeboten wählen können, weshalb die Tagespflege ausgebaut und ebenfalls durch Qualifizierung der Tagesmütter verbessert werden soll.

Inzwischen werden immer mehr Kinder schon vor ihrem dritten Geburtstag außerhalb der Familie in einer Kindertageseinrichtung bzw. Krippe und in der Tagespflege betreut. Allerdings kommt der Ausbau von Bildungs- und Betreuungsangeboten für Kinder unter drei Jahren vor allem in Westdeutschland nur schleppend voran. Eltern stehen demnach vor großen Schwierigkeiten, weil sie erstens keineswegs selbstverständlich einen Betreuungsplatz etwa nach der Elternzeit von maximal 14 Monaten bekommen und zweitens die Qualität der Einrichtungen sehr unterschiedlich ist, worauf im nächsten Abschnitt eingegangen wird.

Kindertageseinrichtungen gehören nicht zum Bildungssystem, sondern in Deutschland zur Kinder- und Jugendhilfe, ihre gesetzlichen Regelungen sind im Sozialgesetzbuch oder auch im Kinder- und Jugendhilfegesetz festgeschrieben, und insofern stand traditionell immer Betreuung im Vordergrund und nicht Bildung. Es gibt unterschiedliche Träger, zwischen denen Eltern wählen können. Aus der Geschichte des Kindergartens heraus entstanden, gibt es nach wie vor viele Einrichtungen in kirchlicher Trägerschaft, daneben Verbände wie die AWO oder freie Organisationen; Kommunen sind ebenso Träger von Einrichtungen. In vielen Städten gibt es Elterninitiativen und ganz spezielle Angebote wie etwa den »Waldkindergarten«. Auch von einigen Reformpädagogen wie Maria Montessori oder Rudolf Steiner sind Kindergartenkonzepte überliefert und möglicherweise gibt es in Ihrer Umgebung einen Montessori- oder Waldorfkindergarten. Wenn Sie kein besonderes weltanschauliches Anliegen haben und dadurch relativ festgelegt sind, lohnt es sich, die Konzepte der einzelnen Kindergärten Ihres Stadtteils oder Ihrer Region zu prüfen, die öffentlichen Besuchstage zu nutzen oder Besuchstermine auszusuchen. Nehmen Sie Ihr Kind mit, sehen Sie sich gemeinsam die Räumlichkeiten an, prüfen Sie die Außenanlagen, fragen Sie nach schriftlichen Informationen oder dem Bildungsplan.

Nehmen Sie Ihr Kind mit, sehen Sie sich gemeinsam die Räumlichkeiten an, prüfen Sie die Außenanlagen, fragen Sie nach schriftlichen Informationen oder dem Bildungsplan.

In einigen Bundesländern werden die Kindertageseinrichtungen grundlegend umstrukturiert, auch damit sollten Sie sich vertraut machen, etwa wenn Sie in Nordrhein-Westfalen leben. Hier hat die Landesregierung 2006 ein Modellprojekt »Familienzentren« gegründet. Im Unterschied zur Aufgabenstruktur der bisherigen Kindertagesstätten sollen Familienzentren nun die Kernaufgaben Erziehung, Bildung und Betreuung mit Angeboten der Beratung und Hilfe für Familien zusammenführen. Familienzentren übernehmen in diesem gesellschaftlichen Veränderungsprozess für Familien eine zentrale Organisations-, Koordinations- und Vernetzungsfunktion. Gelingt es den Kindertagesstätten, eine Mindestanzahl von spezifischen Angeboten bereitzustellen, deren inhaltliche Ausrichtung sich an den Bedürfnissen von Kindern und Eltern orientiert, erhalten sie das Gütesiegel »Familienzentrum«. Das Gütesiegel setzt sich aus acht Variablen zusammen, die sich in vier Leistungs- und vier Strukturvariablen unterteilen. Zu den Leistungsvariablen zählen folgende Angebote: Beratung und Unterstützung von Kindern und Familien, Familienbildung und Erziehungspartnerschaft, Kindertagespflege, Vereinbarkeit von Beruf und Familie. Die Strukturvariablen werden wie folgt ausdifferenziert: Sozialraumbezug, Kooperation und Organisation, Kommunikation, Leistungsentwicklung und Selbstevaluation. Mit diesen Kriterien sind Qualitätsansprüche verbunden, weshalb ich sie zur Orientierung noch einmal aufliste. Vielleicht bieten sie Ihnen auch einen Leitfaden, Qualität zu prüfen oder gezielt Fragen zu stellen.

Zusammengefasste Beschreibung der einzelnen Merkmale des Gütesiegels für Familienzentren in NRW:

LEISTUNGSVARIABLEN

1 *Beratung und Unterstützung von Kindern und Familien.* Unter diesen Bereich fallen Angebote wie regelmäßig angebotene Erziehungsberatung in der Einrichtung, Eltern-Kind-Gruppen für Familien mit Kindern unter drei Jahren, Verfahren zur allgemeinen Früherkennung, regelmäßige Elternnachmittage/-abende zu verschiedenen Themen.

2 *Familienbildung und Erziehungspartnerschaft.* Hierzu zählen Angebote wie Kurse zur Stärkung der Erziehungskompetenz, ein offenes Elterncafé, alle Arten von Elternveranstaltungen wie Elternfrühstück, thematisch aufbereitete Elternabende etc. Der im Titel dieser Leistungsvariablen aufgeführte Bereich der Erziehungspartnerschaft wird in dem Gütesiegel nicht expliziert. Es wird lediglich ein Handlungsaxiom formuliert: Das Familienzentrum »versteht sich als Partner der Eltern und hält ein vielfältiges Angebot der Familienbildung bereit«. Berücksichtigung finden sollen die heterogenen Bedürfnisse und Kompetenzen der unterschiedlichen Familien, vor allem auch der Familien mit Zuwanderungsgeschichte.

❸ *Kindertagespflege*. Über das Familienzentrum werden Tagespflegepersonen vermittelt. Auch sollen Tagesmütter/-väter die Möglichkeit haben, die Räume der Einrichtung mit zu nutzen.

❹ *Vereinbarkeit von Beruf und Familie*. Dem vierten Leistungsbereich werden Angebote zugeordnet, die Eltern die Vereinbarkeit von Beruf und Familie ermöglichen sollen. Hierunter fallen Befragung der Eltern zu ihren Bedarfen hinsichtlich der Öffnungszeiten, Organisation eines Betreuungsangebotes für Kinder unter drei Jahren, eine regelmäßige (mindestens einmal wöchentliche) Betreuung bis 18.30 Uhr, Vermittlung eines Babysitters und eine Notfallbetreuung.

STRUKTURVARIABLEN

❺ *Sozialraumbezug*. Die Angebote der Familienzentren sollen sich an den besonderen Bedürfnissen ihres Sozialraums ausrichten. Für die Ausgestaltung ihrer Angebotsstruktur sollen Familienzentren mit lokalen Kooperationspartnern zusammenarbeiten, um so Ressourcen und Kompetenzen besser bündeln zu können.

❻ *Kooperation und Organisation*. Familienzentren können mit anderen Einrichtungen kooperieren und sind auch dazu aufgerufen. Somit soll mit Hilfe eigener Ressourcen und mit Hilfe von Kooperationspartnern ein möglichst breites Angebotsspektrum erzielt werden. Kooperationen werden schriftlich fixiert und die entstehenden Angebote werden den Eltern z. B. durch ein aktuelles Verzeichnis der Kooperationspartner bekannt gemacht.

❼ *Kommunikation*. Darunter ist der Bereich der Öffentlichkeitsarbeit zu fassen. Mit verschiedenen Medien, wie Flyer, Internetauftritt, Aushänge etc., sollen die Angebote des Familienzentrums den Eltern und im Stadtteil bekannt gemacht werden.

❽ *Leistungsentwicklung und Selbstevaluation*. Ein Familienzentrum soll kontinuierlich an der Weiterentwicklung seines Konzepts, an seinen Leistungen sowie an seiner Qualität der Angebote arbeiten. Hierzu gehören beispielsweise die Erarbeitung einer schriftlichen Konzeption, Elternbefragungen speziell zu Themen des Familienzentrums und die Kooperation mit der örtlichen Jugendhilfe.

(vgl. Ministerium für Generationen, Familien, Frauen und Integration des Landes NRW 2007)

Bildung und Qualität in Kindertageseinrichtungen

Nachdem insgesamt der internationale Vergleich von Leistungen, von Bildungs- und Förderangeboten für Kinder und Jugendliche eine große öffentliche Aufmerksamkeit erfährt, hat sich auch die Sicht auf die Möglichkeiten frühkindlicher Bildung geändert. Das Beispiel der Einrichtung von Familienzentren zeigt außerdem, dass Modelle aus anderen Ländern erprobt werden. Insbesondere Stiftungen nehmen sich der Thematik frühkindliche Bildung an und fördern sowohl Praxisprojekte als auch Evaluationen und wissenschaftlich fundierte Konzeptentwicklungen. Die Bertelsmann Stiftung hat in ihrem »Ländermonitor Frühkindliche Bildungssysteme 2009« genau diese Qualitätsfragen in den Mittelpunkt gestellt. Die oben behandelten Fragen der quantitativen Kriterien für Betreuung überlagern häufig die nach der Qualität der Betreuung. Diese ist aber für Eltern von großer Bedeutung. Was wissen wir über die Qualität von Einrichtungen, über eine »kindgerechte« Betreuung und Bildung, über Erwartungen von Eltern und die Zufriedenheit von Eltern?

Ein wichtiges Kriterium für Qualität ist nach wie vor der Betreuungsschlüssel, denn er gibt an, wie viele Ganztagskinder in einer Gruppe auf eine Vollzeit eingestellte Erzieherin kommen. Besonders die jüngere Altersgruppe zieht einen größeren Betreuungsbedarf nach sich, und wird dieser nicht berücksichtigt, schränkt das die Qualität für die jüngeren Kindergartenkinder erheblich ein.

Ein wichtiges Kriterium für Qualität ist nach wie vor der Betreuungsschlüssel.

Es ist hilfreich, sich an dieser Stelle noch einmal vor Augen zu führen, welche traditionelle Funktion der Kindergarten in Deutschland etwa im Vergleich zu anderen Ländern hat. Man kann dazu drei grobe Einteilungen vornehmen: Erstens gibt es Länder wie etwa Frankreich, die den Kindergarten als Vorschule verstehen. Hier sollen Kinder gebildet und alle Entwicklungsbereiche gefördert werden. Dem gegenüber stehen zweitens Länder wie Deutschland, aber auch Dänemark, die den Kindergarten traditionell primär als Betreuungseinrichtung sehen, die sich markant von der Grundschule unterscheiden will. Drittens organisieren Länder wie Großbritannien ihre Einrichtungen in einer expliziten Nähe zur Grundschule (Wustmann 2009). Interessant ist, dass Deutschland seine Idee des »Kindergartens« seit Mitte des 19. Jahrhunderts in alle Welt getragen hat – es gibt z. B. kein englisches Wort für »Kindergarten«, – also hier wirklich innovativ war. Gleichzeitig hielt gerade Deutschland lange Zeit und fast bis heute an der Vorstellung fest, der Kindergarten sei primär eine Betreuungseinrichtung für Kinder, deren Mütter einer Erwerbsarbeit nachgehen müssen, oder für Kinder von Müttern, die als nicht kompetent im Umgang mit ihren Kindern angesehen wurden.

Nicht nur in die internationale Bildungs- und Betreuungslandschaft ist folglich Bewegung gekommen, auch Deutschland ist dabei, sich hinsichtlich der Einrichtungen und Konzepte frühkindlicher Erziehung und Bildung und der damit verbundenen Qualitätsfragen neu zu erfinden. Insgesamt haben dazu sowohl die gesellschaftliche Entwicklung als auch die öffentlich diskutierten Befunde aus den Neurowissenschaften und die Auffassung, je früher man familiär bedingte Benachteiligungen zu kompensieren versuchte, desto besser, beigetragen.

Hinsichtlich der Qualitätsstandards und Erwartungen der Eltern zeigt sich für folgende Förderbereiche ein Konsens: die soziale und emotionale Entwicklung der Kinder, die Entwicklung der körperlichen und geistigen Fähigkeiten, die Förderung der Kreativität, die Auseinandersetzung mit der Umwelt und die allmähliche Gewöhnung an das Schulleben.

Ausgehend von Qualitätsfragen steht aus meiner Sicht das Bildungs- und Betreuungssystem für Kinder, die nicht im schulpflichtigen Alter sind, vor sechs Herausforderungen:

1. Wie soll das Personal künftig ausgebildet werden? In vielen Ländern ist eine akademische, z. B. Fachhochschulausbildung Voraussetzung. Hierüber gibt es in Deutschland keine Einigkeit, obwohl die Ansprüche an Leistungen und Kompetenzen der Erzieherinnen und Erzieher steigen. Wohin also wird sich das Qualifikationsprofil der Fachkräfte entwickeln?

2. Welches Bildungsverständnis soll die frühkindliche Bildung anleiten? Kritisiert wird, dass es keine einheitlichen Vorgaben für Bildungsinhalte gibt. Inzwischen haben die Bundesländer so genannte »Bildungspläne« entwickelt, aber es existiert kein einheitliches Konzept, sondern Eltern sind, wenn sie von einem Bundesland in ein anderes wechseln, mit unterschiedlichen Curricula konfrontiert. Ob der Schwerpunkt in naturwissenschaftlichen Inhalten, in Sprach- und Fremdsprachenförderung oder musischer Bildung liegen soll, ist unklar. Wohin also wird sich der Bildungsanspruch entwickeln?

3. Welche Möglichkeiten, präventiv Entwicklungs- und Sprachdefizite abzubauen und allen Kindern dazu zu verhelfen, ihre Potenziale zu entfalten
   und zu stärken, haben Kindertageseinrichtungen? Hier ist wiederum der
   Betreuungsschlüssel zentral ebenso wie die Kompetenzen der Fachkräfte, individuell zu fördern.
4. Wie kann es gelingen, Eltern bei der Vereinbarkeit von Erwerbsarbeit und
   Familienzeit besser zu unterstützen? Hier sehen Eltern nach wie vor
   Handlungsbedarf.
5. Sollte eine Kindergartenpflicht eingeführt werden?
6. Sollte der gesetzliche Anspruch auf außerfamiliäre Betreuung auf Kinder unter drei Jahren ausgeweitet werden?

Diese Herausforderungen betreffen auch Eltern, weil sie etwa bei der Einführung einer Kindergartenpflicht eine Rechtseinschränkung erfahren und
weil die Verantwortung für das Aufwachsen und für die Bildung der Kinder
anders verteilt würde.

Abschließende Anregungen

Abschließend sollen ein paar Überlegungen zur Orientierung formuliert
werden. Es gibt viele Punkte, auf die Sie achten könnten. Welche das sind,
hängt auch von Ihren individuellen und familiären Vorstellungen und Bedürfnissen sowie von Ihrem Kind ab.

···> Nehmen Sie sich Zeit für den Anfang in einer neuen Einrichtung. Für
Ihr Kind ist der Übergang vielleicht schwierig, begleiten Sie es, sprechen
Sie sich mit dem Personal ab, treffen Sie verbindliche Regelungen, die
Ihrem Kind helfen, die Zeit einzuteilen und einzuschätzen. Nehmen Sie
sich insbesondere auch Zeit für gemeinsame Aktivitäten, nachdem Ihr
Kind wieder zu Hause ist.

···> Wenn Sie Fragen haben, Sie etwas befremdet oder verunsichert, sprechen Sie die Erzieherinnen an. Viele Eltern sind sehr zufrieden mit der
Erreichbarkeit der Erzieherinnen und der Möglichkeit, auch in so genannten »Tür-und-Angel-Gesprächen« Fragen zu klären.

···> Suchen Sie Kontakt zu anderen Eltern.

···> Versuchen Sie zu klären, wie Ihr Kind in seiner individuellen Entwicklung begleitet wird, wie Erzieherinnen die Kinder beobachten, wie sie den Bildungsweg mitgestalten.

···⇥ Informieren Sie sich regelmäßig über die Entwicklung Ihres Kindes. Inzwischen finden regelmäßig »Entwicklungsgespräche« statt, aber auch das Anlegen einer Bildermappe zeigt das Interesse an den individuellen Schritten Ihres Kindes. Sehen Sie sich diese Mappe ab und zu an. Aus Neuseeland ist das Konzept der »Learning Stories« überliefert. Hier schreiben die Erzieherinnen auf, woran Ihr Kind interessiert ist, ob es engagiert ist, standhält bei Schwierigkeiten, sich ausdrücken und mitteilen kann, seine Bedürfnisse äußert, sich in Lerngemeinschaften einbringt und Verantwortung zu übernehmen bereit ist.

···⇥ Klären Sie, wie Sie von den Erzieherinnen über die Entwicklung Ihres Kindes und die Beobachtungen der Erzieherinnen in Kenntnis gesetzt werden. Wichtig ist auch die Frage, ob die Beobachtungen mit dem Kind selbst besprochen werden. Haben die Fachkräfte die Einstellung und den Auftrag, das Kind hier aktiv einzubeziehen?

···⇥ Informieren Sie sich frühzeitig, wie der Kindergarten mit den Grundschulen kooperiert und wie die Kinder auf den Schuleintritt vorbereitet werden.

Kinder in ihrer Bildung zu fördern, sie zu befähigen, Schwierigkeiten zu meistern, und ihnen zahlreiche Lerngelegenheiten zu bieten ist unverzichtbar. Sie und Ihr Kind haben einen Anspruch darauf. Bedenken Sie aber, dass es auch Niederlagen oder Probleme geben kann, und dann achten Sie besonders darauf, ob Ihrem Kind wertschätzend begegnet wird oder ob der Blick auf Defizite dominiert.

Unterstützung der elterlichen Erziehungskompetenz durch Elternbildungsangebote

Sigrid Tschöpe-Scheffler

2

Seitdem die Bedeutung von Erziehung ins Bewusstsein der Menschheit gerückt ist, gibt es auch Ideen zur Unterstützung elterlicher Erziehungskompetenz – immer auf der Suche nach der Beantwortung der Frage, wie »die rechte Erziehung freier Eltern« auszusehen hätte (Plutarch, ca. 50–120 n. Chr.). Fragen, was es heißt, ein »guter Vater zu sein« oder wie »Eltern selbst mit ihren Kindern recht umzugehen haben« (Friedrich Fröbel, 1782–1852), sind heute wie damals ebenso aktuell wie Entwürfe für eine »Mütter-Schul« (Johann Amos Comenius, 1592–1670), eine spezielle »Mütterbildung« (Johann Heinrich Pestalozzi, 1746–1827) oder die Forderung zur Selbsterziehung und Selbstreflexion der Eltern (Janusz Korczak, 1878–1942) als Voraussetzung für jede Erziehung.

Familien benötigten demnach immer schon vielfältige Unterstützungssysteme und Anregungen, um ihren Alltag nicht nur »irgendwie« bewältigen, sondern eigenverantwortlich mit Lebensmut und -freude gestalten zu können.

Heutige Eltern stehen, anders als jede Generation vor ihnen, unter einem großen Erziehungsdruck. Gründe dafür sind sowohl im gesellschaftlichen Wandel und, durch diesen bedingt, in komplexeren Lebensbedingungen als auch im veränderten Familienalltag zwischen Erwerbstätigkeit, Kinderbetreuung und Familienorganisation zu suchen. Vorbilder für eine »gelungene Lebensgestaltung« oder für Krisenbewältigungen waren in traditionellen Familien vornehmlich die älteren Familienangehörigen. Diese Vorbilder fehlen vielen Erwachsenen weitgehend, weil das Leben heute nicht nur andere Anforderungen mit sich bringt, sondern ältere Familienmitglieder gleichermaßen auf der Suche nach ihrer Lebensform sind. So wird die Lebensführung immer mehr zu einem »individualisierten Projekt«, das oft als anstrengend, kompliziert und mühsam erfahren wird. Dies verstärkt nicht nur die

Unsicherheit im eigenen Lebensvollzug, sondern auch in den Alltagsleistun-
gen, zu denen Erziehung gehört. Mobilität und Flexibilität sowie demogra-
phische Veränderungen führen darüber hinaus zur Auflösung verwandt-
schaftlicher und nachbarschaftlicher Unterstützungsnetzwerke, mit der
Folge, dass junge Eltern mit der Bewältigung ihrer wachsenden Alltagsanforderungen vermehrt auf sich selbst gestellt sind. Mit den eigenen Kindern in
eine gute Beziehung zu treten und sie entwicklungsfördernd erziehen zu
wollen, gleichzeitig aber selbst als Erwachsener im Zwang beruflicher, familiärer und persönlicher Herausforderungen zu stehen bedeutet für viele Eltern, einem hohen Druck ausgesetzt zu sein. Positiv und entwicklungsfördernd gesehen könnte dieser Druck die Suche nach Entlastungsmöglichkei-
ten und Orientierungen freisetzen und damit eine Suche nach eigenen Antworten auf den Umgang mit neuen Anforderungen sein. Nicht immer gelingt das – auch hier stehen Chance und Scheitern von Individualisierungs-
und Pluralisierungsprozessen dicht nebeneinander.

Trotz veränderter Familienstrukturen und Lebensformen und trotz neuer Bewältigungsanforderungen gilt die Familie aber nach wie vor als der
wichtigste Ort der Persönlichkeitsentwicklung für Kinder.

Es kann davon ausgegangen werden, dass *alle Eltern*, unabhängig von
ihrer sozialen Lebenslage, ihrer Lebensform und
Bildungserfahrung Anregung, Austausch und Unterstützung bei der Wahrnehmung und Bewältigung ihrer Erziehungsaufgaben benötigen und die
Förderung sozialer Netzwerke an Bedeutung ge-
winnt. Familien dürfen mit ihren Aufgaben nicht alleingelassen werden.

**Familien dürfen mit
ihren Aufgaben nicht
alleingelassen werden.**

Junge Eltern haben andere Fragen als Eltern mit pubertierenden Kindern.
Alleinerziehende Väter und Mütter haben andere Probleme als Patchworkfamilien. Und Eltern, die beide berufstätig sind, stehen vor anderen Herausforderungen als Eltern, deren Existenz von Arbeitslosigkeit bedroht ist. Mit
Blick auf die unterschiedlichen Herausforderungen von Eltern infolge individueller Belastungssituationen oder aktueller krisenhafter Entwicklungsphasen ihrer Kinder hat sich im Laufe der letzten Jahrzehnte eine vielfältige
Elternbildungslandschaft entwickelt, in der theoretisch für fast jede heutige
Familie ein passendes Angebot vorhanden ist: Schon die Bezeichnungen
sind verwirrend mannigfach: Elternkurs, Elterntraining, Elternbegleitung,
Handwerkszeug für Eltern, Eltern-Kind-Gruppe, Elterngesprächskreis, El-

ternwerkstatt, Erziehungspartnerschaften zwischen Eltern und Erzieher/innen und/oder Eltern und Lehrer/innen oder partizipative Stadtteil- und Netzwerkarbeit mit Eltern. Zunehmend erweitern elektronische und digitale Medien (wie z. B. Elternratgeber im Internet, Elternchats und Foren oder Erziehungskurse auf CD-ROM) das große Sortiment der Elternbildung und ergänzen damit die klassischen Printmedien (Elternbriefe, Ratgeberliteratur, Elternzeitschriften). Die umstrittene RTL-Fernsehserie »Super Nanny« zählt trotz fachlicher Kritik an der entwürdigenden Zurschaustellung von Eltern und Kindern ebenso zu den universellen Angeboten. Die Sendung tritt mit dem Präventionsziel an, Eltern sowohl in ihrer Erziehungssituation stärken als auch Orientierung geben zu wollen. Durch den Mythos einer »richtigen« Erziehung werden Eltern allerdings hier in erster Linie zu Adressaten von Erziehungsstrategien, Rezepten und Maßnahmen.

Durch den Mythos einer »richtigen« Erziehung werden Eltern in erster Linie zu Adressaten von Erziehungsstrategien, Rezepten und Maßnahmen.

Selbst Ärzte und Ärztinnen haben in den letzten Jahren erkannt, dass sie ihre Patienten und Patientinnen einbeziehen und nicht in erster Linie *für sie*, sondern *mit ihnen* die Diagnose und die Behandlungsmethoden erstellen müssen, um einen besseren Heilungserfolg zu erzielen. Väter und Mütter wollen nicht in erster Linie belehrt, beschult, trainiert oder in Sachen »richtiger Erziehung« unterwiesen werden, sondern sie wollen dabei begleitet werden, ihren eigenen Weg in der Erziehung zu finden. Das setzt eine radikale Achtung bei den Pädagoginnen und Pädagogen für die unterschiedlichen Lebensweisen von Familien voraus.

Wenn das Programm so aufgebaut ist, dass Eltern von Elterntrainer/innen neben Wissen und Informationen auch exakte Handlungsanweisungen erhalten, bleibt das Potential der Teilnehmer/innen weitgehend ungenutzt. Wird demgegenüber der *Beratung und Begleitung der Eltern untereinander* viel Raum gegeben und ist das Selbstverständnis der Kursleiter/innen vorwiegend dadurch geprägt, die Selbstorganisation des Einzelnen und der Gruppe zu unterstützen, dann können sich Väter und Mütter mit ihren Fähigkeiten einbringen. Schließlich sind sie diejenigen, die ihren Kindern am nächsten stehen und viel über sie und das Zusammenleben mit ihnen wissen.

Je früher und selbstverständlicher Mütter und Väter im entwicklungsfördernden Umgang mit ihren Kindern Unterstützung suchen, desto besser können sie nicht nur ihre Erziehungsautorität wahrnehmen, sondern auch sichere Bindungsmuster anbieten. Eltern-Kind-Gruppen bzw. Mütter-Kind-Gruppen haben besonders in den Familienbildungsstätten eine jahrzehnte-lange Tradition und gehören zu der »klassischen« Angebotsstruktur.

Meist schließen sie sich an Geburtsvorbereitungskurse und Rückbil-dungsgymnastikgruppen an. Für Eltern von Säuglingen und Babys gibt es ein relativ großes Angebot, insbesondere während des ersten Lebensjahres. Die Inhalte bestehen meist aus drei Hauptelementen: Entwicklungsanre-gungen für die gleichaltrigen Babys durch Initiierung neuer Erfahrungen, Austauschmöglichkeit mit anderen Eltern und bewusste Wahrnehmungs-schulung für Mütter und Väter, Informationen über wichtige Fragen wäh-rend des ersten Lebensjahres (Ernährung, Gesundheit, motorische Entwick-lung etc.).

Die Verlegung der Elternkurse in Kindertageseinrichtungen und Famili-enzentren hat für die Eltern verschiedene Vorteile, die erfahrungsgemäß zu einem ansteigenden Besuch führen. Eine wohnortnahe, vertraute Instituti-on, in der Eltern persönlich angesprochen werden, ist besonders niedrig-schwellig. Durch die Integration unterschiedlicher Familienbildungsange-bote, zusätzlicher Beratungsstunden oder von Familienprogrammen in einer Kindertagesstätte oder einem Familienzentrum können die Angebote ohne aufwändige Anfahrten mit gleichzeitiger Kinderbetreuung in den bekann-ten Räumen wahrgenommen werden.

Präventive Maßnahmen setzen ressourcenorientiert an der Erhöhung persönlicher Kompetenzen zur Verbesserung von Bewältigungsstrategien an. Schwerpunktmäßig werden in Elternkursen neben instrumentellen Kompetenzen Lerninhalte mit hoher Alltags- und Lebensrelevanz vermittelt sowie eine Erweiterung des Handlungsrepertoires im Umgang mit Kon-fliktsituationen eingeübt, die es dem Einzelnen erlauben, die zunehmende Komplexität des Lebens und der Alltagsanforderungen in einer pluralen Gesellschaft zu erkennen und Bewältigungsstrategien zu finden. Für das Familienleben kann sich eine solche Unterstützung *stress- und frustrati-onsmindernd* auswirken, wodurch sich die Wahrscheinlichkeit verringert, dass sich Belastungen anhäufen, die zu Gewaltanwendungen führen könn-ten.

Beim Bemühen um eine *Kategorisierung* vorhandener Angebote der El-ternbildung liegen auf der Grundlage inhaltlicher Zielformulierungen, me-thodischer Vorgehensweisen und der Orientierung an Zielgruppen drei Strukturierungsmöglichkeiten nahe:

a) Angebote, die das Alter bzw. die Entwicklungsphasen der Kinder (Säugling/Kleinkind, Vorschulkind, Schulkind, Jugendliche/r) im Blick haben,

b) Angebote, die an den Lebenslagen der Familien orientiert sind (z. B. Alleinerziehende, Patchworkfamilien, berufstätige Eltern, sozial benachteiligte Eltern oder Väter und Mütter mit Migrationshintergrund),

c) Angebote, die sich durch bestimmte Methoden der Elternbildung auszeichnen (z. B. textbasierte Wissensvermittlung, videogestützte Kommunikation, Eltern lernen von Eltern, Elternaustausch mit hohem Selbsterfahrungsanteil etc.).

Diese drei Kategorien sind als verschiedene Ausprägungen der Elternbildungslandschaft zu verstehen, aus deren Schnittstellen sich viele unterschiedliche Einzelmaßnahmen ergeben. Das bedeutet konkret: Für jede Entwicklungsphase von Kindern gibt es Angebote der Elternbildung. Gemeinsam ist diesen Angeboten in der Regel ein Bemühen um Befriedigung des allgemeinen Informationsbedarfs und um die Erweiterung der Handlungsoptionen von Vätern und Müttern. Inhaltlich erkennbar sind meist vier Themenbereiche, die unterschiedlich strukturiert sein können:

> **Für jede Entwicklungsphase von Kindern gibt es Angebote der Elternbildung.**

⋯⋗ **Wahrnehmung von (schwierigen) Erziehungssituationen und das Einüben eines neuen Umgangs mit Konflikten**

Es geht dabei eher themenunspezifisch um ein Kompetenztraining zur Verbesserung individueller Bewältigungsstrategien in Krisen- und Konfliktsituationen. Dies betrifft die Alltags- und Erziehungsebene ebenso wie die Partnerbeziehung und die Einstellung zu sich selbst.

⋯⋗ **Steigerung des Selbstwertgefühls und der Selbstkontrolle**

Mangelndes Selbstwertgefühl und Unbeherrschtheit spielen im Kontext von Erziehungskonflikten eine nicht unbedeutende Rolle. Viele Eltern wünschen sich neue, erweiterte Handlungsmöglichkeiten, damit sie ihre Opferrolle verlassen können und wieder elterliche Autorität zeigen können. Durch Reflexionen des Erziehungsalltags, Übungen und Transfer in den Alltag erleben Eltern sich wieder handlungsfähiger, gelassener und sicherer.

···⟩ **Differenzierte Angebote erziehungsrelevanter Themen**
Die Erziehungssicherheit der Eltern wird nach dem Motto »Starke Eltern haben starke Kinder« unterstützt. Dies geschieht einerseits durch Vermittlung von Sachwissen, wie z. B. entwicklungspsychologischer und erziehungswissenschaftlicher Theorien, andererseits bietet der Austausch mit anderen Eltern die Möglichkeit des Netzwerkaufbaus und der Entlastung durch die Darstellung und Besprechung eigener Fallbeispiele. Zu hohen Erwartungen der Eltern kann dadurch entgegengewirkt werden.

···⟩ **Wahrnehmung und Umgang mit eigenen Verhaltensmustern – Selbsterkenntnis und Selbstreflexion**
Insgesamt können Eltern durch die Elternbildungsangebote lernen, sich, ihre Kinder und die Entstehung von Konfliktsituationen besser zu verstehen, ihren eigenen Anteil daran zu erkennen und sich zunehmend deeskalierend zu verhalten.

Alle Angebote der Elternbildung haben ihre Schwerpunkte in einem oder mehreren der vier Kompetenzbereiche:
a) Informationsvermittlung,
b) Erweiterung von Handlungs- und Erfahrungsoptionen,
c) Selbstreflexions- und Selbsterfahrungsangebote,
d) Aufbau und Nutzung von Netzwerkstrukturen.

Mediale Angebote der Familienbildung sind nach wie vor die klassischen Printmedien in Form von Elternratgebern, Elternzeitschriften und Elternbriefen. Das Internet spielt für junge Eltern als Informationsquelle eine zunehmende Rolle. Inzwischen gibt es vielfältige Angebote, Konzepte und Projekte, mit denen versucht wird, Eltern über das Internet zu erreichen. Fachbeiträge und Hinweise auf weitere Informationen und Beratungsangebote werden den Nutzer/innen (Eltern, Erzieher/innen, Lehrer/innen und pädagogisch Interessierten) ebenso zugänglich gemacht wie Diskussionsforen.

Wie können sich Eltern auf dem Markt der Elternbildungsangebote zurechtfinden? Welches Angebot ist passend?

2

Wie muss ein Elternbildungskonzept aufgebaut sein, welche Inhalte, welche Ziele, welche Methoden sollte es verfolgen und welches Menschenbild vertreten, damit es Eltern in ihrer eigenen Erziehungstätigkeit sinnvoll unterstützt und ihnen wieder Mut und Freude macht, zu erziehen? Ganz pragmatisch gesehen, geht es erst einmal darum, dass das Angebot gut erreichbar und kostengünstig ist und dass sich Eltern von der Kursleitung und der Gruppe wahrgenommen und respektiert fühlen. Ein Schnupperangebot kann hier Klarheit schaffen.

Neben den eher subjektiven »Wohlfühlfaktoren«, die nicht unwichtig sind, können noch weitere Kriterien angeführt werden:

···⟩ Schafft das Angebot angstfreie Räume zur Selbstreflexion und setzt das Konzept bei der Förderung der Auseinandersetzung der Eltern mit dem eigenen Erleben an? (Selbsterkenntnis statt Übernahme von Rezeptwissen.)

···⟩ Werden Eltern ermutigt, eigene Wege in der Erziehung mit ihren Kindern zu gehen, oder werden ihnen Rezepte angeboten? (Unterstützung statt Belehrung.)

···⟩ Werden entwicklungsfördernde Kommunikations- und Beziehungsformen erlernt und erprobt? (Erweiterung und Erprobung neuer Handlungsoptionen.)

···⟩ Wird ein geeigneter Umgang mit psychischen Gewalthandlungen erlernt?

···⟩ Wird die Lebenswelt der Familie (Haushaltsführung, Alltagsgestaltung, Rituale, kultureller Hintergrund, Sprache etc.) in dem Konzept berücksichtigt und gibt es genügend Raum zur Teilhabe und Mitgestaltung?

···⟩ Sind auf der Basis der UN-Kinderrechtskonvention die Subjektstellung und Würde des Kindes der Ausgangspunkt für die Überlegungen von Interventionen und erzieherischen Konsequenzen?

···⟩ Erhalten Eltern Informationen über Entwicklungs- und Grundbedürfnisse, individuelle Verschiedenheiten und werden sie sensibilisiert für das »Anderssein« der Kinder?

···⟩ Ist die Zusammenarbeit der Eltern untereinander ermutigend? Unterstützt die Gruppe die Selbstheilungskräfte der Familie als System und die positiven Seiten des Kindes?

···⟩ Werden Eltern zum sicheren Umgang mit Grenzen und Konsequenzen angeleitet?

···⟩ Werden Eltern ermutigt »gut genug« statt »perfekt« zu sein?

Elternbildung hat viele Gesichter

Elternkurse werden in Zukunft ebenso bedeutsam bleiben wie Erziehungspartnerschaften zwischen Erzieher/innen, Lehrer/innen und Eltern. Die vernetzte Arbeit in Familienzentren und anderen Mitbeteiligungsprojekten in Stadtteilen, in denen vorwiegend durch gemeinsames Lernen und Teilhabe, durch den Lebensvollzug selbst, durch Nachahmung, Erkunden und Experimentieren neue Erfahrungsräume erschlossen werden können, die sich auf den Erziehungsalltag übertragen lassen, wird zunehmend an Bedeutung gewinnen. Eltern können sich informieren, welche Angebote es in ihrem Stadtteil gibt, und in vielfältiger Weise aktiv werden.

In Anbetracht der Tatsache, dass Kinder ein Recht auf Erziehung haben, Eltern die Erziehungsverantwortung übernehmen sollen und der Staat seine Fürsorgepflicht wahrzunehmen hat, ist es im Interesse des Staates und damit des Allgemeinwohls, alle Eltern in ihren Erziehungsaufgaben angemessen zu unterstützen. Es sollte im allgemeinen Bewusstsein eine besondere Wertschätzung und gesellschaftliche Anerkennung erfahren, wenn Eltern sich der Unterstützungsangebote bedienen. Insgesamt wäre ein Bewusstsein dafür hilfreich, dass es sich für das Familienklima, für die Entwicklung der Kinder, aber auch für das eigene Wohlbefinden lohnt, geeignete Formen der Unterstützung in Anspruch zu nehmen.

Für die Entwicklung der Kinder ist es dringend erforderlich, die Aufgaben des Mutter- und Vaterseins als gesellschaftlich anerkannte »Berufe« nicht nur zu würdigen, sondern auch angemessen zu unterstützen.

Sowohl für die Entwicklung der Kinder als auch für die Stabilisierung des Familiensystems halte ich es für dringend erforderlich, die Aufgaben des Mutter- und Vaterseins als gesellschaftlich anerkannte »Berufe« nicht nur zu würdigen, sondern auch angemessen zu unterstützen. Ich möchte Eltern daher ermutigen, ganz selbstverständlich *Aus-, Fort- und Weiterbildungsangebote* auf breiter Ebene in Anspruch zu nehmen, so wie es für jeden anderen Beruf auch üblich ist.

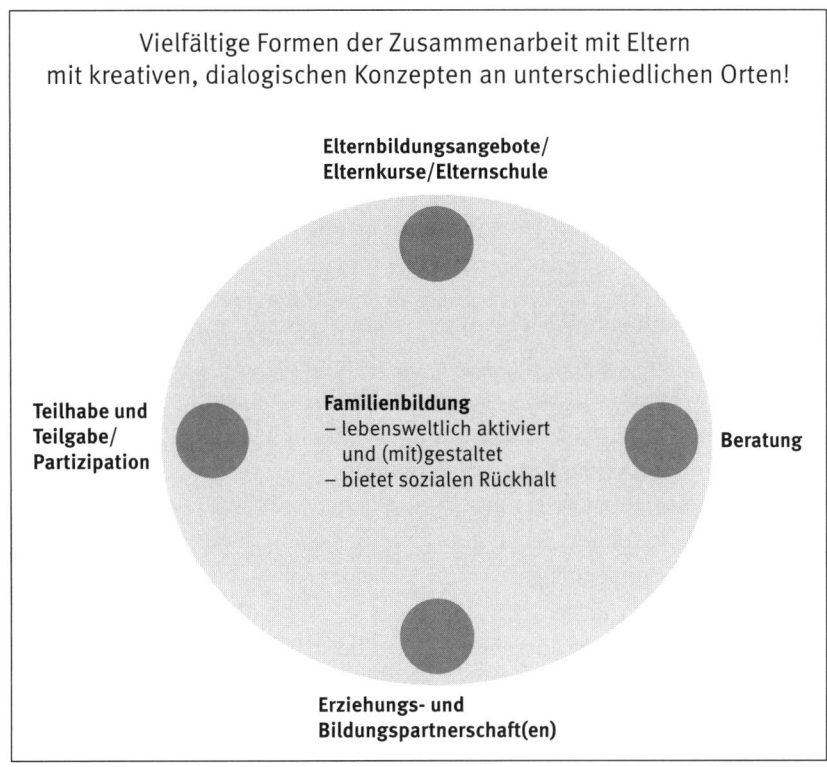

Vielfältige Formen der Zusammenarbeit mit Eltern
mit kreativen, dialogischen Konzepten an unterschiedlichen Orten!

**Elternbildungsangebote/
Elternkurse/Elternschule**

**Teilhabe und
Teilgabe/
Partizipation**

Familienbildung
– lebensweltlich aktiviert
   und (mit)gestaltet
– bietet sozialen Rückhalt

Beratung

**Erziehungs- und
Bildungspartnerschaft(en)**

Sollen wir unser Kind religiös erziehen, und wenn ja – wie?

Micha Brumlik

Vorbemerkung

Kirchlich gebundene Privatschulen erleben derzeit ebenso einen Aufschwung wie das Thema »Religion«. Spätestens seit der »Volksbefragung« zum Thema Religionsunterricht 2009 in Berlin, aber auch durch Kirchentage oder »Glaubenskriege« in aller Welt, ist »Religion« zu einem zentralen Thema des öffentlichen Diskurses geworden.

Im Unterschied zu dieser gesellschaftlichen Großwetterlage stellen sich die Probleme, vor denen Eltern gegenwärtig stehen, deutlich konkreter dar. Bei Kindern im Vorschulalter ist zu entscheiden, ob man sie in einen konfessionellen Kindergarten schicken soll und wie – wenn überhaupt – eine religiöse Erziehung zu Hause aussehen soll. Bei Eintritt des Schulalters ist zu entscheiden, ob die Kinder zum Religionsunterricht angemeldet werden sollen und welche Konsequenzen dies zu Hause hat. Bei konfessionell gebundenen Elternhäusern beantworten sich diese Fragen grundsätzlich von selbst, für jene zunehmenden Fälle indes, in denen beide Eltern unterschiedlichen Religionsgemeinschaften angehören oder ein Teil gar keiner, scheinen Entscheidungen unumgänglich. Bevor jedoch auf Voraussetzungen und Konsequenzen derartiger Entscheidungen eingegangen wird, ist es unumgänglich, die Perspektive der folgenden Ausführungen zu erläutern.

Kindeswohl als einziges Prinzip

Die Frage nach den Grenzen und Möglichkeiten religiöser Erziehung lässt sich entweder aus der Perspektive religiöser Überzeugungen bzw. theologischer Wahrheiten oder aus der Perspektive des Kindeswohls stellen. Die deutsche Verfassung, das Grundgesetz, geht, womöglich gegen alle Erfahrung, davon aus, dass hier kein grundsätzlicher Widerspruch bestehen darf.

Zunächst einmal bestimmt Artikel 1 GG, dass die Würde des Menschen unantastbar ist und unter dem Schutz der staatlichen Gewalt steht, sodann legt Artikel 2 GG fest, dass jeder das Recht auf die freie Entfaltung seiner Persönlichkeit hat, soweit er nicht die Rechte anderer verletzt und nicht gegen die verfassungsmäßige Ordnung oder das Sittengesetz verstößt, sowie, dass jede Person das Recht auf Leben und körperliche Unversehrtheit hat. Die Freiheit der Person ist entsprechend unverletzlich. Endlich gilt, dass in diese Rechte nur auf Grund eines Gesetzes eingegriffen werden darf. Artikel 4 – und das beweist, wie wichtig dem Verfassungsgeber die Frage der Religion war – definiert in seinen beiden Absätzen die positive und negative Religionsfreiheit: Demnach sind die Freiheit des Glaubens, des Gewissens und die Freiheit des religiösen und weltanschaulichen Bekenntnisses unverletzlich, weshalb der weltanschaulich neutrale, nicht laizistische Staat die ungestörte Religionsausübung gewährleistet. Eingeschränkt wird dieses Recht für Kinder durch Artikel 6 (2) GG, der den Eltern im Rahmen ihrer Religionsfreiheit gegenüber ihren Kindern, solange sie noch keine Jugendlichen, also noch keine vierzehn Jahre alt sind, Erziehungs- und Weisungsbefugnisse einräumt: »Pflege und Erziehung der Kinder sind das natürliche Recht der Eltern und die zuvörderst ihnen obliegende Pflicht. Über ihre Betätigung wacht die staatliche Gemeinschaft.« Das heißt nichts anderes, als dass auch die religionserzieherischen Vorrechte der Eltern gegenüber Kindern, die noch keine Jugendlichen sind, unter der Maßgabe von Artikel 1, der Würde des Menschen stehen. Hinzukommen die im Familienrecht konkretisierenden Festlegungen zum Kindeswohl.

Im ersten Paragraphen des Kinder- und Jugendhilfegesetzes (KJHG) finden wir als entsprechende Konkretisierung: »Jeder junge Mensch hat ein Recht auf Förderung seiner Entwicklung und auf Erziehung zu einer eigenverantwortlichen und gemeinschaftsfähigen Persönlichkeit.« Genau dies ist auch die Perspektive der nachfolgenden Ausführungen, die die religiöse Erziehung nicht im Hinblick auf theologisch begründete Heilswahrheiten, sondern im Hinblick auf ein ausschließlich säkular verstandenes Kindeswohl in einigen Hinsichten zu entfalten versuchen.

Religiöse Erziehung und Kindeswohl

Tatsächlich kann die empirische Forschung deutlich nachweisen, dass religiös-spirituelle Menschen im Allgemeinen, Kinder und Jugendliche im Besonderen, physisch und psychisch gesünder, resilienter und stressresistenter sind als Personen mit ansonsten gleichen sozialen und psychischen Merkmalen, die keine Verbindung zur Religion haben. Jüngste Forschungen legen auch nahe, dass schon Kinder in der Lage sind, Gott nicht anthropomorph, also nicht als Mensch, zu verstehen. Zudem finden sich Hinweise darauf, dass, sofern man »Spiritualität« von »Religiosität« abgrenzt, und zwar so, dass »Spiritualität« auf eine Haltung allgemeiner Verbundenheit und Selbsttranszendenz verweist, »Religiosität« aber auf die in einer Religion behaupteten Inhalte, ein Faktor mit zu berücksichtigen ist, wie wir ihn unabhängig von kulturellen Einflüssen bei nahezu jedem Menschen antreffen.

Religiös-spirituelle Menschen sind physisch und psychisch gesünder, resilienter und stressresistenter als Personen, die keine Verbindung zur Religion haben.

Ob die förderliche Wirkung der Religiosität an ihren Inhalten selbst oder daran liegt, dass religiöse Elternhäuser jedenfalls in westlichen, vor allem europäischen Gesellschaften sich ihren Kindern insgesamt liebevoller zuwenden bzw. in fortgeschrittenen westlichen Gesellschaften zunehmend mehr ein Mittelschichtphänomen darstellen, ist ungeklärt. Auf jeden Fall scheint es so, dass religiöse Jugendliche im deutschsprachigen Raum stärker den Werten der Selbstkontrolle und Leistungsorientierung verpflichtet sind und überhaupt weniger aggressiv, disziplinierter und prosozialer sind als religiös nicht geprägte Jugendliche. Für die Jugendphase scheint sich grundsätzlich zu erweisen, dass religiöse oder spirituelle Jugendliche in einem deutlich geringeren Ausmaß zu delinquentem Verhalten neigen. Dem widerspricht, dass fundamentalistische Milieus in diesen Untersuchungen nicht berücksichtigt wurden – genauer, dass fundamentalistische Milieus nicht eigens untersucht wurden.

Entwicklungspsychologie des religiösen Bewusstseins

Bei alledem ging es noch gar nicht um die Möglichkeit einer im engeren Sinne, d. h. auf theologische Fragen ausgerichteten religiösen Erziehung.

Die Theorietradition von Durkheim, Piaget, Mead und Kohlberg hat auf der Basis einer Theorie der Entwicklung des religiösen Urteils auch in eine allgemeine Religionspädagogik Eingang gefunden. Religiosität entfaltet sich nach Maßgabe einer empirisch verfahrenden Religionspsychologie, wie sie Martin Glock vorgelegt hat, in fünf Dimensionen (Glock 1962).

1. der Dimension des Glaubens als der persönlichen Relevanz der Glaubenssätze für das eigene Leben von Individuen oder Gruppen;
2. der Dimension des Erlebens, in der basale Gefühle wie Furcht oder Vertrauen zum Ausdruck kommen;
3. der Dimension des Wissens, in der es um die Kenntnis oder Unkenntnis der Glaubensschriften, -liturgien und -praxen geht;
4. der Dimension religiöser Praxis, in der es um die von Individuen oder Gruppen vollzogenen Handlungen geht, die in Ritualen und Liturgien zum Ausdruck gebracht werden;
5. der Dimension der Konsequenzen – d. h. der emotionalen und sozialen Folgen, die das Bekenntnis für einen bestimmten Glauben und die Teilnahme an bestimmten Ritualen für den je eigenen Lebensweg von Individuen und Gruppen in ihrer jeweiligen Gesellschaft haben.

Glocks Dimensionen, vor allem die Dimensionen des Glaubens und Erlebens, lassen sich zwanglos mit einer Entwicklungspsychologie des religiösen Urteils verbinden, wie sie in der Tradition von Jean Piaget und Lawrence Kohlberg vor allem von James Fowler (Fowler 1991) und Fritz Oser (Oser/Gmünder 1988) entworfen wurde.

So unterscheidet James Fowler vier Stufen, die untereinander fließend verbunden und nicht durch eine zwingende Entwicklungsdynamik gekennzeichnet sind, von denen jedoch hier nur jene genannt werden sollen, die für die Frage kindlicher Gewissensbildung von Bedeutung sind.

Auf Fowlers *erster Stufe* – sie währt etwa vom 3. bis zum 7. Lebensjahr – herrscht ein *intuitv-projektiver* Glaube vor, bei dem das mehr oder minder unvoreingenommene Kind durch sein sozialisatorisches Umfeld, vor allem durch die Eltern, geprägt wird; sie ist jene Phase, in der symbolische Erzählungen sowie an Symbolen reiche Rituale die kindliche Religiosität formen. Als besondere Gefahren dieser Stufe gelten die dem Bild eines zürnenden, übermächtigen Gottes entsprechende Übersteigerung moralischer Tabus sowie die Entwicklung von Schuldgefühlen – eines zwar internalisierten, aber als strafend und rigide urteilenden Über-Ichs.

Als *zweite Stufe* kann sich nach Fowler die vor allem dem Schulalter zugeordnete Stufe des *mythisch-wörtlichen* Glaubens entfalten, die durch die teils wörtliche Übernahme von Glaubensgrundsätzen und Symbolen gekennzeichnet ist und sich zudem an Prinzipien der Fairness und Gerechtigkeit orientiert. Als Problem dieser Stufe sieht Fowler die Möglichkeit von Enttäuschungen, wenn bildliche Glaubensvorstellungen und wissenschaftliches Wissen in Konflikt geraten.

Die Lösung dieser Widersprüche kann schließlich zur *dritten Stufe* des *mythisch-konventionellen* Glaubens führen, dem nach Fowler die meisten Jugendlichen, aber auch viele Erwachsene anhängen. Auf dieser Stufe hat der Glaube die Funktion, eine kohärente weltanschauliche Orientierung zu geben und eine Basis für soziale und persönliche Identität zu schaffen. Problematisch erscheinen hier das Fehlen einer unabhängigen Urteilsbildung sowie die möglicherweise fehlende Fähigkeit und Bereitschaft, Glaubensinhalte kritisch zu überprüfen. Die damit einhergehende Abhängigkeit vom Urteil anderer kann aber auch – angesichts jugendlicher Entwicklungskrisen – entweder in nihilistischen Abfall vom Glauben oder in eine vereinsamende Intimisierung mit Gott allein führen.

Ähnlich, aber deutlich stärker an Lawrence Kohlbergs Modell moralischer Urteilsbildung orientiert, hat Fritz Oser sechs Stufen des religiösen Urteils konstruiert, die sich von Fowlers Glaubensstufen vor allem dadurch unterscheiden, dass es bei ihnen vor allem um kognitive Entwicklungen geht.

Die *erste* der von Oser postulierten Stufen geht von der *Orientierung an einem Letztgültigen* aus, das direkt und unmittelbar in die Welt eingreifen kann und vom Menschen kaum beeinflussbar ist. Auf dieser Stufe stellt sich das Problem einer Gewissensbildung noch nicht.

Demgegenüber ist die *zweite Stufe*, Oser bezeichnet sie als »Do, ut des« (ich gebe, damit du gibst)-Stufe, dadurch gekennzeichnet, dass Gott im Sinne eines halbwegs *reziproken und reversiblen Verhältnisses* als beeinflussbar gilt und dem Menschen somit eine gewisse Autonomie zukommt. Dies ist die Phase der beginnenden Gewissensbildung.

Auf der *dritten Stufe,* Oser bezeichnet sie als *theistische Stufe,* erkennt der Glaubende seine volle Autonomie und akzeptiert damit eine klare Trennung der beiden Sphären. Im Zuge dieser Entwicklung kann die Beziehung zu Gott als Beziehung von Ebenbürtigen ebenso verstanden werden, wie Gott ganz und gar als unerheblich für das eigene Leben angesehen werden kann, weshalb die dritte Stufe auch die Möglichkeit des Atheismus enthält. Umgekehrt kann das reflektierende Individuum innerhalb dieser Sphärentrennung sich selbst und seine Interessen auch ganz aufgeben und alles Gott überlassen – was zu »fundamentalistischen« Konsequenzen führen kann.

In dieser Phase kann es zur Ausbildung dessen kommen, was herkömmlich als (autonomes) Gewissen – fehlbar, gefährdet und auf der Suche nach Halt – bezeichnet wird.

Wesentliche Bedingungen autonomer Gewissensbildung in Familie und (Vor)schule

Die Dimensionen der Religiosität und die Entwicklungsstufen des religiösen Urteils umreißen zusammengenommen, worauf es bei der erzählenden Präsentation religiöser Inhalte, der Artikulation religiöser Gefühle, der Information über religiöse Wissensbestände, der sozialen Struktur religiöser Rituale sowie schließlich der nur intersubjektiv und gemeinsam kommunizierten Bedeutung des Glaubens hinsichtlich einer autonomen Gewissensbildung – und nur sie verdient diese Bezeichnung wirklich – ankommt.

Religiöse Erziehung als Werteerziehung

Ob und welche religiöse Erziehung Kinder jenseits der Schule erhalten sollen, beantwortet sich zuallererst aus dem religiösen Selbstverständnis der Eltern sowie den Anforderungen und Erwartungen nicht nur des weiteren Familienkreises, sondern auch des sozialen Milieus, in dem Eltern und Kinder ihren Alltag verbringen. Vor diesem Hintergrund stellt sich Eltern dann die Frage, ob sie ihre Kinder in einer zu religiösen Fragen bewusst zustimmenden oder ablehnenden Haltung erziehen wollen oder ob sie wünschen, dass ihre Kinder zumindest mit den religiösen Bräuchen und Glaubensannahmen des jeweiligen Milieus vertraut werden, um nicht von den Erfahrungen anderer Kinder abzuweichen und als Außenseiter zu gelten. Im ersten Fall lässt sich von einer wie auch immer verstandenen »Erziehung zur Frömmigkeit oder zum bewussten Unglauben«, im zweiten Fall von einer »Erziehung zur religiösen Konvention« sprechen.

Sozialpsychologisch wirkt religiöse Erziehung auf den allerersten Blick wie eine bestimmte Form der Werteerziehung, von der sie sich allerdings dadurch unterscheidet, dass sie sich auf einen Kanon religiöser Erzählungen, wie sie in der Bibel, im Koran und der Hadith, aber auch aus dem Leben des Buddha und der Gita vorliegen, sowie auf bestimmte Formen familialer und gottesdienstlicher Rituale und Liturgien beziehen. Jedenfalls geben Untersuchungen zur religiösen Sozialisation keinen eindeutigen Hinweis darauf, ob eine konsequent säkular oder religiös begründete Werteerziehung grundsätzlich förderlicher oder abträglicher im Hinblick auf die Entfaltung der Persönlichkeit wirkt. In beiden Fällen kommt es darauf an, mit welchen Themen und – vor allem – *wie* diese Werteerziehung betrieben wird.

> **Untersuchungen zur religiösen Sozialisation geben keinen eindeutigen Hinweis darauf, ob eine konsequent säkular oder religiös begründete Werteerziehung grundsätzlich förderlicher oder abträglicher im Hinblick auf die Entfaltung der Persönlichkeit wirkt.**

Stärker als eine allgemeine Werteerziehung basiert religiöse Erziehung schließlich auf mit den oben genannten Erzählungen verbundenen häuslichen sowie gottesdienstlichen Ritualen und Symbolen und endlich auf einem eigenen religiösen Bewusstsein von Kindern und Heranwachsenden, also einer – wie die einschlägige Entwicklungspsychologie das nennt – entwicklungsfähigen Haltung zu einem »Absoluten«, das sich jedenfalls kleinen Kindern zunächst als eine transzendente, übermächtige Person, eben als der »liebe Gott«, darstellt. Da religiöse Erziehung jedoch in vielen Fällen auch als Werte- oder Moralerziehung gefasst wird, muss ihr ein erheblicher Einfluss auf die Gewissensbildung zugesprochen werden. Dabei stellt sich dann die Frage, ob und in welchem Ausmaß und vor allem wie eine göttliche Instanz als angenommene unmittelbare Autorität in Fragen dessen, was zu tun oder zu unterlassen ist, auf das Kind wirkt.

In diesem Fall gilt dasselbe, was auch für eine nicht religiös begründete Moralerziehung gilt, dass nämlich eine rigide, argumentativ nicht ausgewiesene, mit Androhung schrecklicher Folgen verbundene Durchsetzung von Normen und Werten nicht nur eine negative Gottesvorstellung befördern kann, sondern darüber hinaus in jenen zumal leibbezogenen Bereichen einer kindlichen Werteerziehung, in denen es um Reinlichkeit, Nahrungsaufnahme, Sinnlichkeit und Geschlechtlichkeit geht, neurotische Ängste gefördert werden können; Ängste, die – in einem religiösen Milieu – lebenslang die Beziehung zum eigenen Körper beeinträchtigen bzw. Konflikte befördern, die sich schließlich unter erheblichem Leidensdruck als lebenslange, mit erheblichen quälenden Schuldgefühlen verbundene psychische oder somatische Krankheitssymptome äußern können. Die Psychopathologie spricht in diesem Fall von »ekklesiogenen« Neurosen und kann dafür reichhaltiges, oft fallbezogenes Anschauungsmaterial vorlegen. Aus der Sicht des Kindeswohls sollte religiöse Erziehung ohne jede Verängstigung oder Drohung betrieben werden.

Aus der Sicht des Kindeswohls sollte religiöse Erziehung ohne jede Verängstigung oder Drohung betrieben werden.

1. Als unerlässliche, notwendige Bedingung gilt eine von jeder Angst – sei es vor körperlicher oder seelischer Strafe, sei es von strafenden Gottesbildern – freie pädagogische Atmosphäre.

2. Das familiale oder institutionelle Lernfeld ermöglicht Erfahrungen von Anerkennung, Intersubjektivität und Empathie sowie das offene, angstfreie (s. o.) Artikulieren und Austauschen von Erfahrungen sowohl sozialer Art als auch mit religiösen Erzählungen. Die vor allem in biblischen Erzählungen auch häufig auftretende Gewalterfahrung dient dabei der Sensibilisierung gegen Gewalt sowie der offenen Erörterung von Fragen, in denen es auch um die Gerechtigkeit Gottes geht.

3. Die liturgisch-symbolische Verdichtung in Gottesdiensten oder Feiern nimmt die moralische Grundierung religiöser Narrative auf, verleiht aber zugleich Raum für eine aktive Eigenbeteiligung der Teilnehmenden über unterschiedlich verteilte Rollen. Sie wird handlungsorientiert vollzogen.

4. Die Präsentation religiöser Informationen erfolgt stets im Kontext sowie problemorientiert und stellt insbesondere dilemmatische moralische Situationen sowie Anlässe für Gewissenskonflikte ins Zentrum der Unterweisung.

5. Die Bildung einer autonomen Gewissensbildung rechnet – auch angesichts möglicher Irrtümer und möglichen Scheiterns – mit der zunehmenden Autonomie von Kindern und Heranwachsenden und verzichtet zunehmend auf eigene Vorgaben, beharrt aber dennoch in einer Vertrau-

en verbürgenden, offenen Atmosphäre auf der individuellen Verantwortung, die Kinder und Heranwachsende durch ihre lebenspraktischen Entscheidungen auf sich nehmen. Dass dabei angesichts möglichen Scheiterns die Möglichkeit und Wirklichkeit von Trost, Einsicht und damit Umkehr erfahrbar werden, verpflichtet die Erzieher, stellt aber zugleich jenes spezifische Erbe dar, das religiöse Traditionen in den Prozess autonomer Gewissensbildung einzutragen vermögen.

Rituale und häusliche Liturgien

Trotz der allgemeinen Säkularisation des Familienlebens sind es auch in heutigen modernen Gesellschaften vor allem religiöse Rituale, in denen Familien – sieht man einmal von Geburtstagen ab – eine gemeinsame, bewusst erlebte, kommunikative und rhythmische Gliederung des Tages-, Wochen- und Jahresablaufs erfahren können. Dem entsprechen eng- oder weitermaschige häusliche Liturgien, die vom Beten vor dem Einschlafen über das tägliche Tischgebet bis hin zu feierlich begangenen jährlichen Festen wie dem hierzulande vorherrschenden Weihnachtsfest reichen können.

In der Kindheit ...

Kleine Kinder sind grundsätzlich auf wiederkehrende soziale Handlungen mit einem eigens betonten, symbolisch verdeutlichten Bedeutungsgehalt, also auf Rituale, angewiesen, insofern die sich im zeitlichen Rhythmus vollziehende Wiederkehr dieser Rituale Übersichtlichkeit und Verlässlichkeit des sozialen Lebens in der Familie verbürgt, somit von der Herausforderung einer immer wiederkehrenden Neuorientierung entlastet und also Kraft und Aufmerksamkeit für andere Entwicklungsaufgaben freigibt. Zugleich erlauben Rituale eine bestimmte Erfahrung von Zeit und sozialem Raum – Feste und Feiern unterstreichen, dass der Zeitverlauf weder nur gleichförmig noch nur auf Leistung und individuellen Fortschritt in der Zukunft gerichtet ist, sondern auch soziale Qualitäten, soziale Verdichtungen, also eine erfüllte Gegenwart aufweisen kann. Rituale dienen sowohl der Bewältigung unvorhergesehener freudiger und trauriger Ereignisse – die Soziologie spricht hier von »Kontingenzbewältigung« – als auch der Weckung des Bewusstseins für die unterschiedlichen Qualitäten der Zeit, von Alltag und Fest.

2

... und im Jugendalter

Freilich wirft sich bei Ritualen ein ähnliches Problem wie bei einer religiös begründeten Werteerziehung auf – die Problematik ihrer rigiden Durchsetzung und der von heranwachsenden Kindern oftmals geforderten Antwort auf die von ihnen gestellte Frage nach dem Sinn der rituellen Vollzüge. Beide Probleme eignen sich vor allem in jener Lebensphase, die der notwendigen Ablösung von den Eltern gilt, nämlich in der Pubertät, als ideale Katalysatoren für auszutragende Konflikte, in denen es um unterschiedliche Werthaltungen von Eltern und Kindern, um einander entgegengesetzte Lebensstile sowie um unterschiedliche Erwartungen daran, was familiärer Zusammenhalt bedeuten kann, geht. Unter diesen Umständen werden die häuslichen Rituale oft genug zum Kampfplatz, zur grell ausgeleuchteten Bühne für das Ablösungsgeschehen, und verantwortungsvolle, an der Autonomie ihrer Kinder und am familialen Zusammenhalt zugleich orientierte Eltern sind gut beraten, das Konfliktangebot weder durch eine beinahe repressive Toleranz zu entwerten noch mit unnachsichtiger Härte darauf zu bestehen, dass alles so zu geschehen hat, wie es immer schon gewesen ist. Ohne Zweifel stellen zumal die jährlich wiederkehrenden, religiös konnotierten Familienfeste eine ganz besondere Herausforderung dar, die sich umso leichter wird bewältigen lassen, wenn diese Form der familialen Religiosität nicht die einzige ist, die den familialen Alltag bestimmt, und schon alleine deshalb mit kaum zu erfüllenden Erwartungen überlastet ist.

Bewusste Entscheidungen!

Das bedeutet für den Sinn religiöser Rituale in der Familie, dass Eltern diese Sinngebung nicht externen Instanzen überlassen können – in aller Regel dem schulischen oder außerschulischen Religionsunterricht. Kinder religiös zu erziehen sollte eine bewusste, verantwortliche Entscheidung der Eltern – auch dann, wenn sie selbst unterschiedlicher Konfession sein sollten – voraussetzen, eine Entscheidung, die Folgen hat: nämlich das Beibehalten eines entsprechenden Lebensstils sowie die Aneignung mindestens basaler Kenntnisse der jeweils zu Hause gepflogenen Religion: ihrer wesentlichen Schriften, des Sinns und der Gestalt ihrer Feste. Das ist vor allem dann unumgänglich, wenn der Wille zu einer religiösen Erziehung gefasst worden ist: In der Erfahrung von Kindern führt das Auseinanderklaffen von in der Schule erfahrener Religiosität und einem in dieser Hinsicht eher nachlässigen Elternhaus zu Diskrepanzerfahrungen, die im ungünstigsten Falle zu einer vorzeitigen Entfremdung vom Elternhaus führen können.

Eine solche Entscheidung sollte nach Möglichkeit nicht auf einen Zeitpunkt verschoben werden, an dem die Kinder bereits zwei oder drei Jahre, also in einem Alter sind, in dem ihnen kindgemäß der Sinn einer solchen Erziehung einleuchtet, sondern bereits zum Zeitpunkt ihrer Geburt getroffen werden – nicht zuletzt deshalb, weil bereits die Geburt selbst bzw. die Aufnahme eines Neugeborenen in eine religiöse Gemeinschaft diese Fragen von Anfang an stellt.

Unter den heutigen Lebensbedingungen einer hochmobilen, sozial zum Teil durchlässigen und säkularen Gesellschaft, die ebenso multikulturell wie plurireligiös geprägt ist, wird es zunehmend unwahrscheinlicher, dass Eheschließungen in geschlossenen soziokulturellen Milieus bzw. nach dem Kriterium gleicher Religionszugehörigkeit vollzogen werden. Entsprechend hoch dürfte die Quote von gemischtkonfessionellen, agnostischen, agnostisch/religiösen Ehepaaren sein, die sich zusammenschließen und mit der Frage nach der religiösen Erziehung ihrer Kinder konfrontiert sind. Ein Erziehungsratgeber kann keine begründeten Vorschläge dazu machen, wer warum worauf verzichten oder was akzeptieren sollte. Aus einer pädagogischen Perspektive kann nur zweierlei gesagt werden: Wie auch immer und wofür auch immer die Entscheidung gefällt wird, sie sollte unter dem Aspekt des Kindeswohls gefällt werden, aber doch so, dass kein Elternteil auf Dauer das Gefühl haben muss, in für ihn wichtigen Hinsichten auf Dauer den Kürzeren gezogen zu haben – mit der möglichen Folge, dass allem guten Willen zum Trotz die Familie später doch – wenn auch unausgesprochen – in dieser Hinsicht gespalten ist und die Kinder eine entsprechende Konkurrenz der Eltern registrieren müssen.

Nicht unproblematisch erscheint auch eine äußerliche Anpassung an ein mehr oder minder religiöses Milieu, ohne dass die Eltern selbst mindestens die nicht nur moralischen, sondern auch im engeren Sinn religiösen und theologischen Grundüberzeugungen, sei es einer konfessionellen Schule, sei es einer alles in allem gläubigen Nachbarschaft, mittragen können, bzw. diesen Überzeugungen sogar meinen widersprechen zu müssen. Der Hinweis, man erziehe die Kinder zunächst religiös, verbunden mit der Bemerkung, schließlich könnten sie sich später ja selbst entscheiden, umgeht das damit entstehende Problem des hohen Konformismus von Kindern und Jugendlichen im Bereich ihrer Peergroup. Zwar kann – zumal bei älteren Kindern – ein respektvoll ausgetragenes Ausmaß an Differenz im Sinne der Selbstfindung durchaus entwicklungsförderlich sein, jedoch führen bewusst wahrgenommene und evtl. durch andere Elternhäuser verstärkte Gefühle des »Außenseiterdaseins« leicht zu Stigmatisierungs- und Vereinsamungstendenzen.

In nur wenigen Bereichen der Erziehung – womöglich nur noch bei der Sexualerziehung – sind bewusst und verantwortlich getroffene Entscheidungen von Eltern so unumgänglich wie im Bereich der religiösen Erziehung. Ohne dass sie unbedingt das positive Zentrum des Erziehungshandelns ausmachen, gilt doch umgekehrt, dass falsch getroffene oder aus Konfliktscheu unterlassene Klärungs- und Entscheidungsprozesse in besonderem Maß nachhaltig negative Folgen zeitigen können.

> In nur wenigen Bereichen der Erziehung – womöglich nur noch bei der Sexualerziehung – sind bewusst und verantwortlich getroffene Entscheidungen von Eltern so unumgänglich wie im Bereich der religiösen Erziehung.

3

Frühe Kindheit

(4 bis 6 Jahre)

Kindheit heute

Sabine Andresen

Die Phase der Kindheit hat zwei grundlegende Gesichter: Kinder sind nämlich einerseits in einer besonders vulnerablen, das heißt empfindsamen und
verletzlichen Lebensphase, andererseits aber mit einem enormen Entwick-
lungspotenzial ausgestattet. Kindheit heute ist demnach als Phase der Ver-
letzlichkeit und der Potenzialität gekennzeichnet und Kinder haben davon
ausgehend sowohl das Bedürfnis nach Schutz und nach Förderung als auch
das nach Anerkennung als fähige und zu befähigende junge Menschen. Für
ihre Befähigung ebenso wie für die Erfahrung der Zuwendung und Entwicklung benötigen sie geeignete soziale Rahmenbedingungen. Zu diesen
Rahmenbedingungen gehören die Befriedigung ihrer Bedürfnisse, quali-
tätsvolle Beziehungen zu Eltern, Geschwistern und anderen Menschen, die
Möglichkeit, entwicklungsgerechte Erfahrungen zu machen, Sprache zu
entwickeln, mit Konflikten umzugehen, und anderes mehr. Es zeichnet sich
im Vergleich zur Vergangenheit ab, dass die Phase der Kindheit heute im
Vergleich zu früher kürzer wird, u. a. weil die Geschlechtsreife früher eintritt. Für die frühe und mittlere Kindheit müssen etwa die ersten zehn Jahre
genügen, bevor das Kind in die Jugendphase übergeht.

In diesem Beitrag wird in drei Schritten der Frage nachgegangen, wie
Kindheit heute in etwa aussieht, wie sie verstanden wird und welche Schlussfolgerungen sich für den Umgang mit Kindern daraus ziehen lassen. Der
erste Abschnitt setzt sich damit auseinander, was wir über Entwicklungsbedingungen und Bedürfnisse von Kindern wissen und welche Schlussfolgerungen für die Erziehung sich daraus ableiten lassen. In der so genannten
Kindheitsforschung hat sich die Auffassung durchgesetzt, dass wir auch
Kinder selbst zur Kindheit und zu ihren Befindlichkeiten und Sichtweisen
befragen müssen. Einige Ergebnisse der Kinderperspektive sollen im zweiten Abschnitt zur Sprache kommen, wobei die mittlere Kindheit im Zentrum steht. Schließlich ist drittens moderne Kindheit auch durch Rechte definiert. Insbesondere Kinderrechte zeugen von spezifischen Vorstellungen

von Kindheit und Kinderleben und sie bieten für das Zusammenleben mit Kindern Orientierung.

Entwicklungen und Bedürfnisse in der Kindheit

Der Philosoph Jean-Jacques Rousseau hatte bereits 1762 in seinem Erziehungsroman »Émile« drei »Erzieher« in der Kindheit ausgemacht: Diese sind die Dinge, die Menschen und die Natur. Trotz aller Unterschiede zwischen dem 18. Jahrhundert und heute sind diese drei auch für die jetzige Kindheit äußerst relevant.

Viele Eltern kennen sicherlich die Erziehung durch das Wasser, etwa wenn sie die Hingabe schon der kleinsten Kinder beim Herannahen der Flut erleben und dabei erfahren müssen, dass ihre eigenen Sanddeiche den Wellen nicht standhalten. Auch beim Spielen auf dem Fußboden lässt sich Erziehung beobachten, beispielsweise durch das Spielzeug, das sich an einer Schnur ziehen lässt und dabei Bewegungen ausübt. Das Kleinkind mit einem trommelnden Bär wird allmählich dahinterkommen, die Kreise größer zu ziehen, um länger in den Genuss zu kommen, seinen Bären trommeln zu sehen. Es lohnt sich also, Zeit zu investieren, die »Erziehung« durch die Dinge und die Natur zu beobachten.

Schließlich sind neben der Natur und den Dingen die Menschen ganz wesentliche Erzieher, durch sie lernt das Kind, in Beziehungen zu treten, zu sprechen, Gefühle auszudrücken, und gerade diese Erzieherinnen und Erzieher sind nötig, um Kinder beim Meistern von Entwicklungsaufgaben zu unterstützen und ihre Bedürfnisse zu befriedigen. An zentraler Stelle stehen dabei die Eltern, aber auch Geschwister; zudem ist die heutige Kindheit – zumindest in Deutschland – noch durch einen regen Kontakt zu den Großeltern geprägt (World Vision 2007). Ebenso sind gleichaltrige Kinder »Erzieher« und die Erwachsenen in den pädagogischen Einrichtungen, die Kindheit heute gestalten: Krippe und Kindertagesstätte, Schule und Hort, Musik-, Kunstschule und Sportverein gehören ebenfalls zu dieser rousseauschen Kategorie.

Rousseau kam es darauf an, möglichst eine Harmonie zwischen den Dingen, der Natur und den Menschen herzustellen und dazu formulierte er eine – gerade aus heutiger Sicht – kluge Einsicht: Man dürfe nicht ständig die

Sorge haben, das Kind sei in seinen Entwicklungen zu spät oder es müsse möglichst schnell und früh Kompetenzen erwerben. Vielfach haben heute Eltern den Eindruck, ihr Kind müsse schon in ganz jungen Jahren etwa Englisch oder Chinesisch lernen, um später in der Schule erfolgreicher und im Arbeitsleben besser positioniert zu sein. Einerseits birgt diese Lebensphase tatsächlich ein ungeheures Lernpotenzial, und eine anregungsreiche Umwelt ist für Kinder ein Geschenk, aber andererseits kommt es gerade auch in dieser Phase auf das richtige Maß von anregenden, gezielten Fördermaßnahmen und der Muße, sich selbst mit den Dingen, der Natur und den Menschen zu befassen, an. Rousseau rät, im Umgang mit Kindern nicht ständig Zeit gewinnen zu wollen, sondern im Gegenteil, man müsse mit ihnen gemeinsam Zeit verlieren. Heutige Kindheit hat hingegen die Tendenz, einem Zeitmangel ausgesetzt zu sein.

> Rousseau rät, im Umgang mit Kindern nicht ständig Zeit gewinnen zu wollen, sondern im Gegenteil, man müsse mit ihnen gemeinsam Zeit verlieren.

Eine Frage der Zeit ist auch die Bewältigung von Entwicklungsaufgaben. Sie geben eine Orientierung, vor welchen Herausforderungen Kinder in unserem Kulturkreis stehen, und sie bieten Hinweise, wie Eltern oder Großeltern, Erzieherinnen, aber auch Lehrkräfte diese begleiten und unterstützen können. Die Formulierung von Entwicklungsaufgaben sollte jedoch nicht dazu verleiten, angestrengt zu prüfen, ob mein Kind schon den nächsten Schritt gegangen ist, die nächste Aufgabe erfolgreich gemeistert hat. Vielmehr ist es hilfreich, von einer Balance der Entwicklungsaufgaben und dem eigenen, individuellen Rhythmus des Kindes auszugehen.

Der Kinderanalytiker Erik H. Erikson hat deutlich gemacht, dass die Kultur einen großen Einfluss auf die kindliche Entwicklung genommen hat, worauf Marianne Leuzinger-Bohleber in ihrem Beitrag eingeht. Die jeweiligen Entwicklungsaufgaben zu meistern setzt den Erwerb weiterer Fähigkeiten voraus, insofern handelt es sich in der Kindheit um einen dichten, äußerst produktiven Vorgang. Das hat auch der US-amerikanische Entwicklungspsychologe Robert Havighurst so gesehen (Hurrelmann/Andresen 2010). Entwicklungsaufgaben werden erstens durch biologische Veränderungen bestimmt: So kann ein Kleinkind, sobald es Milchzähne hat, feste Nahrung zu sich nehmen oder ein Vorschulkind, sobald sich der Gleichgewichtssinn ausprägt, Fahrradfahren erlernen. Entwicklungsaufgaben werden allerdings zweitens auch durch gesellschaftlich bestimmte Vorstellungen initiiert, die Schule und der Erwerb von Kulturtechniken sind dafür ein typisches Beispiel. Drittens ging Havighurst davon aus, dass auch die vom einzelnen Kind und Jugendlichen selbst gesetzten Ziele und Werte Entwicklungsaufgaben anleiten. Gerade bei den selbst gesteckten Zielen können Kinder eine ungeheure Selbstdisziplin an den Tag legen, wofür die meisten Eltern sicherlich zahlreiche Erlebnisse mit ihren Kindern vor Augen haben und Geschichten erzählen können.

Folglich hat man es bei der Orientierung an Entwicklungsaufgaben mit einem Konzept zu tun, das die Umsetzung von biologischen, psychischen und gesellschaftlichen Anforderungen der Entwicklungsstadien im Lebenslauf sowie die damit verbundenen individuellen Handlungskompetenzen und –ziele beschreibt (Hurrelmann/Andresen 2010). Havighurst hat außerdem auf die wechselseitige Verbindung von verschiedenen Entwicklungsaufgaben aufmerksam gemacht. Die Bewältigung einer Entwicklungsaufgabe, zum Beispiel der Aufbau sozialer Bindungen, wirkt sich in seiner Theorie auch auf die Art und Weise aus, wie eine Auseinandersetzung mit Entwicklungsaufgaben in anderen Bereichen, etwa der Moralentwicklung, aussieht. Was Kinder jeden Alters benötigen, sind tragfähige, verlässliche und zugewandte Beziehungen, und zwar zu Hause und in den pädagogischen Institutionen.

> **Was Kinder jeden Alters benötigen, sind tragfähige, verlässliche und zugewandte Beziehungen, und zwar zu Hause und in den pädagogischen Institutionen.**

Die Bedeutung von Beziehungen für Erziehung und für die Entwicklung in der Kindheit zeigen auch bedürfnistheoretische Ansätze. Eine gute Orientierung für das Verständnis von Kindheit bietet die Ausformulierung und Begründung von Grundbedürfnissen der beiden US-amerikanischen Ärzte Berry Brazelton und Stanley Greenspan. Sie gehen davon aus, dass bei Kindern vor allem Bedürfnisse nach ...

1. ... beständigen, liebevollen Beziehungen,
2. ... körperlicher Unversehrtheit, Sicherheit und Regulation,
3. ... Erfahrungen, die auf individuelle Unterschiede zugeschnitten sind,
4. ... entwicklungsgerechten Erfahrungen,
5. ... Grenzen und Strukturen,
6. ... stabilen, unterstützenden Gemeinschaften und nach kultureller Kontinuität,
7. ... Zukunftssicherung

im Vordergrund stehen (Brazelton/Greenspan 2008). Deren Befriedigung sehen die Autoren als gesamtgesellschaftliche Aufgabe und nicht nur als Verpflichtung der Eltern, und sie leiten daraus auch Qualitätskriterien für Kindertageseinrichtungen ab. Beständige, liebevolle Beziehungen nehmen demnach in Brazeltons und Greenspans Bedürfniskonzept eine zentrale Stellung ein. Sie bilden den Ausgangspunkt für das Gefühl von Sicherheit, die Fähigkeit zur Regulation und die weitere emotionale und kognitive Entwicklung des Kindes. Ein wichtiges Merkmal entwicklungsförderlicher und Sicherheit vermittelnder Beziehungen sind »reziproke Interaktionen«, die sowohl Kontinuität als auch Sensibilität von der erwachsenen Betreuungsperson erfordern. Mit Blick auf die allgemeinen bedürfnistheoretischen Ausführungen wird hier noch einmal ins Bewusstsein gerückt, dass die so genannten Wachstums- und Selbstverwirklichungsbedürfnisse untrennbar mit dem Bedürfnis nach sozialer Zugehörigkeit verbunden sind. Ohne eine beständige, aufmerksame und empathische Bezugsperson hat das Kind keine Chance, seine Gefühle zu kontrollieren und sich selbst als Teil eines sozialen Gefüges wahrzunehmen.

Ohne eine beständige, aufmerksame und empathische Bezugsperson hat das Kind keine Chance, seine Gefühle zu kontrollieren und sich selbst als Teil eines sozialen Gefüges wahrzunehmen.

In der späten Kindheit, im Vorschul- und Grundschulalter, müssen die Beziehungen zu Gleichaltrigen, der Aufbau von kognitiven Konzepten und Denkschemata, grundlegenden Fertigkeiten in den Kulturtechniken, die Entwicklung von Gewissen, Moral und Wertorientierungen geleistet werden. Die Schule macht unsere Kinder zu Schülerinnen und Schülern, sie erlernen hier eine wichtige neue Rolle, und derartige neue Rollenerfahrungen gehören zu den Entwicklungsaufgaben einer komplexen und in zahlreiche Teilbereiche sich aufgliedernden Gesellschaft. Dazu gehört etwa auch, mit weniger erfolgreichen Ergebnissen, gar mit Misserfolgen umzugehen. Diese Erfahrungen können sehr schmerzhaft sein und ein Kind lange begleiten, gleichwohl können Eltern ihre Kinder in der Regel vor derartigen Schmerzen nicht bewahren, aber sie mit Verständnis begleiten. Dies wird sicherlich erschwert, weil es nicht genügend positive Beispiele gibt, mit Fehlern umzugehen, bzw. es in unserer Erziehungs- und Schulwelt keine kreative Fehlerkultur gibt. Allerdings verlaufen die Einflüsse von Misserfolgen, negativen Erfahrungen, gar Traumatisierungen auf den weiteren Lebensverlauf keineswegs einheitlich oder gradlinig. Wie Befunde aus der Resilienzforschung zeigen, können sich einige Kinder trotz ungünstiger Umweltbedingungen, negativer Erlebnisse oder frühkindlicher traumatischer Erfahrungen wie des Verlusts eines Elternteils oder schwerer Krankheiten zu psychisch gesunden Menschen entwickeln.

Auch in Entwicklungsverläufen mit größten physischen und psychischen Beeinträchtigungen kann es so genannte »Schutzfaktoren« geben, hierzu gehören wiederum unterstützende soziale Kontakte zur Verwandtschaft und Nachbarschaft, auch gute Beziehungen zu Gleichaltrigen können in Krisen stabilisierende Wirkung entfalten. Alle empirischen Befunde zeigen, dass Krisen vor der Kindheit nicht haltmachen, sondern im Gegenteil in die Lebensphase hineinreichen. Seit dem 20. Jahrhundert hat sich, auch unter dem Einfluss solcher Theorien, wie sie Rousseau entwickelt hat, die Vorstellung von Kindheit als einem Schutz- und Schonraum entwickelt. Ein wichtiger Begriff in der Kindheits-, aber vor allem auch in der Jugendforschung, wie Micha Brumlik in diesem Band zeigt, ist demnach der des Moratoriums. Ein Moratorium ist eine zeitlich befristete Befreiung von Pflichten zu dem Zweck, ein festgelegtes Ziel zu erreichen. Viele Kinder in Deutschland erleben ihre Kindheit durchaus als eine Art Moratorium, aber keineswegs durchgängig und vor allem nicht in allen Familien und Milieus.

> Auch in Entwicklungsverläufen mit größten physischen und psychischen Beeinträchtigungen kann es so genannte »Schutzfaktoren« geben.

Kindheit aus Sicht der Kinder

Die Kindheitsforschung ist mit der Frage befasst, wie sich die Lebensphase Kindheit entwickelt und verändert hat und welche kulturellen, sozialen und politischen Vorstellungen vom Kind in einer Gesellschaft existieren. Eine neue und interessante Herausforderung stellt sich der Forschung aber durch die Befragung von Kindern selbst: Wie sehen sie eigentlich die Lebensphase Kindheit und welche Rückschlüsse für das Zusammenleben und für ihre Erziehung lassen sich daraus ziehen? Einige Erfahrungen machen die Forscherinnen und Forscher in diesen Studien durchgängig: Erstens wollen Kinder nach ihrer Meinung und Einschätzung gefragt werden, zweitens sind sie dazu auch in der Lage, drittens haben sie oft klare Vorstellungen von dem, was ihnen guttut und viertens nehmen sie Ungleichheit und Ungerechtigkeit deutlich wahr (World Vision 2007).

Zu den zentralen Lebens- und Erfahrungsbereichen heutiger Kindheit zählen neben der Familie mit ihren unterschiedlichen Ausprägungen pädagogische Einrichtungen wie Kita und vor allem Schule, die Freunde und ihre Familien sowie unterschiedliche Freizeitbereiche und die Medien. Die Familie bietet sich mittlerweile den Kindern in verschiedenen Lebensformen dar, wenngleich die Mehrheit der Kinder zwischen acht und elf Jahren mit beiden leiblichen Elternteilen sowie mit einem Bruder oder einer Schwester aufwächst. Eine ausgeprägte Familienform ist somit die Zwei-Kind-Kernfamilie, aber auch das Aufwachsen als Einzelkind gehört für ein Viertel der Kinder zur heutigen Kindheit. Kinder in Deutschland mit mehr als einem Geschwisterkind haben nicht selten einen Migrationshintergrund. Eine wichtige Frage des Aufwachsens für Kinder heute sind demnach die Anwesenheit und die Anzahl von Geschwistern und die damit verbundenen Möglichkeiten, aber auch Einschränkungen. Eine weitere Familienform ist inzwischen ebenfalls ein Kennzeichen der Lebensphase Kindheit, nämlich die der Alleinerziehenden. Kinder aus diesen Familien und ihre meist alleinerziehenden Mütter erhalten ohne Zweifel zu wenig gesellschaftliche Unterstützung und leben oft unter sozial unsicheren Bedingungen.

> **Kinder mit nur einem Elternteil und ihre – meist – Mütter erhalten ohne Zweifel zu wenig gesellschaftliche Unterstützung und leben oft unter sozial unsicheren Bedingungen.**

Kinder von Alleinerziehenden, Kinder aus Familien mit Migrationshintergrund, Kinder, deren Eltern einen niedrigen Schulabschluss und eine gering qualifizierte oder gar keine Ausbildung haben, sowie Kinder in den neuen Bundesländern sind häufiger von Armut, sozialer Ungleichheit und Unsicherheit bedroht als dem gegenüber privilegiertere Kinder. Beispielsweise leben Kinder, die über zu wenig Zeit mit den Eltern klagen, entweder mit erwerbstätigen Alleinerziehenden, mit zwei Vollzeit erwerbstätigen Eltern oder mit arbeitslosen Eltern zusammen. Dieser Befund zeigt, wie stark die Logik des Arbeitsmarktes das Familienleben belasten kann, insbesondere wenn weitere Unterstützungen fehlen. Dabei kommt es sowohl auf die Anzahl von Betreuungsplätzen in Krippen, in der Nachmittagsbetreuung, in der Ganztagsschule an, aber auch auf die Qualität des Angebots. Die Mehrheit der Kinder heute hat erwerbstätige Eltern, das heißt, der Tagesablauf wird zunehmend von Angeboten außerhalb der Familie bestimmt, wenngleich noch 42 % der 8- bis 11-Jährigen in einer »klassischen« bürgerlichen Familie mit einem erwerbstätigen Vater und einer für das Familienleben zuständigen Mutter leben.

Aus Sicht der Kinder ist nicht die Erwerbstätigkeit an sich belastend, im Gegenteil trägt eine stabile Beteiligung beider Eltern am Arbeitsmarkt auch zur Stabilisierung der Kindheit bei. Dies scheint in vielen Familien zudem durch das Engagement von Großeltern unterstützt zu werden, denn 55 % dieser Altersgruppe der World-Vision-Studie sieht die Großeltern täglich oder doch mehrmals in der Woche. Kindheit heute ist außerdem durch die wachsende Erwerbsbeteiligung der Mütter insgesamt in unterschiedliche Zuständigkeits- oder Verantwortungsbereiche aufgeteilt. Für diesen Prozess artikuliert sich in einem afrikanischen Sprichwort ein zentraler Gedanke: Es braucht ein ganzes Dorf, um Kinder stark zu machen. Bei aller Verantwortung, die Eltern als primäre Bezugspersonen für ihre Kinder weit über die frühe Kindheit hinaus haben, müssen sie sich nicht allein zuständig fühlen. Als Eltern sollte man durchaus gezielt nach Entlastungen suchen, gerade um die Ansprüche gegenüber den Kindern und für ein zufriedenstellendes Zusammenleben in der Familie sowie die Ansprüche im Beruf erfüllen zu können. Es zeigt sich, dass aus Sicht der Kinder nicht die Anzahl der Stunden mit Mutter oder Vater der allein ausschlaggebende Faktor des Wohlergehens ist, sondern die Art und Weise, wie die Zeit miteinander verbracht wird, wie die emotionale Qualität ist. Sicherlich sollten beide Elternteile prüfen – und hier ist vor allem der Vater angesprochen, von dem sich in den Befragungen Kinder mehr gemeinsame Zeit wünschen –, wie sie ihre Zeit einteilen und was sie gegenüber Arbeitgebern und Kollegen geltend machen können. Darüber hinaus gibt es deutliche Hinweise, wie aus Sicht der Kinder ein gutes familiäres, wahlverwandtschaftliches und freundschaftliches Netzwerk ihren Alltag erleichtern hilft, so wie insgesamt Freundschaften zum Glück der Kinder beitragen. Eltern tun vermutlich gut daran, die Freundinnen und Freunde ihrer Kinder offen und freundlich zu empfangen, die Kinder bei der Freundschaftspflege zu unterstützen und bei Enttäuschungen zu begleiten.

In der ZDF-Glücksstudie (Bucher 2009) sind neben den Aktivitäten, dem allgemeinen Wohlbefinden in der Familie und den positiven Erlebnissen in der Schule Freunde, viele Kinder in der Nähe und genug Freizeit wesentliche Faktoren, die Kindheitsglück begünstigen. Dies zeigt sich auch in unserer World Vision Studie (2007), wobei immerhin 28 % sich nicht wirklich gut in einen Freundeskreis integriert fühlen und 7 % ganz unzureichend integriert sind. Für Kinder, aber auch für die Eltern, kann es sehr belastend sein, wenn die Freunde fehlen, und in dem Fall wäre es sicherlich angemessen, das Gespräch mit dem Kind, aber auch mit Erzieherinnen und Lehrkräften zu suchen, um gemeinsam Ursachen zu klären und Wege in die Freundschaft zu finden. Kinder benötigen in der Familie, nach Möglichkeit auch in der Nachbarschaft, aber auf jeden Fall in Krippe, Kindertagesstätte und Schule Gelegenheiten, Freunde kennenzulernen, Freundschaften zu pflegen, und die Möglichkeiten, die dazu nötigen Fähigkeiten wie Empathie, aber auch Konfliktmanagement und Vertrauen zu entwickeln. Da Kinder heute immer mehr Zeit des Tages in Kita und Schule verbringen, besonders wenn sie Schulkinder in Ganztagsschulen sind, man also durchaus von einer institutionalisierten oder Schulkindheit sprechen kann, lohnt es sich, neben den Fragen der Qualität von Bildung und Betreuung auch den Blick auf die Möglichkeiten für Kinderfreundschaften zu richten.

Aus dieser Perspektive eröffnen sich Einsichten zur Freizeitgestaltung und zum Medienkonsum, denn gerade Letzterer gehört unabdingbar zur Kindheitsphase. Insgesamt sind die Freizeitaktivitäten der Kinder sehr vielfältig, bedenkliche einseitige Ausrichtungen auf stundenlangen Medienkonsum hängen in Deutschland eindeutig mit dem sozialen Hintergrund des Kindes und tendenziell mit dem Geschlecht der Kinder zusammen. Jungen, deren Eltern einen niedrigen sozioökonomischen Status haben, die in einem schwierigen Wohnumfeld aufwachsen und beispielsweise nicht in einem Sportverein Mitglied sind, nutzen in ihrer Freizeit intensiv Fernsehen und Computer. Eine allgemeine Klage über Kinder und ihren Medienkonsum ist angesichts der empirischen Befunde allerdings nicht gerechtfertigt, vielfach leisten Eltern wichtige Arbeit, wenn sie Fernsehen, Computer und Spiele nicht tabuisieren, ihren Kindern aber auch genügend andere Anregungen zur Freizeitgestaltung eröffnen – doch auch hier hängen die Möglichkeiten mit den finanziellen Ressourcen und der Zeit in den Familien zusammen. Umso wichtiger ist es, dass Kindertageseinrichtungen, Schulen, die Kinder- und Jugendhilfe und die offene Kinderarbeit leicht zugängliche und attraktive Angebote für Kinder machen. Bedenklich stimmt nämlich, dass gerade sozial benachteiligte Kinder und Kinder, die keine zufriedenstellenden Freundschaften haben, auch selten in Vereinen aktiv sind.

Kindheit und Kinderrechte

Für die heutige Kindheit ist der rechtliche Status von Kindern zentral. Ein Meilenstein für die deutsche Rechtsprechung sind das seit dem Jahr 2000 gültige »Gesetz zur Ächtung von Gewalt in der Erziehung« und das damit einhergehende Recht von Kindern auf eine gewaltfreie Erziehung. Auch der berühmte »kleine Klaps« ist hier einbezogen und wird geächtet. Insofern bietet diese neue juristische Grundlage eine wichtige Orientierung für die Erziehung von Kindern und sie zielt auf eine respektvolle und anerkennende Haltung. Eine in jüngster Zeit zu beobachtende und damit durchaus verbundene Maßnahme ist in vielen Kommunen insbesondere nach den grausamen Tötungsdelikten an Kevin in Bremen, Jessica in Hamburg-Jenfeld und anderen Kindern die Einrichtung von so genannten »frühen Hilfen«. Die Idee ist, insbesondere gefährdete Familien zu befähigen, grundsätzlich und auch unter Stress keine Gewalt anzuwenden und auf die Bedürfnisse ihrer Kinder zu achten.

> Ein Meilenstein für die deutsche Rechtsprechung sind das seit dem Jahr 2000 gültige »Gesetz zur Ächtung von Gewalt in der Erziehung« und das damit einhergehende Recht von Kindern auf eine gewaltfreie Erziehung.

Seit dem 5. April 1992 ist außerdem die Kinderrechtskonvention geltendes Recht in Deutschland, allerdings ist im Grundgesetz bislang keine ausdrückliche verfassungsrechtliche Verankerung der Kinderrechte vorgenommen worden. Insgesamt ist man mit den Kinderrechten u. a. die Verpflichtung eingegangen, »alle geeigneten Gesetzgebungs-, Verwaltungs- und sonstigen Maßnahmen zur Verwirklichung der in diesem Übereinkommen anerkannten Rechte« einzuleiten. Die Kinderrechtskonvention unterscheidet zwischen *Schutzrechten*, weil Kinder aufgrund der »Entwicklungstatsache« und ihrer besonderen Vulnerabilität auf Schutz und Fürsorge elementar angewiesen sind, *Entfaltungsrechten*, weil Kinder soziale und kulturelle Rahmenbedingungen – etwa Schulen – benötigen, um ihre Fähigkeiten nachhaltig ausbilden zu können, sowie *Partizipationsrechten*, damit Kindern umfassend die Möglichkeit zur Teilhabe und Mitbestimmung gewährt wird.

Letzteres fordert also das Recht der Kinder – auch der jungen Kinder – auf freie Meinungsäußerung und Vertretung der eigenen Interessen ebenso ein wie das Recht auf Beteiligung und Mitbestimmung am öffentlichen Leben in Schulen oder Kommunen. Jede Maßnahme müsse außerdem grundsätzlich daraufhin geprüft werden, ob sie dem Wohl des Kindes dient. So heißt es in Artikel 3 der UN-Kinderrechtskonvention: »Bei allen Maßnahmen, die Kinder betreffen, gleichviel ob sie von öffentlichen oder privaten Einrichtungen der sozialen Fürsorge, Gerichten, Verwaltungsbehörden oder Gesetzgebungsorganen getroffen werden, ist das Wohl des Kindes ein Gesichtspunkt, der vorrangig zu berücksichtigen ist.« Außerdem gibt es u. a. die Verpflichtung, dass das Kind seine Identität behalten darf (Artikel 8), es muss gesichert sein, dass das Kind fähig ist, sich eine eigene Meinung zu bilden, und das Recht hat, diese frei zu äußern (Artikel 12), ebenso ist das Recht des Kindes auf Gedanken-, Gewissens- und Religionsfreiheit zu gewährleisten (Artikel 14) sowie das Recht, sich mit anderen frei zusammenzuschließen (Artikel 15), oder das Recht auf das erreichbare Höchstmaß an Gesundheit (Artikel 24).

Der mit der UN-Kinderrechtskonvention verbundene »Nationale Aktionsplan für ein kindergerechtes Deutschland« hat für den Zeitraum von 2005 bis 2010 folgende Handlungsfelder definiert: Chancengerechtigkeit durch Bildung, Aufwachsen ohne Gewalt, Förderung eines gesunden Lebens und gesunder Umweltbedingungen, Beteiligung von Kindern und Jugendlichen, Entwicklung eines angemessenen Lebensstandards für alle Kinder und das Erfüllen internationaler Verpflichtungen. Dies sind auch Handlungsfelder innerhalb der Familie, aber es wird deutlich, dass Eltern allein dafür nicht in die Verantwortung zu nehmen sind. Insofern steht die Gestaltung von Kindheit heute vor der Herausforderung, eine gelungene Balance zwischen familiärer und öffentlicher Verantwortung zu finden, und Eltern können ihre Kinder ermuntern und unterstützen, Teilhabe einzufordern. Ein für die Umsetzung von Kinderrechten wichtiger Befund aus der World-Vision-Kinderstudie (2007) kann Eltern, vor allem den Müttern, insgesamt Mut machen, weil sie es sind, bei denen die Mehrheit der Kinder die Erfahrung macht, es werde viel Wert auf ihre Meinung gelegt.

> **Die Gestaltung von Kindheit steht heute vor der Herausforderung, eine gelungene Balance zwischen familiärer und öffentlicher Verantwortung zu finden.**

Frühe Kindheit:
Wann muss ich mir Sorgen machen?

Günther Deegener

3

Einleitung

Bevor Eltern sich »Sorgen« um ihr Kind machen, erscheint es ratsam, dass sie sich »Gedanken« über sich machen: über ihre Erziehungsziele und Erwartungen an das Kind sowie über ihr Wissen und ihre Vorstellungen hinsichtlich der »normalen« Entwicklung ihres Kindes. Zur Erläuterung:

···⟩ Die Sorgen von Kathrins Eltern um deren berufliche Zukunft sind so groß, dass Kathrin bereits im Kindergartenalter zwei Sprachen lernt und zu Hause die Spiele mit ihr im Sinne von »Entwicklungsförderprogrammen« erfolgen sowie zweimal in der Woche noch eine musikalische Frühförderung aufgesucht wird, weil die Eltern in einem Zeitungsartikel gelesen hatten, dass dadurch auch der Intelligenzquotient ansteigen würde.

···⟩ Peters Eltern meinen dagegen, dass alles gar nicht so schlimm sei, wenn ihr Junge im Kindergarten seit einem halben Jahr mehrmals täglich bei Kleinigkeiten ausrastet und dann spuckt und schreit und um sich schlägt – und auch der Kinderarzt meint, dies werde sich »auswachsen«.

···⟩ Lisas Eltern wiederum sind in vielen Erziehungsfragen völlig uneins: Der Vater meint, sie würde »wie ein Barbar fressen«, während die Mutter meint, mit 4½ Jahren sei es noch viel zu schwierig, »anständig« mit Messer und Gabel sowie ohne viel Kleckern und Schmiererei zu essen.

Die drei Beispiele weisen darauf hin, dass Eltern sich vielfach weniger »Sorgen um ihr Kind« als vielmehr »Gedanken über ihre eigenen (zu großen, zu kleinen) Sorgen« machen sollten. Dies können sie alleine tun (z. B. Elternratgeber lesen, Elternforen im Internet aufsuchen, über die Erziehung durch ihre eigenen Eltern nachdenken), aber fast besser ist noch der regelmäßige Gedanken- und Erfahrungsaustausch über die Erziehung und Entwicklung der Kinder z. B. mit dem Partner, mit den Erzieherinnen im Kindergarten,

mit dem Kinderarzt, beim Besuch eines Elternkurses. Dabei sollten allerdings die erhaltenen Ratschläge nicht gleich unbedenklich im Alltag umgesetzt werden – es ist eher ratsam, sie zunächst in Ruhe abzuwägen und sich
dann zu entscheiden. Auch wird nicht empfohlen, andauernd mit einem Elternratgeber »unter dem Arm« herumzulaufen, um bei jeder Gelegenheit
sein Wissen vor einer Entscheidung zu vertiefen – aber es wäre sicherlich
hilfreich, wenn Elternbildung im Sinne des Erlernens von Erziehungskompetenz im öffentlichen Bewusstsein nicht als »Eingeständnis elterlichen Versagens«, sondern als selbstverständlich angesehen würde, als notwendige
und positiv bewertete Lernbereitschaft, als Möglichkeit der Verbesserung
der Lebensqualität und Gesundheit von Erwachsenen wie Kindern sowie als
Verantwortungsübernahme für die zukünftige Generation.

Für Eltern auch von Kindern im Alter zwischen vier bis sechs Jahren können
im Rahmen einer so verstandenen Elternbildung u. a. folgende Quellen empfohlen werden:

ELTERNBRIEFE

(Bei den kursiv gedruckten Internetadressen können die jeweiligen Briefe vollständig ein-
gesehen werden; eine Reihe von Jugendämtern verteilen Elternbriefe auch kostenfrei.)

⋯⋗ Elternbriefe des »Arbeitskreises neue Erziehung« *(www.ane.de/elternbriefe.*
   html)
⋯⋗ Peter-Pelikan-Briefe *(www.peter-pelikan.de)*
⋯⋗ »Du und wir«-Elternbriefe *(www.elternbriefe.de)*
⋯⋗ Elternbriefe des Stadtjugendamtes München: *(www.muenchen.de/Rathaus/*
   soz/stadtjugendamt/elterninfo/elternbriefe/154922/index.html)
⋯⋗ Elternbriefe des österreichischen Bundesministeriums für soziale Sicherheit
   und Generationen *(www.eltern-bildung.at/eb/literaturEcke/broschuerenser-*
   vice.php)

ELTERNKURSE

(Bei den Jugendämtern kann man Auskunft erhalten, ob die angeführten oder auch andere
Elternkurse angeboten werden.)

⋯⋗ Elternkurs »Starke Eltern – Starke Kinder®« *(www.starkeeltern-starkekinder.de)*
⋯⋗ Kess-erziehen® *(www.kess-erziehen.de)*
⋯⋗ STEP *(www.instep-online.de)*
⋯⋗ FamilienTeam-Elterntraining *(www.familienteam.net)*

⸱⸱⸱ Familienprogramm FuN *(www.praepaed.de/die-idee.html)*
⸱⸱⸱ EFFEKT *(www.effekt-training.de)*
⸱⸱⸱ Rendsburger Elterntraining *(www.elterntraining.com)*
⸱⸱⸱ Elternschule des Kreises Nordfriesland (www.nordfriesland.de/index. phtml?NavID=28.293)
⸱⸱⸱ Elterntraining von Gordon (www.gordonmodell.de/html/fet.html)

CD-ROM/DVD

⸱⸱⸱ *Elternratgeber »Freiheit in Grenzen« mit Buch:* Interaktives Lernen zur Stärkung der Erziehungskompetenz für Eltern von Kleinkindern, von Kindern zwischen 6 und 12 Jahren sowie für Eltern von Jugendlichen (www.freiheit-in-grenzen.org)

ELTERNRATGEBER IM INTERNET

⸱⸱⸱ *Familienhandbuch online*: www.familienhandbuch.de
⸱⸱⸱ Elternforen, -informationen: www.elternforen.de; www.elternforum.at; www. elternwerkstatt.at; www.elternimnetz.de; www.elterntalk.net
⸱⸱⸱ Online-Elterntraining zur Bewältigung von Familienstress: www.elterntraining.ch

RADIO- UND FERNSEHSENDUNGEN FÜR FAMILIEN, ELTERN UND ERZIEHUNGSFRAGEN

⸱⸱⸱ Servicezeit: Familie: www.wdr.de/tv/servicezeit/familie
⸱⸱⸱ Elternsprechstunde – Alles übers Kind: /www.br-online.de/br-alpha/eltern-sprechstunde/index.xml
⸱⸱⸱ *Service: Familie*: http://www.hr-online.de/website/fernsehen/sendungen/ index.jsp?rubrik=2658; siehe auch: die Ratgeberseite »Familie: Kind und Erziehung«: www.hr-online.de/website/rubriken/ratgeber/index. jsp?rubrik=3636

BÜCHER:

⸱⸱⸱ Anna Wahlgren: Das KinderBuch. Wie kleine Menschen groß werden. Beltz.
⸱⸱⸱ Klaus Hurrelmann, Gerlinde Unverzagt: Kinder stark machen für das Leben. Herder.
⸱⸱⸱ Cornelia Kösel: Wenn Eltern aus der Haut fahren. Von der Unmöglichkeit, immer liebevoll, geduldig und ausgeglichen zu sein. Kösel.
⸱⸱⸱ Sigrid Tschöpe-Scheffler: Kinder brauchen Wurzeln und Flügel. Erziehung zwischen Bindung und Autonomie. Grünewald.

Vorbeugung von Entwicklungs- und Verhaltensstörungen

Um die Wahrscheinlichkeit zu verringern, dass Eltern sich vermehrt Sorgen um die Entwicklung und das Verhalten ihrer Kinder machen müssen, entwickelte Sigrid Tschöpe-Scheffler von der Fachhochschule Köln die folgende Gegenüberstellung von – jeweils möglichst zu verwirklichenden bzw. zu vermeidenden – entwicklungsfördernden und entwicklungshemmenden Erziehungsmerkmalen:

Natürlich ist bei dieser Gegenüberstellung zu beachten, dass sie »idealtypisch« ist, denn selbstverständlich führt nicht gleich jeder im Erziehungsalltag ausgeübte entwicklungshemmende Aspekt zu Auffälligkeiten im Erleben und Verhalten von Kindern. Je häufiger, ausgeprägter, zeitlich ausgedehnter sowie vermehrt aus den angeführten verschiedenen Bereichen entwicklungshemmende elterliche Verhaltensweisen ausgeübt werden, umso mehr wächst allerdings die Wahrscheinlichkeit, dass bei den Kindern Entwicklungs- und Verhaltensstörungen entstehen und die Eltern sich dann Sorgen machen müssen.

Ein solches Übermaß entwicklungshemmender Aspekte in der Erziehung führt auch dazu, dass die Grundbedürfnisse der Kinder (z. B. nach beständiger, liebevoller Beziehung und Geborgenheit, nach Erfahrungen beim Erforschen und Entdecken und Begreifen der Welt, nach Schutz vor Gefahren, nach Beachtung der grundlegenden physiologischen Bedürfnisse wie z. B. ausreichender und ausgewogener Ernährung sowie angemessenem Wach- und Ruhe-/Schlafrhythmus, nach sozialen Beziehungen zu Gleichaltrigen) nicht hinreichend erfüllt werden und sie ihre alterstypischen Entwicklungsaufgaben nicht erreichen. Dies kann für die frühe Kindheit u. a. bedeuten, dass die Kinder

···⟩ im Elternhaus mit fünf Jahren sich an die Mutter klammern und sie nicht aus den Augen lassen, jede Nacht noch bei den Eltern schlafen wollen, immer wieder gleich weinend vom Spiel mit einem Nachbarskind nach Hause gelaufen kommen, gemeinsame Brettspiele mit den Eltern meiden aus Angst vor dem Verlieren und sich vor den Fernseher flüchten, beim Malen sehr viel ungeschickter als Gleichaltrige sind, sich kaum allein beschäftigen können, wenig Phantasie beim Spielen aufweisen, einen geringen Wortschatz haben und motorisch ungeschickt bzw. ungeübt wirken, bei Besuchen der Eltern durch Bekannte angstvoll in ihr Zimmer ausweichen,

···⟩ im Kindergarten sich kaum von der Mutter trennen können, eher allein spielen und sich von der Gruppe isolieren, sich nicht durchzusetzen vermögen, geringes Neugierverhalten zeigen, wenig sprechen, neue Spiele nur schwer begreifen, beim nicht sofortigen Gelingen eines Puzzles mit Weinen und Wegschmeißen der Puzzleteile reagieren,

···⟩ von der Einschulung zurückgestellt werden, weil sie nicht gruppenfähig wirken, in der feinmotorischen und sprachlichen Entwicklung Rückstände aufweisen, sich noch zu wenig konzentrieren können, eine geringe Aufmerksamkeits- und Beschäftigungsspanne haben, deutlich Angst und Abneigung gegenüber einem Schulbesuch zeigen, eine zu geringe Anstrengungsbereitschaft besitzen und kaum Interesse an Spiel- und Lernangeboten haben.

ENTWICKLUNGSFÖRDERNDE ASPEKTE	ENTWICKLUNGSHEMMENDE ASPEKTE
EMOTIONALE WÄRME	**EMOTIONALE KÄLTE/ÜBERHITZUNG**
···⟩ Schutz	···⟩ Ablehnung
···⟩ Emotionale Wärme	···⟩ Distanz
···⟩ Anteilnahme	···⟩ Desinteresse
···⟩ Trost	···⟩ Vermeidung von Körperkontakt
···⟩ Lächeln	···⟩ Ignoranz
···⟩ Wohlwollende Atmosphäre	···⟩ Unfreundliche Abgewandtheit
···⟩ Ermöglichung von Körperkontakt	···⟩ Zurückweisung
···⟩ Liebevolle, freundliche Zuwendung	oder
···⟩ Für- und Mitsorge	···⟩ Emotionale Überhitzung
···⟩ Wahrnehmende Liebe	···⟩ Überbehütung
	···⟩ Einengung
	···⟩ Abhängigkeit
	···⟩ Forderung von Körperkontakt
	···⟩ Kontrollierende Zuwendung
	···⟩ »Fürsorgliche Belagerung«
	···⟩ Besitzergreifende Liebe

ENTWICKLUNGSFÖRDERNDE ASPEKTE	ENTWICKLUNGSHEMMENDE ASPEKTE
ACHTUNG	**MISSACHTUNG**
⋯⋗ Anerkennung	⋯⋗ Geringschätzung
⋯⋗ Wertschätzung	⋯⋗ Abwertung
⋯⋗ Positive Rückmeldung	⋯⋗ Nörgeln, negative Rückmeldungen
⋯⋗ Lob	⋯⋗ Tadel, destruktive Strafe
⋯⋗ Hilfe zur Selbsthilfe	⋯⋗ Desinteresse, Ignoranz
⋯⋗ Selbstbestimmung	⋯⋗ Demütigung
⋯⋗ Respekt	⋯⋗ Vernachlässigung von
⋯⋗ Wahrnehmung von Bedürfnissen	Bedürfnissen
⋯⋗ Erklärung abgeben	⋯⋗ Unfreundlich abgewandte, zurück-
⋯⋗ Zugewandtheit	weisende Haltung
⋯⋗ Wohlwollen	⋯⋗ Diskriminierung
⋯⋗ Akzeptanz	⋯⋗ Abwertung, Ablehnung
⋯⋗ Zeit mit dem Kind	
KOOPERATION	**DIRIGISMUS**
⋯⋗ Minimale Lenkung	⋯⋗ Maximale Lenkung
⋯⋗ Übergabe von Verantwortung	⋯⋗ Einschränkung von Verantwortung
⋯⋗ Loslassendes Begleiten	⋯⋗ Verbote
⋯⋗ Freiraum	⋯⋗ Einschränkung von Freiraum
⋯⋗ Selbst- und Mitbestimmung	⋯⋗ Fremdbestimmung
⋯⋗ Teilhabe	⋯⋗ Befehl, Vorgabe, Anordnung
⋯⋗ Förderung der Autonomie	⋯⋗ Einschränkung von Autonomie
⋯⋗ Förderung von Selbstständigkeit	⋯⋗ Forderungen
⋯⋗ Unterstützung	⋯⋗ Drohungen
⋯⋗ Ermutigung	⋯⋗ Planungen ohne Einbeziehung des
⋯⋗ Akzeptanz von Fehlern	Kindes
⋯⋗ Gemeinsame Planungen und Unternehmungen	

ENTWICKLUNGSFÖRDERNDE ASPEKTE	ENTWICKLUNGSHEMMENDE ASPEKTE
VERBINDLICHKEIT	**BELIEBIGKEIT**

VERBINDLICHKEIT

- ⋯⟩ Konsequenz
- ⋯⟩ Struktur
- ⋯⟩ Grenzen setzen
- ⋯⟩ Rituale und Regeln
- ⋯⟩ Klarheit
- ⋯⟩ Verlässlichkeit
- ⋯⟩ Kontinuität
- ⋯⟩ Struktur und Organisation

BELIEBIGKEIT

- ⋯⟩ Inkonsequenz
- ⋯⟩ Chaos
- ⋯⟩ Grenzenlosigkeit
- ⋯⟩ Mangelnde Verbindlichkeiten
- ⋯⟩ Unklarheit
- ⋯⟩ Unberechenbarkeit
- ⋯⟩ Diskontinuität
- ⋯⟩ Desorganisation
- ⋯⟩ Nichtstun und Überforderung

ALLSEITIGE FÖRDERUNG

- ⋯⟩ Bereitstellung einer anregungsreichen Umgebung
- ⋯⟩ Ermöglichung von Kulturaneignung
- ⋯⟩ Unterstützung des Neugierverhaltens
- ⋯⟩ Bereitstellen von Welt- und Zukunftsorientierung und Lebenszusammenhängen
- ⋯⟩ Ernstnehmen von Fragen
- ⋯⟩ Bereitstellung von Wissen in den Bereichen Natur, Wissenschaft, Technik, Religion etc.

MANGELNDE FÖRDERUNG/ EINSEITIGE (ÜBER)FORDERUNG/ PERFEKTIONISMUS

- ⋯⟩ Anregungsarme Umgebung
- ⋯⟩ Abwertung sinnlicher Erfahrungen
- ⋯⟩ Reduktion von Welt
- ⋯⟩ Verhinderung von Lernerfahrungen
- ⋯⟩ Dämpfung des Neugierverhaltens
- ⋯⟩ Verweigerung von Antworten
- ⋯⟩ Ehrgeiziger Drill
- ⋯⟩ Übermäßiges Leistungsstreben

3

Verhaltensstörungen in der frühen Kindheit (4 bis 6 Jahre)

Ab wann ein bestimmtes Verhalten als »Verhaltensstörung« bezeichnet werden kann oder muss, ist keineswegs so eindeutig, wie es zunächst erscheinen mag, weil solche Beurteilungen auch sehr viel von Persönlichkeitsmerkmalen, Erwartungen und Einstellungen der BeurteilerInnen abhängen. Dazu einige Beispiele:

···⟩ Ein Elternteil, der übermäßig bedacht ist auf Sauberkeit und Ordnung, indem er z. B. wünscht, dass alle Dinge immer wieder »an ihrem richtigen Platz liegen« müssen sowie äußerst früh das Gefühl entwickelt, die Wohnung sei verstaubt und verdreckt und müsse deswegen täglich durch Putzen, Wischen und Staubsaugen »anständig sauber« gehalten werden, wird sehr viel mehr und ausgeprägter über sein 4-jähriges Kind klagen, wie unaufgeräumt, chaotisch und verschmutzt dessen Zimmer sei, wie unendlich viel es mit ihm dann schimpfen müsse, weil es nicht aufräumt, wie sehr es beim Essen kleckern und sich verschmieren würde, als ein Elternteil, der deutlich geringere Anforderungen an Ordnung und Sauberkeit aufweist.

Ab wann ein bestimmtes Verhalten als »Verhaltensstörung« bezeichnet werden kann oder muss, ist keineswegs eindeutig.

···⟩ Eine Erzieherin im Kindergarten oder in einer Tagesstätte, die eher selbstunsicher und gehemmt ist, vor Konflikten ausweicht, »keiner Fliege etwas zuleide tun kann« und deswegen auch von den Kindern immer erwartet, dass sie untereinander »lieb und nett« sein sollen, wird bei mehr Kindern ihrer Gruppe Neigungen zu Wutanfällen, Trotzreaktionen und aggressivem Verhalten beklagen und weniger Gespräche mit den Kindern über die Ursachen, Gefühle und Bewältigungsmöglichkeiten bei Konflikten und Streit untereinander führen als eine Erzieherin ohne die genannten Eigenschaften und Einstellungen.

···⟩ Unterschiedliche geschlechtsspezifische Erziehungseinstellungen können dazu führen, dass bei vergleichbar durchsetzendem Verhalten Mädchen eher als aggressiv eingestuft werden als Jungen sowie bei vergleichbar schmerzendem Hinfallen mit anschließendem Weinen Jungen eher als ängstlich und unsicher bewertet werden als Mädchen.

Es ist weiter zu berücksichtigen, dass sich die Kinder in unterschiedlichen Situationen auch unterschiedlich verhalten können und dann z. B. die Eltern über bestimmte Aussagen der Erzieherin über ihr Kind »nur den Kopf schütteln können«:

---> Allerdings ist es verständlich, dass z. B. Aufmerksamkeitsprobleme angesichts der vermehrten Ablenkbarkeit in der Kindergartengruppe stärker zum Ausdruck kommen können als zu Hause zwischen Vater/Mutter – Kind. Weiter können z. B. Unsicherheiten und vermehrter sozialer Rückzug beim Kind eher im Kindergarten auftreten als im vertrauten Elternhaus.

---> Denkbar ist z. B. weiter, dass ein Kind zu Hause nach Ansicht der Eltern sehr brav, lieb, ruhig und gehorsam ist – weil die Eltern entsprechende Erwartungen an das Kind stellen und deswegen auch eine sehr streng strafende Erziehung aufweisen und das Kind »gar nicht mehr lieb haben«, wenn es sich »falsch« verhält. Im Kindergarten dagegen, befreit von den Erziehungsfesseln der Eltern, »explodiert« das Kind förmlich, ist wild, ungestüm, aggressiv, ungehorsam – und dies umso mehr, wenn es auf eine Erzieherin trifft, die in ihrer eigenen Kindheit und Jugend vergleichbar streng erzogen wurde, darunter sehr stark litt und nun Kinder »ganz anders und besser« erziehen möchte.

Insgesamt darf es also nicht verwundern, wenn in Forschungsstudien zwischen den Einstufungen von ErzieherInnen und Eltern (mit den gleichen Beurteilungsbogen) ganz überwiegend nur geringe bis mittlere Übereinstimmungen gefunden wurden. Dies bedeutet, dass es einer offenen, vertrauensvollen, ohne Vorurteile und Vorwürfe bestehenden Beziehung zwischen Eltern und ErzieherInnen (sowie LehrerInnen) bedarf, um zum Wohle der Kinder bei stark abweichenden Verhaltensbeurteilungen deren mögliche Verursachungsfaktoren aufzuklären und so den Boden zu bereiten für schrittweise Änderungen der Verhaltensweisen und Haltungen der Erwachsenen.

In Untersuchungen mit Einstufungsbogen zum Verhalten von Vorschulkindern hat sich herausgestellt, dass von den Eltern eine sehr große Bandbreite von »störenden« Verhaltensweisen bejaht wird: Einige Beispiele: »hat häufig Wutausbrüche«, »zeigt ohne erkennbaren Grund panische Angst«, »kann nicht alleine schlafen«, »kann nicht still sitzen, ist unruhig und hyperaktiv«). Die mit solchen Einstufungsbogen erfassten kindlichen Eigenschaften kann man dann zusammenfassen und erhält gleichsam übergeordnete Begriffe, so genannten Syndrome wie z. B. »emotional-reaktiv« (u. a. »zeigt plötzliche Stimmungs- oder Gefühlswechsel«, »hat nervöse Bewegungen oder Zuckungen«, »quengelt«), »ängstlich/depressiv« (u.a. »klammert sich an Erwachsene«, »ist befangen oder leicht verlegen«), »sozialer Rückzug« (u.a. »ist verschlossen, nimmt keinen Kontakt mit anderen auf«, »vermeidet Blickkontakt«), »aggressives Verhalten« (u.a. »zerstört Eigentum anderer«, »ist trotzig«) und Aufmerksamkeitsprobleme (u.a. »kann sich nicht konzentrieren, kann nicht lange aufpassen«, »wechselt sehr schnell von einer Beschäftigung zur anderen«).

Auch solche Syndrome lassen sich dann nochmals übergeordnet zusammenfassen in externalisierendem Verhalten (= »nach außen gerichtet«, also z.B. Aufmerksamkeitsprobleme und aggressives Verhalten) sowie internalisierende Störungen (= »nach innen gerichtet«, also z.B. emotional-reaktiv, ängstlich/depressiv, körperliche Beschwerden und sozialer Rückzug).

Trotz dieser Skalierungen, nach denen auch die psychologische und psychiatrische Diagnostik vorgeht, ist es nicht einfach, zu entscheiden, ab wann sich Eltern Sorgen machen müssen.

1. Bejahungen bei *vereinzelten* Verhaltensweisen sollten erst dann zu Sorgen Anlass geben, wenn diese extrem häufig und ausgeprägt und über einen längeren Zeitraum auftreten. Dabei sind auch das Alter und die Reife des Kindes zu berücksichtigen, denn z.B. die Bejahung, dass das Kind »nicht allein schlafe« muss bei einem vier Jahre alten Kind anders bewertet werden als bei einem sechs Jahre alten Kind (und bei einem sechs Jahre alten Kind, das nach einem Unfall zwei Wochen im Krankenhaus lag, wiederum anders).

»Störungen« von Verhaltensweisen sollten erst dann zu Sorgen Anlass geben, wenn diese extrem häufig und ausgeprägt und über einen längeren Zeitraum auftreten.

2. Mehr berechtigter Anlass zur Sorge kann dann bestehen, wenn bei einem Kind im Rahmen einer der o.a. Syndromskalen viele Eigenschaften häufig und ausgeprägt und über einen längeren Zeitraum auftreten, d.h. das Kind weist in einem wichtigen Bereich seines Erlebens und Verhaltens (z.B. sozialer Kontakt) gehäuft und ausgeprägt und zeitlich überdauernd Probleme, Sorgen und Nöte auf. Wenn dann die Eltern beobachten, dass das Kind z.B. nicht nur in der Anfangszeit des Kindergartens sich ängstlich, scheu, weinerlich, anklammernd und zurückziehend verhält, sondern sich dieses Verhalten nach einer Eingewöhnungsphase nicht legt, und weiter vielleicht die Eltern im Nachhinein meinen, dass das Kind auch bereits vor dem Kindergarten Kontakt zu Gleichaltrigen in der

Nachbarschaft zu häufig ängstlich gemieden und der Mutter zu sehr »am Rockzipfel gehangen« habe sowie sich kaum dazu überreden ließ, auch nur eine kleine Zeit bei den Großeltern zu verbleiben, so ist von durchaus berechtigten Sorgen auszugehen, weil in verschiedensten Lebenssituationen über eine längere Zeit Auffälligkeiten im Bereich »sozialer Kontakt« vorliegen.

3. Wenn dann entweder in der übergeordneten externalisierenden oder der internalisierenden Skala in mehreren Bereichen (= mehreren Syndromskalen) über einen längeren Zeitraum viele und ausgeprägte Auffälligkeiten bestehen, muss dies im Allgemeinen als »Alarmzeichen« angesehen werden, da in mehreren wichtigen Lebensbereichen (also z. B. »Aufmerksamkeits-/Konzentrationsprobleme und aggressives Verhalten« oder »ängstlich/depressiv und körperliche Beschwerden und sozialer Rückzug«) ausgeprägte Probleme für das Kind vorliegen.

4. Dementsprechend sollten die »Alarmglocken« umso lauter läuten, wenn sowohl im Bereich der übergeordneten externalisierenden wie auch der internalisierenden Skala in mehreren Bereichen (= mehreren Syndromskalen) über einen längeren Zeitraum viele und ausgeprägte Auffälligkeiten bestehen.

Wo finden Eltern Beratung und Hilfe?

Auch in diesem Rahmen sei gestaffelt, d. h. je nach Ausmaß der auftretenden Sorgen, auf Beratungs- und Hilfsmöglichkeiten hingewiesen:

1. Zunächst werden das (gelassene) Gespräch, der Erfahrungs- und Gedankenaustausch mit (Ehe-)PartnerIn, Großeltern, weiteren Verwandten, Nachbarn und Bekannten empfohlen, und zwar im Sinne von »Peter ist immer so anhänglich und anklammernd, war das bei eurem Tim auch so in diesem Alter?« oder »Ich verstehe das gar nicht, bei uns zu Hause ist Marion nicht zu bremsen, will immer mit dem Kopf durch die Wand und ist extrem eifersüchtig auf andere Kinder, und wenn sie bei euch ist, sagt ihr mir immer, sie ist das liebste Kind«.

2. Ein vergleichbarer (langfristiger) Erfahrungsaustausch bietet sich mit den ErzieherInnen im Kindergarten an.

3. Die regelmäßige Wahrnehmung der Vorsorgeuntersuchungen ermög-

licht auch Fragen an und Rat von KinderärztInnen. Dabei können dann nicht nur Sorgen wegen möglicher Verhaltens-, sondern auch Entwicklungsauffälligkeiten angesprochen werden. Unter Letzteren werden meist Auffälligkeiten bezüglich der Feinmotorik (Handgeschicklichkeit, Genauigkeit der Finger-/Handbewegungen, Auge-Hand-Koordination), der Grobmotorik (Gleichgewichtskontrolle, Körperkoordination, Bewegungssicherheit), der Sprache (Sprachverständnis, Aussprache, Wortschatz, Sprachproduktion) und des Denkens (Problemlösefähigkeiten, Konzentrations- und Gedächtnisleistungen, einfache Zähl- und Rechenaufgaben) verstanden.

4. Bei ausgeprägteren Sorgen über das Verhalten des Kindes sollte eine Beratung/Behandlung bei Erziehungsberatungsstellen oder bei niedergelassenen Kinder- und Jugendlichenpsychotherapeuten oder niedergelassenen Kinder- und Jugendpsychiatern erfolgen.

Eltern sollen nicht einseitig darauf achten, was beim Kind »nicht stimmt« und deswegen bei ihm geändert werden soll.

Grundlegende Einstellung der Eltern sollte bei allen diesen vier Punkten sein, nicht einseitig darauf zu achten, was beim Kind »nicht stimmt« und »Sorgen macht« und deswegen bei ihm geändert werden soll. Es gibt vielfältige anderweitige Probleme und Sorgen, die Eltern auch belasten bis erdrücken können, z. B. im Rahmen

- ···} ihrer Biographie (z. B. früher Tod eines Elternteils, Misshandlung durch die eigenen Eltern, alkoholabhängiger Vater),
- ···} ihrer Rollen/Aufgaben/Wünsche/Erwartungen als Ehefrau/-mann, Vater/Mutter sowie Frau/Mann,
- ···} ihrer Beziehungen zu den anderen Kindern, Familienangehörigen und Berufskollegen,
- ···} finanzieller Not, beruflicher Überlastung oder Arbeitslosigkeit,
- ···} ihrer seelischen und körperlichen Gesundheit,
- ···} beengter Wohnverhältnisse,
- ···} usw.

Auch diese Belastungen können sich auf das kindliche Verhalten auswirken, da Eltern durch sie ihre Kinder nicht mehr so lieben, fördern, erziehen und umsorgen können, wie sie es eigentlich wünschen und wollen. In diesem Zusammenhang ehrt es Eltern, wenn sie weitergehende Unterstützung suchen und einfordern, z. B. vom Jugendamt, von der Schuldnerberatungsstelle, bei der Suchtberatung, beim Psychotherapeuten.

Und nicht nur letztlich: Wir sollten die Verschiedenheit unserer Kinder respektieren und uns an ihr erfreuen und nicht zu oft und zu früh in die Gefahr geraten, Verhaltensabweichungen von einer wie auch immer definierten Norm als »Störung« aufzufassen, sondern häufiger eher als zu tolerierende bis liebenswerte Eigenheiten und Einzigartigkeiten der gesunden kindlichen Persönlichkeit.

3

Kindliche Ängste

Franz Resch

Einleitung

Angst ist eine spezifische emotionale Ausdrucksform des Menschen. Angst wird zu den Basisemotionen gezählt. Angst reguliert die Anpassung, kennzeichnet Gefahren und übermächtige Beeinträchtigungen des Lebensraumes und der sozialen Beziehungen. Angst ist eine Schlüsselemotion, die zur Flucht anleitet. Nicht jede Angst ist negativ oder krankhaft. Angst dient dem Selbstschutz und der Vorsicht. Angst aktiviert das Bindungsverhalten, so dass das Kind bei seinen wichtigen Bezugspersonen Schutz, Trost und Zuflucht sucht. Das Entstehen von Angst, aber auch die Reaktion auf Angstgefühle, wird daher wesentlich durch wichtige Bezugspersonen mitgestaltet. Teilt die Bezugsperson die kindlichen Ängste, kann es zur Verstärkung und Aufschaukelung kommen. Teilt der Erwachsene die kindlichen Ängste nicht, kann er sie eindämmen und herunterregulieren helfen.

Aus der normalen Entwicklung des Kindes sind Ängste nicht wegzudenken. Wir sprechen dann von reifungsabhängigen Ängsten, die thematisch je nach erreichter Entwicklungsstufe Besonderheiten aufweisen: In den ersten sechs Lebensmonaten sind es besonders intensive Reize wie laute Geräusche oder Lichtblitze, die beim Kind Angst auslösen können. Im sechsten bis neunten Lebensmonat finden wir bei einigen Kindern das Phänomen des Fremdelns, das mit der Reifung der Gedächtnisfunktionen einhergeht – wenn die Kinder bekannte Personen und Bezugspersonen klar von unbekannten unterscheiden können. Nicht jedes Kind entwickelt diese Fremdenangst. Vom neunten bis zum vierundzwanzigsten Lebensmonat stehen Ängste vor Trennungen und Verletzungen im Vordergrund. Die Ängste beziehen sich meist auf aktuelle Ereignisse in der unmittelbaren Lebensumgebung des Kindes. Im zweiten Lebensjahr kann sich das Kind vor imaginären Figuren, Fabeltieren oder auch konkret vor Einbrechern fürchten. Im dritten Lebensjahr finden wir Ängste vor großen Tieren, aber auch vor dem Alleingelassensein. Im vierten Lebensjahr spielen Dunkelängste eine besondere Rolle. Ab dem Schulalter beziehen sich die normalen Ängste auf schulische Herausforderungen, Krankheiten, Gewitter und andere Umweltbedrohungen sowie auf unangenehme soziale Situationen. Ab dem Jugendalter sind Existenzängste und Sexualängste im Vordergrund zu sehen (Blanz & Schneider 2008; Resch et al. 1999).

Wichtig ist die Abgrenzung von alterstypischen Ängsten und Angstsyndromen, die einen Störungscharakter aufweisen.

3

Wie erkennt man Angststörungen?

Angst kann durch verschiedene Kriterien ihre Funktionalität verlieren und dann zum psychopathologischen Symptom werden, das die Entwicklung beeinträchtigt und Behandlungsbedürftigkeit anzeigt. Wesentliches Kennzeichen der pathologischen Angst ist die Erschwerung oder auch Vereitelung einer Lösung von Anpassungs- und Entwicklungsaufgaben. Im Besonderen ist die Persistenz von Angst zu nennen: Angstzustände, die über ihre unmittelbaren Auslöser hinaus zu lange bestehen und damit das Erleben und Verhalten des Kindes nachhaltig beeinträchtigen, sind entwicklungsgefährdend. Ein zweites Kriterium ist die Intensität der Angst: Heftige Angstzustände können die angemessene Wahl von Anpassungshandlungen verunmöglichen und das Kind schwer beeinträchtigen. Ein drittes Kriterium ist die Anlassgeneralisierung: Wenn Ängste sich schließlich aus ihrer Verbindung mit angemessenen Auslösern freimachen und auch bis dahin nicht mit Angst belegte Umweltereignisse und/oder Fantasien zu begleiten beginnen, wenn also immer mehr Lebensräume, Ereignisse und Erlebnisse mit Angst belegt werden, dann haben Ängste die Grenze zur Störung überschritten. Zusammenfassend können Ängste im Kindes- und Jugendalter dann als klinisch relevant gelten, wenn sie

> **Angstzustände, die über ihre unmittelbaren Auslöser hinaus zu lange bestehen und damit das Erleben und Verhalten des Kindes nachhaltig beeinträchtigen, sind entwicklungsgefährdend.**

⋯⟩ unrealistisch übertrieben sind,

⋯⟩ über mindestens vier Wochen (bzw. sechs Monate bei der generalisierten Angststörung) anhalten,

⋯⟩ zu einer deutlichen Beeinträchtigung führen,

⋯⟩ die Entwicklung des Kindes gefährden (Schneider & In-Albon 2006).

Welche Angststörungen gibt es?

Angststörungen können leichter übersehen werden als Verhaltensstörungen. Ängste sind in der Regel mit Leidenszuständen vergesellschaftet, die sich nach außen hin nur leise erkennbar machen, während beispielsweise Störungen des Sozialverhaltens oder hyperkinetische Störungen durch Beeinträchtigung von Gruppenprozessen oder Erziehungsschwierigkeiten rasch auffallen. Angststörungen stellen einen bedeutsamen Risikofaktor für die Entwicklung psychischer Störungen im Erwachsenenalter dar. Beispielsweise haben Kinder mit Trennungsängsten eine erhöhte Gefährdung, im Erwachsenenalter wieder Angststörungen (hier ist insbesondere die Panikerkrankung zu nennen) aufzuweisen, aber auch andere psychische Probleme wie Depressionen, manisch-depressive Erkrankungen, Schmerzstörungen und Alkoholabhängigkeit werden beschrieben. Im Folgenden sollen vier typische Störungen mit Angstsymptomatik im Kindesalter beschrieben werden.

Ängste sind in der Regel mit Leidenszuständen verbunden, die sich nach außen hin nur leise erkennbar machen.

Emotionale Störungen mit Trennungsangst des Kindesalters

Dabei zeigen die Kinder eine übermäßig starke und auch unrealistische Angst unmittelbar im Zusammenhang mit einer bevorstehenden Trennung von den Eltern oder einer anderen wichtigen Bezugsperson. Das betrifft aber nicht nur Abschiede für längere Zeiträume wie Tage bis Wochen, sondern kann in schwierigen Fällen schon bei kurzen Trennungen (wie zum Beispiel Einkaufengehen) auftreten. Nicht nur wirkliche, sondern auch erwartete oder nur fantasierte Trennungen können die Symptomatik auslösen. Die Kinder entwickeln dabei Fantasien, dass ihren Eltern oder ihnen selbst etwas Schlimmes zustoßen könnte und dass sie durch einen Unfall, eine plötzliche Erkrankung, eine Entführung oder eine andere Katastrophe dauerhaft von ihren Bezugspersonen getrennt sein müssten. Nicht selten gehen diese Angstgefühle bei Kindern auch mit Bauch- oder Kopfschmerzen einher. Andere Kinder entwickeln Übelkeit und Erbrechen. Aufgrund der Angst kommt es nicht selten zu einer Vermeidungsstrategie. Die Kinder können dann nicht auswärts übernachten, oft vermeiden sie sogar, im eigenen Bett zu schlafen. Sie wollen nicht andere Räume allein aufsuchen, bleiben immer in der Nähe ihrer Bezugspersonen und weigern sich, in den Kindergarten zu gehen.

3

Phobische Störungen des Kindesalters (spezifische Phobien)

Als Phobien bezeichnet man zwanghafte Befürchtungen, die sich angesichts bestimmter Situationen oder Objekte aufdrängen, obwohl diese solche Ängste nicht selbstverständlich oder für jedermann rechtfertigen. Es handelt sich also um unangemessene, anhaltende und starke Angstreaktionen gegenüber bestimmten Objekten (Räumen, Wasser), Situationen (Menschenansammlungen) oder Tieren (Spinnen, Hunde), von denen eigentlich keine reale Gefahr ausgeht (In-Albon & Schneider 2007). Die Kinder fürchten sich vor Dunkelheit oder fremden Menschen, sie haben Angst, von Tieren gebissen zu werden, Angst vor Stürmen, Gewittern oder engen Räumen wie Fahrstühlen. Die Kinder sind von der Erwartung getragen, dass etwas Schlimmes passieren könnte oder dass ihnen irgendeine Katastrophe widerfährt, dass Tiere sie verletzen oder Fremde sie entführen könnten. Diese Ängste gehen nicht selten mit Herzklopfen, Schwitzen, Zittern und Bauchschmerzen einher. Die Kinder vermeiden dann beispielsweise, in den Keller zu gehen, sie vermeiden öffentliche Plätze, das Fahren durch Dunkelheit, das Baden im Wasser oder auch den Besuch beim Arzt.

Die Kinder sind von der Erwartung getragen, dass etwas Schlimmes passieren könnte.

Störungen mit sozialer Ängstlichkeit (soziale Phobie)

Dabei zeigen die betroffenen Kinder anhaltende oder wiederkehrende Ängste vor Kontakten mit fremden Personen (Erwachsenen oder Gleichaltrigen) oder Autoritätspersonen (Lehrer, Uniformträger). Kinder reagieren mit großer Befangenheit, sie zeigen sich verlegen und machen sich übertriebene

Sorgen, ob sie sich gegenüber diesen fremden Personen auch angemessen verhalten. In der Regel wird versucht, solche Situationen zu vermeiden. Werden Kinder gezwungen, die sozialen Situationen auf sich zu nehmen (z. B. in den Kindergarten zu gehen), reagieren sie mit deutlichem Unbehagen, Weinen oder schweigendem Rückzug. Während solche Verhaltensweisen gegenüber Fremden auftreten, reagieren die Kinder gegenüber vertrauten Personen und Familienmitgliedern völlig normal und unbeeinträchtigt. Die Fantasien der Kinder kreisen um Befürchtungen, sich zu blamieren, von anderen ausgelacht zu werden, oder um beängstigende Erwartungen, dass andere schlecht über sie denken, sie negativ beurteilen und kritisieren oder abkanzeln könnten. Typischerweise gehen diese Ängste mit Zeichen der Schüchternheit, Erröten, Zittern und Übelkeit einher.

Generalisierte Angststörungen des Kindesalters

Dabei machen sich Kinder übermäßig starke, unbegründete und kaum kontrollierbare Sorgen über ihre Lebenssituation und alltägliche Lebensbereiche. Die Sorgen umfassen ein Spektrum von Ängsten, unpünktlich zu sein, über Leistungsängste in der Schule und im Sport bis zu Ängsten, nicht genug Freunde zu haben. Die Kinder zeigen dabei typischerweise ein starkes Bedürfnis nach Anerkennung. Sie brauchen vermehrt Rückmeldung über erbrachte Leistungen und fordern Kommentare der wichtigen Bezugspersonen zu ihrem Verhalten. Die Kinder fantasieren beispielsweise, dass sie später mal keinen Beruf erlernen können, wenn sie ihre Hausaufgaben nicht korrekt machen. Sie müssen sich immer wieder rückversichern, ob auch alles in Ordnung ist, und sind manchmal von den Sorgen so bedrückt, dass sie Angst haben, verrückt zu werden. Familien können unter solchen kindlichen Ängsten leiden. Vor allem dann, wenn Eltern und Geschwister versuchen, dem Kind keinen Anlass zur Sorge zu geben, gerät das ganze System unter Anspannung und Druck. Familienaktivitäten werden allzu perfekt geplant und kleinlich durchgeführt. Die Erwachsenen verbringen viel damit, das Kind zu beruhigen und ihm die Fragen bezüglich anstehender Ereignisse oder seiner eigenen Leistung zu beantworten. Typisch ist das Vermeidungsverhalten, wenn das Kind versucht, schlechten Leistungen oder unvertrauten Situationen aus dem Weg zu gehen. Die Sorgen gehen nicht selten mit einer allgemeinen Nervosität und Anspannung einher, Ein- und Durchschlafstörungen können bestehen.

3

Wie häufig sind Angststörungen?

In den wichtigsten Studien zur Epidemiologie der Störung unter Entwicklungsgesichtspunkten zeigt sich eine mittlere Häufigkeit der Störung von 10,4 %. Angststörungen sind damit die häufigsten psychischen Störungen des Kindes- und Jugendalters (Schneider & In-Albon 2006). Trennungsängste werden in neueren Untersuchungen mit 0,8–2,8 %, spezifische Phobien mit 1,8–5,8 %, Sozialphobien mit 0,4–4,7 % und generalisierte Angststörungen mit 0,2–1,4 % angegeben (Übersicht bei Blanz & Schneider 2008). Typischerweise treten Angststörungen erst im Schulalter auf. Die Vorläufer sind jedoch schon in früheren Altersstufen erkennbar. Bei spezifischen Phobien und Störungen mit Trennungsangst liegt der mittlere Beginn bei 7 Jahren, insgesamt wird das erste Auftretensalter aller Angststörungen mit einem Median von 11 Jahren angegeben. Bis zu 60 % der Kinder, die eine Angststörung haben, leiden auch an einer weiteren Angststörung. Durch eine depressive Episode kann eine zuvor bestehende Angstproblematik verschlimmert werden. Wenn Angst und Depression zusammen auftreten, scheint die Chronifizierungstendenz besonders ausgeprägt zu sein.

> **Typischerweise treten Angststörungen erst im Schulalter auf.**

Wodurch entstehen Angststörungen?

Es gibt ganz deutliche Hinweise auf familiäre Häufungen, was nahelegt, dass Angststörungen zwischen den Generationen weitergegeben werden. In Übersichtsarbeiten konnte gezeigt werden, dass Kinder, deren Eltern eine Angststörung aufwiesen, im Entwicklungsprozess zum Erwachsenenalter in 21–68 % ebenfalls Angststörungen entwickelten, während nur 0–26 % in der Kontrollgruppe eine Angststörung entwickelt hatten (Hirschfeld-Becker, Micco, Simoes & Henin 2008). Umgekehrt zeigt sich, dass etwa die Hälfte der Eltern von Kindern, die wegen Angststörungen in Behandlung kommen, selbst eine Angststörung aufweist. Es scheint auch ein erhöhtes Risiko für Angststörungen bei den Nachkommen von Eltern mit schweren Depressionen und manisch-depressiven Erkrankungen zu geben. Solche Hinweise auf eine Vererbbarkeit von Angststörungen dürfen uns aber nicht zum Fehlschluss verleiten, dass einfach die Krankheiten weitervererbt werden. Es scheint vielmehr eine genetische Vulnerabilität zu geben, die als eine angeborene Neigung aufzufassen ist, die unter ungünstigen Entwicklungsbedingungen zu Angststörungen führen kann. Demgegenüber können positive Entwicklungsbedingungen das Auftreten einer Angststörung trotz genetischer Disposition vermeiden helfen. Es gibt eine temperamentsbedingte Gehemmtheit (behaviorale Inhibition), die bei etwa 10–15 % der Kinder nachweisbar ist und sich als Scheu, Furchtsamkeit und Rückzugsverhalten in unbekannten Situationen äußert. In eigenen Untersuchungen konnten wir nachweisen (Möhler et al. 2006), dass diese in Amerika gefundenen Verhaltenstrends sich in ganz gleicher Weise auch bei unseren Kindern im selben Prozentsatz zeigen. Kinder, die solche Verhaltenshemmungen aufweisen, haben ein höheres Risiko, später einmal Angststörungen oder Depressionen zu entwickeln. Auch die Art der Bindung zu den wichtigen Bezugspersonen scheint einen Einfluss zu haben, insbesondere ein unsicher-widersetzender Bindungsstil in der Kindheit scheint das Risiko für eine Angststörung am Übergang zum Erwachsenenalter zu verdoppeln.

> **Es scheint ein erhöhtes Risiko für Angststörungen bei den Nachkommen von Eltern mit schweren Depressionen und manisch-depressiven Erkrankungen zu geben.**

Frühe Angstsymptome scheinen das Risiko zu erhöhen, auch später im Leben wieder mit Ängsten zu reagieren. Kinder, die Angststörungen aufwiesen, hatten ein dreifaches Risiko, später im jungen Erwachsenenalter auch wieder eine Angststörung zu zeigen. Da sich zwischen elterlichen und kindlichen Ängsten Aufschaukelungsprozesse aufbauen können und elterliche emotionale Störungen kindliche Angsttendenzen so weit verstärken können, dass daraus wie in einem Teufelskreis eine krankheitswertige Störung resultiert, muss den elterlichen Ängsten in besonderer Weise Aufmerksamkeit geschenkt werden! (Hirschfeld-Becker et al. 2008)

Wie kann man diagnostisch vorgehen und welche Therapien gibt es?

Um krankheitswertige Angstsymptome richtig zu erfassen, bedarf es eines klinischen Gesprächs mit einem Arzt, Psychologen oder Psychotherapeuten. Dieses Erstgespräch wird in der Regel gemeinsam mit Eltern und Kindern zur Klärung der allgemeinen Symptomatik beginnen. Später wird mit dem Kind allein und den Eltern allein gesprochen, um danach noch einmal in einem gemeinsamen Überblick den ersten diagnostischen Einschätzungsbericht zu geben. Die diagnostische Einordnung und Differenzialdiagnostik kann mit Hilfe von standardisierten Verfahren unterstützt werden. Es gibt verschiedene Eltern- und Kinderinterviews, die als strukturierte Leitfadenuntersuchung oder diagnostische Checklisten vorliegen. Weiter ist es wichtig, eine somatische Differenzialdiagnostik zum Ausschluss organischer Ursachen zu machen. Da Kinder in bestimmten Entwicklungsphasen – wie schon beschrieben – physiologische Ängste aufweisen können, muss vor dem Entwicklungshintergrund geklärt werden, ob die Angst des Kindes altersgerecht oder krankheitswertig ist. Ängstliches Verhalten tritt zudem in der Regel nicht in allen Lebenskontexten, sondern meist nur in bestimmten Situationen auf. Da sich Eltern und Kinder nicht selten in ihren Angaben zu Art und Häufigkeit der Symptome stark unterscheiden, ist zu empfehlen, dass bei Angststörungen und Phobien immer mehrere Informationsquellen herangezogen werden und insbesondere das Kind selbst immer auch zu Wort kommen soll. Es empfiehlt sich, verschiedene diagnostische Methoden in Kombination zu verwenden (Schneider & In-Albon 2006).

Es ist zu empfehlen, dass bei Angststörungen und Phobien immer mehrere Informationsquellen herangezogen werden und insbesondere das Kind selbst immer auch zu Wort kommen soll.

Es gibt eine Reihe von psychotherapeutischen Interventionen, die heute als evidenzbasiert gelten können. Immer sollten auch die Eltern in den therapeutischen Prozess mit eingebunden werden. Es empfiehlt sich, im Rahmen einer Psychoedukation Eltern und Kind über normale und pathologische Angstformen aufzuklären. Kognitive Interventionen zielen auf eine Bearbeitung dysfunktionaler Gedanken beim Kind. Reizkonfrontationsverfahren helfen in zwei Stufen: Zuerst lernen die Kinder mit Phobien und Angststörungen angstreduzierende Strategien (z. B. Entspannungstechniken). In Stufe 2 werden diese Kinder dann in angstauslösende Situationen gebracht und sollen die angstreduzierenden Strategien, die sie vorher gelernt haben, zur Anwendung bringen. Während die Wirksamkeit kognitiv behavioraler Interventionen bei der Behandlung von Angststörungen durch eine Reihe gut kontrollierter Therapiestudien wissenschaftlich belegt ist, haben psychodynamische Interventionen durch eine Zahl von Fallberichten sowie Meta-Analysen bei klinisch heterogenen Gruppen eine allgemeine Wirksamkeit erkennen lassen. Es gibt leider nur wenige, methodisch unzureichend kontrollierte Studien. Eine psychodynamisch orientierte Therapie zielt auf die Förderung der Persönlichkeitsentwicklung und Konfliktbewältigung unter besonderer Berücksichtigung der individuellen Lebensgeschichte und unbewusster Prozesse. Die Indikation für eine psychodynamische Therapie besteht insbesondere bei älteren Kindern und Jugendlichen, wenn die Symptomatik einer phobischen Störung mit intrapsychischen Konflikten der Selbstentwicklung in engem Zusammenhang steht (Resch et al. 2007).

Das Ziel jeder Behandlung ist, die Betroffenen so weit zu unterstützen, dass sie in angstauslösenden Situationen sich auch ohne Vermeidungsverhalten behaupten können. Neben Psychoedukation und Beratung, Psychotherapie und familienbezogenen Interventionen können in besonderen Fällen auch Psychopharmaka zum Einsatz kommen. Eine alleinige medikamentöse Behandlung ist jedoch grundsätzlich abzulehnen. Die Pharmakotherapie soll in solchen besonders schweren Fällen nur die anderen Therapieformen unterstützen oder erst ermöglichen. Als Substanzen kommen in erster Linie selektive Serotonin-Wiederaufnahme-Hemmer (SSRI) in Frage. In mehreren Studien konnte eine Angstreduktion unter der Medikation nachgewiesen werden.

Eine alleinige medikamentöse Behandlung ist grundsätzlich abzulehnen.

Kindliche Ängste, die den Charakter einer psychischen Störung haben, sollten rechtzeitig erkannt werden, da sie ein nicht unerhebliches Entwicklungsrisiko darstellen. Kindliche Ängste lassen sich gut und erfolgreich behandeln, Angsthaben ist keine Schande!

Trennung, Scheidung

Claus Koch

3

Einleitung

Es besteht keinerlei Zweifel darüber, dass die Trennung oder Scheidung der Eltern für das Kind existentielle Folgen hat, denn sie markiert einen Zeitpunkt, an dem sich für das Kind die Welt von Grund auf ändert. Bedeutet die Trennung für die Erwachsenen das Ende *einer* Welt, empfindet das Kind sie vielleicht als Ende *der* Welt; zumindest der Welt, in der es bisher gelebt hat – zusammen mit Mutter und Vater, die es *beide* geliebt hat und weiter liebt und die ihm die für es so nötige Sicherheit und Schutz gaben. Anzusehen, wie der geliebte Vater auszieht, manchmal auch die geliebte Mutter, kommt für das Kind einer Tragödie gleich, weil eine Epoche zu Ende geht und das Leben nie mehr das sein wird, das es gewesen ist.

Und wenn der eine geht, warum sollte die andere nicht auch bald gehen? Es gibt jüngere Kinder, die kurz nach einer Trennung nicht mehr in die Schule gehen, weil sie Angst haben, dass beim Nachhausekommen keiner mehr für sie da ist.

Und dann natürlich die Frage nach dem Warum? Sie ist für Kinder keineswegs so leicht zu beantworten wie für die Erwachsenen. Denn dass sich die Eltern vielleicht häufig gestritten haben oder plötzlich in getrennten Betten schliefen, haben die Kinder kaum bemerkt und wenig beachtet; dazu waren sie viel zu beschäftigt mit sich selbst, mit ihren Kameraden, dem, was im Kindergarten oder in der Schule gerade passiert ist. Und wenn sie es doch registrierten, dann haben sie die Auseinandersetzungen oft in ihr »Elternbild« eingebaut: Eltern sind halt so, dass sie ständig Krach miteinander haben, das erzählt der Nachbarsjunge doch auch. Kindern, so lässt sich zugespitzt formulieren, ist es egal, ob ihre Eltern glücklich oder unglücklich sind – Hauptsache, sie sind da! Und wenn der Streit doch einmal zu laut wurde, hatte man die Möglichkeit, sich zurückzuziehen, die Hoffnung, dass sich alles wieder bessert. Die Trennung zu erleben bedeutet für die Kinder deswegen auch, die

Erfahrung zu machen, einem Geschehen, das sie trifft, absolut ohnmächtig ausgeliefert zu sein, was dann oft eine für die Kinder scheinbar »rationale« Erklärung nach sich zieht: Sie suchen die Schuld für die Trennung ihrer Eltern häufig, so paradox es scheint, bei sich: »Weil ich da bin, haben sie sich ständig gestritten« – was manchmal ja auch zu stimmen scheint. Sätze wie »Würden wir das Kind nicht haben, wäre ich schon längst gegangen« oder, ans Kind gerichtet, »Du machst uns alles noch viel schwieriger« lassen sich auch so verstehen, dass ohne Kind eben alles besser und einfacher wäre.

Eine Trennung oder Scheidung tut einem Kind, außer es kommt in der Familie zu Kindesmissbrauch, zu massiven Ausbrüchen von Gewalt zwischen den Eltern, auch durch übermäßigen Genuss von Alkohol oder anderen Drogen, nicht gut. Das Gegenteil zu behaupten wäre unehrlich, fahrlässig und, so viel steht auf der Grundlage empirischer Forschung fest, auch falsch. Andererseits belegen Langzeitstudien, dass Scheidungskinder die Trennung ihrer Eltern durchaus gut verarbeiten können und später großartige, kreative und erfolgreiche Erwachsene werden, manchmal gerade deswegen, weil es ihnen gelungen ist, mit einem schweren Schicksalsschlag in ihrem Leben kompetent umzugehen. Von diesen Studien gibt es allerdings nur wenige, was angesichts der Tatsache, dass heute in den Großstädten fast jedes zweite Kind die Erfahrung macht, dass sich seine Eltern trennen, erstaunt. So gibt es in Deutschland keine mir bekannten Forschungsprojekte, die die Langzeitfolgen von Trennung und Scheidung bei Kindern untersucht haben. Meistens beschränken sich solche Studien darauf, wie Kinder die Trennung in dem kurzen Zeitraum, in dem sie passiert und der dann auf sie folgt, verarbeiten. Dabei mag es eine Rolle spielen, dass viele auch heute noch von der falschen Annahme ausgehen, dass die Trennung der Eltern für das Kind im Augenblick zwar eine sehr schmerzliche Erfahrung ist, sie nach zwei oder drei Jahren aber mehr oder weniger vergessen ist, besonders wenn die Kinder zum Zeitpunkt der Trennung ihrer Eltern noch sehr klein gewesen sind.

Da in den USA die Forschung, insbesondere was die Langzeitfolgen für Kinder aus geschiedenen Ehen betrifft, wesentlich weiter ist, werde ich mich bei meinen Ausführungen im Folgenden auf die Ergebnisse von zwei groß angelegten amerikanischen Studien stützen. Zum einen auf die Studie von E. Mavis Hetherington, die umfassendste Längsschnittstudie, die es gibt.

Eine Trennung oder Scheidung tut einem Kind nicht gut.

Hetherington verfolgte über drei Jahrzehnte den Lebensweg von Scheidungs-kindern und berücksichtigte dabei annähernd 1.400 Familien und 2.500 Kinder. Eine ähnliche Studie wurde von Judith S. Wallerstein durchgeführt, die sich dabei mit Hilfe von Tiefeninterviews aber mehr mit dem beschäftig-te, was in dem einzelnen Kind vorgeht, und deren Studie deshalb in man-chen ihrer Ergebnisse weniger repräsentativ ist. Während Wallerstein hin-sichtlich Trennung und Scheidung von eher »traditionellen« Vorstellungen ausgeht und die Folgen von Scheidung und Trennung pessimistischer an-geht, sieht Hetherington die Zukunft der Scheidungskinder, gerade auch auf Grund ihrer Forschungsergebnisse, wesentlich optimistischer. So hat sie, die viele »ihrer« Forschungskinder oft über 30 Jahre befragt hat, herausgefun-den, dass die allermeisten in ihren emotionalen und kognitiven Fähigkeiten Kindern aus »intakten« Familien in nichts nachstanden. Aber sie fand eben auch heraus, dass es dazu bestimmter Faktoren bedarf, für die die Eltern sorgen müssen. Ansonsten besteht die Gefahr, dass die Kinder zu jenen 10 % von Kindern gehören, die sich erwiesenermaßen von der Trennung und Scheidung ihrer Eltern und dem, was darum herum, vorher oder nachher, geschah, nie wieder richtig erholten.

Sollen Eltern sich trennen?

Aus dem bisher Gesagten ist deutlich geworden, dass sich Eltern diese Ent-scheidung nicht leicht machen dürfen. Eine Trennung von Eltern »auf Pro-be«, etwa um zu sehen, wie man eine Zeitlang allein zurechtkommt, sollte mit Rücksicht auf die Kinder auf keinen Fall stattfinden. Sie würde bei den Kin-dern existentielle Ängste auslösen und, selbst wenn die Eltern wieder zusammenkommen, das Gefühl hinterlassen, nie mehr ganz sicher sein zu können, da sich dieser Schritt schließlich bei jedweder Ausei-nandersetzung zwischen den Eltern wiederholen

> **Eine Trennung von Eltern »auf Probe«, etwa um zu sehen, wie man eine Zeitlang allein zurechtkommt, sollte mit Rücksicht auf die Kinder auf keinen Fall stattfinden.**

könnte. Andererseits lassen sich auf die Frage »Trennung oder nicht?« natür-lich keine »Vorschriften« machen – außer eben, sich diesen Schritt auf kei-nen Fall einfach zu machen! Eine Paartherapie kann von Nutzen sein, übri-gens auch für das Selbstverständnis später, es sich eben nicht allzu leicht gemacht zu haben. Denn eines muss allen Eltern, die sich trennen, klar sein: Auch die »endgültige« Trennung ist ein Schritt, der sie immer wieder einholt, ob gewollt oder ungewollt; denn es wird später immer wieder Gelegenheiten geben, bei denen die Kinder ihre leiblichen Eltern wieder zusammenbringen. Nur in den seltensten und im Übrigen auch nicht wünschenswerten Fällen, verlieren sich ein Elternteil und die Kinder gänzlich aus den Augen. Und ebenso werden sich um ihre Kinder besorgte Eltern immer wieder die Frage stellen, ob die Entscheidung richtig gewesen ist, insbesondere dann, wenn es später mit einem Kind – und wann kommt das nicht vor! – einmal Probleme gibt. Diese müssen mit dem Scheidungsgeschehen in gar keiner direkten Beziehung stehen, aber es ist nun mal das Schicksal von Scheidungseltern, dass sie sich diese Frage wahrscheinlich häufiger stellen werden als »normale« Eltern, was sich im Übrigen auch auf ihren Erziehungsstil auswirken kann, weil sie ihre vermeintliche Schuld immer wieder irgendwie glauben kompensieren zu müssen.

Der Entschluss, sich zu trennen, ist eine persönliche Entscheidung, der ein rationales Abwägen von Gründen, die dafür bzw. dagegen sprechen, vorausgehen sollte – und hier sind an allererster Stelle Kinder, wenn sie im Spiel sind, zu nennen. Ist die Entscheidung gefallen und die Eltern trennen sich, stehen die Kinder mit ihrem Schicksal allerdings nicht mehr allein, wie noch vor einigen Jahrzehnten, und fühlen sich nur noch in den seltensten Fällen stigmatisiert: Zumindest in den Städten teilen alsbald die Hälfte ihrer Klassenkameraden das gleiche Schicksal wie sie.

Das eröffnet die Möglichkeit, dass sie – auch mit Hilfe der Eltern – mit ihren Freundinnen und Freunden, mit ihren Klassenkameraden, die dieselbe Erfahrung gemacht haben wie sie, ins Gespräch kommen, sich gegenseitig austauschen können, sich vielleicht sogar von dem einen oder der anderen ermutigen lassen, dass das Leben danach – vielleicht nicht einmal so schlecht – weitergeht. Das gibt den Kindern gerade in der »akuten Zeit« der Trennung, wenn ihre Eltern noch sehr mit ihren eigenen Sorgen und Nöten beschäftigt sind, Mut, *selbst* damit fertig zu werden, weil sie ihren Kummer und ihre Verzweiflung nicht als Einzelschicksal sehen und nur sich selbst zuschreiben, sondern feststellen können, dass man damit trotz allem, genauso wie der Freund oder die Freundin, gut klarkommen kann. Dazu aber bedarf es aber gerade auch auf Elternseite einiger Voraussetzungen, auf die ich noch zu sprechen komme.

Gibt es einen »richtigen« Zeitpunkt?

Rezepte können hier nicht ausgegeben werden, dazu spielen viel zu viele unterschiedliche Faktoren ins Trennungsgeschehen mit hinein, unter anderem auch die Tatsache, dass jedes Kind, übrigens auch unter Geschwistern, auf die Trennung anders reagiert. Manche Forschungsergebnisse sprechen dafür, dass Mädchen, die bei der Mutter bleiben, vor Eintritt in die Pubertät eine Trennung besser verkraften als Jungen, die insgesamt un-

Jedes Kind reagiert anders auf die Trennung.

ruhiger und aggressiver reagieren, je früher die Trennung erfolgt. Aber mit solchen generalisierenden Annahmen sollte man vorsichtig sein – Mädchen verhalten sich bis zur Pubertät häufig angepasster, ganz unabhängig davon, ob sich ihre Eltern getrennt haben oder nicht, was hinsichtlich späterer seelischer Konflikte nur wenig aussagt. Und die deutliche Reaktion, dass das Kind mit der Trennung überhaupt nicht einverstanden ist, ist oft, wenn die Eltern adäquat mit ihr umgehen, besser, als dieses Schicksal wortlos zu akzeptieren oder – manchmal wortwörtlich – in sich hineinzufressen.

Dagegen legen, für mich nachvollziehbar, einige Beobachtungen nahe, dass es für Kinder, die zum Zeitpunkt der Trennung ihrer Eltern noch sehr klein sind, also unter 5 Jahre, besonders schwierig ist, damit fertig zu werden. Zum einen verfügen sie entwicklungspsychologisch noch kaum über kognitive Voraussetzungen, sich die Trennung – bei allen Vorbehalten (siehe oben) – rational erklären zu können, zum anderen sind sie bis zu diesem Alter dem Schutz und der Fürsorge ihrer Eltern noch gänzlich ausgeliefert und fallen buchstäblich aus dem Nest. Anders als ältere Kinder spüren sie ihre Ohnmacht und Hilflosigkeit nicht nur hinsichtlich des Entschlusses ihrer Eltern, sich zu trennen, sondern auch noch die Hilflosigkeit ihrer Existenz, die sie von ihren Eltern ja gänzlich abhängig sein lässt. Für die ganz Kleinen ist es zudem noch schwierig, sich woanders, bei Geschwistern oder Freundinnen oder Freunden, »Hilfe« zu holen, was, wie gesagt, später zu einer guten »Überlebensstrategie« gehören kann. Älter geworden, können sie sich an das Leben zusammen mit den leiblichen Eltern kaum oder gar nicht mehr erinnern, was Kindern, deren Eltern sich später trennen, insbesondere, wenn sie verantwortlich mit der Trennung umgehen und den Kindern wirklich ihre Eltern geblieben sind, erspart bleibt.

Wiederum anders mag es sein, wenn der Zeitpunkt der Trennung sehr früh, also schon vor der Geburt (siehe hier aber auch den Beitrag von Gunther Moll und Ralph Dawirs zu möglichen Stressoren) oder kurz danach liegt, und sich die Mutter alsbald mit einem neuen Partner zusammentut und sich eine stabile Familie bildet. Der frühe Vaterverlust wird insbesondere die Tochter ihr Leben lang begleiten, aber das Gefühl existentieller Hilflosigkeit bleibt dem Kind ebenso erspart wie in dem Fall, dass das Kind von Beginn an erlebt, zusammen mit einer allein erziehenden Mutter das Leben zu meistern.

Wie sage ich es den Kindern?

Der Entschluss, sich zu trennen, hat natürlich ganz unterschiedliche Vorgeschichten, auf die wir hier nicht eingehen können. Leichter dürfte er Kindern fallen, wenn er sie nicht wie ein Blitz aus heiterem Himmel trifft, sondern sie ein wenig vorbereitet ereilt. »Ein wenig« meint nicht, mit den Kindern monatelang vorher zu diskutieren. Noch einmal: Kinder *wollen nicht*, dass sich ihre Eltern trennen! Sätze wie »Ich finde es ja eigentlich auch gar nicht schön, versteh doch, wir verstehen uns einfach nicht mehr, wir streiten ständig« oder »Ich habe jemanden getroffen, den ich lieber mag als Papa (Mama)« verfehlen bei jüngeren Kindern deswegen völlig ihr Ziel. Mag sein, dass sie aus »opportunistischen« Gründen zustimmen, damit ihnen wenigstens ein Elternteil erhalten bleibt, aber mit »Verständnis« hat es nicht das Geringste zu tun.

Kinder wollen nicht, dass sich ihre Eltern trennen!

Generell gilt, dass Sie als Eltern dem Kind *zusammen* sagen, dass Sie sich trennen werden, also nicht »um den heißen Brei« herumreden, sondern es den Kindern als eine Tatsache mitteilen. Sie sollten sich auf dieses Gespräch gemeinsam vorbereiten, denn das Kind wird es wahrscheinlich sein Leben lang im Gedächtnis behalten. Es ist also sehr wichtig, was Sie sagen, und dafür sollten Sie sich auch Zeit nehmen und danach beide ansprechbar bleiben. Sie sollten dem Kind, wenn es zutrifft, sagen, dass Sie sich geliebt haben, als es entstanden ist, und dass Sie es, egal was kommen mag, immer lieben werden, beide, jede und jeder auf seine Weise. Sprechen Sie bei den Kindern auch an, dass sie das Recht haben, diesen Entschluss nicht zu mögen und es Ihnen zu sagen, dass es Ihnen leidtut, dass es so gekommen ist. Sagen Sie ihm vielleicht auch, dass Sie wirklich einiges versucht haben, aber dass Sie keinen anderen Ausweg mehr sehen. Versuchen Sie, in diesem Gespräch immer wieder das Selbstwertgefühl des Kindes zu bestätigen, und sprechen Sie vor allem direkt an, dass es keinerlei Schuld an der Trennung hat. Dass Sie sich vor dem Kind nicht gegenseitig abwerten, sollte selbstverständlich sein. Wenn nicht, verständigen Sie sich dahingehend vor dem Gespräch oder führen Sie es im Beisein eines Dritten, den Sie beide akzeptieren können.

Ältere Kinder etwa ab 9 Jahren können Sie, nachdem Sie ihnen den Entschluss, sich zu trennen, mitgeteilt haben, fragen, was sie von Scheidungen wissen, ob sie jemanden kennen (sicherlich!), dessen Eltern nicht mehr zusammen sind. Sie können die Kinder fragen, ob sie das Gefühl haben, diese Kinder seien unglücklicher als andere, und ihnen so ermöglichen, über ihre eigenen Ängste und Befürchtungen für die Zukunft zu sprechen. Betonen Sie, dass Sie weiterhin zuverlässig für das Kind da sein werden, und sprechen Sie darüber, was Sie als Nächstes vorhaben und wie sich Ihr gemeinsamer Alltag in nächster Zeit vermutlich gestalten wird. Sagen Sie dem Kind, dass alle diese Veränderungen nichts damit zu tun haben, dass Sie es weiterhin genauso lieb haben wie vorher und dass Sie weiterhin genauso gut für es sorgen werden. Seien Sie ehrlich, denn Kinder spüren, wenn ihre Eltern Angst vor etwas haben, und werden darüber selbst ängstlich. Sprechen Sie also auch über Ihre und die Ängste Ihres Kindes, wenn es sich ergibt. Aber betonen Sie, dass Sie die Zukunft für Ihre Kinder trotz der schmerzhaften Veränderungen weiterhin, so schön wie es geht, gestalten wollen. Die Kinder müssen in diesem Moment, wo ihnen das Liebste genommen wird, dennoch ihrer Zukunft vertrauen können und darauf, dass ihnen die Eltern *beide* erhalten bleiben. Ihre Eltern verschwinden nicht von der Bildfläche und vielleicht engagieren sie sich für ihre Kinder fortan besonders – gerade aus der Erfahrung, auf der Beziehungsebene gemeinsam Schiffbruch erlitten zu haben.

Das Leben nach der Trennung

Viele der Forschungsergebnisse sprechen dafür, dass die ersten Jahre, die der Trennung der Eltern folgen, für die Kinder die schwierigsten sind. Die Gründe dafür liegen auf der Hand. Das Kind macht jetzt die Erfahrung, dass ein Elternteil die Familie verlässt, zumeist ist es der Vater. Noch Monate (vielleicht Jahre) wird es sich wünschen, dass es sich seine Eltern noch einmal anders überlegen und der Elternteil, der ausgezogen ist und es »verlassen hat«, wieder zurückkommt. Mitunter steht ein Wohnungswechsel und damit verbunden ein Wechsel der Betreuungsinstitution, des Kindergartens oder der Schule an, Freundinnen und Freunde können so aus dem Blickfeld geraten. Wenn möglich, sollte dies verhindert werden – schließlich kann ein Kind auch trotz Umzugs auf Antrag in derselben Schule bleiben bzw. im gleichen Kindergarten. Wie gesagt, andere Kinder, Freundinnen und Freunde stellen in dieser Zeit eine besonders wichtige Stütze dar und sorgen für Kontinuität im Leben des betroffenen Kindes.

Viele Mütter nehmen jetzt eine Arbeit auf oder sie versuchen, ihre Teilzeitarbeit zu verlängern. Gerade, wenn sie die Unterstützung der Mutter und des Vaters am dringendsten bräuchten, sind diese kurz nach der Trennung oft weniger präsent als vorher. Wirtschaftlich geht es den Familien nach der Trennung meistens schlechter. Und hinzu kommen, manchmal sofort, manchmal nach einigen Monaten, oft neue Partner der Mutter oder des Vaters, mit denen sich die Kinder arrangieren müssen ebenso wie mit neuen »Geschwistern«. Zu diesen »harten Fakten«, auf die sich die Kinder einstellen müssen, gesellt sich aber noch der Umstand, dass eine Trennung fast immer einen unglücklichen Partner zurücklässt, meistens den, der verlassen wurde, wohingegen der andere oft geradezu aufblüht. Auch dies müssen Kinder ausbalancieren, denn sie wollen dem glücklichen Elternteil ja seine Freude nicht nehmen und haben gleichzeitig Mitleid mit dem oder der, die unglücklich zurückgelassen wurde. Alles in allem ist das eine Menge auf einmal, was Kinder aushalten und womit sie fertig werden müssen, und je nach Alter reagieren sie mit deutlichen Stresssymptomen. Ob kleine Kinder wieder ins Bett machen, die Kinder schlecht träumen, nicht allein sein wollen, aggressiv werden, unruhig oder sich gänzlich in sich zurückziehen – beide Eltern müssen in dieser Zeit sehr genau hinsehen, wie es ihren Kindern geht und was sie außerhalb der Familie so treiben – gerade ältere Kinder vom Pubertätsalter an wollen mit extremem Verhalten, ob übertriebenem Alkohol- oder Drogengenuss, Vandalismus und kleineren Diebstählen auf ihr Leiden, das sie nicht direkt äußern können oder wollen, aufmerksam machen und sind dann besonders offen für »äußere Einflüsse«, die ihnen nicht immer guttun. Haben Sie das

Gefühl, dass Sie mit der Situation nicht mehr fertig werden oder Ihnen Ihre Kinder entgleiten, nehmen Sie unbedingt professionelle Hilfe in Anspruch.

Zu der in dieser Zeit besonders geforderten Aufmerksamkeit für die Kinder gehört auch das Gespräch – nicht das »Ausfragen«, sondern ein gegenseitiges Sichmitteilen. Eltern können und sollten durchaus darüber sprechen, wie sie diese neue Situation empfinden, und können darüber das Gespräch auf die Ängste und Hoffnungen der Kinder lenken. Das Wichtigste aber ist gerade jetzt, wo es zugegebenermaßen am schwierigsten ist, ein geregelter Tagesablauf, der dem Kind *hundertprozentige Sicherheit* bietet. Das Kind muss in dieser Zeit genau wissen, »woran es ist«, muss die Erfahrung machen, in beiden Eltern eine verlässliche Stütze zu haben. Dazu gehören genau festgelegte Rituale beim morgendlichen Aufstehen, Verlassen der Wohnung (das Kind in den Kindergarten oder in die Schule bringen), eine klar geregelte Mittagszeit, der freudige Empfang des Kindes, wenn es nach Hause kommt. Gerade in der ersten Zeit nach der Trennung müssen diese Rituale *absolut zuverlässig* von den Eltern organisiert und befolgt werden, denn auf einem Gefühl von Sicherheit bauen sich sämtliche weitere Schutzfaktoren für die Kinder auf.

> In der ersten Zeit nach der Trennung sollten feste Rituale absolut zuverlässig von den Eltern organisiert und befolgt werden, denn auf einem Gefühl von Sicherheit bauen sich sämtliche weitere Schutzfaktoren für die Kinder auf.

Genau diese Sicherheit muss auch der jetzt »fehlende« Elternteil, zumeist der Vater, dem Kind vermitteln. Es müssen klare Besuchsregelungen geschaffen werden, auf die sich das Kind einstellen kann, und keine »Ad-hoc-Auftritte«. Verabredungen müssen eingehalten werden und Rituale erfunden, die den Besuch nicht jedes Mal zu einer Art von Überraschungsparty werden lassen. Der abwesende Elternteil soll das Kind in jedem Fall auch in seinen Alltag einbeziehen, denn auch dies vermittelt ihm die nötige Sicherheit. Ein in einer festen Alltagsstruktur (Rituale) eingebundener Vater läuft auch nicht so schnell wieder weg wie einer, von dem das Kind gar nicht genau weiß, was er eigentlich macht, wenn es nicht da ist.

Auf das Problem des »abwesenden Vaters« kann an dieser Stelle nicht besonders eingegangen werden (siehe den Beitrag von Michael Matzner in diesem Buch). Die wenigen Forschungsergebnisse legen aber nahe, dass Töchter mit ihren Müttern damit besser fertig werden als Mütter mit in dieser Zeit meist ziemlich rebellischen kleinen und etwas größeren Jungen. Ein Rückzug des Vaters ist besonders für die kleinen Jungen kaum auszuhalten, da sie sich mit ihm bis zum Alter von etwa 10 Jahren besonders stark identifizieren. Anders liegt der Fall vielleicht dort, wo der Vater bislang sowieso keine große Rolle in der Familie spielte.

Neue Partnerinnen und Partner müssen ebenso wie neue »Geschwister« behutsam eingebracht werden, die Verantwortung für das Wohlbehalten des Kindes und seine Erziehung liegt in jedem Fall in den Händen der leiblichen Mutter oder des leiblichen Vaters. Last, but not least bedeutet all dieses, dass die Eltern hinsichtlich ihrer Kinder – und dies in einer Zeit, in der es ihnen naturgemäß am schwersten fällt – an einem Strang ziehen. Sich gegenseitig fertig zu machen und die Schuld für die entstandene schwierige Situation in die Schuhe zu schieben belastet Kinder weit über das Erträgliche hinaus. Kinder lieben weiterhin beide Eltern, deren Teil sie ja sind, und die Abwertung eines Elternteils wird als eigene Abwertung empfunden.

> **Kinder lieben weiterhin beide Eltern, deren Teil sie ja sind, und die Abwertung eines Elternteils wird als eigene Abwertung empfunden.**

Die langjährigen Folgen für die Kinder

Über die langjährigen Folgen einer Trennung für die Kinder sind sich die anfangs genannten Autorinnen der beiden großen Studien in einigen Punkten uneins, was auch mit den unterschiedlichen Forschungsansätzen und ihrer »politischen« Einstellung gegenüber der hohen Anzahl von Trennungen und Scheidungen in den westlichen Gesellschaften zu tun hat. Einig aber sind sie sich darin, dass es keine Gesetzmäßigkeit gibt, dass Trennung und Scheidung der Eltern automatisch zu »bleibenden Schäden« bei den Kindern führen. Und beide Autorinnen sind sich auf der Grundlage zahlloser Berichte von Scheidungskindern und Interviews mit deren Umfeld einig, dass das spätere Lebensglück dieser Kinder davon abhängt, wie sich ihre Eltern nach der Trennung verhalten.

Mavis Hetherington und ihre Forschergruppe fanden darüber hinaus heraus, dass bereits im zweiten Jahr nach der Trennung bei der überwiegenden Anzahl der Kinder eine deutliche Verbesserung ihrer psychischen Situation stattfand und die meisten Jungen und Mädchen sich wieder ganz gut zurechtfanden. Insgesamt kommt ihre Studie mit über 1.500 Kindern und über einen Zeitraum von 30 Jahren zu dem Schluss, dass sich 80% der Kinder aus geschiedenen Familien auf ihr neues Leben gut einstellten und mehr oder weniger zu ausgeglichenen Individuen wurden. 20 % kamen hingegen mit ihrem Leben schlecht oder sehr schlecht zurecht. Nun finden sich unter den Menschen, die mit ihrem Leben besondere Schwierigkeiten haben, natürlich auch solche aus intakten Familien, weshalb die Autorin auch diese in ihre Untersuchung einbezog. Vergleicht man die Gruppe der Kinder aus »intakten« Familien mit denen von Scheidungsfamilien, so werden aus intakten Familien, die ja oft gar nicht so »heil sind«, wie sie nach außen hin scheinen, 10 % der Kinder zu späteren »Problemfällen« – im Vergleich zu 20 % aus geschiedenen Familien.

Judith Wallerstein fragte bei einigen Scheidungskindern ihrer Studie in regelmäßigen Abständen und bis zu 20 Jahren nach der Scheidung ihrer Eltern noch einmal besonders nach und fand für ihre Untersuchung heraus, dass Kinder aus Scheidungsfamilien womöglich in ihrem Leben als Erwachsene vermehrt unter Bindungsstörungen leiden. Sie seien oft stärker an ihre Eltern gebunden, so als wollten sie noch nicht loslassen, und tun sich insgesamt schwerer mit dem »Erwachsenwerden«, viel-leicht, weil sie die Entscheidung, sich an jemanden zu binden, die sie nun selbst treffen müssen, hin-auszögern wollen. Dies kann zu Vermeidungsver-halten ebenso führen wie zu sehr oberflächlichen Beziehungen – vielleicht aus Angst, alsbald wieder verlassen zu werden, ein Gefühl, das viele der Schei-dungskinder nach Auffassung von Wallerstein ein Leben lang begleitet. Sie vermutet also, dass die langjährigen Folgen der Trennung der Eltern sich besonders in der späten Adoleszenz und dann im früheren Erwachsenenalter zeigen würden und dies mehr im affektiven als im kognitiven Bereich. (Siehe auch meinen Beitrag zu Problemen in der späteren Adoleszenz.)

> **Angst, alsbald wieder verlassen zu werden, ist ein Gefühl, das viele der Scheidungskinder nach Auffassung von Wallerstein ein Leben lang begleite.**

Schutzfaktoren für Scheidungskinder

Trennung und Scheidung müssen nicht zu bleibenden Schäden bei den Kindern führen – dies ist eine wissenschaftlich bewiesene Tatsache. Doch dass es ihnen später im Leben gut geht, ist an bestimmte Voraussetzungen gebunden, die vielleicht mehr Einsatz von den Eltern erfordern, als dies bei intakten Familien notwendig ist. Zeigen die Eltern diesen Einsatz, brauchen sie sich indes auch keine Vorwürfe zu machen, dass ihre Familie, die sie einst zusammen gegründet hatten, zerbrach. Einige wichtige Punkte habe ich schon angesprochen, hier sei das eine oder andere noch einmal zusammengefasst.

Eltern müssen ihren Kindern nach der Trennung auf jeden Fall weiterhin verlässliche Eltern bleiben, auf deren Fürsorge und Schutz die Kinder, egal, was passiert, bauen können. Das erfordert von beiden Eltern Planungsfähigkeit, Selbstdisziplin und Anpassungsfähigkeit an die neue Situation. Diejenigen Eltern, die nach der Trennung vom jeweiligen Partner selbst psychisch geschwächt sind, sollten, wenn möglich, soziale Unterstützung von außen oder therapeutische Hilfe in Anspruch nehmen, wenn sie mit der neuen Situation (noch!) nicht angemessen umgehen können. Denn dass sich die Kinder sicher aufgehoben fühlen, ist für ihren weiteren Lebensweg existenziell bedeutsam. Damit zusammenhängend sollten die Eltern möglichst rasch eine verlässliche Alltagsstruktur aufbauen, in der sich das Kind aufgehoben fühlt. Eltern müssen sich vor ihren Kindern nicht übertrieben harmonisch zeigen – die Kinder würden sich sonst fragen, warum sie sich eigentlich getrennt haben –, gegenseitige Beschimpfungen sollten aber unterbleiben, was nicht bedeutet, unterschiedliche Meinungen nicht auch zu zeigen. Eltern, die sich getrennt haben, sollten ihre Kinder nicht aus falsch verstandenem Schuldgefühl über die Maßen verwöhnen, was ihnen nur kurzfristig Sicherheit verspricht, sondern sie konsequent und verantwortlich für sich und andere erziehen. Sie bleiben Kinder und werden durch die Trennung nicht zu Partnern. Der Blick der Eltern sollte in die Zukunft gerichtet sein und nicht über die Maßen an der oder dem »Ex« kleben, es ist wichtig, gerade diesen Kindern einen offenen Blick in die Zukunft zu vermitteln. Immer nur davon zu reden, wie sehr man leidet, wie schön es war und wie schwierig jetzt, ist sicherlich kontraproduktiv, was bedeutet, eine gewisse Distanz des Kindes zum »leidenden« Elternteil ertragen zu können.

Dass Eltern trotz der Trennung kooperativ bleiben, ist vielleicht der wichtigste Schutzfaktor für das Kind. Der allerwichtigste aber ist, dass die Eltern dem Kind jeden Tag aufs Neue zeigen, dass sie es lieben, trotz allem, was geschehen ist, und dass diese Liebe auf jeden Fall hält – ein Leben lang.

> **Eltern müssen ihren Kindern nach der Trennung auf jeden Fall weiterhin verlässliche Eltern bleiben.**

Kindesmissbrauch
und woran ich ihn erkenne

Günther Deegener

3

1. Was wird unter sexuellem Missbrauch verstanden?

Wenn Eltern sich in der Fachliteratur oder im Internet darüber informiert haben, was unter sexuellem Missbrauch zu verstehen ist, so kommen sie meist eher verwirrt zur Beratung. Zunächst haben sie gelesen, dass zwischen »engen« und »weiten« Definitionen unterschieden wird. In den engen Definitionen werden nur solche Handlungen erfasst, in denen direkter körperlicher Kontakt zwischen Täter/in und Opfer besteht, also z. B. Berührungen im Brust- oder Genitalbereich bis hin zur vaginalen, analen oder oralen Vergewaltigung. Weite Definitionen hingegen berücksichtigen auch Handlungen ohne Körperkontakt wie Exhibitionismus, Anschauen von pornografischen Filmen oder obszöne Anreden und Gesten.

Andere Wissenschaftler argumentieren, dass es bei diesen beiden Definitionen eine zu große Grauzone gebe, innerhalb derer es schwer einzuschätzen sei, ob sexueller Missbrauch vorliegt oder nicht (z. B. wenn Kinder oder Jugendliche gleichen Alters sich auf sexuelle Handlungen einlassen mit wechselseitigem Einverständnis). Sie befürworten deswegen die Einführung von Altersunterschieden zwischen Täter/in und Opfer, z. B. sexuelle Handlungen zwischen Kindern (bei denen auch verschiedene Altersgrenzen angegeben werden, u. a. unter 14 oder unter 16 Jahren) und Erwachsenen oder Personen, die zumindest fünf Jahre älter sind als das Opfer.

Da nun aber sexueller Missbrauch sicherlich auch dann vorliegt, wenn eine 16 Jahre alte Jugendliche gegen ihren Willen von einem zwei Jahre jüngeren Jugendlichen sexuell betatscht wird oder aber ein Vater seine 8 Jahre alte Tochter zu sexuellen Handlungen überredet, auch wenn sie denen mit Worten zugestimmt hatte, wurden von anderen Wissenschaftlern die Begriffe »Machtgefälle« und »willentliche Zustimmung« in die Definitionen eines sexuellen Missbrauchs eingefügt. Zwischen Kindern und Erwachsenen ist das »Machtgefälle« immer gegeben, da die Kinder in vielfältiger Weise (emotional, rechtlich, sozial, finanziell usw.) von diesen abhängig sind und somit ein großes Beziehungs- und Machtgefälle bestehen. Der Missbrauch geschieht dann nicht nur durch die Anwendung von Gewalt oder Bedrohung, denn z. B. bei sexuellem Missbrauch im familiären Bereich ist beides oft nicht nötig: Der Missbraucher nutzt seine Macht- und Autoritätsposition sowie die Abhängigkeit des Kindes aus, es vertraut und glaubt ihm, gehorcht ihm, stimmt wort- und widerstandslos zu. Verantwortlich zustimmen bzw. ein so genanntes »willentliches Einverständnis« geben können Kinder/Jugendliche umso weniger bis gar nicht, je jünger bzw. minderbegabter sie sind, da sie aufgrund ihrer Unerfahrenheit, ihrer fehlenden Kenntnisse und ihrer anderen psychosexuellen Entwicklungsstufe nicht in der Lage sind, beurteilen zu können, wer für sie der »richtige Sexualpartner« ist.

Der Missbraucher nutzt seine Macht- und Autoritätsposition sowie die Abhängigkeit des Kindes aus.

Von feministischen Wissenschaftlerinnen wird z. T. betont, dass beim sexuellen Missbrauch die weiblichen Opfer durch Männer zum Sexualobjekt erniedrigt werden und der eigenen Bedürfnisbefriedigung dienen. Von hier aus ist es nur ein Schritt weiter, um auch die mit den Handlungen verbundenen Absichten der Missbraucher/innen in die Definitionen aufzunehmen. Zum Beispiel kann es einerseits als völlig natürlich angesehen werden, wenn ein Vater mit seinem Kleinkind gemeinsam badet oder die Tochter den Vater im Bad nackt sieht. Andererseits besteht die Möglichkeit, dass die Beweggründe des Vaters zum Herbeiführen dieser Badeszenen einzig und allein darin lagen, sich sexuell zu erregen.

Um es abzukürzen: Als weitere Kriterien von Definitionen sexuellen Missbrauchs werden in der Fachliteratur u. a. noch aufgeführt: Einsatz von Gewalt/Zwang, negative seelische und körperliche Folgen für das betroffene Opfer und Druck zur Geheimhaltung.

Zusammenfassend kann allgemein unter sexuellem Missbrauch von Kindern jede sexuelle Handlung verstanden werden, die an oder vor einem Kind entweder gegen den Willen des Kindes vorgenommen wird oder der das Kind aufgrund seiner körperlichen, seelischen, geistigen oder sprachlichen Unterlegenheit nicht wissentlich zustimmen kann bzw. bei der es deswegen auch nicht in der Lage ist, sich hinreichend wehren und verweigern zu können. Die Missbraucher/innen nutzen ihre Macht- und Autoritätsposition aus, um ihre eigenen Bedürfnisse auf Kosten der Kinder zu befriedigen, die Kinder werden zu Sexualobjekten herabgewürdigt.

2. Häufigkeiten des sexuellen Missbrauchs

Für den deutschsprachigen Raum muss aufgrund vieler und aussagekräftiger Befragungen davon ausgegangen werden, dass etwa 10 bis 15 % der Frauen sowie etwa 5 % der Männer bejahen, bis zum Alter von 14 oder 16 Jahren mindestens einen unerwünschten oder durch die moralische Übermacht einer deutlich älteren Person oder durch Gewalt erzwungenen sexuellen Körperkontakt erlebt zu haben.

Grob zusammengefasst ergeben sich für die verschiedenen Schweregrade sexuellen Missbrauchs die folgenden Häufigkeiten.

SEHR INTENSIVER SEXUELLER MISSBRAUCH versuchte oder vollendete vaginale, anale oder orale Vergewaltigung; Opfer musste Täter oral befriedigen oder anal penetrieren	15 %
INTENSIVER SEXUELLER MISSBRAUCH Opfer musste vor Täter masturbieren; Täter masturbierte vor Opfer; Täter fasste Opfer an den Genitalien an; Opfer musste Täter an den Genitalien anfassen; Opfer musste Täter die Genitalien zeigen	35 %
WENIGER INTENSIVER SEXUELLER MISSBRAUCH Täter versuchte, die Genitalien des Opfers anzufassen; Täter fasste Brust des Opfers an; sexualisierte Küsse, Zungenküsse	35 %
SEXUELLER MISSBRAUCH OHNE KÖRPERKONTAKT Exhibitionismus; Opfer musste sich Pornos anschauen; Täter beobachtete Opfer beim Baden	15 %

Dabei gelten im Sinne von »Faustregeln« weitere Häufigkeitsangaben:
- Mädchen wie Jungen werden vor allen Dingen von männlichen Personen sexuell missbraucht.
- Der Anteil weiblicher Täterinnen liegt etwa bei 10 bis 15 %.
- Mädchen werden häufiger missbraucht als Jungen, das Verhältnis liegt ungefähr bei 75 % zu 25 %.

····❯ Ganz überwiegend kommen die Täter/innen aus dem Verwandten- und Bekanntenkreis oder sind vertraute Personen (Trainer im Sportverein, Pfarrer, Lehrer, Jugendgruppenleiter, Babysitter u. a.).

····❯ Nach Altersgruppen aufgeteilt ergibt sich etwa folgende Häufigkeitsverteilung der Opfer: bis 3 Jahre 5%, 4 bis 7 Jahre 20%, 8 bis 11 Jahre 20%, 12 bis 15 Jahre 35%, 16 Jahre und älter 20%.

····❯ Ungefähr 50 bis 60% aller Missbrauchsfälle erfolgen einmalig oder im Verlauf eines Tages, aber insbesondere beim familiären Missbrauch tritt häufig längerer Missbrauch über Monate und auch Jahre auf.

3. Erste Verdachtshinweise und Folgen von sexuellem Missbrauch

In der überwiegenden Zahl der Fälle entsteht bei Eltern, Mitarbeiter/innen in Krippen und Kindergärten sowie bei Lehrer/innen der erste Verdacht auf sexuellen Missbrauch aufgrund von Auffälligkeiten des Verhaltens und Erlebens sowie körperlicher Symptome der Kinder:

····❯ So wird dann z. B. im Erstberatungsgespräch angeführt, dass ein Kind nach dem Wochenendbesuch beim getrennt lebenden Vater oder nach dem Geigenunterricht oder nach den täglichen Besuchen bei den in der Nachbarschaft wohnenden Großeltern u. a. im Verlaufe der Zeit immer ängstlicher oder auch aggressiver geworden sei, in der letzten Zeit häufig über ein Gefühl des Brennens beim Urinieren klagen, schlechter einschlafen könne und Albträume habe sowie sich zunehmend weigere und an die Mutter klammere vor einem erneuten Besuch oder der nächsten Unterrichtsstunde.

····❯ Andere Eltern kommen zur Beratung, weil ihr Kind zu Hause und auch im Kindergarten ungehemmt vor anderen Personen onaniere oder die Mutter zu Hause mit »blöde Kuh«, »Arschloch« oder »fick dich« beschimpfe.

····❯ Wiederum andere geben an, das Kind habe berichtet, dass der Papa einen »ganz großen Pipimann« habe sowie der Papa und seine Freundin in der Nacht in ihrem Schlafzimmer immer so »Stöhnen machen« würden, und außerdem werden einige Bilder gezeigt, auf denen das Kind Strichmännchen mit Penis malt.

Aufgrund der Erfahrungen mit sexuell missbrauchten Kindern in der diagnostischen und therapeutischen Praxis werden meist u. a. die folgenden unmittelbaren und mittelfristigen Folgen nach sexuellem Missbrauch genannt:

···❯ Folgen im emotionalen Bereich: allgemein erhöhte Ängstlichkeit oder ausgeprägte Ängste vor Tieren, Einbrechern, Männern, Geistern; Selbstverletzungen; ausgeprägte Stimmungsschwankungen; Impulsivität; Konzentrationsstörungen; niedriges Selbstwertgefühl; traurig-depressive Stimmung.

···❯ Folgen im Sozialverhalten: sozialer Rückzug; ausgeprägte Unruhe; aggressives Verhalten.

···❯ Folgen im psychosexuellen Bereich: öffentliche und andauernde Selbstbefriedigung; sexualisierte Sprache; sexualisiertes Verhalten.

···❯ Folgen im somatischen und psychosomatischen Bereich: Verletzungen/Entzündungen im genitalen, analen oder oralen Bereich; Ess- und Schlafstörungen; Einnässen; Einkoten; Kopf- und Bauchschmerzen.

Aufgeteilt nach verschiedenen Lebensphasen der Kinder und Jugendlichen ergibt sich die nachfolgende Übersicht:

FRÜHE KINDHEIT:

Kleinstkinder bis zu einem Alter von 3 Jahren reagieren eher ganzheitlich auf sexuellen Missbrauch, d. h. mit allgemeiner Angst, Verwirrung, Verstörtheit, motorischer Unruhe, Ein- und Durchschlafstörungen. Weiter können damit verbunden Ess- und Gedeihstörungen auftreten. Die Angst vor Fremden (»Fremdeln«) kann übersteigert auftreten, aber umgekehrt tritt oft auch Distanzlosigkeit auf. Häufig ist weiter nicht altersgemäßes sexuelles Spielen zu beobachten.

VORSCHULALTER:

Auf der Ebene des Verhaltens können bei etwa 3- bis 6-jährigen Kindern auftreten: Entwicklungsverzögerungen; »regressives« Verhalten, d. h. Rückfall auf frühere Entwicklungsstufen: die Kinder verfallen wieder in eine Babysprache, fangen wieder an einzunässen, lutschen vermehrt am Daumen, klammern sich wieder mehr an die Mutter; häufiges altersunangemessenes sexuelles Spielen; öffentliche und andauernde Selbstbefriedigung; Schlafstörungen (Albträume); erhöhte Ängstlichkeit.

GRUNDSCHULALTER:

Bei den 6- bis 9-jährigen Kindern werden vielfach als typische Folgen beschrieben: somatische Beschwerden (z. B. Kopf- und Bauchschmerzen); plötzliche Schulleistungsstörungen; nicht altersangemessene sexuelle Handlungen mit jüngeren oder gleichaltrigen Kindern; sexuell provozierendes Verhalten; Schlaf- und Ess-Störungen; keine altersentsprechenden sozialen Beziehungen zu Gleichaltrigen; Zwangshandlungen wie ausgeprägtes Baden oder Waschen.

VORPUBERTÄT UND PUBERTÄTSBEGINN:

In diesem Alter zwischen 9 und 13 Jahren gewinnen vor allen Dingen an Bedeutung: sozialer Rückzug verbunden mit mangelndem Selbstwertgefühl; Verschlossenheit und Depressivität; Schulschwänzen; sexueller Missbrauch von jüngeren Kindern.

HERANWACHSENDENALTER:

Bei den 13- bis 18-Jährigen können insbesondere folgende Verhaltensweisen als Folgen des sexuellen Missbrauchs auftreten: selbstverletzendes Verhalten; Weglaufen von zu Hause; Selbstmordgedanken und -versuche; Depressivität; Ess-Störungen; Drogen- und Alkoholkonsum; Schlafstörungen; erhöhte Ängstlichkeit; Vermeidung von körperlicher Nähe; Vernachlässigung der Hygiene; aggressives Verhalten; wenig Freundschaften zu Gleichaltrigen; mangelndes Selbstwertgefühl.

In Bezug auf die angeführten Auffälligkeiten des Erlebens und Verhaltens sexuell missbrauchter Kinder und Jugendlichen müssen nun einige wichtige Forschungsergebnisse beachtet werden, wenn es um die Beurteilung eines Verdachts auf sexuellen Missbrauch geht:

···> Es kann davon ausgegangen werden, dass sexuell missbrauchte Kinder im Vergleich zu sexuell nicht missbrauchten Kindern mehr Verhaltensauffälligkeiten und Symptome aufweisen (z.B. depressive Stimmung, Ängstlichkeit, sexualisiertes Verhalten, psychosomatische Beschwerden).

···> »Mehr« Verhaltensauffälligkeiten ist aber so zu verstehen, dass die gleichen Verhaltensweisen durchaus auch bei nicht sexuell missbrauchten Kindern auftreten können.

···> Bei Kindern mit anderweitigen Belastungen, Problemen oder traumatischen Erfahrungen als sexuellem Missbrauch können diese Verhaltensauffälligkeiten auch genauso oft und genauso ausgeprägt auftreten wie bei Kindern nach sexuellem Missbrauch.

Es gibt also kein »Missbrauchs-Syndrom«! Keine der angeführten Verhaltensweisen kann als spezifische Auswirkung eines sexuellen Missbrauchs angesehen werden. Zwar kann als »Faustregel« angesehen werden, dass bestimmte gemeinsam auftretende Verhaltensweisen (z. B. ausgeprägte öffentliche Selbstbefriedigung; Angst vor auch bekannten Männern; sozialer Rückzug; mit Schreien, Weinen und Anklammerung versuchte Verhinderung der Besuche beim Großvater; häufige Entzündungen im Scheidenbereich) einen Verdacht auf sexuellen Missbrauch zunehmend berechtigt erscheinen lassen, aber auch dann können diese Kombinationen von Verhaltensauffälligkeiten durchaus eine Vielzahl von anderen Ursachen haben als sexuellen Missbrauch.

> Es gibt kein »Missbrauchs-Syndrom«! Keine der angeführten Verhaltensweisen kann als spezifische Auswirkung eines sexuellen Missbrauchs angesehen werden.

Selbst die – eher sehr selten auftretenden – körperlichen Befunde bei sexuellem Missbrauch wie Verletzungen/Entzündungen im genitalen, analen oder oralen Bereich sind von medizinischer Seite aus bezüglich ihrer Ursache häufig nicht eindeutig auf sexuellen Missbrauch zurückführbar. Der Anteil von Fällen, bei denen allein aufgrund der medizinischen Befunde der sichere Nachweis sexuellen Missbrauchs gelingt, ist eher äußerst gering. Dennoch ist es natürlich wichtig, die folgenden möglichen körperlichen Symptome zu kennen:

- Verletzungen (Kratzer, blaue Flecken, Abschürfungen, Bisswunden, Risse) an Brust, Gesäß, Unterleib, Oberschenkel; Griffspuren u. a. an den Hüften bei Analverkehr;
- unerklärliche Harnwegentzündungen, ungewöhnlicher Geruch im Genitalbereich;
- unerklärliches Bluten oder nicht erklärbarer Ausfluss im Genital-, Rektaloder Urethralbereich;
- Fremdkörper in Harnröhre, Blase, Vagina und Anus;
- Juckreiz und Wundsein im Genital- oder Urethralbereich; Bissspuren am Penis;
- Ungewöhnlich starke Ausdehnung von Genital- oder Rektalbereich;
- Geschlechtskrankheiten, Aids;
- Schwangerschaft.

Leider kommt es auch heute immer noch (von Laien wie Fachleuten) zu Vorwürfen von sexuellem Missbrauch allein aufgrund völlig unspezifischer Beobachtungen, Befunde und Äußerungen bis hin zu in Zeichnungen hineingelesenen »Hinweisen«, z. B. wenn ein kurzer Ast an einem Baumstamm als Darstellung eines Penis gedeutet wird. In diesem Zusammenhang sind einerseits die hohe subjektive Überzeugung z. B. eines Elternteils über einen sexuellen Missbrauch seines Kindes und andererseits auch seine große Enttäuschung und Angst um sein Kind nach der von Fachleuten geäußerte Meinung eines nicht hinreichenden Verdachts zum Teil sehr verständlich und nachvollziehbar. Andererseits muss aber auch bedacht werden, welche schlimmen Folgen für alle Beteiligten (Eltern, Kinder, Verdächtige) vorschnelle Interpretationen sowie falsche und nicht hinreichend beweiskräftige Anschuldigungen bewirken können.

Zu den bisher aufgeführten Schwierigkeiten der Verdachtsabklärung eines sexuellen Missbrauchs kommt im Übrigen noch hinzu, dass aufgrund der Forschung sogar ein nicht unerheblicher Anteil (bis hin zu einem Drittel) der sexuell missbrauchten Kinder symptomfrei war. Dieses Resultat könnte u. a. erklärt werden:

- durch wenig intensiv erlittenen Missbrauch,
- durch Messinstrumente, welche die speziellen Folgen von sexueller Gewalt nicht angemessen erfassen,
- durch sog. »schlafende Effekte«, d. h. einige Symptome könnten sich vielleicht erst zu einem späteren Zeitpunkt entwickeln,
- durch Verdrängungsprozesse,
- durch die häufig zu wenig berücksichtigten Stärken, Selbstheilungspotentiale und Konfliktbewältigungsfähigkeiten der Kinder,
- durch positive psychosoziale Unterstützung,
- durch mangelnde – moralische, gedankliche – Bewertungsmöglichkeiten des sexuellen Missbrauchs z. B. bei sehr jungen oder geistig behinderten Opfern,
- durch frühes Glauben an die Aussagen des Kindes und entsprechende familiäre Unterstützung und Hilfen bei der Verarbeitung des Erlebten (auch in einer früh vermittelten Therapie).

Weiter ist das Ausmaß der Folgen von sexuellem Missbrauch auch abhängig von

- der Täter-Opfer-Beziehung,
- der Intensität, Dauer und Häufigkeit des Missbrauchs,
- der Anwendung von Drohung und Gewalt,
- dem Alter des Opfers,
- der Altersdifferenz zwischen Opfer und Täter,
- der Dauer des Verschweigens,
- den Elternreaktionen,
- den institutionellen Reaktionen wie z. B. Heimunterbringung,
- der erfolgten oder nicht erfolgten Therapie,
- dem Vorliegen weiterer Misshandlungsformen sowie Gewaltereignisse in Schule und Freizeit,
- den weiteren Belastungsfaktoren in der Entwicklung und Familie des Opfers,
- usw.

4. Weitere Verdachtsabklärung

Besteht bei Eltern ein Verdacht auf sexuellen Missbrauch ihres Kindes aufgrund von Auffälligkeiten des Verhaltens und Erlebens sowie körperlicher Symptome, so ist es verständlich, dass sie zunächst mit Fragen versuchen, auch Aussagen von den Kindern zu erhalten. Trotz aller inneren Aufgewühltheit ist es dann wichtig, dass in den Fragen der Eltern keine Vorgaben enthalten sind und sie auch in einer ruhigen, besonnenen Atmosphäre gestellt werden, damit die Aussagen der Kinder – durchaus unbewusst und ungewollt – nicht negativ beeinflusst werden. Deswegen sollten die folgenden Frageformen aufgrund ihrer möglichen stark suggestiven Wirkung, so gut es geht, vermieden werden, was z. T. allerdings bei jüngeren Kindern oder psychisch sehr stark belasteten Jugendlichen oder in den familiären Konflikten feststeckenden Opfern häufig kaum möglich ist:

Trotz aller inneren Aufgewühltheit ist es wichtig, dass in den Fragen der Eltern keine Vorgaben enthalten sind und sie auch in einer ruhigen, besonnenen Atmosphäre gestellt werden

···⟩ Fragen mit Vorannahmen: »*Hat er dann den Penis herausgeholt?*«
···⟩ Fragewiederholungen: »*Sagst du wirklich die Wahrheit? Also, hat er den Penis herausgeholt? Das stimmt doch, oder?!*«
···⟩ Vorwürfe und emotionaler Druck: »*Das kann ich gar nicht glauben, dass du das vergessen hast*«; »*Und dann hast du das auch noch mitgemacht, das versteh' ich nicht!*«; »*Ich weiß, da muss etwas passiert sein, es macht mich ganz traurig, dass du mir das nicht anvertraust!*«
···⟩ Bewertungen, Beschreibungen: »*Wie hat er denn da in der Wanne seinen großen Penis gewaschen, als er sexuell erregt war?*«; »*Als er das machte, hat er dann auch geschnauft und gekeucht, ein rotes Gesicht gehabt?*«
···⟩ Vorgabeneinengung: »*Hat er da die Hose bis zu den Knien oder bis zu den Knöcheln heruntergezogen gehabt?*«
···⟩ Drohungen: »*Bevor du mir jetzt nicht alles sagst, kommst du hier nicht raus!*«
···⟩ Versprechungen: »*Wenn du endlich sagst, was da sonst noch passiert war, wird es dir besser gehen, dann brauchst du da auch nicht mehr hin.*«
···⟩ Erwartungen: »*Und dann hat er sicher seinen Penis abgeputzt?!*«
···⟩ Vorausgesetzte Fakten: »*Du sagst, sein Glied war steif. Dann hat er also daran so gerieben?*«
···⟩ Druck zur Anpassung: »*Dein Freund sagte, der Mann hat dann dort onaniert. Das musst du doch auch gesehen haben, oder nicht?!*«

Demgegenüber sollten möglichst folgende Frageformen mit gering suggestiver Wirkung verwendet werden:
···⟩ offene Fragen: »*Was hast du gesehen?*«; »*Und wie ging es dann weiter?*«
···⟩ Bestimmungsfragen: »*Wann war das denn an diesem Tag?*«; »*Um welche Uhrzeit warst du dort?*«; »*In welchem Zimmer seid ihr gewesen?*«
···⟩ Auswahlfragen: »*War das im Bett oder auf der Couch?*« (besser: »*Wo war denn das genau?*«)
···⟩ Ja-Nein-Fragen: »*Hat der Papa etwas gesagt?*«

Liegt nun bei den Eltern ein ernsthafter Verdacht auf sexuellen Missbrauch eines Kindes vor, so sollten sie sich von Expert/innen beraten lassen, z. B. Mitarbeiter/innen in Kinderschutzdiensten/-zentren, ärztlichen Kinderschutzambulanzen oder Beratungsstellen gegen sexuellen Missbrauch an Mädchen und Jungen, deren Adressen über das Jugendamt erhalten werden können. Liegen bei dem Verdacht auf sexuellen Missbrauch zusätzlich körperliche Symptome vor, so sollte bei Mädchen auch ein Frauenarzt hinzugezogen werden. Dabei müssen sich Eltern darauf einstellen, dass die Diagnostik bei Verdacht auf Kindesmisshandlung nicht selten in einem »Jein« endet mit mehr oder weniger starker Betonung zwischen »JA«, »Jnein«, »JaNein« bis hin zu »Neinja« bzw. »NEIN« durch die beteiligten Personen. Ebenfalls nicht selten kommt es zu lang während er (z. T. sogar jahrelanger) »Aufdeckungsarbeit« ohne wirklich hinreichenden zusätzlichen Erkenntnisgewinn. Es empfiehlt sich dann dringend, nicht nur »ermitteln« zu wollen, sondern dem Kind – auch therapeutisch – in Bezug auf seine Auffälligkeiten wirklich zu helfen sowie mit Prävention vor sexuellem Missbrauch zu beginnen. Auch hierbei sollten Eltern die Unterstützung der o. a. Fachstellen oder auch von Familienberatungsstellen, Kinder- und Jugendlichen-Psychotherapeuten sowie Kinder- und Jugendpsychiatern in Anspruch nehmen.[1]

---

[1] Viele informative Internetseiten zum sexuellen Missbrauch finden sich bei: www.gdeegener. de/Linkadressen.htm

Aus Liebe gehorsam –
Grenzen, Autorität und Disziplin

Wolfgang Bergmann

Von Gelassenheit, Aufräumen zu zweit und Wiedergutmachung

Eine neue Studie des Allensbacher Demoskopie-Instituts zeigt, dass mehr als die Hälfte aller Deutschen die meisten Kinder für verwöhnt hält, und in einer Umfrage der Apotheker-Umschau wird deutlich, wie überfordert viele Eltern gleichzeitig sind. 54 % aller Mütter, so die Umfrage, fühlen sich mit der Erziehung überfordert. Andere fordern einen »Elternführerschein«.

Szenenwechsel: Draußen strahlt die Sonne, Mütter schieben froh ihre Kinderwägen, auch Väter, kleine Jungen und Mädchen rasen hierhin und dorthin und kehren sofort vertrauensvoll zu den Eltern zurück.

Lauter Tyrannen? Lauter Überforderung? Nein, der mediale Anschein trügt: Die Mehrzahl der Familien lebt heute harmonischer, als sie es früher tat, die allermeisten Eltern gehen offenbar liebevoll und einfühlend mit den Kleinen um. Und die Kinder sind Kinder – manchmal grob, manchmal launisch, manchmal zappelig.

Aber es gibt Konflikte, natürlich! Keine Erziehung ohne Konflikte. Mama will das eine, der kleine Johannes ziemlich exakt das Gegenteil – ein Konflikt. Und Papa ist wieder anderer Meinung als beide! Konflikte sind aber nicht problematisch, sie gehören zum Familienleben wie die Butter auf das Brot. Problematisch sind nur manche Elternversuche, diese Konflikte zu lösen.

Aber bevor wir mit ausgestrecktem Zeigefinger auf die Eltern zeigen, die schuld sein sollen am zu vielen Alkohol bei den Jugendlichen, am übermäßigen Computerspielen und zu viel Fernsehen, halten wir uns vor Augen: Familie *ist* anstrengend. Kaum eine junge Familie, die ohne die Berufstätigkeit von Frau und Mann über die Runden käme. Viele Eltern sind einfach bis auf die Knochen erschöpft. Die Kinder, besonders die kleinen Kinder, spüren das. Aber sie haben ihre ganz eigene Art, die Welt zu sehen. Bei ihnen dreht sich alles um »ihre« Mama und »ihren« Papa, um Geliebtwerden. Sie sehen nicht Erschöpfung, sie fühlen sich vielmehr nicht genug beachtet. Das ist einer der Gründe für viele Konflikte, diese ewige Hast, der Druck von einem langen (oder auch nur Teilzeit-)Arbeitstag. Er wirkt nach und nimmt den Kindern die elterliche Aufmerksamkeit. Dann werden sie erst unruhig, dann zappelig. Zuletzt nörgeln sie und die Eltern fühlen sich überfordert. Jeder Kinderpsychologe kennt diesen Zusammenhang.

Dann sagt man schon mal: »Deck mal den Abendtisch!«, und macht es hinterher selbst. Dann fordert man schon mal mit viel zu gereizter Stimme: »Räum endlich dein Zimmer auf!« – aber 10-jährige Jungen und pubertierende Mädchen denken gar nicht dran, sie verlassen sich darauf, dass Mama oder Papa ihre Anweisungen selber wieder vergessen. Mit Tyrannei von Kindern hat das gar nichts zu tun, mit zu viel Nachgiebigkeit der Eltern auch nicht, mit zu viel Strenge aber Gott sei Dank ebenso wenig.

Früher gab es Nachbarschaftshilfe, bei uns auf dem Dorf rannten wir kleinen Jungen ohnehin ganz ohne elterliche Aufsicht in den Wald oder wurden, wenn es eng wurde, bei Nachbarn oder einer Tante abgegeben. Das war uns nur recht! Am liebsten blieben wir bis zum Abendbrot – »In anderen Familien schmeckt es immer besser«, sagten die Eltern und schmunzelten. Solche Nachbarschaft ist selten geworden, einen engen Verwandtschaftsverbund, der immer mal wieder einspringt, haben viele Familien auch nicht mehr. Die moderne Kleinfamilie ist viel zu oft ganz auf sich allein gestellt.

Ja, es gibt Probleme. Aber sie sind nicht das Wichtigste. Viel wichtiger ist etwas anderes: Eltern lieben ihre Kinder, und oft ist diese Liebe zum Kind das tiefste und ehrlichste Gefühl, das alles andere überlagert. Da muss man aufpassen. Eheleute sind nicht nur Vater und Mutter, sie sind auch Mann und Frau. Sie brauchen auch ihr eigenes erwachsenes Leben als Paar, mit allem Auf und Ab. Aber die Elternliebe ist und bleibt die Grundlage jeder guten Erziehung. Das sagt die moderne Psychologie ganz eindeutig.

Entwicklungspsychologische Forschung und Gehirnforschung sind sich in diesem Punkt vollständig einig: Die Elternliebe ist die Quelle jeder Bindung. Und Kinder lieben ihre Eltern vorbehaltlos – sie können gar nicht anders. Von den ersten Lebensminuten an sind die Stimmen und Gesichter, die Blicke und die Gegenwart von Mama und Papa tief in ihren kleinen, rasch reifenden Gehirnen tief verankert. Mama und Papa sind die Größten, daran hat sich nichts geändert. In einer kalt gewordenen Gesellschaft sind die meisten Familien immer noch und trotz allem ein Ort, an dem Nähe und Liebe wachsen und Geborgenheit Kinder zu mitfühlenden Menschen werden lässt.

Allerdings: Wenn die Kleinen gar nicht mehr so klein sind, sondern mit 12 oder 13 Jahren urplötzlich in die Höhe wachsen und aus dem kleinen Sonnenschein ein oft mürrischer Teenie geworden ist, dann mag man an dieser »Kinderliebe« schon mal zweifeln. Aber keine Sorge, die immer früher pubertierenden Jugendlichen lieben ihre Eltern noch immer so, wie sie es als 4-Jährige taten, sie geben sich nur unendlich viel Mühe, dass es keiner merkt – vor allem ihre Eltern nicht. In den großen Umfragen etwa der Shell-Studie 2008 geben sie bereitwillig Auskunft, dass ihre Familie, neben den Freunden, das Allerwichtigste auf der Welt ist. Eine große Umfrage des »stern« ergab vor vier Jahren sogar, dass Kinder heute ihre Eltern, vor allem die Mütter, als wichtigstes Vorbild ansehen.

Aber die vielen Konflikte, die Hektik, die Unsicherheit, die viele moderne Eltern empfinden, stören. Daran lässt sich jedoch vieles ändern. Ohne Aufwand, auch ohne »Elternführerschein«, man muss sich nur ein wenig selber »disziplinieren«. Was heißt das? Ein Beispiel:

Die Mutter will einkaufen, der 3-jährige Johannes spielt. Vielleicht hat er auf seinem kleinen Bauernhof soeben entdeckt, dass Schafe und Hunde hervorragend miteinander auskommen, oder irgendeine andere seine kleine Welt bewegende Erfahrung gemacht. Der kleine Johannes spielt nicht nur, er lernt in seiner kleinen Phantasiewelt die Wirklichkeit kennen. Und ist voller Stolz. Aber Mama hat es eilig, »Komm schon, einkaufen!«, ruft sie.

Johannes will nicht, er muss erst noch die Schafe zählen – nachher fehlt eines und er ist doch verantwortlich! –, und dann müssen auch noch zwei Ställe gebaut werden, eines für die Schafe, eins für die Hühner, die sich nämlich mit Hunden nicht vertragen. Ein Dach muss für beide her, es könnte ja regnen in der Zwischenzeit. Johannes ist vollauf beschäftigt.

Seine Mama auch. Und schon haben die beiden einen Konflikt. Zerrt die Mutter den Kleinen weg von seinem Spiel, dann hat sie während ihres Einkaufs ein quengelndes, ungeduldiges Kind, das ist anstrengend! Wenn sie aber nachgibt, hat sie ein schlechtes Gewissen: Eigentlich soll man doch immer konsequent sein, hat sie gelesen!

Und nun? Wir kommen zur ersten Zauberformel einer glücklichen Erziehung: Gelassenheit! Hektik verträgt sich nicht mit kleinen Kindern. Müssen wir deshalb von »Tyrannen« oder »Verwöhnung« reden? Vielleicht könnten wir an unseren Kinder lernen, was uns im Alltag einfach nicht gelingen will: Langsamkeit. Ruhig angehen lassen! Das ist nicht immer möglich, aber viel öfter, als wir uns in unserem Eifer vorstellen können. Der kleine Johannes kann, statt eines sinnlosen Streits zwischen beiden, für Mama ein kindlich-kluger Lehrmeister des kleinen Glücks im Alltag sein.

Die Mutter überlegt erst mal, ob der Einkauf wirklich jetzt und in dieser Sekunde sein muss oder nicht ein halbe Stunde Zeit hat. Dann schaut sie ihrem Sohn, statt zu schimpfen, still über die Schulter. Jetzt erkennt sie auf einmal, was für ein wunderbares kleines Kinderparadies er da zusammengebaut hat. Eine erstaunliche Leistung, und hübsch sieht es aus. Für einen Augenblick ist sie ganz gefangen von den Schafen, die sich mit Hunden vertragen, und den Häuschen und dem halbfertigen Stall. Sie erinnert sich vielleicht an ihre eigene Kindheit, an ähnliche Spiele. Die Hektik erscheint auf einmal gar nicht mehr so wichtig.

Johannes spielt unverdrossen, als hätte er Mama gar nicht gehört. Muss man gleich behaupten, dass er »unerzogen« ist? Manchmal sollen Kinder hören und gehorchen, aber doch nicht immer. Nicht aus Prinzip, sondern weil es mitunter nicht anders geht! Außerdem muss man nur mal genau hinschauen: Johannes hat seine Mutter sehr wohl wahrgenommen, sie schaut ja jetzt ganz entzückt auf seine kleine Spielwelt und seinen Phantasiereichtum, und Johannes glüht vor Stolz. Wie geschickt er das angestellt hat, wie klug er Haus und Stall errichtet, wie sensibel er Hund und Schafe miteinander versöhnt hat. Ein hochgradig intellektuelles Training für seinen kleinen Geist! Soll man das jetzt alles zerstören und in Tränen untergehen lassen – nur aus Prinzip?

Dafür ist die Mutter viel zu klug. Und liebevoll. Sie könnte ja zwischendurch noch etwas anderes machen. Eine halbe Stunde vergeht wie im Flug. Jetzt steht der kleine Johannes plötzlich ungeduldig in der Tür. Sein Spiel ist ihm langweilig geworden. »Ich denke, wir wollen einkaufen«, sagt er. Und die Mutter? Sie hebt freundlich lächelnd den Zeigefinger. Du wartest, bis ich fertig bin! Das schafft Johannes auch, er hat ja gerade vorher bei seiner Mutter gelernt, was Rücksicht ist, jetzt kann er auch warten. Das hat er auch noch gelernt.

Zauberformel Nr. 2: »Wir zwei beide«. Ein Wort, das jedem Kind das Herz und damit den Willen zum Gehorsam öffnet. Benutzen Sie es ruhig so oft wie möglich: »Wir zwei beide« gehen einkaufen, »Wir zwei beide« machen Hausaufgaben – hilft sogar bei einem ganz schwierigen Thema: Aufräumen im Kinderzimmer. Schimpfen hilft nicht, Sie haben nur ein mauliges Kind und ein unaufgeräumtes Zimmer hinterher. Was aber hilft? Sie schleppen selbst wortlos ein paar Kartons, packen einen unter den verblüfften Augen Ihres Sohnes (unaufgeräumter als die Zimmer von kleinen und großen Jungen ist nichts auf der Welt!) in die rechte, den anderen in die linke Ecke seines Zimmers, schauen ihn freundlich und überhaupt nicht vorwurfsvoll an und sagen das Zauberwort: »Wir zwei beide« räumen jetzt auf! Dann fangen Sie an! Kein Kind kann dem mütterlichen (väterlichen, großmütterlichen usw.) Vorbild und dem liebevollen »Wir zwei« widerstehen. Und räumt mit auf. Das nächste Mal reicht eine Anweisung, aber wieder ganz zugewendet, sonst verfällt der Zauber.

Zauberformel 3: »Wir machen's wieder gut.« Was immer passiert ist, man kann alles wiedergutmachen. Das stimmt nicht für das ganze Leben, aber fast für das ganze Kinderleben. Essen verschüttet, Mathearbeit verhauen oder sonst was? »Wir machen es wieder gut.« Ihr Kind lernt zwei wichtige Dinge, beide gleichzeitig: Mama und Papa sind auf meiner Seite, immer und ohne Bedingungen. Das ist viel wichtiger als alles andere. Und nimmt die Angst. Angstfrei wendet man sich dann dem »Schaden« zu. Ihr Kind wird voller Eifer Vorschläge unterbreiten, wie es »alles wiedergutmachen« kann, und lernt dabei überhaupt erst wirklich begreifen, dass es Unsinn angestellt hat. Jetzt erst schwört es innerlich: Das mach ich nie, nie wieder!

Warum ist ein Kind gehorsam?

Kinder lieben ihre Eltern. Sie können nicht anders. Diesen Gedanken will ich – grob skizziert – entwicklungspsychologisch noch ein wenig vertiefen. *Warum* ist ein Kind gehorsam? Letztlich aus diesem Grund: Mama und Papa sind Bedingung seines Überlebens, an ihnen hat es Gefühle und Geschicklichkeit, vor allem die Sprache gelernt. Schauen wir genauer hin: Am Anfang des bewussten Lebens, nach der Geburt, steht Mama. Davor ist schon vieles passiert. Heute wissen wir aus der vorgeburtlichen Forschung, dass ein Kind bereits im Mutterleib sich vollsaugt mit Eindrücken, Einwirkungen, Mamas Stimme, Mamas Bewegungen, dem Rhythmus ihres Körpers, der Musik, die sie liebt, der Freude und dem Ärger, den sie empfindet – alles teilt sich dem Kind mit. Wir wissen auch, dass während der Geburt mächtige hormonelle Veränderungen eintreten, eine der derzeit plausibelsten Forschungsergebnisse belegt, dass beim Geburtsvorgang sowohl bei der Mutter wie dem Kind das »Liebeshormon« Oxytocin ausgestoßen wird – und zwar gleich in einem Ausmaß, wie wohl nie wieder oder in sehr seltenen Phasen äußerster Verliebtheit im späteren Leben. Gewiss, dies ist wohl ein Trick der Natur, um die Schmerzen der Geburt für die Mutter und den Sturz in die reale Welt im Kind zu lindern und auszugleichen, gleichwohl erkennen wir an diesem biologischen Erklärungsmodell, wie tief ins Körperliche die frühen seelischen Regungen eingesenkt sind – das hört nie wieder auf!

Nun folgt das bewusste Erleben. Fürsorge und Zuwendung benötigen alle höheren Lebewesen, das kleine Menschenwesen unterscheidet sich vom Tier darin, dass es sich zu einer Bewusstheit seiner selbst durchringen muss. Dies beginnt mit dem Wohlgefühl des Genährt-Seins, Gewärmt-Seins, der körperlichen Nähe, dem Geruch und vielem mehr. Es beginnt aber auch damit, dass Mama – sie zuerst, andere betreuende und pflegende Personen folgen später! – ihr Kind anschaut. Ihr Lächeln, wenn das Kleine gestillt worden ist, still geworden ist, ist eines der ersten rein kommunikativen Zeichen, das auf das Kind einwirkt. Sogar der nüchterne amerikanische Analytiker Heinz Kohut spricht vom »Glanz im Gesicht der Mutter« und Donald Winnicott fand die theoretische, gleichwohl schöne Formulierung: Die Mutter gibt dem Kind die Gewissheit, dass »es niemals ein Nicht-Ich sein wird«. So fein und so prägend, so grundlegend und so eindringlich von einem Augenblick zum nächsten ist der Anfang des bewussten Lebens.

Aber das kleine Kind will nicht nur »angesehen werden«, es will sich auch »zur Geltung bringen«, so seltsam dieser Ausdruck angesichts eines sechs- oder achtwöchigen Säuglings auch wirken mag. Es waren vor allen Michael Fonagy und seine Mitarbeiter, die darauf hinwiesen, dass ein Kind im feinfühligen Austausch mit der Mutter seine seelische Bedürftigkeit nicht nur durch Schreien und Weinen zum Ausdruck bringt, sondern ebenso durch »Kommunikation«. Es hat, von der Mutter liebevoll angeschaut, gelernt, wie Freude sich anfühlt. Es strampelt, und bis in seine Körperlichkeit hinein dringt sein Wohlgefühl, es spürt seine Bewegungen, die Anspannungen der Muskeln unter der »Anstrengung« der Freude, auch hier ist es wieder so: Körperliches und Seelisches, Somatisches und Unbewussten wachsen ineinander und sind nie wieder voneinander zu lösen. Aber das Kleine will mehr. Mama lächelt nicht? Jetzt strampelt es wieder oder grinst breit mit seinem Babygesicht – es will Mama zu einer Reaktion zwingen, die seine Freude erneut hervorruft.

Und schauen wir nur auf die Mütter, die Väter und uns selbst: Es gelingt den Kindern. Wir lächeln, wir können nicht anders. Wir Erwachsenen haben eine Intuition für das seelische Leben der Kleinkinder. Wäre es nicht so, wäre das Menschengeschlecht vermutlich längst ausgestorben. Aber es ist da, dieses intuitive Empfinden, ganz so, wie wir unsere Stimme eine halbe Oktave höher verschieben, wenn wir mit einem Kleinkind sprechen. Wir wissen es nicht, aber das Kind reagiert auf höhere Töne intensiver und registriert sie genauer. Mütter sind anderen Erwachsenen, was ihr eigenes Kind betrifft, noch weit überlegen. Sie lächeln erst recht, ein Kleinkind kann allen Unmut wegwischen, wenn eine Mutter empfänglich genug dafür ist. Das Kind lernt also, sich kommunikativ zur Geltung zu bringen, es gewinnt Einfluss und anhand von Mamas – meist positiver – Reaktion wird es sich dieses Einflusses gewiss. Noch nicht Bewusstheit, aber Gewissheit, verbunden mit seiner natürlichen Daseinslust, entsteht in ihm. So beginnt das seelische und geistige Leben, so beginnt die Gewissheit, Körper und Geist, Abhängiger und Handelnder zu sein.

Ich will dies, der Kürze wegen, abbrechen. Die zentrale Überlegung aber ist: So früh schon, ganz am Anfang des Lebens, ist das »Bild« der Mutter in die Psyche des Kindes verankert, ist Teil seines Selbst, Bedingung seiner Freude und seines Schmerzes. Die Mutter wird das Kind nie wieder los!

Springen wir kurz zurück zu dem Ausgangsgedanken: Kinder sind gehorsam, weil sie ihre Eltern lieben. Diese tief im Innern der Psyche verankerte Mutter, ihre Stimme und ihr Körper, ihr Geruch, ihr Lächeln und all die vielen seelischen und körperlichen Gewissheiten, die sie ihrem Kind mitgeteilt hat, sind die Ursache dieses Gehorsams. Ein Kind, das gegen Mama trotzt, das wütend ist, enttäuscht losbrüllt im Trotzanfall – dieses Kind ist nicht einfach »ungehorsam« und will erst recht »keine Grenze austesten«, sondern dieses Kind befindet sich in einem wilden Widerstreit mit sich selber. Zum einen will es dieses oder jenes und Mama hat »nein« gesagt, zugleich muss es sich aber, um gegen das »nein« aufzubegehren, losreißen von den inneren Mama-Gewissheiten, von denen eben die Rede war. So zerrissen, so tragisch im unmittelbaren Sinn – tragisch, weil unauflösbar – ist der Konflikt eines

Trotzanfalles. Wir haben allen Grund, ihn ernst zu nehmen und auf ihn nicht mit verständnisarmem Schimpfen oder Strafen zu antworten.

Sind die seelisch-körperlichen Bindungen stabil genug, dann ist es Zeit, dass ein Kind – wie Freud schrieb:»einem faustischen Drang folgend« – sich aufmacht, sich zeitweise vom Mütterlichen löst, in die Welt drängt. Neugierig ist es, abenteuerlustig, die Welt liegt wie ein großes Versprechen vor ihm. Ein Kind will die Welt nicht nur »kognitiv« erkunden, es will die Welt mit dem Glanz seines Daseins überstrahlen. Das ist auch so ein oft vernachlässigtes, oft übersehenes Kindergefühl. Eigentlich gehen die Kleinen davon aus, dass die Welt erzittern muss vor Freude über ihr kleines Dasein, vor Entzücken darüber, dass die kleine Johanna oder der kleine Johannes auf ihr wandelt. Mit solchen seelischen Gewissheiten machen sich die Kinder auf, die Welt körperlich, geistig und seelisch zu erkunden. Mit jeder Berührung dieser fremden, manchmal ängstigenden, oft lockenden Welt der Objekte werden sie ein wenig mehr mit ihrem Körper, dem Tastsinn ihrer Finger, der Geschicklichkeit ihrer Hände, dem Erkunden des Raumes, in dem der kleine Körper sich bewegt und seiner selbst bewusst wird – »durch eine schöne Anstrengung mit sich selber bekannt«, um eine Formulierung von Kleist aufzunehmen.

Inzwischen hat auch der Vater seinem Kind beim Gehen geholfen, hat mit ihm Bauklötze gestapelt und die wackeligen Türmchen wieder umgeschmissen, auch an ihm hat sich das Kind unzählige Male seiner selbst vergewissert. Auch er ist ein Teil seines Selbst, das sich von Tag zu Tag entfaltet. Um es abzuschließen: Es sind die verinnerlichten Vater- und Mutterbilder, die »guten Repräsentationen« – ein wenig abstrakt psychologisierend gesagt – der beiden zentralen Gestalten der frühen Kindheit, die den Kern des kindlichen Selbst begründen. Natürlich gibt es dabei auch zahllose Störungen, Enttäuschungen, Tränen und Bitterkeiten – aber an dieser Grundaussage ändert sich dadurch nichts: Mama und Papa sind im seelischen und körperlichen Kind-Selbst verankert. Und deshalb wollen Kinder gehorsam sein. Ihr Gehorsam und ihre Liebe und die Bedingungen ihres seelischen und geistigen Reifens – sie sind ein und dasselbe. Ungehorsame Kinder sind unglücklich.

Mama und Papa sind im seelischen und körperlichen Kind-Selbst verankert. Und deshalb wollen Kinder gehorsam sein.

Gute Gehorsamserziehung besteht deshalb darin, sie möglichst schnell aus solchen inneren Zerreißproben, aus ihrem Unglück zu erlösen. Beispiele dafür habe ich weiter oben genannt.

Kinder lieben ihre Eltern, sie können gar nicht anders. Deshalb darf es auch ruhig mal einen Konflikt geben. Keine Sorge, dass das Kind Sie nicht mehr liebhat. Kinder ertragen Konflikte, manchmal wollen sie sogar ein klärendes Wort. Überhaupt lieben Kinder Eindeutigkeiten und können zögerliche Erwachsene nicht ausstehen, zögerliche Eltern schon mal gar nicht. Aber immer muss es am Ende eine große Versöhnung geben – sie kann gar nicht sentimental und tränenreich und liebesinnig genug ausfallen! Wir alle lieben gelegentlich seelische Übertreibungen, Kinder allemal. Ein bisschen Kitsch im Familienleben schadet nicht. Eltern müssen nicht perfekt sein. Im Gegenteil. Ganz perfekte Eltern sind irgendwie auch keine guten Eltern. Eltern haben auch mal schlechte Laune, und wenn die Zauberformeln im Prinzip eingehalten und die Elternliebe ganz und gar gefestigt ist, dann darf man auch mal auf den Tisch hauen. Ob Ihr Kind sich davon beeindrucken lässt? Ich habe so meine Zweifel. Am meisten beeindrucken Sie wahrscheinlich den Tisch. Aber man kann nicht immer nur sanft und vernünftig sein, so sind auch Eltern nicht. Manchmal gehen einem die Nerven durch, manchmal reicht's einfach. Davon geht die Kinderwelt nicht unter. Nur ein Prinzip dürfen Sie aus dem lautstarken autoritären Verhalten nicht machen – solche alten Erziehungsprinzipien schaden auf Dauer dann doch, Ihrem Kind und zuletzt auch Ihnen und Ihrem Familienfrieden.

Soll ich meine Tochter anders erziehen als meinen Sohn?

Barbara Rendtorff

3

Ist das nicht eine merkwürdige Frage? Warum wird sie so gestellt? Wir würden wohl keinen Buch-Beitrag zu der Frage erwarten »Soll ich mein Kind zur Selbstständigkeit erziehen?« oder »Soll ich mein Kind vitaminreich ernähren?«. Nein – denn die Antwort wäre klar und unstrittig. Die Frage »Soll ich meine Tochter anders erziehen als meinen Sohn?« wird also offenbar gestellt, weil die Antwort eben *nicht* klar ist und weil es über das »Sollen« und über die Auslegung des »anders als« keinen Konsens gibt.

Und warum ist das alles so unklar? Es gibt in der Literatur zwei konkurrierende Grundvermutungen und Tausende von Studien, die jeweils die eine oder die andere zu belegen versuchen, ohne dass es ihnen aber überzeugend gelingt. Dabei liegt die Schwierigkeit vor allem darin, dass der Entwicklungsprozess von Kindern so komplex ist und so vielen Einflüssen unterliegt und Auskünfte über Kinder und ihr Verhalten so schwierig zu erheben und so subjektiv gefärbt sind, dass Aussagen wie »Jungen sind im Mutterleib aktiver« oder »Mädchen sind von Geburt an emotional ausgeglichener« in dieser verallgemeinernden und vereindeutigenden Geste immer auch der Produktion bestimmter Klischees dienen. Und es gibt vermutlich für jede Studie, die etwas zu beweisen versucht, auch eine, die dasselbe verneint – selbst für geschlechtstypische Leistungsentwicklungen in der Schule.

Die eine Grundvermutung (die momentan wieder einmal sehr populär ist) geht von naturhaften – evolutionstheoretischen, hirnbiologischen oder hormonellen – Gegebenheiten aus und weist der Erziehung der Eltern nur eine zweitrangige Rolle zu. Die andere betont den Unterschied zwischen »geschlechtsspezifischen« (nämlich an die sexuelle körperliche Ausstattung gebundenen Merkmalen wie Menstruation oder der Verteilung von Muskelmasse) und »geschlechtstypischen« Unterschieden, also solchen, die häufig, aber nicht zwingend bei einem Geschlecht auftreten. Diese geschlechtstypischen Unterschiede werden als Ergebnis von Sozialisation und Erziehungshandeln aufgefasst. Die ältere, aus der ersten Phase der Frauenforschung stammende Literatur hatte dabei (im ersten Schrecken über das Ausmaß von geschlechtstypisierendem Einfluss der Gesellschaft und der daraus folgenden Diskriminierung) oftmals diese Sozialisationseinflüsse vereinfachend und »unterkomplex« als ein *Unterdrückungs*handeln gegenüber Mädchen dargestellt, doch heute werden geschlechtstypische Verhaltensweisen eher als Resultat eines komplexen Wechselspiels aus körperlichen Gegebenheiten und den Reaktionen der Umwelt gesehen, die diesen Gegebenheiten interpretierend und rückwirkend eine Bedeutung gibt: So wird dann etwa ein sich brav verhaltendes kleines Mädchen aufgrund der Erwartungen der Erwachsenen als ein »typisches Mädchen« dargestellt, was deren Bravsein aus einem individuellen in ein Geschlechter-Handeln verwandelt und damit das Kind auch gewissermaßen enteignet, denn sein Handeln ist nun nicht mehr Ausdruck einer eigenen Geschichte.

Ich kann und will hier keine Regel für eine Sollensforderung in Bezug auf Erziehung aufstellen (zumal es ja ohnehin in der Pädagogik keine einfachen Antworten und Ratschläge geben kann), aber ich kann das Für und Wider erörtern sowie Informationen und Einschätzungen beisteuern, aus denen die mündigen LeserInnen dann ihre Haltung gewissermaßen »komponieren« können.

Die Unklarheit über mögliche unterschiedliche Erziehungsmaximen für Mädchen und Jungen resultiert ohne Zweifel aus der Tatsache, dass die Welt, in der wir leben, in nahezu jeder Hinsicht und auf vielen verschiedenen Ebenen zutiefst durch Geschlechterbilder und Geschlechterordnungen geprägt ist, deren Herkunft wir nicht kennen und deren Wirkungsweise wir nicht durchschauen. Das reicht von der Aufteilung von Frauen und Männern auf verschiedene Bereiche in Militär, Politik und Schule bis zu stereotypisierenden Darstellungen in Filmen und Werbung. Auch die nach wie vor wirksame geschlechtstypische Verteilung auf unterschiedliche »Frauenberufe« und »Männerberufe« ist hinlänglich bekannt, und trotz wachsender Durchlässigkeit zwischen den Berufsfeldern rechnen wir doch damit, im Kindergarten hauptsächlich Frauen und in der Autowerkstatt überwiegend Männer vorzufinden.

3

Auch eine Bundeskanzlerin kann nicht darüber hinwegtäuschen, dass in Politik und Wirtschaft auf den Leitungsebenen Männer dominieren, das gilt auch für die Universitäten und insgesamt für Führungspositionen (der Gender-Datenreport der Bundesregierung gibt darüber zuverlässig Auskunft). Auch ist allgemein bekannt, dass Frauen im Durchschnitt fast ein Viertel weniger verdienen als Männer, doch unsere Vertrautheit mit geschlechtstypischen Erwartungen und Vorurteilen verhindert, dass wir uns darüber wundern oder empören. Auf der anderen Seite sind Männer im Vergleich zu Frauen ungleich stärker reglementiert hinsichtlich Kleidung und Verhalten: Während Frauen durchaus eher »männliche« Kleidungsstücke und Statussymbole verwenden können, muss ein Mann im Rock oder mit Wimperntusche sofort mit Abwehr und Ausgrenzung rechnen. Und obgleich die Einstellungen von Erwachsenen (in Abhängigkeit von ihrem Bildungsstand) in Bezug auf Gleichberechtigung und Gleichstellung von Frauen und Männern sehr viel fortschrittlicher geworden sind, sind wir es doch zugleich auch gewöhnt, unterschiedliche Fähigkeiten und Eignungen, Begabungen und Charakterzüge, Interessen und Vorlieben von Jungen und Mädchen anzunehmen, die wir im Allgemeinen nicht hinterfragen.

Dennoch können wir feststellen, dass sich Öffentlichkeit und Berufswelt im Allgemeinen bemühen, geschlechtstypische Benachteiligungen abzubauen und überkommene stereotype Zuschreibungen abzumildern. Ganz im Gegensatz dazu sind allerdings die Spielzeugwelten von Kindern, sind Kinderkleidung, Kinderzimmer-Tapeten usw. erstaunlicherweise extrem geschlechtstypisiert. Ein Blick in ein beliebiges Spielwarengeschäft zeigt neben einem »neutralen« Bereich mit Gesellschaftsspielen die Aufteilung zwischen Pastellfarben, Rosa und Rüschen, Puppenhäusern und Ankleidepuppen auf der einen Seite und kräftigen Farben, Blinken und Piepsen, Fahrzeugen und Konstruktionsspielzeug auf der anderen Seite des Raumes. Die Kataloge (und Websites) von Playmobil und Lego geben dafür ein einfaches und gutes Beispiel. Dort werden etwa die Aufbewahrungsboxen für Legosteine unterschieden in »Lego-Bauspaß für Mädchen« (rosafarben) und diverse andere (blau); das Themenfeld »Castle« wird durch Schlüsselanhänger, Krone, Schwerter und Rüstung in Kindergröße ergänzt, das Themenfeld »Belville« durch ein »geheimes Plüschtagebuch«, eine Eiswürfelform mit Herzen und Schmetterlingen, einen »trendigen Bilderrahmen« und ein Schreibset. Und

> **Kinderkleidung, Kinderzimmer-Tapeten usw. sind erstaunlicherweise extrem geschlechtstypisiert.**

von den 32 blau unterlegten Themenfeldern bei Playmobil haben drei eine rosafarbene Signatur: Puppenhaus, Feenwelt und Märchenschloss. Der Nippes für Mädchen zeigt oft vermenschlichte Tiere, auf der anderen Seite finden wir »entmenschlichte« Spielfiguren, also solche mit über- oder außermenschlichen Fähigkeiten und Körperformen. Man kommt sich fast ein wenig altmodisch vor, wenn man darauf aufmerksam macht, und statt einer Irritation (warum geben wir Kindern so unterschiedliche geschlechtstypisierende Spielzeuge an die Hand?), wie sie vor dreißig Jahren zu Beginn der Frauenbewegung die Aufmerksamkeit von Eltern erregt hatte, genügt heute der kühle Verweis darauf, dass Mädchen sich nun mal nicht für dieselben Dinge »interessieren« würden wie Jungen usw. Es wird also suggeriert, das Spielzeugangebot beantworte die bereits vorhandenen Neigungen und Wünsche der Kinder – doch wenn das zutreffen würde, dann müsste gezeigt werden können, dass diese Neigungen zu »Märchenschloss« und »Castle« von Natur aus gegeben sind, so dass es sinnvoll und notwendig wäre, sie als authentische kindliche Wünsche ernst zu nehmen.

> Von unserer Einschätzung der Frage, ob Geschlechterunterschiede gewissermaßen »von selbst« entstehen oder ob sie Ergebnis von Sozialisationserfahrungen der Kinder sind, wird es abhängen, was wir als Eltern für unseren »Erziehungsauftrag« in Bezug auf das Geschlecht unserer Kinder halten.

Von unserer Einschätzung der Frage, ob Geschlechterunterschiede gewissermaßen »von selbst« entstehen oder ob sie Ergebnis von Sozialisationserfahrungen der Kinder sind, wird es nun abhängen, was wir als Eltern für unseren »Erziehungsauftrag« in Bezug auf das Geschlecht unserer Kinder halten.

Was wissen wir also über faktische Geschlechterunterschiede? Diese Frage ist ganz und gar nicht leicht zu beantworten. Kinder lassen sich nicht im Labor beobachten, ohne Beeinflussung durch Erwachsene, und Erwachsene haben immer wirksame Erwartungen und »beliefs« in Bezug auf geschlechtliche Verschiedenheiten. Wir kennen das aus so genannten »Baby-x-Versuchen«: Das sind Untersuchungen, bei denen einer Gruppe von Erwachsenen ein Baby gezeigt wird mit der Aufforderung, es nach Größe, Temperament usw. zu beschreiben. Und regelmäßig zeigt sich, dass dasselbe Kind, wenn es als Mädchen ausgegeben wird, deutlich anders charakterisiert wird, als wenn die Versuchspersonen annehmen, es sei ein Junge. Das gilt übrigens auch für die Einschätzung von Erwachsenen: Frauen werden für kleiner gehalten als gleich große Männer, allerdings schätzt man statushöhere Personen auch körperlich größer ein: Eine als »Frau Doktor« vorgestellte Frau erscheint den Testpersonen größer als eine Sekretärin. Da wir gewöhnlich davon ausgehen, dass Männer einen höheren Status haben als Frauen, verdoppelt dieser Effekt den geschlechtstypischen noch. Ergänzend sei erwähnt, dass auch die meisten Paarbildungen nach dem Muster größerer Mann / kleinere Frau (und oftmals auch: älterer Mann / jüngere Frau) erfolgen, obgleich der Unterschied in der Durchschnittsgröße von Frauen und Männern nur wenige Zentimeter beträgt und die Streuung zwischen kleinen und großen Männern bzw. Frauen der Wahrscheinlichkeit nach viele andere Paarbildungen hervorbringen müsste. Hier trägt also ganz offensichtlich die Konvention zur Auswahl geeigneter KandidatInnen bei.

Was die kognitiven und die Leistungsunterschiede zwischen Mädchen und Jungen betrifft, so zeigen sich in der Grundschule noch wenig eindeutige Vorlieben oder Leistungsunterschiede. Die Studien (z. B. Bos 2003, Tiedemann/Faber 1995) widersprechen einander hier teilweise, aber als Tendenz lässt sich dies festhalten. Erst mit zunehmendem Alter finden wir eine deutlich bessere Schreib- und Lesekompetenz der Mädchen und bessere Leistungen der Jungen vor allem in Physik, verstärkt durch geschlechtstypische Fächerwahlen in Neigungs- oder Leistungskursen (Deutsches PISA-Konsortium 2000). Jedoch – unbestreitbar ist es ein Fakt, dass Jungen im Gymnasium unter- sowie in Haupt- und Förderschulen überrepräsentiert sind und dass Mädchen mittlerweile die besseren Schulabschlüsse aufweisen. Und auch wenn die Mädchen diesen Vorteil im Berufsleben nicht für sich nutzbar machen können, bleibt die Tatsache doch erklärungsbedürftig. Dass die schulischen Leistungsunterschiede kein Resultat naturgegebener Begabungen sind, ist heute allgemein anerkannt, und vor allem muss festgehalten werden, dass die Mädchen ihren schulbezogenen Vorteil weder in ihr Fähigkeitsselbstkonzept übertragen noch in ihr Berufsleben mitnehmen können. Zudem verfälscht die routinemäßige Gegenüberstellung von Jungen und Mädchen auch die Problematik der schulischen Leistungsunterschiede, weil sie die Unterschiede innerhalb der Geschlechtergruppen verdeckt. Für englische Schulen lässt sich nämlich deutlich zeigen, dass der »gender gap« stark mit der Schichtzugehörigkeit zusammenhängt und in der Oberstufe gar nicht mehr auftaucht. Die englische Schulforscherin Christine Skelton unterscheidet deshalb zwei Perspektiven auf das Problem,

Unbestreitbar ist es ein Fakt, dass Jungen im Gymnasium unter- sowie in Haupt- und Förderschulen überrepräsentiert sind und dass Mädchen mittlerweile die besseren Schulabschlüsse aufweisen.

die jeweils unterschiedliche Handlungsoptionen nach sich ziehen: AutorInnen, die sich vor allem auf das Schulversagen von Jungen konzentrieren, sprechen meist von Jungen (als Gruppe) und Männlichkeit (im Singular) und neigen zu Lösungsvorschlägen, die sie als »mail-repair-agenda« bezeichnet, also Lösungen, welche die (vermeintlichen) männlichen Interessen zu stärken suchen. Andere AutorInnen sehen die Gründe für die Schulprobleme von Jungen eher in zeitgenössischen Männlichkeitskonzepten und konzentrieren sich folglich darauf, mehr und variationsreichere Bilder und Entwürfe von Männlichkeit anzubieten und festlegende Typisierungen aufzuweichen (Skelton 2001).

Insgesamt gesehen ist es also – auch wenn manche Zeitungsberichte etwas anderes behaupten – unmöglich, empirisch zu klären, *warum* diese Geschlechtstypisierungen auftreten, ob sie etwa Resultat hormoneller Veränderungen in der Pubertät sein könnten oder Ergebnis er- und entmutigender Haltungen und Handlungen von LehrerInnen und Eltern. Die letztere Vermutung wird durch eine Vielzahl von Untersuchungen gestützt: So ließ sich in einer Untersuchung etwa zeigen, dass Eltern, deren Kinder in der Grundschule hinter ihren Erwartungen zurückblieben, diese Erwartungen bei ihren Töchtern eher herunterschraubten und der Einschätzung der Lehrerin anglichen, bei ihren Söhnen aber deutlich länger ihre Erwartungen und ihr Zutrauen in die Leistungsfähigkeit des Kindes aufrechterhielten (Stöckli 1997; Stamm 2007, S. 426). Auch zeigen etliche neuere Untersuchungen zum Anfangsunterricht in Physik, dass Mädchen im monoedukativen Unterricht deutlich besser sind und vor allem mehr Selbstvertrauen in ihre Leistungsfähigkeit entwickeln als in koedukativen Klassen – auch dies ist ein deutlicher Hinweis auf die Wirkung von Vorerwartungen und außerfachlichen Einflüssen, die dann das Verhältnis der Mädchen zum Gegenstand des Unterrichts beeinflussen (Dickhäuser 2003; Rost 2000).

Bedauerlicherweise gibt es aber nur wenige Untersuchungen zu Leistungsentwicklung und -typisierung bei Jungen. Die Frauenforschung der 1980er-Jahre hatte sich verständlicherweise zunächst auf die Mädchen konzentriert, und die erziehungswissenschaftliche Forschung hat das Thema erst spät für sich entdeckt, weil sie lange Zeit die die Geschlechterdimension betreffenden Fragen an die Frauenforschung delegiert hatte, ohne selbst darin eine Herausforderung zu sehen.

Auch woher die so offenkundigen Unterschiede zwischen Mädchen/Frauen und Jungen/Männern in Bezug auf Emotionalität und das Miteinander-Sprechen stammen, ist nicht leicht zu beantworten. Die evolutionsbiologisch orientierten AutorInnen sehen hier gerne eine Folge der natürlichen Disposition von Frauen zur Versorgung von Säuglingen und Gestaltung sozialer Beziehungen. Aber etliche Studien (Diefenbach 2008, S. 102) zeigen deutlich, dass Eltern (und andere Erwachsene) höchst unterschiedlich mit Mädchen und Jungen sprechen – nämlich mit Mädchen insgesamt häufiger über Gefühle, insbesondere über negative Gefühle, als mit Jungen. Da aber Kinder sehr früh lernen, ihre Ausdrucksweisen den Erwartungen der Erwachsenen anzupassen, sich sogar den Erwartungen der Eltern entsprechend zu »verstellen«, sind also die Ausdrucksweisen älterer Kinder nicht mehr nur authentischer Ausdruck ihrer Empfindungen, sondern eine Mischung aus eigenem Ausdruck und dem Erfüllen sozialer Erwartungen (Salisch 2000).

> **Etliche Studien zeigen deutlich, dass Eltern (und andere Erwachsene) höchst unterschiedlich mit Mädchen und Jungen sprechen – nämlich mit Mädchen insgesamt häufiger über Gefühle, insbesondere über negative Gefühle, als mit Jungen.**

Diese wenigen Beispiele zeigen, dass alle Erwachsenen in ihren Wahrnehmungen und Urteilen bestimmten Einstellungen und Vorannahmen folgen, dass sie ihr Handeln nach komplexen, von geschlechtsstereotypen Annahmen geprägten Geschlechterbildern ausrichten und dass die daraus gebildeten Erwartungen die Haltung bestimmen, die sie gegenüber einem Jungen oder einem Mädchen einnehmen. Und diese wiederum beeinflussen nachhaltig das Verhalten, ja sogar die Selbstbilder von Mädchen und Jungen.

Was also tun? Wo ist überhaupt ein Handlungsspielraum und wie kann man ihn nutzen?

Eine einfache Antwort kann man derzeit häufiger in Bezug auf die schulische und die vorschulische Erziehung lesen: Es seien zu viele Frauen in diesem Bereich tätig, diese bevorzugten mädchentypisches Verhalten und hätten kein Verständnis für Jungen, so dass deren Interessen im Unterricht insbesondere in der Grundschule nicht ausreichend berücksichtigt würden. Die Schule habe sich in ein »weibliches Biotop« verwandelt, in dem eine »geschlechtsverleugnende Pädagogik« das »gattungsgeschichtliche Erbe des Menschen« missachte (Matzner 2008). Das Problem liegt dabei keineswegs darin, *dass* dieser Sachverhalt diskutiert wird, sondern *wie* dies geschieht. Ein ignoranter oder stereotyp denkender männlicher Lehrer ist ebenso wenig ein Gewinn für eine Schule wie eine solche Lehrerin, eine reflektierte Erzieherin ist einem ideologisch denkenden Mann vorzuziehen und umgekehrt. Der Überhang an weiblichem Lehrpersonal ist nicht deshalb problematisch, weil Lehrerinnen Frauen sind, sondern weil die Abwesenheit von Männern eine Geringschätzung des kindlichen Lebens- und Bildungsraums anzeigt. Und dass Männer die Beschäftigung mit kleineren Kindern für Frauensache (und folglich für unmännlich) halten, zeigt sich eben auch in einem kontinuierlichen Rückzug von Männern aus dem Primarbereich seit den Fünfzigerjahren, und sie wirkt sich selbstverständlich auf die Haltung aus, mit der Väter und andere männliche Erwachsene sich auf Kinder beziehen.

Eltern und andere Erwachsene bieten Kindern also immer ein gewisses »Set« von Bildern an, mit denen die Kinder sich auseinandersetzen müssen, an denen sie sich orientieren und abarbeiten und aus denen sie letztlich ihr eigenes Selbstbild entwickeln werden. Je starrer und enger (d. h. je stereotyper in Bezug auf geschlechtstypische Ausdrucksformen) diese Bilder sind, desto eher wird ein kleines Kind zu dem Schluss kommen, dass es so und nur so zu sein habe, um ein »richtiger« Junge oder ein »richtiges« Mädchen zu sein. Das ist der entscheidende Punkt. Denn für Kinder besteht eine psychische Notwendigkeit, sich ihres Geschlechts zu vergewissern und sicher im eigenen Geschlecht aufgehoben zu sein – ohne dass dies von sich aus mit bestimmten Bildern verknüpft ist. Welche Bilder (welches Verhalten, welcher Habitus) die »richtigen« seien – das lernen die Kinder erst von uns. Eltern müssen ihren Kindern folglich ein möglichst variationsreiches und breites Set an Bildern anbieten, so dass ein kleiner Junge merken kann, wie viel Unterschiedliches er tun, denken und fühlen kann und dabei stets ein »richtiger« kleiner Junge ist. Das betrifft auch die erwachsenen Vorbilder, die Kinder vorfinden. Und dabei hat die lange Geschichte männlicher Dominanz in unserer Gesellschaft uns daran gewöhnt (ohne dass uns das bewusst ist), das, was Männer tun, für wertvoller zu halten als das, was Frauen tun und denken. Kleine Mädchen werden deshalb oft ermutigt, sich »männliches Terrain« zu erobern. Kleine Jungen aber finden viel weniger Möglichkeiten vor, ihnen werden weniger Bilder oder Entwürfe von Männlichkeit angeboten, die ihr Selbstbild variationsreich gestalten können (und die traditionell männlichen Bilder müssen sie zudem gegen die Mädchen verteidigen, wenn ihnen sonst nichts »Eigenes« bleibt). Da bedarf es

Für Kinder besteht eine psychische Notwendigkeit, sich ihres Geschlechts zu vergewissern und sicher im eigenen Geschlecht aufgehoben zu sein – ohne dass dies von sich aus mit bestimmten Bildern verknüpft ist.

der Aufmerksamkeit der Eltern, so dass es für kleine Jungen selbstverständlich wird, dass auch ein Altenpfleger oder ein Säuglingsforscher ein »richtiger Mann« ist, ebenso wie eine Frau in einem als männlich geltenden Berufs- oder Handlungsfeld eine »richtige Frau« ist.

Die von der Gesellschaft und der medialen Umwelt angebotenen Bilder sind aber so dominant in ihren Stereotypen, dass kein kleines Kind umhinkann, sich mit ihnen auseinanderzusetzen – Mädchen müssen sich irgendwann mit den süßlichen Bildern vom vorne zitierten Märchenschloss und der Feenwelt befassen und Jungen mit Rittern und Spiderman. *Wie* sie das tun, kann dabei sehr unterschiedlich sein – manche identifizieren sich heftig und lassen später von selbst die Stereotypen hinter sich, andere gehen in Opposition, suchen sich andere Bilder und kehren vielleicht doch eines Tages in die alten Stereotypen zurück. Das alles liegt nicht allein in der Hand der Eltern, und offensive Umerziehungsaktionen sind sicherlich weitgehend sinnlos. Selbstverständlich können Eltern ihre Kinder wissen lassen, was sie persönlich mögen oder nicht mögen – doch damit diese ihre eigene Sicherheit finden, können und müssen Eltern vor allem eines tun: dem Kind die Zuversicht vermitteln, dass man auf sehr verschiedene Weise Mädchen oder Junge sein kann, dass Kleidung, Spielverhalten und Habitus innerhalb jeder Geschlechtsgruppe breit variieren können. Diese elterliche Aufgabe ist also dieselbe für Töchter und Söhne – aber die Bilder, an denen diese sich abarbeiten müssen, sind extrem verschieden. Deshalb liegen die eigentliche Herausforderung und Aufgabe von Eltern darin, selbst eine größere Aufmerksamkeit zu entwickeln in Bezug auf ihr eigenes stereotypes Denken und Tun – denn das ist die unbedingte Voraussetzung dafür, dem Kind die Zuversicht zu geben, dass sein individueller Ausdruck für sein Mädchen- oder Jungesein der »richtige« ist.

> **Diese elterliche Aufgabe ist also dieselbe für Töchter und Söhne – aber die Bilder, an denen diese sich abarbeiten müssen, sind extrem verschieden.**

Jungen:
Auf der Suche nach ihrer Identität

Wolfgang Bergmann

Vaterbilder

In den letzten 30 Jahren hat es eine grundsätzliche Neuorientierung im Verhältnis der Geschlechter gegeben. Waren über Generationen die Rollen von Vater und Mutter relativ eindeutig verteilt, so trat ab den 1970er-Jahren recht abrupt eine Veränderung ein. Viele Frauen wollten und viele mussten ihren Beruf ausüben und manche unter ihnen, analog den Männern, auch Karriere machen.

Der Vater wollte oder sollte nun nicht mehr der Herr im Haus sein, sondern Gleichberechtigter unter Gleichen. Nicht alle Familien, nicht alle Frauen und nicht alle Männer halten sich heute an diese neuen Orientierungen. Trotzdem ist unübersehbar, dass sich vieles geändert hat.

Vor allem die Männer waren verunsichert – und nicht wenige sind es bis heute geblieben.

Welche Rolle sollten sie nun eigentlich spielen? Welche Bedeutung kam ihnen zu? »Oberhaupt« der Familie sollten sie nicht mehr sein, aber vielleicht doch »Beschützer«, »Lenker«, »Bewahrer«? Oder auch das nicht? Kurzum, stabile Rollenbilder gab und gibt unsere Gesellschaft seitdem nicht mehr her. Und viele Väter lösten die ihnen zugeteilten Aufgaben schlecht oder gar nicht.

Die allerschlechteste Lösung war wahrscheinlich diese: An einem Tag beanspruchten manche Väter dröhnend und polternd die alte Autorität, am nächsten Tag hatten sie ein schlechtes Gewissen und waren der sanfte versöhnliche »Softie« in der Familie.

Väter waren und sind häufig instabil, ihr Verhalten oft widersprüchlich, so dass sie keine bindende und verlässliche Vorbildfunktion für ihren Sohn abgeben können. So bewegen sich nicht nur viele Väter, sondern mehr noch die Söhne in einem ungesicherten Raum. Was war richtig, was falsch? Welches Verhalten wird von den Erwachsenen anerkannt, welches wird missbilligt?

Die Identitätsnot der Jungen

All das war für die Jungen sehr uneinheitlich und ist es weitgehend geblieben. War ein 7-Jähriger sehr sanft, verspielt und charmant, so wurde er einerseits von seiner Grundschullehrerin gelobt und bekam bessere Noten als sein wilder Tischnachbar, auf der anderen Seite spürte er sehr wohl, dass Papa sich einen »richtigen« Jungen wünschte. War er fleißig und sozial eingestellt, so konnte es ihm durchaus passieren, dass der Großvater unterschwellig zu erkennen gab, dass ihm ein »machtbewusstes Kind« eigentlich lieber wäre. Und – um das Chaos noch zu vergrößern – auch die Verhaltensweisen und Reaktionen der Mütter waren und sind keineswegs immer einheitlich.

Da gibt es auf der einen Seite das Bild vom »richtigen Jungen«, wie es mancher Mutter noch in ihrer eigenen Kindheit eingeprägt wurde, ein Junge, der sich auch auf Kosten anderer durchsetzt. Und auf der anderen Seite haben Mütter die neuen Normbilder verinnerlicht und wünschen sich einen eher sanften, unaggressiven Jungen, der überall gut klarkommt. Dass manche Kinder darauf diffus und verunsichert reagieren, kann niemanden verwundern. Werfen wir nur einmal einen Blick in das Vorabendprogramm des Fernsehens, das bekanntlich vor allem von Kindern und Jugendlichen gesehen wird. Da gibt es in der Werbung den forschen, erfolgsorientierten, coolen Typ mit schnellem Flitzer und lässigem Gebaren. Kaum hat der kleine oder größere Junge vor dem Fernseher sich mit diesem Bild identifiziert und schaut mit glänzenden Augen hin, da erscheint eine noch coolere Frau, die dem Superkerl sein Auto einfach wegnimmt. Er schaut dumm aus der Wäsche, sie hält ihm den gestreckten Mittelfinger unter die Nase, er ist der »Loser«.

Seine ganze »Coolness«, sagt der Spot, war nur ein Witz. Nicht ernst zu nehmen. So weit, so lustig. Aber was wird aus den glänzenden Augen unseres kleinen Zuschauers? Eben hatte er den »Erfolgs-Mann« noch in sich aufgesogen und sein inneres Idealbild mit ihm gefüttert, jetzt erweist sich das

Ideal als ein blöder Trottel. Winzige, kleine Irritationen sind das, die unsere Jungen Tag für Tag erreichen. Die Reihe der Beispiele ließe sich beliebig fortsetzen. »Rollenbilder« entstehen nämlich nicht einfach durch »Nachahmung«, sondern sie prägen sich über solche kleinsten Wahrnehmungen, minimalen Selbstdeutungen, feinsten Identifizierungen und Idealisierungen bzw. deren Enttäuschung ein – es sind nicht nur die mangelnden »männlichen« Vorbilder, die den Jungen fehlen, ihnen fehlt mancherorts ein gesellschaftliches Klima, das sie stützt und trägt.

Winzige, kleine Irritationen ereichen unsere Jungen Tag für Tag und beeinflussen ihre »Rollenbilder«.

Ein anderes Beispiel. In den angesagten Computerspielen dominieren immer noch die Superhelden aus alten, seligen Comiczeiten. »Dragon-Man« oder die Soldaten bei »Command and Conquer« oder andere: Sie sehen den Comichelden der 1960er-Jahre verzweifelt ähnlich. Da ist nichts Neues an Persönlichkeitsvarianten hinzugekommen. Sie spielen immer noch die tödliche »Mann-Maschine«, die mit nie enden wollender Kraft und Übermacht alles aus dem Weg räumt. Auch die allerneusten und technologisch ausgefeiltesten Computerspiele sind dieser müden Verkaufsstrategie verhaftet.

Diese Spiele haben eine enorme Identifikationskraft. Die emotionale Distanz geht verloren, wer im Computerspiel reflektiert, nachdenkt, zögert, ist schon verloren. Abrupt handelnd, ganz konzentriert auf die Gesichtssinne und seine schnelle Funktionsintelligenz verliert sich das jungenhafte Ich im Cyberspiel. Sein Cyber-Ich ist omnipotent. Technische Allmacht und potente Gewaltphantasien fließen ineinander. Es gibt heute kaum einen 8-, 9- oder 14-jährigen Jungen, der nicht mit blitzenden Augen von solchen Spielen erzählt.

Oft hat man das Gefühl, dass diese Cyber-Wirklichkeiten in der Emotionalität der Jungen die Realität an den Rand gedrängt haben. Dort tummeln sie sich also wieder, die alten Bilder. Männerbilder, Heldenbilder – traditionelle Heroen in neuer technischer Ausstattung. Aber wiederum ist es so, dass dies nur eine Seite der Medaille ist.

Die andere Seite sieht so aus: Denselben Jungen wird in der Schule oder im Freizeitheim und teilweise auch zu Hause beigebracht, dass kämpferisches Verhalten, das häufig mit rüpelhaftem Benehmen gleichgesetzt wird, also genau das, was in den PC-Spielen noch als heroisch galt, absolut unerwünscht ist und ins gesellschaftliche Abseits führt. Nimmt ein Junge nun sein Cyber-Ich als Orientierung – ja nur als emotionalen Nachhall –, als verinnerlichtes Bild für sein reales Verhalten, dann wird er sich sehr rasch die Sympathie der Lehrerin (oder auch des Lehrers) verscherzen, wird sich möglicherweise die Noten und die Bewertungen seiner sozialen Fähigkeiten im Zeugnis ruinieren und trifft überhaupt allenthalben auf Missfallen. Was gilt also? Woher soll ein Junge das wissen?

Letztlich überlässt er sich dem, was für ihn besonders verführerisch ist, nämlich dem Abenteuerlichen, Phantastischen. Die Bilder in den digitalen Medien haben eine überwältigende Eindruckskraft. Sie zielen ganz subtil auf das Bedürfnis der Jungen, endlich groß und stark zu sein, mitmischen zu dürfen und etwas bewirken zu können. Wir können wenig dagegen ausrichten. Ob Mutter oder Vater oder der Lehrer – unsere Bedeutung als Vorbild schwindet. Und dies hat angesichts der ohnehin verwirrenden Umgestaltung der Rollenbilder eine weitere Verunsicherung zur Folge.

Die Bilder in den digitalen Medien zielen ganz subtil auf das Bedürfnis der Jungen, endlich groß und stark zu sein.

Viele Jungen befinden sich in einer Art »Identitätsnot«. Nach all dem, was ich eben angeführt habe, kann es uns nicht verwundern, dass sie zutiefst unsicher sind. Wie geben wir ihnen also Gewissheiten, Bindungen, Verlässlichkeiten? Gerade diese Medienkinder – die »reifen«, individualisierten, von denen man sagt, sie gingen so gekonnt mit neuen Kommunikationstechnologien um – gerade sie brauchen Lenkung, Bindung, Halt. In der kinderpsychologischen Praxis sieht man – Gott sei Dank! – nicht mehr so oft unterdrückte, geschlagene Kinder, dafür aber seelisch verwahrloste Kinder, die sich nirgends zurechtfinden und von niemandem etwas sagen lassen. Frei sind sie aber dabei nicht. Glücklich auch nicht. Sie sind immer auf dem Sprung, manche nach außen, die schlagen dann abrupt um sich, schon das Explosive, das Unvorhersehbare der jungenhaften Gruppierungen und Einzelner kann zutiefst erschrecken. Viele Pädagogen verstehen diese Kinder denn auch nicht, wissen nie, womit sie als Nächstes zu rechnen haben. Andere Kinder ziehen sich ebenso blitzschnell nach der kleinsten Kränkung, der geringsten Abweisung zurück. Da ist kaum ein verlässliches Mittelmaß, ein Maß des dauerhaft Integrierten in ihrem Verhalten zu finden. Sie stürzen von einer Emotion in die nächste, vorbehaltlos und haltlos – und die Pädagogen und viele Eltern wissen sich nicht zu helfen. Es mögen noch immer einzelne Fälle sein, aber sie deuten in eine Richtung, die uns beschäftigen muss.

Verwöhnung und Leistung

Die seelische und oft reale Abwesenheit der Väter hat einen weiteren Aspekt, eine Kehrseite: Viele Jungen sind eingebunden in eine Art von »kollusivem« Verhältnis, besonders zu den Müttern. In den modernen Familien sind Kinder aus Gründen, die ich hier nicht darstellen kann, das Zentrum, der Mittelpunkt der Familie. Besonders für die Jungen bedeutet dies oft, dass sie aus der notwendigen Bindungsinnigkeit der frühen Kindheit, die Züge einer Symbiose trägt, nicht oder nicht eindeutig genug entlassen werden. Manche Therapeuten gehen davon aus, dass Jungen dann ihre Entwicklungsaufgaben nur schwer bewältigen, wenn die Bindungsverhältnisse zwischen ihnen und vor allem den Müttern den Charakter der frühkindlichen Versorgung niemals ganz verlassen. Für den Jungen bedeutet dies eine Fortsetzung der frühesten symbiotischen oder teilsymbiotischen Bindungen, was auf der anderen Seite bedeutet, dass er in der Erkundung der materialen, widerständigen objektiven Welt hochempfindlich, oft zögern, angstbereit agiert. In dieser Phase, in der die Objektwelt erkundet und in die Wahrnehmungsordnungen des Jungen aufgenommen und dort Teil seines Selbst wird, spielen solche Mütter eine überversorgende, vor der Widerständigkeit der äußeren Welt schützende, abschirmende Rolle.

Für Jungen ist dies ebenso problematisch wie der Mangel an gut ausgebildeten männlichen Erziehern und Lehrern. Mamas starke Zuwendung ist schön, wirkt liebevoll – das Problem ist aber: Der entscheidende Kulturschritt, den jedes Kind durchlaufen muss, nämlich die Einsicht, nicht umhüllt in einer »einigen Welt« angekommen zu sein, sondern in einer, in der es selber mit seinem Körper nur ein Objekt neben anderen ist, darüber hinaus die Erkenntnis, dass die Dinge unabhängig vom kindlichen Willen und Sein existieren – Objektpermanenz nannte Piaget diese entscheidende Phase nüchtern –, sie wird abgemildert. In Anteilen kann auch ein verwöhnter kleiner Junge dem Eigencharakter der realen Objektwelt nicht entgehen, in anderen seelischen Anteilen bindet er sich, oft ängstlich, an die Mutter, die hohe Anteile der verlorenen symbiotischen oder teilsymbiotischen frühkindlichen Bindung birgt. Kurzum, das Reale wird erkannt, intellektuell erfasst, aber nicht ganz verinnerlicht, es wird nicht vorbehaltlos, nicht mit allen Sinnen und der gespannten Neugier, die andere Kinder auszeichnet, aufgenommen. Verkürzt gesagt entwickelt sich auf diese Weise eine eigenartige Abspaltung der Ich-Idealisierungen in diesem Kind. Einerseits akzeptiert es den befremdlichen Charakter der objektiven Welt, auf der anderen Seite bleibt es mit seinen Sinnen an jene frühkindlichen Versorgungen und Verwöhnungen in seiner Phantasie verhaftet, und das aus dieser Phase herrührende Ich-Ideal, das innere Grandiositätsbild, das hybride Ich, das wir alle in uns tragen, richtet sich nicht auf das Reale, sondern will, kurz gesagt, von ihm nichts wissen – es spaltet sich ab.

Es ist erstaunlich, in welch beeindruckender Regelmäßigkeit sich dieses seelische Bild in den Therapien wiederfindet. Die verwöhnten Jungen entwickeln, seltsam genug, Verhaltensweisen, die denen der unsicher gebundenen, der vernachlässigten gleichkommen. Beide sind, pathetisch gesagt, mit der Welt unversöhnt. Sie sperren sich, sie bleiben fremd und unvertraut in der Ordnung der wirklichen Dinge und Menschen. Und so verhalten sie sich: manchmal überaktiv, ebenso oft depressiv und gekränkt, nicht selten pendeln sie zwischen beiden seelischen Zuständen hin und her.

Die verwöhnten Jungen entwickeln, seltsam genug, Verhaltensweisen, die denen der unsicher gebundenen, der vernachlässigten gleichkommen. Beide sind, pathetisch gesagt, mit der Welt unversöhnt.

Es fällt nicht schwer, hierin ein Versagen, mindestens ein Ausbleiben, des Väterlichen zu erkennen. Er, der Vater, hätte den Jungen behutsam von der Mutter weg und auf die Bewältigung des Realen hinlenken sollen. Er hätte zur selben Zeit die Bindung an die Mutter durch seine eigene Zuneigung und Liebe zur Frau wieder aufrufen und beide verbünden, versöhnen, verknüpfen müssen. So wäre der Junge aus den symbiotischen Weltgefühlen herausgewachsen, realitätsfähig und liebesfähig zugleich. Die Schwäche von Vätern zerreißt die seelische Integrität vieler Jungen. Der Ehrgeiz, den junge Familien oft auf ihre Kinder richten, vertieft das Problem. Der noch ganz in der Umklammerung der mütterlichen oder mütterlich geprägten Versorgung befangene Junge wird früh mit Förderprogrammen, Leistungsforderungen usw. konfrontiert. Das Reale war ihm ohnehin fremd geblieben, er hatte sich viel zu wenig mit den Sinnen, Körperlichkeit, Aufmerksamkeit und Neugier auf diese reale Welt eingelassen, da tritt sie ihm bereits mit Leistungsanforderungen entgegen. Leistung ist aber das ganz Fremde, der Junge wird von außen beurteilt, bewertet, in Vergleiche zu anderen Kindern gedrängt. Auf eine Formel gebracht: Verwöhnung und viel zu frühe Leistungsanforderungen können Kinder – Jungen, aber auch Mädchen – extrem belasten.

Und wie lautet die Antwort? Holt Männer, die professionell ausgebildet sind und die ein zeitgemäßes Vorbild sein können, in die Kindergärten und Schulen. Die Jungen können sich an sie binden, diese Erfahrung ist in vergleichba-ren psychologischen Untersuchungen immer wieder gemacht worden.

Gerade Jungen, die zwischen Verwöhnung und Überforderung hin- und herpendeln, benötigen Klarheit und Eindeutigkeit. Wo es ihnen von den Vätern vorenthalten oder auf falsche Weise aufgezwungen werden soll, da benötigen sie ausgleichende männliche Präsenz und eine für die Situation von Jungen sensibilisierte Pädagogik.

Das Glück in der Schule hat eine Vorgeschichte

Ute Andresen

3

Kleines Mädchen zieht die Decke vom Tisch

Seit über einem Jahr ist man auf dieser Welt,
und noch ist auf dieser Welt nicht alles erforscht
und unter Aufsicht gestellt.

Jetzt werden die Dinge erprobt,
die sich nicht selbst bewegen können.

Man muss ihnen dabei helfen
sie verrücken, anstoßen,
von einem Ort zum anderen tragen.

Nicht jedes will das, zum Beispiel der Schrank,
die Anrichte, die unnachgiebigen Wände, der Tisch.

Aber schon die Decke auf dem störrischen Tisch
– an den Rändern fest angefasst –
zeigt sich bereit zur Fahrt.

Und auf der Decke die Gläser, die Teller,
das Milchkännchen, die Löffel, die Schüssel –
sie erzittern geradezu vor Freude.

Sehr interessant,
welche Fortbewegung sie wählen,
wenn sie schon an der Tischkante kippeln:
Die Wanderung über die Zimmerdecke?
Den Flug um die Lampe?
Den Sprung auf die Fensterbank
und von dort auf den Baum?

Herr Newton hat noch nichts damit zu tun.
Soll er doch vom Himmel herabschau'n und mit den Händen fuchteln.

Dieser Versuch muss gewagt werden.
Und wird es.

Wislawa Szymborska

Tatkräftig und voller Forschergeist zeigt sich hier ein kleines Mädchen, das eines Tages in die Schule kommen wird. Wird es dann noch so unbefangen neugierig sein? Wird es dann noch so beherzt zupacken? In der Schule soll man wissen wollen und erkunden, was es in der Welt gibt und wie sich das alles verhält, wenn man Experimente damit macht. Aber doch immer nur in engen Grenzen, zu bestimmter Zeit, und sich so verhalten, dass nichts zu Bruch geht. Da muss man zu Neugier und Tatkraft auch viel Geduld, Zurückhaltung, Bescheidenheit und Vorsicht aufbringen. Was braucht ein Kind bis dahin, wie ist es zu stärken, was muss es lernen, damit es später ein glückliches Schulkind sein kann?

Es gibt Kinder, die zwar gute Schüler sind, aber eher von Angst als von Lebensfreude bewegt scheinen. Angst von Anfang an, Fehler zu machen, nicht zu genügen und ihre Eltern zu enttäuschen. Solche Angst mag die Frucht elterlichen Ehrgeizes sein, der das Kind nicht als einen Menschen aus eigenem Recht, sondern als Produkt betrachtet, das über die Jahre geformt und optimiert wird, indem man es genau dosiert »fordert und fördert«. Das wirkliche Kind wird dabei ständig mit einem fiktiven Idealkind verglichen und als noch nicht vollkommen wahrgenommen, statt dass Vater und Mutter sich an ihrem wirklichen Kind als einem einmaligen Menschenwesen schlicht freuen. Der Glanz im Auge der Mutter und des Vaters beim Blick auf ihr Kind, ein offenes Ohr und echtes Interesse für das, was es ihnen sagt und zeigt, und verlässliche Antwort, aufrichtig wie gegenüber dem besten Freund – das stärkt die Sicherheit des Kindes in sich selbst und in seinen Bindungen, die ihm helfen wird, seinen Platz in der Schule unter den anderen Kindern und gegenüber seinen LehrerInnen zu finden und auszufüllen; möglichst selbstständig, ohne Angst vor dem Versagen und gelassen, wenn es etwas nicht begreift oder ihm etwas misslingt.

Selbstsicherheit und Gelassenheit, die man braucht, um in der Schule selbstständig gut zurechtzukommen, müssen in den Jahren vorher entwickelt und gestärkt werden. Dafür taugen kein Trainingsheft und keine CD-ROM, mit denen das Kind sich allein vervollkommnen könnte. Dafür braucht das Kind ein Leben im Dialog mit seiner unmittelbaren Wirklichkeit und seinen Mitmenschen.

> Es gibt Kinder, die zwar gute Schüler sind, aber eher von Angst als von Lebensfreude bewegt scheinen.

Glückliches Schulkind

Ein glückliches Schulkind verlässt morgens gerne die Wohnung der Eltern, weil es sich in der Schule willkommen und gut aufgehoben weiß und den vielen andern Kindern dort zugehörig. Es kommt gerne nach Hause zurück, satt von dem, was es in der Schule erlebt und gelernt hat, oft müde und mit dem Bedürfnis, sich ein Weilchen zurückzuziehen, zu bummeln, zu spielen oder draußen Freunde zu treffen. Es macht seine Hausaufgaben gern oder murrend, bringt sie aber meist fix hinter sich. Es trägt seine Interessen in die Schule und bringt neue von dorther mit.

Ein glückliches Schulkind hat Freunde und Freundinnen, denen es lange die Treue hält, kommt aber auch mit Kindern gut aus, die ihm nicht so nahestehen. Es liebt Zusammenspiel und Zusammenarbeit, kann dafür zurückstecken und anderen Raum lassen, ihnen zuhören und aufgreifen, was sie sagen. Es kann Erfahrungen, Interessen, Gedanken, Freude und Kummer mit anderen teilen, mögen die nun gleich alt, jünger, älter oder auch erwachsen sein.

Ein glückliches Schulkind lacht in der Schule nicht so breit, wie das die Werbung für seine Schulutensilien behauptet. Es ist oft mit gesammeltem Ernst bei der Sache, oft nachdenklich und still, oft ausdauernd und auch angestrengt. Es ist meistens zufrieden, aber gelegentlich auch unzufrieden. Unzufrieden mit den Umständen und den Mitmenschen in der Schule, sogar mit sich selbst. Und doch ein glückliches Schulkind! Wie kann das sein? Es weiß längst, dass seine Mitmenschen ihm nicht immer bequem sein können. Es weiß, dass man manches nicht gleich kann, obwohl man es gerne sofort können möchte, dass man abwarten oder sich darum bemühen muss und dass oft einmal Misslingen ausgehalten werden muss, bis etwas klar und schön gelingen kann. Und es hat begonnen, seinen Frieden zu machen mit solchen Einschränkungen seiner Selbstherrlichkeit.

Ein glückliches Schulkind lacht in der Schule nicht so breit, wie das die Werbung für seine Schulutensilien behauptet.

Ein glückliches Schulkind schätzt das Wohlbehagen, das sich einstellt, wenn man alle seine Kräfte auf eine Aufgabe sammelt und sie geduldig zu Ende bringt. Und wenn es am Ende konzentrierter Arbeit sagt: »Das hat Spaß gemacht!«, so weiß es, dass es solchen Spaß tiefer und befriedigender erlebt als jeden Kinderspaß, der sich als leicht und schleckig anbietet. Es wird zwar solche Einsicht nicht in Worte fassen, aber schon Erfahrungen gemacht haben, die darauf hinauslaufen, und darum Anstrengungen nicht ausweichen. Vor vielen Jahren las ich bei John Holt, der lange Lehrer war und mich gelehrt hat, die Schule aus der Perspektive der Kinder zu betrachten: »Kinder, die leicht lernen, scheinen ein Liebesverhältnis mit dem Leben zu haben.« Das habe ich vielfach bestätigt gefunden in denen, die ich die glücklichen Schulkinder nenne.

»Kinder, die leicht lernen, scheinen ein Liebesverhältnis mit dem Leben zu haben.«

Dieses Liebesverhältnis mit dem Leben ist, wenn es vor der Schule entwickelt und gefestigt wurde, die beste Voraussetzung dafür, dass ein Kind die Schule mit Freude und Gewinn durchläuft. Heil und täglich klüger werdend, auch wenn seine Schule nicht ideal ist.

Blicke und Sprache

Wenn man mit den Erfahrungen einer Grundschullehrerin ein Kind mit klugen, liebevollen Eltern heranwachsen sieht, wird es plötzlich ganz einfach, die Frage zu beantworten: Wie bereite ich mein Kind auf die Schule vor? Wie also? Vor allem sprich mit ihm! Sprich mit ihm von Anfang an, auch wenn es noch lange nicht deine Sprache spricht. Du verstehst sehr bald die Bewegungen und Blicke deines Kindes, seine Mimik, sein Lächeln. Begleite dein und sein Tun damit, dass du alles Greifbare und eure Absichten und Tätigkeiten damit benennst und auch deine Überlegungen, Vermutungen und Pläne in Worte fasst. Zunächst kaum merklich, aber bis zum ersten Geburtstag sehr deutlich, entsteht aus solchen scheinbar unvollständigen Dialogen das, was Tomasello »geteilte Aufmerksamkeit« nennt, der entscheidende Antrieb der kognitiven Entwicklung.

Ein Beispiel: Das Kind zeigt zum Himmel und sagt: »Da! Da!« Der Vater folgt der Zeigegeste und schaut auch hinauf: »Ja, ein Flugzeug siehst du. Das brummt.« Später einmal hört das Kind so ein Brummen, zeigt hinauf und sagt: »Da!« Der Vater sucht das Flugzeug vergeblich und sagt: »Ich höre das Flugzeug, aber ich kann es nicht sehen. Ist es hinter der Wolke?« Viel später werden die beiden vielleicht über Flugzeuge fachsimpeln, glücklich wie damals, als eines zum Thema nicht mehr sagen konnte als: »Da!« Damals begannen sie das Interesse an Flugzeugen zu teilen. Und es begann das Sprechen über Flugzeuge. Es ist nun sogar möglich, wenn gar kein Flugzeug zu sehen oder zu hören ist, nicht einmal im Bild, nur in Worten anwesend, die beide verstehen.

Ein anderes Beispiel: Das Kind sitzt im Sportwagen, natürlich der Mutter zugewandt. Plötzlich zeigt es aufgeregt auf irgendetwas weiter weg: »Da! Da!« Die Mutter dreht sich um, versucht zu sehen, was da Aufregendes ist, kann es aber nicht finden: »Ich sehe nicht, was du meinst.« Das Kind weiter: »Da! Da!« Die Mutter bleibt stehen, sucht weiter, findet nichts: »Was meinst du denn?« Da fährt ein Bus dicht vorbei, jetzt zeigt das Kind eindeutig auf den, und wieder: »Da!« Die Mutter erleichtert: »Ja, der Bus! Den sehe ich auch. Morgen fahren wir mit dem Bus zur Oma.« Das Kind legt sich zurück und schaut sich weiter um. »Vielleicht kommt gleich der Hund!«, sagt die Mutter. Dem Hund sind sie auf diesem Weg schon öfter begegnet.

In beiden Beispielen kann das Kind seinen Erwachsenen nicht nur hören, es kann ihm ins Gesicht sehen und erkennen, wohin er blickt, ob seine Augen dorthin wandern, wo es selbst etwas entdeckt hat, etwas, das seine Aufmerksamkeit geweckt hat, die es nun teilen will. Mitzutun als Vater oder Mutter – zuhörend, hinschauend, sprechend – und auch selbst ein Drittes in dieses Dreieck aus Kind, Erwachsenem und Gegenstand des gemeinsamen Interesses einzubringen, das ist natürliche, menschengemäße Förderung der Sprache, des Weltwissens und der Geisteskräfte des Kinds. Und es macht Freude, sogar glücklich. Darin entsteht und stärkt sich das Liebesverhältnis mit dem Leben, und nicht nur das des Kindes.

Dass man da nicht immer nur selber redet, sondern auch zuhört und die Perspektive des anderen einnimmt, ist dann hoffentlich bereits zur zweiten Natur geworden.

Wer mit diesem dreifachen Dialog aufgewachsen ist, wird einen leichten Gebrauch machen können von dem, was der Schulunterricht ihm anbietet. Im gemeinsamen Lernen mit der ganzen Klasse und der Lehrerin, die erzählt, zeigt, erklärt und anleitet, beim Lernen in einer Gruppe oder zu zweit und auch beim informellen Austausch im Pausenspiel – immer hat das Sprechen einen Gegenstand, dem man sich in geteilter Aufmerksamkeit zuwendet. Dass man da nicht immer nur selber redet, sondern auch zuhört und die Perspektive des anderen einnimmt, ist dann hoffentlich bereits zur zweiten Natur geworden. Nicht so sehr durch regelrechte Erziehung, sondern durch gute Erfahrungen von Anfang an. Dies Sprechen im dreifachen Dialog ist auch die Grundlage eines leichten Schriftspracherwerbs und des individuellen Lernens mit schriftlichem Material später in der Schule.

Miteinander

Wird ein Kind verwöhnt, wenn sich ihm ein Erwachsener zuwendet, sobald es danach verlangt? Zunächst einmal bekommt es das, was es braucht. Aber wenn es später erwartet, dass seine Lehrerin immer zu ihm kommt, herschaut oder genau ihm zuhört, wenn es das so haben möchte, wird es sich viele schmerzliche Enttäuschungen, gar Zurückweisungen einhandeln. Damit es sich auf die Situation als eines unter vielen Kindern einstellen kann, sollte man ihm frühzeitig und möglichst anschaulich erklären, wie das sein wird mit vielen Kindern und nur einer Lehrerin.

Man zeichnet einen großen Kreis aufs Papier: »Stell dir vor, das wäre eine Torte, eine ganz besondere Torte, gebacken aus all dem Guten, was du von deiner Lehrerin haben möchtest: dass sie dir zuhört, mit dir redet, dir beim Lernen zuschaut, dir etwas erklärt, dir hilft, dich anlächelt, dich fragt, dich erzählen lässt, deine Bilder anschaut usw. usw.« In die Torte hinein kann gezeichnet werden, was das Kind sich wünscht. »So viel Gutes! Das ist alles in dieser Torte drin! Da kannst du dich wohl drauf freuen! – Aber jetzt stell dir vor, dass ihr zwölf Kinder in der Klasse seid, und jedes Kind möchte etwas von der Torte abbekommen. Da müssen wir sie teilen. In zwölf Stücke, alle gleich groß, ganz gerecht.« Und das tut man dann mit einem Stift. Oder man schneidet die Torte zuerst aus und dann in Stücke. »Nimm du dir ein Stück! So viel von all dem Guten kannst du bekommen. Die anderen elf Stücke musst du den anderen gönnen, sonst wäre es ja ungerecht. Die anderen möchtest du ja auch zu Freunden haben.«

Aus dem Verteilen aller Tortenstücke kann ein Spiel werden mit phantasierten Mitkindern, und später einmal kann man der Wirklichkeit noch etwas näher kommen.

> »Jetzt weiß ich, dass in deiner Klasse nicht nur zwölf Kinder sein werden, sondern wohl vierundzwanzig. Da müssen wir die Tortenstücke kleiner machen.«

»Jetzt weiß ich, dass in deiner Klasse nicht nur zwölf Kinder sein werden, sondern wohl vierundzwanzig. Da müssen wir die Tortenstücke kleiner machen. Wenn wir jedes Stück halbieren, werden es vierundzwanzig Stücke. Hilfst du mit beim Halbieren? Aber ganz gerecht wollen wir sein. Ungerechtigkeit verdirbt die Freundschaft.« Während des Zerschneidens mag man ein wenig fachsimpeln, über die Wirklichkeit hinter diesem Symbol Torte oder über die Mathematik, die in ihrer Aufteilung steckt. Wahrscheinlich wird nicht nur das Kind dabei gewahr, dass es seine Lehrerin kaum je für sich allein haben wird. Auch Mutter und Vater werden realisieren, was es bedeutet, dass der Anspruch ihres Kindes an seine Lehrerin mit Rücksicht auf die anderen Kinder in der Klasse bemessen sein muss und dass ihr Kind, wenn es großzügig und bescheiden den anderen ihren Anteil gönnen mag, glücklicher sein wird, als wenn es um ein möglichst großes Stück vom Guten rangelt. Trimmt man es aber früh auf die elende Konkurrenz in der Schule, verrät man sein Glück hier und jetzt an egozentrische Hoffnungen auf eine Zukunft, die trotzdem unsicher bleibt.

> Trimmt man das Kind aber früh auf die elende Konkurrenz in der Schule, verrät man sein Glück hier und jetzt an egozentrische Hoffnungen auf eine Zukunft, die trotzdem unsicher bleibt.

Tüchtig sein

Kinder wollen in dem, was sie tun, tüchtig sein. Sie wollen wissen, was von ihnen erwartet wird, was genau zu tun nötig ist und wie man das macht. Sie wollen da, wo sie handeln, Bescheid wissen und sich nicht herumschieben lassen durch kleinteilige Anweisungen. Sie wollen selbstständig das Richtige tun.

Ist man in einer Situation oder gegenüber einer Aufgabe noch neu und unerfahren, muss man sich natürlich erst sagen lassen, was zu tun ist, versteht das vielleicht nicht genau so, wie es gemeint ist, stolpert womöglich unbeholfen herum, macht was falsch und fühlt sich entsprechend überfordert und desorientiert und verliert die Lust, sich weiter um das Richtige zu bemühen. Wenn man dann nicht weggehen und sich anderen Dingen zuwenden kann, gerät man unter Stress und fühlt sich frustriert und hilflos. In der Schule muss man es in so einer peinlichen Situation meistens aushalten. Und versteht nicht einmal, was mit einem geschieht. Man weiß auch nicht, dass die Gelegenheit, den eben misslungenen Versuch später einmal erfolgreich zu wiederholen, vielleicht nie kommen wird und man sich selbst schadet, wenn man jetzt aufgibt, sich weiter zu bemühen. Das Beispiel anderer Kinder, die mit derselben Situation oder Aufgabe souverän umgehen, kann zur Nachahmung ermuntern, kann aber auch entmutigen.

Für die Lehrerin sind die ersten Wochen und Monate mit ihren Schulanfängern sehr anstrengend. Vor kurzem noch hat sie mit Kindern gearbeitet, die sich auskannten mit ihrem Unterricht und mit denen sie so gut bekannt und vertraut war, dass sie ihr Tun vorauszusehen und sie mit Blicken und knappen Worten zu lenken wusste. Jetzt sind da vierundzwanzig oder mehr unbekannte Neulinge, die ganz unterschiedlich auf die Situation und auf sie als maßgebliche Person reagieren und ihr manchmal wie lauter kleine Anarchisten vorkommen müssen. Manche reagieren direkt und heftig auf jeden Reiz von außen. Manche sind wie taub und wollen vor allem sich selbst unter den vielen anderen zur Geltung bringen, drängen sich vor und haschen trickreich nach Beachtung. Andere halten sich an Vertraute aus dem Kindergarten und bilden mit ihnen eine kleine Gruppe, die sich selbst genügt. Und noch andere versuchen schüchtern, bloß nicht aufzufallen. Das kann so sein in Klassen, die strikt geführt werden, aber auch in Klassen mit viel offenem Unterricht und freiem Lernen. Die Lehrerin müsste sich zerreißen, um überall zu sein, wo sie gebraucht wird, damit ungeübte Kinder nicht verzagen.

Ein Kind, das als Neuling im Schulalltag bestimmte notwendige Dinge schon kann und ganz selbstverständlich tut, macht es damit nicht nur der Lehrerin leichter, es erlebt sich selbst in der neuen Situation, in seinem ersten Beruf, schon in manchen Momenten als tüchtig und gewinnt Zeiträume für eigenständiges Tun. Darin muss es sich nicht reglementieren lassen, weil es schon Bescheid weiß oder schon geschickt ist. Es kann in seiner Aufgabe ganz bei sich selbst sein und sich ausruhen vom Achtgeben und Folgen. Es kann darin seine Selbstsicherheit festigen.

Viele solcher notwendigen Fähigkeiten kann man als Vorschulkind leichter erwerben, weil es da noch keinen Erfolgsdruck gibt, dafür Zeit für geduldige Anleitung und Erprobung, für Irrtümer und Umwege.

Viele solcher notwendigen Fähigkeiten kann man als Vorschulkind leichter erwerben, weil es da noch keinen Erfolgsdruck gibt, sondern Zeit für geduldige Anleitung und Erprobung, für Irrtümer und Umwege. Als man für den Schulanfang kaum mehr brauchte als eine Schiefertafel mit Schwämmchen und Griffel und eine Fibel, hatten die Schulneulinge es leichter. Sie mussten nicht auf einmal zig Hefte, Blätter, Bücher, Mappen, Stifte usw. verwalten wie Kinder heutzutage. Gleichzeitig gab es für sie in der Bewältigung ihres Kinderalltags mit Knöpfen, Schnallen und Schnürsenkeln und mit Mittun und Hilfsdiensten im Haushalt ganz beiläufig viele Gelegenheiten, Feinmotorik und Sorgfalt, Umsicht, Ordnungssinn und Verantwortlichkeit zu entwickeln und zu üben. Der heute allgegenwärtige Klettverschluss ist ein Symbol für eine Verwöhnung durch moderne Erleichterungen, die Lernmöglichkeiten aus dem Alltag entfernt haben, die nun künstlich inszeniert und zur Aufgabe ohne unmittelbaren Lebenswert gemacht werden müssen, damit der Schulstart lässig gelingt.

Handwerk

Ich zähle hier nur einige Dinge auf, mit denen Kinder im ersten Schuljahr auf jeden Fall umgehen müssen. Soll erst die Lehrerin auch nur einigen Kindern ihren richtigen Gebrauch vermitteln, bleibt zu wenig Zeit für ihre eigentlichen Aufgaben übrig. Außerdem: Wenn Eltern mit ihrem Kind zusammen erkunden, wozu seine Schulutensilien richtig zu gebrauchen sind, können sich Fachsimpeleien ergeben, die für Klein und Groß interessant sind und für das Kind die allerbeste Sprachförderung, weil das Reden unmittelbar mit dem Tun beider Hände verknüpft ist und mit genauerer Sprache exakter wird.

3

Ich zähle hier nur einige Dinge auf, mit denen Kinder im ersten Schuljahr auf jeden Fall umgehen müssen.

Die *Schere* kann man nicht einfach so handhaben, nur weil man sechs Jahre alt geworden ist. Man muss selbst und praktisch herausfinden können, wie lockerer Griff, Schnipp-Schnapp-Rhythmus und Schnittlinie stimmig zusammenwirken. Außer Zeit und Papieren braucht man dafür eine Schere, die leicht zu bewegen ist und sauber schneidet, nicht so ein plumpes Sicherheitsding. Vorsicht gehört zum Lernprogramm, das eine echte, scharfe Schere mitbringt. Wenn man zunächst einmal ausgiebig frei herumschneiden darf und nicht gleich etwas Bestimmtes schaffen muss, bei dem sich die Hand verkrampft und die Schere verkantet, wird man sich kaum verletzen. Erwachsene dürfen mittun! Und die großen und kleinen Schnipsel nicht in den Papierkorb fegen! Sie sind Material für Bilder.

Der *Klebestift* hat das Aufkleben so sehr vereinfacht, dass die Erwachsenen nun meinen, sie müssten nicht mehr zeigen, wie man sinnvoll damit umgeht: Wo schmiert man den Kleber hin? Auf die Rückseite des Teils, das man aufkleben will! Sonst gibt's Schmierflecken im Bild. Manche Kinder stört das nicht, aber es gehört zum Handwerk, Flecken zu vermeiden. Das verlangt und übt vorausschauendes Denken und überlegtes Handeln, kurz: Umsicht. Zudem ist ein aus bunten Schnipseln erst gelegtes, dann geklebtes, vielleicht noch einmal überklebtes abstraktes Bild, passend gerahmt,

Übungsmittel und schönes Geschenk zugleich. Anleitung ist nur am Anfang nötig. Dann ist man frei für sein Original.

Die *Filzstifte* sollten später am besten daheim bleiben und auch da eher beiseitegelegt werden. Sie sind plump grell. Sind sie neu, schlägt die Farbe durch das Papier und fleckt auf der Rückseite. Sind sie älter, versuchen die Kinder ihnen durch Aufdrücken Farbe abzupressen, wodurch der Farbfluss stockt und die Spitze ausfasert. Dann versagen sie den Dienst, ohne dass man versteht, wieso.

Buntstifte und *Bleistifte* können fein abgestimmte Linien und Flächen hergeben. Sie sollten, wenn man in der Schule sein Federmäppchen öffnet, immer so spitz sein, dass man gleich mit der eigentlichen Arbeit beginnen kann. So vorbereitet zu sein lernt man nicht, wenn daheim oder im Kindergarten alle Stifte immer nur in eine Schachtel geworfen und hastig gespitzt werden, weil man sie grad mal braucht. Dass sie einigermaßen spitz sein müssen, um ihren Dienst zu tun, wird nicht allen Kindern von allein klar. **Wie Stiftqualität und -zustand und die Stiftführung mit der Stärke und Klarheit von Linien und Farbflächen zusammenhängen und dass geordnet bereitgehaltene Stifte die Lust beim Zeichnen und Schreiben mit ihnen steigern können, das will erkundet sein.** Ein erfahrener Erwachsener, der mittut und erklärt, aber auch zuhört und begutachtet, hilft Kindern, die Erkundung zu vertiefen.

Der *Anspitzer* verlangt etwas Fingerfertigkeit und eine gegenläufige Drehbewegung beider Hände. Dabei muss man den Stift so leicht halten, dass er sich nicht verklemmt und die Spitze der Mine im Spitzer abbricht. Da bleibt sie dann hängen, blockiert jeden weiteren Spitzversuch und muss vorsichtig herausgestochert werden. Dafür muss man den Spitzer aufschrauben, richtig herum, und das so behutsam, dass die Späne, die sich drinnen angesammelt haben, nicht verstreut werden. Das alles ist leicht für erfahrene Hände, nicht aber für Kinderhände. Darum wohl gibt es in Kindergärten schon mal elektrische Spitzapparate. Sie hebeln aber das natürliche Lernprojekt *Anspitzer* aus und machen abhängig.

Der *Radiergummi* muss verstanden worden sein, um richtig eingesetzt zu werden. Versucht man, damit Unerwünschtes durch Abschaben mit viel Druck zu beseitigen, entsteht ein Schmierfleck oder gar ein Loch. Nur sanfter Druck erzeugt die Krümelchen, die den Farbüberschuss in sich aufnehmen. Wer das verstanden hat und geschickt dazu ist, verfügt über ein kleines, praktisches Mirakel.

Ein *Heft* schulgemäß zu benutzen, nämlich vorne, wo das Etikett klebt, beginnend, Seite für Seite umwendend, ist Erwachsenen quasi natürlich, Kindern aber nicht. Die vorgeschriebene Ordnung einzuhalten fällt ihnen leichter, wenn man ihnen neben dem Schulheft auch ein *Spielheft* gönnt, in dessen Seiten sie nach Belieben herumspringen mögen. Dann symbolisiert das streng geführte *Schulheft* schon vor der Schule deutlich, dass die Schularbeit manch eigene Regel hat, an die man sich halten sollte, und dass es immer wieder darauf ankommt, eine bestimmte Reihenfolge einzuhalten. Allgemeiner: eine unter besonderen Umständen verbindliche Struktur zu erkennen und ihr zu folgen.

3

> Die vorgeschriebene Ordnung einzuhalten fällt ihnen leichter, wenn man ihnen neben dem Schulheft auch ein Spielheft gönnt, in dessen Seiten sie nach Belieben herumspringen mögen.

Blätter in einer *Mappe* aufzuheben, sie so hineinzulegen oder zu heften, dass sie nicht verknickt werden, statt sie irgendwo liegen zu lassen oder hinzustopfen, verlangt von manchen Kindern, dass sie ihr Temperament bewusst zügeln und sich einen scheinbar nebensächlichen Vorgang durch Achtsamkeit interessant machen. Das zu können ist nicht nur nützlich für das Schulkind, das kleine Exerzitium wird ihm auch unmittelbar wohltun und seine Selbstsicherheit stärken, wenn es genügend Gelegenheit bekommt, sich darin zu üben.

Bücher nicht nur rasch durchzublättern, sondern aufmerksam zu studieren kann man schon an Bilderbüchern lernen, wenn die Vorlesenden nicht nur geistesabwesend durch den Text hasten, sondern sich Zeit nehmen, mit dem Kind die Bilder gründlich zu betrachten. Spielerischer Wetteifer hilft dabei, etwa: *Tupf auf jede Farbe!* oder *Das gibt es auch bei uns?* oder *Das hab ich ja noch nie gesehen!* Von lehrhafter Abfragerei des Inhalts aber ist abzuraten.

Buchstaben

Kinder, die beobachten können, wie ihre Eltern lesen und schreiben, werden sich irgendwann für diese rätselhaften schwarzen Figuren auf dem Papier und dann auch in ihrer weiteren Umwelt interessieren. Früher hat man dies Interesse zu dämpfen versucht, damit sie sich später in der Schule nicht langweilen. Heute lässt man ihr Interesse an Buchstaben zu, man unterstützt es sogar und richtet im Kindergarten neben der Bau- und der Puppenecke auch eine Schriftecke ein. Dort können die Kinder sich allmählich mit den Formen und dem Bausteincharakter der Buchstaben vertraut machen.

Wenn sie nun aber die Buchstaben selbst schreiben, sie dabei aber nur der Form nach abmalen, gewöhnen sie sich leicht für einzelne oder gar viele Buchstaben einen Bewegungsablauf an, der sie später bei der Entwicklung einer flüssigen, gut lesbaren Handschrift behindert. Und wenn sie sich später in der Schule abgewöhnen müssen, was sie sich selbstständig erobert haben, muss sie das kränken. Umso mehr, als das Umlernen auf die richtigen Bewegungsabläufe beim Schreiben der Buchstaben sehr langwierig ist und Kinder kaum einsehen können, warum das nötig sein soll. Darum ist es sinnvoll, zu beobachten, wann sie sich nicht nur gelegentlich für einzelne Buchstaben interessieren, sondern zu schreiben beginnen und dabei jeden Buchstaben mehrfach aufs Papier bringen. Das ist der richtige Moment, ihnen die günstigste Linienführung als ein kleines Kunststück zu zeigen und sie zum wahren Können zu ermuntern. Da Erwachsene mit ihrer persönlichen Handschrift kein brauchbares Vorbild für Schreibanfänger abgeben und meist auch nicht wissen, wie man am Anfang entwicklungsgünstig schreibt, gibt es im Konzept »achtsam schreiben lernen« Heft und Poster mit Modellbuchstaben, denen man die richtige Linienführung abschauen kann. Und dazu die günstige Stifthaltung für Rechts- wie für Linkshänder. Hat man sich vor der Schule eine ungünstige Stifthaltung angewöhnt, bleibt man wahrscheinlich darin hängen und hat später mit Verspannung und Krampf zu kämpfen, wenn man länger und womöglich gehetzt schreiben muss.

Sobald man beim Vorlesen von Bilderbüchern, Märchen und nicht zuletzt Gedichten bemerkt, dass das Kind nicht nur auf die Bilder schaut, sondern dem Blick des Vorlesenden auf den Text folgt, kann man den eigenen Zeigefinger unter dem Text mitlaufen lassen. Der Finger bedeutet: Da schau ich hin, wenn ich spreche, was da steht. So zeigt man die Lesebewegung in der Zeile von links nach rechts und im Block der Zeilen von oben

> **Wenn sie nun aber die Buchstaben selbst schreiben, sie dabei aber nur der Form nach abmalen, gewöhnen sie sich leicht für einzelne oder gar viele Buchstaben einen Bewegungsablauf an, der sie später bei der Entwicklung einer flüssigen, gut lesbaren Handschrift behindert.**

nach unten. Erklärungen dazu sind am sinnvollsten, wenn das Kind fragt, warum man das so macht mit dem Zeigefinger. Die erkannte Lesebewegung der Augen von links nach rechts macht es später leichter selbstverständlich, beim ersten Schreiben die Buchstaben von links her nach rechts hin einander folgen zu lassen. In derselben Richtung, die für das Lesen gilt. Immer!

3

Vertrauen und Loslassen

Wichtiger als der Anspruch irgendeiner Zukunft ist das Recht des Kindes auf den heutigen Tag, in dem es sich seiner selbst in seiner unmittelbaren Umwelt und unter seinen Mitmenschen gewahr wird. Die Stärke und Selbstsicherheit, die es dabei entwickelt, werden ihm auch später helfen. Nebenbei sollten Eltern versuchen, sich zu erinnern, sich vorzustellen und zu verstehen, in welchen Situationen ihr Kind sich allein wird zurechtfinden und behaupten müssen, wenn es ein Schulkind geworden ist,

Wichtiger als der Anspruch irgendeiner Zukunft ist das Recht des Kindes auf den heutigen Tag, in dem es sich seiner selbst in seiner unmittelbaren Umwelt und unter seinen Mitmenschen gewahr wird.

- ⋯⟩ um es langfristig darauf vorbereiten und ihm dann Selbstständigkeit zumuten zu können,
- ⋯⟩ um es später zu verstehen, wenn es missgelaunt heimkommt und Anteilnahme braucht, um Kummer und Überdruss abladen und vergessen zu können im Vertrauen darauf, dass seine Klagen ihm abgenommen, aber nicht überbewertet werden,
- ⋯⟩ um zu erkennen, wann es wegen der Schule Ruhe braucht, wann Ansporn und Kritik, wann Ermunterung und wann Trost und tatkräftige Unterstützung,
- ⋯⟩ um es guten Gewissens loslassen zu können und ihm zu vertrauen, dass es den Aufgaben und Belastungen der Schule weitgehend gewachsen sein wird,
- ⋯⟩ um zu ihm stehen zu können, wenn es Niederlagen erleidet.

Die vielen Schulanfänger, die ich als Lehrerin erlebt habe, haben mir immer wieder gezeigt, dass sie einer Schule, die ihnen Neues, Anstrengendes und Großes zumutet und es dabei gut mit ihnen meint, meist viel besser und entschiedener gewachsen sind, als ihre Mütter und Väter befürchten. In der Schule sind eben Schulkinder, und die sind anders – meist reifer, ernsthafter, selbstständiger, vernünftiger und belastbarer – als dieselben Kinder daheim.

In der Schule sind eben Schulkinder, und die sind anders – meist reifer, ernsthafter, selbstständiger, vernünftiger und belastbarer – als dieselben Kinder daheim.

So wie Kathrin, die für mich als ihre Lehrerin zwei Jahre lang ein geradezu ideales Schulkind war, sich daheim aber manchmal wie ein Rumpelstilzchen aufführte. Als ihre Mutter sie fragte, warum das so sei, bekam sie zur Antwort: »Die Ute hat 28 Kinder, da geht das nicht. Du hast hier ja nur zwei.« Und Fritz erklärte den Unterschied zwischen seinem zuverlässig liebenswürdigen Betragen in der Schule und seiner gelegentlichen Unleidlichkeit daheim mit: »Aber wir kennen uns doch schon so lange!« Kluge Kinder kluger Eltern beide. Die Kinder wissen, dass in der Schule andere Regeln für ihr Verhalten gelten als daheim. Und den Eltern ist es lieber, dass ihre Kinder daheim manchmal launisch und wenig verträglich sind, statt dieses allgemein menschliche Bedürfnis in der Schule zu befriedigen, wo so viele verschiedene Kinder gleichzeitig zu ihrem Recht kommen sollen.

Heißt das etwa, dass Kinder sich nicht über die Schule beklagen und dort auch niemals rebellieren dürfen? Nein, das nicht! Man muss sich daheim beklagen dürfen, muss sich damit gehört und angenommen wissen, damit man danach erleichtert den Rest des Tages genießen kann. Vielleicht ist dann am nächsten Tag ein vermeintliches Unrecht klein und unwichtig geworden, womöglich sogar als notwendig erkennbar im Sinne der Gerechtigkeit für alle Kinder in der Klasse. Vielleicht aber muss man auch zusammen mit seinen Eltern erkennen, dass sich etwas ändern müsste in der Schule.

Solche Änderungen von außen zu bewirken, ohne das Einverständnis der LehrerInnen, der anderen Kinder und ihrer Eltern, ist meist unmöglich. Ein Einverständnis mit anderen sich zu erarbeiten lernt man zu allererst durch viele, viele Gespräche daheim. Beiläufige oder verabredete, heftige oder sanfte, angenehme und lästige, abgebrochene und fortgesetzte, über alte Erinnerungen oder neue Beobachtungen und Erkenntnisse ...

Gespräche jeder Art mit den Menschen daheim sind immer auch eine Vorbereitung auf das Leben und Lernen in der Schule. In guten und in schlechten Zeiten.

3

4

Kindheit
(6–12 Jahre)

Kindheit (6–12 Jahre)

Entwicklungsprozesse in der »mittleren Kindheit«

Wann muss ich mir Sorgen machen?

Marianne Leuzinger-Bohleber

Einleitung

Die Schere zwischen den Gewinnern und den Verlierern von Globalisierung, Flexibilisierung, Migration und Wettbewerb klafft immer weiter auseinander. Einerseits geht es vielen Kindern gerade in Deutschland so gut wie wahrscheinlich noch nie: Sie werden von empathischen, liebevollen Eltern verstanden, geliebt und vielfältig gefördert. Andererseits nehmen Formen der Frühverwahrlosung sowie die Kinderarmut in alarmierender Weise zu, Indikatoren, die darauf schließen lassen, dass viele Kinder am Rande der Gesellschaft leben und schon beim Schuleintritt sehr eingeschränkte Chancen für eine normale Entwicklung und viel versprechende Zukunft haben. So verlässt z. B. jedes vierte Kind mit Migrationshintergrund die deutschen Schulen ohne Abschluss, bekanntlich einer der Gründe für vermehrte Gewalt und andere Fehlentwicklungen unter Aufwachsenden. Zudem scheint die Bereitschaft, Konflikte gewaltsam auszutragen, ganz allgemein zuzunehmen und ist vor allem bei immer jüngeren Kindern in allen Schichten der Bevölkerung zu beobachten. Diese Fakten sind beunruhigend, besonders wenn wir an die enormen Chancen denken, frühe Entwicklungen zu fördern und nicht optimal verlaufende Startbedingungen in den ersten Lebensjahren und in der Grundschulzeit zu korrigieren.

Es ist daher verständlich, dass viele Eltern besorgt sind, ob ihre Kinder zukünftig eher zu den Gewinnern oder den Verlierern unserer extrem sich verändernden Welt gehören werden. Diese Sorgen sind sehr mit der Schule verknüpft, sodass der Tag der Einschulung für viele Familien zu einem ambivalenten Erlebnis geworden ist: Immer noch freuen sich die meisten Kinder auf den ersten Schultag und blicken voll Neugierde und Interesse dem Neuen entgegen. Gleichzeitig sind in vielen Kindergesichtern und auch in den Gesichtern ihrer Eltern Spuren von Ängstlichkeit und Beklemmung zu erkennen: Werden sie den neuen Anforderungen gewachsen sein?

Viele Psychoanalytiker und Bindungsforscher haben betont, wie wichtig es bei solchen Übergängen für die Kinder ist, dass sie über eine sichere Heimatbasis verfügen und pendeln können zwischen explorativem, erkundendem Lernverhalten einerseits und Auftanken in sicheren emotionalen Beziehungen andererseits. In vielen Studien wurde inzwischen belegt, dass ein basaler Antagonismus Entwicklungsprozesse bestimmt: Fühlt ein Kind sich sicher, kann es sein Explorationssystem aktivieren, d. h. neugierig Neues erkunden, entdecken und Lernprozesse durchlaufen. Sobald jedoch eine innere oder äußere Gefahr droht, wird das Bindungssystem aktiviert: Das Kind sucht Sicherheit bei seinen primären Bezugspersonen: Sein Lern- und Explorationsverhalten stellt es in dieser Situation ein.

Diese antagonistischen Motivationssysteme wurden vor allem bei Kleinkindern untersucht. Sie bleiben aber auch später im Leben wirksam und sind entscheidend bei Übergängen wie dem Schulanfang oder dem Übertritt in weiterführende Schulen. Dies ist einer der Gründe, warum es so wichtig ist, dass Eltern ihre eigenen Ängste und Sorgen in erwachsener Weise in sich halten, bewahren und verarbeiten (»containen«), damit sie dem Kind als Sicherheit spendende Heimatbasis für sein Hinaustreten vom familiären in den schulöffentlichen Raum zur Verfügung stehen können.

Ich hoffe, dass die folgenden Ausführungen Eltern helfen werden, die Anforderungen an ihre Kinder in der »mittleren Kindheit«, der Latenz, im Alter zwischen 6 und 12 Jahren in unserer Gesellschaft besser zu verstehen, um sie in dieser Entwicklungsphase empathisch und unterstützend zu begleiten. Dazu gehört auch, einschätzen zu können, ob es sich bei bestimmten Schwierigkeiten und Konflikten, die das eigene Kind in diesem Alter durchzustehen hat, um »normale«, unvermeidliche, ja sogar notwendige, entwicklungsfördernde Erfahrungen handelt oder ob es Anzeichen dafür sind, dass das Kind bestimmte Anforderungen und Erlebnisse nicht selbst bewältigen kann und besondere, evtl. sogar professionelle Hilfe benötigt. Dazu im Folgenden einige Überlegungen, die zum Schluss in einer Tabelle zusammengefasst werden.

Eintritt in die Latenz als Schulreifekriterium

Der Begriff »Latenz« stammt aus der klassischen psychoanalytischen Entwicklungspsychologie. Sigmund Freud (1905) entdeckte die Zweiphasigkeit der menschlichen Sexualentwicklung, die er in engem Zusammenhang mit der psychischen Entwicklung des Menschen überhaupt sah: Die seelische Entwicklung ist immer mit der körperlichen verbunden und baut auf den biologischen Überlebenserfahrungen auf. Der menschliche Säugling saugt primär, um zu überleben, doch verbindet er damit auch lustvolle (»orale«) Beziehungserfahrungen zu seiner nährenden Mutter bzw. der entsprechenden Ersatzperson. Wie die Nahrung nimmt er diese Erfahrungen in sich auf: Er identifiziert sich mit seiner Mutter, seinem Vater und entwickelt dadurch innerseelische Strukturen. In den ersten 6 Lebensjahren bilden diese, im weiten Sinne erotisch-intensiven Beziehungserfahrungen die Basis der seelischen Entwicklung. Danach folgt eine etwas ruhigere Zeit, in der die Triebwünsche und -konflikte »latent« werden, und sich erst wieder durch die Pubertät ins Zentrum des körperlich-seelischen Geschehens setzen. Daher verstand Anna Freud (1972) unter »Latenz« die Entwicklungsphase zwischen der frühen Kindheit und der Adoleszenz.

Diese psychoanalytischen Konzepte sind inzwischen so sehr ins Alltagswissen bei uns eingegangen, dass gerne vergessen wird, dass sie auch heute noch wichtige Erkenntnisse, z. B. zur *Beurteilung der Schulreife von Kindern,* bieten. Dies soll kurz anhand der bekannt gewordenen epigenetischen Entwicklungstabelle von Erik Erikson illustriert werden.

Erik Erikson (1971) hat die Erkenntnisse der klassischen psychoanalytischen Strukturtheorie mit psychosozialen Entwicklungsaufgaben verbunden. Er war einer der ersten Psychoanalytiker, der mit großer Stringenz den Einfluss der Kultur auf die menschliche Entwicklung betont hat.

Ausgehend von der psychoanalytischen Triebtheorie und dem Strukturmodell postulierte Erikson, dass sich die menschliche Entwicklung im Spannungsfeld zwischen biologisch angelegten Vorgängen einerseits und kulturellen Anforderungen andererseits entfaltet. Jeder Stufe der Entwicklung – vom Säuglingsalter bis ins hohe Alter – entsprechen charakteristische Entwicklungsaufgaben, die durch den Erwerb neuer Kompetenzen gemeistert werden können. Er charakterisierte diese Entwicklungsaufgaben mit dem folgenden Schema:

	1	2	3	4	5	6	7	8
VIII Reife								Ich-Integrität gegen Verzweiflung
VII Erwachsenenalter							Zeugende Fähigkeit gegen Stagnation	
VI Frühes Erwachsenenalter						Intimität gegen Isolierung		
V Pupertät und Adoleszenz					Identität gegen Rollenkonfusion			
IV Latenz				Leistung gegen Minderwertigkeitsgefühl				
III Lokomotorisch genital			Initiative gegen Schuldgefühl					
II Muskulär-anal		Autonomie gegen Scham und Zweifel						
I Oral-sensorisch	Urvertrauen gegen Misstrauen							

4

Erikson wurde oft vereinfacht und missverstanden. Er ging nie von einer statischen Abfolge bestimmter Entwicklungsstufen aus, sondern definierte charakteristische »Hauptaufgaben«, die – bedingt durch biologische Reifungsprozesse – optimal in einem bestimmten Alter bewältigt werden sollten (z. B. der Erwerb der Kontrolle des analen Schließmuskels im zweiten Lebensjahr, da in diesem Alter die biologischen Voraussetzungen dafür bestehen. Wird der Zeitpunkt verpasst, dem Kind bei der Kontrolle seiner Ausscheidungsfunktionen zu helfen, wird es später sehr viel schwieriger, diese noch zu erreichen; vgl. primäres Einkoten »Enkopresis« und Einnässen »Enuresis«). Allerdings bleiben die psychischen Modalitäten ein Leben lang latent erhalten und können auch in Krisensituationen im Grundschulalter nochmals zum Tragen kommen, wie ich gleich diskutieren werde.[1]

Aus der Tabelle wird ersichtlich, dass idealtypisch die intensiven frühkindlichen Entwicklungskonflikte beim Eintritt ins Schulalter einigermaßen zur Ruhe kommen sollten und sich das Kind der Aufgabe der Latenz *Leistung versus Minderwertigkeit* stellen kann: Das Vorschulkind hat stabile psychische Strukturen entwickelt, die ihm insofern eine gewisse Autonomie ermöglichen, als es sich nun ohne die reale Präsenz der elterlichen Bezugspersonen in der außerfamiliären Welt zurechtfinden kann. Aus psychoanalytischer Sicht bedeutet dies, dass das Kind nicht mehr vorwiegend durch seine heftigen kindlichen Impulse und Triebbedürfnisse absorbiert ist: Es hat eine gewisse Frustrationstoleranz entwickelt, kann Hunger und Durst in

---

[1] Erikson erläutert seine Ideen wie folgt: »Ein epigenetisches Diagramm fährt also ein System von Phasen auf, die voneinander abhängen. Während individuelle Phasen schon mehr oder weniger erforscht oder mehr oder weniger passend benannt sein dürften, weist uns das Diagramm darauf hin, dass ihre Untersuchung immer mit dem Gedanken an den Gesamtaufbau weiterverfolgt werden sollte. Unser Diagramm fordert also dazu auf, alle seine leeren Kästchen zu durchdenken: Sind wir in I 1 in das ›Urvertrauen‹ und in VIII 8 in die ›Integrität‹ eingetreten, so haben wir die Frage offen gelassen, was aus dem Vertrauen in einer Phase geworden sein könnte, die vom Bedürfnis nach Integrität beherrscht wird, wie wir auch die Frage offen ließen, wie es in der Phase aussähe, die vom Autonomiestreben gelenkt wird und welchen Namen es dann trüge (II 1). Wir wollen damit nur betonen, dass das Vertrauen sich erst seinem eigenen Wesen nach entwickeln muss, ehe es in dem kritischen Zusammenstoß, in dem die Autonomie sich entwickelt, zu etwas anderem wird – und so fort, die Vertika aufwärts. Wenn wir erwarten, dass sich in der letzten Phase (VIII 1) das Vertrauen zum reifsten Glauben entwickelt hat, dessen ein alternder Mensch in seiner kulturellen Umgebung und in seiner geschichtlichen Periode fähig ist, dann erlaubt die Tafel nicht nur die Überlegung, was hohes Alter darstellen kann, sondern auch, wie die vorbereitenden Stadien ausgesehen haben. Alles das sollte deutlich machen, dass eine Tabelle der Epigenese eine globale Form des Denkens und Überdenkens nahelegt, die Einzelheiten der Methodologie und Terminologie späteren Untersuchungen überlässt«. (1957/1971, S. 268, 269)

adäquater Weise aushalten.[2] Es wird auch nicht dauernd von der Angst vor Liebesverlust, Beschämung und Beschuldigung sowie vor körperlicher Beschädigung absorbiert.[3] Ein wichtiger Schritt in dieser Autonomieentwicklung ist die Identifikation mit dem elterlichen Werteraum in der sog. ödipalen Phase. Das 3- bis 5-jährige Kind ist aufgrund seiner kognitiven Entwicklung in der Lage, sich mit Dreieckssituationen auseinanderzusetzen, eine Voraussetzung dafür, schließlich auf seine kindlichen Phantasien verzichten zu können, es wäre der bessere Partner für den gegengeschlechtlichen Elternteil als der jeweilige Ehepartner selber. Für die Bewältigung dieses Konfliktes ist es wichtig, dass das Kind nicht beschämt und rigide bestraft wird, wenn es offen aggressive Wünsche gegen einen Elternteil richtet. Vielmehr sollte es liebevoll zur Erkenntnis geführt werden, dass es eben das Kind und

4

---

2 Eine beunruhigende Beobachtung in der Frankfurter Präventionsstudie war, dass die Erzieherinnen berichteten, dass sie vermehrt 3- bis 4-Jährige in ihren Einrichtungen haben, die noch Windeln tragen. Oft scheinen die Eltern kaum ein Bewusstsein für das eben erwähnte Zeitfenster bezüglich der Entwicklung der analen Körperkontrolle zu haben. Zuweilen scheint eine Verwechslung zwischen einem autoritären Aufzwingen der Reinlichkeitserziehung des Kindes und einem Verweigern einer empathischen Unterstützung des Kindes bei diesem Entwicklungsschritt vorzuliegen. Analoges gilt z.T. für das Essverhalten. In einer Einrichtung wurde von mehreren Kindern berichtet, die als 3-Jährige noch keine feste Nahrung zu sich nehmen, sondern immer noch mit der Flasche gefüttert werden. Auch bei diesen Kindern wurde ein biologisches Zeitfenster verpasst, nämlich der Übergang von flüssiger zu fester Nahrung mit weit reichenden körperlichen (vgl. z.B. Entwicklung der Zähne) und seelischen Folgen. So entstand oft die Vermutung, dass manche heutigen Eltern große Schwierigkeiten haben, die Kraft und Fähigkeit aufzubringen, mit ihren Kindern entwicklungsfördernde Konflikte auszutragen.

3 Die intensiven frühinfantilen Gefühle und Ängste sind in der sogenannten ödipalen Phase nochmals sehr turbulent, woran durch den Hinweis auf die griechische Sage des König Ödipus erinnert wird, der seine eigene Mutter geheiratet und seinen Vater getötet hat. Immer wieder haben wir Erwachsenen Schwierigkeiten, uns in die Dramatik dieser kindlichen Phantasien einzufühlen. Wie inzwischen auch ethnopsychoanalytische Studien, etwa jene von Parin, Parin-Matthéy und Morgenthaler (1963) bei den Dogon in Westafrika belegt haben, setzen sich Kinder mit ca. 4 bis 5 Jahren aufgrund ihrer kognitiven Entwicklung mit Dreiecksbeziehungen auseinander. In unserer westlichen Kultur geschieht dies normalerweise in der Kleinfamilie; bei den Dogon wurden die Vorschulkinder von Frauengruppen betreut. 4-jährige Kinder suchten sich dort zwei Lieblingsfrauen aus und spielten mit ihnen Gefühle des Ein- und Ausgeschlossenseins vom Paar, von Eifersucht und Schuldgefühlen innerlich durch, in denen es um die psychische Integration von Liebesgefühlen und Aggressionen auf die wichtigsten Bezugspersonen geht. Entscheidend ist es für das Kind, dass es in der Dreieckssituation (bei uns in der Familie) die Erfahrung macht, dass es von beiden Partnern weiterhin geliebt und akzeptiert wird, auch wenn es in manchen Situationen den einen ganz für sich allein haben möchte und den anderen wegwünscht. Es erlebt zuerst in den realen Beziehungen und danach durch Identifikation auch in seiner inneren Beziehungswelt (den gespeicherten Erfahrungen mit den geliebten oder gehassten Objekten), dass aggressive Phantasien eben Phantasien sind, die nicht – wie im Märchen – den Gegner umbringen, sondern von ihm verstanden und nicht rigide bestraft werden. Eine milde Grenzsetzung durch sichere Bezugspersonen bietet vorerst eine Orientierung an einem verlässlichen Wertesystem in der Außenwelt und – wiederum durch Identifikation damit – schließlich auch in der eigenen Innenwelt

nicht der erwachsene Liebespartner ist. Auf diese Weise werden seinen Phantasien milde Grenzen gesetzt. Die damit einhergehende Frustration motiviert das Kind, sich vom elterlichen Paar ein Stück weit weg hin zu der außerfamiliären Welt und der Kindergruppe zu bewegen und sich gleichzeitig mit den Normen und Idealen der Eltern zu identifizieren.

Bekanntlich treffen in Deutschland elterliche Scheidungen viele Kinder gerade in dieser sensiblen Lebensphase und erschweren dadurch zuweilen die Bewältigung des ödipalen Konfliktes. Oft erleben wir bei Kindern aus akuten oder schwierig verlaufenen Scheidungsprozessen, dass sie sich unbewusst (aufgrund der altersgemäßen »normalen« ödipalen Wünsche) als mitverantwortlich für das Scheitern der elterlichen Liebesbeziehung fühlen und an schweren Schuld- und Schamgefühlen leiden (siehe auch den Beitrag zu Trennung und Scheidung von Claus Koch). Solche Kinder sind von diesen inneren Konflikten absorbiert und innerlich oft mit der familiären Situation beschäftigt – ein Grund, warum sie im psychoanalytischen Sinne nicht schulreif sind, d. h. nicht den vorwiegenden Teil ihrer seelischen Kräfte zur Eroberung des nichtfamiliären, schulischen Raums zur Verfügung haben. Durch solche erschwerenden Ereignisse in der Außenwelt (andere sind z. B. traumatische Verluste eines Elternteils durch Krankheit etc.) ist es einem Kind oft nicht möglich, sich mit dem Werteraum der Eltern in »ruhiger, verlässlicher Weise« zu identifizieren.

Sandler (1964) spricht vom *Übergang vom präautonomen zum autonomen Überich* und illustriert dies mit folgender Geschichte. Für ein Kleinkind von ca. 3 bis 4 Jahren existiert ein Normen- und Wertesystem nur so lange, wie der Repräsentant dieser Regeln physisch anwesend ist. Die Mutter von Peter hat ihm verboten, Marmelade mit den Fingern zu schlecken. Kaum hat sie den Raum verlassen, hebt der Kleine drohend den Zeigefinger: »Nein, nein, du sollst nicht Marmelade schlecken!« Danach kann er ohne Schuldgefühle Marmelade schlecken. Er erinnert zwar die verurteilende Stimme der Mutter, trägt sie aber noch nicht *in sich*. Anders ein 4- bis 5-jähriges Kind: Das Verbot, Marmelade zu schlecken, gilt auch dann, wenn die Mutter nicht im Raume ist: Das Kind hat sich mit dem elterlichen Verbot identifiziert und entwickelt nun Schuldgefühle, falls es gegen die entsprechenden Regeln und Gebote verstößt. Die internalisierten Normen und Werte vermitteln dem Kind eine von den realen Eltern unabhängige innere Orientierung: Sie können nun selbst, d. h. autonom, zwischen »richtig« und »falsch« unterscheiden.

Wie Fonagy und Target (2003/2006) in Untersuchungen kürzlich gezeigt haben, hängt dieser Entwicklungsschritt mit dem Ausbilden einer Reifungsstufe der *Mentalisierungsfähigkeit* zusammen. Sie beziehen sich dabei auf die sog. »Theory of Mind« und viele entwicklungspsychologische Untersuchungen. Kinder zwischen 4 und 5 Jahren können sich nach und nach immer differenzierter mit der »Innenwelt« ihrer Eltern, mit ihren Intentionen und Bedürfnissen auseinandersetzen und sich in sie einfühlen. Z. B. wurde der sog. »Smartie-Test« entwickelt, um den Übergang zu einem neuen Stadium der Mentalisierungsfähigkeit empirisch zu prüfen: Einem Kind wird eine Blechschachtel gezeigt, auf der Smarties abgebildet sind. Es öffnet sie und entdeckt, dass keine Smarties, sondern Farbstifte darin aufbewahrt werden. Nun wird es gefragt: »Wenn nun dein Freund Max kommt und du ihn fragst, was in der Schachtel drin ist, was wird er dir antworten?« Ein 3-jähriges Kind wird sagen: »Stifte«, während ein 4-jähriges sich in den Zustand des Freundes einfühlen kann, der an seiner eigenen Entdeckung *nicht teilhatte*. Es wird daher antworten: »Smarties.« Dieses Stadium der Mentalisierung[4] entwickelt sich während der ödipalen Phase und bildet eine Voraussetzung für die eben skizzierte Identifikation mit den Idealen und Normen der Eltern bzw. der wichtigsten Bezugspersonen.

Durch solche Studien wird eine Brücke zwischen der heute sehr in Mode stehenden Bindungsforschung und der klassisch psychoanalytischen Entwicklungstheorie geschlagen; Fonagy und Target betonen, wie wichtig die mütterliche Empathie und ein sicheres Bindungsverhalten sind, um die Entwicklung der Mentalisierungsfähigkeit beim Kind zu unterstützen. Die mentalisierende Selbstorganisation kann sich nur durch die Erforschung des mentalen Zustandes der feinfühligen Bezugsperson entwickeln, »denn sie ermöglicht dem Kind, in seiner Vorstellung von der psychischen Welt der Mutter ein Bild seiner selbst als Person mit Überzeugungen, Gefühlen und Intentionen zu finden ...« (S. 372). Es besteht die Gefahr, dass Eltern in akuten Scheidungssituationen oder traumatischen Lebensumständen ihren Kindern nur in ungenügender Weise zur Unterstützung dieser Entwicklungsprozesse zur Verfügung stehen können. Oft finden bekanntlich verschiedene Formen der Parentifizierung (d. h. der Rollenumkehr) in solchen

---

4   »Mentalisierung umfasst sowohl eine selbstreflexive als auch eine interpersonale Komponente. Beide zusammen vermitteln dem Kind die Fähigkeit, die innere von der äußeren Realität sowie innere psychische und emotionale Vorgänge von interpersonalen zu unterscheiden ...« (Fonagy und Target 2003/2006, S. 364).

Beziehungskrisen statt, falls die Eltern nicht eine reife Form der Trennung voneinander finden (vgl. den Beitrag von Claus Koch über Trennung und Scheidung in diesem Buch).

Daher wird in Fachkreisen heute oft eine beunruhigende Beobachtung diskutiert: Immer mehr Kinder sind beim Eintritt ins Grundschulalter noch sehr von intensiven familiären Konflikten innerlich absorbiert und verfügen daher nicht über die intrinsische Motivation, sich der außerfamiliären Realität zuzuwenden. In diesem Sinne sind sie psychisch nicht schulreif. Unglückliche oder schwer traumatisierte Mütter und Väter dürfen unbewusst oft von ihren Kindern nicht verlassen werden: Das Hinwenden zur außerfamiliären Welt der Schule wird schuldhaft erlebt. Oft fallen diese Kinder durch psychische Abwesenheit, Konzentrationsschwierigkeiten, mangelndes intellektuelles Interesse, soziale Probleme oder auch manifeste Trennungsängste und extremes Heimweh auf. Es ist wichtig, solche möglichen Gründe für mangelnde Schulreife von anderen, wie einem verlangsamten körperlichen Wachstum oder einer retardierten intellektuellen Entwicklung zu differenzieren, da solchen Kindern eine Zurückstellung der Einschulung oft nicht hilft. Sie brauchen, zusammen mit ihren Eltern, eine Bearbeitung der akuten ungelösten familiären Konflikte, eine Voraussetzung, dass es dem Kind »innerlich erlaubt wird«, einen wichtigen Trennungsschritt von der Familie zu vollziehen und sich der Schule und ihren Anforderungen zu stellen (vgl. Leuzinger-Bohleber, Roth u. Buchheim 2008).

> **Immer mehr Kinder sind beim Eintritt ins Grundschulalter noch sehr von intensiven familiären Konflikten innerlich absorbiert und verfügen daher nicht über die intrinsische Motivation, sich der außerfamiliären Realität zuzuwenden.**

Um dies kurz zusammenzufassen: *Schulreife* wird in unserer Kultur nicht nur abhängig gemacht vom Erreichen eines bestimmten körperlichen und intellektuellen Reifungsstandes, sondern auch von der Entwicklung einer stabilen inneren Struktur, die eine gewisse Frustrationstoleranz eigenen körperlichen Bedürfnissen gegenüber sowie einen stabilen inneren Normen- und Werteraum und damit eine autonome Orientierung außerhalb der Familie vermittelt. Letzteres bietet dem Kind eine basale psychische Sicherheit, die ihm erlaubt, sich mit Neugier und Offenheit der außerfamiliären Umwelt zuzuwenden, eine Voraussetzung für schulisches und soziales Lernen.

Symptome wie Bettnässen, Einkoten, schwere Trennungsängste, exzessives Tagträumen, Konzentrationsschwierigkeiten, Schlaf- und Ess-Störungen, extreme motorische Unruhe sowie Störungen des Sozialverhaltens (aggressiv-destruktives Verhalten, extreme Schüchternheit, soziale Isolation) sind Symptome, die darauf hinweisen, dass ein Kind nur in ungenügender Weise die Entwicklungsaufgaben der Vorschulzeit bewältigen konnte. Sind solche Symptome dauerhaft, sollte dringend eine psychologische und detaillierte schulärztliche Untersuchung eingeleitet werden, damit dem Kind frühzeitig jene Hilfe und Unterstützung zukommen, die ihm helfen, seine Entwicklungsdefizite zu überwinden und sich den neuen Aufgaben der Latenz zuzuwenden. Je früher einem Kind eine solche Hilfe zukommt, desto eher kann es sie nutzen und seine ungelösten Entwicklungskonflikte produktiv lösen.

4

Zu den Entwicklungsaufgaben in der »mittleren Kindheit«

Entwicklung eines stabilen körperlichen Kernselbstgefühls – Embodiment und seelische Entfaltung
Eine weitere Beobachtung beschäftigt Fachkreise im Zusammenhang mit der Latenz. Durch die sog. Akzeleration, wahrscheinlich bedingt durch die veränderte, eiweißreiche Ernährung, setzt die Pubertät immer früher ein, bei manchen Mädchen schon im 8. Lebensjahr. Dadurch wird die Latenzphase sehr verkürzt und damit auch die zur Verfügung stehende Zeit für die darin stattfindenden Lern- und Differenzierungsprozesse. Angesichts der Akzeleration scheint es besonders wichtig, die körperlichen Reifungs- und Entwicklungsprozesse zu unterstützen, damit die Heranwachsenden den auf sie zukommenden Veränderungen durch die Pubertät gewachsen sind. Bekanntlich leiden viele heutige Kinder unter Bewegungsarmut und Defiziten in der Fein- und Grobmotorik, einer der Gründe für die alarmierende Zunahme von adipösen Kindern in Deutschland. Die Chancen, die Pubertät erfolgreich zu bewältigen, sind für solche Kinder eingeschränkt.

Ich kann in diesem Rahmen nur kurz erwähnen, dass u. a. durch den Dialog mit den Neurowissenschaften und der sog. »Embodied Cognitive Science« die alte griechische Wahrheit, dass nur in einem gesunden Körper ein gesunder Geist wohnen kann, in aufregender Weise neu verstanden wird. In vielen Studien wird detailliert belegt, dass psychische Prozesse wie Wahrnehmungen, Gedächtnisleistungen, Problemlösen und Kreativität nicht »rein geistige Prozesse« sind, die ausschließlich im Gehirn ablaufen, sondern immer mit vielfältigen, parallelen körperlichen Prozessen verbunden sind. So werden dauernd komplexe Informationen aus den verschiedensten Sinneskanälen mit sensomotorischen Abläufen koordiniert und in konstruktiv-kreativer Weise miteinander verbunden. Daher sind psychische Prozesse immer im Körper verankert, eben »embodied«.[5] Auch die Entwicklungsprozesse in der »mittleren Kindheit« sind stark von den körperlichen Reifungsprozessen abhängig: Der Wachstumsschub, der das körperliche Schulreifekriterium beinhaltet, geht in ein sukzessives Differenzieren der Grob- und Feinmotorik über: Kinder nehmen ihren kindlichen Körper immer sicherer und selbstverständlicher in Besitz. Ein tragendes Selbstgefühl ist stark mit dieser Erfahrung verbunden: Körperliche Leistungen zu erzielen, sei es im gemeinsamen Fuß- oder Handballspiel, im Kunstturnen, im Sportunterricht, beim Tanzen oder beim Skifahren, sind wichtige Quellen einer tragenden narzisstischen Selbstwertregulation. Kinder mit Gewichtsproblemen oder auffallenden körperlichen Mängeln werden zudem bekanntlich von ihren Mitschülerinnen und Mitschülern häufig beschämt und ausgelacht: Sie haben es schwer, in der Peergroup ihren Platz zu finden. Einfühlsame Eltern haben ein Gespür für die Relevanz dieser Problematik und unterstützen ihre Kinder nicht nur durch eine ausgewogene Ernährung, sondern auch indem sie herausfinden, welche motorisch-körperlichen Fähigkeiten ihrem Kind besonders Spaß machen und daher gefördert werden sollten. Sie suchen mit ihm zusammen die gewünschte individuelle Förderung spezifischer körperlicher Fähigkeiten und den geeigneten Sportverein. Dabei ist wichtig, wirklich die besonderen Fähigkeiten *des betreffenden Kindes* wahrzunehmen und nicht eigene, ehrgeizige Wünsche in das Kind hineinzuprojizieren und mit elterlichem Leistungsdruck zu belasten: Wird der kindliche Körper in diesem Sinne »fremdgesteuert«, verliert er die Fähigkeit, als Basis für die autonome

Die Entfremdung vom eigenen Körper durch zu große elterliche (oder andere) Fremdsteuerung kann spätere Störungen des Körpergefühls, z. B. in der Pubertätsmagersucht oder der Bulimie, begünstigen.

---

5   »Embodiment« scheint in den letzten zwei, drei Jahren plötzlich zu einem Modebegriff geworden zu sein, was darauf hinweisen kann, dass mit diesem Begriff verschiedene Phänomene auf neue und interessante Weise erklärt werden können. Das Konzept wurde in vielen verschiedenen Wissenschaftsdisziplinen verwendet (von der Artificial Intelligence, der kognitiven und Entwicklungspsychologie, der Robotik, den Ingenieurswissenschaften, der Psychoanalyse bis hin zu der Mikrobiologie) (vgl. dazu Leuzinger-Bohleber und Pfeifer 2002, 2006). Doch auch in den Medien oder populärwissenschaftlichen Veröffentlichungen wird vermehrt von »Embodiment« gesprochen.

kindliche Entwicklung genutzt zu werden. Die Entfremdung vom eigenen Körper durch zu große elterliche (oder andere) Fremdsteuerung kann spätere Störungen des Körpergefühls, z. B. in der Pubertätsmagersucht oder der Bulimie, begünstigen.

Zur kognitiv-affektiven Entwicklung: »Leistung versus Minderwertigkeit« (Erikson)

Um einen ähnlich sensiblen Umgang der Eltern mit kindlichen Fähigkeiten und Grenzen geht es auch im Bereich der kognitiv-affektiven Entwicklung, die oft im Zentrum des Interesses der Erwachsenen in dieser Zeit stehen. Unsere Kultur verlangt bekanntlich von Kindern zwischen 6 und 12 Jahren den Erwerb bestimmter kognitiver Fähigkeiten im Lesen, Schreiben sowie in natur- und geisteswissenschaftlichen Fächern. Die Latenz bildet ein wichtiges Zeitfenster für den Erwerb dieses schulischen Wissens verbunden mit der Differenzierung kognitiver und affektiver Fähigkeiten. Kann ein Kind dieses Zeitfenster aus verschiedensten Gründen nicht optimal nutzen, bedeutet dies eine gravierende Gefährdung für die weitere schulische Bildung.

Auch bezogen auf schulisches Lernen ist entscheidend, ob das Kind den Erwerb dieser Fähigkeiten vor allem als Produkt seiner eigenen Exploration, seiner Neugier, seiner besonderen Fähigkeiten und seiner tagtäglichen Anstrengungen erlebt oder ob es diese Leistungen vorwiegend aus anderen Gründen erbringt, z. B. weil es »nur den Eltern oder Lehrern zuliebe« lernt. Dies fördert eine *extrinsische* statt einer *intrinsischen Lernmotivation*, evtl. mit fatalen Langzeitfolgen.

Selbstverständlich besteht bei Schulanfängern in der Regel eine starke Mischung von intrinsischer und extrinsischer Lernmotivation: Das Kind will durch seine Leistungen seinen wichtigsten Bezugspersonen gefallen und von ihnen Anerkennung und Wertschätzung erfahren. Doch ist es wichtig, durch Empathie und mentalisierendes Verstehen in die Besonderheiten des eigenen Kindes ihm zu vermitteln, dass es vor allem lernt, um selbst und eigenständig die außerfamiliäre Welt zu erobern, und nicht nur, um den Eltern oder den Lehrern zu gefallen. Ein Ziel der Entwicklung während der mittleren Kindheit ist, dass das Kind eine

Es ist wichtig, durch Empathie und mentalisierendes Verstehen in die Besonderheiten des eigenen Kindes ihm zu vermitteln, dass es vor allem lernt, um selbst und eigenständig die außerfamiliäre Welt zu erobern, und nicht nur, um den Eltern oder den Lehrern zu gefallen.

stabile intrinsische Lernmotivation entwickelt und seine spezifische Leistungsfähigkeit, aber auch seine Schwächen kennen gelernt hat, bevor es von den Stürmen der Pubertät eingeholt wird.

Verschiedene pädagogische Lernkonzepte versuchen, den individuellen Blick auf Potentialitäten, spezifische Begabungen, aber auch besondere Lernschwierigkeiten einzelner Kinder zu schulen und in einem individualisierten Unterricht konkret umzusetzen (Lernen mit Hilfe von Wochenplänen, Projektunterricht und Teamteaching, evtl. in altersgemischten Gruppen, siehe auch den Beitrag von Ulrike Kegler in diesem Buch). Ein Frontalunterricht, der für alle Kinder zur gleichen Zeit den gleichen Stoff anbietet und im Gleichschritt die gleichen Leistungen verlangt, kann der extremen Heterogenität heutiger Schulklassen nicht gerecht werden (vgl. dazu u. a. Leuzinger-Bohleber u. Garlichs 1999, Rauschenberger 1998, und auch den Beitrag von Ulrike Kegler in diesem Buch).

Doch auch für Eltern bilden diese »ersten schulischen Lernjahre« ihres Kindes einen wichtigen Erfahrungsschatz. Können sie die spezifischen Begabungen, aber auch mögliche Grenzen bezüglich des Lernverhaltens und seiner Lernmöglichkeiten wahrnehmen und akzeptieren, das Wohlbefinden des Kindes über die eigenen narzisstischen Bedürfnisse stellen? Für viele Eltern ist es aus den anfangs erwähnten Gründen schwierig, dem Kind eine kontinuierliche, wohlwollende Heimatbasis zu bieten, ohne eigene Versagensängste auf das Kind zu übertragen. Zwar ist es wichtig, dem Kind Hilfestellungen z. B. bei den Hausaufgaben zu geben, aber nicht ungefragt. Für das Entwickeln einer intrinsischen Lernmotivation ist es weit besser, wenn das Kind sukzessive lernt, die Verantwortung für sein eigenes Lernen selbst zu übernehmen und auch aus möglichen Misserfolgen zu lernen. Es braucht vonseiten der Eltern – und der Lehrer – viel Empathie und den erwähnten Blick für die individuellen Charakteristika des jeweiligen Kindes, um diesem einen adäquaten Weg zwischen Unter- und Überforderung zu zeigen: Beide Pole wirken sich hemmend auf die Entwicklung kognitiver Fähigkeiten und die Differenzierung des affektiven Spektrums und innovativer Kreativität aus.

Ausbilden von Kompetenzen im Bereich zwischenmenschlicher und sozialer Beziehungen
Eine weitere wichtige Entwicklungsaufgabe der »mittleren Kindheit« betrifft die Kompetenzen im Bereich zwischenmenschlicher und sozialer Beziehungen.

Körperliches, kognitiv-affektives und soziales Lernen findet, besonders in diesem Alter, immer ganzheitlich, im Rahmen von zwischenmenschlichen Beziehungen statt. Stimmt die »Chemie« zwischen Schüler und Lehrer, schafft dies eine positive Grundatmosphäre für produktives Lernen: Sogar neurowissenschaftliche Studien belegen, dass intensive positive Affekte die beste Voraussetzung für kognitives und affektives Lernen sind (vgl. dazu u. a. Roth 1996).

Sogar neurowissenschaftliche Studien belegen, dass intensive positive Affekte die beste Voraussetzung für kognitives und affektives Lernen sind.

4

Kinder orientieren sich beim Schuleintritt noch weitgehend an den Beziehungserfahrungen im familiären Raum mit Eltern und Geschwistern. Wie Studien aus dem Bereich der Bindungsforschung belegt haben, weisen Kinder, die dank der Qualität früher Beziehungserfahrungen einen sicheren Bindungstyp erwerben konnten, große Vorteile bei der Bewältigung dieser Entwicklungsaufgaben auf: Sie können neue Beziehungen produktiver und sicherer gestalten, reagieren auf unbekannte Erfahrungen mit Neugierde und Offenheit, erweisen sich produktiver in sozialem Problemlösen, können sich in Konfliktsituationen besser durchsetzen, ohne auf ein destruktiv aggressives Verhalten zurückgreifen zu müssen, was sich auf die gesamte Entwicklung positiv auswirkt (vgl. Leuzinger-Bohleber, Haubl und Brumlik 2006). Doch zeigen Ergebnisse der Resilienzforschung deutlich, wie wichtig positive Beziehungserfahrungen gerade für jene Kinder sind, die in ihrer Frühsozialisation schwierige oder sogar traumatisierende Beziehungserfahrungen erlitten und daher problematische Bindungstypen entwickelt haben. Eine gute Beziehung zu einem einfühlsamen Lehrer kann auf diese Kinder oft eine unerkannt positive Wirkung haben und ihr resilientes Verhalten stärken. Wie wir in einer anderen Arbeit ausführlich diskutiert haben, scheint es gerade für schwer traumatisierte Kinder zuweilen überlebensnotwendig, dass sie alternative gute Beziehungserfahrungen machen, die ihnen ein minimales Vertrauen in Menschen zurückgeben, die ihnen in schwierigen Situationen zur Verfügung stehen und ihnen helfen, psychisch nicht zu resignieren, sondern das »Prinzip Hoffnung« seelisch aufrechtzuerhalten (Leuzinger-Bohleber, Fischmann u. Vogel 2009). Auf diesem Hintergrund sind, besonders in den ersten Schuljahren, Beziehungserfahrungen zu den Lehrpersonen entscheidend und bestimmen alle weiteren Lernerfahrungen. Findet eine bestimmte Lehrperson aus verschiedensten Gründen keinen Zugang zu einem bestimmten Kind, weil »die Chemie nicht stimmt« oder

sie es sogar emotional ablehnt und entwickelt das Kind seinerseits dauerhafte Angst und Widerwillen gegen eine solche Lehrperson, ist zuweilen ein
Wechsel der Klasse oder der Schule hilfreich, auch wenn dies auf noch so
großen Widerstand stößt. In einer Atmosphäre des Abgelehntseins kann
sich ein Kind in dieser Lebensphase nicht entwickeln.

Ebenso entscheidend ist das *soziale Lernen in der Peergroup*. Das Kind
erweitert seine sozialen Erfahrungen im Umgang mit Gleichaltrigen in diesen Jahren entscheidend, lernt sich in Gruppen zu bewegen, zu spielen und
zu arbeiten, mit Rivalitäten und Konkurrenz umzugehen, Freunde zu finden
und sich von anderen abzugrenzen. Bekanntlich sind diese Erfahrungen äußerst prägend und haben einen zentralen Einfluss auf die Befindlichkeit des
Kindes. Gelingt es ihm, seinen Platz in der Peergroup zu finden und einige
gute Freunde zu gewinnen, wird es gerne zur Schule gehen und die dort
angebotene Lernumgebung in den verschiedensten Bereichen produktiv
nutzen können. Gerät es dauerhaft in eine Rolle des Außenseiters oder des
Sündenbocks, wird sich dies auf das gesamte Lernverhalten negativ auswirken. Daher braucht das Kind von seinen Eltern ein sensibles Begleiten dieser
sozialen Lernprozesse, ein offenes Ohr für alltägliche Freuden und Leiden,
eine Stützung bei Rivalitäten und Konflikten sowie die Möglichkeit, Freunde
auch nach Hause mitzubringen und die Freizeit mit ihnen zu verbringen.
Die meisten gravierenden Störungen in der »mittleren Kindheit« betreffen
das Sozialverhalten und sollten daher, falls sie nicht nur vorübergehender
Natur sind, von den Eltern sehr ernst genommen werden.

Differenzierung des Ideal- und Werteraums
In diesem Rahmen kann nur noch kurz erwähnt werden, dass die eben skiz-
zierten Erfahrungen im sozialen Raum nicht nur abhängig sind von der jeweiligen institutionellen, »realen« Situation, sondern auch von der inneren
Welt des Kindes (vgl. Diskussion zur Schulreife oben). Das häufige Zusam-
menbrechen familiärer Strukturen (Scheidungen, Fehlen von unterstützenden Großfamilien) oder andere soziale Belastungen (Arbeitslosigkeit, Armut,
Flucht, Migration etc.) sowie die vielen Facetten einer multikulturellen Gesellschaft, stellen neue Anforderungen an heutige Schulen, auch bezogen
auf das Vermitteln universell gültiger sozialer Normen und Werte.

Zudem ist aus entwicklungspsychologischer Sicht zu bedenken, dass der
Werte- und Idealraum bei der Einschulung noch relativ undifferenziert ist:
Wie die Märchenwelt illustriert, unterscheiden Vorschulkinder und Kinder

bei der Einschulung noch relativ rigide zwischen »gut« und »böse«, »richtig« und »falsch«, »schwarz« und »weiß«. Gerade für ein Zusammenleben in einer multikulturellen Gesellschaft ist entscheidend, ob die mittlere Kindheit dazu genutzt werden kann, Grautöne zu entdecken, ein differenziertes und dennoch stabiles Verständnis für unterschiedlichste Werte und Normvorstellungen zu entwickeln sowie ansatzweise mit Ambivalenzen umzugehen.

Wann muss ich mir Sorgen machen? Versuch einer Zusammenfassung

4

Wann muss ich mir Sorgen machen? Diese Frage stand im Zentrum dieses kurzen Beitrags. Als Zusammenfassung werden in der folgenden Tabelle einige Indikatoren für eine progressive Entwicklung, Anzeichen für »normale Schwierigkeiten« und schließlich ausgeprägte, behandlungsbedürftige Symptome aufgeführt.

Aus psychoanalytischer Sicht gibt es immer einen fließenden Übergang von entwicklungsfördernden Konflikten und Schwierigkeiten, über Anzeichen, dass das Kind besondere Aufmerksamkeit und Unterstützung bei aktuellen Schwierigkeiten braucht, weil es sich an der Grenze der eigenen Möglichkeiten fühlt, bis hin zu ausgeprägten Symptomen. Letztere sind immer ein Kommunikationsversuch, ein Hilfeschrei, dass das Kind bestimmten Entwicklungsaufgaben und -anforderungen nicht gewachsen ist und sich in einer Sackgasse befindet, aus der es nur mit professioneller Hilfe herauskommt. Daher gehört die Frage *Wann muss ich mir Sorgen machen?* zur elterlichen Verantwortung. Es ist die große Kunst der Erziehung, einerseits dem Kind und seinen selbstheilenden Kräften zu vertrauen und ihm eine Atmosphäre der Zuversicht und der Freude entgegenzubringen, gleichzeitig ihm aber das sichere Gefühl zu vermitteln, ihm als »Heimatbasis«, als verständnisvoller Vertrauter und als liebender, kompetenter Erwachsener jederzeit zur Verfügung zu stehen, falls es spezielle Unterstützung und Hilfe braucht.

Vereinfacht zusammengefasst: Entwickelt das Kind Freude am Lernen und geht – in der Regel – gerne zur Schule, ist dies ein gutes Zeichen, einmal ganz abgesehen von den erbrachten Leistungen. Verschwindet aber die natürliche Lust an Exploration und dem Entdecken von Neuem, wirkt das Kind über längere Zeit bedrückt oder ängstlich, fühlt es sich sozial isoliert und abgelehnt oder entwickelt es ausgeprägte körperliche Symptome, wird es notwendig sein, genauer hinzuschauen und evtl. den Kontakt mit den verantwortlichen Lehrpersonen zu suchen. Oft sind dies frühe Anzeichen für spätere gravierende Störungen bezüglich des Lernens, des Sozialverhaltens und der körperlichen Entwicklung. Bilden sich über längere Zeit ausgeprägte Symptome aus, wie eine massive Aufmerksamkeits- oder Konzentrationsstörung (vgl. Kapitel über ADHS in diesem Buch), ausgeprägte Schul- oder Prüfungsangst, Hinweise auf eine Lese-Rechtschreib-Schwäche oder eine Dyskalkulie, schulbedingte Schlaf- oder Ess-Störungen sowie weitere psychosomatische Beschwerden (etwa Durchfall, Kopfschmerzen, Bettnässen, Einkoten etc), depressives oder selbstverletzendes Verhalten, ist eine fachärztliche oder schulpsychologische Abklärung angezeigt. Auch hier zeigen viele Erfahrungen und Studien, dass sich ein rechtzeitiges Hinschauen und Intervenieren lohnen, da in diesem Alter, dank der enormen Neuroplastizität des kindlichen Gehirns und der seelischen Strukturen, die Weichen zu einer »normalen« Entwicklung noch relativ leicht gestellt werden können (vgl. u. a. Leuzinger-Bohleber 2009). Als Orientierungshilfe kann die Tabelle auf den folgenden Seiten helfen.

Wann immer sich Fragen bezüglich der Entwicklung eines Kindes auftun, sollte die o. a. Tabelle nicht nur der eigenen Orientierung dienen, sondern darüber hinaus das Gespräch zwischen allen an der Erziehung und Bildung von Kindern und Jugendlichen Befassten anregen, ihre Wahrnehmung öffnen und die Beobachtung schärfen, um immer wieder gemeinsam über Handlungs- und Interventionsmöglichkeiten nachzudenken.

Entwicklungsaufgaben der Latenz, d. h. der »mittleren Kindheit«	INDIKATOREN FÜR EINE GUTE, PROGRESSIVE ENTWICKLUNG	MIT SENSIBILITÄT ZU BEOBACHTENDE ENTWICKLUNGEN	BEHANDLUNGSBEDÜRFTIGE, GRAVIERENDE SYMPTOME
Allgemein: Hinwendung zur außerfamiliären Welt (Schule, Peergroup etc) »Leistung versus Minderwertigkeit«	⇡ Explorationsfreude und Neugier aufs Neue überwiegen, intrinsische Lernmotivation nimmt immer mehr zu; ⇡ Kind wirkt meist fröhlich, kann aber auch die ganze Palette von Gefühlen (Ärger, Trauer, Scham, Schuldgefühle, Freude, Stolz, Eifersucht, Neid etc.) empfinden und ausdrücken; ⇡ Kind spricht über Erfolge und Misserfolge, freudige Erwartungen; Erfolge, Sorgen und Misserfolge mit nahen Bezugspersonen; ⇡ Kind hat wenigstens einige gute Freunde, ist von der Klasse akzeptiert; ⇡ kommt mit LehrerInnen einigermaßen zurecht.	⇢ starke Leistungsschwankungen; ⇢ häufig keine Lust, in die Schule zu gehen; ⇢ schulische Misserfolge nehmen zu, konstante Schwierigkeiten in bestimmten Fächern (Frage nach Legasthenie, Dyskalkulie, ADHS etc.); ⇢ starke Stimmungsschwankungen; ⇢ häufig bedrückt; ⇢ systematische Einschränkung der Wahrnehmung und des Ausdrucks bestimmter Emotionen (kann sich z. B. kaum freuen, nicht traurig oder wütend sein, empfindet nie Neid oder Eifersucht etc.); ⇢ Kind wirkt verschlossen, zieht sich zurück; ⇢ spricht mit keinem Familienmitglied über seine Bedrückung etc.; ⇢ soziale Isolation (kaum Freunde oder keine richtigen); ⇢ gerät leicht in die Sündenbockposition; ⇢ mag LehrerIn nicht oder hat Angst vor ihr (»Stimmt die Chemie nicht?«).	⇡ gravierendes Leistungsversagen; Schulschwänzen, Schulangst, Prüfungsangst; ⇡ absolut auffallende Leistungsschwankungen bis hin zu totaler Leistungsverweigerung; ⇡ Legasthenie, Dyskalkulie, ADHS (im engen Sinne); ⇡ kindliche Depressionen mit latenter Suizidalität; ⇡ häufige Unfälle; ⇡ Selbstverletzungen (Nägelbeißen, Wimpern ausreißen, ritzen etc.); ⇡ Schlafstörungen; ⇡ Ess-Störungen (Adipositas, häufige Nahrungsverweigerung); ⇡ Zwangssymptome; ⇡ Störungen des Sozialverhaltens (aggressiv-destruktives Verhalten, Affektdurchbrüche, Fremdverletzungen); ⇡ Bettnässen, Einkoten; ⇡ durchgängige soziale Isolation, Ablehnung der Peergroup; ⇡ autistisches Verhalten; ⇡ gravierende Kontaktstörung mit mehreren LehrerInnen.

4

A. Entwicklung eines stabilen körperlichen Kernselbstgefühls – Embodiment und seelische Entfaltung	⇴ Kind wirkt gewandt und lustvoll in seinem Körper, fühlt sich wohl in seinem »Körper-Haus«; ⇴ genießt Bewegung und feinmotorische und grobmotorische Anforderungen; ⇴ entdeckt spezifische Begabungen und Wünsche nach Förderungen (im Sport und körperlichen Freizeitaktivitäten etc.); ⇴ hat Freude am Essen; ⇴ normales Körpergewicht; regelmäßiger Schlaf-Tages-Rhythmus; ⇴ wird zunehmend sicherer und gewandter bezüglich feinmotorischer und grobmotorischer Aktivitäten: Quelle eines guten Selbstwertgefühls!	⇴ Kind wirkt körperlich gehemmt, ängstlich; kein selbstbewusstes Körpergefühl; ⇴ in der Fein- und/oder Grobmotorik eingeschränkt; ist häufig krank; leicht erschöpft; ⇴ hat wenig Lust an körperlichen Aktivitäten; ⇴ übermäßig passiv (z. B. durch häufigen Medienkonsum); ⇴ zieht häusliche Aktivitäten immer körperlichen im Freien vor; ⇴ zu wenig oder zu viel Lust am Essen; ⇴ kein regelmäßiger Schlaf-wach-Rhythmus. ⇴ Wachstumsstörungen; gravierendes Unter- oder Übergewicht; ⇴ Angst vor körperlichen Anforderungen (z. B. vor dem Sportunterricht); ⇴ psychosomatische Symptome (s. o.).
B. Förderung der kognitiv-affektiven Entwicklung: »Leistung versus Minderwertigkeit« (Erikson)	⇴ Lust und Freude am Lernen ohne »verbissenen Ehrgeiz«; ⇴ schulische Erfolge überwiegen, doch können Misserfolge zugelassen und verarbeitet werden; ⇴ zunehmende Differenzierung in Wahrnehmung, kognitivem und affektivem Problemlösen und in schulischen Kompetenzen; ⇴ Entdecken besonderer Stärken und Schwächen in Fachgebieten; Lust an Spezialisierung und Kreativität; ⇴ sukzessives Zunehmen der intrinsischen Leistungsmotivation verbunden mit einer realistischen Selbsteinschätzung und einem guten Selbstwertgefühl.	⇴ starke Leistungsschwankungen; häufiger Verlust der Lernmotivation; ⇴ Stillstand auf einem bestimmten Leistungsniveau; ⇴ Angst vor Leistungsanforderungen und Vermeidung von Konkurrenz; intellektuelle Unter- oder Überforderung; ⇴ auffallender Ehrgeiz, Schwierigkeiten mit Konkurrenz und Rivalität; ⇴ Verweigerung von Leistungen in einzelnen Fächern; ⇴ plötzlicher und anhaltender Leistungsabfall. ⇴ Lernstörungen; nachhaltige Konzentrationsstörungen und Störungen der Aufmerksamkeit (evtl. ADHS); Schulschwänzen; ⇴ Schulangst bis hin zur Schulphobie; ⇴ Prüfungsängste und psychosomatische Symptome (s. o.); ⇴ übermäßiger Ehrgeiz; Versagen in Konkurrenzsituationen; ⇴ massive Einbrüche im Selbstwertgefühl bei mangelndem Erfolg; Legasthenie/Dyskalkulie/ADHS.

4

| **C. Ausbilden von Kompetenzen im Bereich zwischenmenschlicher und sozialer Beziehungen** | ⇡ entdeckt lustvoll neue Beziehungen zu Erwachsenen und Kindern, erzählt von Neuem, Freudigem, aber auch von Beunruhigendem;
⇡ gewinnt im Laufe dieser Jahre einige konstante Freundschaften, die sich zunehmend differenzieren und ermöglichen, auch Konflikte und Rivalitäten etc. produktiv auszutragen;
⇡ findet seinen Platz in der Peergroup;
⇡ keine starren, sondern flexible Beziehungen. | ⇡ fühlt sich von Lehrperson/en abgelehnt oder nicht genügend wahrgenommen, entwickelt evtl. Angst vor ihnen;
⇡ zeigt wenig Interesse an neuen Beziehungen, spricht kaum von tagtäglichen Erlebnissen;
⇡ wirkt oft bedrückt und leidet unter sozialen Erfahrungen (Ausgeschlossensein, Isolation etc.); entwickelt keine länger andauernden Freundschaften;
⇡ gerät oft in die Rolle des Sündenbocks;
⇡ zeigt häufig aggressives Verhalten;
⇡ muss »immer der Beste sein«. | ⇡ intensive Angst vor Lehrperson/en bis hin zu Schulphobie;
⇡ kein Interesse an neuen Kontakten;
⇡ durchgängige Isolation in der Peergroup;
⇡ keine Freundschaften zu anderen Kindern;
⇡ Störungen des Sozialverhaltens (aggressiv-destruktives Verhalten, übertriebener Ehrgeiz, Zynismus, Arroganz) |
| **Differenzierung des Ideal- und Werteraums** | ⇡ Kind verfügt über sichere innere Orientierung dank eines stabilen Ideal- und Werteraums (angelehnt an das Normensystem der Eltern);
⇡ entdeckt im Laufe der mittleren Kindheit »Grautöne«; kann rigides, verurteilendes Trennen zwischen »gut« und »böse« zunehmend zugunsten von Differenzierungen hinter sich lassen; ist interessiert an divergierenden Normen und Wertevorstellungen in unserer multikulturellen Gesellschaft;
⇡ zeigt in adäquatem Maße Schuld- und Schamgefühle. | ⇡ auffallend starke Schuld- und Schamgefühle mit negativen Auswirkungen auf das Selbstwertgefühl;
⇡ verfügt über zu wenig eigene innere Orientierung;
⇡ braucht oft die Fremdorientierung. | ⇡ Depressionen aufgrund massiver Schuld- und Schamgefühle;
⇡ Verwahrlosungssymptome: zeigt kaum je Scham- und Schuldgefühle (auch nach offensichtlichem Vergehen);
⇡ rigider Moralismus und moralische Intoleranz gekoppelt mit aggressivem Verhalten. |

Kindheit und Schule

Ulrike Kegler

Es gibt bereits Schulen, in denen die Kinder individuell vom Kindergarten in das Schulleben überwechseln. Zunächst nehmen sie stunden- oder tageweise am Unterricht teil, immer noch mit der Option, wieder in den Kindergarten zurückzugehen. Und dann, eines Tages, entscheiden sie, unterstützt durch die Erwachsenen, nun endgültig in die Schule zu gehen. Diese Form des Wechsels hat einen besonderen Reiz. Von Anfang an wird die Verschiedenheit der Kinder anerkannt und ihre Selbstständigkeit herausgefordert. Die Erwachsenen richten sich nach den Bedürfnissen der Kinder, nicht umgekehrt.

Trotz der unabweisbaren Vorteile, die eine individuelle Einschulung mit sich bringt, ist die Einschulungsfeier ein Ritual, das mich auch an der Schule, die ich leite und an der ich unterrichte, jedes Mal aufs Neue beeindruckt.

In Ermangelung eines größeren Veranstaltungsraumes findet diese Feier auf dem schönen Schulhof statt. Nur für die neuen Schulkinder und einige Großeltern haben wir Bänke aufgestellt, alle anderen, und das sind bei 45 Kindern bis zu 300 Menschen, stehen in einem großen Kreis auf dem »Festplatz«. Die, die nun neue MitschülerInnen bekommen werden, beginnen mit einem Tanz und einer Polonaise. In Kreisen, Linien, Reihen, durch Bögen, alleine, zu zweit, zu viert und schließlich zu acht Kindern treffen sie sich und gehen wieder auseinander, bilden eine Spirale und entwirren sich wieder daraus, angeführt durch ein Mädchen oder einen Jungen, die in diesem höchst geordneten Durcheinander den Überblick behalten. Schließlich landen sie in einem großen Kreis. Die Leichtigkeit, mit der die Kinder diesen Tanz ohne die Hilfe von Erwachsenen aufführen, wird immer wieder bewundert und erwirkt lauter fröhliche Gesichter. Die Kinder singen dann ein Lied vom Wasser, das in Wolken aufsteigt und auf die Erde niederregnet: »Wolken bilden Schnee und Regen …« In ihrer Mitte steht ein kleiner Baum –

der Baum des Jahres –, der von Kindern gegossen wird. Am ersten Schultag wird dieser Baum im Schulgarten eingepflanzt – jedes Jahr ein neuer Baum für jede Kindergruppe. In einer kleiner Begrüßung kann die Schulleiterin auf das soeben Erlebte eingehen: So wie dieser Tanz sei es ja auch in der Schule, wie viel Freude es mache, gemeinsam eine schwierige Aufgabe zu meistern, usw. Schließlich rufen die Kinder ihre neuen Gefährten mit Namen auf und führen sie in die Schule.

Der Beginn der Schulzeit wird von den Eltern – und damit auch von den Kindern – sehr ernst genommen. Alle Erwachsenen wissen und alle Kinder spüren, dass in der Schule wichtige Entscheidungen für das spätere Leben getroffen werden. »Jetzt beginnt der Ernst des Lebens«, so hat man schon oft Eltern sprechen hören, wenn die Schule beginnt. Damit meinen sie neben der unzweifelhaften Aufgabe der Schule als Chancenverteilerin aber auch ein Zweites: Jetzt wird deutlich, und vor allem bewertet, was in der Zeit vor der Schule geschehen ist, wie erfolgreich also die elterliche Erziehungsarbeit war. Und auch die Begabungen eines Kindes rücken nun in einen relevanten Fokus. »Wie wird die Schule mein/unser Kind einschätzen?« Eltern wissen, dass auch ihre Erziehungsarbeit auf den Prüfstand kommt.

> **Alle Erwachsenen wissen und alle Kinder spüren, dass in der Schule wichtige Entscheidungen für das spätere Leben getroffen werden.**

Nichts ist unwahrer als die Anrede der Kinder bei einer Einschulungsfeier, die ich einmal miterlebt habe: »Liebe Lernanfänger.« Wir wissen heute, dass in der Zeit bis zum Schulanfang so viel gelernt wurde, wie nie wieder im Leben gelernt werden wird, und dass die wichtigsten Persönlichkeitsmerkmale längst ausgeprägt sind. Nun muss sich das Kind in einer Gemeinschaft bewähren, vergleichen und beurteilen lassen.

Eines wird schon bei der ersten Begegnung mit den neuen Schulkindern deutlich – ihre Verschiedenheit. Ihr körperliches Erscheinungsbild bildet dabei noch den geringsten Unterschied: Motorik, Sozialverhalten, Kreativität, Sprachentwicklung und vieles mehr sind in einer Gruppe gleichaltriger Kinder höchst unterschiedlich entwickelt. Auch in so genannten altershomogenen Gruppen ist das physiologische Alter kein mechanistisch verwendbarer Maßstab für Fähigkeiten und Fertigkeiten. Schulanfänger sind höchst unterschiedlich.

Umso sinnvoller ist es daher, auch junge Schulkinder von vornherein in jahrgangsgemischten Gruppen zusammenzuführen. In diesen Gruppen wird deutlich, dass das Alter alleine noch zu keinem Vorteil führt, sondern dass Kompetenzen über die Rolle in der Gemeinschaft und über persönlichen Lernerfolg entscheiden.

In immer mehr Grundschulen werden die ehemaligen Klassenstufen 1, 2 und 3 in einer Lerngruppe integriert. Auch die Vorschulkinder werden vielerorts schon mit den Schulkindern zusammengeführt. Die Vorteile liegen auf der Hand und sind für jedermann offensichtlich. Kleine Kinder werden von den älteren unkompliziert in das Schulleben eingeführt. Sie zeigen ihnen die Abläufe, indem sie ihren normalen Alltag praktizieren. Sie sind Vorbild und Anreiz zugleich und fühlen sich selber als Experten. Nicht selten nutzen sie aber auch die Gelegenheit, um selber noch einmal Schritte zurückzugehen, zu wiederholen und zu üben, manchmal sogar um noch einmal ein kleines Kind zu sein. Wie wertvoll es ist, wenn das Lernen nicht mehr als ein gradliniger Prozess, der sich stets vorwärts entwickelt, verstanden wird, kann man an der Qualität der Beziehungen unter den Kindern ablesen. Sich an dem Vorbild der Älteren zu orientieren und auf das Anfangsstadium der Jüngeren zurückzublicken sind zwei nur scheinbar gegensätzliche Bewegungen. Beides wird von jedem Kind immer wieder benötigt und wächst ursprünglich in einer altersheterogenen Gemeinschaft. Die Natürlichkeit dieser Gruppen ist sofort spürbar und führt zu einer besonderen Empathie unter den Kindern.

Voraussetzung für altersgemischte Lerngruppen sind individuelle Lernformen. Wenn Kinder unterschiedlichen Alters zusammenarbeiten, muss der Lernstoff auf unterschiedlichen Niveaustufen angeboten und durch vielfältige Arbeitsmittel vergegenständlicht und verdeutlicht werden. Aus einem reichhaltigen Angebot wählen sich die Kinder das für sie passende und werden von der Lehrerin/dem Lehrer dabei beraten und begleitet. Was sich hier idealtypisch anhört, funktioniert in der Praxis mit jungen Schulkindern hervorragend, wenn die LehrerInnen ihr klassisches Lehrverständnis gegen einen kooperativen Stil austauschen, alle Kinder in ihrer individuellen Persönlichkeit wertschätzen und für eine sorgfältig vorbereitete Lernumgebung sorgen. Die Verabschiedung vom Gleichschritt ist der Beginn einer neuen Lernkultur in der Grundschule.

Die Verabschiedung vom Gleichschritt ist der Beginn einer neuen Lernkultur in der Grundschule.

Denn es ist die Erfahrung fast aller Eltern, dass ihre Kinder äußerst gerne in die Schule wollen. Mit großer Freude sehen sie der Einschulung entgegen. Die Kinder können es kaum erwarten, in die Schule zu kommen. Unwillkürlich wissen sie, dass dort Dinge von großer Bedeutung vor sich gehen, an denen sie unbedingt teilhaben wollen. Es ist in den Anfangsjahren der Schulzeit vor allem der Prozess der Alphabetisierung, der sie fasziniert. Erst der Umgang mit abstrakten Zeichen und Zahlen, das spüren auch die Kinder, macht sie zu vollwertigen Menschen und Mitgliedern der Gesellschaft. Die Kinder wollen lesen, schreiben und rechnen lernen. Es ist ein großes Drama, dass so viele Kinder durch falsche Lehrmethoden, die sie in diesem sensiblen Bereich in zu frühe Konkurrenz bringen, letztlich von der vollständigen und entwickelten Beherrschung dieser Kulturtechniken ausgeschlossen bleiben. Die Gründe hierfür sind vor allem in gleichschrittigen Lehrmethoden, Misserfolgserlebnissen und zu geringer individueller Förderungen zu suchen. »Wenn der erste Knopf nicht passt, sitzt die ganze Weste nicht«, sagt Goethe. Der Leselernprozess ist ein sensibles Feld der frühen schulischen Erziehung und ihm sollte bei jedem Kind höchste Aufmerksamkeit entgegengebracht werden. Sprachentwicklung und Lesekompetenz sind nicht unter zwei Kindern gleich. Wie viel weniger können 20 bis 30, auch altersgleiche Kinder mit Gewinn zur selben Zeit das Gleiche lernen? Für die Entwicklung des Zahlenverständnisses und die Grundlagen der Mathematik gilt nichts anderes. Der individuelle Stand jedes einzelnen Kindes ist wahrzunehmen und zur Ausgangsbasis für Lernangebote zu machen. Nur so können kleine Kinder ihrem persönlichen Entwicklungsstand gemäß erfolgreich lernen und die anfängliche Begeisterung für die Schule bleibt auch in späteren Jahren erhalten.

In diesem Zusammenhang ist es unumgänglich, von der Schädlichkeit des Vergleichs und der öffentlichen Bewertung bei jungen Schulkindern zu sprechen. »Competition is for the competent.« (Maharishi)

Wesentliche Kompetenzen im schulischen Bereich müssen ja erst noch erworben werden. Eine Beurteilung und ein Vergleich mit anderen setzen Kinder unter einen enormen Druck. Es ist vor allem ihr natürlicher kindlicher Egozentrismus, der sie sich selbst als Mittelpunkt der Welt sehen lässt. Aus dieser Weltsicht ist ein Vergleich mit vermeintlich besseren oder schlechteren MitschülerInnen den Kindern unverständlich. Eitelkeit als Ergebnis des Vergleichs mit Schwachen und Minderwertigkeitsgefühle als Ergebnis des Vergleichs mit Stärkeren wirken gleichermaßen negativ auf die Einzelnen und in die soziale Gruppe zurück.

Erst die bedingungslose Anerkennung aller Fähigkeitsniveaus durch die verantwortlichen Erwachsenen und die Bewertung der persönlichen Leistung ohne öffentlichen Vergleich geben jungen Schulkindern die nötige Ruhe und Gelassenheit, um optimal zu lernen. Dies geschieht am besten ohne Zensuren und in persönlichen Rückmeldegesprächen zwischen LehrerIn, Eltern und Kind. Zensuren führen unweigerlich zu Ranglisten unter den Kindern und lenken damit die Konzentration weg von der eigentlichen Arbeit hin zu den Ergebnissen. Trotz dieser unvermeidlichen und zerstreuenden Wirkung der Zensuren hängt auch deren Gebrauch stark von den Lehrkräften ab. Stehen sie im Mittelpunkt des Geschehens oder werden sie dezent am Rande benutzt? Die LehrerInnen können sich auch hier eines breiten Spektrums von Handlungsmöglichkeiten bedienen.

Ebenso wichtig wie ein verantwortungsvoller Umgang mit Beurteilungen ist ein Mentalitätswechsel der LehrerInnen in Bezug auf die Kraft, das Potential und das bereits vorhandene Wissen der Grundschulkinder. Es ist ein Irrtum, davon auszugehen, dass Kinder mit dem Wissen der Welt belehrt werden könnten. Jedes einzelne Kind bringt bereits vielfältigste Erfahrungen, besonders auch körperliche Erfahrungen und Wissensbausteine mit in die Schule. An diese gilt es anzuknüpfen und die verschiedenen Kenntnisse und Fertigkeiten einer Lerngruppe zusammenzutragen. Das Gleiche gilt für die Kraft und Belastbarkeit der Kinder. Erwachsene neigen vielfach dazu, Kinder zu unterschätzen, ihnen zu viel Hilfe an den falschen Stellen anzubieten oder aufzudrängen und ihre Energiequellen vorzeitig einzugrenzen. Kinder haben ein großes Energiereservoir und brauchen angemessene Widerstände, um sich abzuarbeiten. Vor allem in bewegter Arbeit und im Spiel, in körperlichen Herausforderungen und Gemeinschaftserlebnissen können sie ihr Potential entfalten. Es ist erstaunlich, wie viele akademischen Anforderungen in Form von folgenreichen Tests schon kleinen Kindern abverlangt werden, wie selbstverständlich man schon sehr junge Kinder durch Selektionsverfahren auf bestimmte Lebenswege festlegt und wie vergleichsweise schwach die Körperkräfte derselben Kinder herausgefordert werden. Stundenlanges Stillsitzen in Schulräumen ohne Bewegungsfreiheit, Stillsitzen auch vor technischen Geräten

> **Jedes einzelne Kind bringt bereits vielfältigste Erfahrungen, besonders auch körperliche Erfahrungen und Wissensbausteine mit in die Schule.**

oder in Verkehrsmitteln, vor allem in Autos, ist heute selbstverständlich. Die gleichen Eltern, die von ihren Kindern ehrgeizig schulische Bestleistungen verlangen, tragen oftmals die Schulmappen ihrer Kinder, so als würden sie nicht unter einer anderen Last mehr leiden als der ihres Rucksacks.

Passende Hilfestellung zu geben ist eine große Lernaufgabe für Erwachsene. In unserer Übermacht neigen wir dazu, vorschnell einzugreifen und Kinder so um notwendige Erfahrungen zu bringen.

Viel sicherer können die Kinder einer friedvollen Lerngemeinschaft einander Hilfen geben oder, wenn es notwendig ist, auch darauf verzichten. Auch hier ist die bewusst agierende und sich zurückhaltende Lehrkraft das unerlässliche Vorbild. Schon oft habe ich beobachtet, wie Kinder sehr genau einschätzten, ob ein Mitschüler ihrer Hilfe bedurfte oder ob er alleine mit seiner Aufgabe fertig werden konnte. Einerseits können Kinder bewundernswert geduldig, ja geradezu gütig miteinander umgehen, andererseits sind sie verblüffend ehrlich und herausfordernd zu ihren Altersgenossen. Gleichwertig, nicht gleichberechtigt erzogene Kinder geben sich ehrliches Feedback und sind schon sehr früh in der Lage, die Besonderheiten aller Einzelnen bei ihrer Bewertung zu berücksichtigen.

Sie akzeptieren große Unterschiede in den Begabungen und Fähigkeiten und haben unter guten Voraussetzungen ein ausgesprochen egalitäres Menschenbild. Es sind wir Erwachsenen, die ihnen beibringen, dass der Stärkere sich durchsetzt.

> **Es sind wir Erwachsenen, die Kindern beibringen, dass der Stärkere sich durchsetzt.**

In lebhafter Erinnerung sind mir zwei Beispiele aus der Grundschule. Besucher hatten in einer Lerngruppe der 1., 2. und 3. Jahrgangsstufe hospitiert und fragten anschließend die Kinder mit Blick auf Mathias, ein Kind mit Down-Syndrom, ob er nicht ganz anders sei. Die Kinder antworteten überzeugt, dass Mathias nur ein bisschen langsamer sei, aber nicht anders. Emil kam als Quereinsteiger in die Schule. Als die Kinder ihn zum ersten Mal in seinem Rollstuhl sahen, fragte die Lehrerin, ob sie Fragen an Emil hätten. »Wo ist denn da die Bremse?« war lange Zeit die einzige Frage, die beantwortet werden musste. Erst später haben sich die Kinder intensiv mit der Querschnittslähmung und Lebenswelt von Emil beschäftigt.

Gegenseitige Beschämungen, Auslachen, Ärgern, Quälen, gewalttätige Auseinandersetzungen und das heute so schnell bemühte »Mobbing« sind Krankheitssymptome einer sozial überforderten Gemeinschaft, in der sich die Kinder nicht anders als durch die Ausprägung schlechter Charaktereigenschaften zu helfen wissen. Konkurrenz, Über- oder Unterforderung, einseitig akademische Lernmethoden und fehlende Vorbilder bei den Erwachsenen sind wichtige Gründe für die Verrohung der Sitten unter Kindern. Und auch der ständig postulierte Zeitdruck setzt die Kinder zusätzlich unter starken Druck. Das Gefühl, selten oder nie Zeit zu haben oder vor unüberschaubaren Wissensbergen zu stehen, verhindert wichtige Erfahrungen, die in der Schule gemacht werden können.

Das Gefühl, selten oder nie Zeit zu haben oder vor unüberschaubaren Wissensbergen zu stehen, verhindert wichtige Erfahrungen, die in der Schule gemacht werden können.

Und es wird dabei leicht übersehen, wie stark die so genannten Latenzphasen auf die Entwicklung der Kinder wirken (siehe auch den vorherigen Beitrag von Leuzinger-Bohleber). Impulse werden von den Kindern aufgenommen und dann wirken sie vielfach im Geheimen. Scheinbar passiert nicht viel und plötzlich kommen neue Fähigkeiten ans Licht, von denen man nicht weiß, wie es zu ihnen gekommen ist. Ein Beispiel dafür sind die Ferienzeiten. Alle LehrerInnen wissen, welch große Sprünge Kinder in diesen schulfernen Zeiten gerade auch in ihren schulischen Fähigkeiten machen können. Gerade weil sie sich nicht mit Unterrichtsinhalten beschäftigt haben, haben sie sich in ihnen weiterentwickelt. Voraussetzung dafür ist, dass ein bestimmtes Angebot an das Kind gemacht wurde, das sein Interesse und seine innere Bereitschaft traf. Die Sensibilität für einen bestimmten Lernbereich, z. B. lesen lernen, große Zahlen, Naturphänomene usw., ist Voraussetzung für die Wirkung im Dunklen. Wie wenn man einen Scheinwerfer auf einen bestimmten Gegenstand richtet, ist das Interesse von Kindern oft auf einen Bereich fokussiert. Eine Sache interessiert sie, und sie können sich leidenschaftlich mit ihr beschäftigen, manchmal ausschließlich, und dann endet das Interesse scheinbar abrupt und das Kind wendet sich einem neuen Bereich zu. Den ursprünglichen Lerngegenstand weglegen zu können, ihn im Stillen wirken zu lassen, ohne daran zu rühren, ist eine wichtige Voraussetzung für selbstwirksames Lernen. Maria Montessori hat die Wirkung der »sensiblen Phasen« zu einem Ausgangspunkt ihrer Pädagogik gemacht. Das Interesse, die Aufmerksamkeit eines Kindes mit einer anregenden Lernumgebung zu bedienen, ihm die freie Auswahl und die Dauer bei seiner Arbeit zu überlassen und die still wirksame Latenzperiode in die pädagogischen Überlegungen einzubeziehen ist Grundlage einer am einzelnen Kind orientierten schulischen Praxis. Dieses Vorgehen beruht auf der Erkenntnis, dass es nichts nützt, ein Kind mit Lerninhalten zu konfrontieren, für die es noch nicht reif ist.

Auch der Schweizer Kindheitsforscher Remo Largo kommt nach 30 Forschungsjahren zu dem radikalen Schluss, dass man Kindern nichts beibringen kann, wofür sie nicht bereit sind. Seine eindrucksvollen Videoaufnahmen machen deutlich, dass Kinder nur etwas lernen können, wovon sie schon etwas »verstehen«. Anknüpfen zu können ist Voraussetzung für interessengelenktes Lernen. Da die Anknüpfungspunkte bei jedem Kind verschieden sind, kann die Schule letztlich nur erfolgreich arbeiten, wenn sie selber auch bei jedem einzelnen Kind anknüpft. Wie in vielen Bereichen haben wir auch hier kein Erkenntnis-, sondern ein Umsetzungsproblem. Wie sollen denn alle Kinder an unterschiedlichen Inhalten arbeiten und am Ende doch das können, was sie können müssen? Eltern, und auch LehrerInnen, haben hier viele Fragen und können sich oftmals nicht vorstellen, dass interessengelenktes Lernen Qualifikationen hervorbringt, die für ein erfolgreiches Leben notwendig sind. »Dann machen die Kinder ja nur das, was sie wollen und schon können!« Dies ist die häufigste Aussage von Erwachsenen, wenn man sie mit individualisierenden Unterrichtsmethoden konfrontiert. Hier wird deutlich, wie die meisten von uns gelernt haben, nämlich vielfach ohne Eigeninteresse, sondern geleitet von den äußeren Anforderungen und im Hinblick auf ein abrechenbares Ziel. Am Ende einer auf äußere und kurzfristige Ziele orientierten Schulzeit kann man sich nur schwer vorstellen, dass man aus Interesse, mit Entdeckerlust und großem Eifer freiwillig lernen will. Die Motivation, vor allem kleiner Kinder, etwas zu lernen und zu erfahren, kommt von innen und ist zunächst nicht auf ein äußeres Ziel gerichtet. Sie wollen die Welt erfahren, entdecken und verstehen. Ihr Tätigsein ist ihnen ein ursprüngliches Bedürfnis, sie können gar nicht anders, als entdeckend und damit lernend zu leben. Ihr Selbstaufbau ist unmittelbar von ihrer Aktivität abhängig. Und Aktivität heißt hier vor allem auch Bewegung. In einer sorgfältig vorbereiteten Lernumgebung, die durch die Anordnung ihrer Lernmittel viele Reize aussendet, sollten die Kinder sich frei bewegen können und aus der Fülle des Angebots das jeweils Passende für sich auswählen können. Die Lernräume der »neuen Schule« rufen Bewegung geradezu hervor, sie

> Am Ende einer auf äußere und kurzfristige Ziele orientierten Schulzeit kann man sich nur schwer vorstellen, dass man aus Interesse, mit Entdeckerlust und großem Eifer freiwillig lernen will.

provozieren Bewegung und wollen sie nicht mehr unterdrücken. Sowohl in den Innenräumen als auch in den Außenräumen einer modernen Grundschule können sich die Kinder im Unterricht bewegen. Das Sitzen, oder gar das Stillsitzen, ist nicht länger vorherrschende Körperhaltung. Im Umgang mit verschiedensten Lernmaterialien, mit der Natur und mit Kulturgegenständen entdecken und erforschen Grundschulkinder die Welt.

Die Erfahrung vieler Schulen, die ihre Unterrichtspraxis in diesem Sinne verändert haben, zeigt, dass dort, wo man Bewegung zulässt, Ruhe entsteht. Und es wird deutlich, dass ästhetisch gestaltete

Dort, wo man Bewegung zulässt, entsteht Ruhe.

Schulräume mit altersgerechten Materialien Voraussetzung für interessengelenktes und am Einzelnen orientiertes Lernen sind. Die Kinder können sich in einer gestalteten Lernumgebung mit ihren Fragen konzentriert auseinandersetzen, und sie entwickeln Ehrgeiz und Freude, ohne sich gegen andere abgrenzen zu müssen. Grundschulkinder können äußerst vertieft arbeiten. Die natürliche kindliche Arbeitshaltung, die sich durch die Freude am Tun und nicht durch die Orientierung auf ein Ziel auszeichnet, kann sich unter den oben genannten Bedingungen entfalten.

Zwei Voraussetzungen für selbstständiges Lernen in der Grundschule sollen hier abschließend benannt werden.

Wie oben gesagt, ist es unerlässlich, dass Kinder an ihre persönlichen Erfahrungen und ihren individuellen Entwicklungsstand anknüpfen können, um in der Schule Erfolge zu haben. Ebenso wichtig ist es für sie, wenn die verschiedenen Unterrichtsinhalte in einen Zusammenhang gebracht werden. Die Aufteilung des Wissens in Fächer oder Fachgebiete ist für Grundschulkinder wenig nachvollziehbar und künstlich. Ihr Erkenntnisinteresse speist sich aus Erfahrungen, die sie mit allen Sinnen und ohne Einteilung in Disziplinen machen. Eine wesentliche Aufgabe der Grundschule besteht demnach darin, den Kindern die Unterrichtsinhalte sowohl in ihrer kulturellen Herkunft und Bedeutsamkeit als auch in ihrer Verbindung darzubieten. Die großen zivilisatorischen Errungenschaften der Menschheit sind ja gerade alle Inhalte des Schulunterrichts und sollten den Kindern als Geschichten und aus dem geschichtlichen Hintergrund erläutert werden. Die Geschichte der Zahlen und Buchstaben interessiert sie ebenso wie die Geschichte(n) von der Entstehung der Welt, der Entwicklung des Menschen, den Weltreligionen, den großen Naturerscheinungen, den physikalischen Gesetzmäßigkeiten und vieles mehr. Es ist ein didaktischer Irrtum, wenn kleinen Kindern immer nur Ausschnitte angeboten und diese aus ihren natürlichen Verbindungen herausgelöst werden. Grundschulkinder sollten in Zusammenhängen, also fächerübergreifend, lernen können. Eine zu frühe Aufteilung der Wissensgebiete in Fächer erschwert den Kindern ein Grundverständnis von der zivilisatorischen Leistung der Menschheitsgeschichte. Staunen, Anerkennen, Hinterfragen und die immer wieder notwendige eigene Entdeckung des längst Bekannten sind wesentliche Bestandteile einer zeitgemäßen Grundschuldidaktik.

Eine zweite Voraussetzung für gelingendes Lernen in dieser Lebensphase ist in der Person der Lehrerin (meistens sind es in der Grundschule Frauen) verankert. Ihre bedingungslose Anerkennung der unterschiedlichen Kinder wird idealerweise durch ihre eigene Lernleidenschaft und ihre weise Zurückhaltung ergänzt. Wir wissen alle, wie wichtig die Person der Lehrerin oder des Lehrers gerade in den frühen Jahren ist. Selbst in wenig entwickelten Schulen kann die konkrete Lehrerin dafür sorgen, dass Kinder sich hervorragend entwickeln. Ihre »Liebe« zu allen Kindern und ihre Fähigkeit, die Kinder mit ihrer eigenen Lernfreude und Lebensneugier zu infizieren, sind der Schlüssel für das Wohlbefinden der Kinder. Kinder befinden sich in vollständiger Abhängigkeit von den Erwachsenen. Glück oder Unglück hängt nicht selten auch von ihren Lehrerinnen oder Lehrern ab.

Ein wichtiges Indiz für die Haltung der LehrerInnen sind ihr Umgang und ihre Sprache mit den Kindern und dem einzelnen Kind. Der Sprachanteil der Erwachsenen sollte in der Grundschule von ihnen selbst streng kontrolliert werden. Anstelle des übermäßigen Redens und Wiederholens treten in einer modernen Grundschule das Tun und das Reden über das Tun. Wenn dies in gegenseitigem Respekt und unter gleichwertigen (nicht gleichberechtigten) Menschen geschieht, haben Kinder gute Voraussetzungen, sich an ihrer Schule wohl zu fühlen und erfolgreich zu lernen.

Woran können nun Eltern eine gute Schule erkennen? Und wie können Eltern daran mitwirken, dass die Schulzeit für ihr Kind zu einem Erfolg wird?

Der Deutsche Schulpreis der Robert Bosch Stiftung (www.deutscher-schulpreis.de) wurde 2008 zum dritten Mal vergeben. Die Auswahl preiswürdiger Schulen erfolgt durch eine hochrangige Expertenkommission und nach strengen Kriterien. In einem zweitägigen Besuch an der Schule machen sich die Jurymitglieder ein Bild vom Entwicklungsstand der Schule in sieben Qualitätsbereichen.

Sie erforschen das Leistungsniveau der Schülerinnen und Schüler an den konkret ablesbaren Ergebnissen (Einzelarbeiten, nationale und internationale Vergleichsarbeiten, Abschlüsse). Sie beobachten den Umgang mit Vielfalt, d. h. das Eingehen der Erwachsenen auf die Verschiedenheit der ihnen anvertrauten Jungen und Mädchen. Sie bewerten die Qualität des Unterrichts in seiner konkreten Praxis, seiner Vielfalt und in seinen Ergebnissen. Der Umgang mit Verantwortung wird sowohl in der Gemeinschaft der Kinder oder Jugendlichen als auch in der Gemeinschaft der Erwachsenen begutachtet. Sie lassen das Schulklima auf sich wirken und machen sich ein Bild vom kulturellen Leben an der Schule und von der Einbindung außerschulischer Experten und Partner in das Schulleben. Und sie überprüfen die Selbstreflexionsfähigkeit der Schule als lernender Institution (z. B. Evaluation, Feedback, Teamarbeit).

Es müssen nicht alle genannten Kriterien erfüllt sein, damit man davon ausgehen kann, dass das eigene Kind an einer guten Schule lernt. Unabdingbar für eine angstfreie und freudige Lernentwicklung ist allerdings eine kompromisslose Haltung der LehrerInnen gegenüber der Vielfalt der ihnen anvertrauten Kinder. In der Schule sollte die Aussage spürbar sein, dass die, die da sind, gerade die Richtigen sind und sie sich um ihren Platz in der Lerngemeinschaft keine Sorgen machen müssen. Die Zugehörigkeit der Kinder zu einer Schulgemeinschaft darf sich nicht an ihren Leistungen orientieren.

> **Unabdingbar für eine angstfreie und freudige Lernentwicklung ist allerdings eine kompromisslose Haltung der LehrerInnen gegenüber der Vielfalt der ihnen anvertrauten Kinder.**

An dieser Stelle soll abschließend auf die wichtige Rolle der Eltern im Kontext Schule eingegangen werden. Wir wissen von den verschiedenen Formen der Verlagerung schulischer Probleme: Nachhilfeunterricht, verschiedene Syndrome, die Kindern ein Defizit in ihrer Aufmerksamkeit diagnostizieren, medikamentöse Behandlungsmethoden und vieles mehr. Vielfach haben Schulen einen wesentlichen Anteil an der Stigmatisierung der Kinder und Jugendlichen und verschieben Probleme in den Verantwortungsbereich der SchülerInnen und Eltern. Ebenso bedeutsam wie dieses unprofessionelle Verhalten der Pflichtschule ist andererseits das Verhalten nicht weniger Eltern. Großer Ehrgeiz, mangelndes Interesse oder auch hier die Verlagerung der Verantwortung auf ihr Kind machen auch manche Eltern zu schwierigen Kooperationspartnern. So verschleißen viele Schulen und Eltern ihre Kräfte in einem unfruchtbaren Dialog, der nicht selten von gegenseitigen Schuldzuweisungen beherrscht ist. Nach meiner Erfahrung ist dieses Dilemma, wenn es denn eintritt, oft nur durch Beziehung oder durch Trennung zu lösen. Eine vertrauensvolle Gesprächsbasis zwischen LehrerInnen und Eltern ist der Schlüssel zur Entwicklung des einzelnen Kindes. Nicht alle Eltern passen an jede Schule, nicht jede Schule passt zu allen Eltern. Wenn trotz vielfacher Anstrengung kein Vertrauensverhältnis zwischen den Erwachsenen hergestellt werden konnte, kann es eine gute Option sein, einen neuen Anfang zu machen.

Nicht alle Eltern passen an jede Schule, nicht jede Schule passt zu allen Eltern.

Wenn dies nicht möglich ist, sollten sich die Eltern der Tatsache bewusst sein, dass ihr Kind immer mit ihnen kooperiert, sein tägliches Leben aber in der Schule bewältigen muss. Sein Grundvertrauen erhält das Kind von seinen Eltern, nicht von einer Institution. Vor diesem Hintergrund können Eltern auch in schwierigen schulischen Situationen eine große Unterstützung sein.

4

Wie gehe ich mit Schulempfehlungen um?

Susanne Miller

»Die Entscheidung am Ende der Grundschulzeit sorgt immer wieder für Streit zwischen Lehrern und Eltern. Es wird beleidigt und bedroht, getrickst und geklagt. Die Lehrer gelten schnell als Diktatoren, die selbstverständlich über Lebenswege entscheiden, und die Eltern als Egoisten, die noch den dümmsten Sohn zum Abitur prügeln wollen« (Der Spiegel, Heft 20/2009, S. 58). Auch unabhängig von derartigen emotionalen Überfrachtungen und Eskalationen ist der Übergang von der Grundschule zu den weiterführenden Schulen ein ganz besonders wichtiges Thema, weil die Schullaufbahnentscheidung als eine zentrale biographische Weichenstellung angesehen wird, die entweder Lebenschancen eröffnet oder aber verschließt. Als gewisse Beruhigung und Versuch, die Entscheidung für die weiterführende Schule zu entdramatisieren, wird immer wieder auf die besonders hohe Durchlässigkeit des deutschen Schulsystems hingewiesen, die auch tatsächlich besteht. Allerdings stellt de facto die Mehrzahl der Schulartwechsel Abwärtswechsel in niedriger qualifizierte Schularten dar. Im Bundesdurchschnitt kommen auf jeden Wechsel in eine höher qualifizierende Schulart fast drei Abwärtswechsel. Außerdem hat es eine erhebliche Entwertung von Bildungsabschlüssen in den letzten Jahrzehnten gegeben – für viele Ausbildungsberufe wird mittlerweile das Abitur vorausgesetzt. Höhere Bildungsabschlüsse führen zwar keineswegs zwangsläufig mehr zu einem anspruchsvollen Beruf und zum Lebenserfolg, aber sie stellen zumindest eine notwendige Voraussetzung dar. Entsprechend wünschen sich zunehmend mehr Eltern als Bildungsabschluss für ihr Kind das Abitur, ihre Zahl kann ungefähr auf 50 % beziffert werden. Fast alle anderen wünschen sich einen Realschulabschluss. Die Empfehlungen der Grundschule für die höheren Schulformen fallen jedoch niedriger aus. Obwohl der tatsächliche Schulbesuch von der jeweiligen Schulstruktur der einzelnen Bundesländer abhängt, zeigen sich bundesweit zwei eindeutige Trends: In den Bundesländern, in denen es noch Hauptschulen gibt, nimmt die Besuchsquote kontinuierlich ab, nur in Bayern und Baden-Württemberg hat die Hauptschule noch ein starkes Gewicht. Der zweite Trend zeigt sich im erhöhten Gymnasialbesuch: In elf Bundesländern ging im Schuljahr 2006/07 die Mehrzahl der Schülerinnen und Schüler zum Gymnasium über (Autorengruppe Bildungsberichterstattung 2008, S. 63).

Rahmenbedingungen für den Schulwechsel nach der Grundschule

4

Der Übergang von der Grundschule in den Sekundarbereich erfolgt in Deutschland im internationalen Vergleich besonders früh und ist besonders folgenschwer. Die Empfehlungen, die von der Grundschule ausgesprochen werden, und die Entscheidungen der Eltern bezüglich der Schulwahl sind also durch Rahmenbedingungen gekennzeichnet, die besonders ungünstig sind. Es liegt auf der Hand, dass Prognosen für 10-jährige Kinder bezüglich der Leistungsfähigkeit und -bereitschaft in den Fächern und im allgemeinen Lernverhalten zu einem späteren Zeitpunkt sehr viel sicherer wären, weil die Kinder dann in ihrer Entwicklung mit mehr Zeit und ohne Übergangsdruck vorangeschritten wären. Spätestens seit der PISA-Studie ist auch bekannt, dass die Ideologie der »richtigen«, begabungspassenden Schulwahl stark angezweifelt werden muss, denn in den verschiedenen Schulformen sind die Überlappungen in den Leistungen und Kompetenzen der Schule so erheblich, dass ein großer Teil der Schülerinnen und Schüler jeweils genauso gut auch auf einer anderen Schulform sein könnte. Was konkret heißt, dass es viele Schülerinnen und Schüler gibt, die auf der Haupt- oder Realschule so gute Leistungen zeigen, dass sie damit im Mittelfeld des Gymnasiums lägen und umgekehrt. Dass die Prognosen bei 10-jährigen Kindern nur schwer zutreffen und äußerst fehleranfällig sind, wird auch durch die hohe Prozentzahl von Kindern belegt, die vom Gymnasium abgehen müssen und dann eine Haupt-

In den verschiedenen Schulformen sind die Überlappungen in den Leistungen und Kompetenzen der Schule so erheblich, dass ein großer Teil der Schülerinnen und Schüler jeweils genauso gut auch auf einer anderen Schulform sein könnte.

oder Realschule besuchen. Rund 70 % von ihnen hatten ehemals von der Grundschule die Gymnasialempfehlung erhalten.

Besonders schwierig wird der Umgang mit den Übergangsempfehlungen für Eltern dann, wenn sie nicht der eigenen Einschätzung von der besten Schulform für ihr Kind entsprechen. In den meisten Fällen wird der Konflikt darin liegen, dass sich die Eltern eher eine höher qualifizierende Schulform für ihr Kind gewünscht und vorgestellt haben. Nachfolgend sollen deshalb einige grundsätzliche Informationen zu den Risiken und Problemen des Übergangs von der Grundschule zur weiterführenden Schule gegeben werden, damit Eltern ihre spezifische Situation in einen allgemeinen Kontext einordnen können. Darin sind auch einige Tipps für den konkreten Umgang für die Entscheidungsfindung enthalten.

Biographische Herausforderungen sind zu beachten

Genauso wie der Übergang vom Kindergarten in die Grundschule für das Kind ein wichtiges Lebensereignis darstellt, stellt auch der Übergang von der Grundschule in die Sekundarschule eine Herausforderung dar. Übergänge werden in der sogenannten Transitionsforschung als kritische Lebensereignisse angesehen, die für das Kind im Fall der aktiven Bewältigung eine Entwicklungschance darstellen. Gleichzeitig beinhalten sie aber auch das Risiko des Bruchs durch etwaige Misserfolge. Die Herausforderungen für das Kind beim Übergang in die Sek I liegen auf ganz unterschiedlichen Ebenen: Auf der Beziehungsebene muss das Kind mit der Umstellung klarkommen, alte Freunde zu verlieren, neue Freundschaften aufzubauen und vor allem die Beziehung zum Klassenlehrer/zur Klassenlehrerin zu lösen und mit dem meist schwierigen und vielfältigen Fachlehrerprinzip an den Sekundarschulen klarzukommen. Im neuen Klassenverband ist die neue Rolle neu auszuloten.

Auf der Lern- und Leistungsebene muss das Kind ebenfalls eine Reihe von Herausforderungen bewältigen. Es hat neue Fächer mit entsprechend vielfältigen Hausaufgaben, die oftmals nicht durch die verschiedenen Fachlehrer koordiniert werden. Der eigene und der elterliche Erfolgsdruck müssen bewältigt werden. Häufig ist das Lernen in der Sek I auch methodisch anders angelegt, die Anforderungen und Arbeitsweisen folgen oft einem höheren Abstraktionsniveau und berücksichtigen weniger stark individuelle Lernbedürfnisse. Die Schülerin bzw. der Schüler erlebt teilweise sogar einen sogenannten »Sekundarstufenschock«. Studien deuten auf einen Wandel von positiven Lernerfahrungen im Grundschulbereich zu einer deutlichen Abnahme der Lernfreude hin. Mit der Leistungsbewertung machen sie schlechte Erfahrungen und sie berichten von übermäßig hohen Übungszeiten (Büchner, Koch 2001, S. 48ff.). Wie stark das Kind den Wandel erlebt, hängt auch vom sozialen Herkunftsmilieu ab: Kinder aus Familien mit niedrigem sozialem Status geben vermehrt an, Schwierigkeiten beim Lernen zu haben, Kopf- und Bauchschmerzen zu haben, und berichten häufiger, viel üben zu müssen, als Kinder aus Familien mit hohem sozialem Status.

> Studien deuten auf einen Wandel von positiven Lernerfahrungen im Grundschulbereich zu einer deutlichen Abnahme der Lernfreude hin.

Wie gut das einzelne Kind die vielfältigen Veränderungen aktiv bewältigt, hängt nicht nur von den individuellen Ressourcen ab, sondern auch davon, wie gut es den Institutionen – lange im Vorfeld des endgültigen Übergangs – gelungen ist, Brücken zu bauen. Hierzu gehört das frühzeitige Kennenlernen der Institutionen, aber auch eine inhaltliche Kooperation zwischen der Grundschule und den Sekundarschulen. Die möglichst systematische und frühzeitige Einbindung der Eltern bei der Übergangsbewältigung stellt zudem einen Gelingfaktor für die aktive Bewältigung dar.

Befragt man Eltern selber, wie sie sich die Gestaltung des Übergangs wünschen, damit ihn ihr Kind gut bewältigt, ergibt sich folgendes Bild: Mehr als die Hälfte der Eltern wünscht sich einen späteren Übergangszeitpunkt, damit eine höhere Prognosesicherheit gegeben ist. Auch eine stärkere Kooperation zwischen Grundschule und weiterführender Schule wird mehrheitlich gewünscht. Die Lehrkräfte der zukünftigen 5. Klasse sollten sich über die Arbeitsweise der Grundschule informieren und feste Absprachen zwischen den Schulen sollten getroffen werden (Büchner, Koch 2001, S. 97). Im Nachhinein zeigen sich die meisten Eltern und Kinder recht zufrieden mit dem Übergang, beurteilen positiv, dass sich die aufnehmenden Lehrkräfte sehr um die Schülerinnen und Schüler gekümmert hätten. Allerdings erlebt auch rund ein Fünftel den Übergang als schwierig.

Kontinuität ist vor allem im Bereich der Freundschaftsbeziehungen für das Kind wichtig, sie werden deshalb die Wünsche der Kinder maßgeblich beeinflussen. Falls hierauf aus organisatorischen Gründen der Schulen oder aus inhaltlichen Erwägungen der Eltern nicht die notwendige Rücksicht genommen werden kann, sollten dem Kind auf jeden Fall Möglichkeiten eröffnet werden, wie sie dennoch ihre Freundschaften pflegen können.

Der Übergang wird vor allem dann als Krise erlebt, wenn er mit Misserfolgserlebnissen verbunden ist. Die Höchstform des nach außen offensichtlichen Scheiterns stellt die Abschulung in eine niedriger qualifizierende Schulart dar, weil sie zumeist mit Gefühlen des Misserfolgs, des Scheiterns oder gar Versagens verbunden ist. Vor der Abschulung findet häufig eine Klassenwiederholung statt: Rund 3 % eines Jahrgangs wiederholen pro Jahr eine Klasse. Im Sekundarbereich I ist die Quote am höchsten, wobei es erhebliche Schwankungen zwischen den Bundesländern und den einzelnen Schulformen gibt. Jungen und Kinder mit Migrationshintergrund sind besonders häufig betroffen. Da sich die angegebenen Abschulungs- und Wiederholungsquoten immer nur auf ein Schuljahr beziehen, ist bezogen auf die einzelne Schülerin und den einzelnen Schüler zu berücksichtigen, dass sie in jedem Schuljahr erneut mit dem »3 %-Risiko« konfrontiert sind. Das Risiko des Scheiterns ist also nicht unerheblich. Auch wenn unter pädagogischer Perspektive die Sinnhaftigkeit und der Nutzen dieser Maßnahmen sehr kritisch diskutiert werden, müssen Eltern mit diesen Möglichkeiten rechnen und bedenken, ob sie zugunsten einer höher qualifizierenden Schulform, die prinzipiell bessere Chancen und Zugänge verspricht, ihre Kinder dieser Gefahr aussetzen wollen. Klassenwiederholungen und Abschulungen führen bei Kindern häufig zu einem negativen Fähigkeitsselbstbild, zu einem Verlust des Zutrauens in die eigene Leistungsfähigkeit und zu einem Motivationsverlust, woraus sich insgesamt ein Teufelskreis der Lernstörungen entwickeln kann – allerdings nicht muss. Zuweilen ist auch die Erleichterung, die Klasse oder die Schule, mit der das Kind ständige Misserfolgserlebnisse verbindet, verlassen zu können, so groß, dass ein positiver Neustart gelingen kann.

> Klassenwiederholungen und Abschulungen führen bei Kindern häufig zu einem negativen Fähigkeitsselbstbild, zu einem Verlust des Zutrauens in die eigene Leistungsfähigkeit und zu einem Motivationsverlust, woraus sich insgesamt ein Teufelskreis der Lernstörungen entwickeln kann – allerdings nicht muss.

Wer entscheidet letztendlich über die Schulform?

Der Grad der Verbindlichkeit der Grundschulempfehlung und die Art der Übergangsregelung sind in den sechzehn Bundesländern der Bundesrepublik unterschiedlich. Einige Bundesländer, wie z. B. Bayern, Baden-Württemberg, Nordrhein-Westfalen, Sachsen-Anhalt, sehen eine verbindliche Empfehlung durch die Grundschule vor. Wird darin keine Eignung für die von den Eltern gewünschte Schulform ausgesprochen, erhalten die Kinder die Möglichkeit, an einer Aufnahmeprüfung bzw. an einem Prognoseunterricht teilzunehmen. Wird dieser als nicht bestanden bzw. als nicht erfolgreich bewertet, gilt die Grundschulempfehlung. Im größten Bundesland Nordrhein-Westfalen beispielsweise ist seit dem Jahr 2007 der sogenannte Prognoseunterricht eingeführt. An ihm müssen die Kinder teilnehmen, die auf Wunsch ihrer Eltern an einer Schulform angemeldet worden sind, für die keine Eignungsempfehlung vorliegt. Insgesamt betrifft dies 2 % der Viertklässler. Der Prognoseunterricht dauert 3 Tage und umfasst die Fächer Deutsch, Mathe und einen weiteren Lernbereich. Die Intention des Prognoseunterrichts liegt in einer höheren Verbindlichkeit der Grundschulempfehlungen und soll Kinder vor einer nicht geeigneten Schulform und damit vor Misserfolg schützen. Ob der Prognoseunterricht aber nicht gerade möglicherweise einen zusätzlich hohen Leistungs- und Erfolgsdruck bei Eltern und Kindern erzeugt und ob er überhaupt unter den doch eher angsterzeugenden Rahmenbedingungen zu soliden Ergebnissen kommen kann, ist fraglich. Da dies offensichtlich auch viele Grundschullehrkräfte ähnlich einschätzen, gibt es zunehmend häufig die Empfehlung »eingeschränkt geeignet« – hier obliegt dann den Eltern die Schulwahl.

> **Ob der Prognoseunterricht nicht gerade möglicherweise einen zusätzlich hohen Leistungs- und Erfolgsdruck bei Eltern und Kindern erzeugt und ob er überhaupt unter den doch eher angsterzeugenden Rahmenbedingungen zu soliden Ergebnissen kommen kann, ist fraglich.**

In den anderen Bundesländern sprechen die Grundschulen zwar ebenfalls Empfehlungen aus, schreiben teilweise auch Beratungsgespräche für die Eltern vor, aber letztlich entscheidend ist hier der Elternwille. Allerdings sehen einige Bundesländer eine Art Probezeit (Berlin, Mecklenburg-Vorpommern) für die Kinder vor, die keine Empfehlung bekommen haben. Wenn die Kinder diese Zeit nicht bestehen, müssen sie den Bildungsgang wechseln, ggf. auch gegen den Willen der Eltern.

Beide Varianten beinhalten Vor- und Nachteile, im Prinzip stellen dabei die Professionalität der Grundschullehrkräfte und die ganzheitliche Kenntnis des eigenen Kindes der Eltern bzw. der freie Elternwille zwei Pole dar. Hier können sicherlich nur ein möglichst frühzeitiger Austausch und eine intensive Beratung mit dem Ziel einer Konsensfindung zwischen Eltern und Lehrkräften einen sinnvollen Umgang darstellen – unabhängig davon, um welches Bundesland mit welcher Rechtsvorschrift es sich handelt.

Worauf gründet sich die Grundschulempfehlung?

Die Empfehlungen der Grundschullehrerinnen und -lehrer für die weiterführenden Schulen hängt zu einem erheblichen Anteil mit den Zensuren in Deutsch und Mathematik im Halbjahreszeugnis des 4. Schuljahres und ihrer allgemeinen Einschätzung des Leistungsvermögens zusammen. Einen geringeren Stellenwert nehmen die Zensur im Sachunterricht, die Beurteilung der mündlichen und schriftlichen Mitarbeit im Unterricht und die Verhaltensdisziplin ein. Für eine Gymnasialempfehlung liegt die kritische Grenze bei der Note »befriedigend«, d. h. es ist hoch wahrscheinlich, bei der Note »gut« in beiden Hauptfächern eine uneingeschränkte Gymnasialempfehlung zu erhalten. Umgekehrt ist es sehr unwahrscheinlich, dass Schülerinnen und Schüler eine Gymnasialempfehlung erhalten, wenn sie beide Hauptfächer mit der Note »befriedigend« abschließen. Trotz der seit vielen Jahren bekannten Kritik am Notensystem, die diesem zahlreiche systematische Fehlerquellen bescheinigt, haben Noten also die größte Bedeutung für die Empfehlungen.

> Trotz der seit vielen Jahren bekannten Kritik am Notensystem, die diesem zahlreiche systematische Fehlerquellen bescheinigt, behalten Noten also die wichtigste Bedeutung für die Empfehlungen.

Lehrkräfte stützen sich bei ihrer Übergangsempfehlung aber nicht nur auf Noten. So bewerten sie auch fachübergreifende Kompetenzen eines Kindes, die Lernentwicklung, das Sozial- und Arbeitsverhalten; hierzu zählen beispielsweise die »Sachgerechte Beteiligung am Unterricht«, die »Belastbarkeit und Ausdauer« sowie auch die »Selbstständigkeit« (Kaiser 1998, S. 187f.).

Eine Empfehlung für ein Gymnasium kann beispielsweise folgendermaßen aussehen:

> *C. hat insgesamt eine positive Lernhaltung, er arbeitet selbstständig und aktiv in allen Bereichen mit. C. ist zurückhaltend, aber zuwendungsbereit und beteiligt sich am Gemeinschaftsleben.*
> *Seine Leistungen in den Kernfächern sind im Durchschnitt gut, im Bereich Deutsch auch sehr gut.*
> *C.s Lernentwicklung verlief gleich bleibend gut bei hoher Motivation und Lernfreude.*

Insgesamt scheitern viel weniger Kinder an den übersteigerten Bildungsansprüchen ihrer Eltern als an falschen Einschätzungen der Lehrer (Block 2006). Allerdings ist sich die Forschung hinsichtlich der Prognosesicherheit der Grundschulgutachten nicht einig, es gibt durchaus auch gesicherte Hinweise auf deren hohe Sicherheit und Eindeutigkeit.

Durch die Übergangsentscheidung wird Bildungsungleichheit hergestellt

Kinder aus unterschiedlichen Herkunftsmilieus kommen bereits mit Lernvoraussetzungen in die Schule, die unterschiedliche Chancen auf den Schulerfolg versprechen. Konkret handelt es sich bei den Voraussetzungen beispielsweise um vielfältige sprachliche Anregungen, Vorbilder und Vorkenntnisse aus dem Elternhaus, aber auch um emotionale Zuwendung und soziale Eingebundenheit. Insofern verwundert es nicht, dass Kinder höherer sozialer Schichten mit einem sehr viel höheren Prozentsatz an höheren Schulformen vertreten sind. Das besondere Problem beim Übergang besteht nun aber noch zusätzlich darin, dass die Lehrkräfte durch ihre Schulempfehlungen diese Ungleichheit noch einmal verstärken. Leistungsvergleichsstudien belegen, dass ein Kind aus einer bildungsfernen Familie im Durchschnitt sehr viel bessere Leistungen erbringen muss als ein Kind aus einer bildungsnahen Familie, um von seinen Lehrerinnen und Lehrern die Gymnasialempfehlung zu erhalten. Bei gleichen Kompetenzen und Leistungen hat ein Akademikerkind eine fast 2,6-mal so hohe Chance, die Gymnasialempfehlung zu erhalten (Bos u. a. 2007, S. 287). Diese Tatsache hat sicherlich nichts mit bewusster Diskriminierung von unterprivilegierten Familien durch Lehrkräfte zu tun. Eher ist es so, dass die Lehrerinnen und Lehrer mögliche Schulschwierigkeiten des Kindes und geringe Unterstützungsmöglichkeiten der Eltern geistig vorwegnehmen. Bei Eltern mit höherer Schulbildung werden wahrscheinlich höhere Kompetenzen und bessere Ressourcen vermutet, mit denen Kinder im Zweifelsfall unterstützt werden können, sei es durch Hausaufgabenbetreuung, Übungen im Elternhaus oder die Finanzierung von Nachhilfe.

Die soziale Ungleichheit wird aber nicht »nur« durch die Empfehlungen der Lehrkräfte verstärkt, sondern in einem noch höheren Ausmaß zusätzlich durch die Eltern selber herbeigeführt. Grundsätzlich gilt: Je höher die Sozialschicht, desto weniger halten sich die Eltern an die Schullaufbahnempfehlungen. Sie haben in der Regel ein höheres Selbstbewusstsein, lassen sich nicht durch fehlende Empfehlungen abschrecken und verfolgen konsequent ihre Bildungsinteressen. Bei gleicher Intelligenz und gleicher Leistung steigt bei einem Akademikerkind die Besuchsquote des Gymnasiums auf das Vierfache nach dem Elternentscheid. Konsequenz dieser Ergebnisse sollte sein, dass sich insbesondere Eltern aus bildungsfernen Milieus gestärkt fühlen, sich im Zweifelsfall weniger schnell gegen eine höhere Schulform zu entscheiden.

> **Je höher die Sozialschicht, desto weniger halten sich die Eltern an die Schullaufbahnempfehlungen.**

Das Beratungsgespräch zwischen Eltern und Lehrkräften als Garant für die richtige Entscheidung

Der Schullaufbahnempfehlung geht in der Regel eine intensive Vorarbeit voraus, in der die Lehrkräfte das Kind unter den für den Schulwechsel zentralen Kriterien im Lernverhalten und in den Leistungen beobachten und darüber mit den Kindern selbst und mit den Eltern in einen intensiven Austausch treten. Eltern sollten mit Vertrauen in das Beratungsgespräch gehen, weil die Lehrkräfte im Gegensatz zu ihrer Elternperspektive Vergleichsmöglichkeiten besitzen, in der Diagnose der Lernbereitschaft und -fähigkeit geschult sind, die Anforderungen der weiterführenden Schulen gut kennen und auch einschätzen können, inwieweit Defizite durch Fleiß und Elternunterstützung ausgeglichen werden können. Dennoch sollten Sie als Eltern in Vorbereitung auf die Beratungsgespräche versuchen, sich ein eigenes, möglichst objektives Bild von Ihrem Kind zu machen, um Ihre eigenen Vorstellungen und Wünsche für die Schulwahl für sich selbst zu klären. Ihre darauf aufbauende Position kann dann besser im Beratungsgespräch begründet und abgesichert werden. Dazu empfiehlt es sich, einen eigenen Beobachtungsbogen bzw. eine Checkliste anzufertigen, aus der für den Schulerfolg Lern- und Arbeitshaltungen aufgelistet sind. Nach zentralen Kategorien können Sie ebenfalls schon sehr frühzeitig die Lehrerin fragen, damit Sie die gleichen Maßstäbe zu Grunde legen. Als ein Beispiel für mögliche Kriterien nenne ich nachfolgend einige Punkte:

4

BEOBACHTUNGSMERKMALE FÜR DIE EINSCHÄTZUNG DES KINDES (EVTL. ZU KENNZEICHNEN MIT: ++, +, 0, −, −−)

- Selbstständigkeit
- Motivation beim Lernen
- Interessiertheit
- Ausdauer
- Konzentration
- Denkfähigkeit
- Auffassungsvermögen
- Genauigkeit bei der Lösung der Aufträge
- strukturiertes Arbeiten
- Fleiß
- Selbsteinschätzung der Arbeit
- Einbringen eigener Ideen/Sozialverhalten
- Teamfähigkeit
- Hilfsbereitschaft
- Umgang mit Konflikten
- Kritikfähigkeit
- Darstellung und Begründung eigener Meinung
- Leistungsstand in den Hauptfächern

Zum Wohle des Kindes empfiehlt es sich, dass Sie als Eltern eine möglichst ehrliche Einschätzung vornehmen. Nur dann können Sie die Schulwahl so treffen, dass Ihr Kind eine möglichst hohe Chance hat, ohne erhebliche

Über- oder Unterforderung die weiterführende Schule zu meistern. An dieser Stelle ist es nicht möglich, zu jedem einzelnen Punkt nähere Ausführungen zu machen oder eine Gewichtung vorzuschlagen, aber als besonders wichtig kann die Selbstständigkeit gelten, die im Verlauf der Schulzeit einen immer bedeutsameren Stellenwert einnimmt.

In den allermeisten Fällen stimmen die Einschätzungen der Lehrpersonen und der Eltern überein. Die Schulwahl kann dann recht problemlos und zweifelsfrei getroffen werden. In dem Beratungsgespräch wird zu besprechen sein: Wie sind Sie jeweils zu Ihren Einschätzungen gekommen? Kann es sein, dass sich Ihr Kind zu Hause anders verhält als in der Schule? Worin liegt die Funktion für das Kind, dies zu tun? Worauf basieren die Einschätzungen der Lehrperson, macht sie sich regelmäßig Notizen, führt sie kriteriengeleitete Beobachtungen durch, welchen Vergleichsmaßstab legt sie zu Grunde? Wenn Sie sehr frühzeitig beginnen, sich über diese Fragen Gedanken zu machen, und mit der Schule eng zusammenarbeiten, kann im Vorfeld der endgültigen Schulentscheidung noch an einzelnen Punkten gearbeitet werden. Falls Ihre Einschätzungen erheblich abweichen, empfiehlt sich ein Gespräch mit weiteren Lehrkräften, die das Kind kennen, möglicherweise auch mit regionalen Beratungsstellen. In den meisten Bundesländern können Eltern außerdem nach Ankündigung am Unterricht ihres Kindes teilnehmen, hier können sie sich dann selber von dem Verhalten ihres Kindes im schulischen Kontext überzeugen.

> Falls Ihre Einschätzungen erheblich abweichen, empfiehlt sich ein Gespräch mit weiteren Lehrkräften, die das Kind kennen, möglicherweise auch mit regionalen Beratungsstellen.

Wie wähle ich eine bestimmte Schule?

Zum Schluss möchte ich noch eine Empfehlung nahelegen, die bisher vollkommen unerwähnt blieb, weil antizipiert wurde, dass viele Eltern dem Gymnasialbesuch des Kindes die höchste Priorität bei der Schullaufbahnentscheidung einräumen. Stattdessen kann aber der Gesamtschulbesuch eine ideale Lösung darstellen, weil die Gesamtschule für jedes Kind Entwicklungschancen offen lässt, ohne damit einen Schulwechsel verbinden zu müssen. Die Gesamtschule steht außerdem für eine ausgeprägte individuelle und fachspezifische Förderung, die sich sowohl an Kindern mit deutlichen Lern- und Leistungsschwierigkeiten als auch an Kindern mit Gymnasialempfehlungen orientiert. Diese Besonderheiten stellen für alle Kinder günstige Voraussetzungen für das Lernen dar. Insbesondere können sie für Kinder und Eltern eine Lösung sein, die in ihrer Entscheidung zwischen zwei Schulformen schwanken. Allerdings ist der Verbreitungsgrad von Gesamtschulen außerordentlich stark vom politischen Willen in den einzelnen Bundesländern abhängig. Letztendlich kommt es neben der Entscheidung für eine bestimmte Schulform aber auch ganz besonders auf die konkreten Bedingungen der Einzelschule an.

So gilt es weitere Kriterien zu beachten, um eine Schule auszuwählen, mit der das Kind und seine Eltern letztlich zufrieden sind und sich wohl fühlen. Wichtig ist, dass sich die Kinder aktiv in die Entscheidungsfindung eingebunden fühlen – schließlich geht es in erster Linie um sie.

Wichtig ist, dass sich die Kinder aktiv in die Entscheidungsfindung eingebunden fühlen – schließlich geht es in erster Linie um sie.

Die meisten Eltern räumen dem Wunsch des Kindes auch eine entsprechend hohe Priorität ein. Sowohl für Eltern als auch für die Kinder spielen zwei Faktoren eine zentrale Rolle: der gemeinsame Besuch der Schule mit Kindern, zu denen Freundschaftsbeziehungen bestehen, und die Erreichbarkeit der Schule. Mittlerweile bieten viele Schulen für Eltern und Kind sogenannte »Schnuppertage« an, damit sich die Eltern über die spezifischen Schulprogramme und Schwerpunkte in der pädagogischen Arbeit informieren können. Auch das Kind bekommt hier einen Eindruck davon, ob es sich in der Schule wohl fühlen könnte. Und ebenso können die Ausstattung der Schule, die schulspezifischen Angebote und die grundlegenden Arbeitsformen erkundet werden. Der Besuch dieser Angebote kann deshalb nur dringend empfohlen werden.

Ganztagsschule, Hort oder zu Hause?

Katrin Höhmann, Martina Knörzer

Ganztagsschulen scheiden die Geister. Eltern wie Lehrende, Schulverwaltung wie Erziehungswissenschaftler, Kinder und Jugendliche haben – oft geprägt durch den eigenen Erfahrungshintergrund – sehr kontroverse Positionen. Die einen sind begeistert von der Idee, der Bildung und der Begegnung von Menschen mehr schulisch orientierte Zeit einzuräumen, die anderen sehen in dieser Idee von Schule einen zeitlichen Eingriff in das Familienleben und eine »Übernahme« ihrer Kinder, einen Verlust an familiärer Verantwortung und einen Verlust an gemeinsam verbrachter und frei verfügbarer Erziehungs- und Bildungszeit in der Familie. Und dies ist auch nachzuvollziehen, da die Einrichtung von Ganztagsschulen keineswegs immer auch zu einer veränderten Nutzung von Lernzeit führt und die pädagogische und fachliche Arbeit an Schulen verändert.

> Wenn in Deutschland die Bildung aufgewertet werden soll, wird leichter in »Bildungsbeton« investiert als in Fortbildungsprogramme für Lehrerinnen und Lehrer oder die Erweiterung des pädagogischen Person als an Schulen.

Wenn in Deutschland die Bildung aufgewertet werden soll, wird leichter in »Bildungsbeton« investiert als in Fortbildungsprogramme für Lehrerinnen und Lehrer oder die Erweiterung des pädagogischen Personals an Schulen: Deutschland baut Mensen für das Mittagessen – und vergisst dabei zuweilen das pädagogische Konzept, die pädagogische Grundlegung der einzelnen Schule, kurz: den Bildungsgedanken.

Aktuell werden folgende Argumente für die Ganztagsschule angeführt: erweiterte Lern- und Erfahrungsräume, optimale Entwicklungsmöglichkeiten für Kinder und Jugendliche, verbesserte und individualisierte Kompetenzentwicklung aller Kinder im Sinne einer erhöhten Chancengleichheit, bessere Vereinbarkeit von Familie und Beruf durch ein bedarfsgerechtes und verlässliches System ganztägiger Förderung und Betreuung, Förderung sozialen Lernens, Öffnung der Schule sowie mehr Zeit für Bildung.

Was wissen wir über Ganztagsschulen?

Spätestens seit den Ergebnissen der PISA-Studie wird das bessere Abschneiden anderer Länder mit Ganztagsschulen in Zusammenhang gebracht – *auch wenn Vergleichsstudien zum Effekt des ganztägigen Aufenthalts in der Schule (z. B. Schülerleistung) kaum Unterschiede zwischen herkömmlichen Schulen und denen mit Ganztagsschulangebot feststellen konnten* (DIPF 2003).

Entscheidend sind hierbei die gemeinsam verbrachte Lern- und Lebenszeit, nicht die bloße Anzahl der Unterrichtsstunden. Denn eines ist klar geworden: Mit dem dynamischen gesellschaftlichen und kulturellen Wandel ändern sich die Erwartungen an die Schule und ihren Bildungs- und Erziehungsauftrag. Eine zeitgemäße Schule ist weit mehr als ein Ort der Wissensvermittlung; sie ist ein Ort der Begegnung von Menschen aus unterschiedlichen Lebenskontexten, von Generationen und Kulturen, von Persönlichkeiten. In einem bewusst gestalteten Lebensraum bereichern grundlegende Erfahrungen das Leben der Kinder, schaffen Möglichkeiten sozialer Interaktionen emotionale Reichtümer, übernehmen Erwachsene und Kinder Verantwortung für das Schulleben in und außerhalb des Unterrichts.

> Entscheidend sind die gemeinsam verbrachte Lern- und Lebenszeit, nicht die bloße Anzahl der Unterrichtsstunden.

Werden finnische Schulen gefragt, wie es ihnen gelingt, dass Kinder und Jugendliche erfolgreich und mit Freude lernen, betonen sie häufig, wie bedeutsam es ist, dass »kein Kind verloren geht, beschämt oder zurückgelassen wird«. Das heißt: Es bedarf eines grundlegenden Paradigmenwechsels von der defizit- hin zur stärkeorientierten Pädagogik. Denn damit Kinder und Jugendliche leistungsbereit und -fähig bleiben oder werden, müssen sie gestärkt werden, soll Lernen ihnen zu einem positiven Selbstbild, Freude und Stolz verhelfen.

Fest steht: Soll Veränderung gelingen, müssen Kinder, Jugendliche, Eltern und Schulen bei ihren Ressourcen und Stärken abgeholt werden.

Die Argumente des Grundschulverbands lassen sich auf alle Schulformen und Schulstufen als sinnvolle Forderung übertragen (DIPF 2003, S. 291):

1. Practice what you preach!
Eine Orientierung an den Stärken jedes Menschen – diese pädagogische Sichtweise hat in innovativen Schulkonzepten längst Fuß gefasst. Wo Kinder und Erwachsene angstfrei und mit eigener Motivation und Freude lernen können,

geschieht wahre Bildung über die Schulzeit hinaus. Und zwar Bildung des ganzen Menschen mit all seinen Interessen, Stärken, Schwächen und Entwicklungsmöglichkeiten. »Kein Kind wird zurückgelassen« – dieses finnische Statement beschreibt Schulen, in denen für das Leben gelernt wird.

2. Eigene Wege finden!

In Deutschland gibt es unterschiedliche Modelle von Ganztagsschulen (offene, gebundene und teilgebundene Ganztagsschulen) mit individuellen Rahmenbedingungen und verschiedenen Entwicklungsgeschichten wie z. B. Grundschulen mit Hort in den neuen Bundesländern.

Bei der Frage, was eine Ganztagsschule ist, haben sich Bund und Kultusministerkonferenz demnach auf organisatorische Merkmale geeinigt: drei Mal die Woche Unterricht bis mindestens zur 7. Stunde, Mittagessen an diesen Schultagen und Nachmittagsangebote unter Verantwortung und Aufsicht der Schule. Bei der Gestaltung und der Konzeption einer Ganztagsschule sind eigene Wege gefragt, damit eine Schule in ihrem spezifischen Kontext zu einem guten Ort für Kinder und Jugendliche werden kann.

In Deutschland gibt es unterschiedliche Modelle von Ganztagsschulen.

Aktuell finden sich offene und gebundene Ganztagsschulmodelle. Bei der gebundenen Ganztagsschule handelt es sich um ein umfassendes ganztägiges Bildungsangebot, das für alle Schülerinnen und Schüler obligatorisch ist. Bildungsexperten bevorzugen dieses Modell meist aus folgenden Gründen: pädagogische und zeitliche Verzahnung von Unterricht und Freizeit, erweiterte Lernangebote und Fördermaßnahmen und flexibler Tagesrhythmus mit Bildung größerer Zeitblöcke. Eltern bevorzugen des Öfteren das Modell der offenen Ganztagsschule (auch »additives Modell« genannt), bei dem Unterricht und Freizeit zwar pädagogisch verzahnt, aber zeitlich getrennt sind. Die Teilnahme am Nachmittagsprogramm an diesen Ganztagsschulen ist freiwillig. Hier entscheiden die Eltern zu Beginn jedes Schuljahres, ob und an welchen Tagen ihre Kinder das pädagogische Angebot am Nachmittag wahrnehmen.

3. Nicht nur was, auch wie!

Interessant ist, dass die Qualität von Ganztagsschulen trotz ähnlicher Rahmenbedingungen sehr verschieden sein kann. Nach Durdel u. a. (2006) zeigen sich positive Effekte häufig im Bereich der »weichen« Faktoren (Umgangsformen der beteiligten Menschen miteinander, Umgangston, gemeinsame Rituale, Schulklima). Die Menschen sind wichtig – dies ist in guten Schulen spürbar und sichtbar.

Leitfragen zum pädagogischen Konzept einer Ganztagsschule oder: Wie erkenne ich ihre Qualität?

Die Qualität einer Ganztagsschule hängt maßgeblich von ihrem jeweiligen pädagogischen Konzept ab. Je nach Umfeld und Situationsbedingungen können diese Konzepte unterschiedlich aussehen. Bei der Auflegung des Investitionsprogramms der Bundesregierung »Zukunft Bildung und Betreuung« (IZBB 2003) wurden demnach allgemeine Leitziele zur Orientierung formuliert. Auf dieser Basis können folgende Leitfragen zur Qualitätsbestimmung einer Schule formuliert werden (vgl. Burk 2006, S. 16):

1. In welcher Weise werden Kinder individuell gefördert? Wo zeigen sich Lernchancen auf dem Hintergrund einer Pädagogik der Vielfalt, die konsequent die unterschiedlichen Lernvoraussetzungen der Kinder und Jugendlichen schätzt und berücksichtigt? Werden individuelle Begabungen, das Vorwissen und die Lernhaltung eines Schülers aufgegriffen?
2. Welche Lernkultur findet sich an der Schule? Werden innovative Lernmethoden (u. a. individualisierte Formen des Offenen Unterrichts, Projekte, Lernwerkstätten, Ateliers) angeboten und durchgängig umgesetzt? Wie sieht die Verbindung von Unterricht und Freizeitangeboten aus? Wie die Verknüpfung von Bilden und Erziehen, Lernen und Spielen, Pflicht und Freiraum? Kurz: Bieten sich vielfältige Gelegenheiten zum Lernen?
3. Wie sehen die Ansprüche an soziales Lernen in einer Gemeinschaft aus? Gibt es altersgemischte Angebote nach Interessen und Neigung, in denen Kinder voneinander lernen können? Wo wird Gemeinschaft praktisch gelebt – welche Angebote und Ansprüche gibt es hierzu an der Schule? Welcher »Geist« herrscht an der Schule? Zeigt sich ein respektvoller und wertschätzender Umgang miteinander und auf allen Ebenen? Wie werden soziale Kompetenzen gefördert? Haben Gemeinschaftserlebnisse und Feste und Feiern ihren festen Platz?

4. Wo zeigen sich Partizipationsmöglichkeiten (Mitentscheidung, Mitgestaltung und Mitverantwortung) für Schülerinnen und Schüler und für Eltern? Wie sieht die Elternzusammenarbeit an der Schule aus?

5. Öffnet sich die Schule auch nach außen – hin zu sozialen und kulturellen Einrichtungen und Betrieben vor Ort? Wo gibt es Kooperationen mit der Kinder- und Jugendhilfe, mit Vereinen und anderen außerschulischen Institutionen?

6. Wie kreativ ist die Freizeitgestaltung an der Schule? Gibt es Freiräume für Kinder (z. B. auch Ruheräume, Naturräume)? Werden auch hier außerschulische Angebote mit eingebunden (z. B. Jugendmusikschulen, Sportvereine)?

7. Welche Personen arbeiten an dieser Schule? Welche Qualifikationen bringen sie mit? Finden Weiterbildungen und Professionalisierungen für Schulleitung, Lehrkräfte, pädagogisches Personal und außerschulische Partner statt? Gibt es an der Schule multiprofessionelle Teams, die sich regelmäßig über die einzelnen Schüler austauschen und so ein umfassendes Bild im Sinn haben? Sind Lehrkräfte auch am Nachmittag an der Schule – im unterrichtlichen wie im freizeitorientierten Kontext? Wie sehen die Lehrer-Schüler-Beziehungen aus?

8. Wird eine stärkeorientierte Pädagogik gelebt? Was steht im Vordergrund von Rückmeldegesprächen? Gibt es eine Feedback-Kultur, in der zunächst zurückgemeldet wird, was Schülerinnen und Schüler gut können? Gibt es ein allgemeines Bewusstsein darüber, dass Stärken die Basis sind, um sinnvoll an Schwächen arbeiten zu können?

Diese Leitfragen können dabei helfen, die Qualität einer Bildungseinrichtung einzuschätzen. Die Qualität einer Ganztagsschule ist von außerordentlicher Wichtigkeit, denn, wie der Zürcher Erziehungswissenschaftler Jürgen Oelkers betont: »Das Problem von Ganztagsschulen besteht darin, dass man den ganzen Tag in die Schule gehen muss.« Erst wenn Schulen zu einem ganzheitlichen Lern- und Lebensraum für Kinder und Erwachsene werden und eine stärkeorientierte Pädagogik die Basis ist, verfolgen sie ihr eigentliches Ziel einer individuellen und umfassenden Menschenbildung.

Erst wenn Schulen zu einem ganzheitlichen Lern- und Lebensraum für Kinder und Erwachsene werden und eine stärkeorientierte Pädagogik die Basis ist, verfolgen sie ihr eigentliches Ziel einer individuellen und umfassenden Menschenbildung.

Eine andere Möglichkeit, ganz allgemein die Qualität einer Schule festzustellen, sind die sechs Qualitätsbereiche des Deutschen Schulpreises der Robert Bosch Stiftung. Mit diesem Preis werden herausragende Schulen gewürdigt, die in folgenden Kategorien Besonderes leisten: Leistung, Umgang mit Vielfalt, Unterrichtsqualität, Verantwortung, Schulklima, Schulleben und außerschulische Partner sowie Schule als lernende Institution. Interessanterweise werden hier sehr oft Grundschulen, Förderschulen und Gesamtschulen gewürdigt.

Ein zeitgemäßes Bildungsverständnis zeichnet sich zusammenfassend durch folgende Elemente ganztägiger Bildungseinrichtungen aus (vgl. Tillmann 2007):

- Implementation einer veränderten Lernzeit: z. B. Schülerinnen und Schülern mehr Zeit zum Lernen geben, kindgerechter Lernrhythmus mit Anspannungs- und Entspannungsphasen einführen, projektförmig arbeiten, Veränderung der Taktung und Rhythmisierung.
- Angebote, die allgemeine Begabungen wie auch besondere Begabungen erkennen und fördern. Welches Interesse zeigt eine Schule an den Fähigkeiten eines Kindes oder Jugendlichen. Welche Angebote macht sie, in denen diese entdeckt, entwickelt und entfaltet werden können?
- Angebote zur Stabilisierung der Fachleistungen von Schülerinnen und Schülern: Die kann z. B. durch individuelle Förderangebote geschehen.
- Angebote, die an Unterrichtsinhalte anknüpfen und diese vertiefen und Zeichen eines erweiterten Bildungsbegriffes sind: Hierzu gehören z. B. Zeit für gemeinsames Philosophieren, Forscherwerkstätten, außerschulische Lernorte wie Museen etc., Einbeziehen von außerschulischen Experten.
- Innerschulische Unterstützung bei den Aufgaben, die traditionell mit Hausaufgaben bezeichnet werden. Dies geht mit einer veränderten und differenzierten Aufgabenkultur einher. Hausaufgabenbetreuung gilt als ein Indikator für die Qualität einer Ganztagsschule.
- Anpassung der Lehr- und Lernmethoden an die individuellen Voraussetzungen, Lernstile und Bedürfnisse unterschiedlicher Schülergruppen: Wird im Unterricht individualisiert, finden unterschiedliche Lernprofile Raum und Anerkennung, gibt es neben einer klugen Niveaudifferenzierung auch eine Differenzierung bezüglich der thematischen Ausgestaltung von Fachinhalten?

Was wissen wir über die Qualität an Horten und Krippen?

Unsere Gesellschaft hat sich in den letzten Jahrzehnten in vielen Bereichen gewandelt. Folgen der demografischen und soziologischen Veränderungen in unserer Gesellschaft sind unter anderem ein erhöhter Bedarf an außerfamiliären Betreuungsangeboten und – damit verbunden – gestiegene Anforderungen an das Betreuungs- und Bildungsangebot.

Die Qualität in einem Hort wird bestimmt durch Strukturmerkmale der Einrichtung (Programm, pädagogisches Setting, Personal etc.), durch die vom Kind erlebte Lebensqualität (pädagogische Qualität) in der Institution, durch die Wahrnehmung der Eltern und durch die Einschätzung der dort arbeitenden Personen.

Strukturqualität: Die Rahmenbedingungen
Die *Strukturqualität* lässt sich durch folgende Rahmenbedingungen identifizieren:
⋯⋗ Erwachsener-Kind-Schlüssel
⋯⋗ Gruppengröße
⋯⋗ Betreuungsstabilität (täglich wechselnde Betreuungsarrangements)
⋯⋗ Betreuungsdauer
⋯⋗ Qualifikation/Ausbildungsniveau und Weiterbildung des Personals
⋯⋗ Kontinuität des Personals
⋯⋗ Arbeitsbedingungen des Personals wie vorhandene Zeit
⋯⋗ Verfügbare finanzielle Mittel
⋯⋗ Qualität und Umfang der Räumlichkeiten, Ausstattung und Material
⋯⋗ Qualität der Ernährung und der Hygiene
⋯⋗ Gesundheit, Feuersicherheitsmaßnahmen etc.

Pädagogische Qualität – Prozessqualität – Orientierungsqualität
»Pädagogische Qualität ist in einer pädagogischen Umwelt dann gegeben, wenn diese dem Wohlbefinden sowie der gegenwärtigen und zukünftigen Entwicklungsförderung des Kindes dient und – im Falle einer familienexternen pädagogischen Umwelt – damit auch die Eltern in ihrer Erziehungsarbeit unterstützt« (Tietze 2005, S. 20).

Entscheidendes Kriterium ist die Entwicklung des Kindes u. a. in folgenden Bereichen: Entwicklung eines positiven Selbstbildes, Selbstständigkeit und Fähigkeit zur Bewältigung von alltäglichen Lebenssituationen, soziale

Kompetenz im Umgang mit anderen Kindern und Erwachsenen, Herausbildung von Kreativität und Vorstellungskraft und die sprachliche Entwicklung des Kindes.

Ergänzend zu diesen Merkmalen gehört auch die Frage nach dem Bildungsanspruch der jeweiligen Einrichtung: Sehen die Mitarbeiterinnen vor allem einen Betreuungsauftrag – oder spielt der Bildungsgedanke eine durchgängige Rolle? Wird der Hort auch als Bildungseinrichtung angesehen? Welche Arten von Aktivitäten finden statt – eher beschäftigende und unterhaltende Aktivitäten oder pädagogisch stimulierende Angebote?

Nach PISA ist die frühe Bildung in den Fokus geraten, denn in dieser Phase werden entscheidende Weichen für die kindliche Entwicklung gestellt. Bildung meint hier aber nicht die Vermittlung von Wissen, sondern das Ermöglichen von Erfahrungen in unterschiedlichen Lebenskontexten der Kinder und der Austausch mit Bildungspartnern – seien es Erzieher, Lehrer oder Eltern.

Untersuchungsergebnisse

»Fremdbetreuung von relativ guter Qualität fördert bzw. behindert zumindest nicht die kognitive und soziale Entwicklung der Kinder« (Zuberbühler 2004).

Nach Zuberbühler, die verschiedene Untersuchungen aus Deutschland und den USA zusammengefasst hat, korrelieren folgende Aspekte am deutlichsten und häufigsten mit dem Verhalten und der Entwicklung der Kinder: die physische Umgebung, das Verhalten der Betreuerinnen, das Curriculum und die Zahl der Kinder. Als gesicherte Erkenntnis gilt heute, dass pädagogische Qualität in institutionellen Einrichtungen Auswirkungen auf die unmittelbare und weitere Entwicklung der betreuten Kinder hat.

Allerdings haben verschiedene Forschungen auch gezeigt, dass die Qualität der institutionellen Betreuungs- und Bildungsformen und auch deren Auswirkungen auf Kinder nicht losgelöst von den Familien, aus denen die Kinder stammen, gesehen werden können (siehe Kapitel »Pädagogische Qualität in der Familie«). Beide Bereiche – Familie und familienexterne Betreuungsformen wie Kindergarten, Hort oder Schule – tragen in bedeutsamer Weise zur Entwicklung der Kinder bei.

Beide Bereiche – Familie und familienexterne Betreuungsformen wie Kindergarten, Hort oder Schule – tragen in bedeutsamer Weise zur Entwicklung der Kinder bei.

Interessant ist in diesem Zusammenhang folgendes Untersuchungsergebnis: »Der Einfluss der Qualität des Kindergartens auf die Bewältigung von Lebenssituationen und die soziale Kompetenz ist geringer als der Einfluss der pädagogischen Qualität in der Familie« (Tietze 2005, S. 84). Ähnliches wird von den Autoren für andere institutionelle Settings wie z. B. die Grundschule festgestellt: »Wie bei Sprache und Schulleistung ist auch bei den sozial-emotionalen Maßen der Effekt des Familiensettings (Vorschul- und Grundschulphase zusammengenommen) deutlich größer als der der beiden institutionellen Settings« (Tietze 2005, S. 256).

Dies ist leicht nachzuvollziehen: Der Einfluss der Familie auf die kindliche Entwicklung beginnt mit der Geburt, und auch während des Kindergarten-, Hort- und Schulbesuchs verbringen die Kinder einen großen Teil des Alltags in ihren Familien.

Pädagogische Qualität in der Familie

Die Bedeutung der familiären Situation für die Entwicklung eines Kindes ist unbestritten. Dies zeigt sich vor allem auch im sozial-emotionalen Bereich. Folgende Faktoren spielen hierbei eine Rolle:

- *Strukturqualität*: Haushaltszusammensetzung, Berufstätigkeit der Eltern, Größe der Wohnung, Haushaltsnettoeinkommen sowie höherer Bildungsstatus der Mutter, mehr Wohnraum pro Person, geringere Kinderzahl im Haushalt als entwicklungsbegünstigende Strukturmerkmale von Familien.
- *Prozessqualität*: Aktivitäten des Kindes zu Hause und außerhäuslich, das familiale Klima, Qualität der Interaktionen, Erfahrungen und pädagogischen Stimulationen, Beziehung der Eltern.
- *Orientierungsqualität*: Vorstellungen über die Aufgaben der Institutionen (z. B. Kindergarten, Schule), Erwartungen an die Schule und Erwartungen im Hinblick auf die Verhaltensweisen, die ein Kind am Ende der Kindergarten- bzw. Schulzeit zeigen können sollte, Vorstellungen und Überzeugungen über die Entwicklung von Kindern und über Erziehungsziele.

Anders ausgedrückt: Eine günstige Familiensituation für die Entwicklung eines Kindes besteht dann, wenn

⋯⫶ die Eltern das Kind als »Subjekt«, also als eine eigenständige Persönlichkeit und aktiven Partner betrachten, der in einem weitgehend selbstgesteuerten Prozess aufnimmt, lernt und sich weiterentwickelt

⋯⫶ entwicklungsstimulierende Anregungen und vielfältige Erfahrungsmöglichkeiten in verschiedenen Bereichen gegeben werden (z. B. musikalische und künstlerische Anregungen, Naturerkundungen)

⋯⫶ die elterliche Beziehung zum Kind gekennzeichnet ist durch ein hohes Maß an Akzeptanz, Stolz, Zuwendung und Wärme

⋯⫶ häufig bewegungsfördernde, kognitiv orientierte wie auch soziale Interaktionen erfordernde vielfältige Aktivitäten mit dem Kind in der Familie unternommen werden

⋯⫶ viel kommuniziert wird: Beschäftigung mit Sprache, Vorlesen, Erzählen und Diskutieren

Lernen braucht Zeit, Raum und Gelegenheiten – und Verbündete

»Keine Zeitspanne ist aufregender im Leben eines Kindes als jene von der Geburt bis zum Ende der Grundschulzeit. Fähigkeiten wie Sprechen, Begreifen, Lesen und Schreiben brechen sich geradezu explosionsartig Bahn« (Simon 2006, S. 3).

Die Schulzeit spielt in der Biographie eines Menschen eine bedeutsame Rolle. In seinem Buch »15.000 Stunden« zeigt Michael Rutter (1980) auf, welche Erfolge oder Misserfolge diese Schulzeit mit sich bringen kann – und wie diese letztlich auf die Entwicklung einer Persönlichkeit einwirken. In diesen 15.000 Stunden, die Kinder und Jugendliche durchschnittlich in der Schule verbringen, machen sie vielfältige Erfahrungen, lernen eine Menge Unterrichtsstoff kennen, nutzen diese Zeit oder nutzen sie weniger, erwerben anwendbares oder träges Wissen, sind vorbereitet auf das Leben nach der Schule oder nicht, erwerben Selbstbewusstsein und Selbstkompetenz oder erwerben diese nicht. Schulzeit ist nicht gleich Lernzeit – aber: Lernen braucht Zeit, Raum und Gelegenheiten.

Gelingt es einer Ganztagsschule, diese Lebenszeit in der Schule zu einer freudigen und ganzheitlichen lebenslangen Lernerfahrung zu machen, ist schon viel gelungen. Wird den Kindern und Jugendlichen die Chance gegeben, Dingen auf den Grund zu gehen, neue Fragen zu stellen und das Leben zu begreifen, dann zeigen sich Schlüsselmomente des Lernens, wird überdauernd und nachhaltig gelernt. Die Schule muss auch Raum bieten für das Verweilen, das Vertiefen, das Erfassen von neu Erlerntem im Austausch mit anderen – dann wird Schulzeit eine erfüllte Zeit, dann bewegen wir uns in Richtung eines Verständnisses von Bildung, das weit mehr ist als purer Wissenserwerb. Versteht sich Ganztagsschule als umfassender Lern- und Lebensraum, in dem nicht nur das fachliche Lernen eine wichtige Rolle spielt, sondern Lernen auch in ungelenkten, nicht durch Erwachsene im Detail vorstrukturierten Zusammenhängen stattfinden kann, ist sie dem Hort überlegen, da nicht eine weitere Institution den Tag zergliedert, sondern es zwei Orte für die kindlichen Lebens- und Lernwelten gibt: die Familie und die Schule. Versteht sich die Ganztagsschule jedoch nur als eine in den Ganztag verlängerte Halbtagsschule, ist der Hort, geprägt durch seine andere Bildungstradition, eine wichtige, ganz eigene Ergänzung zur Halbtagsschule.

Keine Bildung ohne Bindung: Diese Formulierung bringt auf den Punkt, um was es letztendlich gehen muss. Eine Verbesserung der Beziehungsqualität, damit Bildungsqualität entstehen kann. Diese Beziehungsqualität kann sich durch mehr gemeinsam verbrachte Zeit in der Ganztagsschule besser herausbilden. Durch mehr gemeinsame Zeit kön**Keine Bildung ohne Bindung.** nen darüber hinaus Zeitdruck und Hektik abgebaut werden, eine entspannte Atmosphäre erzeugt werden. »Es scheint, als habe man in der Schule ZEIT; Zeit zum Lernen und Leben miteinander« (Hempe-Wankerl 2005, S. 19). Innovative Schulen pflegen diese angenehme Lernatmosphäre, schätzen und nutzen die gemeinsam miteinander verbrachte Lebenszeit.

Und was sagen die Kinder?

Im Rahmen eines Projektes (StEG-Projekt 2007[1]) wurde auch das Wohlbefinden von Schülerinnen und Schülern in ihrer Ganztagsschule erhoben. Das Ergebnis lautete: »Jede(r) Dritte der Schüler(innen) der Sekundarstufe I

---

1   Studie zur Entwicklung von Ganztagsschulen – StEG (www.projekt-steg.de)

und mehr als 40 % der Grundschüler(innen) stimmten der Aussage ›Ich bin gern in meiner Schule‹ sogar voll zu« (Tillmann/Rollett 2007, S. 46). Nur 7,2 % antworteten mit »stimmt gar nicht« – die anderen bewegten sich dazwischen. Die Autoren ziehen das Fazit, dass die befragten Kinder und Jugendlichen gern in die Ganztagsschule gehen und die Grundschüler(innen) mit noch mehr Begeisterung dabei sind als die Schüler(innen) der Sekundarstufe I. Auch die Ergebnisse der Wuppertaler Studie (Röhner 2006) gehen in diese Richtung: Auf die Frage, ob sie den Nachmittag lieber zu Hause verbringen wollen, gaben 20 % der Grundschulkinder an, den Nachmittag lieber immer zu Hause verbringen zu wollen – 27 % der Kinder wünschten dies nie, 53 % der Kinder wünschten dies nur manchmal.

Allerdings sank die Schulzufriedenheit der Schülerinnen und Schüler, wenn sich das Nachmittagsangebot der Schule zu sehr auf fachbezogene Angebote konzentrierte (vgl. Rollett 2007).

Fazit

Kinder brauchen für eine gesunde Entwicklung vielfältige Bildungsanregungen: Entscheidend ist, ob es Menschen, Zeit und Räume für die am Leben interessierten Kinder und Jugendliche gibt, Erwachsene, die sich Zeit nehmen, mit Kindern die Welt zu entdecken, und ihren Fragen Interesse und Aufmerksamkeit schenken, verbündete Lehrer, Erzieher und Eltern mit einem gemeinsamen Ziel: Schatzsucher, Vorbild und Begleiter zu sein.

Pauschalempfehlungen für die Wahl zwischen Ganztagsschule, Hort oder zu Hause gibt es nicht. Aber wenn Eltern sich individuell entscheiden, sollten sie drei Bereiche im Auge behalten: den Blick auf das Kind, die Betrachtung der persönlichen Familiensituation und die Qualität der Einrichtung, denn: Schule ist nicht gleich Schule, Hort ist nicht gleich Hort und Familie ist nicht gleich Familie. Und Kind ist nicht gleich Kind.

Folgende Kriterien können die Auswahl erleichtern:
a) Stabilität: Schauen Sie danach, wie stabil die menschlichen Beziehungen sind. Hat das Kind einen festen Ansprechpartner? Ideal ist eine gebundene Ganztagsschule, die auch eine große Stabilität in der Gruppe der Kinder und Jugendlichen ermöglicht.

b) Zeit: Wie ist der Umgang mit Zeit in der Einrichtung? Wie ist der Tag rhythmisiert? Gibt es Entspannungs- und Anspannungszeiten? Gibt es durchdachte Pausenzeiten. Haben Kinder, Jugendliche und Erwachsene Zeit, in der Einrichtung anzukommen (offener Anfang).

c) Raum: Welchen Umgang mit dem Raum finden Sie vor? Ist es eine lebendig gestaltete Lernlandschaft? Gibt es klar definierte Räume zum Spielen, zum Arbeiten, zum Ausruhen?

d) Bildung: Welchen Bildungsbegriff hat die Einrichtung. Ist Bildung mehr als Unterricht? Was für unterrichtliche und außerunterrichtliche Bildungsangebote werden gemacht? Werden Bildungseinrichtungen aus dem Umfeld mit einbezogen wie z. B. die Jugendmusikschule, die Sportvereine, die kirchlichen Gemeinden usw.

e) Kooperation: Welche Kooperationsstrukturen sind in der Einrichtung etabliert? Wird mit Eltern kooperiert? Kooperieren die unterschiedlichen in der Einrichtung arbeitenden Professionen miteinander? Gibt es Teams? Wie sehen die Beratungsstrukturen aus?

Der Blick auf das Kind

Hier können sich Eltern folgende Fragen stellen: Welche Wünsche hat das Kind selbst? Traut sich das Kind zu, viel Zeit außerhalb der Familie zu verbringen? Wie sieht die Eltern-Kind-Beziehung aus der Sicht des Kindes aus? Wo findet es Freunde bzw. in welchem Rahmen bilden sich soziale Kontakte zu anderen Kindern?

Welche Wünsche hat das Kind selbst?

Der Blick auf die persönliche Familiensituation

Diskussionspunkte können sein: Wie sieht die Berufssituation der Eltern aus? Welche Wünsche haben die Eltern? Wie sehen die Möglichkeiten des Kindes zu Hause aus – Familie als Lern- und Erfahrungsraum? Gibt es Zeit für vielfältige Erlebnisse und Erfahrungen? Wie zufrieden und ausgeglichen sind die Eltern in der jetzigen Situation? Wie sieht die allgemeine Qualität der Beziehung und Kommunikation in der Familie aus? Festzuhalten ist in diesem Zusammenhang allerdings: Die Qualität der Eltern-Kind-Zeiten ist wichtiger als deren Quantität.

Die Qualität der Einrichtung

Hilfen hierbei können die Leitfragen in *Abschnitt 3* sein. Darüber hinaus sollten Eltern sich selbst ein Bild der Einrichtung machen, indem sie – in Absprache mit den Verantwortlichen – durch die Schule oder den Hort gehen und dabei versuchen, den »Geist« bzw. das »Klima« der Einrichtung zu erspüren. Darüber hinaus können sie mit Kindern und anderen Eltern über deren bisherigen Erfahrungen in der Schule bzw. im Hort reden und deren Eindrücke sammeln. Letztlich wäre ein »Schnuppertag« für die Kinder eine gute Möglichkeit, die Wahl des Angebots zu erleichtern.

Fest steht: Kinder brauchen Zeit – Zeit für erkundendes Lernen, für entdeckendes Lernen, für spielerisches Lernen und für soziales Lernen. Darüber hinaus benötigen sie Zeit zum Nachdenken, zum Zurückziehen und Entspannen, für ästhetisches Lernen und auch Zeit, das Lernen zu lernen (vgl. Knörzer 2008, S. 229ff.). Zeit und Räume, um Demokratie zu lernen, Verantwortung zu übernehmen und die eigene Persönlichkeit zu entwickeln.

Erwachsene und Kinder – wir alle brauchen mehr Zeit, das Lernen mit dem Leben zu verbinden, denn Lernen findet ein Leben lang statt – egal wo. Die Ganztagsschule mit einem »Mehr an Zeit« und erweiterten Lern- und Erfahrungsräumen kann eine Chance sein, denn »schließlich könnte es so sein, dass die Schüler(innen) wieder entdecken, was ihnen genetisch ursprünglich in die Wiege gelegt war: Lernen ist Welteroberung, Lernen bringt Freiheit und Lernen macht Spaß« (Fuchs 2006, S. 46).

4

Schulwahl und Schulwechsel:
Regelschule, Privatschule oder Internat?

S. Karin Amos

Woran sollte sich die Schulwahl ausrichten?

Bevor ich Ihnen die Möglichkeiten der Schulwahl im Einzelnen vorstelle, möchte ich Ihnen eine Überlegung vorstellen, die Ihnen bei der Entscheidung Orientierung bieten kann. Der große amerikanische Reformpädagoge John Dewey definiert Erziehung (wobei das englische Education unseren Begriff der Bildung mit einschließt) als Wachstum. Er meint damit, dass das Ziel aller pädagogischen Anstrengungen sein muss, einen produktiven Anschluss an bereits gemachte Erfahrungen zu ermöglichen. Für ihn sind Interesse und Neugierde eine anthropologische Konstante, eine Gegebenheit des Menschseins und nichts, das erst künstlich zu erzeugen ist. In der Erziehung kommt es daher entscheidend darauf an, an diese mitgebrachten Dispositionen anzuknüpfen. Der größte Fehler in der Erziehung besteht demzufolge darin, die Erfahrungskontinuität einzuschränken oder gar zu kappen. Für Dewey kommt hinzu, dass Erziehung ein soziales Geschehen ist. Daher spielen für ihn sowohl die Frage der Lehrer-Schüler-Beziehung als auch die Frage nach den Beziehungen innerhalb der Gleichaltrigengruppe des Klassenverbandes eine zentrale Rolle. Auch wenn die Überlegungen Deweys mittlerweile rund einhundert Jahre alt sind und er von den heutigen Anforderungen der Wissensgesellschaft noch nichts wissen konnte, bin ich doch der Überzeugung, dass sich aus seinen Einsichten nach wie vor wichtige Orientierungen ableiten lassen, die um die zentrale Frage kreisen: Hat mein Kind die richtigen Bedingungen, um produktiv an Erfahrungen anschließen zu können. Bei Dewey, dem Reformpädagogen, hat Erfahrung immer etwas mit Lebensweltorientierung zu tun, und an dieser Stelle will ich diesen Erfahrungsbegriff auch auf schulische Erfahrungen anwenden, also auf schulischen Lernstoff, dessen unmittelbarer Anwendungsbezug nicht ersichtlich ist. Damit mache ich Dewey anschlussfähiger an das, was hier zur Diskussion steht und was Sie als Eltern wahrscheinlich ohnehin zu einem Kriterium erhoben haben: Sie wollen, dass Ihr Kind gut mitkommt, weder dauerhaft überfordert noch unterfordert ist. Ich habe deshalb auf Dewey Bezug genommen, weil er zu denjenigen zählt, die den Erfahrungsbegriff am prägnantesten mit Bezug auf Erziehung ausgearbeitet haben, und darin liegt seine Aktualität: Wenn es nicht gelingt, an das anzuknüpfen, was schon in der klassischen Pädagogik als Selbsttätigkeit bezeichnet wurde, und diese durch ein entsprechend förderliches Klima in Schule und Unterricht zu fördern, stehen die Chancen schlecht, die nachwachsende Generation auf eine Freude am Lernen und damit am Machen von Erfahrungen vorzubereiten, die ein Leben lang anhalten soll. Bei der nun folgenden Frage, ob diese Bedingungen besser in Privat-, Regelschulen oder Internaten erfüllt sind, beginne ich mit den Internaten.

> Wenn es nicht gelingt, an das anzuknüpfen, was schon in der klassischen Pädagogik als Selbsttätigkeit bezeichnet wurde, und diese durch ein entsprechend förderliches Klima in Schule und Unterricht zu fördern, stehen die Chancen schlecht, die nachwachsende Generation auf eine Freude am Lernen und damit am Machen von Erfahrungen vorzubereiten, die ein Leben lang anhalten soll.

Gründe, die für ein Internat oder eine Privatschule sprechen

Das folgende Zitat aus dem »Handbuch deutscher Internate« setzt genau an diesem Punkt an: Wie finde ich für mein Kind das richtige schulische »Habitat«, in dem es wachsen und gedeihen kann.

»Als Eltern wissen Sie, wie wichtig es ist, dass Ihre Kinder unter günstigen Bedingungen aufwachsen. Sie wünschen sich für Ihre Kinder ein Lebens- und Lernumfeld, das auf individuelle Eigenarten, Bedürfnisse, Möglichkeiten und Anlagen in behutsamer Weise so eingeht, dass sich fördernde und fordernde Einwirkungen zu einer geglückten persönlichen Entwicklung verbinden. Sie wissen, dass es um mehr als nur einen guten Schulabschluss geht – so notwendig der in unserer Zeit ist –, wenn aus einem Kind oder Jugendlichen ein lebenstüchtiger Erwachsener werden soll. Sie hoffen, dass Ihre Kinder lernen, hohe Ansprüche an sich selbst zu stellen, aber dass sie auch Verlässlichkeit und Rücksichtnahme lernen; dass sie lernen, Verantwortung zu übernehmen, und den Mut finden, auch schwierige Probleme anzupacken. Sie wünschen Ihren Kindern, dass sie in einem Klima der Weltoffenheit und Toleranz aufwachsen ...« (Arbeitsgemeinschaft Freier Schulen 2002, S. 2).

In diesem Zitat wird deutlich, dass die Entscheidung für eine Schule ein ganzes Paket von Gesichtspunkten enthält, wovon die optimale kognitive Förderung sicher ein wichtiges, aber bei weitem nicht das einzige Kriterium ist. Im Folgenden möchte ich die grundsätzliche Wahlentscheidung zwischen einer staatlichen oder öffentlichen Schule und einer privaten kurz mit Ihnen diskutieren.

In Deutschland gibt es keine so ausgeprägte Landschaft privater Schulen wie in vielen anderen Ländern. Synonym zum Begriff der Privatschule sind auch die Bezeichnungen »Schulen in freier Trägerschaft«, oder kurz »Freie Schulen« gebräuchlich, um damit die Unterscheidung zu den staatlich verantworteten Schulen anzuzeigen.

Grundsätzlich haben wir die folgende rechtliche Situation: Staatliche und private Schulen sind gleichberechtigt; beide Formen stehen in einem bestimmten Verhältnis zum natürlichen Erziehungsrecht der Eltern. Durch das Betreiben von öffentlichen Schulen garantiert der Staat das Recht der Jugend auf Bildung. Diesem Recht entspricht umgekehrt die Schulpflicht. Der Staat hat aber kein Bildungsmonopol, sondern lässt auch andere Akteure zu. Unter welchen Bedingungen diese dann aber das Recht haben, staatlich anerkannte Abschlusszeugnisse zu vergeben, unterliegt wiederum der staatlichen Regelung auf Länderebene. Grundsätzlich lässt sich zwischen zwei Grundformen von Privatschulen unterscheiden, den so genannten Ergänzungs- und den so genannten Ersatzschulen (Arbeitsgemeinschaft Freier Schulen 2002, S. 12f.). Hinsichtlich der Kosten lässt sich keine Faustregel angeben; es ist aber in jedem Fall ein Mythos, zu meinen, die Schulen in freier Trägerschaft seien nur von finanziell gut situierten Eltern bezahlbar. Es kommt hier sehr darauf an, wer die Schule betreibt, ob es sich um ein Internat handelt und welche Förderungsmöglichkeiten für die Finanzierung bestehen.

Es lohnt sich also eine Einzelfallprüfung. Die Privatschulen können – neben den Aufgaben, die sie mit den öffentlichen Schulen gemein haben – insbesondere die weltanschaulichen Erziehungswünsche der Eltern adressieren, vor allem das Recht auf freie Religionsausübung. Sie tun dies, indem sie die weltanschaulichen oder konfessionellen Werthaltungen in ihren pädagogischen Konzeptionen berücksichtigen. Oft werden auch die größeren didaktischen und inhaltlichen Gestaltungsmöglichkeiten betont und die positive Beziehung zur innovativen Gestaltung von Berufsfeldern. In einigen sozialen Berufen, zum Beispiel dem der Erzieherin/des Erziehers, spielen vor allem die konfessionell gebundenen Freien Schulen eine auch quantitativ gleichberechtigte Rolle wie die staatlichen – dies betrifft in einigen Bundesländern auch die Ausbildungsebenen der Fachschulen und der Fachhochschulen.

Ein Gesichtspunkt bei der Schulwahl könnte also die konfessionelle/weltanschauliche Ausrichtung der Schule sein. Dabei sind in der deutschen Privatschullandschaft der religiösen Vielfalt deutliche Grenzen gesetzt, was nochmals deutlich auf die Traditionen und die historisch bedingten Konstellationen der deutschen Schullandschaft verweist. In allen modernen Gesellschaften ist die staatliche Garantie für eine Beschulung der Jugend konstitutiv, aber in welches Verhältnis sich staatliche und kirchlich-religiöse Akteure zueinander setzen, variiert stark. Die für die meisten europäischen Länder in unterschiedlicher Ausprägung und Konstellation charakteristische christliche Ausrichtung findet sich nicht nur in den explizit konfessionellen Schulen – die beiden großen christlichen Konfessionen betreiben einen Großteil der Freien Schulen –, sondern auch in den nominell nicht konfessionell gebundenen Freien Schulen wie den »Freien Waldorfschulen« oder den Landerziehungsheimen, denn auch sie sind in ihrem pädagogischen Grundverständnis im christlichen Glauben verwurzelt.

Es kann aber auch für nicht strenggläubig christliche oder für nichtchristliche Familien gute Gründe geben, sich für eine der christlichen Tradition verpflichtet fühlende Privatschule zu entscheiden. Dies wird immer dann der Fall sein, wenn Eltern und Schule weniger das Exklusive der Glaubensgemeinschaft als vielmehr universale Dimensionen des Menschenbildes in den Blick nehmen. Um die allgemeinen Kriterien, die für eine Privatschule sprechen, kurz zusammenzufassen:

1. Die Entscheidung für eine bestimmte weltanschauliche/religiöse Ausrichtung impliziert die Entscheidung für ein bestimmtes Schulklima,

> **Es kann aber auch für nicht strenggläubig christliche oder für nichtchristliche Familien gute Gründe geben, sich für eine der christlichen Tradition verpflichtet fühlende Privatschule zu entscheiden.**

von dem Sie erwarten, es sei der Gesamtentwicklung Ihres Kindes besonders förderlich.

2. Die Entscheidung für eine Freie Schule impliziert ebenso die Entscheidung für ein bestimmtes pädagogisches, inhaltliches und/oder didakti-
sches Konzept. Dabei kann auch eine Rolle spielen, ob die in Rede stehende Schule eine Bedeutung für ein bestimmtes Berufsfeld hat (dieser letzte Punkt verdeutlicht, dass die Frage der Schulwahl tatsächlich eine für
das gesamte Jugendalter relevante Frage ist).

Eine wichtige Frage ist die nach einer Internatsbeschulung. Auch hier gilt: Es
ist unmöglich, eine pauschale Antwort zu geben. Die speziellen Entwick-
lungserfordernisse und Fördermöglichkeiten mögen dies bei einigen Kindern
und Jugendlichen durchaus nahelegen, und es ist nicht zu bestreiten, dass
manche Internatsschüler und -schülerinnen diese besondere Erfahrung einer Schul- und Lebensgemeinschaft als sehr wichtig und für ihre Persönlich-
keitsentfaltung notwendig betrachten. Ebenso ist nicht zu bestreiten, dass
manche Internatszöglinge, vor allem, wenn sie be-
reits als Kinder ins Internat kamen, regelrecht trau-
matisiert sind, weil sie nicht verstanden haben, warum sie nicht in ihren Familien aufwachsen konnten.
Vor allem in England, dem Mutterland der Internatserziehung, gibt es hierzu Literatur. Inzwischen ist
dies kein Tabu mehr, sondern ein auch in der Öffentlichkeit diskutiertes Thema. An dieser Stelle möchte
ich zur Verdeutlichung nochmals auf die eingangs
angesprochene Orientierung am produktiven Anschluss von Erfahrungen zurückkommen. Die briti-
sche Erfahrung zeigt, dass Eltern die besten Motive haben mögen, ihre Kinder für eine Internatserziehung vorzusehen. In einem Land, in dem soziale
Klassenunterschiede deutlich markiert sind, hoffen diese Eltern, ihr Kind tue
sich leichter mit dem sozialen Aufstieg, weil es nicht nur die kognitiven Bedingungen – gute Schulleistungen – erfülle, sondern darüber hinaus auch
die sozialen Umgangsformen und die kulturellen Gepflogenheiten der höheren Schichten quasi nebenbei mitlerne.[1] Aus Sicht der Betroffenen ergibt sich

> Es ist nicht zu
> bestreiten, dass manche
> Internatszöglinge, vor allem,
> wenn sie bereits als Kinder
> ins Internat kamen, regel-
> recht traumatisiert sind, weil
> sie nicht verstanden haben,
> warum sie nicht in ihren Fami-
> lien aufwachsen konnten.

---

[1] Einer der Klassiker zum Zusammenhang zwischen Position im sozialen Raum und individu-
ellem Lebensstil ist nach wie vor Bourdieus »Die feinen Unterschiede. Kritik der gesellschaftlichen Urteilskraft«.

aber unter Umständen ein ganz anderes Bild. Der Wechsel ins Internat kann für sie Verlust und Schock über den so empfundenen elterlichen Liebesverlust bedeuten. In diesen Fällen ist es sehr schwer, die Schulzeit als Bereicherung zu empfinden; sie kommt dann eher einem Überlebenstraining gleich.

Informationen

Es empfiehlt sich eine gesunde Mischung aus Lektüre und eigener Anschauung. Zur Lektüre zählen die Publikationen der Arbeitsgemeinschaft Freier Schulen; hier vor allem das Handbuch Freie Schulen und das Handbuch deutscher Internate, die ich im Literaturverzeichnis aufgeführt habe. Diese sind sehr übersichtlich gestaltet, legen den rechtlichen Rahmen gut verständlich dar und bieten Kurzbeschreibungen und Adressen der Einrichtungen. Für den Fall, dass Sie eine bestimmte Freie Schule näher in den Blick genommen haben, empfiehlt sich neben der Anschauung vor Ort eine vertiefende Lektüre. Zu gut untersuchten Schulen zählen beispielsweise die Waldorf- und die Montessorischulen – aber auch die Gründung Hartmut von Hentigs, die Bielefelder Laborschule, oder die Glocksee-Schule in Hannover. Es ist wichtig, beide Seiten zur Kenntnis zu nehmen. Sowohl die befürwortende als auch die kritische.

Es empfiehlt sich eine gesunde Mischung aus Lektüre und eigener Anschauung.

4

... oder doch die Regelschule?

Unter der Überschrift Schulentwicklung spielen seit einigen Jahren auch hierzulande zwei Begriffe eine große Rolle, die eigentlich keine Tradition in der deutschen Schuldiskussion haben: Schulwahl und Schulautonomie sowie verwandte Begriffe wie Schulprogramm und Schulprofil. Diese Diskussion weist auf eine wichtige Veränderung hin: Auch innerhalb der gleichen Schulform werden Unterschiede als wertvoll und wichtig empfunden, als wettbewerbsanregend und die Individualisierung der Schüler und Schülerinnen fördernd. Gleichzeitig gibt es nach wie vor eine rege Kritik an der öffentlichen Schule. Aus ökonomischer Sicht hat diese jüngst Ludger Wössmann vorgetragen. Mit diesem Trend, auch innerhalb des staatlichen Schulsystems mehr Spielraum für Innovationen und Experimente zu schaffen, für Teamentwicklung im Kollegium und für eigene Schwerpunktsetzungen, entfallen einige der Argumente, mit denen traditionell die Schulen in freier Trägerschaft für sich Werbung machen, oder gelten jedenfalls deutlich eingeschränkter. Bislang nämlich berief sich die Darstellung vielfach darauf, die Regelschule sei so etwas wie ein Prokrustesbett, und nur die privaten Schulen seien Horte der Innovation und der Experimentierfreudigkeit. Einige dieser öffentlichen Schulen haben in der viel beachteten Dokumentation »Treibhäuser der Zukunft« bundesweit von sich reden gemacht. Insofern lohnt es auch hier, sich ein detailliertes Bild über das Regelschulangebot in Ihrer Umgebung zu machen. Auch lohnt es sich, zu fragen, wie man in Ihrem Bundesland und Ihrem Stadtteil mit der Frage der Schuleinzugsbezirke umgeht. Welche Wahlmöglichkeiten Ihnen diesbezüglich offenstehen.

Inzwischen zeichnet sich zudem ein Trend ab, den man bis vor kurzem nur aus Ländern mit langer elterlicher Schulwahltradition kannte, der in Deutschland aber gänzlich unbekannt war: Eltern wählen zunehmend ihren Wohnort – und vielleicht auch ihren Arbeitsplatz – mit Blick auf das lokale Schulangebot. Dies hat zum einen den Hintergrund, dass PISA wieder ins Bewusstsein gerufen hat, was man in der Großen Bildungsreform vor vierzig Jahren schon einmal festgestellt hat: dass es eine Korrelation zwischen Bildungsbeteiligung und Bundesland gibt. Insofern ist die Frage nicht uninteressant, wie die Konstellation an weiterführenden Schulen an Ihrem Wohnort aussieht und wie sich in Ihrem Bundesland die Verteilung der Jahrgangskohorten an den unterschiedlichen Schulformen gestaltet. Daher ist es eine prinzipielle Frage, ob Sie sich lieber in einem Bundesland niederlassen, das auf Gesamtschulen setzt, oder ob Sie eine Bildungspolitik bevorzugen, die am klassischen dreigliedrigen Modell (ohne Förderschule) festhält. Sollte Ihr Kind einen besonderen Förderbedarf haben, so ist ebenfalls zu prüfen, wie das Angebot vor Ort aussieht und ob es integrative bzw. inklusive Angebote gibt oder ob man auf räumliche Separation setzt. Ganz entscheidend ist auch die Frage der Durchlässigkeit der unterschiedlichen Schulformen. Dies betrifft die Förderschulen; hier sollten Sie sich genau erkundigen, unter welchen Bedingungen Ihr Kind ein anerkanntes Schulabschlusszeugnis erwerben kann; es betrifft aber auch die Frage der nachträglichen Korrektur der ursprünglichen Übergangsentscheidung. Sollte Ihnen nahegelegt werden, dass Ihr Kind in der Schulform, in der es sich augenblicklich befindet, überfordert sei und deshalb eine Querversetzung in die gleiche Jahrgangsklasse einer anderen, in diesem Falle niedrigeren Schulform angesagt sei, sollten Sie die Für- und Wider-Argumente sorgfältig prüfen. Die Statistik zeigt nämlich, dass eine solche Abstufung zwar häufig vorübergehende Leistungsverbesserungen mit sich bringt, mittel- und langfristig aber nicht zu den erhofften besseren Noten im Abschlusszeugnis führt. Eine Vielzahl von Faktoren spielt hier eine Rolle. Der so genannte »big-fish-in-little-pond-effect« (Fischteicheffekt) – ein leistungsstarker Schüler in einer insgesamt schwächeren Klasse – ist jedenfalls kein verlässlich voraussagendes Argument für die weitere Entwicklung. Umgekehrt ist die »Höherstufung« aufgrund der höheren Anforderungen immer eine Herausforderung, aber keine, die von vornherein ängstlich vermieden werden sollte.

Aus eigener Erfahrung in einem Schülerstipendienprogramm der Bosch Stiftung für begabte Zuwanderer kann ich bestätigen, dass Jugendliche mit Migrationshintergrund erhebliche sprachliche Hürden überwinden können und sich innerhalb des Sekundarschulwesens erfolgreich nach oben arbeiten. Damit will ich nicht sagen, dass dies für alle gilt. Ich will damit nur sagen, dass man sich durch vorhersehbare Schwierigkeiten des Übergangs nicht von vornherein entmutigen lassen soll, wie ja auch umgekehrt die Abstufung nicht automatisch bedeutet, einen besseren Schulabschluss zu erwerben als in der ursprünglich vorgesehenen Schulform.

> Aus eigener Erfahrung in einem Schülerstipendienprogramm der Bosch Stiftung für begabte Zuwanderer kann ich bestätigen, dass Jugendliche mit Migrationshintergrund erhebliche sprachliche Hürden überwinden können und sich innerhalb des Sekundarschulwesens erfolgreich nach oben arbeiten.

Zusammenfassung

Eines ist klar: Bildung im Sinne einer gelungenen Schulkarriere ist wichtig. Das war zwar in modernen Zeiten schon immer so, aber im Unterschied zu unseren Wirtschaftswunderzeiten, ist es heute unwahrscheinlicher, ohne einschlägige Ausbildung in vollem Umfange an der Gesellschaft teilzuhaben. Das viele Menschen zunächst befremdende und auch zum Unwort des Jahres 2004 erkorene »Humankapital« besagt im Kern nichts anderes. Investitionen in Bildung seien sowohl aus gesellschaftlicher als auch aus individueller Sicht notwendig, weil damit nicht nur wirtschaftliche Entwicklung durch ein größeres Innovationspotenzial verbunden sei, sondern sich auch die Wahrscheinlichkeit stabiler demokratischer Verhältnisse durch stärkere politische Partizipation und zivilgesellschaftliches Engagement erhöhe, es einen positiven Zusammenhang zwischen Bildung und Gesundheit gebe und schließlich, aber nicht letztlich, das individuelle Wohlbefinden im umfassenden Sinne zunehme. Bildung und der Erwerb von Wissen zählen zu den Dingen, die man beeinflussen kann – vieles, was einem sonst im Leben widerfährt, leider nicht. Vor diesem Hintergrund also die Frage nach der Entscheidung für die richtige, für die passende Schule. Diese Entscheidung erscheint umso komplizierter, weil mit den gestiegenen elterlichen Wahlmöglichkeiten sowohl zwischen »freien« und »öffentlichen« Schulen als auch innerhalb der öffentlichen Schulen der Verantwortungsdruck für Sie als Eltern vielleicht als sehr belastend wahrgenommen wird. Leider gibt es hier wie bei allen anderen pädagogischen Fragen keine Rezepte, aber es gibt Anhaltspunkte.

Der eine ist: Als Eltern liegt Ihnen das Wohl Ihres Kindes am Herzen. Sie wollen, dass die Schulform, die Sie auswählen, zu Ihrer Tochter oder Ihrem Sohn passt, dass Ihr Kind von den Lehrpersonen bestmöglich gefördert, gut in den Klassenverband integriert ist, von den Mitschülerinnen und Mitschülern nicht drangsaliert wird, dass sie bzw. er im Unterricht »mitkommt«, insgesamt Freude an den Fächern hat und im Unterricht weder deutlich über- noch deutlich unterfordert wird. Diese an Ihrem Kind und dessen Vorlieben und Stärken orientierten Überlegungen sind nach meiner Einschätzung der wichtigste Bezugspunkt. Der zweite, damit in Verbindung stehende wurde mit dem Verweis auf den amerikanischen Reformpädagogen John Dewey und seine Betonung des Erfahrungsbegriffs ins Spiel gebracht. Erziehung und Bildung, so seine These, sollten immer produktiv an Erfahrungen anschließen, Erfahrungsräume sollten nicht abgeschnitten werden. Das Schlimmste, das gerade in unserer Zeit des lebenslangen Lernens passieren kann, ist daher, wenn Lernen und Wissen aufgrund von schlechten schulischen Erfahrungen so negativ belegt sind, dass ein produktives Anknüpfen nicht mehr möglich ist.

Indem ich diese Vorüberlegungen nochmals in Erinnerung gerufen habe, möchte ich Ihnen sagen: Die Schulentscheidung ist eine Mischung aus Rationalität und Intuition, kognitiver und emotionaler Intelligenz. Zu den rationalen Überlegungen zählt: Kommt für Sie eine besondere weltanschauliche/konfessionelle Schule in Betracht? Wenn ja, sollten Sie sich über die verschiedenen Möglichkeiten einer solchen privaten Schule informieren. Überlegen Sie, ob ein Internat geeignet sein könnte für Ihr Kind? Dann sollten Sie sich fragen, welche Gründe prinzipiell dafür sprechen und welche Rolle die Trennung von der Familie spielen wird. Geht es um die Entscheidung für eine öffentliche Schule und sind Sie hinsichtlich Ihres Arbeitsplatzes und sonstiger Bindungen flexibel und mobil, könnte die Frage nach der bildungspolitischen Gestaltung auf Länderebene eine gewisse Rolle spielen. Mindestens ebenso wichtig kann dagegen die Frage nach der Konstellation des lokalen Schulsystems in Ihrem Ort oder Ihrem Stadtteil sein. Wie sieht diese aus? Welche Schulformen werden angeboten? Diese Frage ist dann besonders wichtig, wenn Ihr Kind entweder einen besonderen Förderbedarf hat oder wenn Sie bestimmte Vorstellungen bezüglich der Profilierung der weiterführenden Schule haben, beispielsweise ein naturwissenschaftlich ausgerichtetes Gymnasium einem neusprachlichen vorziehen. Schließlich ist auch die Frage der Durchlässigkeit eine, die sich Ihnen vielleicht stellt. Es kann gut sein, dass die Übergangsentscheidung für Ihr Kind nicht so eindeutig ist, wie man das gerne wünschen würde. In diesem Fall ist es gut, sich auf eine mögliche Korrektur vorzubereiten und gleich mit im Blick zu haben (ohne es zu erzwingen), wie ein möglicher Schulwechsel für alle Beteiligten gut verkraftet werden kann. Das Entscheidende aber ist: All diese Informationsquellen und Überlegungen sind nur der eine Teil. Sie sind völlig unerheblich, wenn Sie nicht mit einem konkreten Kind oder Jugendlichen verknüpft werden. Ihr Kind hat ein Geschlecht, einen familialen Hintergrund, bestimmte Neigungen, vielleicht auch Schwierigkeiten, die Sie als Eltern wahrscheinlich am besten kennen und gewichten können. Erst dann lässt sich entscheiden, wie Kind und Schule zueinander passen.[2]

---

2   Im Anhang auf Seite 618 f. finden Sie eine Auswahl von interessanten Internetseiten, die Ihnen bei der Schulwahl behilflich sein können.

Ist mein Kind hochbegabt?

Beate Lubbe

Hochbegabung ist das Vorhandensein besonderer Talente, die weit außerhalb der Norm liegen. Hochbegabte Kinder verfügen über teils extreme Befähigungen z. B. aus einem oder mehreren der folgenden Bereiche: sprachlich, logisch-analytisch, mathematisch, räumlich, kreativ, musisch, künstlerisch, sportlich oder sozial.

Musische und sportliche Begabungen werden recht rasch gesellschaftlich respektiert und teils auch staatlich gefördert. Anders sieht es leider oft bei der Intellektualität aus. Hier gehen die Meinungen leider weit auseinander. Oft bestehen deutliche Vorbehalte in der Bevölkerung, aber auch Unsicherheiten bei vielen Fachleuten. Selbst darüber, ab welchem Intelligenzquotienten von Hochbegabung gesprochen wird, besteht Uneinigkeit. Im Allgemeinen wird davon ausgegangen, dass die intellektuelle Leistungsfähigkeit im oberen 2- bis 5-%-Bereich liegt. Dies bedeutet, dass 95 bis 98 % der Gleichaltrigen diese intellektuelle Leistungsfähigkeit nicht aufweisen.

Es ist offensichtlich, dass die Intelligenz eines Menschen ein wichtiger Faktor ist, der Einfluss auf die gesamte kindliche Entwicklung hat. Die Hochbegabung ist also ein Phänomen, das die gesamte kindliche Entwicklung von Beginn an durchzieht. Sie macht sich in Bewegung, Reaktionen und Verhalten deutlich. Dabei wird sie beschrieben als ein Abweichen von der Norm.

Was macht mich schon früh stutzig?

Ein erster Hinweis auf die besonders wachen Sinnesorgane, über die hochbegabte Kinder und Jugendliche verfügen, sind die wachen Augen. So scheint, bei der Befragung von Eltern im Nachhinein, in der Neugeborenensituation oft eine frühreife Sehfunktion vorzuliegen, wie sie normalerweise erst mit 6 oder 8 Wochen erreicht wird. Häufig wird berichtet, dass diese Kinder bereits kurz nach der Geburt das Gesicht ihres Gegenübers fixieren konnten. Hierzu ist eine Steuerung der Augenmuskulatur und der Koordination beider Augen notwendig. Durch die sehr frühe Sehleistung erfolgt dann bereits ein Eindruck der prägenden Umwelt. Damit wird die Zahl der Sinneseindrücke vermehrt. Im Zusammenhang mit dieser hohen Leistungsfähigkeit der optischen Wahrnehmung steht oft auch ein erstaunliches Erinnerungsvermögen für Gesehenes. So können sich bereits sehr junge Kinder erinnern, welche Straßen sie entlanggefahren wurden oder welche Häuserfronten dabei zu sehen waren. Durch die interessante und auffordernde Informationsaufnahme über die Augen entsteht das Phänomen, dass gehäuft bestimmte motorische Entwicklungsschritte des ersten Lebensjahres übersprungen werden. Der hohe Informationsbedarf des Auges führt zu dem Wunsch, sich möglichst rasch aufzurichten oder in erhöhter Position getragen bzw. im Kinderwagen gefahren zu werden. Nur dadurch ist der hohe, mit Vergnügen verbundene Input für die Augen gewährleistet. Dieses frühe Aufrichten führt jedoch zu einer Vernachlässigung des Gleichgewichtsorgans. Die Wahrnehmungsfähigkeit für nichtoptische Sinnesreize wird dadurch verringert. Die Koordination der Bewegungsabläufe bei der Vorwärtsbewegung, beim Krabbeln, beim Sitzen und beim Hinstellen erfolgt somit überwiegend durch die optische Kontrolle, da dieses Sinnesorgan schneller und leistungsfähiger ist. Manche Kinder können sich bereits mit acht Monaten zum Stehen an Möbeln oder Tischen hinaufziehen. Der Bewegungsablauf des Laufenlernens erfolgt dann durch die visuelle Kontrolle. Dies wiederum kann zu Diskrepanzen zwischen Grob- und Feinmotorik führen.

Oft sind feinmotorische Leistungsfähigkeiten, wie das Auffädeln von Perlen oder die Benutzung von Steckkästen, erstaunlich früh exakt möglich. Die Kombination der sehr hohen Denkfähigkeit mit der hervorragenden Leistungsfähigkeit der visuellen Informationsverarbeitung führt hier häufig zu erstaunlichen Leistungen. Die Kinder haben das Prinzip der ersten Steckkästen oder Holzpuzzles nach nur wenigen Anläufen bereits begriffen, wodurch dieses Spielzeug dann oft recht rasch an Aufforderungscharakter verliert.

> **Oft sind feinmotorische Leistungsfähigkeiten, wie das Auffädeln von Perlen oder die Benutzung von Steckkästen, erstaunlich früh exakt möglich.**

Neben dem frühen Auftauchen des symbolhaften Spieles, in dem also der Gegenstand des tatsächlichen Handelns zunehmend zu einem Gegenstand des Denkens wird, zeigen hochbegabte Kinder in diesem Lebensalter bereits auch eine ausgeprägte Phantasie sowie einen hohen Ehrgeiz. Dies kann dazu führen, dass einmal gefasste Spielideen für sie unbedingt so umgesetzt werden müssen. Es kann passieren, dass sie zum Beispiel die Spielidee »Wir befinden uns im Urwald« in allen Details ausführen möchten (gebastelte Palmen, Stimmen wilder Tiere etc.). Eine Verminderung des Spielanspruches mit weniger Details, weniger Ausschmückung, kann dann zu Frustration und zum Spielabbruch führen. Dies wirkt dann oft wie eine verringerte Toleranz gegenüber Versagungen und Misserfolgen.

Aber noch in einem weiteren Bereich könnte die besondere Begabung in der frühen Kindheit auf sich aufmerksam machen. Die besondere mathematische Befähigung kann sich zum Beispiel darin dokumentieren, dass Kleinkinder, die normalerweise über keine ausreichenden Zahlenbegriffe verfügen, in der Lage sind, exakt den Tisch zu decken, und zwar entsprechend der zu erwartenden Anzahl an Personen. So kann es sein, dass sie bei dem geplanten Besuch beider Großelternteile der Eltern den Tisch korrekt für 7 Personen decken können, ohne dies an den Fingern abzuzählen oder über den Zahlenbegriff 7 zu verfügen. Das Vorstellungsvermögen für die entsprechende Zahl der Personen deckt sich dann mit dem Vorstellungsvermögen für die exakte Anzahl der Teller oder Kuchengabeln.

Und noch etwas kann die beteiligten Eltern und Erzieher verwundern, nämlich der frühe und sehr genaue Umgang mit Sprache. Dies bezieht sich nicht nur auf einen großen Wortschatz, der ja in weiten Teilen abhängig ist von der förderlichen Umgebung, sondern vor allen Dingen auf den frühen und korrekten Einsatz der Grammatik. So wird auffällig früh das Passiv oder der Konjunktiv eingesetzt. Formulierungen wie »Würdest du mich bitte vorangehen lassen?« bei einem 4-Jährigen sollten uns auffallen. Auch Antworten wie »Ich würde in die Bauecke nachkommen, wenn ich dieses Kartenspiel beendet haben würde« sollten uns in der Komplexität der Formulierung aufmerksam werden lassen. Insbesondere der frühe Einsatz des Konjunktivs, der ansonsten ein Zeichen von Schulreife ist, kann im Kindergarten Anlass sein für erhebliche sprachliche Kommunikationsstörungen, da dieser von Gleichaltrigen oft nicht entsprechend verstanden wird. Die Formulierung »Wenn ich dieses Kartenspiel beendet haben würde« wird üblicherweise von einem Kindergartenkind verstanden als »Ich werde dieses Kartenspiel jetzt beenden«. Der Inhalt beider Sätze ist jedoch nicht deckungsgleich. In

Der frühe und sehr genaue Umgang mit Sprache kann Eltern und Erzieher verwundern.

der einen Variante wird nur auf die Möglichkeit hingewiesen, die in der Zukunft liegt, wenn etwas beendet sein könnte. In der zweiten Variante erwartet das Gegenüber, dass genau diese Tätigkeit jetzt beendet wird.

Was wäre sonst noch typisch?

Nachdem also einige Aktivitäten des Kindes, einige Sätze, Formulierungen oder Verhaltensweisen der Umwelt das Signal gegeben haben, bei diesem Kinde sei in der Entwicklung irgendetwas ungewöhnlich, müssen wir uns der zweiten Frage zuwenden, was sonst noch die typischen Anzeichen für eine Hochbegabung sein können.

Checkliste möglicher Auffälligkeiten

1. Früh wache, aufnahmebereite Augen.
2. Entwicklungsstadien der frühen Kindheit werden schneller durchlaufen oder übersprungen.
3. Großer Unterschied in der Qualität zwischen Grob- und Feinmotorik.
4. Auffällig rasche Spielentwicklung mit raschem Übergang vom Informationsspiel zum Konstruktionsspiel.
5. Frühes Symbol- und Regelspiel.
6. Sprachvermögen gekennzeichnet durch hohe Grammatikalität.
7. Mathematisch exakte Lösungen ohne Kenntnis der tatsächlichen Zahlenbegriffe.
8. Hohe Logik.
9. Rascher Transfer von Informationen zu bereits gemachten Erfahrungen.
10. Hohe Ausdauer und Hartnäckigkeit.
11. Ausgeprägter Sinn für Humor und Wortspiele.
12. Sensorische Überempfindlichkeiten (zu laut hören, Körperkontakt ablehnen).
13. Sensible Wahrnehmung nonverbaler Botschaften.
14. Hohes Gefühl für Ehrlichkeit und Authentizität.
15. Ungleichmäßiges Entwicklungsprofil (besonders zwischen Geist und Gefühl).
16. Geringes Schlafbedürfnis.

Nicht alle erwähnten Elemente dieser Checkliste müssen bei jedem einzelnen Kind vorliegen. Jedoch findet sich bei der Hochbegabung im Kindesalter eigentlich immer der Hinweis auf ein besonders logisches und folgerichtiges Denken. Dies kann sich im Alltag durchaus in unangepassten oder provokativen Verhaltensweisen äußern. So kann auf den Satz »Iss deinen Teller auf!« das hochbegabte Kind versuchen, in den Porzellanrand des Tellers zu beißen. Dabei führt gerade das hoch logische Denken mit der Fähigkeit, gerade Gehörtes mit Bisherigem zu verknüpfen, zu oft überraschenden und den abenteuerlichsten Gedankenvorstellungen, z. B. zu folgender Frage: »Wenn man mit dem Luftgewehr in die Luft schießt, fallen dann nicht die Schutzengel tot herab?« Es ist klar, dass diese Kombinationsfähigkeit zu unspezifischen Ängsten bei den Kindern führen kann. Auch eine ausgeprägte Phantasie in Kombination mit streng logischem Denken kann zu Angstzuständen führen, wie sie vor allen Dingen oft beim nächtlichen Einschlafen auftreten. So kann die bei Kindern häufige Angst vor Einbrechern in Kombination mit der Hochbegabung dazu führen, dass sie sich schrittweise ausmalen können, durch welche Fenster, mit welchen Instrumenten und durch welche Türen und mit welchem Hammer die Einbrecher das Haus betreten könnten, obwohl die Eltern durchaus Vorsorgemaßnahmen getroffen haben.

Anstrengend für ihre Umwelt werden die hochbegabten Kinder jedoch meist durch die Eigenschaft der hohen Intensität, Ausdauer und Hartnäckigkeit. Wenn sie ein bestimmtes, einmal gesetztes Ziel verfolgen, wie zum Beispiel eine bestimmte Sammlung von Gegenständen zu vervollständigen, können sie ihre Interessen und ihren hohen Energiepegel ganz diesem Ziel unterordnen und mit hoher Stringenz darauf zustreben. Ihre Ausdauer kann dann die Belastungsfähigkeit der Erziehungsumwelt durchaus übertreffen. In diesem Zusammenhang ist auch das geringe Schlafbedürfnis zu sehen. Oft kommen sie bereits in der Kindheit mit acht Stunden Nachtschlaf oder weniger aus. Das heißt, sie verbringen sehr viel mehr Zeit des Tages mit ihrer Spielbeschäftigung oder auch damit, die Familie und Erzieher zu beschäftigen. Naturgemäß erhöht dieses geringe Schlafbedürfnis die Zahl ihrer Sinneseindrücke und Wahrnehmungen und damit ihre Erfahrungen. Somit bauen sie ihren Entwicklungsvorsprung immer weiter aus.

Eine weitere Eigenschaft stellt sich dann für die nächsten Jahre als der Hauptgrund für viele Probleme heraus, nämlich ihr großes Gefühl für Authentizität und nonverbale Ausdrucksformen. Das heißt, sie sind oft in der Lage, zwischen den Zeilen zu hören und die Ehrlichkeit wahrzunehmen, mit denen ihr Gegenüber ihnen antwortet. Sie registrieren früh, ob Erwachsene eine bestimmte Antwort selbst nicht wissen, aber dies nicht zugeben können, sondern versuchen, dem Kinde gegenüber abzuwiegeln, zum Beispiel mit Sätzen wie »Dafür bist du noch zu klein«, »Das brauchst du nicht zu wissen«. Ehrliche Antworten, in denen Erwachsene auch einmal zugeben, über bestimmte Informationen nicht zu verfügen, können sie demgegenüber rascher akzeptieren. Auch unechte Freundlichkeit wird oft als solche wahrgenommen und so können Personen der unmittelbaren Umwelt von diesen Kindern abgelehnt werden, ohne dass Eltern oder Erzieher dies spontan nachvollziehen können.

Damit wird deutlich, dass die hohe intellektuelle Befähigung bei Hochbegabung nicht einfach nur als ein rasches Auffassungs- und Denkvermögen interpretiert werden darf. Im Gegenteil besteht eine dauernde Wechselwirkung zwischen den hohen geistigen Fähigkeiten und der körperlichen Entwicklung einerseits sowie der emotionalen Situation andererseits. Die hohe geistige Befähigung beeinflusst die für den Körper tatsächlich mögliche Handlung und formt damit die Handlungskompetenz. Auf dem Boden der gemachten Erfahrungen entwickeln sich dann die emotionale Stabilität und das Selbstbewusstsein. Aus den Faktoren der emotionalen Belastbarkeit und des Selbstbewusstseins resultieren dann die Fähigkeit zu sozialer Anpassung sowie die Güte sozialer Verhaltensweisen, die beide abhängig sind von den Rückmeldungen der Umwelt und der Güte der Beziehungen.

Wie stelle ich es fest?

Hat das Kind durch entsprechende Verhaltensweisen, Reaktionsweisen oder sprachliche Ausdrücke dergestalt auf sich aufmerksam gemacht, dass eine Hochbegabung vermutet werden kann, ist es sinnvoll, genauer zu untersuchen und zu testen. Es liegen verschiedene Intelligenztestverfahren vor, die bereits im frühen Kindergartenalter eingesetzt werden können. Je jünger die Kinder sind, umso weniger aussagefähig ist die Feststellung des Begabungsprofiles. Viele Denkabläufe regeln und verstärken sich erst in der weiteren kindlichen Entwicklung. Dennoch ist es möglich, erste Hinweise auf die Reifung der Intellektualität ab einem Lebensalter von ca. 2½ zu erhalten. Diese Testverfahren sind vom Testaufbau her sehr spielerisch gestaltet und sollten vom Untersucher in derselben zwanglosen spielerischen Situation durchgeführt werden. Hierzu gehören zunächst ein guter und tragfähiger Kontakt zum Kind sowie eine gewisse Mitarbeitsbereitschaft des Kindes selbst. Erfahrungsgemäß lassen sich begabte Kinder sehr rasch auf die Testsituation ein, da ein hoher Herausforderungscharakter durch die Testmaterialien für ihren Verstand besteht. Das heißt, in der Regel macht der Begabungstest »richtig Spaß«! Dies trifft besonders für Grundschulkinder und ältere Grundschulkinder zu. Im Grundschulalter hat die Intelli-

In der Regel macht der Begabungstest »richtig Spaß«!

genzmessung bereits eine sehr hohe Aussagefähigkeit und lässt vor allen Dingen Rückschlüsse auf das tatsächliche Begabungsprofil zu. Es ist also möglich, die wichtigsten Denk- und Informationsverarbeitungsstile der Kinder zu erkennen. Dies ist die Grundlage eines entsprechenden Förderprogrammes. Es ist notwendig, die besten Informationswege auch bei Hochbegabung zu kennen, um die Kinder entsprechend fordern und fördern zu können.

Die Testung der Intelligenz besonders begabter Kinder stellt auch für den Tester eine besondere Herausforderung dar. Auch die Testsituation selbst darf niemals langweilig werden und der Tester muss in der Lage sein, das Arbeitstempo an die entsprechende Reaktionsgeschwindigkeit der Kinder anzupassen. Dabei können leider kreative Lösungsansätze, da nicht standardisiert, in die Berechnung nicht mit einfließen. Für die Beurteilung der Gesamtsituation ist dies aber von Belang.

Verschiedene Testverfahren haben verschiedene Schwerpunkte, teils auch einen anderen Aufbau. Dadurch sind die Testergebnisse unterschiedlicher Verfahren nicht ohne weiteres miteinander vergleichbar. Das jeweilige Testverfahren sollte anhand der individuellen Situation ausgesucht werden. In unterschiedlichem Maße sind die Verfahren auch durch Wahrnehmungsstörungen beeinflussbar. Hier sind vor allem die Handlungsschwächen zu nennen. Leistungsblockaden können auch emotionaler Natur sein sowie durch Ängste in der Prüfungssituation verursacht sein.

Da je nach der spezifischen Ausgangslage die Wahl des einzelnen Testverfahrens Einfluss auf das Ergebnis haben könnte und außerdem Störungen der Wahrnehmungsverarbeitung die Leistungsfähigkeit im Intelligenztest beeinflussen, halte ich es für fahrlässig, eine Hochbegabung nur durch einen einzelnen Test an einem einzigen Tag bestätigen oder ausschließen zu wollen. Meines Erachtens ist es dringend notwendig, hier eine Kombination verschiedener Testverfahren durchzuführen und diese auf zwei, besser drei Untersuchungstage zu verteilen. Zur Interpretation der entsprechenden Ergebnisse müssen außerdem die tatsächliche körperliche Leistungsfähigkeit und die emotionale Situation bekannt sein. Das heißt, zur Feststellung einer intellektuellen Hochbegabung gehört auch eine entwicklungsneurologische Untersuchung, die das Vorliegen von Wahrnehmungsstörungen ausschließt, sowie eine Untersuchung der emotionalen Situation, die eine mindestens altersentsprechende Konfliktfähigkeit vorweisen sollte. Auch eine mangelnde emotionale Belastbarkeit könnte sonst das Testergebnis nach unten verfälschen. Das heißt, dass das Vorliegen eines einmaligen unauffälligen IQ-Wertes bei ansonsten hochbegabungstypischer Entwicklung das Vorliegen einer Hochbegabung nicht ausschließt.

4

Was tue ich?

Wenn nun das entsprechend professionell durchgeführte Begabungstestverfahren das Vorliegen einer Hochbegabung bestätigt hat, ergeben sich für alle Betroffenen eine Menge Fragen. Wie viel Förderung benötigt das Kind? Wie viel Rücksicht muss ich auf seine Bedürfnisse nehmen? Muss ich es etwa zum Sprachkurs anmelden? Muss ich es zum Mathematikwettbewerb bringen? Muss ich stattdessen eine musikalische Förderung anstreben? Spreche ich mit den Erzieherinnen, den Lehrern, den Großeltern, den Patentanten? Soll ich es vorzeitig einschulen? Soll ich es eine Klasse überspringen lassen? Soll ich es den anderen in seiner Umgebung mitteilen?

Wie viel Förderung benötigt das Kind? Wie viel Rücksicht muss ich auf seine Bedürfnisse nehmen?

Wenn ich die Hochbegabung des Kindes »oute«, stelle ich mich, als Vater oder Mutter des Kindes, automatisch der Kritik der Umwelt. Damit wird ein Teil der Persönlichkeit des Kindes »öffentlich« und dies macht den Betroffenen oft Angst. Aber andererseits ist die Hochbegabung des Kindes doch schon längst öffentlich: Sie zeigt sich im Alltag, in den Reaktionen und im Verhalten! Die kreative Hochbegabung des 8-jährigen Mädchens, das aus fünf kleinen Strichsymbolen innerhalb von sieben Minuten das nachfolgende Bild gezeichnet hat, lässt sich im Lebensalltag nicht verstecken!

Abbildung 1: Test zum Schöpferischen Denken – Zeichnerisch (TSD-Z) von K. Urban und H. Jellen. © 1995 Swets & Zeitlinger V.V. Lisse: Swets Test Services, Frankfurt.

Die schwierigste Herausforderung für die Eltern und die Erzieher ist die Forderung, das Kind zu akzeptieren, wie es ist. Die Familie muss akzeptieren, dass das Kind in einem wichtigen Persönlichkeitsmerkmal extrem weit von der Normalität entfernt ist. Dieser Faktor lässt sich nicht mehr ändern. Dennoch verbinden viele das vordergründige Anerkennen der Hochbegabung mit dem zeitgleichen Wunsch, ansonsten alles beim Alten zu belassen. Da Hochbegabung ein Faktor ist, der die gesamte Entwicklung von Beginn an durchzieht und Folgen für die Informationsverarbeitung und damit für die Handlungskompetenz hat, muss sich die Hochbegabung auch in alltäglichen oder banalen Verhaltensweisen zeigen. Diese Kinder sind schneller gelangweilt von reinen Wiederholungsaufgaben, Spiel- und Arbeitsmaterialien verlieren rascher ihren Aufforderungscharakter. Dadurch benötigen sie ein höheres Maß an Abwechslung und variablem Input. Dies wiederum macht sie für die Umwelt anstrengender. Erst wenn Familie und Erzieher diese Zusammenhänge wirklich akzeptieren, kann für das betroffene Kind daraus das Gefühl entstehen, so, wie es ist, angenommen zu werden. Dieses Gefühl, vorbehaltlos angenommen zu sein in Stärken und Schwächen und vor allen Dingen nichtnormalen Dimensionen, ist für die Entwicklung der menschlichen Psyche eine Existenzvoraussetzung. Solange das Erziehungsziel das Erreichen der Normalität ist, müssen sich also hieraus Entwicklungsauffälligkeiten ergeben. Aus diesem Grunde ist das tatsächliche wertneutrale Anerkennen der realen Lebensbedingungen des Kindes der wichtigste Punkt.

Darauf folgend stellt sich die zweite große Herausforderung, nämlich das Kind gemäß seinen geistigen Leistungsfähigkeiten und Ansprüchen zu unterstützen. Das Vorliegen einer intellektuellen Hochbegabung ist nicht gleichbedeutend mit der Teilnahme an schulischen Wettbewerben, besonderen Auszeichnungen oder Preisen. Ein körperlich normal entwickeltes Kind, das über die entsprechende emotionale Reife verfügt, ist durchaus in der Lage, seine Umwelt ausreichend auf seine geistigen Bedürfnisse aufmerksam zu machen. Wenn ein Kind also Informationen über den Weltraum, Planeten, Umlaufbahnen oder sonstige Spezialgebiete verlangt, sollte ihm diese Information jederzeit zur Verfügung gestellt werden. Beschäftigt sich das gleichermaßen intellektuell befähigte Kind stattdessen lieber mit der Lektüre von Comics oder dem Zusammensetzen von Bastelanleitungen, so ist dies für seine Förderung gleichermaßen entsprechend. Es ist nicht notwendig, besonders befähigte Kinder gegen ihre Interessenlage zu Sprachkursen, Japanisch, Russisch oder Chinesisch zu bringen oder sie an Wettbewerben teilnehmen zu lassen, wenn sie nicht selbst danach verlangen. Es ist aber notwendig, ein offenes Ohr für ihre Interessenlagen zu haben und jederzeit eine offene Diskussionsatmosphäre herstellen zu können.

Auch ein hochintellektuelles Kind, das vielleicht gerade noch über die Bedrohungen der globalen Klimaerwärmung diskutiert hat, benötigt vielleicht emotional seine abendliche Gutenachtgeschichte, die ihm vorgelesen wird, obwohl es bereits seit 4 Jahren selbstständig lesen kann. Andererseits sollte jedoch gewünschte Lektüre nicht einfach nur deswegen abgelehnt werden, weil sie nicht altersentsprechend ist. Auch Angeln oder der Spaziergang mit dem Hund kann das wichtige Hobby eines hochbegabten Kindes sein.

In diesem Zusammenhang ist auch die dritte Herausforderung zu sehen. Sind die geistigen Informationsbedürfnisse des hochbegabten Kindes erfüllt, so ist auch ein Training seiner körperlichen Funktionen und Bewegungsabläufe sinnvoll. Die Vernachlässigung motorischer Funktionen kann sonst zu einer nicht ausreichenden Handlungskompetenz führen. Viele Probleme hochintelligenter Kinder entwickeln sich daraus, dass ihre Handlungspläne und Handlungsvorstellungen eine sehr viel höhere Güte aufweisen als ihre tatsächlichen Möglichkeiten, diese Handlung auch demgemäß umzusetzen, was zu entsprechend erheblichen Frustrationen führen kann. Da die Verwirklichung von Plänen und Vorstellungen in starkem Zusammenhang mit der Handlungskompetenz steht, stellen sich Erfolge auch nur auf diesem Weg ein. Und da wiederum nur die Erfolge zum Aufbau des Selbstbewusstseins und zur weiteren Motivation beitragen, ist es wichtig, auch die Handlungsebene zu stärken.

> Die Vernachlässigung motorischer Funktionen kann zu einer nicht ausreichenden Handlungskompetenz führen.

Handlungsfähigkeit wird im Alltag trainiert durch Bewegung und selbstständiges Arbeiten. Und weil Bewegung und Spiel im Kindesalter einen hohen Zusammenhang haben, sind hier in erster Linie das Spiel draußen, das Klettern, Matschen, Schaukeln, Hüpfen, Springen anzusetzen. Durch die eingeschränkten Lebensumstände in unseren Städten wird für diese Bereiche jedoch oft ein Sportverein notwendig. Es gibt keine besonders empfehlenswerten Sportmöglichkeiten für hochbegabte Kinder oder Jugendliche. Förderlich ist alles, was ihnen Spaß macht und was ihr Interesse weckt. Jedoch kann das Interesse dank ihrer hohen Kreativität schneller erschöpft sein als bei Gleichaltrigen, so dass hier eventuell von einem häufigen Wechsel der Sportart ausgegangen werden muss. Es darf also Familie und Erzieher nicht erschrecken, wenn die Vereine bei diesen Kindern öfter mal gewechselt werden.

Für die Lebenszufriedenheit der hochbegabten Kinder ist eine weitere

Herausforderung von größtem Belang und in diesem Bereich bestehen die meisten Missverständnisse in Bezug auf den sozialen Umgang mit ihnen. Naturgemäß kann das körperliche Lebensalter eines hochbegabten Kindes nur seinem tatsächlichen Lebensalter entsprechen. Die geistige Reifung ist jedoch bei Hochbegabung bei einem Drittel bis zu der Hälfte dem tatsächlichen Lebensalter voraus. Dies bedeutet, dass ein 9-jähriges Kind beim Vorliegen von Hochbegabung die geistige Reife eines 12- bis 14-jährigen Kindes hat. Gerade bei Sprachkompetenzen und sehr logischen Kindern entsteht dann fälschlicherweise der Eindruck, sie seien auch emotional so belastbar wie ein 14-Jähriger. Da Hochbegabte auch oft über ein besonderes Verantwortungsgefühl verfügen, wird ihnen dann manches Mal eine Verantwortung aufgebürdet, die man sonst nur sehr viel älteren Kindern gegeben hätte. Die emotionale Reifung liegt jedoch in der Regel nur leicht vor dem tatsächlichen Lebensalter oder ist altersentsprechend. Hier besteht also eine hohe Wahrscheinlichkeit, Hochbegabte in eine seelische Überforderungssituation zu bringen, wenn ich mich von der hochlogischen, sachlichen Diskussionsebene führen lasse und nicht ihr tatsächliches Lebensalter berücksichtige. So kann es sein, dass die Diskussion über die Folgen der globalen Klimaerwärmung bei dem betroffenen Kind massive Ängste freisetzt, die ich nicht über eine weitere sachliche Gesprächsauseinandersetzung erreichen kann, sondern die eventuell nur einem quasi kindlichen In-den-Arm-Nehmen zugänglich sein könnten. Damit geht die Forderung einher, dem hochintelligenten Kind immer wieder als Mutter, Vater, Erzieher, Betreuer zur Verfügung zu stehen, der tröstet, auffängt, hilft und anleitet und dabei Geborgenheit gibt.

4

Was tue ich nicht?

Eines der wichtigsten Dinge, die ich im Umgang mit hochintelligenten Kindern und Jugendlichen nicht tun sollte, ist die Erwartung spezifischer Leistungen und besonderer schulischer Leistungen. Der Zusammenhang zwischen schulischem Erfolg und Begabung ist nicht direkt gegeben. Schulischer Lernerfolg hängt neben der Begabung vor allen Dingen von der Konzentrationsfähigkeit, der Anstrengungsbereitschaft und der Fähigkeit zur Wiedergabe aufgenommener Informa-

Der Zusammenhang zwischen schulischem Erfolg und Begabung ist nicht direkt gegeben.

tionen ab. Viele hochintelligente Kinder verweigern sich aber gerade in dem Bereich der Wiedergabe von Informationen. Sie möchten vielmehr Informationen neu miteinander verknüpfen oder verändern. Dies schränkt die reine Reproduktionsfähigkeit ein. Hohe schulische Leistungen werden außerdem bedingt durch eine ausreichend gute Schriftform und ein entsprechendes Tempo der Handlung. Bei Hochbegabung liegt aber nicht unbedingt ein besonderes Handlungstempo, sondern ein besonderes Denktempo vor. Da die Denkmöglichkeiten und das Schreibtempo oft erheblich differieren, ist eine schulische Umsetzung der geistigen Prozesse in Schriftform nicht automatisch erwartbar. Das heißt, eine besondere intellektuelle Befähigung kann sich in der Schule dokumentieren, muss dies aber nicht automatisch tun.

Zweitens soll man hochbegabte Kinder nicht für ihre eigene Situation verantwortlich machen. Wir wissen heute noch nicht abschließend, welche Faktoren Voraussetzung sind, damit sich eine intellektuelle Hochbegabung entfalten kann. Sicher ist nur, dass die Hochbegabten bis zur Pubertät ihre eigene Situation selbst nicht verstehen und entsprechend darstellen können. Kinder bis zur Pubertät erfahren ihre Lebenssituation so, wie sie sich für sie darstellt. Sie können noch nicht verarbeiten, dass die Lebenssituationen verschiedener Menschen verschiedene Wirklichkeiten darstellen. Das heißt, dass der Satz »Wenn sie/er doch so intelligent ist, da muss sie/er doch aber« an der Wirklichkeit der Betroffenen völlig vorbeigeht.

Einer der häufigsten Fehler in diesem Zusammenhang ist es, die besondere Intelligenz bewusst nicht zu fördern, damit die Kinder gegenüber der Gleichaltrigengruppe nicht auffallen. Das bewusste Vorenthalten von Informationen, Sinneseindrücken und realen Wahrnehmungsmöglichkeiten stellt einen massiven Eingriff in die Persönlichkeitsentwicklung des Kindes dar. Oft wird hier aus vermeintlich gutem Willen dem Kindergartenkind die Schriftsprache noch nicht erklärt, dem Grundschulkind nicht das Prinzip des Wurzelziehens oder dem sprachbegabten Kind am Ende der Grundschulzeit nicht das Prinzip der Fremdsprache. Damit wird jedoch die spezifische Leistungsfähigkeit des Verstandes unterfordert und ein wichtiger Persönlichkeitsfaktor dieses Menschen ignoriert. Die Ignoranz der Umwelt gegenüber der eigenen Persönlichkeit führt bei allen Menschen zu einer nicht ausreichenden Ausprägung des Selbstbildes. Diese frühe Störung im Selbstbild ist für die Betroffenen später nur sehr schwer ausgleichbar.

Hintergrund dieser Nichtförderung ist oft die nicht unberechtigte Angst vor Ausgrenzung innerhalb des gesellschaftlichen Rahmens. Diese Angst besteht einmal für die Erwachsenen selbst, indem negative Rückmeldungen der Familie, Freunde oder Nachbarn erwartet werden. Außerdem bezieht sich die Angst vor Ausgrenzung auch auf die Kindergruppe. Hier ist also ein ehrlicher und selbstbewusster Umgang der Familie, der Eltern, der Erzieher gefordert, mit der Besonderheit dieses Kindes entsprechend umzugehen und Ausgrenzungen vorzubeugen. Das heißt, die letzte Forderung verlangt Widerstandskraft bei den mitbetroffenen Erwachsenen.

4

Wir hatten gesehen, dass die intellektuelle Hochbegabung ein sehr breites und interessantes Feld ist, das wir hier nur im Vogelflug streifen konnten. Gesunde und emotional stabile Kinder machen bereits früh auf ihren besonderen geistigen Hunger aufmerksam. Sensible und zugewandte Erwachsene, Familien, Eltern, Großeltern, Paten oder Erzieher können diese Signale registrieren und entsprechend stutzig werden. Zum Abgleich mit den typischen Entwicklungsmustern besonders befähigter Kinder führen dann eine entsprechende Untersuchung und Testsituation zur Feststellung von Hochbegabung.

Das Vorliegen von Hochbegabung hat Auswirkungen auf die Entwicklungsprofile von frühester Kindheit an. Körperliche Bewegungsabläufe sollten trainiert, geistige Fähigkeiten nach Wunsch der Kinder entsprechend gefördert und ihre emotionale Befindlichkeit nicht überfordert werden. Die Erziehung hochbegabter Kinder und Jugendlicher ist ein anspruchsvolles Geschäft für alle Beteiligten. Sie erfordert Kraft, Zeit und Toleranz sowie eine stabile emotionale Zuwendung. Das höhere Maß an Möglichkeiten bei diesen Kindern beansprucht die Kompetenz der Erzieher und fordert sie heraus. Diese Herausforderung bringt jedoch auch eine große Freude am Erziehungsprozess und in der Gestaltung der gegenseitigen Reifung. Dieser Prozess sollte getragen werden von der Achtung vor der schillernden Vielfalt der Schöpfung und des menschlichen Geistes.

> **Die Erziehung hochbegabter Kinder und Jugendlicher ist ein anspruchsvolles Geschäft für alle Beteiligten. Sie erfordert Kraft, Zeit und Toleranz sowie eine stabile emotionale Zuwendung.**

Kinder mit besonderen Bedürfnissen und Behinderungen im Schulalter

Birgit Lütje-Klose

»Was Eltern wollen? Eltern von Kindern mit Behinderungen wollen das, was alle Eltern wollen. Sie wollen, dass ihr Kind in die Kita, in die Schule der Nachbarschaft gehen kann. Sie wollen, dass es einen Beruf erlernt, aktiv am Arbeitsleben teilnimmt und später in der Mitte der Gemeinde leben kann, als akzeptiertes, geachtetes und geschätztes Mitglied der Gemeinschaft. ... Sie wollen die volle Teilhabe für ihre Kinder. Nicht, weil sie nicht wahrhaben wollen, dass ihre Kinder behindert sind, sondern weil sie wissen, dass Teilhabe gut für ihr Kind ist.« (Ross 2008, S. 73)

Kinder, die sich anders entwickeln als erwartet, bei denen Beeinträchtigungen oder Entwicklungserschwernisse diagnostiziert werden, haben ein Recht auf besondere Unterstützung in unserem Bildungssystem: In Artikel 3 Absatz 3.2 des Grundgesetzes wird festgelegt, dass Menschen nicht aufgrund ihrer Behinderung benachteiligt werden dürfen. Sie haben einen Anspruch auf gleichberechtigte Erziehungs- und Bildungschancen, und diese sind oftmals nur durch zusätzliche Ressourcen oder Bedingungen herzustellen. Es gibt ein komplexes System von Hilfeleistungen in Deutschland, das allerdings (nicht nur) für Eltern schwer zu überblicken ist. Noch ausgeprägter als andere Eltern werden Eltern von Kindern mit besonderen Bedürfnissen mit vielen Entscheidungen konfrontiert, die sie treffen müssen, um sicherzustellen, dass Kindergarten, Schule und andere Institutionen des Bildungssystems auf die Bedürfnisse ihrer Kinder adäquat eingehen und den Kindern bestmögliche Lern- und Entwicklungschancen ermöglichen. Dementsprechend besteht bei Eltern von Kindern mit Beeinträchtigungen oftmals ein besonders großes Informationsbedürfnis.

In diesem Beitrag sollen einige grundlegende Informationen zu möglichen Bildungswegen von Kindern mit besonderen Bedürfnissen gegeben werden. Zunächst werden zentrale Begriffe geklärt und verschiedene Beeinträchtigungen angesprochen, die jeweils unterschiedliche Herausforderungen für die Familien mit sich bringen. Die Sonderpädagogik ist die pädagogische Fachdisziplin, die sich primär für die spezifische pädagogische Unterstützung von Menschen zuständig erklärt, die von Behinderungen oder Beeinträchtigungen betroffen oder bedroht sind. Daher wird anschließend ein Überblick über das System sonderpädagogischer Förderung in Deutschland gegeben und das Überprüfungsverfahren auf sonderpädagogischen Förderbedarf vorgestellt.

Begriffsklärungen

4

Jedes Kind hat im Laufe seiner Entwicklung besondere pädagogische Bedürfnisse und benötigt mehr oder weniger Unterstützung dabei, schwierige Entwicklungs- oder Lebensphasen zu bewältigen und daran zu wachsen. Für Kinder mit Beeinträchtigungen oder Entwicklungserschwernissen, wie zum Beispiel körperlichen, geistigen oder sprachlichen Entwicklungsverzögerungen, gilt dies in besonderem Maße. Spätestens mit dem Schuleintritt werden solche besonderen Bedürfnisse meist offensichtlich. Häufig führen sie auch gleich zu einer Einordnung der Kinder in bestimmte Kategorien von Förderbedarfen. Dies liegt am leistungs- und normorientierten Schulsystem Deutschlands, in welchem – anders als z. B. in den skandinavischen und angelsächsischen Staaten – die Akzeptanz unterschiedlicher Lernvoraussetzungen der Kinder und der konstruktive Umgang damit in der Regelschule keine Selbstverständlichkeit darstellen.

> **Spätestens mit dem Schuleintritt werden besondere Bedürfnisse meist offensichtlich.**

Der Begriff der Behinderung, der in den 1970er-Jahren als lang andauernde, schwerwiegende und umfängliche Problemlage in der individuellen Entwicklung beschrieben wurde und lange Zeit prägend für die Sonderpädagogik und die Schulgesetzgebung in diesem Feld war, findet sich heute kaum noch in den offiziellen, rechtlich relevanten Dokumenten. Heutzutage werden zunehmend die Begriffe »Benachteiligung«, »Beeinträchtigung« oder »besondere Bedürfnisse« verwendet. Damit soll eine Abkehr von einer rein auf das Individuum bezogenen Vorstellung von Behinderung und von der Vorstellung eines unveränderlichen Defizits betont werden. Stattdessen wird die Bedeutung von Umweltfaktoren für die Entstehung und Aufrechterhaltung von Behinderung hervorgehoben. Behinderung ist in diesem Verständnis nicht eine Eigenschaft einer Person, sondern entsteht durch einen sozialen Zuschreibungsprozess unter bestimmten Kontextbedingungen. Im aktuellen Klassifikationssystem der Weltgesundheitsorganisation, der International Classification of Functioning (ICF), wird Behinderung als soziale Kategorie interpretiert, an deren Entstehung und Aufrechterhaltung immer auch Umweltfaktoren beteiligt sind. Sehr wichtig ist dabei der Begriff der *sozialen Teilhabe*. Die Entstehung von Beeinträchtigungen und Behinderungen wird auf drei Ebenen beschrieben:

Behinderung wird als soziale Kategorie interpretiert, an deren Entstehung und Aufrechterhaltung immer auch Umweltfaktoren beteiligt sind.

a) Die *Ebene der beeinträchtigten Funktionen und Strukturen* des menschlichen Organismus betrifft die Schädigung oder Störung selbst, die auf unterschiedliche Weise entstanden sein kann: genetisch bedingt wie z. B. das Down-Syndrom; während der Geburt entstanden wie z. B. eine Hirnschädigung durch Sauerstoffmangel; durch einen Unfall erworben wie z. B. eine Querschnittslähmung; durch Krankheit ausgelöst wie z. B. eine Hörschädigung; oder durch eine Entwicklungsstörung hervorgerufen wie z. B. eine Sprachentwicklungsverzögerung.

b) Auf der *Ebene der möglichen Aktivitäten einer Person* wird beschrieben, wie die Handlungsfähigkeit durch die Schädigung oder Störung eingeschränkt sein kann: z. B. die Schwierigkeit bei körperlicher Schädigung, ein Gebäude ohne Rampe zu betreten; z. B. die Probleme, bei einer eingeschränkten Graphomotorik eine handschriftliche Klassenarbeit mitzuschreiben; oder z. B. die Schwierigkeit bei einer Sprachentwicklungsstörung die eigenen Absichten zu formulieren und ein Gespräch zu organisieren.

c) Daraus können Einschränkungen auf der *Ebene der sozialen Teilhabe der Person an den in ihrer Kultur bedeutsamen Situationen* und Lebenswelten erwachsen, z. B. bei der Beteiligung an Gesprächen in der Familie oder Schulklasse, bei der Teilnahme an Sportveranstaltungen und Freizeitaktivitäten oder beim Besuch der Regelschule und der Berufswahl. Diese »participation restriction« macht erst die eigentliche Behinderung aus.

Die Weltgesundheitsorganisation betont, dass die Bedingungen in der physikalischen und sozialen Umwelt entscheidend dafür mitverantwortlich sind, inwieweit ein Mensch mit einer Schädigung in seinen Aktivitäten eingeschränkt oder von sozialer Teilhabe ausgeschlossen wird. Nicht die Schädigung an sich erzeugt in diesem Verständnis die Behinderung: Behinderung entsteht vielmehr erst aufgrund von Bedingungen in der Umwelt – etwa im Gesundheits- und Bildungssystem oder in der Arbeitswelt –, die nicht in der Lage ist, die entstehenden Benachteiligungen auszugleichen. Aus diesem Verständnis heraus wird von »special educational needs« oder besonderen pädagogischen Bedürfnissen gesprochen, die in den jeweiligen Institutionen berücksichtigt werden müssen.

In Deutschland wird in schulischen Zusammenhängen dagegen zumeist der Begriff des »sonderpädagogischen Förderbedarfs« verwendet, dem zu entsprechen ist, um das Recht von Kindern mit Beeinträchtigungen auf Erziehung und Bildung zu gewährleisten. Der Begriff wurde mit den Empfehlungen der Kultusministerkonferenz (KMK) von 1994 eingeführt und »ist für Kinder und Jugendliche anzunehmen, die in ihren Bildungs-, Entwicklungs- und Lernmöglichkeiten so weit eingeschränkt sind, dass sie im Unterricht der allgemeinen Schule ohne sonderpädagogische Unterstützung nicht hinreichend gefördert werden können« (KMK 1994, S. 28 f.).

Der Begriff »sonderpädagogischer Förderbedarf« löste den vorher verwendeten Begriff der »Sonderschulbedürftigkeit« ab, der mit der Feststellung eines besonderen Bedarfs zugleich eine Einordnung der Kinder in eine der zehn damals bestehenden Sonderschulformen und die Verpflichtung zum Besuch der jeweiligen Sonderschule verband. Der Begriffswechsel stellt insofern eine deutlich positive Veränderung dar, als damit zugleich die Möglichkeit ausgedrückt wird, dass diesem »sonderpädagogischen Förderbedarf« an unterschiedlichen Förderorten (Sonderschule oder integrative Regelschule) entsprochen werden kann. Allerdings wird durch diese Übersetzung von »special educational needs« weiterhin die Besonderung betont und die Erfüllung der Bedürfnisse an eine spezialisierte Berufsgruppe, die Sonderpädagogen, gebunden. Die besonderen Bedürfnisse, die Kinder mit Beeinträchtigungen oder Behinderungen haben können, sind allerdings nicht immer identisch mit dem von außen festgestellten sonderpädagogischen Bedarf. Sie können auf unterschiedlichen Ebenen liegen und z. B. von zusätzlichen technischen oder medialen Hilfen über eine Veränderung der Leistungsanforderungen im Unterricht oder die Hilfe der anderen Kinder der Klasse bis hin zur Unterstützung durch eine Integrationshelferin oder therapeutische Maßnahmen und den Unterricht in einer speziellen Institution wie der Förderschule reichen. Nicht immer müssen daran, wie die Praxis in anderen Ländern zeigt, sonderpädagogische Institutionen oder Förderschullehrkräfte beteiligt sein. Der Begriff des »sonderpädagogischen Förderbedarfs«, der in den Schulgesetzen der deutschen Bundesländer verwendet wird, ist deshalb durchaus kritisch zu sehen.

Besondere pädagogische Bedürfnisse – eine Herausforderung für Kinder, Familien und pädagogische Institutionen

Wenn Kinder sich anders entwickeln und verhalten, als medizinische Normtabellen oder institutionelle Vorgaben erwarten lassen, stellt dies die Kinder selbst, ihre Eltern und auch ihre pädagogischen Bezugspersonen vor erhebliche Herausforderungen. Je nach Art und Umfang der Problemlagen und nach den Bedingungen, die im Umfeld bestehen, stellen diese sich unterschiedlich dar. Während etwa körperliche, geistige oder Sinnesschädigungen oder auch Sprachstörungen meistens bereits bei den ersten medizinischen Vorsorgeuntersuchungen auffallen und schon im Kleinkindalter oder im Elementarbereich verschiedene Fördermaßnahmen installiert werden, treten Lern- oder Verhaltensschwierigkeiten häufig erst im Vorschulalter oder in der Grundschulzeit in Erscheinung.

Von der OECD und der UNESCO werden drei große Gruppen von Kindern mit besonderen pädagogischen Bedürfnissen unterschieden:

A) Die Kategorie A »Behinderungen« (Disabilities) umfasst Kinder mit medizinisch definierten Schädigungen. Darunter fallen körperliche oder geistige oder Sinnesschädigungen.

B) In der Kategorie B »Lernschwierigkeiten« (Learning Difficulties) werden Kinder mit Sprach-, Lern- oder Verhaltensschwierigkeiten gefasst, die aufgrund ihrer Probleme in sozialen oder unterrichtlichen Zusammenhängen einen besonderen Förderbedarf haben.

C) In der Kategorie C »Benachteiligungen« (Disadvantages) werden Kinder beschrieben, die aufgrund ihrer sozioökonomischen oder kulturellen Lebensbedingungen Nachteile in ihrer Entwicklung und im Bildungssystem haben, weil sie z. B. unter den Bedingungen von Armut oder Migration aufwachsen und weitere Risikofaktoren verarbeiten müssen.

Eltern von Kindern mit Schädigungen im Sinne der Kategorie A werden häufig bereits kurz nach der Geburt des Kindes oder im Laufe der ersten Lebensmonate damit konfrontiert, dass ihr Kind mit einer gesundheitlichen Beeinträchtigung auf die Welt gekommen ist. Sie müssen diesen Schock in einem oftmals langen und schmerzlichen Prozess verarbeiten. Dabei sollen schnell einsetzende Frühfördermaßnahmen ihnen helfen: Durch regelmäßige Untersuchungen der Kinder, spezifische Therapien und Elternberatung sollen Beeinträchtigung so früh wie möglich erkannt, Entwicklungsgefährdungen reguliert oder ausgeglichen und Folgebeeinträchtigungen verhindert oder minimiert werden. Damit werden zugleich hohe Anforderungen an die Eltern gestellt, die mit ihrem Kind zahlreiche Termine wahrnehmen und ggf. zu Hause trainieren sollen. Diese Anforderungen werden von vielen Eltern mit großer Energie und Einsatz bewältigt, sie stellen aber vielfach auch eine große Belastung besonders für die Mütter dar, die diese Aufgabe in den weitaus meisten Fällen primär übernehmen und dafür nicht selten andere Lebenspläne – z. B. die Fortsetzung ihrer Berufstätigkeit – aufgeben.

Kinder mit geistigen, körperlichen oder Sinnesschädigungen können vorschulisch einen Sonderkindergarten oder einen integrativen Kindergarten besuchen, wenn diese Institutionen in ihrem Wohnumfeld vorhanden sind. Oftmals müssen sie dann weite Fahrwege zurücklegen, wenn auch die Kosten für den Transport von den öffentlichen Trägern übernommen werden. Vielfach besuchen die Kinder aber auch einen Regelkindergarten in ihrem Wohnumfeld, wenn der Träger sie aufnimmt und alle Beteiligten einverstanden sind. In regulären Integrationsmaßnahmen muss dem eine Begutachtung des Kindes vorangehen, auf deren Grundlage eine spezifische Ausstattung für die Versorgung der Kinder bereitgestellt wird. Erfolgt die Aufnahme ohne Gutachten und besondere Ausstattung, spricht man von »grauer Integration«.

Erfolgt die Aufnahme in eine Regeleinrichtung ohne Gutachten und besondere Ausstattung, spricht man von »grauer Integration«.

Da in der Regel bei den Kindern der Kategorie A die Schädigungen bereits vor der Einschulung bekannt sind, wird meistens auch schon vorschulisch ein Verfahren zur Feststellung des sonderpädagogischen Förderbedarfs eingeleitet. Auf diese Weise wird auch die Entscheidung über den zukünftigen Förderort (die allgemeine Grundschule, eine integrative Grundschule oder die zuständige Förderschule) häufig schon im Kindergartenalter getroffen und das Kind wird gleich in der entsprechenden Institution eingeschult. Je nach Bundesland und Region haben die Eltern dabei mehr oder weniger große Möglichkeiten, sich für eine Förderung im gemeinsamen Unterricht oder in der entsprechend spezialisierten Förderschule zu entscheiden und einzusetzen (s. u.).

Lernbeeinträchtigungen und Beeinträchtigungen in der sozial-emotionalen Entwicklung, die der Kategorie B zugerechnet werden, treten im Unterschied zu den eben aufgeführten Schädigungen meistens erst im Laufe der Schulzeit in Erscheinung. **Lern- und Verhaltensprobleme, die sich bei vielen Kindern gegenseitig bedingen und überschneiden, machen zusammen weit über die Hälfte aller sonderpädagogischen Förderbedarfe im deutschen Schulsystem aus.** Die betroffenen Kinder werden in den meisten Fällen normal eingeschult und durchlaufen zum Teil die ersten Schulmonate oder sogar Schuljahre ohne besondere Unterstützung. Sofern sie nicht zufällig in einer besonders auf die Heterogenität der Kinder eingerichteten Schule, einer integrativen Klasse oder in einer der noch relativ seltenen Schulen mit sonderpädagogischer Grundversorgung unterrichtet werden, ist die Grundschullehrkraft unter den Rahmenbedingungen in einer großen Lerngruppe und des Drucks der zu erreichenden Leistungsstandards allein für ihre Unterstützung zuständig – und damit nicht selten überfordert. Kinder mit Lernproblemen erleben dann häufig Schwierigkeiten beim Lesen- und Schreibenlernen oder in Mathematik. Im Laufe der ersten zwei bis drei Schuljahre verfestigen sich die Problemlagen, meistens wiederholen die Kinder eine oder zwei Grundschulklassen. Die wiederkehrende Erfahrung des Scheiterns kann zu emotionalen Blockaden und einem negativen Selbstkonzept führen, so dass ein »Teufelskreis Lernstörungen« entsteht, der neben den Lernschwierigkeiten auch Verhaltensprobleme mit sich bringen kann. Schließlich, oftmals nach einem jahrelangen Leidensweg, wird von den Eltern oder von der Schule ein Antrag auf Überprüfung des sonderpädagogischen Förderbedarfs gestellt. Dann erfolgt je nach aktueller Problemzuschreibung die Überweisung in eine Förderschule mit dem Förderschwerpunkt Lernen oder emotionale und soziale Entwicklung.

Kinder mit umfangreicheren Sprachbeeinträchtigungen, die ebenfalls in der Kategorie B Lernschwierigkeiten gefasst werden, erhalten wie die Kinder der Kategorie A zu großen Anteilen bereits vorschulische Unterstützung durch Sprachtherapie oder besuchen einen speziellen Sprachheilkindergarten. Spätestens bei der Einschulungsuntersuchung durch die Schulärztin, oft aber auch schon bei Reihenuntersuchungen im Kindergarten oder den Vorsorgeuntersuchungen bei der Kinderärztin werden viele Eltern auf Sprachauffälligkeiten aufmerksam und setzen sich dann für die Frühförderung ihrer Kinder ein. Bei Kindern mit Sprachbeeinträchtigungen erfolgt die Feststellung des sonderpädagogischen Förderbedarfs daher meistens ebenfalls schon vorschulisch, und sie werden in ihrer großen Mehrheit direkt in eine Förderschule mit dem Schwerpunkt Sprache eingeschult. Die Förderung im gemeinsamen Unterricht wird für sie vielfach gar nicht in Betracht gezogen, denn die Förderschule mit dem Schwerpunkt Sprache wird von vielen Eltern als bessere Alternative für ihre Kinder wahrgenommen: sie ist als Durchgangsschule konzipiert, deutlich besser ausgestattet als die Regelgrundschule und sieht die schnellstmögliche Rückschulung der Kinder nach erfolgtem Abbau der Sprachauffälligkeiten vor.

> **Die Förderung im gemeinsamen Unterricht wird vielfach gar nicht in Betracht gezogen, denn die Förderschule mit dem Schwerpunkt Sprache wird von vielen Eltern als bessere Alternative für ihre Kinder wahrgenommen.**

Die in der Kategorie C »Benachteiligungen« angesprochenen Gruppen von Schülerinnen und Schülern in sozial randständigen Lebenslagen sind, wie empirische Untersuchungen seit vielen Jahren immer wieder aufs Neue zeigen, in weit höherem Maße gefährdet, in der Regelschule zu versagen, als andere Kinder, und eine Lern-, Sprach- oder Verhaltensbeeinträchtigung im Sinne der Kategorie B zu entwickeln. Sie benötigen möglicherweise eine präventive, das heißt vorbeugende Unterstützung, um die Entstehung einer Beeinträchtigung oder Behinderung zu vermeiden. Ihre Benachteiligungen ergeben sich häufig nicht nur aufgrund ihrer häuslichen Lebenslagen, sondern werden durch die Institutionen des Bildungssystems selbst produziert oder verstärkt. So bekommen z. B. Kinder mit Migrationshintergrund, die nachweislich häufiger Sprachauffälligkeiten im Deutschen zeigen und aufgrund dessen in der Schule vor großen Herausforderungen stehen, deutlich seltener vorschulische Sprachtherapie verordnet als einsprachig deutsche Kinder, weil ihre Sprachauffälligkeiten schwieriger einzuschätzen sind. Zudem sind sie in Sprachheilkindergärten wie auch in Förderschulen mit dem Schwerpunkt Sprache stark unterrepräsentiert. Bei ihnen führt das immer wieder festgestellte Schulversagen in den meisten Fällen zu einer Überweisung zur Förderschule mit dem Schwerpunkt Lernen. Das führt dazu, dass sie die Schule weit überproportional ohne einen Abschluss verlassen und viel geringere Chancen auf einen Ausbildungs- und Arbeitsplatz haben. In der Folge der ersten PISA-Studie, die diesen seit vielen Jahren bestehenden Missstand erneut ins öffentliche Bewusstsein rückte, wurden in den letzten Jahren in vielen deutschen Bundesländern Sprachüberprüfungen schon im Kindergartenalter eingeführt. Diese Diagnostik und die daran anschließenden Sprachfördermaßnahmen im letzten oder den letzten beiden Kindergartenjahren sollen besonders für Kinder mit Migrationshintergrund oder für solche einsprachig deutschen Kinder, die nicht an kinderärztlichen Vorsorgeuntersuchungen teilgenommen haben, die Chancen auf einen erfolgreichen Schulstart erhöhen.

Sonderpädagogische Förderung in Deutschland

Der Übergang vom Kindergarten oder von der Familie in die Schule stellt für Kinder mit Beeinträchtigungen und ihre Eltern noch stärker als für andere Familien einen gravierenden Schritt dar: Häufig muss schon an dieser frühen Stelle im Bildungsverlauf eine Entscheidung für eine integrative Schule oder eine spezifische Förderschule getroffen werden – mit weit reichenden Konsequenzen für die gesamte Schullaufbahn.

Die KMK-Empfehlungen und die einzelnen Schulgesetze der Länder konkretisieren bis heute das Recht auf Unterrichtung und besondere Förderung im Schulalter. Es kann in Förderschulen, wie Sonderschulen heute fast überall in Deutschland genannt werden, oder im gemeinsamen Unterricht in Regelschulen umgesetzt werden. In ihren Empfehlungen listet die KMK folgende Förderschwerpunkte auf, die sich in ähnlicher Weise auch in den Schulgesetzen der einzelnen Bundesländer wiederfinden:

- ⋯⋗ Lernen: Förderbedarf im Lern- und Leistungsverhalten, insbesondere im schulischen Lernen.
- ⋯⋗ Sprache: spezifischer Förderbedarf im sprachlich-kommunikativen Handeln.
- ⋯⋗ Emotionale und soziale Entwicklung: Förderbedarf in der Erlebens- und Selbstregulation, im sozialen und Arbeitsverhalten.
- ⋯⋗ Geistige Entwicklung: Förderbedarf bei diagnostizierten kognitiven Entwicklungsdefiziten.
- ⋯⋗ Körperliche und motorische Entwicklung: spezifischer Förderbedarf bei Beeinträchtigungen des Bewegungsapparats.
- ⋯⋗ Hören: Förderbedarf bei diagnostizierten Hörschädigungen oder Hörverlust.
- ⋯⋗ Sehen: Förderbedarf bei diagnostizierter Sehschädigung oder Blindheit.
- ⋯⋗ Chronische Erkrankungen: Lernrückstand durch lang andauernde physische oder psychische Erkrankungen.
- ⋯⋗ Autismus: Ergänzend wurden von der KMK im Jahr 2000 Empfehlungen für den Förderschwerpunkt autistisches Verhalten herausgegeben.

Für die ersten sieben der genannten Förderschwerpunkte existieren in Deutschland besondere Förderschulen, in einigen Bundesländern gibt es übergreifende Schulformen (z. B. die Diagnose- und Förderklassen in Bayern, die Kinder mit den Förderschwerpunkten Lernen, Sprache und emotionale und soziale Entwicklung oder dem Verdacht darauf gemeinsam aufnehmen). Kinder mit chronischen Erkrankungen werden zumeist im Rahmen von Krankenhaus- oder Hausunterricht beschult, und bei Kindern mit Autismus hängt die Wahl der Schulform von weiteren Bedingungen wie begleitenden geistigen oder sozial-emotionalen Beeinträchtigungen ab. Für Kinder mit dem Förderschwerpunkt Lernen gelten nicht mehr die Leistungsstandards der Regelschule, sondern die auf einem niedrigeren Leistungsniveau formulierten eigenen Standards der Förderschule mit dem Schwerpunkt Lernen. Bei einem Förderbedarf im Bereich Geistige Entwicklung werden die Leistungsstandards noch einmal deutlich verringert. Kinder mit einem Förderbedarf in den anderen Förderschwerpunkten werden nach den Standards der Regelschule unterrichtet und beurteilt, sofern nicht geistige oder Lernbeeinträchtigungen mit ihren Problemlagen gemeinsam auftreten.

Die Anteile der Schüler/innen mit sonderpädagogischem Förderbedarf in den einzelnen Förderschwerpunkten sind der Tabelle 1 zu entnehmen.

Insgesamt besteht im hier dokumentierten Jahr 2006 für 5,8 % aller Schülerinnen und Schüler ein sonderpädagogischer Förderbedarf, davon ist fast die Hälfte im Förderschwerpunkt Lernen angesiedelt. Der Anteil der als förderbedürftig klassifizierten Schüler hat sich seit den 1970er-Jahren fast verdoppelt (vgl. Werning/Reiser 2008, S. 519), und es ist weiterhin ein kontinuierlicher Anstieg festzustellen, seit der letzten Veröffentlichung der KMK-Statistik im Jahr 2005 erneut um 0,2 %. Vor allem das Risiko, im deutschen Schulsystem als »lernbeeinträchtigt« kategorisiert zu werden, nimmt kontinuierlich und deutlich zu. Für Schülerinnen und Schüler mit Migrationshintergrund ist das Risiko auf diese Zuschreibung doppelt so hoch wie für einheimische Kinder.

Lernen	2,7
Geistige Entwicklung	0,9
Sprache	0,6
Emotionale und soziale Entwicklung	0,6
Körperliche und motorische Entwicklung	0,4
Hören	0,2
Sehen	0,1
Kranke	0,1
Übergreifend	0,6
INSGESAMT	**5,8**

Tabelle 1: Sonderpädagogische Förderschwerpunkte im deutschen Schulsystem 2006, KMK-Doku 185, 2008

Die UN-Konvention über die Rechte von Menschen mit Behinderungen, die im Januar 2009 auch von der deutschen Bundesregierung ratifiziert wurde und einen übergeordneten Rechtsrahmen darstellt, sieht für die Erfüllung dieser Förderbedarfe im Bildungssystem einen Vorrang gemeinsamer Unterrichtung vor der Förderung in Sondereinrichtungen vor. Die beteiligten Länder haben sich verpflichtet, ihre Schulsysteme so umzugestalten, dass das Recht auf Bildung und soziale Teilhabe für Kinder mit Beeinträchtigungen umgesetzt wird und diese zunehmend in größerer Zahl in Regelschulen unterrichtet werden können.

Innerhalb dieser Diskussion wird aktuell der Begriff der Inklusion verwendet. Inklusion bedeutet, dass alle Schulen und Kindergärten die Verantwortung für alle Kinder ihres Einzugsbereichs einschließlich solcher mit besonderen Bedürfnissen übernehmen, eine Grundversorgung mit sonderpädagogischem und anderem Unterstützungspersonal vorhalten und notwendige Maßnahmen je nach den individuellen Bedarfen in den Regelklassen zur Verfügung stellen, ohne dass dafür die Zuschreibung eines bestimmten Förderschwerpunktes für einzelne Kinder erforderlich ist. Die Orientierung ist hierbei der Bedarf in der jeweiligen Gruppe, der sich aufgrund ganz unterschiedlicher Faktoren in den individuellen Entwicklungsbedingungen der Kinder und den Kontextbedingungen in der Klasse ergeben kann. So könnte zum Beispiel eine Klasse mit einer ungünstigen Gruppenkonstellation, in der viele Kinder ohne deutsche Sprachkenntnisse und mit Verhaltensschwierigkeiten unterrichtet werden, Unterstützung von der Sonderpädagogin bekommen, auch ohne dass ein Kind mit ausgewiesenem Förderbedarf dort unterrichtet wird, während die Lehrkraft in der sozial gut aufgestellten Parallelklasse, in der auch ein Kind mit Down-Syndrom unterrichtet wird, ohne zusätzliche Unterstützung auskäme. Die Ressourcen werden in diesem Modell nicht individuell kindbezogen verteilt, sondern systembezogen ausgehandelt.

Der in Deutschland gebräuchlichere Begriff der Integration geht nicht so weit: Er meint die Einbeziehung von Kindern mit einem festgestellten sonderpädagogischen Förderbedarf in einer Regelklasse, bei der besondere Unterstützungsmaßnahmen in einem aufgrund des Gutachtens festgelegten Umfang zur Verfügung gestellt werden. Vielfach werden die Begriffe Integration und Inklusion allerdings auch synonym verwendet.

Die Grundaussage eines Vorrangs inklusiver vor besonderen Maßnahmen in der UN-Konvention stimmt mit der Orientierung in den meisten deutschen Schulgesetzen zwar überein, die Umsetzung gemeinsamen Unterrichts sieht in den einzelnen deutschen Bundesländern allerdings nach wie vor sehr unterschiedlich aus. In fast allen Schulgesetzen gibt es den sogenannten Haushaltsvorbehalt: Die Förderung im gemeinsamen Unterricht soll vorrangig ermöglicht werden, »wenn die Schule dafür personell und sachlich ausgestattet ist« (Schulgesetz NRW § 20). Tatsächlich überwiegt die Förderung in Sondereinrichtungen (Förderschulen und Sonderkindergärten) in Deutschland trotz anders lautender politischer Willensbekundungen weiterhin bei weitem gegenüber inklusiven Fördermöglichkeiten:

84,3 % der Kinder, für die ein sonderpädagogischer Förderbedarf festgestellt wurde, besuchten im Jahr 2006 Förderschulen, lediglich 15,7% wurden in den verschiedenen Modellen des gemeinsamen Unterrichts beschult (KMK-Doku 185, 2008). Deutschland ist damit in Europa (zusammen mit Belgien) das Schlusslicht, was die Umsetzung inklusiver Maßnahmen für Kinder mit Behinderungen angeht. Das bedeutet für Eltern, die für ihre Kinder die Förderung in einer integrativen oder inklusiven Einrichtung wünschen, dass sie sich noch immer selbst auf die Suche danach machen, dafür oftmals über lange Zeiträume kämpfen und sich Verbündete in den Institutionen suchen müssen. Das in anderen europäischen Ländern verwirklichte Wahlrecht für Eltern im Hinblick auf den Förderort ihrer Kinder ist in Deutschland nur vereinzelt in wenigen Bundesländern umgesetzt. Wir haben in Deutschland also rechtlich ein Primat integrativer Unterrichtung und Förderung von Kindern mit Behinderungen, das aber faktisch noch in relativ geringem Umfang umgesetzt wird.

Das Verfahren zur Überprüfung des sonderpädagogischen Förderbedarfs und seine Folgen

Das schon mehrfach angesprochene Verfahren zur Überprüfung des sonderpädagogischen Förderbedarfs wird in den einzelnen Bundesländern unterschiedlich genannt und realisiert, es kann hier nur zusammenfassend beschrieben werden. Es ist deshalb besonders bedeutsam, weil damit die Zuschreibung eines sonderpädagogischen Förderbedarfs erfolgt, die häufig für die gesamte Schulzeit der Kinder gültig bleibt und ihre Bildungsmöglichkeiten prägt. Das gilt insbesondere dann, wenn die Kinder nicht mehr nach den Standards der Regelschule unterrichtet und beurteilt werden, also bei einem Förderbedarf im Bereich »Lernen« oder »Geistige Entwicklung«. Einerseits bietet eine Förderschule die Chance auf Rückschulung in die Regelschule und den Kindern unter Umständen bessere Fördermöglichkeiten; andererseits wird aber mit zunehmender Dauer des Schulbesuchs an einer solchen Schule eine Rückschulung immer unwahrscheinlicher, und damit sinken, trotz großer Anstrengungen der Förderschulen, dies durch besondere Fördermaßnahmen zu ermöglichen, auf Dauer die Chancen auf einen Abschluss und Ausbildungsplatz.

Die Feststellung eines sonderpädagogischen Förderbedarfs ist fast überall in Deutschland die Bedingung dafür, dass Kinder Unterstützung von Förderschullehrkräften in der Schule erhalten und dass besondere Bedingungen für ihre Leistungsbewertung gelten. Ausnahmen stellen die Länder dar, die Formen sonderpädagogischer Grundversorgung für die Förderschwerpunkte Lernen, Sprache und emotional-soziale Entwicklung etabliert haben (z. B. Bremen, Hamburg, Niedersachsen). Sonderpädagogischer Förderbedarf kann in Bezug auf alle oben aufgeführten Förderschwerpunkte festgestellt werden. Das Verfahren kann von den Eltern oder von der Schulleitung der zuständigen Regelschule beantragt werden. Die Entscheidung über seine Einleitung trifft die Schulbehörde, die eine Förderschullehrkraft und zum Teil zusätzlich die zuständige Regelschullehrkraft beauftragt, ein Gutachten über die individuelle Lern- und Leistungsentwicklung, die besonderen Fähigkeiten und Probleme sowie die Entwicklungsbedingungen des Kindes in den verschiedenen Umfeldern (Familie, Schulklasse, Peergroup) zu erstellen. Dazu werden in der Regel Test- und Beobachtungsverfahren eingesetzt und Gespräche mit dem Kind, seinen Eltern und Lehrkräften durchgeführt. Auf der Grundlage der erhobenen Daten werden im Gutachten Fördervorschläge für das Kind formuliert und eine Empfehlung im Hinblick auf den Förderort sowie die notwendigen Ressourcen ausgesprochen. Auf dieser Grundlage trifft die Schulbehörde eine Entscheidung über den zukünftigen Förderort und die Förderressourcen für das Kind.

> Auf der Grundlage der Testergebnisse werden im Gutachten Fördervorschläge für das Kind formuliert und eine Empfehlung im Hinblick auf den Förderort sowie die notwendigen Ressourcen ausgesprochen.

Die Eltern können ihren Einfluss zunächst im Rahmen des Gesprächs mit den begutachtenden Lehrkräften geltend machen, ihr Votum für einen bestimmten Förderort oder bestimmte Maßnahmen muss ins Gutachten aufgenommen werden. Weiterhin können sie mit den zuständigen Vertretern der Schulbehörde direkt Kontakt aufnehmen und ihre Position dort vertreten. Dabei haben sie das Recht, eine Person ihres Vertrauens (z. B. eine mit dem Kind vertraute Sozialpädagogin, Therapeutin, Lehrkraft oder auch einen Rechtsbeistand) mitzunehmen. Wenn keine Einigung erzielt werden kann, haben die Eltern das Recht, gegen die Entscheidung der Schulbehörde zu klagen.

Wenn die Eltern eine gemeinsame Unterrichtung in der wohnortnahen Regelschule für ihr Kind anstreben, ist es ratsam, bereits lange vor Einleitung des Verfahrens Kontakt mit der Schulleitung aufzunehmen, um die Möglichkeiten in der Schule zu eruieren und ihren Wunsch offensiv zu vertreten. In vielen Regionen gibt es Integrationsbeauftragte bei den Schulbehörden, die sie dabei beraten und unterstützen können. Weiterhin ist der Austausch mit anderen betroffenen Eltern dringend zu empfehlen. Vereine wie zum Beispiel die bundesweit und länderbezogen tätige Elterninitiative »Gemeinsam leben – gemeinsam lernen« ermöglichen den Austausch von Erfahrungen, gegenseitige Information und Unterstützung und auch gemeinsame politische Vertretung der Elterninteressen.

Der Austausch mit anderen betroffenen Eltern ist dringend zu empfehlen.

Denn leider müssen Eltern für das verbriefte Recht auf gleichberechtigte Bildungschancen und vollständige soziale Teilhabe ihrer Kinder mit Beeinträchtigungen in unserem Bildungssystem noch immer kämpfen. Bis zur Umsetzung des beschriebenen Ziels der UN-Konvention zur inklusiven Beschulung ist noch viel Engagement auch seitens der Eltern gefordert. Die aktuelle internationale Bewegung macht allerdings Mut, dass auch das deutsche Schulsystem langfristig verstärkt die Möglichkeit gemeinsamer Beschulung bieten wird – und damit Eltern die Entscheidung überlässt, wie die soziale Teilhabe ihrer Kinder am besten erreicht werden kann.

Hausaufgaben

Jutta Standop, Eiko Jürgens

Hausaufgaben werden von vielen Lehrern, Eltern und Schülern gleicherma-ßen als zentrales Element von Schule betrachtet. Zugleich sind mit diesem Thema vielfältige, häufig negative Emotionen verbunden: In Erinnerung an die eigene Schulzeit (im Sinne einer lästigen, oft als unsinnig empfundenen, kostbare Freizeit raubenden Pflichterfüllung), durch die Erfahrung als Haus-aufgabenbegleiter der eigenen Kinder (vielfach erlebt als kräfte- und nerven-zehrende Herausforderung, verbunden mit der Sorge um eine erfüllte Zu-kunft der Kinder), und selbst für Lehrer stellen Hausaufgaben in der Schule häufig keine didaktische Bereicherung dar, sondern eine unhinterfragte Ge-wohnheit, die neben zusätzlicher Vorbereitungszeit kostbare Unterrichtszeit für die Kontrolle beansprucht. Werden Hausaufgaben also oft nicht als Ge-winn empfunden, stellen sie insbesondere für Kinder, die als sogenannte »langsame« Lerner in der Schule schwer mitkommen, zusätzlich eine be-sondere Belastung dar – ebenso wie für ihre Eltern.

Rechtliche Rahmenbedingungen

Schulische Bildung gehört zu den hoheitlichen Aufgaben jedes Bundes-landes. Daher existiert eine entsprechende Anzahl an Vorschriften zu den Hausaufgaben (Ausnahme ist Bayern, das 1997 seinen Erlass ersatzlos ge-strichen hat), die aber in wichtigen Punkten einige Parallelen zeigen. So soll-ten Hausaufgaben

- eine Ergänzung schulischen Unterrichts darstellen;
- der Anwendung und Vertiefung von Unterrichtsstoff sowie der Vorberei-tung auf die kommende Unterrichtsstunde dienen;
- in selbstständiger Arbeit ohne Hilfe und in angemessener Zeit bearbeitet werden können;
- die Förderung eigenständiger Lernorganisation unterstützen;

⸱⸱⸱> so angelegt sein, dass Schülerinnen und Schülern ausreichend Freizeit bleibt;

⸱⸱⸱> in den Unterricht einbezogen werden;

⸱⸱⸱> keinen Ersatz für ausgefallene oder fehlende Unterrichtsstunden darstellen.

Darüber hinaus wird z. B. betont, dass Hausaufgaben aus dem Unterricht erwachsen und wieder zu ihm zurückführen sollen (Niedersachsen, Nordrhein-Westfalen). Empfohlen wird unter anderem auch, die gestellten Aufgaben nach der Leistungsfähigkeit, der Belastbarkeit und den Neigungen der Schülerinnen und Schüler zu differenzieren (Sachsen-Anhalt, Nordrhein-Westfalen). Die zeitliche Bemessung von Hausaufgaben liegt im Allgemeinen bei

⸱⸱⸱> 30 Minuten in Klasse 1 und 2,

⸱⸱⸱> 60 Minuten in Klasse 3 und 4,

⸱⸱⸱> 90 Minuten in Klasse 5 und 6,

⸱⸱⸱> 120 Minuten in Klasse 7 bis 10.

Grundsätzlich ist es ratsam, sich mit dem Hausaufgabenerlass des eigenen Bundeslandes vertraut zu machen. Neben der Möglichkeit, diesen direkt über das Internet zu erhalten (was leider nicht für alle Bundesländer gilt), kann man sich hierfür auch an die eigene Schule, das zugehörige Schulamt oder Schulministerium wenden.

Die Bedeutung von Hausaufgaben für den Lernprozess

Den Umgang mit und die Qualität von Hausaufgaben prägen maßgeblich Lehrerinnen und Lehrer. Diese legen fest, welche Aufgaben in welchem Umfang erledigt werden sollen, welches Anspruchsniveau sie haben und welche didaktischen Funktionen mit ihnen verbunden sind. Die Wertschätzung von Hausaufgaben durch die Lehrer zeigt sich bereits in dem zeitlichen Umfang, der für das Stellen und Erläutern sowie für die Kontrolle eingeräumt wird. Beispielsweise wirkt sich die Kontrolle der Aufgaben nur dann positiv auf den Lernerfolg aus, wenn hiermit auch inhaltliche Rückmeldungen (beispielsweise rekapituliert der Lehrer gemeinsam mit dem Schüler, wie es zu einem bestimmten Fehler gekommen ist) verbunden sind und nicht ein bloßes Abhaken lediglich signalisiert, dass die Erledigung zur Kenntnis genommen wird. Ein weiterer wichtiger Grundsatz sollte sein, Schülerinnen und Schülern den Sinn und die Notwendigkeit der Hausaufgaben transparent zu machen. Werden diese hingegen zur bloßen Routine und flüchtig ausgewählt, um Kinder undifferenziert zu beschäftigen, sollen sie lediglich den eigenen Unterricht aufwerten oder genügen sie nicht den pädagogischen Bedingungen, die sich aus einer sinnvollen Unterrichtsarbeit ergeben – dann haben Hausaufgaben ihre pädagogische Legitimation verloren.

Werden die Hausaufgaben zur bloßen Routine und flüchtig ausgewählt, um Kinder undifferenziert zu beschäftigen, dann haben sie ihre pädagogische Legitimation verloren.

Hausaufgaben lassen sich hinsichtlich ihrer Funktionen unterscheiden, die sie im Lernprozess erfüllen sollen. So dienen sie der
- Festigung des Wissens und Könnens,
- Erweiterung des Wissens,
- Systematisierung des Wissens und Könnens an gegebenen Beispielen und Situationen,
- Anwendung des Wissens und Könnens an zu suchenden Beispielen und Situationen oder
- Hinführung auf den neu zu behandelnden Stoff.

In Untersuchungen zeigte sich der größte Lernerfolg, wenn Hausaufgaben der »Hinführung auf den neuen Stoff« dienten. Sehr effektiv waren auch Aufgaben »zur Anwendung des Wissens und Könnens an gegebenen Beispielen« und »zur Erweiterung des Wissens«. Der geringste Lernerfolg hingegen zeigte sich bei »Hausaufgaben zur Festigung des Wissens«. Im Gegensatz zu den Befunden gehört allerdings diese Aufgabenform zu denen, die von Schülerinnen und Schülern zu Hause sehr häufig bearbeitet werden müssen.

Haben Heranwachsende schon frühzeitig gelernt, ihre Hausaufgaben selbstständig zu erledigen, erhöht diese Gewohnheit auch in schwierigen Situationen (z. B. nach einer Krankheit, einem Schul- oder Lehrerwechsel) ihr Durchhaltevermögen. Dabei heißt »selbstständig« nicht, dass Eltern jede

Unterstützung ihres Kindes bei den Aufgaben ablehnen. Wichtig ist jedoch, welche Art der Hilfe gewährt wird und welche Absprachen getroffen werden.

Weitere Forschungsergebnisse deuten darauf hin, dass Heranwachsende vor allem dann von Hausaufgaben profitieren, wenn sie ihre Aufgaben kontinuierlich, gewissenhaft und regelmäßig erledigen. Das bedeutet nicht, dass damit zugleich ein hoher Zeitaufwand verbunden sein muss. Darüber hinaus scheinen Persönlichkeitsaspekte der Motivation und der Willensbildung (Volition) für die Aufgabenerledigung wichtig zu sein. Das Erleben von Kompetenz und Autonomie sowie das Gefühl sozialer Eingebundenheit sind menschliche Grundbedürfnisse. Je stärker eine Tätigkeit im Einklang mit diesen Bedürfnissen steht, umso größer sind ihre positiven Konsequenzen beispielsweise in der Lernmotivation, dem Leistungsverhalten oder dem allgemeinen Wohlbefinden. Die Qualität des Hausaufgabenverhaltens von Kindern steht daher in einem engen Zusammenhang mit ihrer Selbstbestimmtheit, d. h. dem Ausmaß, in dem sie über ihre Handlungen frei entscheiden können.

> **Die Qualität des Hausaufgabenverhaltens von Kindern steht in einem engen Zusammenhang mit ihrer Selbstbestimmtheit, d. h. dem Ausmaß, in dem sie über ihre Handlungen frei entscheiden können.**

Anregungen für einen produktiven Umgang mit Hausaufgaben in der Familie

Wann sollten die Hausaufgaben erledigt werden?
Nach einem anstrengenden Schulvormittag brauchen Heranwachsende erst einmal Erholung, Entspannung und auch Bewegung. Diesen Bedürfnissen kann der häufig übliche Ablauf – Schule, Mittagessen, Hausaufgaben, Freizeit – kaum gerecht werden. Gemeinsam mit dem Kind sollte überlegt und entschieden werden, wie es die Erledigung der Aufgaben im Nachmittagsverlauf organisieren möchte. Auch sollte darauf geachtet werden, wie es einen Überblick über die verschiedenen Hausaufgaben in den verschiedenen Fächern behält, an welchem Wochentag es zweckmäßigerweise welche Aufgaben anfertigt und wie es insgesamt seine Arbeit organisiert. Eventuell braucht das Kind mehrere Versuche, um herauszufinden, wann im Verlauf

des Nachmittags ihm die Hausaufgabenerledigung am besten gelingt. Dennoch ist es wichtig, dass es seine Bedürfnisse und individuellen Zeitrhythmen selbst wahrzunehmen und einzuschätzen lernt. Sowohl die Tendenz zur Herausforderung als auch das Streben nach Ruhe sind im Menschen angelegt und gehören zu den vorhandenen Strukturen der Selbstorganisation. Heranwachsende brauchen beides und nach Möglichkeit in einer gewissen harmonischen Abfolge (Drews 2008, S. 46).

Grundsätzlich sollte eine gewisse Regelmäßigkeit angestrebt werden, da feste Gewohnheiten die (gelegentliche) Unlust zur Aufgabenerledigung überwinden helfen. Dennoch führen Termine im Sportverein, in der Musik- oder Kunstschule möglicherweise zu zeitlichen Verschiebungen. Auch hier bieten sich gemeinsam mit dem Kind entwickelte Lösungen darüber an, wie diese verschiedenen Interessen bestmöglich miteinander vereinbart werden können. Darüber hinaus gilt es, auch die tägliche Routine aufmerksam zu beobachten und bei auftretenden Schwierigkeiten zu bedenken, ob eventuell in einer terminlichen Überlastung des Kindes oder in den täglich wechselnden Hausaufgabenzeiten mögliche Ursachen hierfür liegen.

Die Organisation des Arbeitsplatzes

Ein fester Arbeitsplatz
Idealerweise hat das Kind ein eigenes Zimmer mit einem eigenen Schreibtisch, an dem es seine Arbeitsmittel und -materialien für die Hausaufgabenbearbeitung bereitliegen hat. Vor allem im Grundschulalter kommt es aber häufig noch vor, dass Kinder die Nähe der Eltern suchen und sich allein in einem anderen Zimmer nicht wohl fühlen. Auch hier gilt, die Bedürfnisse des Kindes wahr- und ernst zu nehmen und gemeinsam eine für alle akzeptable Lösung zu finden. Diese kann z. B. darin bestehen, dass das Kind seinen Arbeitsplatz in das Arbeitszimmer der Eltern verlegt und jeder – Kind und Elternteil – in dieser Zeit seine Aufgaben erledigt. Neben der für das Kind anregenden Situation, dass auch andere zu arbeiten haben, bietet sich dem jeweilig betreuenden Elternteil die Chance, die Hausaufgabenzeit für eigene Büroarbeiten zu nutzen.

Ähnlich kann auch am Küchen- oder Esszimmertisch verfahren werden, d. h. Eltern sollten nicht direkt neben dem Kind sitzen und seine Hausaufgabenerledigung beobachten, sondern mit eigenen (ruhigen) Tätigkeiten befasst sein. Auf diese Weise nimmt das Kind seine Eltern als selbsttätig und auf eigene Arbeiten konzentriert wahr, es hat aber dennoch einen vertrauten Ansprechpartner in seiner Nähe.

Ruhe während der Aufgabenerledigung
Sollen Kinder ihre Hausaufgaben ernst nehmen und sie sorgfältig erledigen, müssen sie das Gefühl haben, dass auch die Familie ihre Arbeitsleistung wertschätzt und anerkennt. Daher sind während dieser Zeit störende Fremdgeräusche zu vermeiden, z. B. Staubsaugen, laute Telefonate oder geräuschvolle Spiele der Geschwister.

Im Grundschulalter liegt die durchschnittliche zeitliche Aufmerksamkeitsspanne von Kindern zwischen 15 und 30 Minuten. Darüber hinaus sind Heranwachsende in dieser Altersphase häufig noch leicht durch äußere Reize (die für sie meist noch einen größeren Neuigkeitswert als für Erwachsene haben) ablenkbar. Aus diesem Grund sollten während der Hausaufgabenerledigung Radio und Fernsehapparat besser abgeschaltet bleiben. Ob gelegentlich instrumentale Entspannungsmusik im Hintergrund laufen darf, kann davon abhängig gemacht werden, welche Art von Aufgaben erledigt werden. Gleichzeitig ist darauf zu achten, wie das Kind auf die Musik reagiert, ob sich die Zeit für die Aufgabenbearbeitung verlängert und welchen Einfluss die Musik auf die Qualität der Erledigung hat.

Spätestens mit Beginn der Pubertät haben viele Jugendliche sehr konkrete eigene Vorstellungen über die Musikbegleitung während der »lästigen« Hausaufgabenerledigung. Spätestens mit Beginn der Pubertät haben viele Jugendliche sehr konkrete eigene Vorstellungen über die Musikbegleitung während der »lästigen« Hausaufgabenerledigung. Zwar sind Vereinbarungen über die Lautstärke und den Rhythmus der mitlaufenden Musik sinnvoll, grundsätzlich ist dieses Freiheitsbedürfnis des Heranwachsenden aber anzuerkennen; denn er soll ja durchaus seine eigenen Erfahrungen machen, die ihn zum Nachdenken bringen. Im Falle einer dauerhaften Leistungsverschlechterung ist es jedoch unerlässlich, gemeinsam mit dem Jugendlichen neue Vereinbarungen zu entwickeln.

Die Bedeutung einer gesunden Körperhaltung, guter Lichtverhältnisse und einer angemessenen Raumtemperatur
Gesundes und entspanntes Sitzen verhindert Haltungsschäden, es erhöht die Konzentration und die Arbeitsausdauer. Wichtig hierfür ist, dass Tisch

und Sitzgelegenheit auf die Körpergröße des Kindes abgestimmt sind. Sitzt es, sollten die Ellenbogen annähernd auf der Höhe der Tischplatte, die Oberschenkel ungefähr waagerecht, die Unterschenkel senkrecht sein und Füße flach auf dem Boden stehen können. Optimal für eine längere (gesunde) Sitzhaltung ist eine um wenigstens 16 Grad nach oben geneigte Schreibfläche, da wir beim Lesen und Schreiben einen recht konstanten Blickwinkel von 24–30 Grad nach unten einnehmen.

Um für gute Lichtverhältnisse zu sorgen, sollte bei Rechtshändern das Tageslicht von links vorne, bei Linkshändern von rechts vorne auf den Arbeitsplatz fallen. Hinsichtlich der künstlichen Beleuchtung ist zu berücksichtigen, dass Tischlampen geeigneter sind als Deckenlampen. Da Leuchtstoffröhren durch ihr unsichtbares Flimmern Kopfschmerzen herbeiführen können, sind Glühlampen zu bevorzugen. Die Entfernung zwischen Tischlampe und Arbeitsfläche liegt optimal bei ca. 0,30 m.

Zu warme und sauerstoffarme Luft beeinträchtigt die Konzentration und führt zu schnellerer Ermüdung, daher ist es vorteilhaft, in einem (vor Arbeitsbeginn) gut durchlüfteten Raum mit einer Temperatur von ca. 20–22 °C zu arbeiten.

Arbeitsmittel und Arbeitsmaterialien liegen einsatzbereit an einem individuell gestalteten Arbeitsplatz
Das »Handwerkszeug« des Schülers sollte stets funktionsfähig und griffbereit sein. Deswegen ist es sinnvoll, dass jedes Kind alle wichtigen und häufig benutzten Arbeitsmittel möglichst selbst besitzt und in Ordnung hält. Darüber hinaus sind für ältere Kinder am Arbeitsplatz Nachschlagewerke wie Wörterbücher, Lexika und ein Atlas empfehlenswert.

Der Ort, an dem der Schüler relativ viel Zeit verbringt, sich häufig mit komplexen, anstrengenden Problemen beschäftigt und immer wieder auch der Gefahr des Scheiterns an einer Aufgabe ausgesetzt ist, sollte behaglich und einladend gestaltet sein. Ein individuell eingerichteter Arbeitsplatz schafft eine Atmosphäre des Wohlfühlens, aus der heraus sich der Heranwachsende bereitwilliger auf neue Herausforderungen einlassen kann.

Unterstützung bei Schwierigkeiten in der Aufgabenbearbeitung
Die elterliche Unterstützung bei den Hausaufgaben kann danach unterschieden werden, wie sehr sie im Einklang mit der gewünschten Erziehung
zur Selbstbestimmung steht. In Untersuchungen zeigten die meisten Eltern
während der Hausaufgabenerledigung sowohl als wünschenswert angesehene Verhaltensweisen (bspw. autonomiestärkend, strukturschaffend, emotionale Hilfestellung gebend) als auch als wenig lernförderlich bewertete Elemente, die von einer primär ergebnisorientierten Unterstützung über fehler-
hafte inhaltliche Erklärungen bis hin zu negativen Rückmeldungen und
kontrollierenden Verhaltensweisen reichten. Viele Eltern tendieren leider oft
zu einer störenden und mitunter sogar lernblockierenden produktorientier-
ten Mitwirkung und nur wenige zu einer wünschenswerten prozessorien-
tierten Unterstützung, welche Erklärungen, Lernstrategien und so eigentliche Hilfe zur Selbsthilfe vermittelt.

Bis heute ist nicht nachgewiesen worden, dass lernschwächere Heranwachsende in besonderem Ausmaß von elterlicher Hausaufgabenhilfe profitieren.
Im Gegenteil berichten betroffene Schülerinnen und Schüler über eine stärkere Einmischung ihrer Eltern und über mehr Kon-
flikte bei den Hausaufgaben. Das heißt, schlechte
Schulleistungen gehen zwar häufig mit zunehmender elterlicher Einmischung einher, aber diese hat
nicht den gewünschten Effekt, sondern erzeugt
überwiegend eine weitere Verschlechterung der
Leistung. Diese negative Wechselbeziehung von
Hausaufgabenhilfe und Leistung kann durch Erkenntnisse der Selbstbestimmungstheorie erklärt
werden, der zufolge das starke elterliche Engagement mit dem Bedürfnis der
Heranwachsenden nach Autonomie- und Kompetenzerleben in Konflikt gerät. Eine häufige Intervention der Eltern scheint dem Ziel der Hausaufgaben
im Wege zu stehen, die selbstregulativen Kompetenzen der Kinder zu stärken. Diese beeinträchtigt vielmehr die Kontrollerwartungen der Heranwachsenden, d.h. ihre Zuversicht und ihr Interesse, die Aufgabenbearbeitung
selbst zu steuern. Die als unnötig empfundene elterliche Hausaufgabenbegleitung führt bei den Jugendlichen oftmals zu Widerstand gegen äußere
oder innere Einschränkungen, denn die unerbetene Hilfe wird von ihnen
leicht interpretiert als Zuschreibung eigenen Unvermögens. Ebenso zeigten

> **Bis heute ist nicht nachgewiesen worden, dass lernschwächere Heranwachsende in besonderem Ausmaß von elterlicher Hausaufgabenhilfe profitieren.**

sich negative Zusammenhänge zur Schulleistung, wenn die Eltern Unterweisungsfunktionen übernehmen (z. B. wiederholte Hilfsangebote bei Schulaufgaben oder Maßnahmen zur Verbesserung der Schulleistung) oder die Hausaufgaben kontrollieren und bewerten. Eltern sollten bei der Hausaufgabenbegleitung ihrer Kinder keine lehrerspezifischen Verhaltensweisen zeigen, also nicht fordern, vorschreiben und bewerten. Dies ist Sache der Lehrkräfte und gehört in die Schule. Problematisch ist ein elterliches Verhaltensmuster, das die Selbstständigkeit der Kinder einschränkt und zugleich mehr negative als positive Rückmeldungen enthält. Insbesondere weist ein Elternverhalten, das durch fehlende aufgabenbezogene Hilfestellung gekennzeichnet ist und auf entsprechende Bitten der Kinder ablehnend reagiert, einen engen Zusammenhang mit der Ängstlichkeit der Kinder auf.

> Eltern sollten bei der Hausaufgabenbegleitung ihrer Kinder keine lehrerspezifischen Verhaltensweisen zeigen, also nicht fordern, vorschreiben und bewerten.

Elterliche Unterstützung als Anregungsfunktion (z. B. zusammen mit dem Kind Bilderbücher betrachten, mit ihnen Lieder, Gedichte und Gebete lernen) hingegen zeigt positive Zusammenhänge mit der Schulleistung. Auch elterliches Hausaufgabenverhalten, das emotionalere Formen der Unterstützung umfasst und zudem auf Anregung und Förderung der Selbstständigkeit der Kinder setzt, gilt als erfolgversprechender. Eltern von leistungsstärkeren Schülern mischen sich weniger stark ein und zeigen ein eher indirekt unterstützendes, Autonomie förderndes Verhalten. Dies wirkt sich nach den vorliegenden Forschungsergebnissen eher positiv auf die künftige Leistungs- und Motivationsentwicklung der Kinder aus. Die Unterstützung bei Hausaufgaben sollte also eher zurückhaltend erfolgen und nur, wenn Eltern von den Kindern gefragt werden und die nötige Zeit und Ruhe dafür aufbringen. Hilfe der Eltern meint demgemäß, gemeinsam mit den Kindern zu überlegen, zu suchen, auszuprobieren, aber keinesfalls, einfach fertige Lösungen zu präsentieren. Noch besser ist es, den Kindern zu zeigen, wie sie sich selbst helfen können, also z. B. einen Rechtschreibduden oder ein Lexikon benutzen lernen.

Zusammenfassende Hinweise für die Unterstützung bei den Hausaufgaben

⋯⟩ Hausaufgaben sind zuerst Sache des Kindes, d.h. es übernimmt selbst Verantwortung für seine Hausaufgaben, denn die geltende Erwartung (so regeln es auch ministerielle Erlasse) ist, die Aufgaben selbstständig zu erledigen.

⋯⟩ Dem Kind so wenig wie möglich helfen (aber so viel wie nötig).

⋯⟩ Möglichst genau herausfinden, worin das Problem besteht. Dem Kind nicht alles erklären, sondern nur genau jenen Punkt, der Schwierigkeiten macht.

⋯⟩ Sich in die Arbeitsmethode des Kindes hineinversetzen. Es ist wenig hilfreich, dem Kind neben den bestehenden Schwierigkeiten noch die eigene Methode beibringen zu wollen.

⋯⟩ Dem Kind ausreichend Gelegenheit zum Nachdenken und Verstehen ermöglichen.

⋯⟩ Nicht im Heft des Kindes schreiben und nicht dauerhaft neben ihm sitzen bleiben. Das Kind kann lernen, bei Schwierigkeiten aktiv Hilfe aufzusuchen.

⋯⟩ Die Entscheidung, ob die Hausaufgaben ausführlich und sorgsam angefertigt wurden, liegt beim Kind. Selbstverständlich können Eltern dem Kind ihre evtl. Unzufriedenheit mitteilen, doch bleibt es seine Entscheidung, wie es mit der Kritik umgeht.

⋯⟩ Sind die Aufgaben zu schwierig oder zu umfangreich, sollten Eltern – sofern das Kind einverstanden ist – eine Notiz schreiben und die Arbeit sollte beendet werden.

⋯⟩ Keine Zusatzaufgaben geben, es sei denn, das Kind bittet darum. Wenn die Hausaufgaben beendet sind, dann sollte das Kind auch tatsächlich aufhören dürfen.

⋯⟩ Eltern, die ihr Kind fördern wollen, sollten
  · zu ihrem Kind stehen,
  · ihm Wertschätzung und Zuneigung jenseits aller Noten zeigen,
  · seine Gefühle und Bedürfnisse aufmerksam wahrnehmen und
  · dabei auch etwas von ihm verlangen.

Wichtig ist, dass Eltern ihre eigene Einstellung zu Hausaufgaben überprüfen. Gehen diese – vielleicht aufgrund eigener negativer Erfahrungen – mit einer ablehnenden, beklommenen Haltung an die Hausaufgabenbegleitung heran, kann keine entspannte Atmosphäre entstehen. Im Gegenteil wird es Kindern erschwert, einen emotional positiven Zugang zu ihren Aufgaben zu finden. Wenn eine solche Situation besteht, ist es für alle Beteiligten konstruktiver, nach einer anderen Lösung für die Unterstützung bei den Aufgaben zu suchen.

Abschließend sei noch einmal darauf hingewiesen, dass die wesentlichen Funktionen von Hausaufgaben darin bestehen sollten, einerseits dem Lehrer Aufschluss zu geben über den Lernfortschritt seiner Schüler und den Erfolg seiner unterrichtlichen Bemühungen. Andererseits sollen sie dazu dienen, die Selbstständigkeit der Kinder zu fördern, Verantwortung für das eigene Lernen zu übernehmen, die eigenen Arbeiten zu strukturieren und den Tagesablauf zu organisieren. Daher besteht bei starker elterlicher Einflussnahme die Gefahr, dass das Kind keine Notwendigkeit sieht, sich selbst in der Schule wirklich zu bemühen. Darüber hinaus kann selbst gutgemeinte elterliche Hilfe die Eltern-Kind-Beziehung belasten und Enttäuschungen und Konflikte hervorrufen. Zugleich signalisieren Eltern, die ihrem Kind ständig bei den Aufgaben helfen, im Grunde, wie wenig sie von seinen Fähigkeiten halten. Und noch vor einem anderen Hintergrund erscheint die Mitarbeit der Eltern fragwürdig. Denn solange mit der Ausdauer und gutmütigen Bereitschaft der Eltern gerechnet werden kann, sich als unbezahlte »Nachhilfelehrer« zu betätigen, um die am Vormittag entstandenen Lücken zu schließen, können bequeme Lehrer weiterhin bequem unterrichten, ohne mit irgendwelchen negativen Reaktionen oder gar beruflichen Sanktionen rechnen zu müssen.

4

Nachhilfeunterricht und Schule

Eiko Jürgens

Begriffliche Klärung und Abgrenzung von weiteren Förderhilfen

»Besondere«, außerhalb des planmäßigen Schulunterrichts und zusätzlich zu diesem stattfindende Unterstützungsleistungen, auf die Kinder und Jugendliche zurückgreifen, fallen unter den Begriff der »Nachhilfe«. Ausschlaggebend für dieses »weite« Verständnis von Nachhilfe ist der Sachverhalt, dass es sich um Angebote handelt, die sowohl außerhalb des regulären Unterrichts als auch außerhalb der Institution Schule stattfinden. Innerschulische Stütz- und Fördermaßnahmen, wie zum Beispiel Kurse zur Behebung von Lese-Rechtschreib-Schwächen oder zum Ausgleich spezieller Fachdefizite, sind demnach genauso wenig als »Nachhilfe« zu verstehen wie Hausaufgabenbetreuungsangebote im Zuge der Einrichtung von Ganztagsschulen. Und auch den meisten außerschulischen Hausaufgabenbetreuungsangeboten, wie sie beispielsweise unter der Obhut der Kirche zu finden sind, fehlt ein entscheidendes Charakteristikum, um sich als »Nachhilfe« zu verstehen. Nur vereinzelt weisen nämlich außerschulische Hausaufgabentutorien spezielle Übungsschwerpunkte oder Förderaufgaben aus bzw. sind eigens dafür eingerichtet worden, spezielle Lernprobleme aus der Welt zu schaffen. Am häufigsten handelt es sich bei der außerschulischen Hausaufgabenbetreuung um ein unspezifisches Aufsichts- und Fürsorgeverhältnis. Das gilt auch für die elterliche Hilfe, die weitere Familienmitglieder oder Freunde (unentgeltlich) gewähren.

Trotz allem bleibt der Begriff der Nachhilfe unscharf, weil die Grenzen zwischen außerschulischen Betreuungsangeboten mit speziellen Förderkonzepten und jenen, in denen es hauptsächlich um die Gewährung von Verlässlichkeit und Sicherheit geht, durchaus fließend sind. Weil über die Heranziehung dieser Kriterien keine trennschärfere Differenzierung erreicht werden kann, ist es hilfreicher, nicht von »Nachhilfe«, sondern von

Nachhilfe*unterricht* zu sprechen, d. h. den Unterrichtsgedanken in den Fokus der Argumentation zu rücken. Außerschulische Unterstützungsleistungen nähmen diesem Vorschlag zufolge nur dann den Charakter einer Nachhilfesituation an, wenn sich diese durch spezifische Merkmale von Unterricht auszeichnet. Dem allgemeinen Sinne nach ließe sich Unterricht als ein Kommunikations-, Lehr- und Lernprozess verstehen, der nicht zufällig, sondern bewusst intendiert und geplant stattfindet, und zwar geleitet von bestimmten Zielperspektiven (Lehr- und Lernzielen), die es in einer vorgegebenen Qualität (Kompetenzstufen) zu erreichen gilt. Somit handelt es sich beim Nachhilfeunterricht um eine private außerschulische Lernhilfe, die systematisch über einen längeren Zeitraum als Einzel- oder Gruppenunterricht mit der Maßgabe erfolgt, Leistungsverbesserungen bzw. -konsolidierungen in bestimmten schulischen Unterrichtsfächern durch wohlüberlegtes pädagogisch-didaktisches Handeln der Nachhilfekraft zu gewährleisten. Außerschulische, fächerübergreifende Methodentrainings, die zunehmend vor allem von kommerziellen Instituten angeboten werden, fallen ebenfalls unter diese Definition, wenn sie die allgemeinen Merkmale von Unterricht aufweisen.

Familiärer, privater und institutioneller Nachhilfeunterricht

Die Unterscheidung zwischen familiärem, privatem und institutionellem Nachhilfeunterricht trägt der Tatsache Rechnung, dass Schülerinnen und Schüler im Hinblick auf die Bewältigung schulischer Leistungsanforderungen und die Realisierung eigener Bildungsansprüche sowohl die Hilfe von Familienangehörigen, von Privatpersonen außerhalb der Familie oder auch von Institutionen in Anspruch nehmen können. Auf dem Feld der Institutionen ist zu unterscheiden zwischen kommerziellen Anbietern, den sogenannten Nachhilfeinstitutionen (wie zum Beispiel die »Schülerhilfe« oder der »Studienkreis«, die zzt. größte dieser Art), und den karitativen Einrichtungen (insbesondere der Kirchen oder kommunaler Träger), die entweder unentgeltlich arbeiten oder vergleichsweise geringe finanzielle Elternbeiträge verlangen.

Verbreitung von Nachhilfeunterricht

Alles, was man über den Verbreitungsgrad von Nachhilfeunterricht weiß, ist äußerst vage. Das liegt zum einen schon allein darin begründet, dass die wenigen Studien, die zu dieser Problematik vorliegen, durch die angesprochene Unschärfe des Nachhilfebegriffs belastet werden. D. h., dass Befunde und Zahlen deshalb nicht miteinander vergleichbar sind, weil in dem einen Fall ein weiter Nachhilfebegriff und in dem anderen Fall ein enger verwendet wird. Während manche Studien davon ausgehen, dass sich in Deutschland jedes dritte Kind im Laufe seiner schulischen Bildungskarriere mit Nachhilfeunterricht konfrontiert sieht, gibt es andere Untersuchungen, in denen hochgerechnet wird, dass knapp die Hälfte aller Schülerinnen und Schüler zu irgendeinem Zeitpunkt Erfahrungen mit bezahlter Nachhilfe macht.

Vor allem solche doch recht unsicheren Befunde und die großen Wachstumsquoten von kommerziell tätigen Nachhilfeinstituten in den zurückliegenden 20 Jahren haben dazu geführt, hier und da von einem imposanten »Nachhilfeboom« zu sprechen. Nicht selten bekommt die Gesellschaft den Eindruck vermittelt, die Nachfrage nach Nachhilfeunterricht befinde sich nicht nur auf einem unverhältnismäßig hohen Niveau, sondern nehme täglich in einem mehr oder weniger rasanten Tempo zu. Zutreffend ist, dass sich zwar die Rate der Nachhilfeinstitute innerhalb der letzten zehn Jahre verdoppelt hat, diese aber trotzdem nur auf einen Marktanteil von etwa 15 bis 20 % kommen. Dieses Ergebnis dürfte insofern überraschen, als gerade über kommerziell arbeitende Nachhilfeinstitute derzeitig in der Öffentlichkeit viel diskutiert wird und man durchaus den Eindruck gewinnen könnte, dass manche Kreise meinten, erst ihre Existenz habe einen Markt für Nachhilfeunterricht geschaffen. Das ist mitnichten so. Nach wie vor fällt dem »grauen Markt« des Nachhilfeunterrichts der Löwenanteil zu, der überhaupt kein neues gesellschaftliches Phänomen darstellt und hauptsächlich durch Studenten, ältere Schülerinnen und Schüler sowie im Beruf stehende oder pensionierte Lehrkräfte bedient wird.

Noch ein weiterer Grund dürfte für die derzeitige öffentliche Auseinandersetzung mit der Nachhilfeproblematik verantwortlich sein. Der stetig gewachsene Anteil der gymnasialen Schülerschaft hat bei dieser Gruppe zu einer entsprechend gestiegenen Nachfrage nach Nachhilfe geführt. Einer Gruppe von Kindern und Jugendlichen also, deren Eltern sich in der Öffentlichkeit noch am ehesten Gehör verschaffen können, wenn es um schulische Angelegenheiten geht, und die am häufigsten gefragt werden, wenn etwas im Zusammenhang mit der schulischen Bildung problematisiert wird. Die Eltern der Gymnasiasten haben eine weitaus größere Chance als Eltern, deren Kinder andere Schularten besuchen, ein bildungspolitisches Thema zu besetzen, und da scheint Nachhilfe gegenwärtig sehr im Trend zu liegen. Allerdings hat diese Elternschaft auch das größte Interesse an Nachhilfe, denn der Anteil der Gymnasiasten mit Nachhilfeerfahrung wird in Untersuchungen mit Werten zwischen 30 und 50 % angegeben. Möglicherweise werden diese Quantitäten noch wachsen, wenn der gymnasiale Bildungsgang bundesweit, wie in einigen Ländern schon geschehen, auf acht Schuljahre verkürzt worden ist.

Der Anteil der Gymnasiasten mit Nachhilfeerfahrung wird in Untersuchungen mit Werten zwischen 30 und 50 % angegeben.

4

Weil Schule als gesellschaftliche Institution über die Vergabe von Abschlussqualifikationen die Lebens- und Berufschancen ihrer Absolventinnen und Absolventen maßgeblich beeinflusst, wird die Inanspruchnahme von Nachhilfeunterricht umso größer werden, je mehr junge Menschen höherwertige Schulabschlüsse anstreben, unter anderem auch deshalb, weil die Berufswelt als Zugangsvoraussetzung diese in einem immer größeren Maße voraussetzt, und je weniger die Schule in der Lage ist, auf die gewachsenen und vollkommen legitimen Bildungsansprüche der Eltern mit adäquaten Förderkonzepten zu reagieren.

Nachhilfefächer

In den sogenannten Hauptfächern (Kern- bzw. Langzeitfächern) Mathematik, Deutsch und Englisch wird am häufigsten Nachhilfeunterricht in Anspruch genommen. Dabei kommt dem Fach Mathematik inzwischen unbestritten die Spitzenposition zu, und zwar unabhängig von der Schulform und dem Geschlecht des Nachhilfeschülers, wie übereinstimmend die neueren Studien konstatieren. Nach der eigenen Studie entfallen gut 80 % auf diese drei Fächer, davon allein die Hälfte auf das Fach Mathematik. Überwiegend wird Nachhilfeunterricht für ein Fach nachgefragt, doch nur in einem knapp geringeren Maße wird diese Unterstützungsform in zwei Fächern gewährt.

Motive und Ursachen

Prophylaxe und Überwindung von zeitweisen oder dauerhaften schulischen Misserfolgen in einzelnen Unterrichtsfächern sind ebenso Anlass für die Aufnahme von Nachhilfeunterricht wie die Nachfrage und Unterstützung bei der Entwicklung allgemeiner lernrelevanter Kompetenzen. Neben die »klassischen« Nachhilfemotive einer möglichst kurzfristig zu erreichenden Verbesserung von fachlichen Schulleistungen einerseits, um beispielsweise die Gefahr eine Nichtversetzung abzuwehren, und einer Behebung speziel-ler Teilleistungsschwächen andererseits, wie zum Beispiel Dyskalkulie oder Rechenstörung, sind heut-zutage also weitere sowohl allgemeinere als auch langfristigere Ziele getreten. Eltern erwarten vom Nachhilfeunterricht auch einen wesentlichen Bei-trag zur Selbstständigkeitserziehung und Persön-lichkeitsentwicklung. Insgesamt ist das Spektrum dessen, was mit Nachhilfeunterricht von Seiten der Eltern in Verbindung gebracht wird, sehr viel größer geworden als vor Jahren noch. Von daher überrascht es nicht, wenn Aspekte wie Stärkung des Selbst-vertrauens, der Konzentrationsfähigkeit und Anstrengungsbereitschaft ebenso mit »Nachhilfe« in Verbindung gebracht werden wie »Methodentrai-ning« und Einübung von Sekundärtugenden. Die Gewissheit, dass der Schulabschluss als »Eintrittskarte« für die spätere Berufslaufbahn bzw. als Chance gilt, um überhaupt einen qualifizierten Arbeits-/Ausbildungsplatz zu erhalten, führt bei Eltern immer häufiger dazu, Nachhilfeunterricht als ein die Schullaufbahn ihres Kindes flankierendes und absicherndes Bil-dungsangebot aufzufassen. Dieser Trend schlägt sich in steigenden Zahlen derjenigen Schülerinnen und Schüler nieder, die auf diese Form außerschu-lischer Lernhilfe zurückgreifen, obwohl weder die Versetzung noch der an-gestrebte Schulabschluss gefährdet sind. Im Gegenteil, diese Schülergruppe weist häufig überdurchschnittliche Leistungen, zum Teil sogar gute bis sehr

Eltern erwarten vom Nachhilfeunterricht auch einen wesentlichen Beitrag zur Selbstständig-keitserziehung und Persönlichkeitsentwicklung.

gute, auf. Inzwischen liegen Schätzungen vor, denen zufolge in etwa auf jeden vierten Nachhilfeschüler dieser Sachverhalt zutrifft. Ebenfalls im Steigen begriffen ist die Zahl derjenigen, die Nachhilfe als eine Art seelisches »Stützkorsett« in Anspruch nehmen. Hierbei handelt es sich um Kinder und Jugendliche, die ihre anfänglichen Schulleistungsprobleme, die vordergründig Auslöser für die Wahrnehmung eines Nachhilfeangebots waren, bereits überwunden haben, aber dennoch weiter auf die vertrauensvolle Unterstützung der Nachhilfekraft setzen. Ohne die weitere Gewährung dieser Schutz und Zuversicht gebenden seelischen Unterstützung befürchten zumeist die Eltern, aber oft auch das Kind selbst, dass sich frühere Leistungsschwächen wieder einstellen würden, weil es Lehrerinnen und Lehrer in der Schule an emotionaler Wärme, Empathiefähigkeit und Respekt vor den psychischen Nöten von Schülerinnen und Schülern fehle.

Auf dem Hintergrund dieser Motivlagen ist es plausibel, wenn Eltern und Nachhilfeschüler gleichermaßen Versäumnisse der Schule als Ursachen für die Nachfrage nach bzw. Notwendigkeit von Nachhilfeunterricht ausmachen. Vor allem werden mehr und besserer Förderunterricht, mehr Rücksicht auf individuelle Stärken und Schwächen sowie mehr Beachtung unterschiedlicher individueller Lerntempi angemahnt.

Nachhilfe erscheint also als ein Maßnahmenpaket, das dem Kind zu seinem Recht auf Beachtung seiner Individualität und seines Begabungspotentials verhilft, die ihm in der Schule bisher versagt blieb. Nachhilfeunterricht scheint allerdings auch zunehmend die Funktion einer Konfliktvermeidung zwischen dem Kind und seinen Eltern einzunehmen. Weil elterliche Hilfe mitunter zu ständigen starken Spannungen mit dem Kind führt und auf Dauer nicht nur erhebliche psychische Verstimmungen und Entfremdungsprozesse auf beiden Seiten hervorruft, sondern sogar gut gemeinte Unterstützung in ihr Gegenteil verkehrt und deshalb so gut wie überhaupt keine positiven Lerneffekte mehr bewirken kann, wird als Ausweg Nachhilfeunterricht in Anspruch genommen. D. h. eine emotional neutrale Instanz wird auf den Plan gerufen, zumeist mit großem Erfolg. Abschließend soll noch vermerkt werden, dass die Initiative, sich für Nachhilfeunterricht zu entschließen, überwiegend, nämlich zu zwei Dritteln, von den Eltern ausgeht, nur zu einem Drittel von den Schülerinnen und Schülern.

> **Nachhilfe erscheint also als ein Maßnahmenpaket, das dem Kind zu seinem Recht auf Beachtung seiner Individualität und seines Begabungspotentials verhilft, die ihm in der Schule bisher versagt blieb.**

Wirkungen

Bisher liegen nur wenige Studien zur Effektivität des Nachhilfeunterrichts vor, die sich zudem in ihrer Methodik mitunter stark voneinander unterscheiden. Zum einen werden die verwendeten Begrifflichkeiten und Konzepte, also was beispielsweise unter Wirksamkeit und Erfolg oder genau unter »Nachhilfe« zu verstehen ist, unterschiedlich definiert. Das führt zu Schwierigkeiten in der Kontrastierung, Einordnung und Abgrenzung der Ergebnisse. Außerdem erschwert es, vergleichbare Rückschlüsse aus den gewonnenen Erkenntnissen zu ziehen. Darüber hinaus sind die Studien zumeist als Querschnittsuntersuchungen angelegt, d.h. mit ihnen werden ausschließlich Informationen zu einem bestimmten historischen Zeitpunkt, nämlich dem Erhebungsdatum, gewonnen. Sollen langfristigere Entwicklungen erfasst werden, bedarf es des Einsatzes von Längsschnittstudien. Die aber sind insgesamt sehr viel aufwendiger, deshalb seltener. Auch hinsichtlich der Sicherung von Repräsentativität (Zufallsauswahl) gibt es bei den vorliegenden Studien unterschiedliche methodische Einschränkungen. Ferner stützen sich die meisten Untersuchungen auf Einschätzungen von Schülerinnen und Schülern, Eltern, Nachhilfekräften und im Schuldienst tätigen Lehrerinnen und Lehrern, allerdings in unterschiedlichen Adressatenkombinationen. So gesehen bieten die verschiedenen Studien ein breites Meinungsspektrum zu subjektiv wahrgenommenen Wirkungen. Weniger werden faktische Kompetenzzuwächse erfasst, weil derartige Forschung andere Untersuchungsdesigns und damit einhergehend den Einsatz anderer Instrumente erfordert. Unter diesem Blickwinkel ist die Aussagekraft der Wirksamkeitsforschung auf dem Feld der »Nachhilfe« fraglos als unzulänglich zu bewerten. Was jedoch nicht heißt, dass Ergebnisse, die durch Selbstbefragungen zustande gekommen sind, generell unbedeutender bzw. zweitrangig wären. Das ist nicht der Fall. Grundsätzlich handelt es sich um einen anderen forschungsmethodischen Zugriff, der durchaus zu relevanten Urteilen und Schlussfolgerungen führt.

Auf dieser Basis liegen positive Einschätzungen im allgemeinen Trend. Nachhilfeunterricht wird von den unmittelbar Betroffenen, den Schülern und deren Eltern, mit großer Mehrheit als effektiv eingeschätzt, und zwar über dessen gesamte Breite hinweg. Vor allem die tatsächliche Entwicklung der Schulnoten im Zeitraum der Nachhilfe kann als ein unbestechliches Vergleichsmaß gelten und Rückschlüsse auf den Erfolg von Nachhilfemaßnahmen zulassen.

Trotz aller methodischen Unterschiedlichkeit weisen alle Studien, die die Zensurenentwicklung als Wirksamkeitskriterien berücksichtigten, gemeinsame positive Tendenzen auf. Bei der großen Mehrheit der Nachhilfeschülerinnen und -schüler kommt es zu einer merklichen Verbesserung der Schulnoten als Effekt des Nachhilfeunterrichts, durchschnittlich um eine Notenstufe. In einer eigenen Studie (Jürgens/Diekmann 2007) zeigt sich beispielsweise in rund drei Viertel der Fälle eine zensurenmäßig abbildbare Leistungsverbesserung. Teilweise sind sogar Zensurensprünge von zwei Notenstufen zu verzeichnen gewesen. Und 96 % jener, die sich gesteigert haben, führen das auf Nachhilfeunterricht zurück. Weiter haben die Befragten den Eindruck gewonnen, dass die Inanspruchnahme von Nachhilfeunterricht die Fähigkeit zu selbstständigem Lernen unterstützt und sich positiv auf die Anstrengungsbereitschaft sowie das Interesse am Nachhilfefach auswirkt. Obendrein liefert diese Erhebung eindeutige Hinweise darauf, dass die pädagogische Arbeit im Nachhilfeunterricht deutlich zur Stärkung des allgemeinen Selbstvertrauens sowie zum Abbau von Leistungsangst beiträgt. Viele Schülerinnen und Schüler führen eine spürbar gestiegene Überzeugung vom eigenen Können im Unterrichtsfach wie auch in der Schule insgesamt auf den Nachhilfeunterricht zurück. Außerdem geben etwa drei Viertel der befragten Schülerinnen und Schüler an, dass ihnen das Lernen leichter falle und sie sich eher zutrauten, auch mit hohen Anforderungen zurechtzukommen, seit sie Nachhilfeunterricht erhalten. Insgesamt zeichnen die vorliegenden Studien ein tendenziell positives Bild. Das allerdings aufgrund der methodischen Vorbehalte gegenüber deren Untersuchungsprogrammatik nicht überzeichnet werden sollte.

Bei der großen Mehrheit kommt es zu einer merklichen Verbesserung der Schulnoten als Effekt des Nachhilfeunterrichts.

4

Hintergründe zur Wirksamkeit von Nachhilfeunterricht

Mit Sicherheit sind es sehr unterschiedliche Faktoren, von denen bisher die wenigsten im Zusammenhang mit Nachhilfeunterricht systematisch erforscht worden sind, die für die positiven Wirkungen verantwortlich sind. Zumal es sich auch um unterschiedliche Wirkungsdimensionen und -ebenen handelt. Bezogen auf die Unterrichtsdidaktik könnten vier Faktoren eine erstrangige Rolle spielen (vgl. Haag 2008).

1. Vorwissen gilt als ein bedeutsamer Faktor von Schulerfolg. Zwischen diesem und der Anwendung von Lernstrategien besteht ein wechselseitiger Zusammenhang. Sowohl lässt sich einerseits der effektive Einsatz von Lernstrategien auf ein ausgeprägtes Vorwissen zurückführen als auch andererseits Vorwissen als Folge der Anwendung von sachangemessenen Lernstrategien entwickelt. Die Wirksamkeit von Nachhilfeunterricht dürfte demnach davon abhängig sein, in welchem Maße es gelingt, das Vorwissen zu vergrößern und das Repertoire geeigneter Lernstrategien zu erweitern.

    > **Die Wirksamkeit von Nachhilfeunterricht dürfte davon abhängig sein, in welchem Maße es gelingt, das Vorwissen zu vergrößern.**

2. Für die Bereitschaft, sich mit einem Lerngegenstand auseinanderzusetzen, die Motivation aufrechtzuerhalten und bestrebt zu sein, den Lernprozess anforderungsgemäß zu Ende zu führen, ist es von großer Wichtigkeit, zwischen Anstrengung und noch so kleinen Lernfortschritten sichtbare Erfolge zu erzielen. Das gelingt besonders gut, wenn die pädagogische Aufmerksamkeit auf das Individuum, besser gesagt, auf das individuelle Ausgangsniveau des jeweils gewünschten Lernens gelenkt wird. Diese als individuelle Bezugsnorm bekannte Form der Leistungsrückmeldung lässt zwar die schulischen Lehrplanziele nicht außer Acht, bewertet aber alle fachlichen und überfachlichen Aufwärtsentwicklungen schwerpunktmäßig danach, wie weit und in welchem Tempo der Nachhilfeschüler sich von seinem ursprünglichen Ausgangsniveau im Laufe der Zeit entfernt hat.

3. Die verfügbare effektiv genutzte Lernzeit ist eine weitere bedeutsame Größe für schulischen Erfolg. Es dürfte naheliegend sein, dass mit qualitätsvollem Nachhilfeunterricht in besonderem Maße dafür gesorgt wird, dass die anberaumte Zeit möglichst intensiv und gewinnbringend auf das Lernen verwendet wird. Im Grunde schafft allein schon die Organisationsform des Nachhilfeunterrichts als Kleingruppen- oder Einzelunterricht dafür beste Voraussetzungen.

4. Im Rahmen des Nachhilfeunterrichts werden mehr Freiräume zur Stärkung der Eigenverantwortung für den Wissenserwerb genutzt als im Schulunterricht. Selbstreguliertes Lernen und eigenständiges Arbeiten erhöhen die Bereitschaft, sich überhaupt mit Aufgabenstellungen auseinanderzusetzen und Lernproblematiken zur eigenen Sache zu machen. Auf diesem Wege entstehen Motivation und das Bedürfnis, durch Wis-

senszuwachs die eigene Handlungskompetenz zu vergrößern, d. h. zielorientiert zum erfolgreichen Abschluss zu kommen. Die größere Mitgestaltungsverantwortung von Schülerinnen und Schülern im Nachhilfeunterricht verbessert dessen Effektivität und Nachhaltigkeit.

Weitere Gründe für die gemessen an der Notenverbesserung beachtliche Wirksamkeit von Nachhilfeunterricht dürften in der pädagogischen Beziehung zwischen dem Kind und der Lehrkraft liegen, die sich doch in mehrerlei Hinsicht deutlich von jener in der Schule unterscheidet.

Von Beginn an haben Nachhilfeschüler und Nachhilfelehrer ein gemeinsames Ziel, das für diese »nachhelfende Intervention« absolut vorrangig ist. Beiden ist klar, dass so schnell wie möglich Erfolge erzielt werden sollen. Ebenso klar ist ihnen, dass das am besten gelingt, wenn sie gemeinsame Sache machen. Daraus erwächst zwar nicht unbedingt eine »Schicksalsgemeinschaft«, aber eine vertrauensvolle Interessengemeinschaft schon. Zudem weiß der Nachhilfelehrer, dass er Verantwortung für den Lernerfolg des Nachhilfeschülers hat und an der Wahrnehmung dieser Verantwortung – letztlich hängt daran sein Beschäftigungsverhältnis – gemessen wird. Diese Verantwortung übernimmt er bzw. muss er wohl oder übel auch dann ausüben, ohne auf übliche schuldisziplinäre Mittel, wozu auch die Zensurengebung oft missbraucht wird, zurückgreifen zu können, wenn es zu Konflikten zwischen ihm und dem Nachhilfeschüler kommt. Kurzum: Die Beziehungsstruktur des Nachhilfeunterrichts fördert das Entstehen positiver emotionaler und motivationaler Rahmenbedingungen, wodurch Lernerfolge bekanntlich begünstigt werden.

> **Die Beziehungsstruktur des Nachhilfeunterrichts fördert das Entstehen positiver emotionaler und motivationaler Rahmenbedingungen, wodurch Lernerfolge bekanntlich begünstigt werden.**

Prüfkriterien für geeignete Nachhilfe

Insgesamt ist es für Eltern nicht leicht, die Eignung der Anbieter von Nachhilfeunterricht zu prüfen. Das gilt im Grunde generell, auch wenn externe Träger und kommerzielle Anbieter mitunter bemüht sind bzw. sich aus Konkurrenzgründen gezwungen sehen, sich von neutralen Instanzen ihre »Qualität« zertifizieren zu lassen. Trotz allem besteht nämlich bisher für niemanden, auch nicht die großen kommerziellen Anbieter, die Pflicht zu irgendeiner Form schulbehördlicher Akkreditierung und/oder zur Kontrolle durch eine externe inhaltliche Aufsicht über das Angebot. Doch immerhin sorgt die zunehmende Qualitätsoffensive insbesondere der großen kommerziellen Anbieter dafür, über »Zertifizierungen« Vertrauen für die eigene Leistungsfähigkeit und die Einhaltung von Qualitätsstandards zu gewinnen.

RAL-Gütezeichen
Darunter fallen u. a. die folgenden Qualitätsstandards (Website INA-Nachhilfeschulen e.V.):
···⟩ Es existiert ein kundenorientiertes Qualitäts-Management-System (QMS).
···⟩ Die Schule hat eine/n pädagogischen Leiter/in.
···⟩ Die Kündigungsfrist für Kund/innen beträgt maximal zwei Monate.
···⟩ Die Gruppengröße beträgt maximal fünf Schüler/innen.
···⟩ Der Unterricht wird dokumentiert.
···⟩ Die Gruppe wird binnendifferenziert unterrichtet.
···⟩ Die Unterrichtsorganisation ist flexibel.
···⟩ Die Lehrkräfte sind nachweisbar qualifiziert.

Das Gütezeichen wird durch unabhängige Auditoren vergeben. Geprüft wird, ob das Institut die definierten Qualitätsstandards erfüllt.

TÜV-Zertifikat
Das TÜV-Zertifikat wird jeweils für drei Jahre vergeben, danach ist eine wiederholte Überprüfung notwendig. Zu den Kriterien, die für eine erfolgreiche Zertifizierung voll erfüllt sein müssen (K.-o.-Kriterien), gehören u. a. diese:
···⟩ Die Erfüllung von rechtlichen Vorschriften zum Brandschutz und zur ersten Hilfe.
···⟩ Die Beachtung der Ausgangslage des Schülers.
···⟩ Die Erstellung eines individuellen Förderplans zu Beginn des Nachhilfeunterrichts.
···⟩ Die Dokumentation der Förderinhalte.
···⟩ Eine maximale Gruppengröße von fünf Schüler/innen.
···⟩ Die Binnendifferenzierung in den Gruppen.
···⟩ Der Kontakt zu den Schulfachlehrer/innen.

⋯⟩ Studienkreiseigene Lehr- und Lernmaterialien.

⋯⟩ Verschiedene Vertragsgestaltungsvorschriften, wie klar formulierte Geschäftsbedingungen, definierte Vertragslaufzeit und Ersatzstundenregelungen.

⋯⟩ Verschiedene über den formalen Vertrag hinausgehende Dienstleistungen, wie kostenloser Probeunterricht oder die Möglichkeit, kurzzeitige Verträge abzuschließen.

⋯⟩ Ein »guter Ruf« der Studienleitung und des Lehrpersonals, d. h. z. B. keine Sektenzugehörigkeit.

⋯⟩ Verpflichtende Teilnahme der Büroleitung an Seminaren.

⋯⟩ Keine Schüler/innen als Lehrkräfte.

Prüfsiegel nach DIN EN ISO 9001
Das Prüfsiegel wird durch den TÜV Nord für drei Jahre vergeben und die Einhaltung der Qualitätsstandards einmal jährlich durch unabhängige Auditoren des TÜV überprüft. Die Qualitätskontrolle bezieht sich u. a. auf Kriterien wie

⋯⟩ Unterricht

⋯⟩ Beratung

⋯⟩ Kundenzufriedenheit

⋯⟩ Auswahl und Qualifizierung der Mitarbeiter/innen und Nachhilfelehrer/innen

⋯⟩ Standorte

⋯⟩ Immobilien

Qualitätsstandards des VNN e. V.
Der Bundesverband deutscher Nachhilfe- und Nachmittagsschulen e.V. (VNN) hat allgemein gültige Standards entwickelt, die jedes Mitglied erfüllen muss. Die dem Verband angehörenden Institute verpflichten sich zur Einhaltung vereinbarter Standards. Dazu zählen u. a. folgende Kriterien (Bundesverband Nachhilfe und Nachmittagsschulen 2007):

⋯⟩ Helle, gut renovierte Räume und angemessene Einrichtung.

⋯⟩ Unterrichtsinhalte, die auf die individuellen Voraussetzungen der Schüler/innen abgestimmt sind.

⋯⟩ Eine mindestens dreistündige tägliche Erreichbarkeit der Schulleitung.

⋯⟩ Verständliche Geschäftsbedingungen.

⋯⟩ Maximale Kündigungsfrist von drei Monaten.

···⟩ Kostenloser Probeunterricht.

···⟩ Eine maximale Gruppengröße von fünf Schüler/innen.

···⟩ Nachweislich qualifizierte Lehrkräfte.

···⟩ Ein kontrollierter Erfolg des Unterrichts.

···⟩ Die Dokumentation des Unterrichts.

Weitere Empfehlungen:

Selbstverständlich enthalten die zuvor aufgelisteten Qualitätskriterien eine Reihe von Hinweisen, was Eltern tun können, wenn sie sich ebenso ein Bild über die Eignung schulinterner, karitativer oder privater, also nicht kommerzieller Anbieter, machen wollen, wozu auch das große Heer von älteren Schüler/innen, Student/innen und Lehrer/innen gehört. Abgesehen davon, dass Eltern grundsätzlich regelmäßigen Kontakt mit der Nachhilfelehrkraft halten sollten, hat es sich als ratsam herausgestellt, wenn sie besondere Aufmerksamkeit auf die Klärung dieser Fragen legten:

···⟩ Was qualifiziert den Schüler, Studenten oder die Lehrkraft als *Nachhilfelehrer/in?*

···⟩ Welches Methodenrepertoire liegt dem Nachhilfeunterricht zugrunde? Lassen Sie es sich erläutern.

···⟩ Wird eine Eingangsdiagnostik durchgeführt, um die genauen Ursachen für die Lernprobleme bzw. -schwächen herauszufinden?

···⟩ Wird ein individuelles, die speziellen Wünsche und Bedürfnisse des Nachhilfeschülers berücksichtigendes Förder- und Arbeitskonzept erstellt?

···⟩ Unterscheidet sich der Nachhilfeunterricht von einer Hausaufgabenbetreuung?

···⟩ Werden erprobte und bewährte Übungs- und Aufgabenmaterialien verwendet?

···⟩ Verfügt die Nachhilfekraft über eine positive Ausstrahlung und begeistert sie sich für ihre Unterrichtsfächer?

Schulangst und Mobbing

Karl Gebauer

Verflechtungen zwischen Angst und Mobbing

Angst und Mobbing sind in mehrfacher Weise miteinander verflochten. Meistens erlebt ein Mobbingopfer das Gefühl der Angst so intensiv, dass es in seinen Handlungen regelrecht gelähmt ist. Wenn Hilfe weder von Eltern noch von Lehrern möglich erscheint, reicht die Energie oft nur noch zur Flucht. So kommt es, dass Mobbingopfer über längere Zeiträume nicht mehr oder nur noch sporadisch zur Schule gehen. Oft weiß ein Opfer nicht, wo es sich während dieser Zeit aufgehalten hat.

Die Motive für Mobbingtäter liegen in vielen Fällen im Verborgenen. Sie sind weder dem Täter noch seinen Eltern zugänglich. Im Allgemeinen wird davon ausgegangen, dass ein Täter eine oder mehrere Situationen erlebt hat, in der er selbst große Angst empfunden hat. Erfahrungen von Ausgrenzungen werden ebenfalls zu den potenziellen Ursachen gezählt. In der Inszenierung sucht der Täter eine Verarbeitung seiner erfahrenen Ohnmacht, indem er sich über andere erhebt, sie demütigt und so für einen bestimmten Zeitraum das Gefühl von Sicherheit und Macht erlebt.

Angst ist auch das Kennzeichen von Mitläufern. Sie beteiligen sich an dem bösen Spiel in der Hoffnung, selbst nicht in die Situation eines Opfers zu geraten.

Diese Gedanken werden an Beispielen konkretisiert. Gleichzeitig soll gezeigt werden, wie Eltern und Lehrkräfte konstruktiv an der Klärung von Mobbingsituationen arbeiten können.

»Ich bin immer öfter nicht mehr in die Schule gegangen.«

Eine Schülerin erzählt: »Ich habe mich bis zum Ende der 6. Klasse (Niedersachsen hatte zu der Zeit noch die Orientierungsstufe, Klassen 5/6) in der

Schule immer wohl gefühlt, habe gerne gelernt, habe kaum etwas anderes gemacht. Ich hatte immer gute Noten. Oft war ich die Klassenbeste.

Als ich dann ins Gymnasium kam, änderte sich alles. Die anderen Schüler haben mich Streber und Schleimer genannt. So etwas hatte ich bis dahin nicht erlebt. Sie haben auch meine Schulsachen kaputt gemacht.

Zuerst habe ich das noch zu Hause erzählt. Aber meine Mutter hat das nicht so ernst genommen. Ich habe dann alleine versucht, die Situation zu bewältigen. Ich habe mich zu einer schlechten Schülerin entwickelt, habe kaum noch gute Noten geschrieben und hoffte, dass nun endlich die ganzen Schikanen aufhören würden. Aber es hörte nicht auf. Ich war und blieb ausgegrenzt. Das ging alles von einem Mädchen aus.

Ich war und blieb ausgegrenzt. Das ging alles von einem Mädchen aus.

Als sie mir nicht mehr vorwerfen konnten, ich sei eine Streberin, haben sie dann schlimme Bemerkungen über meine Kleider gemacht. Alle haben das gemacht. Zuerst hatte ich noch Freundinnen. Aber die haben dann auch mitgemacht. Ich fühlte mich völlig allein. Ich war ihr Ziel und blieb es. Sie haben mich beleidigt, angespuckt und immer wieder gesagt, ich sei hässlich. Das ging immer so weiter. Das hörte überhaupt nicht auf. Sie haben weiter meine Sachen kaputt gemacht, obwohl ich keine Streberin mehr war. Plötzlich haben auch Schülerinnen und Schüler aus anderen Klassen mitgemacht.

Ich wusste keinen Ausweg mehr. Das ging ungefähr ein Jahr so. Am Ende der 7. Klasse habe ich mich dann meinem Klassenlehrer anvertraut. Der hat dann heimlich mit den anderen gesprochen, als ich nicht da war. Danach wurde alles noch viel schlimmer. Sie sagten, das würde alles nicht stimmen. Ich selbst würde mich ausgrenzen. Jetzt hatte ich nicht nur alle Schüler gegen mich, der Klassenlehrer glaubte mir kein Wort.

Ich verstand das alles nicht. Und bin immer öfter nicht mehr in die Schule gegangen. Wo ich gewesen bin, weiß ich heute nicht mehr. Es hat sich keiner um mich gekümmert. Das hat etwa ein Jahr gedauert. In der 9. Klasse bekam ich zum Glück eine neue Klassenlehrerin und einen neuen Mathelehrer. Die hatten Interesse an mir, merkten, dass da was faul war. Ich war längst völlig apathisch. Ich bin depressiv geworden, musste in ärztliche Behandlung und bekomme nun Antidepressiva.

Meine neuen Lehrer konnten aber die Situation für mich nicht mehr retten. Sie haben mir geraten, die Schule zu wechseln. Das habe ich dann zu Beginn der 10. Klasse auch gemacht.

Meine Mutter hat bis dahin immer zu mir gesagt: ›Da musst du durch.‹ Im Grunde habe ich den Schulwechsel meiner Klassenlehrerin zu verdanken.

Jetzt bin ich schon ein Jahr in der neuen Schule. Es ist mir anfangs schwergefallen. Ich hatte zu keinem Vertrauen, weder zu meinen Mitschülern noch zu meinen Lehrern. Ich bin auch hier manchmal noch weggerannt, habe dichtgemacht, wollte mit keinem was zu tun haben.

Ich habe aber gemerkt, dass sich mein Klassenlehrer um mich gekümmert hat. Und dann habe ich am Brett entdeckt, dass es in der Schule ein Team gibt, das sich mit Mobbing in der Schule beschäftigt. Inzwischen wusste ich, dass das, was mir passiert war, Mobbing genannt wird. Und dann habe ich die angebotenen Gespräche genutzt. Es hat fast ein Jahr gedauert, bis ich zu meinen Lehrern und meinen Mitschülern Vertrauen entwickeln konnte. Mein Selbstwertgefühl war völlig im Keller.

Jetzt hoffe ich, dass ich versetzt werde, ich habe ja viel versäumt von der 7. bis zur 9. Klasse. Ich merke, dass ich jetzt wieder etwas besser lernen und die Sachen auch behalten kann.

Was ich durchgemacht habe, wünsche ich keinem.«

Das Beispiel zeigt nicht nur die Folgen von Mobbing, sondern auch das fehlende Verständnis der Mutter, die Nichtbeachtung der Situation durch Lehrkräfte bzw. ihre schädigende Intervention und Hilflosigkeit. Damit Eltern und Lehrer in solchen Situationen angemessen handeln können, soll nun zunächst das Phänomen Mobbing beschrieben werden.

Was ist Mobbing?

Mobbing ist ein aggressiver Akt und bedeutet, dass ein Schüler oder eine Schülerin über einen längeren Zeitraum von Mitschülern belästigt, schikaniert oder ausgegrenzt wird. Mobbingprozesse laufen in der Regel verdeckt ab. Mobber wollen treffen, aber selber nichts abbekommen. Die Opfer fühlen sich hilflos und können sich nicht alleine aus ihrer Isolation befreien. In Einzelfällen geraten auch die Eltern von Mobbingopfern in die Isolation. Die äußeren Merkmale von Mobbing, die Ereignisse auf der Handlungsebene, lassen sich relativ einfach beschreiben und beinhalten doch gleichzeitig etwas, das nach außen nicht zum Vorschein kommt, ein Geheimnis. Ein Kind erzählt zum Beispiel zu Hause, sein Mathematikbuch sei verschwunden. Wer würde in einem solchen Fall gleich an Mobbing denken? Oft reagieren Eltern so, dass sie zusammen mit ihrem Kind überlegen, auf welche Weise das Buch gesucht werden könnte. Ein andermal berichtet das Kind vielleicht, Mitschüler würden hinter seinem Rücken tuscheln. Eltern und auch Lehrerinnen und Lehrer betrachten solche Verhaltensweisen oft als alterstypisch und messen ihnen keine besondere Bedeutung zu. Mobbing kann sich andeuten, wenn z. B. Kleidungsstücke versteckt oder zerstört werden, Hefte und andere Materialien verschwinden, Schulsachen oder das Fahrrad beschädigt werden, wenn über ein Kind hinter seinem Rücken schlecht geredet wird oder Gerüchte verbreitet werden. Manchmal wird ein Kind vor anderen lächerlich gemacht, z. B. beim Lösen einer Aufgabe an der Tafel. Mitschüler machen Andeutungen, flüstern. Es kommt vor, dass ein Schüler oder eine Schülerin nicht bei Gruppenarbeiten mitmachen darf, oder man verbietet dem Opfer, sich aktiv am Unterricht zu beteiligen. Kinder, die sich mit dem Mobbingopfer solidarisieren, werden unter Druck gesetzt, es kommt auch zu körperlichen Übergriffen; unter Jugendlichen kommt es zu sexuellen Diffamierungen, Verleumdungen; Demütigungen erfolgen mit Worten und Zeichnungen auf Zetteln, in Schülerzeitungen und in Briefen. Die Merkmale von Mobbing haben sich in der heutigen Zeit ausgeweitet. Oft werden Opfer in demütigende Situationen gebracht und dabei mit dem Handy fotografiert. Anschließend werden die Szenen gemeinsam angeschaut, als E-Mail verschickt oder gar ins Internet gestellt. Die Liste der Demütigungen, die einen Mobbingprozess ausmachen, könnte weiter fortgesetzt werden. Wenn in einem solchen Fall der Initiator von Mobbing merkt, dass ihm kein Widerstand entgegengebracht, sein Handeln sogar von Mitschülern toleriert und von einigen sogar unterstützt wird, dann kann seine Machtentfaltung grenzenlos werden.

> **Mobbing kann sich andeuten, wenn z. B. Kleidungsstücke versteckt oder zerstört werden, Hefte und andere Materialien verschwinden, Schulsachen oder das Fahrrad beschädigt werden.**

Fehlende Muster für das Verstehen von Mobbing

Ein Mobbingopfer kann in der Regel nicht mitteilen, dass dies nicht nur alterstypische Einzelfälle sind, sondern dass es sich um gezielte und anhaltende Demütigungen handelt. Ein Opfer versteht nicht, was die anderen mit ihm machen. Für die Erfahrung, dass es plötzlich alle – oft auch die beste Freundin/den besten Freund – gegen sich hat, gibt es in seinem neuronalen Netz kein Muster des Verstehens. Vielleicht wird es noch das eine oder andere Mal zu Hause von merkwürdigen Vorfällen berichten, ohne dass jemand erkennt, dass es sich um einen Mobbingprozess handelt. Das Opfer selbst glaubt nach und nach, dass seine Wahrnehmungen falsch sind.

4

Verlust des Selbstwertgefühls

Wenn in der Folge die Bedrohungen und tatsächlichen Angriffe an Intensität zunehmen, wenn ein Kind erpresst, auf dem Heimweg verfolgt und vielleicht sogar angepinkelt wird, bedeutet das immer noch nicht, dass das betroffene Kind darüber reden könnte. Dass man all das mit ihm machen kann, führt zu einer tiefen Scham, die es schweigen lässt. Oft ist der Selbstwertverlust eines Opfers zu diesem Zeitpunkt bereits so groß, dass es zu keinem Menschen mehr Vertrauen hat. Es ist dem Mobber/der Mobberin völlig ausgeliefert.

Damit die einzelnen Vorgänge in einem Zusammenhang gesehen und als permanente Demütigung gedeutet werden können, bedarf es der Interpretation. Die einzelnen Ereignisse für sich genommen können in jeder Schule vorkommen. Erst wenn sie sich über einen längeren Zeitraum hinziehen, alle Mitschüler mitmachen oder mindestens zu den Vorgängen schweigen, kann man von Mobbing sprechen.

Strukturen von offener Gewalt und Mobbing

Mobbing unterscheidet sich in seiner Struktur von anderen Arten der Gewaltausübung. Es ist daher hilfreich, sich die Struktur von offenen Gewaltsituationen und von Mobbing bewusst zu machen (vgl. Abbildung).

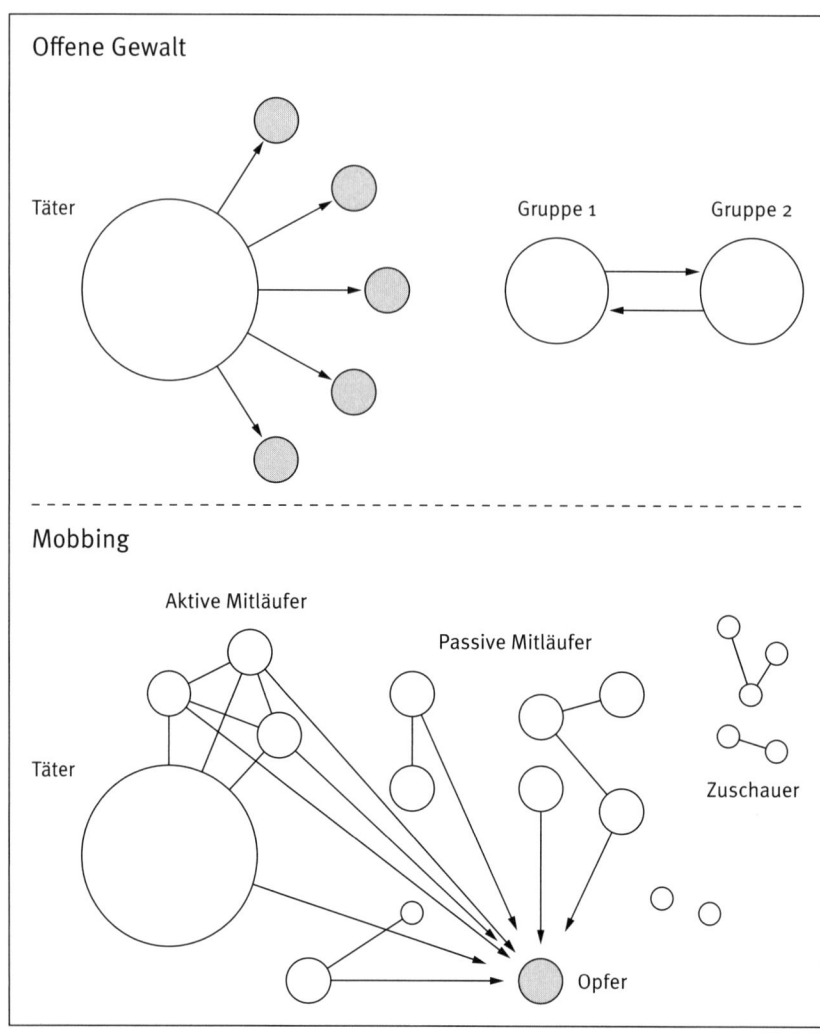

Offene Gewalt

Täter

Gruppe 1

Gruppe 2

Mobbing

Aktive Mitläufer

Passive Mitläufer

Täter

Zuschauer

Opfer

In Gewaltsituationen (siehe oberen Teil der Skizze) werden Kinder und Jugendliche oft von einem Täter angegriffen. Manchmal bilden sich Gruppen oder Banden, die gegeneinander kämpfen. Meistens ist diese Art der Gewaltausübung offen erkennbar. Sie wird angedroht, findet aber oft auch ohne Vorwarnung statt. Potenzielle Opfer können versuchen, die Gefahr, der sie ausgesetzt sind, einzuschätzen, Alternativen zu erwägen oder auch Hilfe zu holen. Gelegentlich haben sie verständnisvolle Helfer, die sich schützend vor sie stellen und sich um eine Deeskalation bemühen. Streitschlichter oder Schüler-Mediatoren können durch ihr professionelles Handeln die Atmosphäre in einer Klasse oder der Schule positiv beeinflussen.

Mobbing zeichnet sich durch eine andere Grundstruktur aus. Es gruppieren sich um einen Täter (ich verwende den Begriff auch für Mädchen) aktive Mitläufer. Der Täter bindet sie oft über Gewaltandrohung oder die Drohung, die Freundschaftsbeziehung aufzulösen, an sich. Diese Mitläufer unterstützen den Täter. Die Aktionen laufen so ab, dass sie meistens von allen Schülern einer Klasse – nicht aber von den Lehrerinnen und Lehrern – wahrgenommen werden. Gegenüber dem Lehrpersonal verhalten sich die Täter oft äußerst höflich. Wenn die Lehrkräfte die Vorgänge nicht durchschauen und nicht eingreifen, kann sich ein Täter im Extremfall alles erlauben. Seine Macht wächst in den Augen seiner Mitschüler, während die Autorität der Lehrkräfte schwindet. Sie erscheinen als schwach und werden deswegen von Mitläufern oder Opfern nicht um Hilfe gebeten. Ein nicht beachteter Mobbingprozess kann die gesamte Atmosphäre einer Klasse vergiften. Mitläufer beteiligen sich oft, weil sie hoffen, dadurch nie in die ausweglose Situation eines Opfers zu geraten (Gebauer 2007). Nicht bearbeitete Mobbingsituationen können dazu führen, dass ein Opfer zum Täter wird.

> **Wenn die Lehrkräfte die Vorgänge nicht durchschauen und nicht eingreifen, kann sich ein Täter im Extremfall alles erlauben.**

4

Manchmal wird ein Opfer zum Täter

»Als ich hörte, was sie meiner Tochter angetan hatten, da hat sich in mir ein solcher Hass entwickelt, ich hätte sie alle verprügeln können.« Das sagt eine Mutter über die ehemaligen Mitschülerinnen ihrer Tochter. Steffi sei während ihrer Grundschulzeit ein freundliches, zurückhaltendes, manchmal aber auch sehr wildes Mädchen gewesen. Sie sei gerne zur Schule gegangen, habe ihre Hausaufgaben gemacht und in ihrer freien Zeit mit ihren Freundinnen gespielt.

Im Verlauf der fünften und sechsten Klasse habe sich ihr Verhalten aber nach und nach verändert. Steffi habe immer öfters über Kopf- und Bauchschmerzen geklagt. Oft musste sie aus der Schule abgeholt werden. Sie habe auch nicht mehr zur Schule gehen wollen. Die ärztliche Untersuchung habe keine Anhaltspunkte für eine körperliche Erkrankung ergeben. Steffi fiel in den einzelnen Fächern um mehrere Notenstufen ab. Sie besuchte eine Gesamtschule, strebte den Realschulabschluss an und schaffte nun nicht einmal den Abschluss an der Hauptschule. »Wir konnten uns das alles nicht erklären«, sagt die Mutter. Erst als sich Steffis Situation dramatisch zuspitzte, wurde das ganze Ausmaß ihres Leidens sichtbar. Sie war über lange Zeiträume gemobbt und in diesem Zusammenhang erpresst, geschlagen und mit einem Messer bedroht worden. Über Monate hatte sie die Schule nur noch sporadisch besucht, hielt sich im Bahnhof oder in der Innenstadt auf, ohne dass dies jemandem aufgefallen wäre.

Als das Leben für Steffi unerträglich wurde, griff sie zum Telefonhörer, rief ihre Mutter an deren Arbeitsplatz an und sagte mit leiser Stimme, sie wolle sich das Leben nehmen.

Nun ging alles ganz schnell. Die Eltern hörten den Erzählungen ihrer Tochter zu und konnten kaum fassen, was alles passiert war. In der Rückschau sagt die Mutter: »Es war so schlimm, ich konnte nicht ertragen, was sie ihr alles angetan hatten. Ich kann mich nicht mehr an Einzelheiten erinnern. Es ist so, als hätte ich alles in mir verschlossen. Ich spüre nur noch diesen unendlichen Hass auf Martina, ihre einstmals beste Freundin, von der alles ausging. Meine Tochter musste tun, was Martina von ihr verlangte.«

»Wenn du nicht machst, was ich sage, bist du nicht mehr meine Freundin – dann bist du meine Feindin«, habe Martina gesagt. Steffi habe dann alles gemacht bzw. auch alles mit sich machen lassen.

> Schließlich habe sie keinen Ausweg mehr gewusst. Deswegen habe sie sich umbringen wollen.

Schließlich habe sie keinen Ausweg mehr gewusst. Deswegen habe sie sich umbringen wollen. Die Erzählung der Mutter verläuft stockend. Sie muss immer wieder weinen. Schließlich erzählt sie mit leiser Stimme, Jahre später sei Steffi selbst zur Mobberin geworden, habe sogar zusammen mit einer Mitschülerin einem Schüler gedroht, ihn zu ermorden.

Wissenschaftliche Studien gehen davon aus, dass ein systematischer sozialer Ausschluss zu chronisch biologischem Stress führt, der zu einem Krankheitsbild mit einem »Selbstzerstörungsprogramm« führt. Ein solches Programm hat die Botschaft: »Du bist nichts wert, ich kann dich behandeln wie eine wertlose Sache, man darf und sollte dich zerstören.« Der Freiburger Neuroimmunologe Joachim Bauer geht noch einen Schritt weiter, wenn er feststellt: »Im Verlauf einer Überwältigungstat geht das Handlungsprogramm des Täters {...} auf das Opfer über. Dieser Vorgang läuft komplett unbewusst ab. Auch seine Folgen sind unwillkürlich und dem Bewusstsein entzogen {...}« (Bauer 2005).

Die Übernahme der Täterrolle ergibt sich nicht zwangsläufig. Solche Entwicklungen sind vor allem dann möglich, wenn dem Opfer keinerlei Empathie und Hilfe von Dritten entgegengebracht wird. Wird hingegen über die Ereignisse gesprochen und werden die Gefühle beachtet, dann können die Handlungsstrukturen erkannt und reflektiert werden. Auf diese Weise kann ein anderes Verhalten gelernt werden.

Die Übernahme der Täterrolle ergibt sich nicht zwangsläufig.

»Das darf doch alles nicht wahr sein.«

Eine Mutter erzählt, die langjährige Freundin ihrer Tochter Lena habe sich im Verlauf der 7. Klasse zu einer Mobberin entwickelt. Zunächst habe sie ihrer Tochter eine Jacke geklaut und behauptete, sie geschenkt bekommen zu haben. Dann habe die Mobberin drei weitere Schülerinnen um sich geschart und Lena drangsaliert. Lena habe das ein Vierteljahr lang ausgehalten. Sie habe immer gehofft, das müsse doch wieder vorbeigehen.

Vor Klassenarbeiten sei sie unter Druck gesetzt worden. Sie habe Zettel gefunden mit den Hinweisen: »Du übst und übst und wirst die Arbeit trotzdem verhauen. Du bist einfach zu blöd. Du kannst noch so viel üben, wie du willst, du wirst höchstens eine 4 schreiben!« Morgens vor einer Arbeit fand Lena einen Zettel an ihrem Fahrrad mit der Aufschrift: »Du bist blöd und stinkst!«

Lena hoffte, dass das vorbeigehen würde. Sie hoffte auch, dass sie unter den vielen Schülerinnen eine Freundin finden würde. Vergeblich. Später sagten die Mitläuferinnen: »Wenn Charlotte so einen Hass auf Lena hat, dann muss da doch etwas dran sein.« Im Übrigen wollten sie sich da nicht reinhängen, guckten in den entsprechenden Situationen weg.

Die Lehrer merkten nichts. Die Eltern reagierten sofort, nachdem sich Lena an sie gewandt hatte, weil sie die Situation nicht mehr aushielt. Sie sprachen mit der Klassenlehrerin und einer Fachlehrerin. Die Fachlehrerin wollte ein Auge auf die Mädchen werfen. Die Klassenlehrerin sah das Vorgehen als alterstypisch an. Beide Lehrerinnen haben im weiteren Verlauf nichts zur Klärung unternommen. Das hatte schlimme Folgen. Lena fiel in den Hauptfächern um zwei Notenstufen ab. Die Eltern suchten auch den Kontakt zu Charlottes Eltern. Aber die waren nicht kooperationsbereit, die Klassenlehrerin verweigerte sich und die Fachlehrerin nahm nichts wahr. Ihr Kind litt und konnte sich nicht mehr konzentrieren. In ihrer Not ließen sich die Eltern von einem Therapeuten beraten und nahmen nach einem Jahr, weil die Demütigungen nicht aufhörten, ihre Tochter von der Schule. Lena hatte Lehrerinnen, die ihr Leiden nicht wahrgenommen haben. Die Schule selbst, das hoben die Eltern immer wieder hervor, habe einen guten Ruf, sowohl in Bezug auf die Leistungen als auch auf das soziale Verhalten der Schüler.

> **Die Klassenlehrerin sah das Vorgehen als alterstypisch an.**

In der neuen Schule gehe es Lena sehr gut. Sie habe wieder ihr früheres Leistungsniveau erreicht. Rückblickend sage sie, was da abgelaufen sei, hätten die Lehrer gar nicht wahrnehmen können, das sei alles sehr subtil gewesen.

Ein hilfloses Opfer – desinteressierte Lehrkräfte

In diesem Bericht werden wichtige Strukturmerkmale von Mobbing sichtbar. Eine Täterin schart mehrere Mädchen um sich. Gemeinsam führen sie die unterschiedlichsten Demütigungsaktionen durch. Das Opfer fühlt sich hilflos, findet aber noch die Kraft, seine Eltern einzuweihen. Die zeigen Empathie, werden aktiv, finden allerdings bei den Lehrerinnen kein Verständnis.

Wenn Lehrerinnen und Lehrer eine solche Situation nicht richtig einordnen, wenn ihnen das Problembewusstsein dafür fehlt, dann gerät das Opfer in eine hoffnungslose Situation. Die Macht der Mobber wird umso stärker, je mehr sie spüren, dass ihnen von den Lehrerinnen und Lehrern nicht Einhalt geboten wird. Ganz anders entwickelt sich eine Situation, wenn sich die verantwortlichen Lehrer um eine konstruktive Bearbeitung kümmern.

Was verbirgt sich hinter der Quälerei und Ausgrenzung in Klassenzimmern?

Jeder Mensch kann Opfer von Mobbing werden. Diese Feststellung basiert auf der Analyse vieler Mobbingsituationen. Von der Vorstellung, es gebe das typische Opfer, sollten wir daher möglichst umgehend Abschied nehmen. Ebenso sollten wir die Annahme hinter uns lassen, das Opfer trage eine Mitschuld an dem, was ihm angetan wird. Zum Glück haben viele Menschen innere Muster ausgebildet, die sie vor einer potenziellen Täterschaft schützen. Wer über ein gutes Selbstwertgefühl verfügt, muss andere nicht demütigen.

Vor diesem Hintergrund soll nun in aller Vorsicht angedeutet werden, welche Ursachen angenommen werden können.

Die Lebenssituation von Mobbern zeichnet sich oft durch große Unsicherheit aus. Spätere Täter haben während ihrer Kindheit nicht die Zuwendung und Beachtung erfahren, die zu einem gesunden Selbstwertgefühl führen. Manchmal sind sie selbst Opfer von Demütigungen und Gewalt gewesen. Die inneren Muster eines Mobbers kann man als Versuch ansehen, eigene Ohnmachtserfahrungen zu überwinden, indem er gegenüber Schwächeren Macht ausübt. Es geht um den untauglichen Versuch, eigene Unsicherheit und Angst in ein Gefühl von Sicherheit zu verwandeln. Mobbing lässt sich aber nicht nur aus frühkindlichen Mangelerfahrungen erklären. Die Phase des Erwachsenwerdens, die mit der Pubertät eingeleitet wird, hält beispielsweise viele Verunsicherungen bereit. Sicherheit verschaffen sich Jugendliche dann überwiegend über gelingende Freundschaften. Die aber sind oft brüchig. So entsteht die paradoxe Situation, dass das starke Verlangen nach einer sicheren Freundschaft dann in eine Mobbingsituation umschlagen kann, wenn der Wunsch nicht in Erfüllung geht. Unterschiedliche Entwicklungsverläufe bei Jugendlichen können dazu führen, dass sich einstmals gute Freundinnen nicht mehr verstehen. Dies kann mit dazu beitragen, dass das »Fremde« am Verhalten der Freundin abgelehnt und im Rahmen eines Mobbingprozesses abgewehrt wird. So kann eine Freundin zur Feindin werden, ohne dass sich die Jugendlichen der Ursachen ihres Verhaltens bewusst sind.

Mobbing kann in der Schule begünstigt werden durch fehlende emotionale Achtsamkeit, Vernachlässigung des Beziehungsaspektes in Unterrichtssituationen, einseitige Betonung der Leistungskriterien und Nichtbeachtung der gruppendynamischen Prozesse in einer Klasse.

Betroffene Kinder leiden und schweigen oft über lange Zeiträume

In der Regel sind alle Schüler einer Klasse, auch wenn sie in unterschiedlichen Rollen (Mobber, Opfer, Mitläufer, Zuschauer) agieren, mit den Vorgängen vertraut. Mobbing ist daher kein individuelles, sondern ein soziales Phänomen. Beteiligte Personen – auch die Täter – senden fast immer Signale. Diese müssen von den Erwachsenen wahrgenommen, gedeutet und als Ausgangspunkt für Klärungsgespräche genutzt werden. Es sollten daher auch alle Schüler einer Klasse in geeigneter Weise an einer Klärung beteiligt werden. Gespräche können Veränderungen bewirken, wenn Lehrer und Lehrerinnen die dem Mobber überlassene Macht wieder an sich nehmen.

Lehrer müssen Ausgrenzungen wahrnehmen und als Machtdemonstrationen begreifen, die sich Schüler oder Schülerinnen vor ihren Augen erlauben. Wenn Lehrkräfte eine solche Situation nicht richtig einordnen, dann gerät das Opfer in eine hoffnungslose Lage. Merken das die Mobber, werden sie immer mächtiger und können sich noch mehr erlauben. Insofern können Lehrer, die das nicht beachten, Mobbingprozesse begünstigen. Ganz anders aber entwickelt sich eine Situation, wenn die Lehrer eingreifen. Wird eine Mobbingsituation aufgedeckt, verlieren Mobber und Mitläufer ihre Macht.

Der konstruktive Umgang mit Mobbing muss gelernt werden. In den vergangenen Jahren haben sich Lehrer verstärkt um Konfliktregelung und Gewaltprävention in der Schule bemüht. Hier sind große Fortschritte erreicht worden. Mobbing kann allerdings nur erfolgreich bearbeitet werden, wenn man die innere Dynamik solcher Prozesse versteht. Im Kern geht es um die intensive Erfahrung von Ohnmacht, Scham und Angst auf der Opferseite. Ein Mobbingopfer verliert jegliche Orientierung und Sicherheit. Denn es sind schlagartig alle Beziehungen zu Mitschülern unterbrochen. Auch das Vertrauen in Freundschaften geht verloren. Wird eine Schülerin oder ein Schüler Opfer von Mobbing, so führt das in der Regel zu einem fassungslosen Staunen. Opfer können die Ereignisse mit ihren Verstehensmustern nicht zur Deckung bringen. »Das darf doch nicht wahr sein, was die mit mir machen«, ist ein häufiger Ausspruch. Wenn diese Schüler keine zugewandte Unterstützung erhalten, kann es in

Der konstruktive Umgang mit Mobbing muss gelernt werden.

der Folge zu Entwicklungen kommen, die sich über lange Zeiträume hinziehen und nicht nur das Lernvermögen der betroffenen Schülerinnen und Schüler einschränken, sondern vor allem ihr gesundheitliches Befinden beeinträchtigen und ihr Selbstwertgefühl schwächen.

Was können Eltern, Lehrerinnen und Lehrer tun?

Damit ein Mobbingprozess möglichst früh erkannt wird, sollten Eltern und Lehrer auf ganz alltägliche Dinge achten. Aber nicht nur das. Ihre emotionale Kompetenz ist gefragt. In gelingenden Erziehungsprozessen geht es um den Aufbau eines Netzes von verlässlichen, sensiblen zwischenmenschlichen Beziehungen. In Mobbingprozessen wird genau diese Entwicklung aufs Äußerste gestört. Mobbing ist seinem Wesen nach destruktiv. Das geht so weit, dass ein Opfer zum Täter werden kann. Damit Lehrerinnen und Lehrer vor diesem Hintergrund konstruktive Erziehungsarbeit leisten können, ist es erforderlich, dass sie selbst über ein hinreichendes Maß an emotionaler Kompetenz verfügen. Nur über ein emotional tragendes Beziehungsangebot sind Mobbingprozesse lösbar. Die Entwicklung emotionaler Kompetenz ist auf Sicherheit bietende Beziehungen angewiesen und emotionale Sicherheit gibt es nur über Beziehungssicherheit. In Mobbingprozessen ist diese Sicherheit bis aufs Äußerste bedroht. Sie hängt oft nur noch an einem seidenen Faden.

Im kommunikativen Prozess werden das Handeln und Erleben des Täters ebenso thematisiert wie das Erleben des Opfers. In der Bearbeitung des emotionalen Erlebens liegt die Chance, den Gesamtzusammenhang zu erkennen und neue Strukturen für erfolgreiches Handeln zu entwickeln. Das setzt voraus, dass die Lehrkräfte ihren Schülerinnen und Schülern eine vertrauensvolle Beziehung anbieten.

Erfolgversprechendes Handlungsmodell

Drei Aspekte zeichnen das emotional kompetente Verhalten von Erwachsenen aus: Bedeutsamkeit, Verstehbarkeit und Handlungsfähigkeit.

Bedeutsamkeit

Alle Verhaltensweisen eines Menschen – auch wenn sie uns nicht gefallen – haben in seiner »Selbstkonstruktion« eine Bedeutung. Auffällige Gesten und Verhaltensweisen sind Botschaften, oft lebenswichtige Signale der Kinder, hinter denen sich ernstzunehmende Probleme verbergen. Oft werden diese Kinder nicht verstanden. Sie müssen nun stärker mit sich selbst kommunizieren. Manche ziehen sich in ihre innere Welt zurück, andere werden unruhig und oft auch aggressiv. Da sie nicht verstanden werden, sich auch nicht verstanden fühlen, müssen sie zu immer stärkeren Mitteln der Darstellung ihrer emotionalen Unsicherheit greifen.

Verstehbarkeit

Lehrer und Lehrerinnen müssen sich in der Interpretation bestimmter Schülerverhaltensweisen üben. Sie sollten auch lernen, die emotionale Dynamik, die in einer Klasse herrscht, zu verstehen. Das Bemühen von Lehrerinnen und Lehrern bei der Lösung von Konflikten ist oft deswegen erfolglos, weil eine falsche oder unzureichende Interpretation des Gesamtgeschehens vorliegt. Oft kommt es vorschnell zu moralischen Verurteilungen.

Kinder inszenieren in der Schule ihre inneren Probleme. Wenn Lehrer emotionale Achtsamkeit walten und sich nicht in die Inszenierungen verstricken lassen, helfen sie den Kindern und Jugendlichen bei der Entwicklung ihrer Selbst- und Sozialkompetenz. Die Aufgabe besteht darin, genau wahrzunehmen, was sie in Szene setzen, ihre Handlungen zu interpretieren und selbst Ideen einzubringen. Die emotionale Souveränität, die Lehrer bei der Klärung von Konflikten ausstrahlen, wirkt sich positiv auf die Wahrnehmungs- und Verarbeitungsprozesse der Schüler und Schülerinnen aus. Das Wegsehen ist nicht nur mit Gleichgültigkeit zu erklären. Oft geschieht es vor dem Hintergrund eigener Ratlosigkeit.

Handlungsfähigkeit

Mobbingsituationen lösen bei Schülerinnen und Schülern, bei Lehrkräften und Eltern Gefühle wie Hilflosigkeit und Wut aus. Nun kommt es in der pädagogischen Situation auf angemessenes Handeln an. Damit dies gelingt, braucht es das Element der Reflexion. Leider haben die meisten Lehrkräfte das Zusammenspiel von Emotion, Ratio und Handlung im Rahmen ihrer Aus- und Fortbildung nicht oder in nicht ausreichendem Maße gelernt. Viele von ihnen fürchten sich auch vor der Betrachtung der eigenen Emotionen im pädagogischen Prozess. Erfolgreiche Formen der Konfliktklärung scheinen aber ohne die Komponenten der wohlwollenden Zuwendung nicht möglich zu sein. Wer sich scheut, sein emotional beeinflusstes Handeln mit einer kritischen Selbstreflexion zu verbinden, hat kaum Aussicht auf erfolgreiche Interaktionen mit seinen Schülerinnen und Schülern. Kompetentes Verhalten in Mobbingsituationen kann über gruppendynamische Arbeitsformen gelernt werden.

Ein grundlegendes Hemmnis bei einer konstruktiven Bearbeitung von Mobbing liegt darin, dass alle beteiligten Personen hoch emotionalisiert sind. Es bedarf daher einer Kompetenz, die es ermöglicht, mit Gefühlen wie Angst, Ohnmacht und Scham umzugehen.

Eltern sollten mit Interesse die Entwicklung ihrer Kinder begleiten, ein waches Auge und ein offenes Ohr für ihre Signale haben. So können sie am ehesten wahrnehmen, ob ihr Kind in irgendeiner Weise in eine Mobbingsituation verstrickt ist. Gibt es eine solche Vermutung, dann sollte umgehend in vertrauensvollen Gesprächen mit anderen Eltern, mit den Lehrerinnen und Lehrern versucht werden, die Situation zu klären. So schmerzlich eine Mobbingsituation für die Betroffenen ist, sie bietet auch die Chance, über einen konstruktiven Dialog zu neuen Einsichten und Bewertungen und damit zu einer Erweiterung der eigenen psychosozialen Kompetenz zu kommen.

Ist Prävention möglich?

Ein gut ausgebildetes Selbstwertgefühl gehört zu den wichtigsten Schutzfaktoren. Kinder und Jugendliche mit einem guten Selbstwertgefühl sprechen die Ereignisse, die bei Mobbing stattfinden, relativ schnell mit Personen ihres Vertrauens an. Das können die Eltern, Mitschüler oder Lehrkräfte sein. Eine fatale Verstärkung erfahren Mobbingprozesse allerdings, wenn die angesprochenen Personen den Ernst der Situation nicht erfassen oder nicht angemessen reagieren. Damit schwächen sie die Position des Opfers und stärken die Macht der Mobber.

Kinder und Jugendliche mit einem guten Selbstwertgefühl sprechen die Ereignisse, die bei Mobbing stattfinden, relativ schnell mit Personen ihres Vertrauens an.

Wie können Eltern in der konkreten Situation helfen?

Auf der Handlungsebene bieten sich viele Formen an wie: Gespräche zwischen Opfer und Täter, Gespräche in kleinen Gruppen, mit der gesamten Klasse, Elternabende.

Dabei kommt es darauf an, allen Beteiligten genügend Zeit für die Darstellung ihrer Erzählungen zu geben. Gegenseitiges Zuhören steht im Mittelpunkt und nicht das kriminalistische Aufklären von Sachverhalten.

Leider werden hier oft grundlegende Fehler gemacht, die sich ungünstig auf eine konstruktive Bearbeitung auswirken oder diese ganz verhindern können. Einstiegsmöglichkeiten in »Teufelskreise« gibt es viele. Aus meiner Sicht gehören Vorstellungen dazu wie: »Es muss eine schnelle Lösung her«, »Typisch – selber schuld«, »Das machen die doch alle mal«, »Dafür habe ich keine Zeit«, »Dem trau ich das nicht zu (die Täterrolle)«.

In all diesen Äußerungen zeigt sich nur eine geringe oder keine Bereitschaft, das Phänomen ernst zu nehmen und es als Unterrichtsinhalt für die Entwicklung der Persönlichkeit und die soziale Kompetenz anzusehen.

Tabus knacken

Das Gespräch bei Elternabenden über Mobbing ist oft noch mit einem Tabu belegt. Zu schnell werden Anschuldigungen erhoben, Emotionen schlagen hoch. Um dieser Gefahr zu entgehen, spricht man lieber nicht darüber. Schulleiter sehen es darüber hinaus nicht gern, wenn der Eindruck erweckt wird, an ihrer Schule gebe es Mobbing.

Eine gute Möglichkeit, mit dieser Problematik umzugehen und gleichzeitig Prävention zu leisten, liegt in der Bearbeitung des Problems über ein Theaterprojekt. Schülerinnen und Schüler können unter kundiger Anleitung eigene Erfahrungen einbringen und inszenieren. Das Spiel gibt einen Rahmen vor, in dem Lehrkräfte, Schülerinnen und Schüler ihre Aufmerksamkeit gemeinsam auf dieses äußerst brisante Problemfeld richten können. Das Problem wird auf diese Weise sehr dicht erlebt. Es bleibt aufgrund des Spiels immer auch eine Distanz zu realen

Erlebnissen. Die gemeinsame Erarbeitung schafft die Möglichkeit, sich in die emotionale Situation der Täter, Mitläufer und Opfer zu versetzen und aus der jeweiligen Perspektive an der Gestaltung des Stückes mitzuwirken.

Im Spiel setzen sie sich mit dem in der Realität sehr belastenden Problem auseinander, erproben unterschiedliche Lösungsmöglichkeiten und stärken so ihr Selbstbewusstsein. Schülerinnen und Schüler können im Rahmen eines solchen Projektes innere Muster ausbilden, durch die sie potenzielle Mobbingsituationen erkennen und damit konstruktiv umgehen können. Eine öffentliche Aufführung des Stückes in der Schule kann als Ausgangspunkt für weiterführende Diskussionen dienen.

4

Möglichkeiten der Intervention

Wie kommt man am ehesten raus aus der Mobbingfalle? Die Lösung eines aktuellen Mobbingproblems setzt die Beachtung der Gefühle der beteiligten Personen voraus. Hier liegt der entscheidende methodische Zugang. Oft fehlt es bei den Erwachsenen an der erforderlichen emotional-sozialen Kompetenz. Deswegen vertrauen sie oft Programmen, und folgen den dort vorgegebenen Lösungsschritten. Ein fataler Trugschluss. Alle Akteure, die in Mobbing verwickelt sind, sind in ihrer Gefühlswelt getroffen.

Ein Mobbingopfer fühlt sich absolut hilflos. Versteht nicht, was ihm widerfährt und kann sich aus eigener Kraft nicht aus der Situation befreien. Die erfahrene Angst wirkt sich lähmend auf das Denken und Handeln aus. Das Opfer befindet sich in einer permanenten Stresssituation. Die Folgen sind Verlust der Lernfähigkeit, psychische und physische Erkrankung.

Die Innenwelt des Täters ist ebenfalls von einer tiefen Angst geprägt. Die Ursachen liegen in der Regel im Verborgenen. Sie sind abgespalten. Sein untaugliches Handlungsmuster besteht darin, die ihn beherrschende Angst und Unsicherheit in Macht und Sicherheit umzuwandeln. Auf der sichtbaren Ebene plant er seine *Die Innenwelt des Täters ist ebenfalls von einer tiefen Angst geprägt.* Aktionen sehr genau, so dass Mitschüler vor ihm Angst haben und die Lehrer nichts merken.

In der Gefühlswelt der Mitläufer macht sich ebenfalls Angst breit. Diese ist sehr konkret und somit auch eher zugänglich. Mitläufer verhalten sich gegenüber dem Täter unterwürfig, dem Opfer gegenüber kalt. Ihre Logik besteht darin, selbst nicht in die Opfersituation zu kommen. Oft steigen sie in heiklen Situationen in letzter Minute aus.

Das Muster der Gefühle lässt sich so zusammenfassen: Das Opfer weiß nicht, warum ihm das passiert. Der Täter weiß nicht, warum er das macht. Mitläufer sind hin- und hergerissen. Eltern und Lehrer verheddern sich oft in ihren Emotionen, die aus einer Mischung von Ärger, Enttäuschung, Unsicherheit, Scham und Ohnmacht bestehen.

In dieser Situation ist es hilfreich, wenn es an einer Schule ein Interventionsteam gibt, das es versteht, bei der Klärung des Problems diese Melange intensiver Gefühle zu berücksichtigen.

Viele gut gemeinte Ansätze scheitern oder machen die Situation noch schlimmer, weil die Komplexität des Problems und die darin verwobenen Gefühle nicht beachtet werden. Für Eltern ist es daher nur selten möglich, von außen in den Destruktionsprozess einzugreifen.

Es gibt eine Vielzahl von Möglichkeiten, die aber immer, wenn sie erfolgreich sein sollen, einen kompetenten Moderator benötigen. Die Handlungsschritte sollten je nach Situation erfolgen. Dabei kommt es darauf an, eine Atmosphäre des Vertrauens zu schaffen. Im Einzelnen können dann folgen: Gespräche mit dem Opfer. Dabei gilt es einen Grundsatz zu beachten: Es darf im weiteren Verlauf nicht ohne Wissen und Zustimmung des Opfers gehandelt werden. Dann sind viele Formen denkbar: Gespräche zwischen Opfer und Täter; Gespräche in kleinen Gruppen; Gespräche mit den Eltern, Gespräche mit allen Beteiligten.

Was kann aus der Klärung von Mobbingsituationen gelernt werden?

Wenn es Lehrerinnen und Lehrern gelingt, Mobbing in behutsamer Weise zu bearbeiten, dann können alle Beteiligten daraus einen Nutzen ziehen. Sie sind künftigen Mobbingsituationen nicht mehr hilflos ausgeliefert. Das gilt für Täter und für Opfer. Aufgedeckte und bearbeitete Mobbingsituationen tragen zur Entwicklung psychosozialer Kompetenz bei. Sie schaffen auf diese Weise einen Schutz vor künftigen Mobbingsituationen. Der entscheidende psychosoziale Lernerfolg für Opfer, Täter und Mitläufer liegt in der Erfahrung, dass es Menschen gibt, die sich in vorbildhafter Weise um die Klärung einer verworrenen und oft wenig durchschaubaren Situation helfend eingemischt haben. Dabei kann von den Schülerinnen erlebt werden, dass die verantwortlichen Erwachsenen nicht nur rational und »kognitiv« – oft vermischt mit kriminalistisch geprägten Aufdeckungsverfahren –, sondern vor allem im Geist einer auf Verständnis ausgerichteten Zuwendung tätig sind, dass sie Interesse an den betroffenen Schülerinnen und Schülern und ihren Verhaltensweisen haben. Und dass es ihnen darum geht, mit ihnen gemeinsam Wege aus der Mobbingfalle zu gehen. So kann der Umgang mit Mobbing eine heilsame Wirkung entwickeln. Unbeachtete und unbearbeitete Mobbingsituationen hingegen können ihre destruktive Wirkung auf die beteiligten Kinder voll entfalten.

4

»Mein Kind schwänzt die Schule«

Ilona Esslinger-Hinz

Im folgenden Interviewausschnitt mit einer Lehrerin werden einige Verhaltensaspekte im Umgang mit der Vermeidung von Schule und Unterricht deutlich, die »normal« sind, in dem Sinne, dass sie häufig vorkommen, die aber nicht »normal« sein sollten, denn sie mindern die Lebensqualität aller Beteiligten:

Ich habe eine Schülerin, die hab ich nur im Schwimmen. Die Schülerin war jetzt seit Anfang viermal im Schwimmunterricht. Wir haben wöchentlich Schwimmen. Ich trage es [ihr Fehlen] immer ein, spreche die Klassenlehrerin darauf an. *Es passiert nichts.* Die schwänzt offensichtlich. *Es wird von den Eltern immer wieder entschuldigt.* So. Die fehlt auch viel, die kommt oft zu spät, die geht früher, dann hat sie Bauchweh, dann hat sie das, dann hat sie jenes. Und die lügt. Die wiederholt das dritte Schuljahr, weil sie letztes Jahr das Spielchen auch getrieben hat. Das wird so hingenommen. Jetzt hat sich die neue Schulleitung dieses Mädchen mal zur Brust genommen, ihr ins Gewissen geredet, mit den Eltern geredet. *Dann hält das drei Tage an und dann geht der Schlendrian wieder los.* Sie kommt zu spät. Sie fehlt ganz. Die Entschuldigung muss man einfordern. Ich weiß nicht, wie oft. Ha, das ist mir doch langsam zu blöd. Muss ich ganz ehrlich sagen. *Ich komm mir verkackeiert vor.* Die Klassenlehrerin kümmert sich einen Käse darum. Bei der ist es damit getan, dass die Fehltage ins Klassenbuch eingetragen werden. *Man unterstellt einfach Grundschülern diese Dreistigkeit einfach noch nicht.* Diese Schülerin, die steht vor mir und lügt mir ein Märchen vor, dass ich, dass es mir fast die Schuhe auszieht. (...) Aber dann muss die Klassenlehrerin doch mal irgendwann etwas tun. Aber doch nicht ich als Sportlehrerin, die dieses Mädchen einmal in der Woche für anderthalb Stunden hat. *Ist doch Sache vom Klassenlehrer.* (...) Und wenn ich das weitermelde. Ja, was sollen wir denn tun? Sie ist doch entschuldigt. Sag ich, ja das kann doch nicht angehen, dass ein Kind von 120 Schultagen bis jetzt 40 Tage komplett gefehlt hat. Ohne die Tage gerechnet, wo sie zu spät kam, wo sie früher ging, wo sie nur teilweise gefehlt hat. Die kommen dann alle noch dazu. (...) Wir haben da so eine farbige Grafik gemacht. Weiß war, *wo sie da war, das sind die wenigsten Tage gewesen.*

Ist das meine Aufgabe als Sportlehrerin, so was? Damit will ich sagen, ich spreche solche Problematiken schon die ganze Zeit an. Wenn es dann irgendwann den Knall tut. Ich weiß ja nicht, wo die sich rumtreibt. Ist sie daheim? Oder scharwenzelt sie irgendwie. (...) Und wenn etwas passiert, dann muss man es zugeben. Dann haben sie dieses Problem. Teppich hoch, drunter (...). Probleme werden schöngeredet. Wir haben doch keine Probleme. Ist doch in Ordnung. Dieses Kind wird doch dauernd von der Mama entschuldigt, auch wenn es vier Wochen später ist. (...) Also wenn ein Kind dauernd so krank ist, dann muss ich doch mal sagen, muss das doch mal ärztlicherseits untersucht werden und ein ärztliches Attest vorlegen. (...) Ich denk mal, die gehen abends nicht ins Bett und kommen morgens nicht raus, und wenn man zu sehr verschläft, bleibt man halt daheim. (...) Und das ist nicht ein Einzelfall, also das ist wirklich so. Ein Problem wird erst verbalisiert, wenn man es nicht mehr umgehen kann.

»Man unterstellt einfach Grundschülern diese Dreistigkeit noch nicht«

Wer vermeidet die Schule und den Unterricht?

Liest man diese Interviewsequenz, könnte man vermuten, dass da von einem Mädchen jenseits der 7. Jahrgangsstufe gesprochen wird. Aber nein. Hier wird von einer Schülerin im dritten Schuljahr berichtet. Zwar tritt das Fernbleiben vom Unterricht gehäufter im Jugendalter (zwischen 14 und 15 Jahren) auf, doch Schulmüdigkeit und Schulvermeidung sind kein Verhalten, das sich auf ein bestimmtes Lebensalter von Schülerinnen und Schülern reduziert. Es handelt sich um ein Verhalten, das bei Kindern und Jugendlichen beiderlei Geschlechts und über alle Schularten hinweg vorkommt. Dass die Schule ungern besucht wird, ist bereits vor Schuleintritt bei ca. einem Fünftel der Kinder festzustellen. Schülerinnen und Schüler haben über ihre gesamte Schulzeit hinweg Phasen, in denen sie nicht gerne zur Schule gehen, sowie Phasen der Selbstverständlichkeit und Freude am Schulbesuch. Bei ca. 15 % der Schülerschaft ist Schulunlust jedoch ein andauernder Zustand. Die Untersuchungen zeigen, dass die soziale Einbindung eine große Rolle spielt: Kinder und Jugendliche aus bildungsnäheren Elternhäusern haben größere Chancen, günstige soziale gesellschaftliche Platzierungen zu erlangen. Für sie ist die Schule ein Instrument, eine bestimmte gesellschaftliche Position einzunehmen. Für Kinder und Jugendliche insbesondere in Haupt-, Sonder-

und Berufsschulen hat die Schule diese Funktion weniger oder gar nicht. Hier bleiben zwischen 10 % und 20 % der Schülerinnen und Schüler wöchentlich bestimmte Zeitfenster der Schule fern. Schülerinnen und Schüler, die der Schule fernbleiben, erreichen häufiger keinen Schulabschluss. In Deutschland sind das ca. 10 % der Schülerinnen und Schüler. Das schulevermeidende Verhalten hat insgesamt betrachtet seinen Höhepunkt zwischen dem vierzehnten und sechzehnten Lebensjahr.[1] Verschiedene repräsentative Untersuchungen zeigen, dass ungefähr die Hälfte der Schülerinnen und Schüler in dieser Altersphase die Schule stundenweise und mehr in einem Schulhalbjahr schwänzt; hiervon geben ca. 15 % an, die Schule intensiv(er) zu schwänzen (ca. eine Woche Schulvermeidung). Der Großteil der schulvermeidenden

Der Großteil der schulvermeidenden Schülerinnen und Schüler sind Jungen.

Schülerinnen und Schüler sind Jungen. Die Schwierigkeit für Eltern besteht darin, Schulunlust und die damit verbundene Distanznahme zu Schule und Unterricht angemessen zu bewerten: Handelt es sich um eine vorübergehende Phase, der man besser nicht so viel Aufmerksamkeit schenken sollte, oder bildet sie den Ausgangspunkt für Schulverdrossenheit und schließlich Schulvermeidung?

Auf jeden Fall lässt sich festhalten, dass Schulvermeidung (Fehlen in einzelnen Stunden) als deutliches Signal gesehen werden sollte, aktiv zu werden und Wege zu suchen, dass sich eine Normalität ohne Schulvermeidung wieder einstellen kann. Aktiv werden heißt: nicht mehr lange zu beobachten und zu ermahnen, sondern das Vermeidungsverhalten außerhalb der Familie im Interesse des Kindes bzw. Jugendlichen zur Sprache zu bringen und mit den Kindern, den Klassenlehrern, Beratungslehrern und gegebenenfalls mit externer Unterstützung (schulpsychologische Beratung, Jugendhilfe) in eine Problembearbeitung einzutreten. Es ist wichtig – unabhängig vom Alter der Kinder bzw. Jugendlichen –, spätestens, sobald der Unterricht physisch vermieden wird, das Problem ernst zu nehmen und zu intervenieren.

---

1   Deshalb wird an späterer Stelle häufiger von Jugendlichen gesprochen.

»Wo sie da war, das sind die wenigsten Tage gewesen«

Die Entwicklung zum schulvermeidenden Verhalten

Die Idee, dass Schulunlust, Schulablehnung und Schulvermeidung plötzlich, wie so manch anderes schwer verstehbares Verhalten, im Jugendalter auftreten, ist nicht zutreffend. Stellen Eltern und Lehrer fest, dass ein Kind die Schule schwänzt, so ist dieses Verhalten nicht der Anfang der Vermeidung. Schülerinnen und Schüler haben mit der Vermeidung eine Norm gebrochen, eine Hürde überwunden: Sie handeln faktisch gesetzwidrig, indem sie ihrer Schulpflicht, die in den Landesverfassungen auf der Grundlage von Art. 7, Abs. 2, GG festgeschrieben ist, nicht nachkommen, und sie wissen, dass dieses Verhalten sanktioniert werden kann. Deshalb müssen im Vorlauf für das Kind bzw. den Jugendlichen Ereignisse und Befindlichkeiten erlebt worden sein, die das Fernbleiben von Schule und Unterricht so attraktiv und angenehm erscheinen lassen, dass Schülerinnen und Schüler akzeptieren, sich selbst aus der Normalität der Mitschüler hinauszukatapultieren.

Diesen Vorlauf erleben Eltern randständiger, denn sie haben oftmals keinen Blick auf das schulische Arbeitsverhalten ihrer Kinder. Lehrerinnen und Lehrer hingegen erfahren diesen Vorlauf stärker, denn die Entwicklung zur Schulvermeidung zeigt sich oftmals passiv darin, dass Schülerinnen und Schüler sich im Unterricht »ausklinken«, indem sie tagträumen, einschlafen, offen Desinteresse signalisieren oder den Sinn und Zweck von Schule und Unterricht offen infrage stellen. Aktiv wird die Pflicht, die Schule besuchen zu müssen, bekämpft, indem der Unterricht gestört bzw. Regeln im Unterricht unterlaufen werden.

Ist das Schuleschwänzen manifest, sind Schülerinnen und Schüler nicht mehr oder sehr eingeschränkt daran interessiert, die Schule »erfolgreich« zu durchlaufen. Diesen Schülerinnen und Schülern ist oftmals alles egal: »Schlag mich doch tot!«, so reagierte nach Aussage einer Mutter ihr Kind (15) auf deren Enttäuschung über wiederholtes Schuleschwänzen. In diesem »Stadium« ist für den Jugendlichen schon viel passiert: Die Jugendlichen in der Schulklasse bieten keinen Bezugspunkt (mehr), andere Lebensbereiche (z. B. Geld haben, einen Partner haben), der Besitz von Gegenständen (Fahrzeuge, technische Geräte) werden als bedeutsamer erachtet.

> **»Schlag mich doch tot!«, so reagierte nach Aussage einer Mutter ihr Kind (15) auf deren Enttäuschung über wiederholtes Schuleschwänzen.**

Jugendliche ändern hier ihr Wertesystem und sehen in Schule und Unterricht einen Bereich, der für sie an Relevanz verliert, und die in Aussicht gestellten Qualifikationen sind so weit entfernt und fiktiv, dass es nicht als lohnend erscheint, Energien in die Schule und die Aufarbeitung des Versäumten zu investieren und das Hier und Jetzt zu »opfern«. Die Lebenswirklichkeit wird in ein relativ einfaches und klares Koordinatensystem gepackt: Es gibt Verlierer und Gewinner, Opfer und Täter, Kosten und Nutzen. Für Jugendliche, die der Meinung sind, dass sie in der Schule die Verlierer sind, Lebenszeit opfern und keinen Nutzen ziehen, ist es schwer, sich im Schulsystem einzufinden. Sie verbringen ihre Lebenszeit aus ihrer Sicht besser außerhalb der Schule, als Gewinner, als Täter (zumindest nicht mehr als Opfer) und in ihrer Selbstwahrnehmung auch als schlauer als diejenigen, die brav und systemkonform die Schule besuchen. Für diese Jugendlichen ist professionelle Unterstützung wichtig, denn sie brauchen sie, um ihr Selbstkonzept überprüfen zu können und um Wege entwickeln zu können, wieder einen Anschluss zu finden.

Ein erster Ansatz ist hierbei, die Genese und Entwicklung des schulvermeidenden Verhaltens sorgfältig zu rekonstruieren und auch den Umgang und die Reaktionen von »Schlüsselpersonen« (Eltern, Geschwister, Freunde, Lehrer) in den Blick zu nehmen. Hier bieten Fremdwahrnehmungen Orientierung.

»Ist doch Sache vom Klassenlehrer«

Wer ist zuständig?

Lehrerinnen und Lehrer, die bemerken, dass ihre Schüler den Unterricht passiv vermeiden, aktiv stören oder dem Unterricht fernbleiben, müssen reagieren. Selbstverständlich steht jede Lehrperson in der Verantwortung, zu reagieren, wenn sie erkennt, dass Schülerinnen und Schüler sich dem Unterricht entziehen. Innerhalb der Schulen gilt dabei die Regel, dass der Klassenlehrer bzw. die Klassenlehrerin »zuständig« sei, und für Fachlehrer ist es tatsächlich bei dieser Aufgabenverteilung ein großer Schritt, von sich aus zu intervenieren. Es kommt hinzu, dass an manchen Schulen die heimliche

Regel gilt, Probleme »niedrig« zu halten. Im günstigen Fall existiert an einer Schule ein Schulkonzept, wonach rasch Gespräche geführt werden und Lehrerinnen und Lehrer für ihre genaue Beobachtung und Sensibilität für Veränderungen im Verhalten ihrer Schülerinnen und Schüler bestärkt werden, in denen die Zusammenarbeit mit der Schulberatung und Jugendhilfe fest etabliert ist. Daneben muss man aber auch festhalten, dass es Schulen gibt, die eher formal ihr Schulkonzept zusammenstellen und in denen Neuerungen, Veränderungen und Problemstellungen unerwünscht sind und übergangen werden.

Weiterhin lässt sich empirisch zeigen, dass nicht nur das Kind und die Eltern über ein bestimmtes Repertoire an Verhaltensweisen im Hinblick auf Herausforderungen verfügen, sondern auch Schulen (Esslinger-Hinz 2009; Ricking 2003, S. 132ff.). Es lassen sich typische Formen des Umgangs mit Problemen an Schulen beschreiben, beispielweise die im Interviewausschnitt deutlich werdende Form, dass es an der betreffenden Schule üblich ist, Probleme zu meiden, klein zu halten, zu ignorieren. An der beschriebenen Schule gilt das für ein ganzes Spektrum an Problemlagen, angefangen beim Schuleschwänzen; aber auch Lernprobleme (Lese-Rechtschreib-Schwäche oder Dyskalkulie) werden nicht festgestellt und Suchtprobleme im Kollegium nicht angesprochen. Man kann also nicht generell davon ausgehen, dass Schulen Probleme von Kindern und Jugendlichen aufnehmen. Sie können es vor allem dann nicht, wenn dieses schulische Verhaltenskonzept schon Jahrzehnte praktiziert und tradiert wird.

Damit stützen Schulen, die Herausforderungen schulkulturell nicht offensiv angehen, tendenziell das schulvermeidende Verhalten von Schülerinnen und Schülern und tragen auch dazu bei, dass erst sehr spät Interventionen stattfinden können. Sollten Eltern den Eindruck gewinnen, dass die Schule das schulvermeidende Verhalten zu wenig ernst nimmt – Indizien hierfür sind von Lehrpersonen initiierte Gespräche, die erst nach Monaten der Schulvermeidung stattfinden –, dann sollten sie sich bei ihrer Suche nach Unterstützung sehr schnell umorientieren und eine schulpsychologische Beratungsstelle aufsuchen. Diesen Schritt rasch vorzunehmen ist wichtig, weil die Zeit des Absentismus gegen die schulische Laufbahn von Kindern und Jugendlichen arbeitet. Eine Kontaktadresse findet man über das Stichwort »Schulpsychologische Beratung« und die Angabe des Landkreises durch eine Suchmaschine (z. B. Google) oder über einen Anruf beim zuständigen Landratsamt. Die Beratung dort ist kostenlos.

»Ich komme mir verkackeiert vor«

Interpretationsweisen von Schulvermeidung

Die Lehrerin im Interview reagiert auf die Lüge als Begleitumstand des Vermeidungsverhaltens. Damit sieht sie eine Norm verletzt, die sie als persönliche Abwertung einordnet. Eine andere Perspektive wäre, die Schulvermeidung als Symptom zu betrachten, als ein Verhalten, das ursächlich nicht an die Person des Lehrers bzw. der Lehrerin gekoppelt sein muss und das aus bestimmten Gründen vom Schüler bzw. der Schülerin gewählt wird. Damit sind Lehrerinnen und Lehrer zunächst aufgefordert, nach Möglichkeiten zu suchen, das Symptom »Schulvermeidung« zu verstehen. Versteht man es beispielsweise so, dass die Schule für manche Kinder und Jugendlichen regelmäßig die Erfahrung des Scheiterns bereithält, lässt sich das Verhalten zunächst verstehen in dem Sinne, dass es aus der Perspektive des Kindes bzw. Jugendlichen eine Logik hat (hohe Leistungsanforderungen müssen nicht mehr erfüllt werden bzw. die Erfahrung, Leistungsanforderungen nicht nachkommen zu können, entfällt); zugleich werden andere mögliche Logiken verdrängt (z. B. dass es einen Punkt gibt, an dem eine Wiederaufnahme der schulischen Arbeit in der »alten« Klasse nicht mehr möglich ist, weil die Versäumnisse zu umfangreich geworden sind). Auch Eltern sollten versuchen, diese Logik ihres Kindes zu erkennen, anstatt mit Ermahnungen, Schimpfen, Sanktionen und auf Dauer gestellte Enttäuschung zu reagieren.

Nimmt man in Betracht, dass die Schule für manche Kinder und Jugendlichen regelmäßig die Erfahrung des Scheiterns bereithält, lässt sich das Verhalten zunächst verstehen.

»Sie wird von den Eltern immer wieder entschuldigt«

Das Verhalten der Eltern

Eltern nehmen das zeitlich eingeschränkte Vermeidungsverhalten ihrer Kinder oftmals zur Kenntnis, leiten jedoch keine Maßnahmen ein. Sie kaschieren das Verhalten ihrer Kinder, schreiben und unterschreiben Entschuldigungen. Die Kinder fälschen Unterschriften und lügen, die Lehrerinnen und Lehrer sehen ihre Aufgabe mit der Dokumentation des Fehlens im Tagebuch erfüllt. Damit ermöglichen und stabilisieren alle Beteiligten das Vermeidungsverhalten.

Dass Eltern sich zu heimlichen Komplizen der Schulvermeidung machen, ist verstehbar, denn sie wollen – so widersinnig das klingt – ihr Kind schützen: Das Fehlverhalten des Kindes soll in der Schule entschuldigt sein und dem Kind daher auch keine Nachteile bringen. Damit hat jedoch häufig eine Phase des Verweilens in der Schulvermeidung begonnen. Daneben erleben Eltern insbesondere bei jugendlichen Kindern die Grenzen ihrer Einflussmöglichkeiten. Diese Erfahrung, insbesondere vor dem Hintergrund, dass alle Argumente, Strafandrohungen und -vollzüge nicht zielführend sind, führt auch bei Eltern zu resignativem Verhalten, zur Tendenz, das Problem zu ignorieren, und zur Hilflosigkeit. Schulvermeidung ist damit ein Prozess, in den alle, also die Schülerinnen und Schüler, die Eltern und die Lehrerinnen und Lehrer involviert sind. Es geht darum, unabhängig davon, wem der Löwenanteil der Ursachen zugeschrieben werden muss, sobald als irgend möglich zu intervenieren, und das bedeutet zunächst, dass das schulvermeidende Verhalten erkannt und benannt wird und dass unmittelbar interveniert wird. Dabei sind zunächst die Lehrerinnen und Lehrer sowie die Eltern gefordert, das Verhalten aufmerksam zu beobachten. Das ist selbstverständlich, möchte man meinen. Jedoch müssen Eltern und Lehrer eine Hürde überwinden, denn man fragt sich unwillkürlich nach den Ursachen für dieses Verhalten, und schreibt man sie nicht eindeutig dem Kind oder Jugendlichen zu, müssen sich Eltern und Lehrer fragen, inwieweit sie einen Anteil daran haben, dass das schulevermeidende Verhalten gestützt wird. So sind Enttäuschungen, Selbstzweifel und Ohnmacht die Begleiter der die Schule vermeidenden

> Dass Eltern sich zu heimlichen Komplizen der Schulvermeidung machen, ist verstehbar, denn sie wollen – so widersinnig das klingt – ihr Kind schützen.

Schülerinnen und Schüler sowie die der Eltern. Die Schüler sind ohnmächtig, weil sie einem gesellschaftlichen Anspruch nicht mehr genügen können, sie zweifeln an ihrer Selbstwirksamkeit, an ihren Möglichkeiten, erfolgreich handeln zu können. Sie verfügen nicht mehr über die Ressourcen, es mit den Anforderungen von Schule und Unterricht selbstbewusst aufzunehmen. Und da sind die Eltern, die sich fragen, was sie falsch gemacht haben.

»Ich denk mal, die gehen abends nicht ins Bett und kommen morgens nicht raus«

Begründungslinien

Die Beweggründe für schulevermeidendes Verhalten sind vielfältig und letztlich immer individuell. Es lassen sich einige typische Prozesse und Ursachenzuschreibungen skizzieren, die auch gebündelt zu schulvermeidendem Verhalten führen: Eine Begründunglinie lässt sich mit der Bewertung des Unterrichts als »unangenehm« nachzeichnen. Doch welche Merkmale sind so unangenehm an der Schule?

Ursache Schule und Unterricht:
···⟩ In Befragungen wird angegeben, dass Schule langweilig sei. Sie habe keinen Motivations- bzw. Anregungscharakter.
···⟩ Die einzelne Schule präferiert ein leistungs- und selektionsorientiertes Schulkonzept. Die Förderorientierung im Sinne einer optimalen Förderung und Anerkennung des einzelnen Kindes bzw. Jugendlichen ist gering. Schülerinnen und Schüler sehen sich in ein Ranking – auch im Ansehen unter den Mitschülern – eingebunden. Sie erreichen nicht das »Level«, das ihnen das Gefühl gibt, zufrieden mit sich sein zu können. Damit wird die Schule zu einem Ort verwehrter Fremd- und Selbstanerkennung und mindert ein positives Selbstkonzept sowie die Einstellung, durch eigene Aktivitäten Ereignisse beeinflussen und steuern zu können (Selbstwirksamkeit).
···⟩ Es herrscht ein reduziertes Wahrnehmungskonzept im Blick auf den Schüler bzw. die Schülerin vor; Anerkennung bezieht sich ausschließlich auf die in der Schule gemessenen Leistungen und die Stärken der Person insgesamt sind ausgeblendet.

⋯⋯> Die Schule löst zu wenig bis keine positiven emotionalen Befindlichkeiten aus (Stolz, Freude, Zuneigung).

⋯⋯> Die Schule wird als Verschwendung von Lebenszeit wahrgenommen (Klassenwiederholung).

Ursache: Schüler/Schülerin

⋯⋯> Unterricht wird als (zu) anstrengend erlebt. Schülerinnen und Schüler gelingt es nicht, die notwendige Anstrengungsbereitschaft aufzubringen; sie wollen ausschlafen und sich erholen.

⋯⋯> Eine weitere Begründungslinie stellen Persönlichkeitsmerkmale und auch Verhaltensauffälligkeiten von Schülerinnen und Schülern dar (Phobie, Depression).

Ursache: Lehrperson

⋯⋯> Ungefähr ein Fünftel der Befragten gibt die Lehrperson als Vermeidungsursache an.

Ursache: Soziale Gruppe

⋯⋯> Eine zweite Begründungslinie bildet die soziale Gruppe. Eine statusniedrige Position in der Klassengemeinschaft, wenig Kontakte und Freundschaften stellen instabile Bindungen dar, die nicht tragfähig genug sind, um Krisenerlebnisse innerhalb des Klassenverbandes bewältigen zu können.

⋯⋯> Schülerinnen und Schüler werden in die Opferrolle gedrängt, gemobbt, eingeschüchtert, bloßgestellt und beschämt. Für diese Kinder und Jugendlichen stellt das schulvermeidende Verhalten einen Selbstschutz dar.

Ursache: Familie

⋯⋯> Hat schulischer Erfolg eine geringe Bedeutung in der Herkunftsfamilie, dann bietet sie wenig oder keine Unterstützung bei der schulischen Arbeit des Kindes bzw. Jugendlichen. Die Relevanz des Schulbesuchs sinkt in den Augen der Kinder bzw. Jugendlichen.

⋯⋯> Erlebt das Kind bzw. der Jugendliche eine Erwachsenenwelt daheim, die destruktiv oder hilflos agiert und wirkt (Gewalterfahrungen, Krisenerlebnisse wie Trennungen, Todesfälle, Elternteil in Haft oder in psychiatrischer Behandlung), ist eine höhere Wahrscheinlichkeit zur Schulvermeidung vorhanden.

···⟩ Die Schulvermeidung kann auch die Funktion erfüllen, sich vom Elternhaus abzulösen, indem über die Schulvermeidung gegen die elterlichen Normvorstellungen opponiert wird.

···⟩ Werden in einer Familie keine Orientierungen geboten, die gelten und eingefordert werden, dann haben Kinder auch nicht den geschützten Rahmen von Vorgaben. Die Eltern werden als schwach und hilflos erlebt. Wird die Schulvermeidung bagatellisiert und immer wieder entschuldigt, sinkt zunehmend auch die Möglichkeit einer raschen und klaren Intervention.

Betrachtet man diese Ursachenvielfalt, dann ist klar, dass es nicht eine richtige Handlungsstrategie gibt, um das erwünschte Verhalten herzustellen, vielmehr gilt es, Strategien zu entwickeln, die dem Kind und seinem »Ursachenbündel« gerecht wird. Interventionen sollten im Einzelfall so gestaltet sein, dass das Ursachenspektrum aufgenommen und bearbeitet ist.

»Dann hält das drei Tage an und dann geht der Schlendrian wieder los«

Was sind effektive Maßnahmen?

Schulvermeidung ist ein Verhalten, das als Botschaft von Schülerinnen und Schülern ernst zu nehmen ist. Mit der Vermeidung sind schulische Anforderungen nicht »entfernt«, sondern häufen sich gleichsam parallel zum Versäumten. Das Versäumen von Unterricht ist daher nicht nur ein Verstoß gegen eine Pflicht, sondern ein Versäumnis, das nachgeholt und aufgearbeitet werden muss. In der Folge sinken die Möglichkeiten für Kinder oder Jugendliche, nach einer längeren Phase des Fernbleibens von der Schule wieder anzuknüpfen. Das gilt nicht nur im Hinblick auf die Lerninhalte, sondern auch im Hinblick auf das Beziehungsgefüge in ihrer Lerngruppe bzw. Schulklasse. Dieses Wissen um das Versäumte ist Kindern und Jugendlichen, die sich der Schule aus unterschiedlichen Gründen entziehen, präsent. Schulvermeidende Schülerinnen und Schüler bearbeiten die »Lücke«, indem sie sie verdrängen (z. B. durch Schlafen) oder indem sie die Funktion von Schule und Unterricht relativieren bzw. abwerten (z. B. Schule raubt Lebenszeit). Es bleiben hier letztlich nur zwei Verhaltensalternativen: die Rückkehr in den alten oder einen neuen Klassenverband und die unterstützende Begleitung bzw. das Aufarbeitung des Versäumten, damit der Anschluss wieder gefunden wird, oder aber die Verdrängung und Fortführung des Vermeidungsverhaltens, das einen Anschluss nicht mehr zulässt. Insgesamt trägt das Schuleschwänzen auch dazu bei, dass jährlich ungefähr 80 000 Schülerinnen und Schüler die Schule ohne Abschluss verlassen.

Betrachtet man die oben beschriebenen Ursachenbündel, so lassen sich daraus präventive Maßnahmen sowie Interventionen benennen:

Schule und Unterricht:

···⟩ Schule und Unterricht benötigt zeitgemäße, anregende methodische Zugänge und inhaltliche Schwerpunkte, zu denen es Anknüpfungspunkte im Leben der Schülerinnen und Schüler gibt.

···⟩ Die einzelne Schule sollte ein Schulkonzept entwickelt haben, in dem sie ihr Leistungskonzept reflektiert und darlegt. Im günstigen Fall hat eine Schule pädagogische Formen der Leistungsmessung bzw. -beurteilung eingeführt (z. B. Bewertung des Lernzuwachses des einzelnen Kindes, Zulassen von Entwicklungszeiten, geringer Vergleich mit der sozialen Lerngruppe, kein Zeitdruck).

···⟩ An einer Schule herrscht eine Grundhaltung zum Kind bzw. Jugendlichen, die Anerkennungsverhältnisse anstrebt und darauf zielt, die Persönlichkeit des Kindes bzw. Jugendlichen zu stärken.

···⟩ Die Schule bietet ein Spektrum an Herausforderungen, das positive emotionale Befindlichkeiten stärkt (Feste und Feiern, erlebnispädagogische Elemente).

···⟩ In der Schule wird nach dem Prinzip agiert: »Kein Kind zurücklassen.« Es sind altersgemischte Arbeitsformen eingeführt und die Wiederholung eines Schuljahrs wird vermieden.

···⟩ Die Schule hat ein »Helfer- und Spezialistenteam« installiert, das sich dem Thema »Schuleschwänzen« widmet.

Eltern sind nicht in der Lage, angesichts der Notsituation ihres Kindes Schulentwicklungsprozesse in Gang zu bringen, und können auch nicht darauf warten, dass sich etwas ändert. Sie müssen rasch an anderer Stelle Hilfe suchen und können auch gegebenenfalls zu dem Entschluss kommen, dass ihr Kind in einer anderen Schule die Schülerrolle eher auszufüllen in der Lage ist. Andererseits kann es sein, dass trotz unzureichenden Schulkonzepts einzelne Lehrer bzw. Lehrerinnen den schulvermeidenden Schüler unterstützen. Was sich tun lässt:

Lehrerinnen und Lehrer

···> Etikettierungen (»Du bist leistungsschwach, ein Schwänzer, Loser«) und Abwertungen (»Sieht man dich auch mal wieder«) durch die Lehrperson oder Mitschüler finden nicht statt; dem Schüler bzw. der Schülerin wird mit Wertschätzung begegnet.

···> Leistungen und Engagement werden sofort anerkannt und aufgenommen.

···> Lehrerinnen und Lehrer reagieren sofort auf die Schulvermeidung.

Schüler/Schülerin

···> Die Selbstaufmerksamkeit der Schülerinnen und Schüler wird durch Selbstbeobachtung erhöht (Selbstbeobachtung von Phasen der Mitarbeit und der Ermüdung).

Soziale Gruppe

···> Ein Schulwechsel könnte erwogen werden, wenn die Chance, dass ein Schüler/eine Schülerin Freundschaften in seiner Klasse aufbauen kann, gering ist.

···> Erfahrungen der Demütigung und Ohnmacht durch Mitschüler müssen von den Lehrern und Mitschülern offengelegt und Konsequenzen gezogen werden.

Familie

···> Beratungslehrerinnen und -lehrer, Schulsozialarbeiter, Schülerpatenschaften, schulische Betreuungsangebote am Nachmittag kompensieren eine unzureichende Präsenz und Zuwendung durch die familiäre Erwachsenenwelt.

···> Eltern entwickeln mit Unterstützung ein erzieherisches Verhalten, das von Klarheit, Strukturiertheit und Konsequenz geprägt ist.

···> Eltern verfolgen aufmerksam die schulische Entwicklung ihres Kindes.

Alle Beteiligten sichern den schulischen Rahmen, indem Schüler zur Schule gebracht werden, abgeholt werden, indem Fehlen sofort den Eltern mitgeteilt wird, Lehrpersonen auch nach Hause kommen, um nach dem Schüler/der Schülerin zu sehen.

Insgesamt bildet für die Wahl der Maßnahmenschwerpunkte eine intensive Auseinandersetzung mit den Beweggründen, die zum Schwänzen geführt haben, die entscheidende Voraussetzung. Deshalb ist es wichtig, dass nicht vorschnell Ursachenzuschreibungen vorgenommen und Maßnahmen ergriffen werden; vielmehr braucht es einen externen Blick und Gespräche mit dem Kind bzw. Jugendlichen, die durch eine respektvolle, annehmende Haltung geprägt sind: Ein Kind/Jugendlicher, das/der von anderen bedroht wird, hat gänzlich andere Motive, die Schule zu meiden, als ein Kind/Jugendlicher, das/der die Anforderungen nicht erfüllen kann/will.

Zusammenfassung

4

»Mein Kind schwänzt die Schule« – sollten Sie das festgestellt haben, warten Sie nicht zu, sondern wenden Sie sich an die Schule und die dortigen Beratungslehrerinnen und -lehrer. Sollten Sie den Eindruck gewinnen, dass die Lehrer die Verantwortung ausschließlich bei den Eltern sehen, dass der Schüler beständig bewertet wird und man ihn zu wenig zu verstehen sucht, wenden Sie sich umgehend an eine der schulpsychologischen Beratungsstellen. In dieser Zeit ist es wichtig, dass alle in der Familie dazulernen, um das schulvermeidende Verhalten zu ändern. Zum Lernen gehört, die Situation des Kindes besser zu verstehen, Probleme zu erkennen, bestrafendes und abwertendes Verhalten gegenüber den eigenen Kindern trotz der Enttäuschungen zu vermeiden. Freilich hängt der Erfolg einer Neujustierung ganz besonders von der Einstellung des Kindes bzw. Jugendlichen ab, von der Fähigkeit, Gesprächs- und Aktivitätsangebote anzunehmen, von seiner Beziehungsfähigkeit und seiner Motivation, etwas zum Positiven hin zu ändern. Alle Entwicklungsmöglichkeiten gilt es aufzunehmen.

Was ist AD(H)S?
Was Eltern tun können

Claus Koch

Eltern fürchten das Zappelphilipp-Syndrom

Im März 2009 veröffentlichte das DAK-Magazin die Zahlen einer Umfrage »Fit fürs Leben – Kindergesundheit 2009«, die die DAK zusammen mit der Zeitschrift »Eltern« unter mehr als 1.000 Eltern durchgeführt hatte. Darin stellte sich heraus, dass Eltern bei »normalen« Kinderkrankheiten relativ gelassen reagieren, es aber als die größte Bedrohung empfinden, wenn ihr Kind unter der Aufmerksamkeitsdefizitstörung AD(H)S leidet. AD(H)S rangierte auf einer »Angstskala« noch vor Asthma, Diabetes, Neurodermitis und Übergewicht. 44 %, also fast die Hälfte der befragten Eltern, sahen AD(H)S als eine Bedrohung für ihre Kinder, wobei sich ein starkes Nord-Süd-Gefälle zeigt: Während sich 53 % der süddeutschen Befragten vor AD(H)S fürchteten, waren es im Norden »nur« 32 %. Ich komme auf diese Zahlen, die beunruhigen müssen, zurück. Festzustehen aber scheint, dass AD(H)S für viele Eltern zu einer Art Schreckgespenst geworden ist. Sie fürchten diese Diagnose für ihre Kinder offensichtlich mehr als chronische organisch bedingte Krankheiten. Womit diese – in meinen Augen durchaus berechtigte – Angst zu tun hat, darauf komme ich noch zu sprechen.

> Eltern fürchten die Diagnose AD(H)S mehr als chronische Krankheiten ihrer Kinder.

Was ist AD(H)S?

Wie aus den oben zitierten Zahlen hervorgeht, ist die Störung AD(H)S unter Eltern weithin bekannt. Auch wenn es nur zum Teil zutrifft, wird darunter pauschal das sog. »Zappelphilipp«-Syndrom verstanden, d.h. dass ein Kind ständig in Bewegung ist, nicht ruhig bleiben und sich nicht konzentrieren kann, leicht abzulenken ist oder eben sozial »auffällt«, indem es seine Umgebung »stört«. Eine solche Beobachtung entsprechenden Kinderverhaltens ist übrigens nicht neu. Bekannt ist ein solcher Zappelphilipp hinlänglich aus dem bekannten Bilderbuch »Struwwelpeter« des Frankfurter Nervenarztes Heinrich Hoffmann, der bereits 1844 einen ganzen Reigen sozial unerwünschten Verhaltens von Kindern beschrieb. Kinder, die mit Feuer spielen, die herumträumen und dabei »in die Luft« gucken, die an ihrem Daumen lutschen, die ihre Suppe nicht essen wollen, und eben auch Kinder, die ständig herumzappeln und nicht »stillsitzen« können bzw. wollen. Zweifelhafte Ratgeberqualitäten gewinnt dieses Buch, wenn es die Konsequenzen von derlei Verhalten schildert, die sich auszumalen der Autor kein Blatt vor den Mund nimmt: Es gibt Tote, Entflammte, Vermisste, Verhungerte, Verletzte und Verstümmelte; keine »Therapie« für das Fehlverhalten wird aufgezeigt, sondern die Kinder müssen für ihr verderbliches Tun büßen. Im Umkehrschluss bedeutet ein solches Katastrophenszenario für die Eltern, dass sie das entsprechende Verhalten bei ihren Kindern um jeden Preis verhindern müssen, wenn ihnen deren Leben lieb ist. Die »Anti-Helden« aus dem »Struwwelpeter« zeigen den Lesern, Erwachsenen wie Kindern, auf drastische Weise, was passiert, wenn ein Kind sozial aus der Rolle fällt und nicht tut, was die Erwachsenen von ihm verlangen. Ein Buch, das Eltern und Kindern Angst machen sollte.

Die Diagnose AD(H)S kommt heute natürlich nicht mehr mit einer Bildergeschichte daher, sondern findet sich in zwei international gebräuchlichen psychiatrischen Diagnoseschemata beschrieben, nämlich im ICD-Code und im DSM IV Tr, bzw. ausführlicher beschrieben in einem »Leitfaden zur Kinder- und Jugendlichenpsychotherapie« (Döpfner, Frölich, Lehmkuhl 2000). Während das DSM IV den bekannteren Begriff »Aufmerksamkeitsdefizit-/ Hyperaktivitätsstörung« wählt, bezeichnet der ICD-10 die Störung als »Hyperkinetische (wörtl.: zu viel an Bewegung) Störung«, bzw. als Aktivitäts- und Aufmerksamkeitsstörung.

Von den oben zitierten Autoren werden drei Kernsymptome für die hyperkinetische Störung benannt: Unaufmerksamkeit, Hyperaktivität, Impulsivität. Nachfolgend sind für diese Kernsymptome weitere Kriterien aufgeführt, die für eine entsprechende Diagnose verwendet werden sollen (Döpfner, Schürmann, Frölich 2007, S. 11/12):

A UNAUFMERKSAMKEIT

1. Beachtet häufig Einzelheiten nicht oder macht Flüchtigkeitsfehler bei den Schularbeiten, bei der Arbeit oder bei anderen Tätigkeiten.
2. Hat oft Schwierigkeiten, längere Zeit die Aufmerksamkeit bei Aufgaben oder Spielen aufrechtzuerhalten.
3. Scheint häufig nicht zuzuhören, wenn andere ihn ansprechen.
4. Führt häufig Anweisungen anderer nicht vollständig durch und kann Schularbeiten, andere Arbeiten oder Pflichten am Arbeitsplatz nicht zu Ende bringen (nicht aufgrund von oppositionellem Verhalten oder Verständnisschwierigkeiten).
5. Hat häufig Schwierigkeiten, Aufgaben und Aktivitäten zu organisieren.
6. Vermeidet häufig, hat eine Abneigung gegen oder beschäftigt sich häufig nur widerwillig mit Aufgaben, die länger andauernde geistige Anstrengungen erfordern (wie Mitarbeit im Unterricht oder Hausaufgaben).
7. Verliert häufig Gegenstände, die er/sie für Aufgaben oder Aktivitäten benötigt (z. B. Spielsachen, Hausaufgabenhefte, Stifte, Bücher oder Werkzeug).
8. Lässt sich oft durch äußere Reize leicht ablenken.
9. Ist bei Alltagstätigkeiten häufig vergesslich.

B HYPERAKTIVITÄT

1. Zappelt häufig mit Händen und Füßen oder rutscht auf dem Stuhl herum.
2. Steht (häufig) in der Klasse oder in anderen Situationen auf, in denen Sitzenbleiben erwartet wird.
3. Läuft häufig herum oder klettert exzessiv in Situationen, in denen dies unpassend ist (bei Jugendlichen und Erwachsenen kann dies auf ein subjektives Unruhegefühl beschränkt bleiben).

C IMPULSIVITÄT

1. Platzt häufig mit der Antwort heraus, bevor die Frage zu Ende gestellt ist.
2. Kann häufig nur schwer abwarten, bis er/sie an der Reihe ist.
3. Unterbricht und stört andere häufig (platzt z. B. in Gespräche oder in Spiele anderer hinein).
4. Redet häufig übermäßig viel.

Da, wie Sie als Eltern entlang den beschriebenen Kriterien schnell festgestellt haben werden, so ziemlich alle »normalen« Kinder hin und wieder das oben beschriebene Verhalten zeigen, oder zumindest Teile davon, schränken die beiden Diagnosesysteme ICD und DSM für eine Befunderhebung und anschließende Diagnosestellung ein, dass

···⟩ die Symptome mindestens sechs Monate lang in einem mit dem Entwicklungsstand des Kindes nicht zu vereinbarenden und unangemessenen Ausmaß vorliegen,

···⟩ die Störungen bereits vor dem Alter von sieben Jahren auftreten,

···⟩ die Beeinträchtigungen durch diese Symptome sich in zwei oder mehr Lebensbereichen (zum Beispiel Schule und zu Hause) zeigen,

···⟩ deutliche Hinweise auf klinisch bedeutsame Beeinträchtigungen in sozialen oder schulischen Funktionsbereichen vorhanden sein müssen. (Nach Döpfner et al. 2007, S.13)

Abschließend sei zu diesen Diagnosekriterien noch erwähnt, dass die Hyperaktivität für einen entsprechenden Befund nicht immer vorhanden sein muss, weshalb sie im bekannten Kürzel AD(H)S denn auch in Klammern gesetzt wird.

AD(H)S ist keine Krankheit, sondern eine Störung sozial erwünschten Verhaltens

AD(H)S ist keine Krankheit, die sich aufgrund eines organischen Befundes erheben lässt. Und selbst wenn sich AD(H)S durch sogenannte bildgebende Verfahren im Gehirn abbilden ließe, wovon manche Forscher ausgehen, besagt dies noch nichts über eine organisch bedingte *Verursachung* der hyperkinetischen Störung. Hinzu kommt, dass die Diagnosestellung fast immer von der Beobachtung des sozialen Verhaltens des Kindes ausgeht, in den meisten Fällen von den Eltern, aber ebenso von Erzieherinnen und besonders häufig, wenn das Kind in die Schule gekommen ist, von LehrerInnen.

Im Vordergrund steht dabei ganz offensichtlich das schulische Verhalten, weshalb AD(H)S auch erst meistens ab dem Schulalter diagnostiziert und behandelt wird. In den oben aufgeführten Kriterien nach Döpfner et al. tauchen in den 16 Symptomkriterien für Unaufmerksamkeit, Hyperaktivität und Impulsivität denn auch 6 Kriterien auf, die sich explizit auf Verhalten des Kindes in der Schule beziehen, und darüber hinaus viele weitere Kriterien, die hauptsächlich dort in Erscheinung treten, wie »nicht zuhören« oder »keine Anweisungen befolgen« zu können unter »Unaufmerksamkeit«, »Zappeln« unter »Hyperaktivität« oder »Unterbrechen« unter Impulsivität.

Schon auf den ersten Blick fällt auf, dass für die Diagnosestellung das subjektive Ermessen – im Gegensatz zu anderen psychischen Störungen wie Depression, Angststörungen oder auch Psychosen – eine besonders große Rolle spielt, was damit zusammenhängt, dass es hier im Großen und Ganzen um die Einschätzung eines sozial abweichenden und auch unerwünschten Verhaltens geht; woran sich die Frage anschließt, was in einem sozialen Rahmen als »unangemessen« betrachtet wird, wo also entsprechendes Verhalten anfängt und aufhört. Weitere Fragen schließen sich an: Wer soll darüber befinden? Die Gesellschaft, die Schule, die Lehrer, die Eltern? Und was hat das Kind schließlich selbst dazu zu sagen – wie »begründet« es sein Verhalten selbst?

Zwar wird AD(H)S von sogenanntem »oppositionellem Verhalten«, wenn ein Kind zum Beispiel ganz bewusst den Unterricht stört oder den Lehrer beschimpft, abgegrenzt, aber wo soll man die Grenze ziehen? Auch ein AD(H)S-Kind könnte sein Verhalten dahingehend »rationalisieren«, dass es absichtlich stört, weil ihm die Schule keinen Spaß macht, bzw. dürfte es ihm, seinen Eltern oder Lehrern nicht leicht fallen, zwischen Schulunlust, mangelndem Willen und mangelndem *Vermögen,* seine Aufmerksamkeit zu fokussieren, zu unterscheiden. Auch was es heißt, dass ein Verhalten dem Entwicklungsstand eines Kindes unangemessen ist, ist nicht »objektiv« zu bestimmen, zeigen doch viele Forschungsergebnisse, u. a. des Schweizer Kinderarztes Remo Largo, wie weit Kinder in ihrem individuellen Entwicklungsstand auch emotional auseinanderliegen können.

Fragen über Fragen, die die Diagnose AD(H)S natürlich nicht ad absurdum führen, die aber aufzeigen, wie subjektiv oder »weich« die Kriterien sind, nach denen AD(H)S heutzutage weitestgehend diagnostiziert wird bzw. werden kann. Fragen, die deshalb von großer Bedeutung sind, weil die Diagnose AD(H)S, einmal gestellt, weitreichende Folgen haben kann.

Zum einen für das Kind und seine Selbsteinschätzung bzw. sein Selbstbewusstsein. Hier kann die Diagnose AD(H)S neben dem Gefühl, »anders zu sein als die anderen«, Selbstabwertung, Einsamkeit und Schuldgefühle mit sich bringen (Baer 2009).

Für die Eltern kann die Diagnose bedeuten, dass sich ihre Beziehung zu dem Kind womöglich ändert. Muss ich dem Kind jetzt einen Sonderstatus in der Familie, unter seinen Geschwistern zuweisen, muss ich es besonders schonen und natürlich die Frage aller Fragen: Bin ich, sind wir schuld, dass unser Kind AD(H)S hat, bis sich last, but not least die Frage nach der bis heute unter den Fachleuten umstrittenen medikamentösen Behandlung ergibt: Wann darf ich dem Kind Medikamente gegen AD(H)S geben, wie wirken sie sich langfristig aus, was sind die Nebenwirkungen?

Damit zusammenhängend geht es bei schulpflichtigen Kindern, und wie gesagt, meistens sind sie es, die auf AD(H)S hin getestet und diagnostiziert werden, um die heute für viele Eltern entscheidende Frage, wie sich AD(H)S auf den Schulerfolg ihres Kindes auswirkt. Das in der anfangs zitierten Umfrage weithin als Bedrohung empfundene Gefühl, das eigene Kind könnte AD(H)S haben, dürfte hauptsächlich damit zu tun haben.

Zusammengefasst: Die Diagnose AD(H)S steht in keinem luftleeren Raum, sondern sie hat Folgen, aus denen heraus sich weitere, teilweise schwerwiegende Konsequenzen ergeben können: für die Eltern und vor allem für das Kind.

Die Frage nach den Ursachen von AD(H)S

Eng mit diesem komplexen Sachverhalt hängt die Frage nach der Verursachung von AD(H)S zusammen, über die bis heute teilweise erbittert gestritten wird. Im Prinzip geht es dabei um die – insbesondere bei den sozial auffälligen psychischen Krankheiten – immer wieder von Neuem entfachte Kontroverse, ob das unangepasste soziale Verhalten genetisch determiniert ist, also »angeboren«, oder im Zusammenspiel mit mehreren inneren und äußeren Faktoren erworben. Wobei die Entscheidung für die eine oder andere Position etwas mit sich bringt, das für die weitere Diskussion subjektiv abweichenden Verhaltens einen sehr hohen Stellenwert besitzt: »Rein genetisch« würde nämlich bedeuten, dass die Gesellschaft, die Umgebung bzw. die nächsten Bezugspersonen und Eltern keinerlei »Schuld« an dem zutage tretenden Verhalten trifft, gesellschaftliche (Fehl-)Entwicklungen bzw. elterliches Fehlverhalten also keine oder eine nur untergeordnete Rolle spielen. Das Krankheitsgeschehen erscheint dann tatsächlich wie jede andere organische Krankheit auch. Schließlich käme niemand auf die Idee, Eltern oder »der Gesellschaft« vorzuwerfen, dass ein Kind dann und wann an einer Kinderkrankheit erkrankt.

In der Vergangenheit und bis heute wurde und wird eine mehr oder weniger organische Verursachung von AD(H)S immer wieder mit einer hirnorganischen Dysfunktion in Verbindung gebracht. Dazu gehört auch die heute vielfach zitierte »Dopamin-Mangel-Hypothese«, die, vereinfacht formuliert, davon ausgeht, dass eine gestörte dopaminerge Aktivität im Gehirn der Betroffenen dazu führt, dass Umweltreize nur reduziert wahrgenommen würden, was eine verminderte Aufmerksamkeit nach sich ziehe und gegebenenfalls hyperaktives Verhalten. Eine These, die im Übrigen auch von der Forschungsabteilung des Pharmakonzerns »Novartis« vertreten wird, der das gegen AD(H)S mit in den letzten Jahren stark zunehmender Tendenz meistverschriebene Psychopharmakon »Ritalin« vertreibt, wobei es in den Online-Fachinformationen der Firma im Jahr 2000 u.a. heißt: »Umgebungsfaktoren wie Erziehung, familiäre Situation, aber auch Allergene und Umweltgifte scheinen für die hyperkinetische Verhaltensstörung eher von untergeordneter Bedeutung zu sein« (zit. nach Roggensack 2006, S. 83).

Nun lassen sich zwar bei Betroffenen, die in den weiter oben beschriebenen Verhaltensweisen auffällig sind, hirnorganisch mithilfe von bildgebenden Verfahren (PET oder MRT) tatsächlich Abweichungen feststellen, was denn auch in Richtung einer Zuschreibung von organischen Ursachen aufgegriffen wird, doch besagt dieser Sachverhalt für sich genommen noch nichts, außer dass das für AD(H)S typische Verhalten ganz offensichtlich seine Spuren auch im Stoffwechsel bestimmter Areale des Gehirns hinterlässt. Dass sich Gefühlszustände im Gehirn abbilden und durch heutige bildgebende Verfahren auch abbilden lassen, heißt aber nicht, dass die angesprochenen hirnorganischen Veränderungen das Verhalten in jedem Fall auch *auslösen*.

Eher geht die moderne Hirnforschung davon aus, dass hier ein wechselseitiger Prozess zwischen Veranlagung und der Reaktion auf bestimmte Umweltfaktoren vorliegt bzw. ein andauerndes Verhalten entsprechende Veränderungen im Stoffwechsel des Gehirns nach sich ziehen kann. (Siehe auch den Abschnitt zu AD(H)S im folgenden Beitrag von Eckhard Schiffer.) Dass ein Kind, das traurig ist, in seinem Gehirn andere Bilder in bildgebenden Verfahren produziert als ein glückliches Kind, liegt auf der Hand, sagt jedoch noch nichts darüber aus, dass das Gehirn quasi im Alleingang das »Traurigsein« des Kindes produziert. Und dass ein Kind durch ein ihm verabreichtes Medikament gegen seine Hyperaktivität ruhig wird, besagt noch nicht, dass es mit einem angeborenen Schaden auf die Welt gekommen sein muss.

Für die These einer zumindest wechselseitigen Beeinflussung zwischen hirnorganischen Abläufen und externen Umweltfaktoren spricht auch, dass das Aufmerksamkeitsdefizitsyndrom erst seit den 1970er-Jahren und dann verstärkt zum Ende des letzten Jahrhunderts seine Vormachtstellung bei der Diagnosestellung psychischer Störungen im Kindes- und Jugendalter erworben hat. Obwohl in den 1950er-Jahren die Schulklassen viel größer und der Unterricht sicherlich nicht »kindgerechter« war als heute, finden sich in den einschlägigen zeitgenössischen Dokumenten keine Hinweise darauf, dass die Schulen von hyperaktiven und nervösen Kindern überfüllt waren. Eher das Gegenteil ist der Fall. Erst heute wird von dem Phänomen berichtet, dass es in Deutschland Schulklassen gibt, in denen fast die Hälfte der SchülerInnen vor Unterrichtsbeginn ein Medikament gegen AD(H)S verabreicht bekommt. Die Veränderung bzw. Häufung genetischer Dispositionen in einem so kurzen Zeitraum scheint nicht plausibel.

Die bisherigen Ausführungen sollten dafür sensibilisieren, dass es sich bei der Aufmerksamkeitsdefizitstörung mit oder ohne Hyperaktivität um eine Störung des sozialen Verhaltens handelt und um keine »Krankheit«, die angeboren ist und dann einfach ihren Lauf nimmt. Was nicht ausschließt, dass Kinder aufgrund genetischer Dispositionen für entsprechend abweichendes Verhalten anfälliger sein können als andere. Wie aber lässt sich AD(H)S überhaupt noch »wertneutral« diagnostizieren, wenn die soziale Abweichung des Verhaltens eine so starke Rolle bei der Diagnose spielt? Wie kann ich wissen, dass mein Kind wirklich unter AD(H)S leidet?

Hat mein Kind wirklich AD(H)S?

Einige Kriterien wurden schon genannt: Die Störung muss bereits vor Schuleintritt zutage getreten sein, sie muss also vor der Diagnosestellung schon sehr lange andauern und es dürfen nicht nur ein oder zwei der oben aufgeführten Symptomkriterien zutreffen, sondern das ganze Bündel auffälligen Verhaltens. Da aber auch hier Überschneidungen und subjektive Beurteilungsfaktoren eine große Rolle spielen, sehe ich ein wesentliches diagnostisches Kriterium darin, dass es Ihnen, den Eltern, auch bei längerer Beobachtung des Verhaltens Ihres Kindes und nach ausführlichen Gesprächen mit ihm ausgesprochen schwerfällt, das Verhalten Ihres Kindes nachvollziehen oder sich in es einfühlen zu können. Auch fällt es Ihnen schwer, konkrete Auslöser zu benennen. Es geht um das – zugegebenermaßen auch wieder subjektive – Gefühl, das Verhalten entstünde ganz beim Kind und Umweltfaktoren würden eine nur unmaßgebliche Rolle spielen. In diesem Fall liegt es nahe, dass Ihr Kind tatsächlich unter AD(H)S leidet.

Legt man diese »harten Kriterien« zugrunde, dürfte die Auftretenswahrscheinlichkeit von AD(H)S, wie bei vielen anderen wohl auch genetisch mitbedingten psychischen Störungen, bei etwa 2 % liegen. Erweitert man den Rahmen der Diagnosestellung und versteht unter AD(H)S auch, dass sich das beschriebene Verhalten entlang der o. g. Kriterien mehr oder weniger nachvollziehbar auf bestimmte soziale Umweltfaktoren bezieht, dürfte von insgesamt etwa 8 % Kindern gesprochen werden, die unter einem solchen Syndrom leiden (Greenspan 2009). In beiden Fällen ist es geboten, fachkundigen Rat einzuholen. Um den Teufelskreis zwischen auffälligem Verhalten und Selbstentwertung, Schuldgefühlen und Scham zu durchbrechen, ist besonders in den Fällen, in denen es Eltern wie Ärzten und Therapeuten nach sorgfältiger Exploration schwerfällt, soziale Auslöser für das Verhalten des Kindes zu finden, eine medikamentöse Behandlung in Erwägung zu ziehen, allerdings immer nur für einen kurz bemessenen Zeitraum. Keinesfalls sollten dem Kind aber die Präparate nur verabreicht werden, damit es in der Schule gut funktioniert.

Berechtigt alarmiert sollten Eltern sein, wenn das in Frage kommende Verhalten zusammen mit anderen psychischen Auffälligkeiten des Kindes zutage tritt, zum Beispiel mit schweren Ängsten, mit unbestimmtem Traurigsein (Depression), Hungern (Anorexie) usw. In diesem Fall kann die Aufmerksamkeitsstörung oder Hyperaktivität Folge einer anderen, ernsthaften psychischen Störung ihres Kindes sein. Auch in diesen Fällen müssen professionelle Hilfe und Unterstützung zugezogen werden.

In allen anderen Fällen aber sollten sich die Eltern zunächst gründlich mit dem Verhalten ihres Kindes und ihrer eigenen Rolle in der Erziehung auseinandersetzen, zusätzlich mit der Dynamik in ihrer Familie und mit Umwelteinflüssen, die das Kind besonders stark prägen, wie die Schule.

Mögliche Gründe für ein Verhalten, wie es für die Störung AD(H)S beschrieben wird

4

Beim Kind
Zuerst gilt es abzuklären, wie lange das Kind sein Verhalten schon zeigt. War es, ganz unabhängig von den Ereignissen, die sich um es herum abgespielt haben, schon immer irgendwie »anders« als die anderen Kinder, also »schwieriger«? Und zwar nicht nur deswegen, weil es in der Krippe oder im Kindergarten »nur« dadurch auffiel, dass es zu bestimmten Zeiten einfach impulsiver oder auch ein bisschen unaufmerksamer war als andere Kinder, sondern über einen längeren Zeitraum und dies trotz intensiver Gespräche zwischen Eltern, Kind und Erzieherinnen, möglicher Korrekturen des Erziehungsverhaltens und vorgenommener Veränderungen in der Umwelt des Kindes. Zu Letzterem gehört etwa, ob das Kind auch nach einem Wechsel seiner Betreuungssituation (anderer Kindergarten, Tagesmutter, früheres Abholen, Wechsel der Klassenlehrerin, der Schule usw.) sein Verhalten beibehielt. Nur wenn vonseiten der Umwelteinflüsse, die auf ein Kind einwirken, wirklich alles unternommen wurde und das Verhalten andauert, sollte von einer ernstzunehmenden Störung ausgegangen werden. Denn eine genaue Exploration von Kindern mit der Diagnose AD(H)S zeigt, dass sie selbst häufig familiäre oder auch schulische Gründe für ihr Verhalten, unter dem sie schließlich selbst am stärksten leiden, angeben (Baer 2009). Trennung, Scheidung, Vereinsamung in der Familie, keine Freunde im Kindergarten oder in der Schule, subjektiv als »Schande« empfundenes Leistungsversagen in der Schule usw. – all dies kann zu einer Zunahme an Unaufmerksamkeit auf das »Geforderte« und zu Hyperaktivität führen im Bestreben, dass doch

endlich jemand auf das Kind aufmerksam wird. Oder das Kind verlagert seine Aufmerksamkeit von den äußeren Dingen auf das, was in ihm vorgeht, es wirkt verträumt und teilnahmslos, obwohl es durchaus aufmerksam ist, nur eben nicht auf das, worauf es seine Aufmerksamkeit richten soll.

Eltern und Familie
Die häufigsten Auslöser für hyperaktives Verhalten dürften in der Familiendynamik der betroffenen Kinder zu finden sein. Eltern sollten ihr Augenmerk, bevor sie sich mit der Diagnose AD(H)S für ihr Kind arrangieren, deshalb sorgfältig darauf richten, wie sich ihr Kind in der Familie fühlt und was dabei für sein abweichendes Verhalten eine Rolle spielen kann. Dabei geht es nicht um die Frage von »Wer hat Schuld?«, sondern darum, was sich – auch im Rahmen einer Elternberatung, eines Elternkurses oder einer Familientherapie – ändern lässt, damit das Kind wieder zu einem Gleichgewicht zwischen sich und seiner Umwelt zurückfindet. Fragen, die sich Eltern stellen sollten, wären:

···⟩ Kann sich mein Kind in unserer Familie Gehör verschaffen, fühlt es sich von uns wahrgenommen und akzeptiert, wie es ist?
···⟩ Fühlt es sich unter seinen Geschwistern akzeptiert, oder fühlt es sich benachteiligt?
···⟩ Bekommt es genügend Zeit, um mit uns, also mit beiden Elternteilen, über seine Probleme sprechen zu können?
···⟩ Gab es Ereignisse, die in unmittelbarem Zusammenhang mit dem ersten Auftreten des gestörten Verhaltens des Kindes stehen, wie häufiger, andauernder Streit zwischen uns, Trennung oder Scheidung; Umzug in eine andere Umgebung; Verlust eines dem Kind vertrauten Erwachsenen oder Freundes; Arbeitslosigkeit; Krankheit.
···⟩ Ist das Kind in der Familie häufig allein und sich selbst überlassen?
···⟩ Führt diese Situation zu übertriebenem und unbeaufsichtigtem Medienkonsum?

Diese wenn auch manchmal unbequemen Fragen, sollten sich alle Eltern stellen, bevor sie eine Untersuchung ihres Kindes auf AD(H)S ins Auge fassen, bzw. sollten sie diese Fragen von Beginn an in die Untersuchungssituation einbeziehen.

Schule

Ich habe schon darauf hingewiesen, dass die Diagnose AD(H)S besonders vom Verhalten des Kindes in der Schule abhängig gemacht wird. Der Zusammenhang zwischen Auftritt des Kindes in der Schule und der Diagnose AD(H)S dürfte, wie schon betont, Eltern in besonderem Maße beunruhigen, da in der Schule unmittelbar über die Zukunftschancen ihres Kindes befunden wird: Unaufmerksamkeit und Hyperaktivität stehen dem Schulerfolg schlichtweg entgegen. Dennoch: Auch hier sollten sich die Eltern zunächst fragen, ob ihr Kind in seiner Klasse gut aufgehoben ist, ob und wie es mit seinen Mitschülern auskommt, mit seinen LehrerInnen, ob es in seiner Einzigartigkeit respektiert wird oder seine Persönlichkeit nur insofern beachtet wird, wie es die in es gesetzten Leistungserwartungen auch erfüllt. Auch dieses sind unbequeme Fragen, die man am besten nicht für sich allein, sondern zusammen mit anderen Eltern und den Lehrern bespricht und beantwortet. Die Verabreichung eines Medikaments »gegen« Unaufmerksamkeit und Unruhe, nur um das Kind im Unterricht kompatibel zu machen, sollte auf jeden Fall so lange unterbleiben, wie nicht alle Möglichkeiten erschöpft sind, das Kind wieder hin zu einer aktiven und angemessenen Beteiligung am Schulgeschehen zu führen.

> **Unaufmerksamkeit und Hyperaktivität stehen dem Schulerfolg schlichtweg entgegen.**

4

Gesellschaft

Die augenfällige Zunahme des unter AD(H)S subsumierten Verhaltens in den beiden letzten Jahrzehnten weist auf Veränderungen in unserer Gesellschaft hin, die ein so beschriebenes psychisches Geschehen offensichtlich fördern. Der amerikanische Psychologe DeGrandpre spricht in diesem Zusammenhang auch von einer »Beschleunigungsgesellschaft«, in der alles immer schneller und unvorhersehbarer wird und dem sich insbesondere die Schwächsten in der Gesellschaft, also die Kinder, dadurch zu entziehen versuchen, dass sie ihre Aufmerksamkeit von diesen beschleunigten Prozessen entweder einfach ab- und sich von ihnen zurückziehen, oder, was augenfällig wahrscheinlicher ist, versuchen, sie mit erhöhter körperlicher und sinnlicher Aktivität gleichsam zu kopieren, sich ihnen anzupassen. In diesem Zusammenhang sieht er auch die Wirkung von amphetaminhaltigen Medikamenten, die die Kinder, wenn sie ihren eigentlichen Zweck erfüllen würden, eigentlich stimulieren müssten, handelt es doch um Stimulanzien. Sie würden,

462 KINDHEIT (6–12 JAHRE)

so seine These, den Kindern bzw. ihren Gehirnen durch ihre aufputschende Wirkung eine entsprechende Stimulanz vortäuschen und dadurch – paradoxerweise – beruhigend wirken.

Was Eltern tun können

Aus vielem, was bislang gesagt wurde, ergeben sich Möglichkeiten für Eltern, prophylaktisch darauf hinzuwirken, dass es erst gar nicht zu dem unter AD(H)S bezeichneten Verhalten kommt. Eine sichere Bindung von Eltern und Kind, wie in vielen Beiträgen dieses Buches angesprochen, gehört ebenso dazu wie der offene Umgang mit seinen Sorgen und Nöten. Ein Kind, das durch seine Eltern seine Wertschätzung erfährt, das sich sicher und aufgehoben bei ihnen fühlt, braucht in der Regel nicht über Gebühr sozial aufzufallen, damit es die Zuwendung bekommt, die es will.

Ein Kind, das durch seine Eltern seine Wertschätzung erfährt, das sich sicher und aufgehoben bei ihnen fühlt, braucht in der Regel nicht über Gebühr sozial aufzufallen, damit es die Zuwendung bekommt, die es will.

Zeigt ein Kind aber bereits das für AD(H)S typische Verhalten, dann ergibt sich aus dem bisher Gesagten ebenfalls eine Reihe von Möglichkeiten, bevor Eltern eine medikamentöse Behandlung in Erwägung ziehen müssen.

1. Zunächst geht es darum, dass Sie das Verhalten Ihres Kindes versuchen zu verstehen; dass Sie versuchen, sich in seine Person zu versetzen und zu überlegen, ob es für sein Verhalten außer inneren Prozessen – was eine AD(H)S Diagnose wahrscheinlicher macht – äußere Auslöser geben kann.
2. Damit zusammenhängend sollten Sie sich über die Dynamik in der eigenen Familie Gedanken machen. Welche Rolle spielt das Kind, hat es Gründe, so zu reagieren, wie es das offensichtlich tut?
3. Weiter kommt als auslösendes Moment die Schulsituation in Frage. Fühlt sich das Kind in der Schule insgesamt wohl, hat es dort Freunde, kommt es mit seinen Lehrern gut aus oder ist es dort sozial isoliert und emotional wie kognitiv überfordert?

Nach einer solchen sozialen »Befunderhebung« sollten Sie – auch mit beraterischer und therapeutischer Hilfe – zunächst einmal nach durchaus vorhandenen einfachen Lösungen suchen.

1. Stärken Sie das Selbstbewusstsein Ihres Kindes. Versuchen Sie, sich mehr Zeit für das Kind zu nehmen, d. h. ihm eine, eventuell für einen bestimmten Zeitraum, ganz besondere Aufmerksamkeit zukommen zu lassen und im Gespräch mit dem Kind seine Ängste und Sorgen zu besprechen – es wirklich »anzunehmen«. Zeigt es nämlich sein »AD(H)S-Verhalten« schon länger, dann wird es bereits häufig die Erfahrung gemacht haben, in seinem Sosein nicht akzeptiert worden zu sein. Dazu gehört dann auch, dass Sie seine besonderen und guten Eigenschaften hervorheben und sie durch Lob und Anerkennung stärken.

2. Im Falle einer Störung in der Familiendynamik sollten Sie mit Ihrem Partner, wann immer möglich, gemeinsam an einem Strang ziehen, auch wenn Sie sich viel streiten oder im Falle von Trennung oder Scheidung. Auch hier geht es darum, dem Kind gemeinsam ein positives Selbstwertgefühl zu vermitteln (siehe den Beitrag über Trennung und Scheidung).

3. Bei allen äußeren Schicksalsschlägen, die als Auslöser für das AD(H)S-Verhalten des Kindes in Frage kommen könnten oder die es selbst benennt, sollten Sie aktiv das Gespräch mit Ihrem Kind suchen, aber auch nicht sofort darauf insistieren. Will das Kind darüber nicht sprechen, ist dies ebenso ein Zeichen, dass es diese Auslöser schon selbst beschäftigen.

4. Sorgen Sie für eine positive Umgebung für Ihr Kind. Wenn notwendig, streben Sie einen Schul- oder Klassenwechsel an. Sorgen Sie dafür, dass Ihr Kind Gelegenheit hat, Freundschaften zu pflegen, unternehmen Sie – also beide Elternteile – immer wieder Freizeitaktivitäten, die mit seinem »Stress« in der Schule nichts zu tun haben. Entschleunigen Sie, verlangsamen Sie den Tagesablauf.

5. Hinsichtlich einer Therapie der Aufmerksamkeitsstörung und/oder der Hyperaktivität selbst holen Sie sich beraterischen oder therapeutischen Rat, etwa was spezielle Trainingsprogramme zur Stärkung von Aufmerksamkeit und Konzentration betrifft.

6. Erklären Sie Ihrem Kind, dass Sie es ihm mit der Veränderung seines »störenden Verhaltens« nur leichter machen wollen, mit sich und seiner Umgebung besser zurechtzukommen, aber dass Sie es nicht gänzlich umkrempeln und aus ihm einen »Anderen« machen wollen. Sagen Sie ihm immer wieder, dass Sie es so mögen, wie es ist.

Teilleistungsschwächen und Lernstörungen: Helfen Medikamente?

Eckhard Schiffer

Teilleistungsschwächen

Kinder sind von Anfang an, sogar schon im Mutterleib, neugierig und lernmotiviert. Und ihre Lernprozesse sind untrennbar mit ihren Emotionen und sensomotorischen Erfahrungen verknüpft. Das lustvolle Trinken des Kindes an der Brust verwenden wir als Bild dafür, wenn wir etwas schon früh und nachhaltig lernen, d. h. *mit der Muttermilch aufnehmen.* Als Motiv für spätere Lernprozesse verwenden wir die Metapher vom *Wissensdurst.* Wenn in der kindlichen Lernwelt Gefühle, Sinneserfahrungen und körperliche Bewegung ausreichend möglich sind, andauernde Übererregung und Angst hingegen vermieden werden, dann können Kinder die ihnen gegebenen unterschiedlichen Lerntalente in bestmöglicher Weise entfalten. Die unterschiedlichen Begabungen der Kinder spiegeln sich dann auch, zum Teil wenigstens, in den Zeugnisnoten einer Schulklasse wider. So weit, so gut.

Bei einer nicht geringen Anzahl von Kindern – Tendenz augenscheinlich zunehmend – sieht es jedoch anders aus. Es fallen bei diesen Kindern weniger die Begabung als vielmehr die unterschiedlichsten Schwächen auf. Hierzu zählen insbesondere als »umschriebene Entwicklungsstörungen schulischer Fähigkeiten« die Lese-Rechtschreib-Schwäche (LRS bzw. Legasthenie) und die Rechenschwäche (Dyskalkulie). Um diese Schwächen herum ist das Interesse der Lehrer, Schulbehörden und Eltern angesiedelt. Grundsätzlich könnten auch andere Schwächen als isolierte Teilleistungsschwächen wie zum Beispiel »Unmusikalität« oder »Unsportlichkeit« herausgefiltert werden. Da diese aber für die schulisch-berufliche Karriere eines Kindes in unserer Gesellschaft zumeist nicht von Bedeutung sind, wird ihnen auch kein größeres Interesse entgegengebracht. Die umschriebenen Teilleistungsschwächen gehen nicht selten mit weiteren Störungen einher. So zum Beispiel mit:

·····⟩ Entwicklungsstörungen der motorischen Funktionen, des Sprechens und der Sprache;

·····⟩ »Anpassungsstörungen«: Ängstlichkeit und/oder Depressivität (insbesondere bei Rechenstörungen);

·····⟩ Störungen im Sozialverhalten;

·····⟩ psychosomatischen Symptomen wie Kopf- und Bauchschmerzen, Übelkeitsgefühlen und Erbrechen, insbesondere vor Klassenarbeiten.

Von Teilleistungsstörungen sollte nur gesprochen werden, wenn die definierten Leistungsdefizite deutlich mit der allgemeinen Intelligenz des Kindes (gemessen mit verschiedenen Intelligenztests und nach Beobachtungen in der Schule) kontrastieren. Hinsichtlich der *Verursachungsgeschichte (Ätiopathogenese)* gibt es immer wieder heftige Auseinandersetzungen. Es ist in der Regel nicht falsch, wenn man davon ausgeht, dass sowohl ein primär körperlicher Anteil (genetische Faktoren, Einwirkung von Infektionen und Genussgiften in der Schwangerschaft, Sauerstoffmangel um die Geburt herum) wie auch psychosoziale Momente zusammenwirken. Auch den die Lese-Rechtschreib-Schwäche begleitenden *(komorbiden)* Störungen wie zum Beispiel Entwicklungsstörungen des Sprechens und der Sprache wird mit einiger

> **Von Teilleistungsstörungen sollte nur gesprochen werden, wenn die definierten Leistungsdefizite deutlich mit der allgemeinen Intelligenz des Kindes (gemessen mit verschiedenen Intelligenztests und nach Beobachtungen in der Schule) kontrastieren.**

Plausibilität die gleiche Verursachungsgeschichte zugrunde gelegt, die auch für die LRS selbst angenommen wird. Sehr oft kann bei einer Teilleistungsschwäche ein Teufelskreis von wie auch immer begründeter Leistungsschwäche mit nachfolgender Angst und Anspannung entstehen, wodurch die Leistungsfähigkeit selbst noch weiter beeinträchtigt wird, zugleich sich auch psychosomatische Symptome – wie oben genannt – einstellen können.

Bei der Legasthenie müssen wir hinsichtlich der Verursachungsgeschichte mit berücksichtigen, dass bei ca. 5 % aller Menschen die Hörfähigkeit in dem Sinne mehr oder weniger eingeschränkt ist, dass die sogenannten Verschlusslaute wie B und P sowie D und T im Gehirn selbst nicht schnell genug identifiziert werden. Diese Laute dauern nur wenige Millisekunden – maximal bis zu zwanzig Millisekunden – und können bei denen, die eine »lange Leitung« im Spracherkennungszentrum haben, nicht schnell genug identifiziert werden. Die Störung ist angeboren. Da bei diesen Kindern das Spracherkennungsvermögen eingeschränkt ist, ist auch das Lesevermögen eingeschränkt. Es handelt sich hier um die sogenannten »echten« Legastheniker. Bei diesen nutzt das Lesenüben allein wenig. Erforderlich sind Hörgeräte, über die nicht die Lautstärke von Worten erhöht, sondern selektiv die Dauer von Verschlusslauten künstlich verlängert wird. Ein P wirkt dann nicht nur zwanzig Millisekunden auf das Gehirn ein, sondern vierzig Millisekunden, und kann auf diese Weise eher identifiziert werden. Zur präzisen Diagnostik und Therapie ist eine Vorstellung des Kindes beim *Pädaudiologen*, einem auf diese Fragestellungen spezialisierten Hals-Nasen-Ohren-Arzt, erforderlich.

Lesefähigkeit setzt Hör- und Sprachfähigkeit voraus. Diese können, wie eben geschildert, angeborenerweise eingeschränkt sein, die meisten Sprachstörungen, die wir heute bei den Kindern einer Schulklasse antreffen, haben ihren Grund jedoch darin, dass die Eltern immer weniger mit ihren Kindern sprechen bzw. diesen nicht mehr zuhören. Die Sprachfähigkeit entfaltet sich aber nur durch das Sprechen von Angesicht zu Angesicht über die sogenannten *Spiegelneuronen*.

Bei der umschriebenen Entwicklungsstörung des rechnerischen Denkens finden wir sehr oft eingeschränkte optisch-perzeptuelle Fertigkeiten. Diese können wiederum als »komorbide Störungen« verstanden werden, aber auch als wesentliche Grundlage der Dyskalkulie. Kinder, die keine Chance haben, sich ausreichend im Raum zu orientieren, weil sie vor und von einem Medium gefesselt sind oder indem sie angeborenerweise nur schwach ausgebildete visuell-räumliche Verarbeitungsfähigkeiten mitbringen, werden nur eine schwache räumliche Orientierungsfähigkeit entwickeln. Die Erfassung des Raumes ist aber »wichtig für mathematisches und naturwissenschaftliches Denken, das räumliche Verhältnisse und abstraktes Denken jeder Art umfasst, bei dem das Erkennen des ganzen Musters und des Zusammenhangs der Einzelteile erforderlich ist« (Greenspan 2007).

Teilleistungsschwächen als Folge umschriebener Entwicklungsstörungen im Hinblick auf schulische Fertigkeiten fallen – ex definitione – meist in vollem Umfang erst in der Schule auf. Zunächst sind dann auch die Lehrkräfte die ersten Ansprechpartner der Schülerinnen und Schüler bzw. deren Eltern. Die Umgangsweise mit Teilleistungsstörungen in der Schule ist in den einzelnen Bundesländern in unterschiedlicher Weise geregelt. Der Schwerpunkt der Empfehlungen liegt aber allgemein auf der Förderung im regulären Unterricht.

Wenn es den Kindern allerdings nicht möglich ist, die schulische Hilfe – zum Beispiel im Zusammenhang mit ausgeprägten Wahrnehmungsstörungen – für sich zu nutzen, ist auch außerschulische Hilfe erforderlich. Zweckmäßig ist eine Vorstellung bei einem Facharzt für Kinder- und Jugendpsychiatrie und -psychotherapie. Die Diagnosestellung stützt sich dann allerdings gemäß dem Diagnosenkatalog der Weltgesundheitsorganisation *(ICD-10)* möglichst nur auf beobachtbares und genau zu beschreibendes Verhalten. Was natürlich wieder zu Fragen führt, da über die Verursachung nichts ausgesagt wird. Die Deutsche Gesellschaft für Kinder- und Jugendpsychiatrie hat vor dem Hintergrund des genau zu klassifizierenden Verhaltens Leitlinien zu Diagnostik und Behandlung von umschriebenen Entwicklungsstörungen bzw. den daraus resultierenden Teilleistungsstörungen entwickelt. Diese Leitlinien sind ohne Kennwort im Internet einsehbar (http://leitlinien. net). Sie beziehen sich auf die ICD-Nummern F 81.0 bis F 81.9, F 82.0 bis F 82.2 sowie F 83.

In den Leitlinien werden für Teilleistungsschwächen ausschließlich nicht medikamentöse, d.h. pädagogisch-psychologische Verfahren empfohlen.

Medikamente, denen eine Verbesserung der Gedächtnisleistung, der Aufmerksamkeit sowie eine Aufhellung der Stimmung zugeschrieben werden, sind mit aller Schärfe abzulehnen. Nicht nur, dass ein solches pharmakologisches *Neuroenhancement* Kinder zu Versuchskaninchen macht mit unüberschaubaren Folgewirkungen und zugleich die Kinder in ein Selbstausbeutungs- und Manipulationssystem einspannt, das der »Brave new world« schon sehr nahekommt, sondern auch die dahinterstehenden, oftmals gestörten interaktionellen Selbstentfaltungsmöglichkeiten werden dadurch legitimiert. Verkürzt: Wenn Eltern nicht mehr in der Lage sind, sich spielerisch-dialogisch ihren Kindern zuzuwenden, weil sie das Spielen selber schon nicht mehr erfahren haben oder weil sie im Hinblick auf die von ihnen geforderte Flexibilität in ein berufliches System eingespannt sind, das ihnen kaum noch Chancen lässt, ihren Kindern zu begegnen, dann könnte sich schnell die kostenfreundliche Meinung durchsetzen, dass die daraus resultierenden Folgeschäden eben mittels Neuroenhancement beseitigt werden könnten.

Abbildung 1: Pieter Bruegel (1525 bis 1569), Kinderspiele

Wir sollten nicht vergessen: Das beste körpereigene Neuroenhancement entfaltet sich in den spielerisch-dialogischen Intermediärräumen des Kindes von Geburt an.

Diese Intermediärräume, wörtlich übersetzt: Zwischenräume, sind nicht sichtbar, aber erlebbar. Gemeint sind die Zwischenräume, die sich im Spielen wie im Dialog und natürlich auch im spielerischen Dialog oder dialogischen Spiel eröffnen. Es sind die Räume zwischen der Fantasie des Kindes und z. B. dem Sandhaufen vor dem Kind wie auch die Räume zwischen zwei Menschen, die im Dialog vertieft sind. In den Spielintermediärräumen wie in den dialogischen Intermediärräumen kann man sich verlieren – und bereichert aus ihnen zurückkehren.

In den Spielintermediärräumen wie in den dialogischen Intermediärräumen kann man sich verlieren – und bereichert aus ihnen zurückkehren.

Und das, was man für sich in diesen Intermediärräumen spielend an Schätzen entdecken kann, sind Lebens- und Lernfreude, Kreativität und Gesundheit. Das klingt fast nach einem fernen Wunderland ...

Erstmals beschrieben worden ist dieses Wunderland von dem genialen Donald Winnicott.

Entscheidend ist bei einem solchen Spielen in Intermediärräumen die Prozessorientierung in Unterscheidung von der Produktorientierung. Nicht das Ergebnis des Spielens ist entscheidend, für das man einen Listenplatz bekommen kann, oder das Produkt, das benotet wird, sondern das Tun selbst ist das Wichtigste! Die Bude bauen ist aufregender als die fertige Bude.

Ein solches prozessorientiertes Spielen *mit anderen zusammen* in einer Gruppe bedeutet, dann auch noch Freude am Spielen haben zu können, wenn ich dabei desillusioniert werde, d. h. erlebe, dass die anderen schneller laufen oder schwimmen, besser klettern, gewandter mit dem Ball umgehen oder sich besser ausdrücken können. Die intrinsisch begründete Lust auf Welterfahrung bleibt innerhalb solcher Spielerfahrungen trotz Enttäuschungen erhalten.

Kinder, die wie auf dem Bruegel-Bild als Gruppe in den Intermediärräumen spielen, in denen es mehr um den Spielprozess als um das Ergebnis, den Sieg, geht, produzieren im Gehirn *Nervenwachstumsfaktoren (brain derived neurotropic factors)*, die eine notwendige biologische Voraussetzung, gewissermaßen den »Dünger« für das erfolgreiche Lernen, darstellen. Zugleich gilt für das prozessorientierte Spielen, in dem die Kinder die Welt mit

Abbildung 2: © Barbara Henniger

allen Sinnen und ebenso sich selbst in ihrer motorischen und gefühlshaften Entfaltung erfahren, dass das Gehirn in seiner neuronalen Verknüpfungsstruktur optimal durchorganisiert wird. Dies stellt eine entscheidende Grundlage für spontane Problemlösefähigkeiten dar, und zwar insbesondere für unbekannte, bislang nicht erprobte Problemlösefelder. Verkürzt: Wer gut spielt, der lernt auch gut, jedenfalls entschieden besser, als wenn er nur paukte, und natürlich noch besser, als wenn er in seiner Freizeit vor einem elektronischen Bildmedium sensorisch, emotional und motorisch »verhungerte«. Auch wenn er diesen Hunger, indem er sich anderweitig zustopft, gar nicht mehr merken sollte (Schiffer 1990).

Das Wohlbefinden, das wir hingegen in einer Gruppe empfinden, wenn wir mit anderen zusammen wie die Bruegel-Kinder spielen, hat ebenfalls sein neurobiologisches Korrelat. Denn es wird im Gehirn vermehrt das hochwirksame *Oxytocin* ausgeschüttet, das dafür sorgt, dass wir uns in liebevollen und freundschaftlichen Beziehungen wohlfühlen, worüber eben diese Beziehungen stabilisiert werden. Vermutlich entfalten Kinder, die in einer solchen Gruppe spielen, auf Dauer auch ein starkes Kohärenzgefühl, das mit einer großen Gelassenheit einhergeht. Das bedeutet, dass die Kinder unter Belastungen im Schulunterricht weniger häufig und weniger stark bei körperlichen Stressreaktionen das Hormon Cortisol ausschütten. Das Cortisol blockiert aber bei andauernden Stressreaktionen – die oft noch nicht einmal bewusst wahrgenommen werden – die Umstrukturierung der Synapsen, die mit jedem Lernprozess einhergehen. Angst behindert erfolgreiches Lernen. Prozessorientiertes Spielen hingegen und ein daraus abgeleitetes schöpferisches Gestalten fördern Lernprozesse.

Viele Eltern wissen aber in der gegenwärtigen PISA-Aufregung gar nicht mehr, was mit prozessorientiertem Spielen gemeint ist. Für diese Eltern haben der Autor und seine Ehefrau Heidrun in Zusammenarbeit mit dem Beltz-Verlag eine medikamentenfreie »Rezeptur«, d. h. neun Empfehlungen, zusammengestellt.

Nehmen Sie sich Zeit[1]

1. Nehmen Sie sich Zeit, mit Ihren Kindern zu sprechen. Denn Kinder lernen Sprache vor allem im Dialog – von Angesicht zu Angesicht.

2. Zeigen Sie im Gespräch Interesse für das, was Ihr Kind erlebt hat, was es bewegt. Es kann sich in einer solchen Atmosphäre leichter öffnen und seine Gefühle besser verarbeiten. Es gibt dann nicht mehr so viel, was Ihrem Kind »schwer im Magen liegt«, ihm »Kopfzerbrechen bereitet« und »an die Nieren geht«. Gleichzeitig erwirbt Ihr Kind Lebendigkeit im sprachlichen Ausdruck und in der Phantasie. Ihr Kind kann seinem Sprachgefühl vertrauen, es kann seine Anliegen sprachlich darstellen. Und es braucht dazu weniger seine Fäuste.

3. Kinder, denen gut zugehört wird, können auch selber gut zuhören. Wenn sich also ein Gespräch zwischen Ihnen und Ihrem Kind ergibt, schalten Sie Fernseher, Computer und Radio aus. Sie (und Ihr Kind) können besser zuhören bzw. beim Zuhören *eigene innere Bilder* entwickeln. Auch wenn Sie meinen, gar nicht auf den Fernseher zu achten, wird Ihre Wahrnehmung allein schon durch die unterschwellig wahrgenommenen, ständig wechselnden Licht- und Schattenverhältnisse des Raumes gründlich gestört.

Kinder, denen gut zugehört wird, sind gelassener, schlafen besser, fühlen sich weniger unter Stress und transportieren das, was sie tagsüber gelernt haben, im Schlaf besser vom Kurzzeitgedächtnis ins Langzeitgedächtnis.

4. Lesen Sie Ihrem Kind etwas vor und geben Sie ihm Bücher zum Selberlesen. Schaffen Sie eine gemütliche Stimmung beim Vorlesen, wie z. B. bei der Gutenachtgeschichte. Diese gemütliche Stimmung entsteht später auch dann, wenn das Kind allein ein interessantes Buch aufklappt und es liest. *Lesen ist das entscheidende Training für das Gehirn* – nicht wahlloser Medienkonsum.

5. Stellen Sie Ihrem Kind keinen eigenen Fernseher zur Verfügung. Je weniger Ihr Kind mit Fernsehen und Computerspielen seine Zeit verbringt, desto besser. Wissenschaftliche Untersuchungen belegen eindeutig: Kinder, die übermäßig elektronische Medien konsumieren, sind häufiger leistungsschwach und übergewichtig, traurig und beziehungsleer und sie neigen eher zu Gewalt.

6. Kinder brauchen Bewegung im Spiel, keinen Stubenarrest vor den Medien. Lassen Sie in Ihrer Familie Wandern, Fahrradfahren, Schwimmen, Ballspiele auch mit Ihrer eigenen Beteiligung zur Selbstverständlichkeit werden. Wenn Ihr Kind in einen Sportverein geht, besprechen Sie mit seinen Betreuern dort, dass das sportliche Miteinander, die sportliche Aktivität und nicht der Sieg im Vordergrund stehen.

7. Wenn Ihr Kind am Malen Freude hat, fördern Sie dies mit Material und Aufmerksamkeit. Greifen Sie nicht korrigierend in die Gestaltungen ein, lassen Sie den Eigen-Sinn gelten. Vermeiden Sie unbedingt Negativzensuren. Es bedarf aber auch keines inflationären Lobes. Wenn Sie – sinngemäß – sagen: »Toll, dass du

4

---

[1] Die Empfehlungen sind als Download auf www.eckhard-schiffer.de erhältlich. Bei Mehrbedarf können Sie in Form eines Flyers bei dem Autor über E-Mail bestellt werden: e.h.schiffer@t-online.de.

so gerne malst!«, reicht das schon. Die Bilder nicht gleich wegpacken, sondern gut sichtbar aufhängen. Zum Beispiel am Pinnbord in der Küche oder im Flur, wo alle sie sehen können.

8. Singen Sie zusammen mit Ihren Kindern – zum Beispiel zur Gutenachtgeschichte. Keine entwertenden Bemerkungen, wenn Sie meinen, dass Ihr Kind »schräg« singt. Besonders wenn wir singen, sind wir durch Kritik sehr leicht verletzbar. (Das gilt im Grunde für alle schöpferischen Tätigkeiten einschließlich der »Kurzgeschichten«, die die Kinder am Ende eines Tages zu ihren Erlebnissen erzählen.) Beginnen Sie mit dem (Vor-)Singen so früh wie möglich. Am besten schon während der Schwangerschaft. Wenn Ihr Kind (auch und besonders zusammen mit anderen Kindern) Interesse und Freude am Singen oder Musizieren hat, kann ihm für die Entwicklung seiner sozialen Qualitäten kaum etwas Besseres passieren. Wichtig dabei: Es kommt nicht darauf an, im Wettbewerb der Beste zu sein, sondern sich auf andere »einstimmen« zu können.

9. Singen und eigenes Musizieren senken Angst und fördern Aufmerksamkeit. Beides schafft damit die besten Voraussetzungen für Lernfreude und Lernfähigkeit.

Lernstörungen bei AD(H)S

Gerade in der aktuellen Diskussion um das Aufmerksamkeitsdefizitsyndrom mit oder ohne Hyperaktivität [AD(H)S] wird immer wieder angeführt, dass dies vererbt, d.h. genetisch begründet sei und damit sich schicksalhaft früher oder später zeigen müsse. Vorbeugende und gesundheitsförderliche Bemühungen seien deswegen zwecklos. Wenn sich das Krankheitsbild dann zeige, könnten bei AD(H)S nur Medikamente und ergänzend eine Verhaltenstherapie helfen.

Jedoch: »Gene steuern nicht nur, sie werden auch gesteuert. Die Vorstellung, dass Gene auf eine starr festgelegte Weise funktionieren und danach das gesamte Leben programmieren, ist nicht zutreffend. Vielmehr unterliegen Gene zahlreichen Einflüssen, die ihre Aktivität in hohem Maße regulieren« (Bauer 2002). Hierzu gehören geistige Tätigkeiten, Gefühle und Erlebnisse in zwischenmenschlichen Beziehungen, Panik und Katastrophenerlebnisse, aber auch Freude, Geborgenheit und Gelassenheit. Daher kann mit großer Wahrscheinlichkeit davon ausgegangen werden, dass ein starkes Kohärenzgefühl sowohl seitens der Mutter wie auch seitens des Kindes entscheidend für eine positive Entwicklung des kindlichen Gehirnes ist.

Gene steuern nicht nur, sie werden auch gesteuert.

Mit anderen Worten: Über Belastungssituationen, in denen – schon während der Schwangerschaft der Mutter – Stresshormone vermehrt im kindlichen Organismus zirkulieren, kommt es zu einer ungünstigeren Hirnentwicklung als bei Kindern, die im Schutze des Kohärenzgefühles ihrer Eltern sich entfalten und damit die Grundlagen für ein eigenes ebenfalls starkes Kohärenzgefühl entwickeln können. Bei Kindern, die nicht im Schutze eines starken Kohärenzgefühles groß werden, kann es – möglicherweise auch im Zusammenhang mit einer besonderen Empfindlichkeit für Stress – zu einer verminderten Ausbildung der präfrontalen Hirnabschnitte kommen. Durch diese Hirnabschnitte werden aber die Handlungsimpulse des Menschen kritisch bewertet und gesteuert.

Überdurchschnittlich viele Kinder, deren Mütter bereits in der Schwangerschaft und in den ersten Lebensjahren mit den verschiedensten Belastungen zu kämpfen hatten, wiesen eine AD(H)S-Symptomatik auf (Schiffer 2004).

Und wie ist es nun mit den Medikamenten bei Lernstörungen im Zusammenhang mit AD(H)S?

Dazu ist zunächst zu sagen, dass nicht alles, was mit einigen Symptomen vom AD(H)S einhergeht, auch ein Aufmerksamkeitsdefizitsyndrom im engeren Sinne darstellt. Es bedarf einer ausführlichen, sinnvollerweise in einer kinderpsychiatrischen Sprechstunde realisierten Diagnostik.

Wenn sich dann AD(H)S im engeren Sinne herauskristallisiert hat, geht dies sehr oft mit einem gedanklichen Kurzschluss einher. Nämlich: wenn die Wirksamkeit eines Medikamentes bei einem Krankheitsbild so überzeugend in vielen Untersuchungen nachgewiesen ist, dann muss dieses Krankheitsbild doch körperlich, sprich – in diesem Fall – »genetisch bedingt sein«. Nicht gewusst oder auch bewusst verleugnet und nur wenig publiziert wird, dass psychosoziale Erfahrung nicht nur hirnfunktionell, sondern auch hirnanatomisch Veränderungen mit sich bringt. Man darf getrost vermuten, dass solche Untersuchungen seltener von der pharmazeutischen Industrie gefördert werden als jene, die nachweisen, dass ein bestimmtes Medikament »wirkt«.

Mit diesen Einwänden ist nicht gemeint, dass einem Kind und seiner Familie, die an Therapie »schon alles durch haben« und die unter dem AD(H)S unglaublich leiden, ein Medikament verweigert werden sollte. Das Medikament wäre dann in diesem Fall die »am wenigsten schlechte Lösung«. Mit Sicherheit aber keine ideale Lösung.

Wenn denn ein Medikament nicht vermeidbar ist, dann wäre an erster Stelle das Strattera® zu nennen, das auf alle Fälle vor der Gabe von Ritalin® oder anderen Methylphenidatpräparaten gegeben werden sollte. Und es sollte immer noch die niedrigstmögliche Dosierung ausgetestet werden.

Die Verordnung eines solchen Medikamentes im frühen Kindesalter kann jedoch nur schweren Herzens erfolgen. Und jede Verordnung sollte uns neuerlich darauf verpflichten, darüber nachzudenken, wie wir eine erfolgreiche Prävention und ein salutogenetisches Konzept bezüglich AD(H)S umfassend entwickeln. Als Anfang der achtziger Jahre des vergangenen Jahrhunderts das Aids-Virus die Menschheit bedrohte, wurden auf der nördlichen Halbkugel unglaubliche Aktivitäten für eine wirksame Prävention in Gang gesetzt. Mit dem Erfolg, dass auf der nördlichen Halbkugel eben nicht die schrecklichen Zahlen an Erkrankten und Toten wie auf der südlichen Halbkugel, insbesondere in Afrika, Wirklichkeit wurden. Damals war die Situation klar: Es gibt kein wirksames Medikament, das Entscheidende muss die Prävention sein. Für AD(H)S galt bislang die eher umgekehrte Denkweise: Es gibt da ein scheinbar wirksames Medikament (von dessen Langzeitfolgen wir allerdings noch nicht viel wissen), von daher brauchen uns Prävention und Salutogenese nicht zu interessieren. Aber gerade weil die moderne genetische Forschung uns zeigt, wie über psychosoziale Momente Gene gesteuert werden, erscheint eine Prävention umso dringlicher. Auch schon für schwangere Frauen.

Ernährung und Gesundheit

Volker Pudel

4

Nach dem Abstillen beginnt die tägliche Aufgabe, sein Kind richtig zu ernähren, um für optimale Gesundheit zu sorgen. Diese Aufgabe beschäftigt Eltern, meist die Mütter, jahrelang, führt zu unvermeidlichen Konflikten mit dem Kind, das anders essen will, als es sich ernähren sollte. Manchmal wird sogar die Körperwaage zum Schiedsrichter, um Unter- oder Übergewicht festzustellen. »Hilfe, mein Kind isst nicht«, dieser Gedanke belastet viele Mütter. Über die besondere Funktion einer richtigen Ernährung für die Gesundheit muss nichts mehr geschrieben werden, denn sie ist Eltern klar. Doch wie lernt mein Kind, richtig zu essen, und was ist eigentlich die richtige, die »gesunde« Ernährung, darüber gibt es unzählige Diskussionen, meist ohne klare Antworten.

Essverhalten wird gelernt

Ein Überblick über die Speisepläne der Welt zeigt schnell, dass alles, was überhaupt essbar ist, irgendwo auch gegessen wird. Und längst nicht alle typisch deutschen Speisen würden überall auf der Welt gerne verzehrt, so wie wir weder Hundesteaks noch gegrillte Ratten auch nur probieren würden. Die so verschiedenen Speisenvorlieben dieser Welt beweisen, dass Essverhalten – und damit Vorlieben wie Abneigungen – gelernt wird. Kinder übernehmen die Verzehrsmuster der Esskultur, in die sie hineingeboren werden. Mit einer Ausnahme kann davon ausgegangen werden, dass Vorlieben und Abneigungen nicht genetisch vorprogrammiert sind, sondern durch kollektive Erfahrungen zur individuellen Gewohnheit werden. Man spricht vom »Mere Exposure Effect«, der erfahrungsbedingten Gewohnheit, die beschreibt, dass

> Die so verschiedenen Speisenvorlieben dieser Welt beweisen, dass Essverhalten gelernt wird. Kinder übernehmen die Verzehrmuster der Esskultur, in die sie hineingeboren werden.

Kinder nicht eine Speise wählen, weil sie sie mögen, sondern sie mögen eine Speise, weil sie sie essen. Der »bekannte« Geschmack dient auch als Sicherheitssignal, denn die schon einmal verzehrte Speise wurde vertragen und als risikoarm erlebt.

Die Ausnahme ist die Vorliebe für den süßen Geschmack, die alle Babys dieser Welt – aber auch Tiere – spontan ab Geburt zeigen. Paul Rozin spricht vom »Sicherheitsgeschmack Evolution«, denn es gibt auf der Erde keine giftigen Nahrungsmittel, die süß schmecken. Sich im Zweifel für süß, nicht aber für bitter, salzig oder sauer zu entscheiden steigerte vor vielen tausend Jahren die Überlebenswahrscheinlichkeit.

Essverhalten ist emotionales Verhalten

Die Geschmacksvorlieben und -abneigungen eines Kindes bestimmen also wesentlich seine Eltern und seine Lebensbedingungen durch die Angebote, die sie dem Kind servieren. Essverhalten wird vor allem über Beobachtungslernen trainiert, d.h. Kinder imitieren das Verhalten ihrer Bezugspersonen. Essverhalten ist emotionales Verhalten, das über Bedürfnisse gesteuert wird – nicht aber rational durch Argumente. Darum behindern elterliche kognitive Begründungen, die durchaus richtig sind, das Lernen. Hinweise auf »gesundes« oder »ungesundes Essen«, die die Speisenwahl der Kinder beeinflussen sollen, haben eher gegenteilige Effekte, wie schon 1984 in einer bevölkerungsrepräsentativen Studie an 2900 Familien mit Kindern zwischen vier und 16 Jahren gezeigt wurde.

Repräsentative Studie mit deutschen Kindern
Den Kindern/Jugendlichen wurden 32 Karten mit Farbfotos von Lebensmitteln vorgelegt. Sie wurden aufgefordert, alle »gesunden Lebensmittel« herauszusuchen. Dann sollten sie Lebensmittel wählen, die »nicht dick« und dann solche, die »stark machen«. Übereinstimmend wurden gewählt: Vollkornbrot, Wurst, Tomate, Käse, Kotelett, Nudelsuppe, Kartoffeln, Graubrot. In weiteren Durchgängen wählten die Kinder Lebensmittel, die »ungesund« sind, die »dick« und »nicht stark machen«. Ihre Wahl: Pudding, Bonbons, Hamburger,

Cola, Schokoriegel, Konfitüre, Schokolade, Salzgebäck. Die durchaus zutreffenden Wahlen zeigen, dass die Ernährungserziehung funktioniert.

Wenn die Kinder/Jugendlichen jedoch in zwei weiteren Durchgängen alle Lebensmittel danach beurteilten, ob sie sie mögen oder nicht mögen, dann wurde deutlich, dass diese Ernährungserziehung wenig Einfluss auf das emotionale Essverhalten hat: Die »gesunden Lebensmittel« werden nicht gemocht, die Geschmacksvorlieben zielen ohne Ausnahme auf die »ungesunden Lebensmittel«.

Essen und Wohlfühlen

Mit Geboten (Das ist gesund, das sollst du essen) werden keine Präferenzen gefördert und mit Verboten (Das ist ungesund, das sollst du nicht essen) wird die Attraktivität gesteigert. So lernen die Kinder zwar, Lebensmittel kognitiv zutreffend einzuschätzen, doch die Wirkung auf ihr emotionales Essverhalten ist gegenteilig. Bleibt festzuhalten: Verknappung erhöht Attraktivität, Dauerangebot steigert Aversion – insbesondere, wenn kognitive, auf die Gesundheit bezogene Argumente angeführt werden. Die beste Trainingswirkung auf das Essverhalten ihrer Kinder erzielen Eltern, die das richtige Angebot bei Tisch servieren, das sie selbst mit Genuss essen und nicht kognitiv mit Argumenten begründen. »Ernährung« und »Gesundheit« sind wichtige Begriffe, aber für die Kommunikation mit Kindern ungeeignet. »Essen« und »Wohlfühlen« sind dagegen auch für Kinder wichtige emotionale Bedürfnisse, die praxisorientiert realisiert und nicht beredet werden sollten.

> **Mit Geboten (Das ist gesund, das sollst du essen) werden keine Präferenzen gefördert und mit Verboten (Das ist ungesund, das sollst du nicht essen) wird die Attraktivität gesteigert.**

Sensorische Sättigung

Dem »Mere Exposure Effect«, der als evolutionsbiologisches Programm für eine gewisse Sicherheit der Speisenwahl sorgt, arbeitet die spezifisch-sensorische Sättigung entgegen, um für Speiseabwechslung (Nährstoffvielfalt) zu sorgen. Kein Mensch isst ständig sein Leibgericht, denn dann wäre das Leibgericht kein Leibgericht mehr. Die spezifisch-sensorische Sättigung erzeugt gegen den gerade erlebten Geschmack eine kurzfristige Aversion und regt damit zur Abwechslung der Speisenwahl an. Doch die sensorische Sättigung wirkt bei Kindern nicht so kurzfristig wie bei Erwachsenen. Kinder sind stärker durch den Mere Exposure Effect beeinflusst, sie wünschen durchaus tagelang Spaghetti mit Tomatensoße. Irgendwann würde die sensorische Sättigung diese Vorliebe kippen und nach einem anderen Gericht verlangen, doch meistens greift die Mutter der sensorischen Sättigung vor und serviert keine Spaghetti mehr. Damit steigert sie (ohne es zu wollen) die Attraktivität von Spaghetti durch Verknappung. Die Kunst der Erziehung zu richtigem Essverhalten besteht also in der dosierten Verknappung und der dosierten Wiederholung. Die Vorliebe für und Abneigung gegen bestimmte Speisen bestimmen Eltern durch ihr eigenes Essverhalten, das Kinder beobachten und imitieren. Vernünftige Argumente, die auf einen besonderen gesundheitlichen Wert bestimmter Lebensmittel zielen, kommen bei Kindern nicht gut an und erzeugen eher Aversionen.

Belohnungsaufschub

Der Hinweis auf Gesundheit oder gesundheitliche Beeinträchtigungen ist für Kinder auch nicht nachvollziehbar oder verlangt einen zu großen Belohnungsaufschub. »Schokolade macht dick« bleibt für schlanke Kinder eine inhaltsleere Behauptung, denn sie alle haben bereits Schokolade gegessen und sind nicht dick geworden. Die Aufforderung einer Mutter an ihre 6-jährige Tochter, doch endlich Milch zu trinken, damit sie, wenn sie so alt ist wie Oma, nicht an Osteoporose leidet, ist zwar korrekt, verlangt aber 50 Jahre Belohnungsaufschub und bleibt damit völlig wirkungslos. Mehr Einfluss auf das Verhalten des Kindes hat eine Mutter, die selbst Milch trinkt, aber nicht darüber redet und gesundheitliche Vorteile anführt.

»Schokolade macht dick« bleibt für schlanke Kinder eine inhaltsleere Behauptung.

Kinder (wie auch Erwachsene) sind bestrebt, ihre Lebensqualität eher für heute als für morgen zu optimieren. Verhalten, das als angenehm und belohnend empfunden wird, tendiert zur Wiederholung. Das gute Geschmackserlebnis ist eine positive Konsequenz, die genau das Essverhalten stabilisiert, das dieses positive Erlebnis erzeugt. Darum ist es so entscheidend, dass Kinder möglichst bald den »richtigen, guten Geschmack« erlernen, der ihre Speisenwahl steuert. Es ist sehr schwer, in höherem Alter seinen gewohnten Geschmack zu ändern.

Erziehungsprobleme »selbst gemacht«

Ein Teil der Erziehungsprobleme beim Essen sind »selbst gemacht«. So sollten Eltern wissen, dass Kinder nicht zutreffend abschätzen können, wie viel sie essen werden. Sie nehmen sich gerne zu große Portionen und leiden darunter, wenn sie dann ihren Teller leer essen müssen. Diese Fixierung auf den leeren Teller kann dazu führen, dass innere Sättigungssignale verlernt werden. Übergewichtige Versuchspersonen, die ihre Suppe aus einem Teller essen, der durch ein Loch im Boden immer wieder aufgefüllt wird, konsumieren 80 % mehr Suppe, bis sie satt sind. Bei ihnen ist offenbar das Sättigungsgefühl an den leeren Teller gekoppelt.

Sie nehmen sich gerne zu große Portionen und leiden darunter, wenn sie dann ihren Teller leer essen müssen.

4

Für die meisten Kinder in unserer Gesellschaft ist der Bezug zur originären Herkunft der Lebensmittel nicht mehr gegeben. »Eier macht der Supermarkt« und »die Kuh ist lila«. Es ist wichtig, Kinder mit der Herkunft der Lebensmittel vertraut zu machen, um den emotionalen Bezug zu den Speisen zu fördern, die sie essen. Der Besuch auf dem Bauernhof ist gerade für Stadtkinder ein wichtiges Erlebnis. Ebenfalls ist es sinnvoll, Kinder im Supermarkt selbst Lebensmittel auswählen zu lassen, die anschließend zu Hause gemeinsam verarbeitet werden. Die Küche sollte auch ein Kinderzimmer sein, um durch eigene Aktivität an der Zubereitung der Speisen beteiligt zu sein. Dabei ist eine gewisse Großzügigkeit der Mutter nötig, denn Kinder, die eigentlich sehr gerne kochen, sind spontan, flexibel und folgen anderen Standards von Ordnung. Selbst gemachte Speisen werden gerne gegessen.

Ein Problem mit hohem Konfliktpotential – so zeigen Untersuchungen – stellen in deutschen Familien Süßigkeiten dar. Gerade im Supermarkt – in Augenhöhe der Kinder angeboten – wecken sie lautstarke Bedürfnisse, die oft zum Erfolg führen, weil der Konflikt der Mutter peinlich wird. So lernt das Kind, wie es seine Süßigkeiten bekommt, und der nächste Konflikt beim Einkauf ist vorprogrammiert.

Verhaltenskontrolle

Die Verhaltenspsychologie hat erforscht, dass mit rigiden Kontrollmaßnahmen kein anhaltender Effekt auf das Verhalten zu erzielen ist. Ein absolutes Süßigkeitsverbot ist in der »süßen Umwelt« nicht durchsetzbar, zumal es die Attraktivität der süßen Snacks noch erhöht. Auch fördern Eltern – ohne dies zu wollen – das Bedürfnis nach Süßem, wenn sie ihre Kinder mit Schokolade oder Bonbons belohnen, wenn diese gute Zensuren oder braves Verhalten gezeigt haben. Warum eigentlich kommt keine Mutter auf die Idee, ihrem Kind zu sagen: »Heute bekommst du eine extra große Portion Gemüse, weil du dein Zimmer aufgeräumt hast«?

Rigide Verhaltenskontrolle
Verbote und Gebote sowie rigide Kontrollen sind keine wirksamen Strategien, um unter Überflussbedingungen menschliches Verhalten zu beeinflussen. Rigide Vorsätze wie »Ich esse nie mehr Schokolade« brechen völlig zusammen, wenn auch nur ein einziges Stückchen Schokolade genascht wird: Dann stellt sich der Gedanke ein: »Jetzt ist es auch egal«, und die beabsichtigte Verhaltenskontrolle wird unwirksam. Günstiger sind flexible Verhaltenskontrollen, die auch Eltern mit ihren Kindern trainieren können. Die flexible Kontrolle verzichtet auf Worte wie »nie mehr«, »immer« oder »nur noch«, setzt also keine absoluten Grenzen bei 0 % oder 100 %, sondern gibt realistische Verhaltensziele für einen konkreten Zeitabschnitt vor.

Flexible Verhaltenskontrolle
»Diese Tüte Gummibärchen kannst du dir selbst einteilen. Sie soll für heute ausreichen.« Das ist eine flexible Vorgabe für ein jüngeres Kind. Bei älteren Kindern kann der Zeitabschnitt auch eine Woche betragen: »In dieser Woche kannst du dir Süßigkeiten für zwei Euro kaufen. Du musst selbst bestimmen, wann du sie isst und wie viel.«

> »Diese Tüte Gummibärchen kannst du dir selbst einteilen. Sie soll für heute ausreichen.«

Mit flexiblen Vorgaben lernen Kinder, ihr Verhalten selbst zu regulieren. Sie lernen so, mit »Krediten« und »Guthaben« zwischen den Tagen umzugehen und ihr gesetztes Ziel zu erreichen. Der flexible Vorsatz »Eine Tafel Schokolade für die kommende Woche« erlaubt, die Schokoladenstückchen über sieben Tage nach Belieben zu verteilen. In der Adventszeit wird der »bunte Teller« dem Kind mit der flexiblen Kontrollvorgabe überreicht, dass all die Süßigkeiten bis Weihnachten ausreichen sollen.

Gibt es gesunde Lebensmittel?

Es ist für Eltern wichtig zu wissen, dass es weder gesunde noch ungesunde Lebensmittel gibt. Nicht Lebensmittel, sondern Menschen sind gesund. Ob eine Ernährung die Gesundheit des Menschen fördert oder beeinträchtigt, lässt sich eben nicht am Verzehr eines einzelnen Lebensmittels festmachen. Es kommt auf den Gesamtverzehr einer Woche an, um beurteilen zu können, welche Qualität die Ernährung hat. Menge und Kombination der Lebensmittel und Speisen entscheiden, ob mit den dadurch aufgenommenen Inhaltsstoffen der Organismus ausreichend versorgt wird. Der »gesunde Apfel« ist ebenso wenig gesund wie die Schokolade »ungesund« ist, denn wer nur Äpfel isst, ernährt sich »ungesünder« als jemand, der am Tag einen Riegel Schokolade nascht.

Eine vollwertige Ernährung liefert ausreichend Energie durch eine günstige Relation von Fett, Eiweiß und Kohlenhydraten sowie alle lebenswichtigen Nährstoffe (Vitamine, Mineralstoffe, Ballaststoffe). Nicht zu vergessen: Das wichtigste Lebensmittel ist Wasser, also auch die Trinkmenge muss stimmen. Es gibt – außer der Muttermilch – kein einziges Lebensmittel, das eine vollwertige Ernährung garantiert, nur durch Kombination verschiedener Lebensmittel wird eine vollwertige Ernährung erreicht. Es erscheint zunächst kompliziert, die Lebensmittel auszuwählen, die alle Vitamine, Spurenelemente und Mineralstoffe, ausreichend Fett, Eiweiß und Kohlenhydrate liefern. So kompliziert ist es aber nicht:

> **Es gibt – außer der Muttermilch – kein einziges Lebensmittel, das eine vollwertige Ernährung garantiert, nur durch Kombination verschiedener Lebensmittel wird eine vollwertige Ernährung erreicht.**

Günstige Speisenwahl

Die Nahrung muss dem Körper Energie, die in Kilokalorien gemessen wird, liefern. Drei energieliefernde Nährstoffe sorgen dafür: Fett, Eiweiß, Kohlenhydrate. 50 % der Energie sollten über Kohlenhydrate, 30 % über Fett und 20 % über Eiweiß aufgenommen werden. Diese Verteilung der energieliefernden Nährstoffe sorgt dafür, dass die Gesamternährung bereits recht ausgewogen ist, also auch die Zufuhr der Mikronährstoffe stimmt. Die heutigen Ernährungsgewohnheiten allerdings betonen den Fett- und vernachlässigen den Kohlenhydratverzehr.

Kohlenhydrate liefern alle Pflanzenprodukte, darum sind Gemüse und Obst unverzichtbare Elemente einer gesundheitsfördernden Ernährung. Aber auch Brot, Nudeln, Reis und Kartoffeln sind wichtige Kohlenhydratlieferanten, die in einer vollwertigen Ernährung nicht fehlen sollten. Kohlenhydrathaltige Lebensmittel erzeugen eine gute Sättigung, weil sie – auch durch ihren Wassergehalt – eine gute Sättigungswirkung haben. Sie liefern zudem Vitamine, Mineral- und Ballaststoffe. Ein Gramm Kohlenhydrate hat gut 4 Kilokalorien. Zucker ist ein konzentriertes Kohlenhydrat und steuert außer Energie keine anderen Nährstoffe bei.

Eiweiß ist ein lebensnotwendiger Baustein, der sowohl über pflanzliche als auch über tierische Produkte aufgenommen wird. Ein Gramm Eiweiß liefert gut 4 Kilokalorien. Eiweiß hat die beste Sättigungswirkung.

Fett ist einerseits lebensnotwendig, denn bestimmte Fettsäuren kann der Organismus nicht selbst herstellen und die fettlöslichen Vitamine (E, D, A, K) brauchen das Fett, um vom Körper aufgenommen zu werden. Andererseits liefert ein Gramm Fett über 9 Kilokalorien, erzeugt eine vergleichsweise geringe Sättigung, wirkt aber als Geschmacksverstärker. So kann ein überhöhter Fettverzehr leicht dazu führen, dass Übergewicht entsteht.

Der Energiebedarf der Kinder steigt mit dem Lebensalter. Die Richtwerte der Deutschen Gesellschaft für Ernährung geben für 3-jährige Kinder einen Tagesbedarf von 1.100 kcal, für 4- bis 6-jährige Kinder 1.500 kcal, für 7- bis 9-jährige Kinder 1.900 kcal an. Jugendliche (15 bis 18 Jahre) brauchen täglich mehr Energie als Erwachsene: 3.000 kcal (Jungen) und 2.400 kcal (Mädchen). Diese Zahlen sind Durchschnittswerte. Im Einzelfall hängt der Energiebedarf vor allem von der körperlichen Bewegung, vom aktuellen Wachstum und auch von individuellen Faktoren ab.

Körpersignale beachten

Hunger und Sättigung sind die Körpersignale, die die Nahrungsaufnahme steuern und für einen ausgeglichenen Energiehaushalt sorgen, wenn nicht bestimmte Lernprozesse dafür sorgen, dass das Erleben dieser Körpersignale gestört wird. Wenn Kinder essen können, wie sie Hunger und Sättigung erleben, nicht gezwungen werden, entgegen inneren Sättigungssignalen ihren Teller leer zu essen, die Zusammensetzung ihres Essens hinsichtlich Fett und Kohlenhydraten stimmt, sie nicht mit Essen getröstet oder durch Entzug bestraft werden, ihre Eltern ihnen mit ihrem Essverhalten ein gutes Vorbild in der Auswahl von Lebensmitteln und Speisen sind und wenn sie ausreichend körperliche Aktivität haben, dann wird sich das Essverhalten der Kinder ohne Probleme und Konflikte positiv entwickeln.

Eltern sollten wissen, dass Kinder in ihrem Entwicklungsprozess verschiedene Stadien durchlaufen. So haben sie in der Phase des Längenwachstums meist größeren Appetit, danach aber auch wieder weniger Appetit. Die große Besorgnis mancher Mutter »Hilfe, mein Kind isst nicht richtig« ist (vom Krankheitsfall einmal abgesehen) unbegründet, denn unter den bestehenden Überflussbedingungen ist noch kein Kind verhungert!

Geschmack wird gelernt

Für Kinder ist Essen ein ganzheitliches Erlebnis. Essen ist oft auch spielerisches Verhalten, wenn eine Spaghetti festgehalten, geschluckt und wieder aus dem Hals herausgezogen wird. Kinder lieben klare »Verhältnisse«, also den eindeutigen Geschmack und den eindeutigen Anblick. Spaghetti mit Ketchup, das ist geschmacklich und optisch klar und deutlich. Speisen, die hoher Kochkunst entstammen und einen »aparten« Geschmack vermitteln, lieben Kinder nicht. Das süße Geschmackserlebnis lieben sie alle (siehe oben), während die Vorliebe für die anderen Geschmackseindrücke wie sauer, salzig und bitter erst im Kindergartenalter (oder noch später) erlernt wird.

> **Kinder lieben klare »Verhältnisse«, also den eindeutigen Geschmack und den eindeutigen Anblick.**

Nicht einfach »abspeisen«

Es liegt nahe, ein trauriges Kind mit einem Schokoriegel trösten zu wollen, einen Keks auf die blutende Kniewunde zu legen, wenn das Kind gefallen ist. Damit werden allerdings Lernprozesse eingeleitet, die im späteren Erwachsenenalter zu dem führen können, was der Volksmund »Kummerspeck« nennt. Kinder müssen lernen, zwischen verschiedenen Missempfindungen zu unterscheiden. Wenn eine Mutter, wie Hilde Bruch es formulierte, ihr Kind bei allen Missempfindungen »einfach abspeist«, dann wird ein Lernprozess angebahnt, der bei jedweder Missempfindung nach Essen verlangt. Die biologisch vorprogrammierte Reaktion auf Stress ist Angriff oder Flucht – nicht aber Nahrungsaufnahme. So reagieren Kinder bis zum siebten Lebensjahr auch typisch, sie essen weniger oder nichts, wenn sie gestresst sind. Durch Lernprozesse kann diese Disposition jedoch überlagert werden, so dass das Bedürfnis nach Nahrungsaufnahme als Kompensation von Stress gefördert wird.

Schulkinder verweigern oft ihr Frühstück. Oft sind morgendlicher Stress und Zeitdruck die Ursachen, die die Appetitlosigkeit verursachen. Wenn Kinder etwas früher aus dem Bett kommen, kann durch mehr Gelassenheit in der Familie durchaus der Appetit erwachen.

Frühstück und Pausenbrot

Das Frühstück muss nicht unbedingt »substantiell« sein, wenn Kinder partout nichts essen wollen. Ein »flüssiges Frühstück« in Form eines Bechers Kakao oder eines Müslis, das mit viel Milch angegossen wird, lässt sich leichter konsumieren. Gerade Schulkinder brauchen eine solide Kohlenhydratgrundlage, denn ihre Kohlenhydratspeicher sind nicht groß. Für Konzentration und Leistung in der Schule werden aber vor allem Kohlenhydrate (auch als Nahrung für das Gehirn) benötigt. Daher sollten Schulkindern, wenn das häusliche Frühstück knapp ausfällt, ein appetitliches Pausenbrot und ein Stück Obst mitgegeben werden. Bei der Auswahl der Pausenverpflegung sollte der Kinderwunsch berücksichtigt werden, denn sonst wird die Pausenmahlzeit nicht gegessen, sondern landet im Papierkorb. Eine kleine Süßigkeit darf durchaus dabei sein, die genascht wird, wenn Brot und Obst verzehrt wurden.

Ausblick

Es ist völlig normal, dass Kinder nicht alles essen wollen, was ihnen vorgesetzt wird. Die Argumentation mit Gesundheit, so richtig sie sein mag, sowie Ver- und Gebote sind Strategien, die eher ungünstige Wirkungen erzielen. Verknappung erhöht die Attraktivität, während Gebote eher zu Aversionen führen. Kinder lernen ihr Essverhalten vor allem durch Beobachtungslernen, so dass das Vorbild der Eltern eine wichtige Funktion hat. Günstig ist es, den Kindern durch Erlebnisse und aktive Eigenbeteiligung den Zugang zu und Umgang mit Lebensmitteln und Speisen zu ermöglichen, was im Supermarkt, auf dem Bauernhof, aber auch in der Küche gelingen kann.

Grundsätzlich können Kinder lernen, alles zu mögen, was überhaupt essbar ist. Das beweisen die recht unterschiedlichen Geschmacksvorlieben auf dieser Welt. Die Esskultur, in die sie hineingeboren werden, gibt die Geschmacksprofile vor, die als wünschenswert gelernt und akzeptiert werden. Diese Lernprozesse können aber durchaus behindert oder gar gestört werden, wenn sie mit ungünstigen Vorbildern, Zwang und (für Kinder nicht nachvollziehbaren) Begründungen belegt werden. Der wichtigste Tipp für Eltern kann nur lauten: Geduld haben, selbst richtig essen und trinken und erleben, wie sich die Geschmacksbedürfnisse der Kinder dann günstig entwickeln.

4

Jugend
(12 bis 18 Jahre)

Jugend (12 bis 18 Jahre)

Was ist »Jugend«?

Micha Brumlik

Ein kulturabhängiges Konstrukt?

Grundsätzlich gilt: Was »Jugend« wirklich heißt, lässt sich nicht grundsätzlich, für alle Zeiten und Gesellschaften aussagen. Vielmehr haben seit der Antike die verschiedensten Gesellschaften immer wieder neue Bilder für jene Lebensphase entwickelt, die zwar eindeutig nicht mehr die der Kindheit zu sein scheint, aber dennoch nicht mit den gleichen Rechten und Pflichten wie die des Erwachsenenalters belastet ist. »Jugend« ist allemal – wie die nach ihr bezeichnete Kunstrichtung des späten 19. und frühen 20. Jahrhunderts, nämlich der »Jugendstil«, zeigt – auch ein geschichtlich wandelbares, kulturelles Phänomen.

Jugend: ein »psychosoziales Moratorium«

Soziologisch umfasst der kulturelle Begriff von »Jugend« nicht nur all jene, die kurz vor der Schwelle des je rechtlich oder kulturell bestimmten Erwachsenenalters stehen, sondern auch jene, die diese Schwelle bereits hinter sich gebracht haben, sich also rechtlich nicht mehr, gesellschaftlich hingegen wohl in dem Zustand befinden, den man als »Moratorium« bezeichnet. In der soziologischen und psychologischen Jugendforschung bestimmt dieser Begriff, der Begriff des »Moratoriums«, nach wie vor die Debatte. Im Allgemeinen bedeutet der aus Politik und Finanzwelt bekannte Begriff so viel wie eine eingeräumte Frist, einen Aufschub beim Erbringen von Leistungen, die einer Person von Rechts wegen abverlangt werden könnten. Im Hinblick auf den in der Theorie und Erforschung der Jugend immer wieder verwendete Begriff des »psychosozialen Moratoriums« bedeutet das so viel, als dass Menschen, die ihrem physischen, psychischen und kognitiven Entwicklungsstand nach bereits in der Lage wären, allen Anforderungen, die an »Erwachsene« gestellt werden, grundsätzlich zu genügen, die Erfüllung dieser Anforderungen erspart bleiben. Die Frist, das Moratorium, ermöglicht es Heranwachsenden demnach, ihre physischen, kognitiven und psychischen Fähigkeiten im gesellschaftlichen Verkehr zu erproben, ohne in Fällen des Misslingens dafür massiv sanktioniert zu werden. Freilich übersieht die Rede vom »psychosozialen Moratorium« den Umstand, dass dieses Moratorium im selben Ausmaß, in dem es die Chance zur Übernahme der Erwachsenenrolle bietet, zugleich eine biographische Krise erheblicher Art auch dann und dort darstellt, wo – wie das in den letzten Jahren in Deutschland und anderen westlichen Ländern der Fall zu sein scheint – der sog. Generationenkonflikt an Schärfe verloren hat, sich Eltern sowie Kinder also in zunehmendem Ausmaß partnerschaftlich gegenübertreten – zumindest in den durch höhere Bildungsabschlüsse gekennzeichneten Mittelschichten. Soziologisch lässt sich sagen, dass »Jugend« als Moratorium heute zunehmend mehr die Form eines auf Selbstentfaltungswerten beruhenden Wartestandes im Hinblick auf Eingliederung und Aufnahme ins Beschäftigungssystem und auf politische Partizipation darstellt, während die bisher als wesentlich angesehene Initiation in Form sexueller Beziehungen und Interaktion zwar immer noch jugendtypisch stattfindet, aber – zumindest in westlich orientierten Gesellschaften – als solche immer weniger konflikträchtig zu sein scheint. Umso brisanter ist gleichwohl die trotz weitgehender sexueller Enttabuierung weiter auseinanderdriftende Entwicklung von Jungen und Mädchen: Während gesellschaftliche Egalisierungs- und Emanzipationsprozesse den Mädchen – wenn auch in unterschiedlichem Tempo – in allen Kulturen und politischen Systemen weitere Fortschritte erlauben, scheint ein Teil der männlichen Jugend zumal unterer sozialer

> Brisant ist die trotz weitgehender sexueller Enttabuierung weiter auseinanderdriftende Entwicklung von Jungen und Mädchen.

Schichten in seiner Entwicklung zu stagnieren – wiederum in allen Kulturen und politischen Systemen, wenn auch unterschiedlich intensiv – mit nicht absehbaren Formen und Folgen eines »männlichen« Protests. Eine präzise theoretische Fassung des »Jugendalters« wird schließlich dadurch erschwert, dass der »Jugend« in den gegenwärtigen Gesellschaften des Westens die bis vor kurzem noch übliche enge Koppelung von biologischem Alter, typischer leiblicher Inszenierung und einem moratoriumsbezogenen Lebensstil abhandengekommen ist: »Jugendlichkeit« hat sich heutzutage als

Element der Inszenierung von Leibern und Lebensvollzügen vom biologischen Alter abgekoppelt und ist zu einem eigenen Lebensstil geworden, der praktisch allen Altersklassen, evtl. mit Ausnahme von Vorschulkindern, zur Verfügung steht. »Jugend« oder »Jugendlichkeit« sind damit nicht nur Haltungen und Verhaltensweisen von Personen, die nach gesellschaftlich üblichen Maßstäben längst als Erwachsene, ja sogar als alternde Erwachsene gelten, »Jugend« verlängert sich mithin als Lebensphase nicht nur nach oben, sondern – wie zumal die neuere Kindheitsforschung gezeigt hat – auch nach unten. Jugendgemäße Kleidung, Musik, Stars und sogar Kosmetik und Frisuren werden in entwickelten Gesellschaften nicht zuletzt unter dem Einfluss der Massenmedien auch von immer mehr (noch nicht geschlechtsreifen) Kindern übernommen. Im kulturellen Sinn beginnt damit das Jugendalter in manchen gesellschaftlichen Milieus schon mit zehn Jahren und endet im Greisenalter.

> Im kulturellen Sinn beginnt das Jugendalter in manchen gesellschaftlichen Milieus schon mit zehn Jahren und endet im Greisenalter.

Das Jugendalter

Hier gilt, dass zumindest darüber, wann die Jugend beginnt, ein weitgehender Konsens besteht: nämlich mit dem Eintreten der physischen Geschlechtsreife, also der ersten Menstruation bei Mädchen sowie den ersten Samenergüssen bei Knaben. Dabei ist auch das so bestimmte Eintreten der Geschlechtsreife kein genetisch fixierter Zeitpunkt, sondern offenbar von Ernährungs-, Erziehungs- und Sozialisationsverhältnissen abhängig. In westlichen Gesellschaften ist jedenfalls das Eintreten der ersten Menstruation seit Mitte des 20. Jahrhunderts im Schnitt von etwas über vierzehn Jahren auf etwas über zwölf Jahre gesunken.

Von derlei entwicklungsbezogenen, physiologischen Definitionen sind jedoch von Land zu Land unterschiedliche juristische Definitionen zu unterscheiden, die etwa im Jugendstrafrecht der Bundesrepublik Deutschland die Strafmündigkeit mit einem Mindestalter von vierzehn Jahren einsetzen lassen, dafür jedoch hinsichtlich der Frage, wann eine Person als »erwachsen« im Sinne des Strafgesetzbuches zu gelten hat, bei richterlichem Ermessen von bis zu drei Jahren – zwischen achtzehn und einundzwanzig – zulassen.

Andere juristische Kriterien für die Behandlung von Personen als Erwachsene sind Kriterien für die Festlegung der unbeschränkten Geschäftsfähigkeit bzw. des Mindestalters der Wehrpflicht. Die juristischen Definitionen unterstellen bereits Diskrepanzen zwischen körperlich-physiologischem und psychischem Alter. So kann man nicht davon ausgehen, dass z. B. geschlechtsreife Kinder über ein angemessenes, längere Zeiträume überblickendes Verantwortungsbewusstsein verfügen, weswegen sie auch nicht in der Lage sind, ihrerseits Kinder aufzuziehen. Gleichwohl stellen sich Mädchen und Jungen in der Pubertät mit den genannten körperlichen Veränderungen Herausforderungen und Aufgaben, denen gegenüber sie sich in ihrem sozialen Umfeld, zu Hause und in der Öffentlichkeit zu stellen und an denen sie sich zu bewähren haben. In der Jugendphase stellen sich Jungen und Mädchen eine Fülle sog. »Entwicklungsaufgaben«.

> **Die juristischen Definitionen unterstellen bereits Diskrepanzen zwischen körperlichem und psychischem Alter.**

Entwicklungspsychologisch betrachtet beginnt das Jugendalter mit der Pubertät und endet mit der vollendeten Adoleszenz. Dabei sind Pubertät und Adoleszenz ebenso wenig einander gleichzusetzen wie Kindheit und Alter – ganz zu schweigen von jener Lebensphase, die wir gemeinhin als »Erwachsenenalter« bezeichnen. Freilich besteht hier eine weitere Schwierigkeit: Lassen sich für Kindheit und Pubertät wenigstens noch eindeutige biologische Marker als notwendige biologische Bedingungen ihres Eintretens benennen, nämlich die Geburt sowie jene hormonellen Prozesse, die Zeugungs- und Empfängnisfähigkeit und damit die Möglichkeit der Fortpflanzung einleiten, so lassen sich derartige biologische Marker für den Eintritt ins Erwachsenenalter nicht mehr nachweisen. So sehr also strittig sein mag, ob es Kindheit oder Jugend in einem biologischen Sinne »gibt«, so unstrittig dürfte es sein, dass von »Pubertät« vor dem Eintreten der Geschlechtsreife ebenso wenig die Rede sein kann wie von »Jugend«. Spätestens im Fall des Endes des »Jugendalters« lassen sich dann überhaupt keine biologischen, sondern nur noch je kulturspezifisch geprägte kulturelle, symbolische, soziale oder eben juristische Grenzen angeben. Entsprechend komplex erweist sich daher jene Übergangsphase vom Jugend- zum Erwachsenenalter, die gemeinhin als »Adoleszenz« bezeichnet und in der sozialwissenschaftlichen Literatur oft genug mit der »Jugend« als »Moratorium« gleichgesetzt wird. So umfasst »Jugend« nicht nur all jene, die im Moratorium oder kurz vor der Schwelle des je rechtlich oder kulturell bestimmten Erwachsenenalters stehen, sondern auch jene, die diese Schwelle bereits hinter sich haben, sich also rechtlich nicht mehr, gesellschaftlich hingegen wohl in dem Zustand befinden, den man als »Moratorium« bezeichnet.

Verschwimmende Grenzen: Kindheit, Jugend, Adoleszenz

Wodurch lässt sich die Grenze von »Jugend I« – also dem Verlassen der Kindheit – zu »Jugend II« – dem Übergang ins Erwachsenenalter – bestimmen? Sozial und politisch liegt dafür in unserer Gesellschaft nur ein normativ festgelegter und gesetzlich positivierter Fall vor: der Status des »Heranwachsenden« gemäß dem JGG, wonach Personen, die das achtzehnte Lebensjahr, aber noch nicht das einundzwanzigste Lebensjahr vollendet haben, nach Jugendstrafrecht sanktioniert werden können. Ansonsten gilt, dass mit dem Eintritt ins neunzehnte Lebensjahr die volle Geschäftsfähigkeit ebenso erreicht ist wie das aktive Wahlrecht, während beim passive Wahlrecht noch weitere altersbezogene Vorbehalte bestehen. Damit erweist sich die »Adoleszenz« wiederum als eine vor allem kulturelle Kategorie, von der weder genau zu sagen ist, wann sie beginnt, noch, wann genau sie endet. Denkbar wäre immerhin, dass sich die bisher festgestellte Unschärfe in derartigen Artikulationen ebenfalls wiederfindet, und zwar so, dass am Ende faktisches und kulturelles Selbstverständnis nichts anderes zum Ausdruck bringen, als dass von »Jugend«, »Adoleszenz« und »Erwachsenenalter« nicht mehr als zeitlich streng voneinander geschiedenen Lebensabschnitten, sondern nur noch als Lebensformen zu sprechen ist, die die Akteure im gleichen Lebensabschnitt, genauer einem identischen Zeitraum, mehr oder minder intensiv vollziehen.

> Die »Adoleszenz« erweist sich als eine vor allem kulturelle Kategorie, von der weder genau zu sagen ist, wann sie beginnt, noch, wann genau sie endet.

So zeichnet sich ein doppelter Begriff von Adoleszenz ab: erstens ein institutionell-zivilrechtlicher Begriff, der Menschen dann für »erwachsen« ansieht, wenn sie aufgrund einer durch Lebensjahre zugeschriebenen Reife für die Folgen ihres rechtsverbindlichen Handelns einzustehen haben, sowie ein personentheoretischer Begriff, der die Fähigkeit zur bewussten, wiederholten Aktivierung von Verantwortlichkeit und Vertrauen als Ende der Adoleszenz ansieht. Erwachsen zu sein hieße demnach, Verantwortung übernehmen und Vertrauen entgegenzubringen zu können – die Adoleszenzphase zeichnet sich dann dadurch aus, die Übernahme von Verantwortung zu scheuen bzw. hinauszögern zu wollen. Zudem wäre sie durch Vorbehalte gegen verfestigte intime Beziehungen, sogar wenn sie nur zufällig entstanden sind, sowie gegen das institutionelle Gefüge, dem man in Beruf und Familienleben zunächst unausweichlich angehört und in das man sich irgendwie wird fügen müssen, gekennzeichnet.

Das Jugendalter als Krisenzeit

Die Entwicklungspsychologie geht nach wie vor beinahe einmütig davon aus, dass die durch den hormonellen Schub der Pubertät angestoßene Krise, die in ganz unterschiedlicher Heftigkeit verlaufen kann, notwendig und entwicklungsförderlich ist. Und zwar deshalb, weil die eingetretenen, unausweichlich als massiv erfahrenen körperlichen Veränderungen die Kinder dazu zwingen, ihre Beziehungen zunächst zu ihren Eltern neu zu bestimmen, kindliche Verhaltensmuster aufzugeben, eine eigene, daher notwendig von den Eltern unterschiedene Identität zu entfalten und – mindestens ebenso wichtig – die Beziehung zu Gleichaltrigen um die mit der körperlichen Reifung unumgänglichen Dimensionen der Sexualität und Erotik und damit um eine gegebenenfalls neue Form von Intimität unter Gleichaltrigen zu erweitern. Lässt sich das Schulalter vor dem Eintreten der Pubertät als eine Lebensphase bestimmen, in dem Fähigkeiten und Fertigkeiten von Kindern das Ausmaß ihrer Bedürfnisse bei weitem übersteigen, so verkehrt sich diese Konstellation mit der Pubertät in ihr Gegenteil: Nun sind die Wünsche und Bedürfnisse stärker als kognitive und soziale Fähigkeiten, mit der Folge eines psychosozialen Ungleichgewichts, eines tendenziellen Rückzugs aus bisher mehr oder minder bewährten familialen Konstellationen und dem Einfordern neuer, erweiterter Handlungsspielräume von den Eltern und einer insgesamt verstärkten Peergroup-Orientierung, d. h. einer Ausrichtung an den Normen und Werten sowie den kulturellen Symbolen der Gleichaltrigen. Das auffällige, oft ihre Eltern schockierende, bewusst provozierende Verhalten Heranwachsender ist Ausdruck einer Entwicklungskrise. Freilich sind diese Krisen für eine gesunde Entwicklung notwendig und grundsätzlich nicht als therapie- oder behandlungsbedürftige Devianz anzusehen.

Ohne eine auch demonstrativ gezeigte Ablösung von elterlichen Lebensstilen, Normen und Werten ist die Fortentwicklung zu einer weitgehend eigenständigen Persönlichkeit unmöglich. Wie diese Entwicklungskrise im Einzelnen aussieht, lässt sich freilich ohne empirische Forschung nicht sagen. Zu unterschiedlich sind Ablösungsmodi und Versuche, die je nach sozialer Schicht unterschiedlich zu lösenden Entwicklungsaufgaben anzugehen. Es lässt sich noch nicht einmal mit Sicherheit sagen, dass eine stark krisen- und konfliktgeprägte Pubertät in jedem Fall zu einer eigenständigeren Persönlichkeit führt als eine auf den ersten Blick unauffällige, weitgehend angepasste und unauffällig verlaufende Jugend. Keineswegs ist auch zu übersehen, dass mit dem Eintritt der Pubertät allgemein schichten- und auch geschlechtübergreifend das zwar insgesamt relativ niedrige, aber doch im Vergleich zum Kindesalter deutlich erhöhte Risiko von Selbstgefährdung durch Drogen, falsche Ernährung, unangemessenen Umgang, delinquentes Verhalten und falsch verstandene Sexualität deutlich steigt. Ebenso wenig ist zu verkennen, dass die ebenfalls im Grundsatz sehr geringe Neigung zu suizidalen Handlungen in dieser Altersstufe hochschnellt, um dann – nach einem deutlichen Absinken im Erwachsenenalter – in Phasen der Altersdepression wieder zuzunehmen.

Die mit der Ablösungskrise verbundenen Entwicklungsrisiken treten nicht im luftleeren Raum auf, sondern unter je konkreten gesellschaftlichen Bedingungen, die mit Schule, Studium und Beruf, über Arbeitsmarkteintrittsbedingungen sowie mit einer eigene Verhaltensweisen massiv prägenden »Jugendkultur« jene materiellen Rahmenbedingungen vorgeben, unter denen ein Leben als Erwachsener zu führen ist, und derzeit zu einer massiven Verunsicherung der meisten Jugendlichen führen. Diese Randbedingungen determinieren nicht nur die Beziehung zu den Eltern, sondern auch Haltungen zu Gleichaltrigen sowie Vorstellungen von intimen, freundschaftlichen und Liebesbeziehungen und politischen Einstellungen. Jugendstudien geben sowohl darüber Auskunft, dass eine grundsätzlich gesellschaftskritische Haltung in den letzten zwei Jahrzehnten kontinuierlich abgenommen hat und sich auch – jedenfalls in eher bürgerlichen Milieus – die kritische Distanz zu den Eltern deutlich vermindert hat, als auch darüber, dass aller Sexualisierung durch Medien zum Trotz der Wunsch nach einer verlässlichen Partnerbeziehung neben dem

Wunsch nach einem erfolgreichen, angesehenen und auch materiell abgesicherten Berufsleben vorrangiges Lebensziel bleibt. Diese Grundhaltung wird jedenfalls für die nächsten Jahre auch das politische Interesse von Jugendlichen in Gesellschaften westlichen Typs bestimmen. Bei alledem ist endlich zur Kenntnis zu nehmen, dass »Jugend« heute eine wesentlich durch die Nutzung digitaler Medien aller Art bis hin zu mobilen Telefonen, deren Möglichkeiten weit über ihren eigentlichen Zweck hinausgehen, gekennzeichnet ist, Heranwachsende also ihre Identität und ihre sozialen Beziehungen in einer menschheitsgeschichtlich revolutionär neuen und so keine Vorbilder kennenden Weise suchen und finden müssen. Die sich gegenwärtig abspielende digitale Revolution, bei der die Nutzung des Internets eine Avantgardefunktion einnimmt, dürfte an Radikalität allenfalls mit der Erfindung der Schrift vor sechstausend Jahren und der Erfindung des Buchdrucks vor fünfhundert Jahren vergleichbar sein.

> Die sich gegenwärtig abspielende digitale Revolution, bei der die Nutzung des Internets eine Avantgardefunktion einnimmt, dürfte an Radikalität allenfalls mit der Erfindung der Schrift vor sechstausend Jahren und der Erfindung des Buchdrucks vor fünfhundert Jahren vergleichbar sein.

5

Nicht zuletzt beeinflusst die digitale Umwelt auch das politische Verhalten der Heranwachsenden: Im Jahr 2005 publizierte der durch seine Arbeiten zum Wertewandel von »modernen« zu »postmodernen« Werten bekannt gewordene Politologe Ronald Ingleheart die Ergebnisse einer über zwanzig Jahre laufenden quantitativ-analytisch geführten Längsschnittstudie zum »Human Development«, die zwischen 1981 und 2001 in einer repräsentativen Stichprobe 85 % der Weltbevölkerung in etwa vierzig staatlich verfassten Gesellschaften erhob. Ein Wertewandel in Richtung Selbstentfaltung und demokratische Kultur unter Jugendlichen findet demnach vor allem dort statt, wo jeweils jüngere Generationen substanzielle Änderungen ihrer Lebensbedingungen im Unterschied zu älteren Generationen vorgefunden haben. Wesentliche Ursache dieser veränderten Lebensbedingungen ist indes sozioökonomisches Wachstum, das Freiräume und Distanz zu traditionalen Autoritäten ermöglicht. In diesem Prozess wirken die Einflüsse globalisierter Medien und ihrer Leitbilder freilich nicht gleichmäßig: Der Einfluss dieser medialen Erfahrungen auf den Wertewandel ist umso größer, je wohlhabender die beeinflussten Kulturen, Gesellschaften oder Milieus sind. Immer wieder aufgefundene starke Korrelationen zwischen massenhaft registrierten Selbstentfaltungswerten hier und dem Vorkommen demokratischer Institutionen dort bestätigen die Annahme, dass Selbstentfaltungswerte dem Entstehen und Bestehen einer demokratischen Kultur förderlich sind. Dabei kommt dem soziologischen Modernisierungsprozess allein keine kausale Rolle zu – ohne intervenierende motivationale Faktoren der individuell und kollektiv handelnden Personen führt kein automatischer Weg zur Demokratisierung, weshalb partnerschaftliche und demokratische Erziehungsstile in diesem Sinn unerlässlich sind. Genauer: Zwar haben Selbstentfaltungswerte einen starken Einfluss auf die Herausbildung formaler demokratischer Strukturen, noch stärker wird dieser Einfluss jedoch, wenn es um eine effektiv gelebte demokratische Kultur sowie um die Formung entsprechender soziokultureller Milieus geht, die die Lücke zwischen formaler und gelebter Demokratie schließen. Dabei ist die stärkere Entfaltung dieser Werte unter der immer größer werdenden Schicht der akademisch Gebildeten jedoch nicht abgekoppelt von der Werteentwicklung einer breiteren Öffentlichkeit zu betrachten: die Wertebildung breiter Mehrheiten hier und akademischer Eliten dort sind im Rahmen einer je spezifischen Kultur und ihrer Öffentlichkeit eng aufeinander bezogen. Der enge Zusammenhang zwischen Selbstentfaltungswerten und Demokratie bedarf indes zusätzlich einer grundsätzlich vertrauensvollen und nicht feindselig-misstrauischen Einstellung zu anderen Bürgerinnen und Bürgern. Schließlich zeigt sich, dass ein hohes Maß an sozialem Konformismus der Ausprägung und Entwicklung demokratischer Haltungen und Institutionen zuwiderläuft.

Eine Erziehung von Jugendlichen und Heranwachsenden im Sinne der Förderung ihrer Autonomie und Individualität in der Perspektive, ihnen ein selbständig geführtes Leben in einer demokratischen Gesellschaft zu ermöglichen, wird also im Zweifelsfall intergenerationelle Konflikte nicht zu vermeiden, sondern sie zu akzeptieren, mindestens aber zu moderieren suchen, ohne sich Zumutungen entweder zu entziehen oder diese autoritativ einzuschränken.

Adoleszenz:
Wann muss ich mir Sorgen machen?
Verhaltensauffälligkeiten im Jugendalter

Franz Resch

Was ist Adoleszenz?

Der Begriff Pubertät kennzeichnet die biologischen Reifungsschritte, die den Übergang vom Kind zum Erwachsenen einleiten. Diese körperlichen Veränderungen unterliegen einer Steuerung durch verschiedene Hormone und betreffen insbesondere das Körperwachstum, die Ausbildung der Geschlechtsreife der Sexualorgane, das Auftreten der sekundären Geschlechtsmerkmale – wie Scham- und Körperbehaarung, Brustentwicklung und Entwicklung der männlichen Stimmlage. Diese biologische Metamorphose wird durch eine Reihe psychosozialer Wandlungsschritte begleitet, die den Menschen als Subjekt und Gemeinschaftswesen in die Erwachsenenwelt einführen. Dafür hat sich der Begriff Adoleszenz durchgesetzt: Die Adoleszenz markiert den intrapsychischen Übergang von der Kindheit ins Erwachsenenalter. Sie stellt als eine Phase tiefgreifender Wandlungen für jedes Individuum eine Herausforderung dar, die auch mit einer normativen Neuorientierung einhergeht. Entgegen früheren tiefenpsychologischen Ansichten, dass jedem Jugendlichen eine gleichsam normale Irritation vom Charakter einer normativen Krise zukäme, zeigen heutige Entwicklungsuntersuchungen, dass eine produktive Bewältigung der Adoleszenz trotz der Vielfalt an Entwicklungsaufgaben und fundamentalen Wandlungsschritten auch ohne krisenhafte Zuspitzung gelingen kann (Resch 2002). In der Adoleszenz findet die seelische Auseinandersetzung mit den körperlichen und psychosozialen Veränderungen der Rahmenbedingungen an der Schwelle zum Erwachsensein statt. Mit dem Eintritt in diese Entwicklungsphase besteht auch eine erhöhte Gefährdung, eine psychische Störung aus dem Spektrum der Krankheitsbilder des Erwachsenenalters selbst zu entwickeln. Risikoverhaltensweisen, Entwicklungskrisen und jugendliche Anpassungsprobleme können dabei eine Rolle spielen, wobei in der Buntheit jugendlicher Anpassungsversuche die Frage nach »noch normal?« oder »nicht mehr normal?« nicht immer einfach zu beantworten ist.

In der Buntheit jugendlicher Anpassungsversuche ist die Frage nach »noch normal?« oder »nicht mehr normal?« nicht immer einfach zu beantworten.

Eine zunehmende Hirnreifung führt zur Differenzierung neuronaler Netzwerke und zu einer deutlichen Entwicklung der kognitiven Fähigkeiten. Dadurch erfährt der Jugendliche eine Veränderung des Denkstils: Das konkret anschauliche Denken wird durch das Denken in formalen Operationen abgelöst. Der Jugendliche wird zunehmend in die Lage versetzt, Hypothesen zu bilden, Probleme zu definieren und die Lösung derselben in Einzelschritten zu entwickeln. Der logische Schluss bildet das Zentrum der Denkoperationen. Auch das soziale Wissen wird erweitert, für das Echo vonseiten der Gleichaltrigen und auch öffentliche Anerkennung besteht ein besonderes Interesse. Im Speziellen entwickelt sich die Fähigkeit zur Selbstbetrachtung und zur Ausgestaltung einer Innensicht (Introspektion). Der Jugendliche begibt sich auf die Suche nach dem »Eigenen«. Nachforschungen zur Herkunft und Frühzeit in der Biografie werden angestellt. So sucht der Jugendliche mit zunehmender Kritikfähigkeit seine ganz persönliche Stellungnahme zur Welt. Wertesysteme werden nicht mehr unhinterfragt übernommen, Autoritäten nicht mehr selbstverständlich anerkannt. Krisen können dabei dann auftreten, wenn in unterschiedlichen Lebensfeldern, z. B. der Familie, der Gleichaltrigengruppe, Schule, Berufsausbildung oder Freizeit, unterschiedliche Werthaltungen erkannt und deren Widersprüchlichkeit oder Verlogenheit entlarvt werden. Das hohe Werteideal macht Jugendliche besonders gegenüber Doppelbödigkeiten der Moral und sozialer Zielsetzungen kritisch. Eine Diffusion von Werthaltungen kann zur Entwicklung einer »No-Future-Perspektive« führen, die in einer nihilistischen Abwertung sämtlicher Moralvorstellungen gipfelt. Jugendliche Entscheidungsprozesse werden in der Vorstellung vorbereitet, Konsequenzen möglicher Handlungen werden durchdacht, unterschiedliche Handlungsvarianten abgewogen, so dass gegen Ende der Adoleszenz durch sogenanntes »polyvalentes Denken« ein besonnenes Abwägen unterschiedlicher Handlungsoptionen unter Einschluss der Fähigkeit, sich in andere Personen hineinzuversetzen, gelingt (du Bois & Resch 2005).

Entwicklungsaufgaben des jugendlichen Selbst

Als Erstes ist die Fähigkeit, mit sich eins zu sein – die durch den Begriff der Identität gekennzeichnet wird –, zu benennen. Identität bezeichnet die Definition der Person als einmalig und unverwechselbar durch die soziale Umgebung wie durch das Individuum selbst. Die Erfahrung der Identität beruft sich auf die Kontinuität in der Lebensgeschichte sowie auf den inneren Zusammenhang des Selbstbildes. Für das Individuum ist Identität das spontane Erlebnis einer Einheit der Person. Die Selbstempfindung als Gefühl des inneren Zusammenhalts (Kohärenz und Sinnhaftigkeit) bildet dafür eine Voraussetzung. Die Identität als soziales Wesen ist nur durch die Übernahme von sozialen Rollen erreichbar, in denen das Individuum sich behaupten kann und sich in Wechselwirkungen mit anderen Menschen als sozial vernetzt erfährt. Die Rollenübernahme erfolgt als das Ergebnis einer Suche nach psychosozialen Experimentierfeldern, Handlungsmöglichkeiten, Werten und Idealen (Exploration), wobei schließlich eine normative Entscheidung für eine bestimmte Rolle gefällt wird: »Ich bin ein Mann. Ich bin ein Künstler. Ich will Wissenschaftlerin sein und mich zugleich als Frau und Mutter verwirklichen.«

> **Für das Individuum ist Identität das spontane Erlebnis einer Einheit der Person.**

Die Rollenübernahme erfolgt nicht selten durch Identifikation mit Personen, die in ihren Berufsfeldern oder auf privater Ebene als faszinierende Persönlichkeiten imponieren. Viele wichtige Lebensentscheidungen in Richtung des Erwachsenwerdens werden nicht durch abwägendes Planen getroffen, sondern durch emotionale Prozesse getriggert (wie von selbst aus dem Bauch heraus entschieden). Störungen einer verbindlichen Übernahme von sozialen Rollen und Verantwortungen können in der Adoleszenz zu Identitätsdiffusion und Identitätskrisen Anlass geben.

Der Selbstwert ist Teil der narzisstischen Regulation des Selbst. Er wird durch die innere Bewertung (Evaluation) von Erfahrungen der Kompetenz und Akzeptanz erhoben. Alles, was der Jugendliche kann und zu bieten hat, wird nur dann zum Selbstwert beitragen, wenn es in eine soziale Akzeptanz eingebettet ist. Wer nicht von anderen anerkannt wird und als attraktiv gilt, dessen Aussehen und Fähigkeiten können auch bei positiver Ausgangslage nicht den Selbstwert erhöhen. Gesteigerte Selbstüberschätzungen können in der Adoleszenz vorkommen. Sie kennzeichnen ein Selbsterleben, das durch hohe Ambitionen, verstärkte Kränkbarkeit, gesteigerte Tendenz zum Wütendwerden sowie durch Beziehungsstile der Abwertung und Idealisierung gekennzeichnet ist. Normalerweise ist der Selbstentwurf im Jugendalter so beschaffen, dass die Person an ihren Ambitionen wachsen kann. Übertrieben hochgespannte Erwartungen lassen den Jugendlichen jedoch manchmal an seinen eigenen Ansprüchen scheitern. Ein Verlust von überhöhten Selbstentwürfen kann mit einem Verlust des Prinzips Hoffnung einhergehen und dann in Depressivität und Selbsthass münden. Das vermehrte Bedürfnis nach Selbstspiegelung und sozialem Echo geht in der Regel mit befriedigenden Interaktionen in der Gleichaltrigengruppe und positiver sozialer Akzeptanz einher. Konflikthafte Interaktionen – zur Stabilisierung des Selbstwertes – mit Gleichaltrigen, Eltern oder anderen Erwachsenen können jedoch Störungscharakter annehmen. Die Selbstbehauptung kann zu Rivalitätskrisen mit Geschwistern, Freunden und Kollegen oder zu Autoritätskrisen mit erwachsenen Bezugspersonen Anlass geben.

> **Ein Verlust von überhöhten Selbstentwürfen kann mit einem Verlust des Prinzips Hoffnung einhergehen und dann in Depressivität und Selbsthass münden.**

Verselbstständigung und Eigenständigkeit verlangen einen vergrößerten Handlungs- und Entscheidungsspielraum des Jugendlichen. Die Entwicklung zur Eigenständigkeit findet im Spannungsfeld zwischen Autonomiestreben und Bindung statt. Das Gelingen dieser »Ablösungsaufgabe« von der eigenen Familie ist stark an die Anerkennung in der Gleichaltrigengruppe, einen stabilen Selbstwert und eine gelungene Identitätsbildung gebunden. Diese Ablösungsaufgabe kann Jugendliche, die bis zu diesem Zeitpunkt noch im Einklang mit ihrer Familie standen, in heftige Ablösungskrisen bringen. Ein zu später oder missglückter Abschied, der den Jugendlichen an die Familie bindet, ist ebenso entwicklungsgefährdend wie ein zu früher Abschied, der den Jugendlichen alterstypischen Risikoverhaltensweisen zur Selbstbehauptung in besonderer Weise aussetzt.

Interpersonale Intimität – d. h. die Aufnahme enger Zärtlichkeitsbeziehungen – setzt eine Reihe von Selbstkompetenzen voraus. Der Jugendliche muss zur Abstimmung eigener Bedürfnisse mit denen eines Partners fähig sein. Bei geglückter Beziehungsgestaltung werden Sexualität und Intimität integriert. Intimität setzt ja die vorübergehende Öffnung zwischenmenschlicher Grenzen und die Fähigkeit zur partiellen Verschmelzung mit einem anderen voraus. Während das Kind in einer selbstbezogenen Öffentlichkeit lebt und die Nähe zu anderen Personen durch Beziehungsangebote vonseiten seiner Eltern erleben kann, muss der Jugendliche durch seine Kontaktfähigkeit eine solche Nähe zu bisher fremden Personen erst herstellen.

Tabelle 1 erlaubt eine Übersicht über die Entwicklungsaufgaben und die darauf bezogenen Krisen der Adoleszenz.

Identität	Identitätsdiffusion, Depersonalisation
Identifikation	Rollenkonfusion
Selbstwert	Selbstwertkrisen
Selbstbehauptung	Rivalitäts- und Autoritätskrisen
Autonomie	Ablösungskrisen
Intimität	Beziehungskrisen

Tabelle 1: Entwicklungsaufgaben und -krisen des Adoleszenzalters (nach Resch 2002)

5

Diese Krisen der Adoleszenz sind akute Störungen der Anpassung im Jugendalter und zeigen einen engen Zusammenhang mit den Entwicklungsaufgaben. Sie sind durch Risikoverhaltensweisen verkompliziert und können mit einer Reihe von seelischen Störungssymptomen einhergehen. Manchmal ist eine Zuordnung zu klassischen psychiatrischen Störungen durch die Vielfalt der Symptomatik nicht möglich: Das Störungsmuster bleibt »subklinisch«. Bei subjektiver Beeinträchtigung – wenn Jugendliche Leidensdruck zeigen, irritiert sind und sich zurückziehen – ist jedoch Vorsicht geboten. Auch wenn Eltern erkennen, dass die Jugendlichen durch ihr Erleben und Verhalten die Entwicklungsaufgaben offensichtlich nicht meistern können, sollten die Risikoverhaltensweisen und Erlebnishintergründe näher in den Blick genommen werden. Folgende Fragen können die Differenzialdiagnose erleichtern:

⋯⟩ Welche Entwicklungskonflikte liegen vor?
⋯⟩ Wie bewältigt der Jugendliche seine Probleme?
⋯⟩ Welche Risikoverhaltensweisen sind beobachtbar?
⋯⟩ Welche psychopathologischen Symptome (z. B. Angst, Depression) sind in die Anpassungskrise involviert?
⋯⟩ Welchen Auslöser, welche sozialen Rahmenbedingungen kennzeichnen die gegenwärtige Situation, was führt zu Eskalationen? (situative Analyse)

···⟩ Welche biografischen Besonderheiten können längerfristige Risikoentwicklungen und mögliche Vulnerabilitäten (besondere Empfindlichkeiten) in Richtung psychische Störungen erkennbar machen? (biografische Analyse)

···⟩ Welche Anpassungsressourcen der Person besitzt der Jugendliche: Sind normale Interaktionen mit Gleichaltrigen möglich, sind Interaktionen mit anderen Erwachsenen möglich, hat der Jugendliche erotische Beziehungen, werden Schule und Ausbildung vorangetrieben, werden persönliche Ziele verfolgt, besteht Anerkennung durch andere, gibt es auch positive emotionale Äußerungen? (strukturelle Ressourcen)

Risikoverhaltensweisen der Adoleszenz

Risikoverhaltensweisen stellen Handlungsmuster des Jugendlichen dar, die eine mutwillige Gefährdung der Person und ihrer Entwicklungsschancen in Kauf nehmen, um Ziele kurzfristiger Befriedigung oder der Anerkennung zu erreichen. Mutproben, Substanzmissbrauch und soziale Regelübertretungen gehören ebenso dazu wie suchtartiger Internetkonsum und Promiskuität. Risikoverhaltensweisen sind durch einen Mangel an Selbstfürsorge, an Gesundheitsbewusstsein und an sozialer Umsicht gekennzeichnet. *Tabelle 2* gibt einen Überblick über verschiedene Risikoverhaltensweisen der Adoleszenz (siehe auch du Bois & Resch 2005).

Alkohol- und Drogeneinnahme
Delinquenz
Leistungsknick
Aggressives Verhalten
Rückzug, Kontaktabbruch
Riskantes Sexualverhalten
Änderung von Lebensgewohnheiten (Tag-Nacht-Umkehr, Diäten, Computerspiele)
Verschränkung mit psychopathologischen Symptomen

Tabelle 2: Risikoverhaltensweisen bei Jugendlichen (nach Resch 2002)

Sie reichen von Alkohol- und Drogengebrauch – in verschiedenen Übergängen zu Missbrauchsmustern – bis zu delinquenten Verhaltensweisen mit

Diebstahl, Betrug, Erpressung und Raub. Eine Abnahme der Leistungsmotivation kann zu gravierenden Schul- und Ausbildungsproblemen führen und durch Schuleschwänzen, Schulabbrüche oder Schulausschlüsse gekennzeichnet sein. Rivalitätskrisen und Autoritätskrisen können durch aggressive Verhaltensmuster zu hochpathologischen Eskalationen führen, im Rahmen schwerer inner- und außerfamiliärer Auseinandersetzungen sind solche Eskalationsspiralen zunehmender wechselseitiger Gewalt besonders gefährlich. Rückzug und Kontaktabbrüche können Bindungsbedürfnisse und Autonomiebestrebungen völlig untergraben, so dass der Jugendliche zu Abkapselung und Verpuppung neigt und schließlich in Privatwelten so weit eintaucht, dass seine Realitätskontrolle geschwächt wird. Veränderungen im Lebensstil und in den Gewohnheiten können zu gestörtem Schlaf-wach-Rhythmus, Ess-Störungen, asketischen Phänomenen oder pathologischem Konsumverhalten führen. Mutproben wie öffentliches Rasen mit Moped oder Motorrad, Verzicht auf Körperhygiene und riskante Sexualverhaltensweisen zählen ebenso dazu. Dabei ist der Jugendliche durch mangelnde Verhütung von Schwangerschaft oder den Verzicht auf Vorsicht gegenüber Ansteckung durch Geschlechtskrankheiten und Aids gefährdet. Risikoverhaltensweisen folgen prinzipiell dem Muster des russischen Roulettes: Vielleicht geht alles gut aus, wenn etwas Entsetzliches passiert, ist es mir auch egal! Von den Faktoren, die das Auftreten von Risikoverhaltensweisen beeinflussen, ist das Wissen um das Gefahrenpotenzial der Verhaltensweisen nur einer: Die Risikoeinschätzung im Sinne einer Kosten-Nutzen-Rechnung wird vom Jugendlichen zumeist optimistisch verzerrt. Gerade Jugendliche machen sich häufig Illusionen darüber, wie sehr sonst unkontrollierbare Phänomene durch sie »ausnahmsweise« in den Griff zu bekommen seien. Jugendliche denken oft nur an die nahe Zukunft und mögliche Vorteile in diesem proximalen Zeitabschnitt. Bedürfnisse der Askese, der Neugier und Experimentierfreude sind ebenso Quellen für Risikoverhaltensweisen.

> Risikoverhaltensweisen folgen prinzipiell dem Muster des russischen Roulettes: Vielleicht geht alles gut aus, wenn etwas Entsetzliches passiert, ist es mir auch egal!

Ein wichtiger Faktor bei der Entstehung von riskantem Verhalten ist die aktuelle soziale Kompetenz des Jugendlichen, seine Entwicklungsaufgaben meistern zu können. Je geringer das soziale Echo, je mehr Misserfolge im aktuellen Umfeld, desto größer ist die Wahrscheinlichkeit, auf Risikoverhaltensweisen zurückzugreifen. Wer sich in seinem Umfeld nicht anders bekannt und interessant machen kann, muss durch Drogen oder Regelübertretungen, durch Mutproben oder gefährliche Besonderheit auffallen. Jugendliche wollen es sich oft nur leichter machen und einen Weg finden, dazuzugehören. Daher spielt das Werteverhalten der Gleichaltrigengruppe eine besondere Rolle. Dort, wo Eltern nicht verfügbar sind und den Jugendlichen positiv unterstützen können, entfällt eine protektive Rolle des Elternhauses. Wenn Eltern nicht verfügbar sind und die meist nächtlichen Eskapaden ihrer Jugendlichen nicht mehr beobachten und gegensteuern, dann steigert sich das Risiko für den Jugendlichen immer mehr, in Risikoverhaltensweisen involviert zu werden.

Schließlich muss die individuelle Bedeutung des Risikoverhaltens für Selbst und Selbstwert hervorgehoben werden (Resch et al. 1999). Besonders gefahrvolle Verhaltensweisen werden vom Jugendlichen gerade deswegen gewählt, weil sie von Erwachsenen mit Verboten belegt oder wegen ihres Risikos mit Entsetzen abgelehnt werden! Jugendliche nehmen Drogen oder begehen delinquente Taten, gerade weil damit ein erhöhtes Risiko verbunden ist und weil damit eine Selbstdefinition, Selbstbestätigung und Selbsterhöhung in Abgrenzung von der Erwachsenenwelt verbunden sein können. Wenn bei der Aufklärung von Jugendlichen über Gefahren und Risiken von Drogen, Alkohol und Delinquenz diese Tatsachen nicht beachtet werden, müssen präventive Initiativen ins Leere laufen.

Insbesondere in der Adoleszenz wird die Unsicherheit mit den neuen sozialen Rollen und dem neuen Lebensgefühl durch riskantes Verhalten zu kompensieren versucht. Risikoverhaltensweisen zeigen eine klare Geschlechtspräferenz. Bei Drogenkonsum und Aggressivität dominieren männliche Jugendliche, während Magersucht, Rückzug und emotionale Probleme bei weiblichen Individuen gehäuft zu finden sind. Risikoverhaltensweisen helfen dem Individuum vorübergehend über aktuelle Probleme in der Auseinandersetzung mit seinen Entwicklungsaufgaben hinweg, beeinträchtigen aber auf längere Sicht ganz gravierend die weiteren Entwicklungschancen. Im schlimmsten Falle kann durch Risikoverhaltensweisen eine genetische Prädisposition oder eine aus der Biografie mitgebrachte Vulnerabilität so weit getriggert werden, dass schließlich aus der Krise eine Krankheit zu werden droht.

Typische Störungsbilder der Adoleszenz

Die psychischen Störungen des Jugendalters können in zwei Gruppen eingeteilt werden: die expansiven oder extroversiven Störungen und die introversiven oder emotionalen Störungen.

Expansive Störungen umfassen dissoziale (aggressive und delinquente) Verhaltensweisen sowie das Aufmerksamkeitsdefizit-/Hyperaktivitätssyndrom, das auch noch im Jugendalter durch Impulshaftigkeit und Konzentrationsstörungen erkennbar bleibt. Gerade Kinder mit hyperkinetischen Störungen haben ein erhöhtes Risiko in der Adoleszenz, dissozialen Verhaltensweisen anheimzufallen oder Drogenmissbrauch zu betreiben.

Introversive oder emotionale Störungen umfassen die Angstsyndrome, Panikstörungen, Depressionen und Zwangsstörungen.

Krankheitseinheiten, die nicht in diese Zweiteilung fallen, bilden die Psychomatosen, die als Anorexia nervosa und Bulimia nervosa in der Alltagssprache mit den Begriffen Magersucht und Brechsucht belegt werden. Die psychotischen Störungen (affektive Psychosen – mit besonderer Beteiligung des emotionalen Systems – und schizophrene Psychosen, die mit deutlichen Beeinträchtigungen des Denkens und der kognitiven Prozesse einhergehen) sowie schwere Störungen der Persönlichkeitsentwicklung (Borderlinestörungen) sind komplexe psychische Krankheiten. Einige typische Störungsbilder lassen sich wie folgt beschreiben:

Alkohol- und Drogenabusus
Rund 25 % der Adoleszenten beginnen mit dem Kosten von Alkohol (erster Schluck) vor dem 11. Lebensjahr. Man kann davon ausgehen, dass mit 18 Jahren praktisch jeder Jugendliche mit Alkohol zumindest einmal persönliche Erfahrungen gemacht hat. Bei 18- bis 20-Jährigen wird ein gefährlicher Alkoholmissbrauch bei rund 5 % anzunehmen sein, während die Lebenszeitprävalenz für den Konsum illegaler Drogen inklusive Haschisch in dieser Altersgruppe rund 20 % beträgt. Die Dunkelziffer ist jedoch sicherlich sehr hoch. Ob schließlich ein gelegentlicher Drogengebrauch zu einem Missbrauchsmuster führt, hängt von vielen aktuellen Rahmenbedingungen, aber auch von biographischen Vorerkrankungen, Risikobedingungen im psychosozialen Bereich und den Entwicklungsressourcen des Einzelnen ab. Die Probleme des Alkohol- und Drogenmissbrauchs sind nicht nur durch körperliche Schädigungsmuster gegeben. Eine Reihe von psychischen Störungen

wird dadurch häufiger zur Ausprägung gebracht und auch in ihrem Verlaufsmuster ungünstig beeinflusst. Darüber hinaus gibt es aber auch psychosoziale Teufelskreise durch Verlust an schulischen und beruflichen Ambitionen, durch Beschaffungskriminalität oder den Eintritt in Jugendlichengruppen, die Delinquenz bejahen. (Siehe auch den Beitrag von Helmut Kuntz in diesem Buch.)

Dissoziale und aggressive Verhaltensweisen
Dissoziale und aggressive Verhaltensweisen scheinen zwei Entwicklungspfade zu besitzen. Einerseits gibt es einen auf das Jugendalter begrenzten Pfad, der bei Jugendlichen auftritt, die bis dahin eine normale Entwicklung genommen hatten. In diesen Fällen besteht die Hoffnung, dass die delinquenten oder aggressiven Verhaltensweisen ein temporäres entwicklungsbedingtes Phänomen darstellen. Warum es in den meisten westlichen Kulturen während der Adoleszenz zu einem Anstieg an dissozialen Verhaltensweisen kommen kann – die auch Delinquenz, Problemtrinken und Drogenkonsum einschließen –, wird folgendermaßen begründet: Es besteht eine Diskrepanz zwischen der immer früher einsetzenden biologischen Reife und einer immer weiter hinausgeschobenen sozialen Verantwortung am Ende komplizierter Ausbildungswege. Solche Reifungslücken (maturity gap) können dissoziale, unverantwortliche und parasitäre Verhaltensweisen begünstigen. Delinquenz wird dabei als ein Zugang zu den Privilegien des Erwachsenenalters ohne die Übernahme von Verantwortlichkeit gesehen. Mehr als ein Fünftel männlicher Jugendlicher kann sich zeitweise in dieser Gruppe aufhalten. (Siehe auch den Beitrag von Joachim Walter in diesem Buch.)

Neben diesem auf das Jugendalter bezogenen Entwicklungspfad gibt es auch einen, der bereits in der frühen Kindheit beginnt. Jene Jugendlichen, die bereits während der frühen Kindheit aggressive Verhaltensmuster aufwiesen, haben eine schlechtere Prognose. Wenn der Entwicklungsverlauf der Aggression von der frühen Kindheit bis in die Adoleszenz stabil geblieben ist, muss man davon ausgehen, dass auch die Aggression bis ins Erwachsenenalter beibehalten wird. Liegt bereits früh auch ein delinquentes Verhalten vor, besteht eine erhöhte Wahrscheinlichkeit, dass auch im späteren Jugendalter noch Delikte begangen werden. Insbesondere Kinder mit einer hyperkinetischen Störung und einem frühen Beginn aggressiver bzw. antisozialer Verhaltensweisen verdienen eine besondere Beachtung. Im Kindesalter kann der ungünstige Entwicklungspfad nämlich auch verlassen werden. Durchgängige dissoziale Verhaltensweisen scheinen nur bei etwa 5 bis 10 % der Männer vorzuliegen. Wir gehen also davon aus, dass nur ein Fünftel bis ein Drittel der im Jugendalter expansiv auffälligen Jugendlichen diesen ungünstigen Langzeitverlauf aufweist.

Entfremdungserlebnisse

Isolierte Entfremdungserlebnisse finden wir im Jugendalter gehäuft. Dieses Phänomen, das auch als Depersonalisation bezeichnet wird, kommt auch in physiologischer Weise vor (»Ich habe das Gefühl, nicht ich selbst zu sein«, »Mein Körper ist mir fremd«, »Ich lebe wie in einem Traum oder Trancezustand«). In eigenen Untersuchungen konnten wir zeigen, dass rund zwei Drittel der bei uns stationär oder ambulant behandelten Jugendlichen solche Phänomene der Selbstentfremdung aufwiesen. Selbstentfremdungen können aber auch erste Zeichen für posttraumatische Störungen, für beginnende Entwicklungsstörungen der Persönlichkeit (Borderline-Syndrom) oder für die Vorphase einer schizophrenen Entwicklung sein.

Depression

Die Lebenszeitprävalenz im späten Jugendalter bezüglich schwerer depressiver Störungen wird mit 15 bis 20 % geschätzt. Dies entspricht etwa der Lebenszeitprävalenz auch in erwachsenen Populationen – was dafür spricht, dass die Depression des Erwachsenen häufig schon im Adoleszenzalter beginnt. 40 bis 70 % der depressiven Jugendlichen haben auch andere psychiatrische Auffälligkeiten (Komorbidität). Die häufigsten Diagnosen sind dysthyme Störungen und Angststörungen. Aber auch expansive Verhaltensweisen und Drogenmissbrauch sind dabei zu nennen. Bei depressiv verstimmten Jugendlichen ist auf eine mögliche Selbstmordgefährdung zu achten, da ernsthafte Suizidgedanken in der Regel mit depressiven Störungen einhergehen.

Ess-Störungen

Ein gestörtes Essverhalten als Risikoverhaltensweise wird bei 40 bis 60 % der jugendlichen Mädchen in den westlichen Ländern beschrieben. Das Einhalten bestimmter Diäten und Gewichtskontrolle sind somit häufige Phänomene. Nur bei einer kleinen Gruppe entwickeln sich aber schließlich die Vollbilder der Ess-Störungen Anorexia nervosa und Bulimia nervosa. Rund 0,7 % aller weiblichen Jugendlichen sind von einer Anorexia nervosa betroffen. Die Störung findet sich zehn Mal häufiger beim weiblichen Geschlecht als beim männlichen. Der Erkrankungsgipfel liegt im 14. bis 15. Lebensjahr. Als Hochrisikogruppen sind Sportlerinnen und Balletttänzerinnen einzustufen. Es findet sich eine geringe Häufung in sozioökonomisch höheren Schichten. Die Inzidenz in den vergangenen 50 Jahren ist nur sehr gering gestiegen. Demgegenüber leiden 1 bis 2 % aller weiblichen Jugendlichen an einer Bulimia nervosa. Die Dunkelziffer ist hoch. Auch diese Störung ist beim weiblichen Geschlecht gegenüber dem männlichen 6- bis 10-fach häufiger zu finden. Der Erkrankungsgipfel liegt im Alter von 17 bis 19 Jahren. Die Inzidenz dieser Störung ist in den vergangenen Jahren merklich gestiegen, wobei eine Tendenz zu jüngeren Altersstufen zu verzeichnen ist.

Früherkennungszeichen für eine Gefährdung in Richtung Magersucht sind folgende: Die Mädchen tragen verhüllende Kleidung, sie sind kälteempfindlich und setzen sich gerne der Kälte aus, sie besuchen häufig die Toilette, missbrauchen Abführmittel und fallen durch große Gewichtsschwankungen auf. Bei bulimischen Attacken kann es zu einer Schwellung der Speicheldrüsen kommen, die wie Hamsterbacken aussehen. Die Mädchen sind gerne ständig in Bewegung und haben eine Neigung, sich exzessiv bis zur Erschöpfung zu verausgaben. Gleichzeitig entwerten sie ihre Figur und vergleichen sich ständig mit anderen. Schließlich vermeiden sie häufig gemeinsame Mahlzeiten, gehen nach dem Essen auf die Toilette und haben nicht selten Essrituale. (Siehe auch den Beitrag von Monika Gerlinghoff und Herbert Backmund in diesem Buch.)

Psychosen der Adoleszenz
Psychosen im Jugendalter sind durch eine Störung des Realitätsbezugs, Wahnphänomene (z. B. Verfolgungsgedanken) und Halluzinationen (z. B. Stimmenhören) gekennzeichnet. Weiter zeigen sich Defizite wie Energieverlust, Entscheidungsschwierigkeiten, emotionale Irritation, Rückzug und Abkapselung. Schizophrene Syndrome im Jugendalter werden als Varianten der erwachsenen Schizophrenie angesehen. Psychotische Symptome können auch bei Depression oder Dysthymie zu beobachten sein (z. B. abwertende Stimmen oder Beeinträchtigungswahn). Im Jugendalter kann die Unterscheidung von affektiven und schizophrenen Psychosen schwierig sein, da eine höhere Rate von bizarren psychotischen Symptomen und ein rascher Wechsel unterschiedlicher Symptomkonstellationen bei der Erstmanifestation die Differentialdiagnose erschweren können. Psychosen entwickeln sich

über unterschiedlich lange Vorstadien, die auch als Prodrom bezeichnet werden. Dabei finden sich unspezifische Symptome wie Leistungsknick, Schlafstörungen, vegetative Störungen und Beeinträchtigungsgefühle ebenso wie Beeinträchtigungen der Konzentration und des Denkens. Auch Selbstentfremdungserlebnisse können den prodromalen Zustand kennzeichnen. Gerade Risikoverhaltensweisen wie die Einnahme von Drogen (insbesondere Halluzinogene oder Cannabis) können bei vulnerablen Individuen die Auslösung einer akuten Psychose bewirken (allgemein bekannt sind die Ecstasy-Psychosen). Die ersten psychotischen Symptome früh zu erkennen, um früh etwas zu ihrer Behandlung zu unternehmen, kann helfen, den Verlauf dieser Störung günstig zu beeinflussen. Es hat sich gezeigt, dass die Prognose umso schlechter ist, je länger vor Behandlungsbeginn psychotische Symptome bereits bestanden hatten.

> **Risikoverhaltensweisen wie die Einnahme von Drogen (insbesondere Halluzinogene oder Cannabis) können bei vulnerablen Individuen die Auslösung einer akuten Psychose bewirken.**

5

Selbstverletzung

Selbstverletzung (Automutilation) ist durch das Zufügen von Gewebeschädigungen am eigenen Körper gekennzeichnet. Im Jugendalter kommen typischerweise leichtere Formen der Selbstverletzung vor, die durch Ritzen der Haut mit Rasierklingen oder anderen spitzen Gegenständen, Kratzspuren, Schlagen des Kopfes und der Extremitäten, Manipulation von Wunden gekennzeichnet sind. Schwere Formen können aber auch zu tiefen Schnittverletzungen führen, Verbrennungen hervorrufen oder mit Bisswunden und Stichverletzungen in Genital- und Analbereich einhergehen. Die Prävalenz der Selbstbeschädigung hat deutlich zugenommen. In einer eigenen Studie konnten wir bei 15-Jährigen in der Allgemeinbevölkerung eine Häufigkeit von 15 % erheben. Patienten mit Ess-Störungen weisen zu 25 bis 40 % Selbstverletzungen auf. Selbstverletzungen werden häufig mit Wiederholungstendenz zur Verminderung von subjektiven inneren Spannungen eingesetzt. Die Bedeutsamkeit traumatischer Lebenserfahrungen in der Kindheit (wie Gewalterfahrungen oder sexueller Missbrauch) konnte bei etwa zwei Drittel der Patienten wiederholt empirisch belegt werden. Durch eine frühe Deprivation und vielfache seelische Verletzungen kommt es dabei schließlich zu einer Störung der Entwicklung des Körperselbst, die einen intrumentalisierten Umgang des Jugendlichen mit dem eigenen Körper nach sich zieht. Auch neuroendokrine Mechanismen werden diskutiert: Es kommt zu einer vermehrten Ausschüttung körpereigener Opiate (Endorphine) durch selbstverletzende Akte. Möglicherweise können dadurch suchtartige Wiederholungstendenzen angeregt werden. Bei vielen Jugendlichen finden wir beginnende Persönlichkeitsentwicklungsstörungen vom Borderline-Typ. Selbstverletzungen treten bevorzugt bei weiblichen Individuen auf. Das Verhältnis zu männlichen Jugendlichen wird mit 2:1 bis 9:1 angegeben. (Siehe auch den Beitrag von Anke Lang in diesem Buch.)

Zusammenfassung und Ausblick

Die vorliegende Übersicht über psychische Probleme in der Adoleszenz zeigt, dass psychopathologische Symptome in dieser Altersgruppe primär Störungszeichen im aktuellen Anpassungsprozess kennzeichnen und nicht immer Krankheitszeichen im engeren Sinne darstellen müssen. Psychische Störungen erscheinen als ein Missverhältnis zwischen den Anpassungsmöglichkeiten (Ressourcen) und den Umweltanforderungen beim Jugendlichen. Psychische Störungen sind mehrdimensional verursacht. Die Vulnerabilität (Krankheitsneigung) ist zumeist genetisch bedingt, wobei eine Entwicklungsgeschichte über unspezifische Vorstadien schließlich zur Störung des Erwachsenenalters führt. Die Adoleszenz birgt das Risiko einer erhöhten Irritabilität in sich. Einblicke in die Mechanismen der Entstehung von Vulnerabilität und die Wechselwirkung derselben mit adoleszentären Risikoverhaltensweisen können uns dabei helfen, angemessenere altersbezogene Therapieformen zu entwickeln.

Grundsätzlich sind alle seelischen Störungen bei Jugendlichen ernst zu nehmen, bei Leidensdruck, Irritabilität und Hilfewünschen bedürfen sie immer einer kinder- und jugendpsychiatrischen Diagnostik. Die Angst vor dem Seelenarzt im Kindes- und Jugendalter ist dabei unberechtigt. Es gibt eine Fülle von Therapiemöglichkeiten, die in vielen Fällen gute Erfolge erzielen. Unbehandelt entwickeln sich subklinische Störungen zu psychischen Krankheiten weiter. Die Scheu, sich zu einer psychischen Problematik zu bekennen, sollte nicht zu einer Verzögerung von Diagnose und Therapie führen, da insbesondere Früherkennung und frühe Behandlung mit den besten Heilungs- und Entwicklungschancen einhergehen (Resch & Brunner, 2006).

Aufklärung und Pubertät ... passt das zusammen?

Elisabeth Raffauf

Das »Aufklärungsdilemma«

Aufklärung und Pubertät, das scheint ein Widerspruch in sich. Dabei ist gerade die Zeit, in der die Kinder Jugendliche werden, in der ihr Körper sich entwickelt und sie beginnen, sich für die Liebe mit anderen Jungen und Mädchen zu interessieren, die Zeit, in der Eltern ihnen gerne noch etwas »mit auf den Weg geben würden«. Sie wollen auf jeden Fall sicher sein, dass ihre Kinder sich darüber im Klaren sind, was Sexualität bedeutet, dass sie, wenn sie schon nicht mehr warten können mit dem Sex, wenigstens verhüten. Sie wollen, wie früher, einfach noch informiert sein, was ihre Kinder bewegt und was sie tun.

Pubertät ist aber auch die Zeit der Ablösung und dazu passt es nicht, mit den Eltern die intimsten Gedanken und Gefühle zu besprechen. An die Stelle der Mutter und des Vaters treten Freundinnen und Freunde als die intimsten Vertrauten. Gerade Sexualität ist nicht das Thema, für das Jugendliche ihre Eltern als Gesprächspartner auswählen. Da wirkt ein Tabu: »Es muss einen Abstand geben zwischen mir und meinen Eltern, was Körperlichkeit angeht.« Auch manche Eltern treten unwillkürlich zurück. Väter werden unsicher, was sie ihre sich entwickelnde Tochter fragen dürfen und ob sie sie noch einladen dürfen, sich auf ihren Schoß zu setzen. Mütter gucken wohlweislich über Flecken auf dem Bettlaken hinweg und kommentieren diese auch nicht.

Auf der anderen Seite sind Eltern am nächsten »dran« an den Jugendlichen. Theoretisch sind sie es, die »helfen« könnten bei der Einordnung dessen, was Kindern und Jugendlichen an Eindrücken über Sexualität täglich begegnet: Was bedeutet die Anspielung des Busfahrers, ein Mädchen könne doch mal nett zu ihm sein? Was macht man mit dem Sexvideo, das einem jemand ungefragt auf das Handy gespielt hat? Wie geht man mit Pornoseiten aus dem Internet um? Was ist, wenn man vergessen hat, zu verhüten?

Es entstehen gerade jetzt viele Fragen, u. a. dadurch, wie Sexualität in den Medien präsentiert wird. Und sie bedürfen der Einordnung. Jugendliche wollen wissen: Ist die Liebe in der Realität so wie im Film? Muss ich das auch können? Was muss ich überhaupt machen, um in der Welt der Erwachsenen und auf dem Parkett der körperlichen Liebe zu bestehen? Bin ich normal? Bin ich gut so, wie ich bin?

Pubertät ist ...

Pubertät ist eine »Neugeburt«. Pubertät ist »Verwandlung«, »Reibung«, »Abschied von der Kindheit«, »Kampf zwischen Kindheit und dem Wunsch, weiterzugehen«. So definieren es Psychologen. Im Duden steht: »Pubertät ist die Zeit der eintretenden Geschlechtsreife.« Da geht es vor allem um die körperliche Entwicklung: Der Körper bildet die Fähigkeiten zur erwachsenen Sexualität und zur Fortpflanzung aus. Und das tut er ungefragt und unangekündigt. Irgendwann so zwischen dem 9. und dem 12. Lebensjahr geht es los. Bei Mädchen passiert das im Durchschnitt etwas früher als bei Jungs – und dann dauert es ein paar Jahre. Die Schambehaarung wächst, die Geschlechtsorgane bilden sich weiter aus, bei Mädchen wächst die Brust, die Hüften werden runder und als definitives Zeichen der Geschlechtsreife bekommen sie ihre Monatsblutung. Jungen kriegen ein breiteres Kreuz, kommen in den Stimmbruch, Bartflaum sprießt und bei ihnen ist das definitive Zeichen der Geschlechtsreife der erste Samenerguss. Was nicht im Duden steht, ist die geistig-seelische Veränderung, die, für Außenstehende erst mal nicht sichtbar, mit der körperlichen Verwandlung einhergeht. Das Gehirn gleicht einer Großbaustelle, in der alles neu verkabelt und vernetzt wird. Die Seele kämpft mit sich widersprechenden Tendenzen: Sie möchte am Alten festhalten und zu neuen Ufern aufbrechen. Das zeigt sich für Außenstehende manchmal an Jugendlichen, deren Stimmung plötzlich von heulendem Elend in absurdes Kichern umschlägt, die gleichzeitig Wimperntusche und Kuscheltiere in ihrem Zimmer beherbergen, die sich einerseits über die körperliche Entwicklung ärgern

Irgendwann so zwischen dem 9. und dem 12. Lebensjahr geht es los.

und gleichzeitig die neu hinzugewonnenen Reize betonen. Gefühle fahren Achterbahn, Zerrissenheit und Widersprüchlichkeit sind die vorherrschenden Stimmungen. Jugendliche haben eine Sehnsucht, aber sie wissen nicht unbedingt, wonach.

Pubertät bedeutet im »Normalfall« Aufruhr, Revolution und Suche nach der eigenen Identität.

Neue Schamgrenzen

Die körperlichen Veränderungen der Jugendlichen werden natürlich auch von der Umgebung wahrgenommen. Neue Schamgrenzen entwickeln sich, und das sieht zu Hause z. B. so aus:

Manche Eltern machen Anspielungen: »Hier riecht es ja wie im Pumakäfig. Du musst dich mal waschen«, andere reden darüber hinter vorgehaltener Hand: »Hast du gesehen, sie bekommt einen Busen ...« Ob die Veränderungen thematisiert werden oder nicht: Sie schweben im Raum und haben eine Wirkung. Viele Jugendliche wollen sich nicht mehr ungeniert nackt zeigen. Die Badezimmertür wird verriegelt. Eltern sollten das unbedingt respektieren.

Für Eltern ergeben sich Fragen, auf die es nicht so leicht ist, eine Antwort zu finden: Was macht man mit einem Kind, aus dem gerade ein Erwachsener wird? Wo und wie kann man eingreifen und es begleiten und was geht einen auch einfach nichts an?

Aufklärung ist ...

Aufklärung ist mehr, als über Verhütung, Geschlechtsverkehr und Aids zu reden. Moderne Pädagoginnen und Pädagogen sprechen von Sexualerziehung. Es geht nicht um übereifrige Belehrungen und auch nicht um ein einmaliges Aufklärungsgespräch. Sexualerziehung ist Teil der gesamten Erziehung. Sie ist übergreifend und in vielen Alltagssituationen spürbar, wenn es z. B. um das Verhalten im Badezimmer geht, um das

Sexualerziehung ist Teil der gesamten Erziehung.

Nacktherumlaufen in der Wohnung, um die roten Ohren oder die pampige Reaktion auf als zu intim empfundene Fragen. Sexualerziehung ist ein Prozess, der schon bei der Geburt einsetzt. Sie ist eine Haltung; zu Hause und in der Schule. »Wie fühle ich mich in meinem Körper?« »Wie stehe ich zur Sexualität?« Einstellungen und Haltungen vermitteln sich mit und ohne Worte. Auch eine Frage, die nicht beantwortet wird, ein roter Kopf auf die Frage »Wie geht Sex?« signalisieren: Das Thema ist tabu. Oder: »Da ist meinen Eltern etwas peinlich.« Und genauso: Sexualität ist ein Teil des Lebens. Ein sehr intimer und persönlicher, der geschützt werden möchte, ein besonderer, der aber auch ganz normal dazugehört.

Ziel der Aufklärung

Wie soll Ihr Kind ausgestattet sein für die Welt der Liebe und der Sexualität? Manche Eltern stecken sich hohe Ziele in Bezug auf die Sexualaufklärung ihrer Kinder: Sie wünschen sich, dass diese später »unbefangen« und »selbstbestimmt« ihre Sexualität erleben können. Sie sollen ein entspanntes Verhältnis zu ihrem Körper und zum Körper des anderen Geschlechts entwickeln, sie sollen »alle Ausdrücke und alle Vorgänge und Beziehungsfragen« kennen, sie sollen sich mit Leuten, die sie sich selbst aussuchen, offen und frei austauschen können, sie sollen »echt nette Liebhaber« werden.

Tatsache ist: Körper und Sexualität gehören zu unserem Leben dazu, wohin wir auch gehen, der Körper kann nicht draußen auf dem Parkplatz geparkt werden, der Geist wird den Weg in die Schule allein nicht schaffen. Den eigenen Körper zu kennen und zu lieben mit seinen Bedürfnissen und Möglichkeiten ist ein wichtiger Baustein für die Ausbildung unseres Selbstbewusstseins, von dem sich alle Eltern wünschen, dass ihre Kinder das haben. Dazu gehört natürlich, dass es Worte gibt. Für die Geschlechtsorgane ebenso wie für die Sexualität. Aber auch, dass Sex kein Tabuthema zu Hause ist, weder in seiner technischen noch in seiner emotionalen Seite. Wenn Kinder befähigt werden, ihre eigenen Gefühle wahrzunehmen und die Gefühlsbotschaften anderer zu empfangen und einzuordnen, dann werden sie auch wissen, welche Kontakte und Situationen ihnen guttun, was sie gern mögen, aber auch, welche Situationen sie meiden und gegen welche sie sich, wenn möglich, zur Wehr setzen sollten.

Vertrauensvolle Atmosphäre

Liebe vermittelt sich auf sehr vielfältige Weise. Mit allen Sinnen spürt, sieht, hört, riecht und schmeckt ein Kind, was Liebe ist. Eltern tragen einen großen Teil dazu bei, wie ihr Kind Erfahrungen aufnimmt, einordnet und verarbeitet: durch ein liebevolles und vertrauensvolles Klima, respektvollen Umgang miteinander, Offenheit für Themen, die die Kinder anbringen, und durch die Einbettung des Themas Sexualität in den Alltag.

Eine vertrauensvolle Atmosphäre, das bedeutet vor allem: die Kinder und Jugendlichen ernst zu nehmen in ihren Wünschen, Ängsten und Träumen, sie nicht auszulachen, wenn sie etwas nicht wissen oder scheinbar falsch einordnen, ihren ersten Liebesgefühlen und Verliebtheiten mit Respekt zu begegnen und gleichzeitig mit gebührendem Abstand und natürlich der Erlaubnis, Geheimnisse haben zu dürfen. Wenn die Jugendlichen auch nicht über ihre Wünsche und Sehnsüchte reden, so werden sie doch kommen, wenn sie beispielsweise etwas beunruhigt oder traurig macht. Aids oder eine mögliche Schwangerschaft können solche Themen sein, aber vielleicht auch Liebeskummer. Das heißt: Signalisieren Sie Gesprächsbereitschaft und achten Sie auf kleine versteckte Hinweise, die Gesprächswünsche signalisieren können. Eine Informationsbroschüre über Aids auf dem Schreibtisch oder ein liegen gelassenes Tagebuch können so etwas sein.

Signalisieren Sie Gesprächsbereitschaft und achten Sie auf kleine versteckte Hinweise, die Gesprächswünsche signalisieren können.

Es ist vielleicht nicht einfach, gleichzeitig ausreichend Distanz zu wahren und zu vermitteln, dass Sexualität eine natürliche, schöne Sache sein kann. Da hilft die Art, wie zu Hause miteinander umgegangen wird, wie Zärtlichkeiten ausgetauscht werden, welche Ausdrücke benutzt werden. Wie wird über Sexualität geredet? Fallen abfällige Ausdrücke, vielleicht auch als Beschimpfung, und werden sie geduldet? Oder werden sie hinterfragt und auch bewertet von den Eltern. Respekt ist die Zauberformel, auch um ganz klar die Botschaft zu überbringen: Ich muss nur das machen, was ich wirklich möchte. Über meinen Körper bestimme ich. Anstatt Moralpredigten zu halten und Verbote auszusprechen, ist es wirkungsvoller, die Kinder darin zu bestärken, ihrem Gefühl zu vertrauen, wie weit sie sich jemand anderem annähern wollen, ob sie küssen, weil der andere es will oder weil sie selbst auch Lust dazu haben und dass Sexualität eine absolut freiwillige Angelegenheit ist. Das lernen Kinder und Jugendliche am besten, wenn ihre Bedürfnisse zu Hause auch respektiert werden. Wenn auch in der Familie Küsse, Umarmungen und jede andere Art körperlicher Zuwendung niemals moralisch gefordert oder erzwungen werden.

Sich bereithalten

Kinder spüren genau, ob Eltern, die sich nach ihrem Verliebtsein oder nach ihrer Sexualität erkundigen, dies nur tun, um ihre Neugier zu befriedigen. Fragen aus diesem Motiv, so verständlich sie sind, sollten Eltern lieber vermeiden. Es stimmt, ein großer Teil der Aufklärung wird in der Pubertät nicht mehr von den Eltern erledigt. Auf diese neue Bühne müssen die Jugendlichen ohne die Eltern, und das wollen sie auch. Selbst wenn es manchmal verdammt schwierig ist und es Eltern verständlicherweise am Herzen liegt, ihren Kindern ein paar »doofe Erfahrungen« zu ersparen.

Es stimmt, ein großer Teil der Aufklärung wird in der Pubertät nicht mehr von den Eltern erledigt.

Aufklärung in der Pubertät bedeutet vor allem: sich bereithalten. Da sein, wenn von den Jugendlichen etwas kommt, wenn die Jugendlichen etwas loswerden wollen.

Die neuen Grenzen, die auch die Jugendlichen den Erwachsenen setzen, müssen eingeübt werden. Wenn früher der Schutz des Kindes ganz klar im Vordergrund stand und Grenzen unbefangen eingefordert werden konnten, wird jetzt die sensible Wahrnehmung dafür, was geht und was nicht erwünscht ist, immer wichtiger. Es gibt Jugendliche, für die es weiter ganz normal ist, sich den Eltern nackt zu zeigen, und bei anderen ist es eben anders. Das bedeutet für die Erwachsenen: sich offenhalten für Signale wie geschlossene Türen, ein um den Körper geschlungenes Handtuch, ein Sichzurückziehen für Telefongespräche. Jugendliche haben vielleicht jetzt mehr Geheimnisse und das ist erst mal völlig normal. Vertrauen in die Jugendlichen ist wichtig. Eltern fällt es leichter, ihren Kindern zu vertrauen, wenn sie auch in anderen Lebensbereichen die Erfahrung gemacht haben, dass sie ihrem Kind glauben können. Wenn sie wissen, es wird nichts riskieren, das es nicht überschauen kann, sich nicht überreden lassen zu etwas, das es gar nicht möchte, ist das eine gute Basis. Vertrauen schenken heißt Selbstvertrauen stärken.

Eltern hilft es, sich zu erinnern an die eigene erste Liebe, daran, wie sie selbst vor Peinlichkeit im Boden versunken sind, wenn ihre Eltern nicht mitbekommen sollten, dass sie verknallt waren, und dann trotzdem den Liebesbrief entdeckt haben.

Eigene Haltung

Unsere Einstellung zu unserem Körper und zur Sexualität ist natürlich geprägt durch unsere eigenen Erfahrungen. Wie wurde uns Sexualität vermittelt? War es ein normales Thema? Wurde es nicht erwähnt? Haben unsere Eltern es zu intensiv besprochen und wir haben das als unangenehm erlebt?

Versuchen Sie, sich an die eigene Kindheit zu erinnern. Überlegen Sie mit dem Partner, mit Freunden oder den Eltern: Was war eigentlich in meiner Kindheit? Welches Erlebnis, welche Familienregel, welche Reaktion der Eltern hat auf mich besonders gewirkt? Welche Grundhaltung wurde vermittelt? Galt Sexualität eher als lästiges Übel oder als schöner Bereich des Lebens? War sie nicht existent und eher »Privatsache« oder wurde sie nach meinem Empfinden überbetont?

Versuchen Sie, sich an die eigene Kindheit zu erinnern.

Erinnerungen an die eigene Kindheit erklären viel von dem, was Eltern heute ihren Kindern ersparen wollen, oder auch, was sie gerne weitervermitteln möchten. Hilfreich ist es auch, zu reflektieren: Wie verhalte ich mich heute? Wie stehe ich zu mir und meinen Körper? Bin ich mit meinem Körper und auch mit meiner Rolle als Mutter heranwachsender Schönheiten einverstanden? Oder blicke ich neidvoll auf die langen Beinen und die schönen Brüste meiner Tochter und kann ihr das nicht gönnen? Wie empfinde ich Sexualität heute? Welche Vorbehalte, Ängste und Wünsche habe ich. Und: Entspringen die Vorstellungen, die ich meinen Kindern vermitteln möchte, ausschließlich meiner eigenen Geschichte, etwa weil ich gelernt habe, dass man bestimmte Dinge nicht macht oder sagt, oder sind sie reflektiert und für die heutige Situation abgewandelt? Eltern sind für Kinder die ersten Vorbilder von Mann und Frau. An ihnen schauen sie sich zuerst ab: Wie verhält man sich als Mann Frauen gegenüber und umgekehrt. Das heißt: Austausch von Liebe, Zärtlichkeiten, Selbstbewusstsein und Selbstbestimmtheit, Respekt gegenüber dem anderen, all das transportiert sich im Alltag und hat eine Wirkung auf unser Rollen- und Sexualverhalten. Kinder spüren an Gesten, Bemerkungen, Haltungen wie Eltern einander schätzen oder auch abwerten in dem, was sie tun und was sie sind. Gehen sie liebevoll oder abfällig miteinander um? Können ihre Rollen im Haushalt, bei der Kinderbetreuung, bei der Arbeit auch mal wechseln? Gelten sie als gleichwertig? An Eltern können Kinder in einer vertrauensvollen, geschützten Atmosphäre ausprobieren. Mädchen fragen ihre Väter: Wie gefalle ich dir in meinem neuen Kleid? Was hältst du von der neuen Frisur? Und Väter sollten wissen, dass es nicht um eine reale Verführung geht, sondern um ein Probehandeln. Ihre Meinung ist wichtig stellvertretend für die Meinung der Jungen dieser Welt. Ihr Kompliment vermittelt Selbstvertrauen im Umgang mit dem anderen Geschlecht. Auch manche Jungen wollen das von ihren Müttern wissen. Ein klares Statement, ohne Kommentar, reicht dann meist.

Unsicherheiten sind normal

Stottern, lange Pausen und rote Ohren beim Thema Sexualität mit den Kindern und Jugendlichen sind völlig normal. Es geht nicht darum, alles perfekt, möglichst in einem druckreifen, ausführlichen Vortrag mit einem lockeren Lächeln auf den Lippen zu erklären. Versuchen Sie, die Fragen zu beantworten, die die Jugendlichen stellen. Wem es schwerfällt, darüber zu reden, der kann das ruhig zugeben, die Jugendlichen merken es sowieso. Und: Holprige Ausdrucksweisen können auch zum Lachen anregen und befreiend wirken. Wer etwas nicht weiß, kann sich in Büchern, im Internet, bei Beratungsstellen informieren, vielleicht auch gemeinsam mit dem Kind.

Auch Eltern sind manchmal verunsichert von der Entwicklung ihrer Kinder. Sie sehen, dass die schon so weit entwickelt sind, und schließen daraus: »Es ist eben so. Alles ist früher als früher.« Aber so ist es nicht. Die frühere körperliche Entwicklung sagt nichts über die seelische und geistige Reife aus und auch nicht über frühere sexuelle Erfahrungen. Laut der Jugendstudie der Bundeszentrale für gesundheitliche Aufklärung ist es so: In allen Altersgruppen verfügen Mädchen über mehr sexuelle Erfahrungen als Jungen. Im Alter von 14 Jahren haben 12% der Mädchen und 10% der Jungen Geschlechtsverkehr-Erfahrung. Diese Zahl galt für 2006 ebenso wie für 2001. Erst bei den 17-Jährigen haben heute etwa 73% der Mädchen schon Sex, das waren fünf Jahre zuvor noch 66%. Das Aussehen und die manchmal forsche Art können täuschen. Die Seele ist noch nicht so weit, Verantwortung für andere und auch für sich selbst in vollem Umfang übernehmen zu können.

Der richtige Abstand

5

Wie sollen Eltern reagieren, wenn sie die Flecken des ersten Samenergusses ihres Sohnes auf dem Bettlaken entdecken? Einfach ignorieren? Sich distanzieren? Oder voyeuristisch: »Mal gucken, was die machen, was mir früher nicht vergönnt war.«?

Aktiv sollten Eltern gar nicht reagieren. Der erste Samenerguss ist Privatsache. Manche erwachsenen Männer sagen, dass sie vor ihrem ersten Samenerguss gern etwas darüber gewusst hätten, dass sie nicht so überrascht und vielleicht auch nicht so erschrocken gewesen wären. Manche wünschen sich, dass ihre Väter mit ihnen darüber geredet hätten. Und jetzt? Der körperlich sichtbare Entwicklungsschritt verändert die Beziehung in dem Sinne, dass die Kinder von der körperlichen Entwicklung und Erfahrung her keine Kinder mehr sind.

Manche Eltern fragen sich, ob sie denn überhaupt das Thema Sexualität mit ihren jugendlichen Kindern ansprechen dürfen. Das ist eine schwere Frage, auf die es keine Pauschalantwort gibt.

Manche Eltern fragen sich, ob sie denn überhaupt das Thema Sexualität mit ihren jugendlichen Kindern ansprechen dürfen. Das ist eine schwere Frage, auf die es keine Pauschalantwort gibt. Der wichtigste Gradmesser ist das Gespür der Eltern. Was denken sie selbst, wie die Jugendlichen die Frage empfinden? Und: Wie ist sie gemeint, die Frage nach der Sexualität z. B.? Die Absicht dahinter – ist es Sorge, Neugier, Interesse? – werden die Jugendlichen erkennen und entsprechend reagieren. Da hilft es nur, sich selber zu überprüfen. Eine Sorge auszusprechen kann durchaus wichtig sein. Sie bringt vielleicht die Jugendlichen dazu, noch einmal über bestimmte Freundschaften oder eigene Haltungen nachzudenken, auch wenn sie das in dem Moment vielleicht nicht zugeben können. Und sie signalisiert auch: Du bist mir nicht egal.

Gesetzliche Grenzen

»Gibt es eigentlich noch den Kuppelei-Paragraphen?«, fragen manchmal Eltern, ein bisschen vielleicht in der Hoffnung, dass die Gesetze ihnen bei schwierigen Fragen die Entscheidung abnehmen. Denn wie sollen Eltern entscheiden, wenn der 15-jährige Sohn seine 14-jährige Freundin mit in sein heimisches Bett nehmen möchte? Ganz klar: Der Kuppelei-Paragraph ist abgeschafft. Da ist also keine Entscheidungshilfe zu erwarten. Eltern sollten sich überlegen, ob sie das für sich selbst so akzeptieren bzw. welche Konsequenzen ein Verbot haben könnte, dass ihr Kind die Nacht zusammen mit einem anderen verbringt. Sie sollten sich Gedanken machen, ob es sinnvoll ist, mit den Eltern des jeweiligen Mädchens oder Jungen Kontakt aufzunehmen und sie darüber in Kenntnis zu setzen.

> Der Kuppelei-Paragraph ist abgeschafft. Da ist also keine Entscheidungshilfe zu erwarten.

Und doch noch eine Gesetzeshilfe auf eine Frage, die Jugendliche in Chats und Internet-Foren immer wieder stellen: Ab wann ist Sex erlaubt?

Wenn einer der Partner unter 14 Jahre alt ist, darf der andere nicht 14 Jahre oder älter sein. Sind z. B. beide 14 und wollen beide miteinander Sex haben, passiert strafrechtlich im Allgemeinen nichts. Ist einer der Partner unter 16 und der andere über 21 Jahre alt, sind sexuelle Handlungen grundsätzlich strafbar. Bei allen Partnern über 16 gibt es keine strafrechtlichen Konsequenzen, sofern der Sex in beiderseitigem Einverständnis geschieht.

Eigene Grenzen

Eine gesetzliche Erlaubnis oder die Aussage »Die anderen dürfen ja auch« heißt natürlich nicht, dass Eltern alles erlauben müssen, auch wenn sich ihnen in ihrem Inneren alles dagegen sträubt. Da ist es gut, sich klarzuwerden und mit anderen Erwachsenen zu überlegen: Was sind meine Abneigungen, meine Bedenken? Und natürlich auch ein Gespräch mit dem Kind zu suchen und zu gucken: Welchen Weg können wir finden, der auch meine Hemmschwelle berücksichtigt, dass ich nicht möchte, dass die 14-jährige Freundin des Sohnes hier den halben Tag mit ihm auf seinem Zimmer zubringt, dass die Party bis 2 Uhr morgens mir als Vater oder Mutter einer 14-Jährigen definitiv zu lang erscheint? Es macht keinen Sinn, wenn Eltern sich verbiegen, um modern und locker zu wirken. Ein solcher Konflikt kann dazu anregen, die eigene Hemmschwelle zu hinterfragen: Hat das mit mir und meinen Vorerfahrungen und/oder mit meinem Kind und der aktuellen Situation zu tun?

Wichtig ist, dass Eltern sich in der Pubertät ihrer Kinder nicht einfach so von ihrer Verantwortung in der Erziehung und in der Sexualerziehung verabschieden. Auch wenn »am Ball bleiben« manchmal sehr anstrengend ist und von Eltern immer wieder fordert, sich mit sich selbst und den Jugendlichen auseinanderzusetzen.

In der letzten Jugendstudie der Bundeszentrale für gesundheitliche Aufklärung werden Eltern und vorrangig die Mütter bei Jugendlichen als Hauptvertrauensperson für sexuelle Fragen angegeben. Hauptthemen sind Verhütung, körperliche Entwicklung, Liebe, Partnerschaft und Sexualität. Das heißt: Auch wenn die Eltern nicht mehr für alle Fragen, die die Jugendlichen haben, die intimsten Vertrauten sind, wenn sie über Herzensangelegenheiten oder erste Sexualerfahrungen nicht in Kenntnis gesetzt werden, sie sind wichtig, als »Säule«, als Orientierung, als Halt.

Mit dem »Aufklärungsdilemma« können Eltern umgehen, wenn sie einerseits spüren, was sie nichts angeht, andererseits sensibel sind für Themen, wo sie gebraucht werden.

5

Homosexualität

Alexandra Klein

Sexuelle Orientierung als soziale Kategorie

Jene Aspekte des Sexuellen, die heutzutage als Homo- und Heterosexualität bezeichnet werden, sind moderne Erfindungen. Noch im 18. Jahrhundert wurden sexuelle Interaktionen zwischen gleichgeschlechtlichen Personen nicht als Homosexualität, sondern als Sodomie thematisiert. Diese nicht auf Zeugung gerichteten und daher als »Unzucht wider die Natur« klassifizierten sexuellen Handlungen standen per Gesetz unter Strafe. Gleichzeitig wurde Sodomie zwar als verbotene Handlung angesehen, nicht jedoch als Ausdruck der Identität.

Das moderne Verständnis von Homosexualität und Heterosexualität als zentraler Bestandteil der eigenen Identität entwickelte sich erst im Laufe des 19. Jahrhunderts. Die entstehende Sexualforschung und Psychoanalyse führten zu einer neuen Perspektive auf verschiedene Liebens- und Begehrensformen. Obgleich nicht als einzige, so bildete sich in dieser Entwicklungslinie jedoch als dominante Perspektive die Deutung von Homosexualität als krankhafte Abweichung »perverser« Subjekte heraus. So handelt es sich auch bei dem Begriff Homosexualität selbst um einen medizinischen Terminus, der erstmalig 1869 Erwähnung fand. Bemerkenswert ist hierbei weiterhin, dass dieses Verständnis von Homosexualität als krankhafte Abweichung auch den Begriff der Heterosexualität – als Ausdruck der abzugrenzenden »Normalität« – erst hervorbrachte: Der Begriff Heterosexualität entstand mehr als zehn Jahre nach der »Erfindung der Homosexualität«. Mit Blick auf die historische Entwicklung lässt sich folglich festhalten, dass das vermeintlich Normale erst durch die Identifizierung und Benennung einer vermeintlichen Abweichung als soziales Klassifikationsmuster hervorgebracht wurde.

Die Ungleichwertigkeit von heterosexuellem und homosexuellem Begehren in modernen Gesellschaften wird seit den 1990er-Jahren in den Sozialwissenschaften unter dem Begriff der *Heteronormativität* analysiert. Dabei wird betont, dass heterosexuelles Begehrens nicht »natürlicher« sei als etwa homosexuelles Begehren. Vielmehr seien Heterosexualität und die eindeutige Verortung in einem binären Geschlechtssystem (Mann/Frau) eine gesellschaftlich erzeugte und kontrollierte soziale Norm. Heteronormative Vorstellungen und Erwartungen bestimmen die Lebenswelten von Individuen maßgeblich. Während heterosexuelle Lebensentwürfe als gleichermaßen normal wie selbstverständlich gelten und keinerlei Rechtfertigung bedürfen, werden Lebensentwürfe, die von dieser Norm abweichen, in vielfacher Weise beschränkt, erschwert oder verunmöglicht.

Zwischen Anerkennung und Ablehnung

Das mag vielleicht früher mal der Fall gewesen sein, aber heute ist das doch ganz anders, mag die eine oder der andere nun einwenden. Tatsächlich wurden in den letzten Jahrzehnten auf gesellschaftlicher Ebene einige weitreichende Veränderungen durchgesetzt. Diese gehen wesentlich auf sexualpolitische Forderungen der Frauen-, Lesben- und Schwulenbewegungen nach der Anerkennung und Gleichberechtigung unterschiedlicher sexueller Lebensentwürfe zurück. So kann etwa die Streichung des Paragraphen 175, des sogenannten »Schwulenparagraphen«, aus dem deutschen Strafgesetzbuch im Jahr 1994 sicher als bedeutsamer Ausdruck einer verstärkten Anerkennung gleichgeschlechtlicher Lebensweisen gelten. In der letzten Fassung des Paragraphen aus dem Jahr 1973 galten gleichgeschlechtliche sexuelle Handlungen als »Straftaten gegen die sexuelle Selbstbestimmung«, wenn eine der Personen unter 18 Jahre alt war, und konnten mit einer Freiheitsstrafe von bis zu fünf Jahren geahndet werden. Der Paragraph 175 steht jedoch nicht nur für die Ungleichwertigkeit von homosexuellen Handlungen gegenüber heterosexuellen, sondern offenbart zudem auch die ungleiche Bedeutung, die homosexuellen Handlungen zwischen Männern gegenüber homosexuellen Handlungen zwischen Frauen beigemessen wird. Weibliche Homosexualität wurde historisch eher geleugnet als kriminalisiert. »Die Erfahrung von Unsichtbarkeit, **Weibliche Homosexualität** ritueller Verhöhnung, sozialer Ächtung und Stigma- **wurde historisch eher** tisierung – und das ›heimliche Gebot‹, heimlich zu **geleugnet als kriminalisiert.** bleiben« (Hark 2002, S. 51) gelten demnach für weibliche Homosexualität in einem anderen Maß als für männliche Homosexualität, obgleich sich damit wohl eine kollektive Erfahrung homosexueller Personen insgesamt bezeichnen lässt.

Der Realisierung nicht bzw. nicht ausschließlich heterosexueller Lebensentwürfe stehen – auch nach der Einführung des sogenannten »Lebenspartnerschaftsgesetzes« im Jahr 2001 – vielfältige Diskriminierungen entgegen. Das Lebenspartnerschaftsgesetz selbst bildet in Deutschland derzeit die einzige Möglichkeit, einer gleichgeschlechtlichen Beziehung einen rechtlichen Rahmen zu geben. Gleichwertig zur Ehe ist es jedoch nicht. Bedeutsame Unterschiede finden sich hierbei insbesondere bei verfassungs-, erb- und steuerrechtlichen Regelungen, so dass im Vergleich mit heterosexuellen Eheleuten homosexuellen Paaren ein deutlich geringeres Maß an Rechten zukommt.

Darüber hinaus finden sich auch gegenwärtig noch bedeutsame Unterschiede dabei, wer homosexuell leben »darf«: Personen des öffentlichen Lebens wird eine »abweichende« sexuelle Orientierung eher »zugestanden« als Personen im eigenen sozialen Nahbereich. Die in den letzten Jahren zweifelsohne angestiegene Sichtbarkeit von homosexuellen Personen des öffentlichen Lebens bezeichnet folglich weniger die Gleichwertigkeit von nicht heterosexuellen und heterosexuellen Lebensweisen oder die gleichberechtigte gesellschaftliche Teilhabe von Lesben und Schwulen als vielmehr die gesellschaftliche Anerkennung *ausgewählter* Homosexueller.

> **Personen des öffentlichen Lebens wird eine »abweichende« sexuelle Orientierung eher »zugestanden« als Personen im eigenen sozialen Nahbereich.**

Die Veränderungen, die sich hinsichtlich der gesellschaftlichen Anerkennung nicht heterosexueller Lebensweisen für die letzten Jahrzehnte beschreiben lassen, verdeutlichen ein widersprüchliches Verhältnis von Toleranz und Ablehnung im Umgang mit Homosexualität: »Solange Lesben und Schwule nicht in mein eigenes Leben vordringen, finde ich, ›dass sie Menschen sind, wie andere auch‹« (Hark 2002, S. 53). Empirische Studien aus den letzten Jahren, die sich mit den Einstellungen zu Homosexualität beschäftigt haben, können diese Paradoxien gut veranschaulichen. So stellte etwa die ForscherInnengruppe um Gerhard Glück im Rahmen einer Untersuchung zur schulischen Sexualerziehung in Nordrhein-Westfalen in den 1990er-Jahren fest, dass 70 % der Mütter und 58 % der Väter der Aussage zustimmten, dass Homosexualität in der Gesellschaft voll akzeptiert werden sollte. Gleichzeitig fänden es jedoch 74 % aller Eltern schlimm, wenn ihre Tochter oder ihr Sohn homosexuell wäre.

Als Maßstab für das tatsächliche Ausmaß der gesellschaftlichen Anerkennung nicht heterosexueller Lebensformen sind die eher abstrakten Bekenntnisse zur Toleranz gegenüber Homosexualität folglich kaum geeignet. Sie geben vielmehr eher Auskunft über das Wissen über »politisch korrekte« Ansichten als über die tatsächliche Anerkennung »abweichender« Lebensweisen. »Der Lackmustest für die bedingungslose Akzeptanz von Lesben und Schwulen aber«, so formuliert es die Sozialwissenschaftlerin Sabine Hark in ihrer Expertise zur Lebenssituation lesbischer und schwuler Jugendlicher, »sind die Wünsche und Träume, die Eltern für ihre Kinder hegen. Hier ist die Scheidelinie. Dass die eigenen Kinder sich für ein lesbisches oder schwules Leben entscheiden, ist selbst für Eltern, die sich für liberal oder alternativ halten, nur schwer zu akzeptieren – und sei es in der verquer geäußerten Form, dass man dem eigenen Kind ein ›solch schweres Leben‹ doch gerne ersparen würde« (Hark 2000, S. 7). In einer Gesellschaft, so lässt sich diese Einschätzung von Sabine Hark weiterführend einordnen, in der Eltern ihren Kindern das Schicksal eines homosexuellen Lebens lieber ersparen möchten, sind Lesben und Schwule bestenfalls geduldet, aber keinesfalls als gleichberechtigte Mitglieder anerkannt. So kommt beispielsweise auch die ForscherInnengruppe um den renommierten amerikanischen Werteforscher Ronald Inglehart (2008) in einer jüngsten Auswertung der Daten des »World Value Survey« zu dem Ergebnis, dass die Wertschätzung, die Homosexuellen im *eigenen sozialen Nahraum* entgegengebracht wird, den besten Indikator zur Bestimmung des Ausmaßes gesellschaftlicher Toleranz darstellt.

Lebenssituationen und Problemlagen junger Lesben und Schwulen
Wie fragil dagegen die oberflächliche Toleranz gegenüber anderen als heterosexuellen Lebensentwürfen ist, wird auch bei den Einschätzungen Jugendlicher zu Homosexualität deutlich. In diesem Zusammenhang ergab eine repräsentative Umfrage des Meinungsforschungsinstituts iconkids & youth aus dem Jahr 2002, dass mehr als 60 % der Jugendlichen zwischen 12 und 17 Jahren eine negative Einstellung gegenüber Lesben und Schwulen haben und diese »nicht« oder »überhaupt nicht« gut finden.

Das widersprüchliche Gefüge aus vermeintlicher Toleranz gegenüber nicht heterosexuellen Lebensentwürfen auf der einen Seite und einer deutlichen Ablehnung derselben, sobald sie das eigene Leben betreffen auf der anderen Seite, bildet ein wesentliches Gerüst für die Lebenssituation und

Problemlagen Heranwachsender. Die Auseinandersetzung mit der eigenen Sexualität und die Entwicklung eines positiven Selbstbildes stellen zentrale Entwicklungsaufgaben des Jugendalters dar, die auf das Engste miteinander verknüpft sind. Die Auseinandersetzung mit diesen Entwicklungsaufgaben ist generell nicht unproblematisch: Jungen und Mädchen müssen sich mit Unsicherheiten, Unwissenheit, Versagensängsten, Idealvorstellungen und Verhaltensanforderungen unterschiedlicher sozialer Quellen auf der einen Seite und ihren eigenen sexuellen Erfahrungen und Wünschen auf der anderen Seite auseinandersetzen und daraus ihre eigene Sexualität entwickeln. Eine befriedigende Sexualität ist eine wesentliche Quelle von Anerkennung, Selbstwert und Glück. Sexuelles Begehren und Wünsche erkennen, artikulieren und realisieren zu können ist gleichzeitig jedoch ein schwieriges Unterfangen. In Auseinandersetzung mit gesellschaftlichen Stereotypen, den Erwartungen der Eltern an den Lebensverlauf ihrer Kinder, den Reaktionen der Freunde und Freundinnen, ihren Erfahrungen in anderen gesellschaftlichen Bereichen und Institutionen sowie den eigenen Wünschen und Bedürfnissen entwickeln Jugendliche ihr Selbstbild, in dem Aspekte des Sexuellen einen zentralen Stellenwert besitzen. Für Jugendliche, deren sexuelles Begehren sich nicht oder nicht ausschließlich auf Angehörige des anderen Geschlechts richtet, bedeutet dies, dass sie vor der besonderen Herausforderung stehen, ein positives Selbstbild aus einer Position der gesellschaftlichen Abwertung heraus entwickeln zu müssen.

Jugendliche, deren sexuelles Begehren sich nicht oder nicht ausschließlich auf Angehörige des anderen Geschlechts richtet, stehen vor der besonderen Herausforderung, ein positives Selbstbild aus einer Position der gesellschaftlichen Abwertung heraus entwickeln zu müssen.

Studien, die sich mit der Lebenssituation und den Problemlagen dieser Jugendlichen beschäftigen, zeigen, dass diese Mädchen und Jungen in der Regel vielfältige Ablehnungserfahrungen in ihrem sozialen Umfeld machen. Jugendliche, deren sexuelles Begehren sich nicht (ausschließlich) auf das andere Geschlecht richtet, sind nicht nur überdurchschnittlich häufig mit Ablehnung seitens ihrer Eltern und anderer außerfamiliärer Bezugspersonen konfrontiert, sondern auch mit der Ablehnung und Entwertung ihrer Gefühle durch Gleichaltrige und dem Rückzug von ehemaligen Freundinnen und Freunden. Erfahrungen von Einsamkeit und Isolation durch den Verlust der Unterstützung durch Familie sowie Freundeskreis und die Ignoranz staatlicher Institutionen wie Schule und Jugendhilfe stellen Erfahrungen dar, mit denen lesbische, schwule und bisexuelle Jugendliche deutlich häufiger umgehen müssen als heterosexuelle Jugendliche.

Während bei heterosexuellen Jugendlichen das Bewusstwerden der eigenen sexuellen Orientierung in der Regel unmittelbar mit dem Ausprobieren, Erleben und Vergewissern der eigenen Gefühle im Kontext von Schwärmereien, ersten Beziehungen und dem Austausch über diese im Freundeskreis verbunden wird, sehen sich anders orientierte Jugendliche oft mit traumatischen Erfahrungen konfrontiert, deren Bewältigung für viele nicht einfach ist. Meike Watzlawik (2003) kommt in ihrer Studie zum Erleben sexueller Orientierungen Jugendlicher im Alter von 12 bis 16 Jahren zu dem Ergebnis, dass weit über die Hälfte der homo- oder bisexuellen Jugendlichen das Bewusstwerden der eigenen sexuellen Orientierung als negativ erlebt. Panik, Verzweiflung und die Unfähigkeit, die eigenen Gefühle einordnen zu können, stehen hier im Vordergrund. Ungefähr ein Fünftel der homosexuell und ein Drittel der bisexuell orientierten Jugendlichen ziehen sich in dieser Zeit erst einmal völlig zurück. Viele von ihnen fühlen sich auch noch nach dem ersten Schock für längere Zeit mit der Situation überfordert. »In diesem Zusammenhang ist es besonders beunruhigend, dass weniger als die Hälfte der homo- und bisexuell orientierten Jugendlichen andere Personen ins Vertrauen zieht (bei heterosexuell orientierten Jugendlichen waren es mehr als 80%), um über ihre Gefühle und Gedanken zu sprechen. Meist ist es die Angst vor Ablehnung, die die Jugendlichen davon abhält. Jungen ziehen sich dabei signifikant häufiger zurück und müssen mit den Gefühlen der Panik und Verzweiflung allein fertig werden. Mädchen suchen sich in ihrer Unsicherheit häufiger Hilfe« (Watzlawik 2003, S. 129). Dass diese Angst vor Ablehnung durchaus begründet ist, zeigen jene Studien, die sich genauer mit der Reaktion des Umfelds auf die Thematisierung der eigenen sexuellen Orientierung (Coming-out) beschäftigen. So berichten in einer Studie aus dem Jahr 2001 knapp 40% der befragten schwulen Jugendlichen zwischen 15 und 25 Jahren, dass sich nach ihrem Coming-out Freunde zurückgezogen hätten (Biechele/Reisbeck/Keupp 2001). »Junge Lesben und Schwule wählen deshalb sehr genau, wem sie sich wann offenbaren. Meist erfolgt das Coming-out erst nach einer unter Umständen Jahre dauernden Phase sorgfältigen sozialen Screenings, in der sie versuchen herauszufinden, welche

5

Ungefähr ein Fünftel der homosexuell und ein Drittel der bisexuell orientierten Jugendlichen ziehen sich in der Zeit ihrer sexuellen Bewusstwerdung erst einmal völlig zurück.

Reaktionen zu erwarten sind« (Hark 2002, S. 54). Unterstützung bei ihrem Coming-out erhalten homo- und bisexuelle Jugendliche vor allem von ihrem engsten Freundeskreis, die eigenen Eltern stellen demgegenüber aufgrund der bei ihnen häufiger anzutreffenden ablehnenden Haltung deutlich seltener eine Unterstützungsquelle dar. Eine Befragung von Lambda NRW von knapp 4000 hauptsächlich männlichen homosexuellen Jugendlichen und jungen Erwachsenen kommt zu dem Ergebnis, dass gerade einmal ein Drittel der Befragten die Familie als unterstützend erlebt. Bei den unter 18-Jährigen ist der Anteil sogar noch geringer (Lambda 2005). Die bereits erwähnte Studie von Meike Watzlawik zeigt weiterführend, dass – wenn die Eltern einbezogen werden – fast ein Drittel der angesprochenen Mütter negativ reagiert. Väter werden – aus Sicht der Jugendlichen wahrscheinlich aus gutem Grund – kaum einbezogen.

Die dominierende Strategie homo- und bisexueller Jugendlicher, zunächst einmal zu versuchen, mit ihren Gefühlen alleine zurechtzukommen, erweist sich mit Blick auf die Reaktionen im Gleichaltrigen- und Familienkreis also als durchaus begründet. Gleichzeitig ist es jedoch gerade das Vorhandensein positiv reagierender AnsprechpartnerInnen im sozialen Nahraum, das in sämtlichen Studien von den Jugendlichen als wesentlicher Unterstützungsfaktor identifiziert wird. Vorhandene AnsprechpartnerInnen, die Wertschätzung, Verständnis und Anerkennung für die eigene sexuelle Orientierung und die eigene Person aufbringen, erweisen sich nicht nur hinsichtlich des Umgangs mit den zum Teil massiven Verunsicherungen und Ängsten der Jugendlichen beim Bewusstwerden ihrer sexuellen Orientierung als bedeutsam. Selbstwertstabilisierende und unterstützende Vertrauenspersonen sind auch deshalb besonders relevant, da für Personen, die offen nicht heterosexuell leben, unterschiedliche Formen von Gewalterfahrungen keine Seltenheit darstellen. So gaben in einer Studie im Auftrag der Stadt München unter 2500 Lesben und Schwulen aus dem Jahr 2004 60 % der Befragten an, dass sie schon einmal verbale Angriffe erlebt hatten. 40 % mussten bereits Erfahrungen mit Einschüchterung, Psychoterror und Bedrohung machen und ein Fünftel der Befragten wurde aufgrund ihrer sexuellen Orientierung Opfer physischer Gewalt (vgl. Koordinierungsstelle für gleichgeschlechtliche Lebensweisen München 2004). Auf der Basis einer Internetbefragung mit mehr als 20.000 Teilnehmern kommt eine aktuelle Berliner Studie zu den Gewalterfahrungen von schwulen und bisexuellen Männern in Deutschland zu dem Ergebnis, dass fast zwei Drittel der unter 18-Jährigen innerhalb des letzten Jahres verschiedene Formen der Gewalt erfahren haben, die im Zusammenhang mit ihrer sexuellen Orientierung standen (vgl. Maneo 2007).

Allen unbestreitbaren Errungenschaften zur stärkeren Anerkennung und Gleichberechtigung unterschiedlicher sexueller Lebensformen zum Trotz gehören also nach wie vor Erfahrungen von Gewalt, Diskriminierung, Abwertung, Zurückweisung und Infragestellung zur Lebensrealität homo- und bisexueller Menschen. Erfahrungen, die erklärbar machen, warum Studien eine bis zu vier Mal erhöhte Suizidrate bei jugendlichen Lesben und Schwulen attestieren müssen. Dagegen sind anerkennende und wertschätzende Vertrauenspersonen, die sie dabei unterstützen, auch in der Auseinandersetzung mit diesen Erfahrungen Perspektiven für ein positives Selbstbild und eine lustvolle Sexualität zu entwickeln, ebenso rar wie lebenswichtig. Dabei sind es gerade die eigenen Eltern, die innerhalb einer von Liebe, Vertrauen und Wertschätzung geprägten Beziehung zu ihren Kindern diesen wertvolle Unterstützung, Rückhalt und Sicherheit bei der Bewältigung solcher belastenden Erfahrungen bieten können. Solange jedoch weder Eltern noch öffentliche Institutionen darauf vorbereitet bzw. ausgerichtet sind, auch Heranwachsende, deren sexuelles Begehren sich nicht oder nicht ausschließlich auf Angehörige des anderen Geschlechts richtet, bei diesem Prozess zu unterstützen, bleiben Jugendlichen mit den Anstrengungen dieser zentralen Entwicklungsaufgabe zu oft auf sich gestellt. Gleichwohl haben sich mittlerweile bundesweit einige Initiativen und Projekte etabliert, die nicht nur Information, Beratung, Austausch und Unterstützung für schwule, lesbische, bi- oder transsexuelle Jugendliche anbieten. Auch Eltern können dort AnsprechpartnerInnen und Hilfe finden. Hilfe, die es Eltern ermöglichen kann, sich mit den eigenen Werten, Wünschen und Ängsten ebenso auseinanderzusetzen wie mit denen ihrer Kinder – und so möglicherweise doch noch zu wertvollen Vertrauenspersonen im Leben ihrer Kinder zu werden.

Studien attestieren eine bis zu vier Mal erhöhte Suizidrate bei jugendlichen Lesben und Schwulen.

Drogen und Sucht im Jugendalter

Helmut Kuntz

Kinder sind ein Versprechen auf die Zukunft. Was aber, wenn jugendliche Heranwachsende aus Unbedacht, Risikobereitschaft oder innerer Not heraus ihre Zukunft aufs Spiel setzen, bevor sie so richtig begonnen hat? Unendlich viele Mädchen und Jungen spielen mit dem Feuer, indem sie während der Pubertät Bekanntschaft schließen mit legalen Suchtmitteln oder illegalisierten psychoaktiven Drogen, welche ihnen die Welt der Erwachsenen anbietet. Für manche ist der Gebrauch solcher Stoffe nach dem Stillen ihrer Neugier oder nach ersten Grenzerfahrungen bereits wieder beendet. Andere dagegen werden aus den unterschiedlichsten Gründen schnell zu Gewohnheitsgebrauchern oder tanzen gar auf dem Vulkan mit dem Risiko, jegliche Kontrolle über ihren Substanzgebrauch einzubüßen und in eine schwere Suchtabhängigkeit zu entgleiten. Aber nicht bloß von Suchtstoffen können junge Menschen abhängig werden, sondern auch von weit verbreitetem nichtstofflichem Suchtverhalten. Ein rasant wachsendes Problem stellen hier exzessive Formen von Computerspielsucht und Internetsucht dar.

In bald zwanzig Jahren Drogen- und Suchtarbeit in Form von Prävention, Beratung und Therapie bin ich Tausenden von Kindern, Jugendlichen und Erwachsenen beiderlei Geschlechts begegnet, die direkt oder indirekt von den vielen Gesichtern der Sucht in ihren schillernden Gewändern betroffen waren. Unabhängig von wechselnden Moden, Trends, Stoffen, Gebrauchsmustern sowie einem interpretierbaren Auf und Ab von Daten und Fakten bleibt eine Tatsache: Potenzielle Suchtstoffe und süchtige Abhängigkeit haben ihren Platz mittendrin in unserer Gesellschaft. Ungezählte junge wie erwachsene Menschen benutzen auf hohem Niveau die Mittel ihrer Wahl und unterschätzen dabei die Eigenwilligkeit von psychoaktiven Stoffen, die leicht zu einem mächtigen Mitspieler oder gar Gegner auf der Bühne des Lebens werden können. Wer jedoch um die List und Tücke des Objekts weiß, kann sich eine innere Haltung gegenüber Drogen und Sucht aneignen, die selbst in schwierigen Zeiten einen leichten Umgang mit diesem schweren Gegner ermöglicht.

Ist ein Risiko für Jugendliche der illusionäre Glaube an ihre Unverletzbarkeit, dass ausgerechnet sie jede Gefährdung unter Kontrolle behalten, wenn sie sich mit Drogen einlassen, lassen sich zahlreiche Eltern nur allzu häufig von der trügerischen Selbsttäuschung leiten: »Mein Kind doch nicht.« Fakt ist: Nur an relativ wenigen Müttern und Vätern geht der Kelch so weit vorbei, dass ihre Kinder zu keiner Phase ihrer Entwicklung zu den legalen Drogen Zigaretten oder Alkohol bzw. zu illegalisierten Rauschdrogen greifen. Die Mehrzahl von Mädchen und Jungen im weichenstellenden jugendlichen Entwicklungsalter zwischen 12 und 18 Jahren macht dagegen früher oder später ihre Erfahrungen mit psychoaktiven Genuss- und potenziellen Suchtmitteln wie Alkohol, Cannabis oder anderen gefragten Drogen unserer Zeit. In der Folge stürzen leider weitaus mehr von ihnen dadurch in ihrem Leben in Turbulenzen, die schwerwiegender und anhaltender sind, als sie sich das je vorgestellt hätten. Im Gefolge ziehen sie auch ihre Eltern, Geschwister, Verwandten oder Freunde in die Verstrickungen von Drogengebrauch und süchtiger Abhängigkeit hinein. Deren eigene innere Not kann in pure Verzweiflung münden, wenn sie dem Gegner Drogen und Sucht nichts Heilsames mehr entgegenzusetzen wissen.

> Nur an relativ wenigen Müttern und Vätern geht der Kelch vorbei, dass ihre Kinder in einer Phase ihrer Entwicklung zu den legalen Drogen Zigaretten oder Alkohol bzw. zu illegalisierten Rauschdrogen greifen.

5

Unkontrollierter und chronischer Gewohnheitsgebrauch von psychoaktiven Stoffen, die Gehirn, Körper, Geist und Seele beeinflussen, ist für junge Menschen ein ernsthaftes Entwicklungsrisiko. Viele der regelmäßig Alkohol, Cannabis oder Designerdrogen gebrauchenden jungen Menschen teilen daher ein gemeinsames Problem: Sie sind in unterschiedlichem Ausmaß, aber immer deutlich wahrnehmbar in ihrer inneren Reifung verzögert oder blockiert. Den von ihnen gewählten Rauschmitteln kommt in solchen Fällen eine doppelte Funktion zu: Zum einen sind die Schwierigkeiten vieler Heranwachsender, selbstbewusst in die Welt zu gehen, häufig Ursache wie Auslöser für den Umgang mit Rauschmitteln. Zum anderen werden mit den Wirkungen der Substanzen die Probleme, welche die Anforderungen des Lebens bereiten, funktionell überspielt. Entfalten Rauschmittel eine wachsende Eigendynamik und werden sie zu einem bestimmenden Lebensmittelpunkt, verdoppeln sich die Schwierigkeiten, mit Neugier auf das Leben zuzugehen und voller Tatendrang in die Welt zu ziehen.

Der Drogengebrauch junger Menschen führt uns mitten hinein in die

Turbulenzen von Pubertät, Adoleszenz und Erwachsenwerden. Der Lebensfluss der Heranwachsenden wird hier von einer gänzlich neuen Dynamik
erfasst. Keine zweite Lebensphase stellt in so kurzer Zeit und so geballt eine
vergleichbare Menge an mühselig zu bewältigenden Lebensaufgaben. Zwar
drängen relativ plötzlich ungeahnte, bisher nicht verfügbare Entwicklungsmöglichkeiten an. Doch der für eine angemessene geistig-seelische wie körperliche Entwicklung stimmige Gang der Dinge vollzieht sich nicht geradli-
nig und ohne eigenes Zutun. Die wachsenden Lebensmöglichkeiten wollen
bestimmungsgemäß genutzt werden, um die Zeit der Lebensstürme, Krisen, Risiken und Chancen erfolgreich zu durchlaufen. Der zu bemeisternde
Abschied von der Kindheit führt Schritt für Schritt in die Welt des Erwachsenseins. In der sich modern verstehenden Zivilisation werden die Heranwachsenden auf ihrem mit Stolpersteinen und Fall-
stricken versehenen Weg weitgehend alleingelassen.
Folglich gleicht Erwachsenwerden in unserer Kultur
vielfach einem Zufallsgeschehen. Es fehlen uns die
traditionellen Initiationsriten »primitiverer« Kulturen, auf die wir mit verbreiteter zivilisatorischer
Überheblichkeit so gerne herabsehen. In hohem
Maße im Stich gelassen und auf sich alleine gestellt,
schaffen sich junge Menschen ihre eigenen Rituale.
In der gefühls- wie beziehungsmäßig verarmten Konsumgesellschaft erfüllt
der Drogengebrauch in der Phase des Heranwachsens mithin den Zweck eines verkümmerten Aufnahmerituals: zuerst in die Gruppe der Gleichaltrigen, danach in die Welt des Erwachsenseins.

Die praktische Arbeit mit Rauschmittelgebrauchern erweist immer aufs
Neue, wie schwer sie sich auf dem Weg ins Leben tun. An weichenstellenden
Weggabelungen verharren sie unschlüssig und orientierungslos. Nicht selten würden sie sogar lieber zurückweichen und in den Kinderschuhen stecken bleiben, als den nächsten Schritt nach vorn zu wagen. Die Scheu vor der
eigenen Verantwortung macht die Übernahme altersgemäßer Rollen zur un-
überbrückbaren Hürde. Das Hineinwachsen in die Erwachsenenrolle wird
gar vollends gescheut. Der Widerwille dagegen ist nicht einmal nur negativ
zu bewerten. Fragwürdige männliche wie weibliche Erwachsenenrollen, wie
sie unsere überbordende, in Teilen krankhafte Konsumgesellschaft mit ihrer
»Neuen Kälte« vorgibt, innerlich abzulehnen zeugt von sehr gesunden see-

In der gefühls- wie beziehungsmäßig verarmten Konsumgesellschaft erfüllt der Drogengebrauch in der Phase des Heranwachsens den Zweck eines verkümmerten Aufnahmerituals.

lischen Kräften. Das Weiterwachsen in das Erwachsenendasein ist allerdings nichtsdestotrotz zu bewältigen, nur wird die persönliche Orientierung unter Umständen doppelt schwierig, wenn man eine eigenwillig gelebte Erwachsenenrolle auszufüllen bestrebt ist. »Seines eigenen Glückes Schmied« zu sein stellt an die private wie soziale Lebenskompetenz höchste Anforderungen.

In Anlehnung an das Märchen »Von einem, der auszog, das Fürchten zu lernen« müssen junge Menschen in die Welt ziehen, um sich das Leben zu erobern. Dazu gehört, es fürchten zu lernen. Gemeint ist zweierlei: Natürlich soll ihnen das Leben mit seinen Herausforderungen keine Angst einflößen. Doch ist es in des Lebens Fluss eine unvermeidliche Tatsache, dass wiederholt das elementare Urgefühl der Angst in vielen Gewändern Kinder, Jugendliche wie Erwachsene bedrängt. In dem Falle bedeutet »das Fürchten zu lernen«, angemessene Bewältigungsstrategien im Umgang mit ängstigenden Lebenssituationen zu entwickeln. Konkrete Furcht wie generalisierte Lebensangst dürfen keine solch lähmende Macht über Menschen erlangen, dass sie in ihrer Handlungsfähigkeit erstarren. In einem zweiten Sinne bedeutet »das Fürchten zu lernen«, Achtung und Respekt zu erwerben. Achtung vor dem einzigartigen Wert des Lebens verhindert allzu gedankenloses oder risikoreiches »Spielen« mit dem eigenen endlichen Leben. Betont gleichgültige jugendliche Äußerungen wie »An irgendwas muss ich ja doch sterben« bezeugen, dass der Entwicklungsschritt, das Leben zu achten und wertzuschätzen, noch nicht vollzogen ist. Tatsächlich ist dieser Schritt eine »reife Leistung«. Achtungsvollen Respekt vor der Schöpfung, vor den Mitmenschen und vor allem auch vor dem eigenen menschlichen Wesen zu entwickeln ist ein paralleler innerer Entwicklungsprozess, der zu einem stabilen Selbstwertgefühl führt. Sich selbst als wertvollen Menschen zu begreifen ist der beste Schutz vor selbstverächtlichem oder gar selbstschädigendem Verhalten, wie es massiver Suchtmittelgebrauch darstellt. Das »Fürchten« in jenem reifungsfördernden Sinne lernen heranwachsende Menschen nur, wenn sie mit Lebenszuversicht in die Welt gehen.

> »An irgendwas muss ich ja doch sterben!« Solche Äußerungen bezeugen, dass der Entwicklungsschritt, das Leben zu achten und wertzuschätzen, noch nicht vollzogen ist.

Gewohnheitsmäßige Drogenkonsumenten scheitern vielfach an den sie bedrängenden Lebensaufgaben. Sie verwahren sich allerdings stets heftig gegen die aus ihrer Sicht »spießige« und »höchst blödsinnige Unterstellung«, dass sie die Realität fliehen möchten oder gar mangelnde Reife zeigten. Die trotz des geschönten Selbstbilds nicht selten feststellbare Blockade ihrer inneren Reifung vermag vorübergehender Natur oder langfristig und damit von lebensbestimmender Prägung zu sein. An welcher Stelle ihres Lebens sie »hängen bleiben« und wie unreif sie wirken, wird entscheidend mitbestimmt vom Einstiegsalter beim ersten Rauschmittelgebrauch, vom gewählten Mittel, von der Häufigkeit seines Gebrauchs sowie der Härte des Gebrauchsmusters.

Gewohnheitsmäßig Suchtmittel gebrauchende Menschen bezahlen für den Umgang mit ihrem Mittel nicht nur in harter Währung, sondern auch mit einer Menge an inhaltsleerer Lebenszeit sowie mit eingeschränkter Lebenstüchtigkeit. Ein weiteres Opfer, welches sie bringen müssen, ist die Beeinträchtigung ihrer angeborenen primären Glücksfähigkeit, abzulesen an der Verflachung oder gar Vereisung der Affekte, der Schmälerung der Lebensfreude sowie am Verlernen der bis dato erworbenen Genussfähigkeit. Der gelegentliche Gebrauch verschiedener Rauschmittel mit Suchtpotenzial vermag ohne Frage großen Genuss, Spaß, Lebensfreude, Hochgefühle sowie »vertiefte Einsichten in den Lauf der Welt« zu vermitteln. Gewohnheitsmäßiger oder gar süchtig abhängiger Drogengebrauch ist jedoch das pure Gegenteil von Lebenslust. Suchtartig konsumierende Menschen sind keine genussfähigen Menschen. Sucht ist das krasse Gegenteil von Genuss. Süchtig abhängige Menschen haben in keiner Weise die innere Ruhe und Muße, überhaupt noch etwas in ihrem Leben zu genießen. Sich hinziehendes Genießen bedarf eines müßigen Verweilens in der Zeit. Diese Fähigkeit ist den nach suchtartigen Gesetzmäßigkeiten lebenden Menschen nicht mehr gegeben. Sie sind rastlos getrieben auf der Jagd nach dem Mittel oder Verhalten ihrer Wahl. Mit Macht gebunden, können sie auf diese Weise Jahre und Jahrzehnte ihres Lebens vertun. Eine nennenswerte Weiterentwicklung findet nicht mehr statt.

Jugendliche Drogengebraucher, welche im Leben lange Zeit hinter ihren eigentlichen Möglichkeiten zurückbleiben, haben die grundsätzliche Möglichkeit, wieder mit neuer Motivation in den Lebensfluss einzusteigen und versäumte Entwicklungen zumindest in Grenzen aufzuholen. Für einen

Großteil der jugendlichen Cannabiskonsumenten ist das eine Selbstverständlichkeit, wenn sie sich nach einer Übergangsphase, in welcher die Droge einen festen Platz in ihrem Leben einnimmt, Schule, Ausbildung und verantwortlicher Umgang mit der eigenen Person dagegen abgemeldet sind, von ihr verabschieden, um sich wieder den altersgemäßen Entwicklungsaufgaben zu stellen. Tragisch ist es jedoch, wenn langjähriger jugendlicher Alkoholmissbrauch oder die Langzeitfolgen mancher synthetischer Drogen bereits hirnorganische Veränderungsprozesse nach sich gezogen haben, welche die Möglichkeit sehr erschweren, der Chancenwahrnehmung im Leben eine deutlich neue Richtung zu geben. Handeln sich jugendliche Konsumenten von psychisch sehr eigenwillig und eigenmächtig wirkenden Substanzen gar massive Drogenpsychosen ein, müssen sie unter Umständen mit diesen Beeinträchtigungen für den Rest ihres Lebens umzugehen lernen. Hierfür ist das Risiko umso größer, je niedriger das Einstiegsalter beim ersten Drogengebrauch ist. Ein in voller Entwicklung begriffenes Jugendlichengehirn ist sehr anfällig für die »Programmierung« durch ein Drogen- und Suchtprogramm.

> Das Risiko ist umso größer, je niedriger das Einstiegsalter beim ersten Drogengebrauch ist.

Aus Gründen der Glaubwürdigkeit gilt es fairerweise festzuhalten, dass einige wenige Drogen im Zusammenspiel mit ihren jugendlichen Nutzern nicht nur entwicklungshemmende Effekte zu erzielen vermögen. Es ist zwar wahrscheinlicher, dass psychoaktive Rauschmittel, welche stark in die Befindlichkeiten der Menschen eingreifen, bei gewohnheitsmäßigem Konsum im Zusammenwirken mit der Persönlichkeitsstruktur der Nutzer eher dazu beitragen, deren seelische Reifung zu behindern. In selteneren Fällen vermögen sie jedoch umgekehrt bei ausgesucht-bewusster Indienstnahme positive, altersangemessene Entwicklungsschritte zu befördern. Insbesondere bei Cannabis existieren ausreichend Belege für die nicht wegzudiskutierende Tatsache, dass ein ebenso gezielter wie gemäßigter Haschisch- oder Marihuanakonsum positive und beständige Veränderungen im Selbstwertgefühl junger Menschen nach sich ziehen kann. Das gilt vor allem für sicher realitätsbezogene und sozial gut eingebundene Konsumenten, welche vor dem Hintergrund eines bereits tragfähigen inneren Gerüsts nach weiteren Lebenserfahrungen suchen. Sie testen Grenzen aus, sind aber gleichzeitig in der Lage, sinnhafte Regeln und Grenzen anzuerkennen und einzuhalten. Der Cannabisgebrauch dient ihnen niemals als Ventil für emotionale Schwierigkeiten, als Ausgleich für einen Mangel an tragenden sozialen Beziehungen oder als notdürftiger Selbstheilungsversuch eines beeinträchtigten Selbstgefühls von Wirkmächtigkeit in ihrem Leben. Der Umkehrschluss, dass Cannabis eine risikofreie, harmlose Angelegenheit sei, wäre allerdings völlig verfehlt.

Auch einige stärker wirkende Substanzen mit ihrem erstaunlichen entaktogenen, empathogenen oder entheogenen Wirkungsspektrum vermögen ihre Nutzer grundsätzlich in der persönlichen Entwicklung zu befördern. Unabdingbare Voraussetzung ist, dass die Eigenschaften der Rauschdrogen gezielt, bestimmungsgemäß und sorgfältig dosiert in Dienst genommen werden. Da über die hierzu nötige spezifische Drogenkompetenz nur eine Minderheit der jugendlichen Konsumenten verfügt, ist bei aller Würdigung der magischen Potenz dieser Mittel Zurückhaltung angebracht bei der Verbreitung von Legenden über »psychonautische« Drogenreisen in die Tiefen des Selbst, der Zeit oder des kosmischen Weltgeistes.

Entwickeln Drogen und Sucht eine Eigendynamik, so dass das Kind tief in den Brunnen fällt, brauchen Mütter und Väter dringend Verhaltensmöglichkeiten zur Wahrung der eigenen elterlichen Handlungsfähigkeit im Ernstfall. Eltern können den eigenen Kopf desto besser über Wasser halten, je stärker sie durch die Verfügung über *Sachkompetenz* und *Beziehungskompetenz* sachlich wie menschlich stimmig und angemessen zu reagieren wissen.

Eltern sollten »rote Ampeln« als Alarmzeichen für einen Besorgnis erregenden Drogengebrauch ihrer Söhne oder Töchter erkennen, über die Wirkungen jugendtypischer Drogen Bescheid wissen und sich präventiv mit der »Grammatik« der süchtigen Dynamik und Beziehungsstruktur vertraut machen. Vorab eine Ahnung davon zu bekommen, was in den familiären Beziehungen passieren kann, wenn Drogen und Sucht mit Macht in einer Familie Einzug halten, ist der beste Garant dafür, als Mutter oder Vater nicht in die typischen Beziehungsfallen zu tappen, die Drogen gebrauchende Jugendliche ihren Eltern so perfekt stellen können. Wer als betroffener Vater oder Mutter diese Voraussetzungen erfüllt, geht im Falle eines Falles nicht so leicht im Strudel oder Chaos der eigenen Gefühle unter.

»Erkläre mir die Welt, erkläre mir mich selbst«: Selbst die beste Prävention seitens der Eltern ist keine absolute Rückversicherung gegen einen aus dem Ruder laufenden Suchtmittelgebrauch von Jugendlichen, wenn sie in Schwierigkeiten mit dem Leben oder mit sich selbst geraten. Eine bestimmte Gruppe vorwiegend männlicher Cannabiskonsumenten gebraucht die Droge, um ein tiefes inneres Leiden an sich selbst, an Gott und der Welt erträglicher zu gestalten. Ihr Leiden als Verzweiflung an der täglich sichtbaren Ungerechtigkeit der Welt ist echt und unterscheidet sich spürbar von der Leidensmiene anspruchlicher »Nörgler und Jammerer«. Die Beratung oder Therapie mit diesen »Weltschmerzkonsumenten« gleicht vielfach einem Leistungskurs in philosophischer Politik oder politischer Philosophie. In jedem Falle ist sie ein Geduldsspiel, in dem die Konsumenten unter Achtung und Respekt vor ihrem Empfinden »zum Leben überredet« werden wollen.

Auf alle Heranwachsenden, die ihren Platz im Leben suchen und zu finden hoffen, wirken heutzutage viele Einflüsse von außen als Gegenkräfte gegen suchtpräventive Strategien. Sie bauen einen wachsenden Druck zum Benutzen von Rauschmitteln auf, der ein klares »Nein« zu den Stoffen, einen bestimmungsgemäßen Umgang mit ihnen oder einen risikoarmen kontrollierten Gebrauch erschwert.

In diesem gesellschaftlich schwierigen Umfeld sehen sich Eltern nicht selten im Regen stehen gelassen. Sie leisten den weitaus schwierigsten aller »Jobs«, nämlich Kinder so aufwachsen zu lassen, dass sie mit Zuversicht ins Leben gehen können, vermögen aber unter Umständen kein ausreichendes Gegengewicht zu setzen gegen alle die Kräfte und Tendenzen in unserer Gesellschaft, die Drogengebrauch bei jungen Menschen jeden Tag aufs Neue eher fördern als verhindern. Viele Eltern sehen sich aus vielerlei Gründen immer schneller, früher oder härter betroffen, als sie es jemals für möglich hielten. »Mein Kind doch nicht« ist allzu oft eine trügerische Illusion. Haben eigene Söhne oder Töchter erst einmal mit einem unangemessenen Gebrauch von Alkohol oder dem für Sie als Eltern vermutlich noch bedrohlicheren Konsum von illegalen psychoaktiven Drogen begonnen und Gefallen daran gefunden, benötigen Sie als Mütter und Väter eigene Standfestigkeit, Konsequenz und Beständigkeit, um den sich anbahnenden Problemen angemessen begegnen zu können. Da heißt die Devise: »Ruhe bewahren ist die erste Elternpflicht.«

Ruhe bewahren ist die erste Elternpflicht.

Ihr dringender Wunsch als Eltern, dass die Kinder den Konsum der

Rauschmittel unmittelbar wieder aufgeben sollen, ist zwar verständlich, aber ziemlich unrealistisch. Für Sie als besorgte Eltern stellt sich mithin die schwierige Aufgabe, mit Ihren Kindern gemeinsam möglichst unbeschadet jene Phase durchzustehen, während der die Drogen einen Platz in deren Leben einnehmen. Königswege und Patentrezepte gibt es hierfür nicht. Strategien, welche sich bei einem bestimmten Kind einer Familie als überaus wirkungsvoll erwiesen haben, können bei einem anderen Jugendlichen aus einer zweiten Familie völlig versagen. In jedem Falle ist es ein Bedürfnis von Eltern Drogen gebrauchender Jugendlicher, über Rat und Hilfe Rückenstärkung im Umgang mit dem Problem zu erfahren. Da helfen kein vages Drumherumreden und unentschiedene Eiertänze, sondern nur handfeste, praktisch umsetzbare Handlungsmöglichkeiten.

Was können oder sollen Eltern ganz konkret tun, wenn das Kind in den Brunnen gefallen ist? Die Liste der nachstehenden Empfehlungen ist ein Ergebnis jahrelanger Arbeit mit den Müttern und Vätern Drogen gebrauchender Jugendlicher. Eltern brauchen ein gerüttelt Maß an Fingerspitzengefühl, um das für die eigenen Kinder Passende daraus auszuwählen. Manche Kinder und Jugendlichen lassen sich nur »an der langen Leine« führen, andere reagieren positiv auf autoritäres Vorgehen und eng gesetzte Grenzen.

Jugendliche Drogenkonsumenten tun sich aus ihrer Sicht mit den Handlungsempfehlungen für Eltern verständlicherweise schwer, weil sie ihnen die Räume enger machen. Umgekehrt schmecken Müttern und Vätern bisweilen die Hinweise für jugendliche Drogengebraucher wenig, die sie zu einem verantwortlichen und risikoreduzierten Umgang mit den Mitteln ihrer Wahl anzuhalten beabsichtigen. Fairness bedeutet aber, jeweils auch die Sicht des Gegenübers zu respektieren, damit Probleme mit Drogen und Sucht gemeinsam überwunden werden können.

In Form von Rückenstärkung profitieren Mütter und Väter von Kindern, deren Drogengebrauch eindeutig schädliche Konsequenzen nach sich zieht oder gänzlich außer Kontrolle zu geraten droht, von folgenden Grundsätzen:

···⟩ Falls Sie es als Eltern nicht längst präventiv vorausschauend getan haben, machen Sie sich umgehend sachkundig. Eignen Sie sich das nötige Basiswissen zum Drogengebrauch Ihres Kindes an, damit Sie wissen, was Sache ist. Hierzu können Sie die am Ende dieses Beitrages angegebenen Bücher nutzen, die Ihr Wissen erweitern und Ihnen eine Vielfalt von

Handlungsmöglichkeiten anbieten. Der Zugewinn an Sicherheit auf der Sachebene mildert umgehend quälende Angst- oder gar Panikgefühle. Präventiv schützt Ihr Maß an Sachkenntnis davor, Ihr Kind mit Ihrer eigenen Unsicherheit oder Angst zu »infizieren«. Schlimmstenfalls führt eine solche Ansteckung mit Angst dazu, dass Ihr Kind im Endeffekt genau den Kontakt zu Drogen sucht, den Sie am meisten fürchten.

⋯⊹ Macht Ihr Sohn oder Ihre Tochter die ersten nennenswerten Erfahrungen mit Alkohol und kommt er oder sie angetrunken nach Hause, bewahren Sie Ruhe und reagieren Sie vorzugsweise mit Humor. Vermeiden Sie es, Ihr Kind mit abfälligen Bemerkungen zu beschämen. Den Umgang mit Alkohol muss Ihr Kind lernen. Sobald es seinen Rausch ausgeschlafen hat, machen Sie ihm klar, dass Sie es nicht ohne Konsequenzen hinnehmen werden, wenn es in Zukunft häufiger betrunken nach Hause kommt. Gehören Sie zu den Eltern, die ihr Kind nach einer akuten Alkoholvergiftung aus der Intensivstation eines Krankenhauses abholen müssen, scheuen Sie sich nicht, eine Beratungsstelle aufzusuchen.

> **Vermeiden Sie es, Ihr Kind mit abfälligen Bemerkungen zu beschämen.**

⋯⊹ Wenn Sie zum ersten Mal bemerken, dass Ihr Sohn oder Ihre Tochter illegale Rauschdrogen konsumiert, suchen Sie unaufdringlich das Gespräch mit ihnen und beobachten Sie aufmerksam, aber nicht inquisitorisch, die weitere Entwicklung. Beobachten meint nicht, über Jahre hinweg dem Konsum zuzusehen und darüber hinaus nichts weiter zu unternehmen.

⋯⊹ Geht der legale wie illegale Rauschmittelgebrauch Ihres Kindes über einen gemäßigten Gelegenheits- bzw. Freizeitkonsum hinaus und verfestigt er sich zudem durch harte Gebrauchsmuster, dürfen Sie keinesfalls untätig bleiben, schon gar nicht im frühen Einstiegsalter zwischen 12 und 14 Jahren.

⋯⊹ Setzen Sie klare, eindeutige Grenzen. Stellen Sie sich gleichzeitig darauf ein, dass Ihr Kind nach einer Phase vorübergehenden Nachgebens mit hoher Wahrscheinlichkeit in heftigsten Widerstand gehen und versuchen wird, die Grenzen zunächst zu dehnen, dann zu überschreiten und schließlich gänzlich zu ignorieren. Es wird Ihnen das Recht absprechen, ihm überhaupt etwas zu sagen zu haben. Geschlechtspezifisch werden Sie mit Söhnen in aggressivere Auseinandersetzungen geraten als mit Töchtern.

5

···⟫ Bleiben Sie hartnäckig beim Durchsetzen von Regeln. Zur Not müssen Sie sich über einen längeren Zeitraum regelrecht durchbeißen, bis Ihr Kind wieder gewillt ist, sich an vorgegebene Strukturen zu halten.

···⟫ Versuchen Sie als Mutter oder Vater unter allen Umständen, die Beziehung zu Ihrem Kind zu halten, selbst wenn es Ihnen noch so schwerfällt, weil es Ihre Beziehungsangebote immer wieder in absolut kränkender und verletzender Art und Weise entwerten wird. Verstehen Sie diese Prozesse als charakteristischen Ausdruck der süchtigen Dynamik. In der Phase chronischen Rauschmittelgebrauchs geht Jugendlichen im Verein mit der eigenen Überheblichkeit häufig das Gefühl dafür verloren, wie sie sich selbst und andere Menschen zutiefst verletzen.

> **Versuchen Sie als Mutter oder Vater unter allen Umständen, die Beziehung zu Ihrem Kind zu halten, selbst wenn es Ihnen noch so schwerfällt.**

Sind Sie selbst vom Drogengebrauch eines Kindes empfindlich getroffen, wählen Sie als Mutter oder Vater aus den anschließenden Verhaltensmöglichkeiten diejenigen aus, die Sie selbst in Ihrer ganz eigenen familiären Situation »übers Herz bringen«:

···⟫ Stellen Sie sich auf der Beziehungsebene darauf ein, heftigsten Gefühlsbädern unterworfen zu werden, falls Sie ein Kind gezwungenermaßen durch eine »Drogenkarriere« begleiten müssen. Ihre Empfindungen werden schwanken zwischen hoffnungsvoller Zuversicht, wenn Sie bei Ihrem Kind Anzeichen von positiver Veränderung wahrzunehmen glauben, sowie Niedergeschlagenheit, Depression und Hilflosigkeit, wenn Ihr Kind wieder vermehrt Rauschmittel konsumiert, sich rücksichtslos unsozial verhält und sich über alle Regeln hinwegsetzt. Für Momente werden Sie es regelrecht hassen und es aus der Familie werfen wollen. Wenig später werden Sie wieder Ihre Liebe zum Kind spüren und es unter allen Umständen in der Familie zu halten suchen.

···⟫ Machen Sie den Drogengebrauch Ihres Sohnes oder Ihrer Tochter auf keinen Fall zum einzig lebensbestimmenden Thema in der Familie. Lassen Sie diese Verengung des Blickwinkels nicht zu. Halten Sie die Augen offen für die liebenswerten Seiten Ihres Kindes. Vernachlässigen Sie auf Grund Ihres »Sorgenkindes« nicht weitere Geschwister, die Ihrer Halt gebenden Zuwendung bedürfen, um in ihrer Verunsicherung ob der familiären Situation Beruhigung zu erfahren.

··❥ Akzeptieren Sie keinen bedenklichen Suchtmittelgebrauch Ihres Kindes in Ihren eigenen vier Wänden. Entsorgen Sie eventuell vorhandene Utensilien für illegalen Drogengebrauch, insbesondere Rauchgeräte zum Konsum von Cannabis. Den sich daran entzündenden Aggressionsausbruch dürfen Sie nicht scheuen. Lassen Sie sich nicht auf Diskussionen ein, dass Ihr Kind die Rauchgeräte nur für einen Freund verwahrt, dessen Eltern nichts von seiner Kifferei wissen sollen.

··❥ Weisen Sie deutlich unter Drogeneinfluss stehenden Freunden Ihres Kindes konsequent den Weg durch die Tür. Vermeiden Sie dabei, Ihr Kind vorzuführen oder vor seinen Freunden zu beschämen. Diskutieren Sie im Falle eines Falles auch nicht bis zur Erschöpfung darüber, sondern handeln Sie. Falls Sie Rauschmittel gebrauchende Freunde Ihres Kindes kennen, nehmen Sie Kontakt zu deren Eltern auf. Reden Sie Klartext, welches »Spiel« da läuft. Tauschen Sie sich bei Bedarf häufiger mit anderen Eltern aus, um »Schlupflöcher« zu schließen, welche der Clique Gelegenheit zu ungestörtem Drogenkonsum bieten können. Wenn Sie andere Eltern kontaktieren, seien Sie nicht allzu überrascht, falls diese von einem gemeinsamen Drogengebrauch der Kinder nichts hören und wissen wollen. Es ist zwar schwer verständlich, aber manche Eltern reagieren so. Es kümmert sie nicht mehr sonderlich, was ihre Kinder treiben. Arbeiten Sie mit denen zusammen, die froh über Ihre Kontaktaufnahme sind.

> **Weisen Sie deutlich unter Drogeneinfluss stehenden Freunden Ihres Kindes konsequent den Weg durch die Tür.**

5

··❥ Hat Ihr Kind Cannabis zur Droge seiner Wahl erkoren, nehmen Sie keinen Eigenanbau von Hanfpflanzen hin.

··❥ Gelegentlich entscheiden Eltern in dieser Frage anders, wenn sie fest davon überzeugt sind, dass ihr Sohn oder ihre Tochter nur gelegentlich kifft. Sie drücken dann beim beliebten Eigenanbau von Hanfpflanzen ein Auge zu und nehmen die Position ein, es schade ihrem Kind weniger, wenn es selbst erzeugtes Marihuana in guter Qualität gebrauche, als sich auf dem illegalen Markt mit dubiosen Dealern einzulassen. Eine solche Entscheidung kann verantwortungsbewussten Eltern niemand abnehmen. Eine stillschweigende »Komplizenschaft« ist allerdings niemals eine vorteilhafte Position für Eltern.

··❥ Fahren Sie Ihr Kind nirgendwo hin, von wo aus es sturzbetrunken oder unter dem Einfluss illegaler Substanzen stehend nach Hause gekommen ist. Ansonsten sind gemeinsame Autofahrten eine der wenigen verbleibenden Gesprächsmöglichkeiten zur Beziehungspflege.

···> Geben Sie Ihrem Kind sein ihm regelmäßig zustehendes Taschengeld, aber darüber hinaus keine zusätzlichen Summen. Macht es durch unterschiedlichste Begründungen Geldbedarf für Dinge geltend, welche Sie ihm normalerweise bezahlen, lassen Sie sich die korrekte Verwendung des Geldes durch Quittungen nachweisen. Ansonsten besteht das Risiko, dass Sie nach allen Regeln der Kunst ausgetrickst werden.

···> Hat Ihr Kind durch seinen regelmäßigen Rauschmittelgebrauch einen erhöhten Geldbedarf, achten Sie auf Ihren Geldbeutel. Bemerken Sie Fehlbeträge und wird deutlich, dass Ihr Kind Sie bestiehlt, müssen Sie Ihr Geld wegschließen. Das ist deprimierend, lässt sich aber bisweilen nicht vermeiden. Selbst wenn Sie noch so arg schockiert sind oder aus allen Wolken fallen, reagieren Sie nach dem Motto: »Ruhe ist die erste Elternpflicht.« Treffen Sie eine Regelung mit Ihrem Kind, wie es Ihnen die entwendete Summe zurückbezahlt, oder vereinbaren Sie eine symbolische Wiedergutmachung von ihm. Die Wiedergutmachung hilft ihm, sich von seinem »Schuldkonto« zu entlasten. Die Bereinigung seines schlechten Gewissens ist die Voraussetzung dafür, dass Ihr Kind Ihnen langfristig wieder offen in die Augen schauen kann.

···> Wird deutlich, dass Ihr Kind Geld von Geschwistern stiehlt oder sich an deren Eigentum vergreift, um Waren zu »verticken«, müssen Sie die Geschwister schützen. Es ist auch für Brüder und Schwestern niederschmetternd, wenn sie ihr Eigentum weg- oder gar ihre Zimmer verschließen müssen, aber es macht Grenzen deutlich und schützt auch das Drogen gebrauchende Problemkind vor weiteren Übergriffen.

···> Vergeht Ihnen bei gemeinsamen Mahlzeiten der Appetit, weil Ihr Kind unter erheblicher Drogeneinwirkung steht, können Sie es umgehend vom Tisch wegschicken. Machen Sie ihm klar, dass Sie es nicht grundsätzlich ablehnen, sondern nur in der aktuellen Situation nicht mit ihm zusammen essen möchten.

···> Kommt Ihr Kind tagsüber oder nachts regelmäßig stark zugedröhnt nach Hause, können Sie sich entschließen, es umgehend wieder dahin zurückzuschicken, woher es gekommen ist. Vor einem solchen Hinauswurf schrecken viele Mütter und Väter zurück, weil sie befürchten, es könnte Schlimmeres passieren. Umgekehrt trauen viele Söhne oder Töchter ihren Eltern eine solch unmissverständliche Reaktion überhaupt nicht zu.

Kommt Ihr Kind am nächsten Tag mit klarem Kopf zurück, steht ihm die Tür selbstverständlich wieder offen.

⋯⟩ Zu einem derart energischen Schritt sind Eltern eher in der Lage, wenn sie wissen, dass Jugendliche nach einem solchen Hinauswurf in der Regel zu Freunden gehen, bei denen sie sich für den Moment sicher aufgehoben fühlen. Eltern, die es gewagt haben, auf diese Weise eine deutliche Grenze zu setzen, haben damit vorwiegend positive Erfahrungen gemacht.

⋯⟩ Dreht sich die Spirale weiter, werden Sie als Eltern ohnehin anfangen, darüber nachzudenken, ob Sie Ihr Kind nicht ganz aus der Wohnung oder aus dem Haus werfen sollen. Zu unerträglich scheint die familiäre Situation. Informieren Sie sich bei den zuständigen Ämtern und Behörden über die rechtliche Lage und eventuelle finanzielle Belastungen, damit Sie Ihren Handlungsspielraum zuverlässig einzuschätzen wissen. Erklären Sie Ihrem Kind in Ruhe diesen Schritt. Sichern Sie ihm zu, dass Sie es nicht fallen lassen, sondern weiter zu ihm halten möchten, mit dem Ziel, die kritische Zeit gemeinsam zu bewältigen. Verknüpfen Sie Ihre Zusicherung mit der Bedingung, dass Ihr Kind sich an ein Minimum an Regeln hält, die ein erträgliches Zusammenleben ermöglichen. Halten Sie die entsprechenden Vereinbarungen schriftlich fest und lassen Sie sie von Ihrem Kind unterschreiben.

> **Verknüpfen Sie Ihre Zusicherung mit der Bedingung, dass Ihr Kind sich an ein Minimum an Regeln hält, die ein erträgliches Zusammenleben ermöglichen.**

5

⋯⟩ Bei aller inneren elterlichen Not: Versuchen Sie auf der reifen Erwachsenenebene ein den wechselnden Situationen angemessenes inneres Gleichgewicht zu wahren zwischen erlaubendem Gewähren und Grenzen setzendem Versagen. Für Ihr Kind soll Ihre innere Linie erkennbar bleiben. Sehen Sie es sich aber nach, wenn Sie nicht in jeder neuen Situation gleich konsequent zu handeln vermögen. Sich im Wechselbad der Gefühle immer gleich »straight« zu verhalten ist ein unerfüllbarer Anspruch, der nur von Theoretikern erhoben werden kann, die selbst nie einer ähnlichen Situation ausgesetzt waren.

⋯⟩ Trotz und wegen aller Belastung: Vergessen Sie als Mutter oder Vater Ihr eigenes Wohlbefinden nicht. Halten Sie unter allen Umständen an Aktivitäten wie Unternehmungen fest, die Ihnen persönlich guttun. Geben Sie nicht über Jahre hinweg eigene Urlaubspläne auf, weil Sie der Meinung sind, Sie könnten Ihr Kind nicht alleine zu Hause lassen. Zur Not richten Sie es in Ihrer Wohnung oder in Ihrem Haus so ein, dass die Bereiche abgesperrt sind, zu denen Ihr Kind während Ihrer Abwesenheit keinen Zugang haben soll. Wenn Sie sich als Eltern mit einer solchen Maßnahme mies fühlen, ist das sehr verständlich, aber Sie haben nur die Auswahl zwischen weiteren schlechten Gefühlen: wieder auf Urlaub, Entlastung und Erholung zu verzichten oder wegzufahren und nicht zu wissen, wie Sie Haus oder Wohnung wiederfinden, falls Sie kein Vertrauen in Ihr Kind setzen können. Bei Ihrer Abwesenheit nur für den eigenen eingeschränkten Bereich verantwortlich zu sein kann für Ihr Kind auch eine Chance zur Anerkennung altersgemäßer Verantwortungsübernahme sein.

····⟩ Lassen Sie sich als Elternpaar von Ihrem Kind nicht gegeneinander ausspielen. Beraten Sie sich gemeinsam über anstehende Maßnahmen und Reaktionen. So werden Sie widerstandsfähiger dagegen, dass das süchtige Virus Ihre eigene elterliche Beziehung gefährdet oder tatsächlich spaltet und sprengt.

Lassen Sie sich als Elternpaar von Ihrem Kind nicht gegeneinander ausspielen.

····⟩ Vermeiden Sie es, sich als Mutter oder Vater in Selbstzweifeln und eigenen Schuldgefühlen zu ergehen. Mit Schuld lässt sich nicht gut arbeiten. Es ist allerdings etwas völlig Verschiedenes, mögliche eigene elterliche Verantwortungen zu klären, um eigenes Verhalten eventuell konstruktiv zu verändern, als sich durch nagende Schuldgefühle nach dem Motto »Was haben wir bloß falsch gemacht?« im Handeln lähmen zu lassen.

····⟩ Nehmen die Schwierigkeiten durch den Drogengebrauch Ihres Kindes Ausmaße an, welche Ihre gesamte Familie zu zerstören drohen, ist es nicht nur legitim, sondern aus Selbsterhaltungsgründen sogar geboten, den letzten Schritt zu erwägen und Ihr Drogen gebrauchendes Kind aus der Familie zu verbannen. Sie mögen den Eindruck haben, dass die bevorstehende Trennung Ihr Herz zerreißt; schließlich geht es um Ihr Kind. Doch wenn die Drogen als übermächtiger Gegner nicht mehr zu besiegen sind, nützt es Ihrem Kind nichts, wenn Sie mit ihm zusammen untergehen. Sorgen Sie in dem Fall für Ihr Überleben. Ihr Kind kann sich dann immer noch aus eigenem Antrieb zu retten versuchen. Die Familienbande zu trennen sollte aber Ihre aufrichtige Entscheidung sein und nicht gegen eigene innere Überzeugung erfolgen, nur weil außenstehende Dritte Ihnen einen solchen Schritt nahelegen.

···⟩ Geben Sie bei allen Wechselbädern der Gefühle nie die Hoffnung auf, die Lebenskrise mit Ihrem Kind zusammen zu bewältigen, so dass alle mitbetroffenen Familienangehörigen am Ende des Tunnels doch noch wieder das Licht entdecken.

···⟩ Geht Ihr Kind seinen Weg unbeirrbar bis zum bitteren Ende weiter, ohne dass Sie noch das Geringste dagegen zu tun vermögen, suchen Sie sich selbst professionelle Hilfe zur Verarbeitung des schmerzlichen Verlusts.

Der chronische Drogengebrauch von Kindern und Jugendlichen bringt für Eltern wie Geschwister in aller Regel ein Maß an seelischer Belastung mit sich, welches eigentlich über das Erträgliche hinauswächst. Das Ziel ist, die Belastung gemeinsam zu bewältigen, um wieder uneingeschränkt liebesfähig sein zu können. Kinder und Jugendliche brauchen auf diesem Weg häufig eine jahrelange sie haltende Begleitung. Eine leidgeprüfte Mutter brachte es in einer Gruppe für Mütter und Väter Drogen gebrauchender Kinder für sich persönlich auf den Punkt: »Ein Kind lässt man doch nicht fallen.« Auch wenn die Lage noch so hoffnungslos erscheint, die Erfahrungen aus der Elternarbeit zeigen, dass sich bei Suchtmittel missbrauchenden Jugendlichen vieles auch noch nach langen Jahren des Ringens und der scheinbar vergeudeten Lebenszeit zum Positiven wendet. Je früher Sie als Eltern den Drogengebrauch eines Kindes realisieren und intervenieren können, desto größer sind die Chancen, das Problem einzugrenzen. Falls Sie als Mutter oder Vater jedoch nicht mehr selbstständig weiterwissen, kommen die für Sie absolut hilfreichen Elterngruppen ins Spiel. Entweder gehören sie zum Regelangebot von Drogenberatungsstellen, oder sie organisieren sich selbsttätig als Elternkreise.

Lassen Sie sich im Ernstfall niemals von Dritten, seien es Ärzte, Drogenberater, Verwandte oder andere Menschen, die es aus ihrer Sicht »gut mit Ihnen meinen«, zu einer elterlichen Handlung überreden oder nötigen, die Sie nicht übers Herz bringen. Wenn Drogen und Sucht in eine Familie Einzug halten und die Beziehungsbande gefährden, kommen viele Eltern nicht umhin, mit dem Problem mitzuwachsen, ungeahnte innere seelische Kräfte zu mobilisieren und bisher gänzlich unvertraute Verhaltensstrategien an den Tag zu legen. Funktionieren kann aber nur, was überzeugt. Wenn ich persönlich mit Eltern in Beratungssituationen oder Familientherapien Handlungsvorstellungen oder Pläne entwickle, frage ich sie grundsätzlich immer: »Was hält Ihr Mutter- oder Vaterherz aus?« Es ist zwecklos, Interventionen ins Auge zu fassen, die Eltern nicht umzusetzen vermögen. Doch mit entschiedener Rückenstärkung geht vieles leichter, und Eltern trauen sich Schritte zu, vor denen sie anfänglich vielleicht zurückgeschreckt sind. Hilfreich ist, was wirkt, und viele Köpfe, vor allem diejenigen von selbst betroffenen Müttern und Vätern, bringen viele gute Ideen hervor. Insofern sind Elterngruppen als Ressource eine wahre Schatzgrube.

Ihre wichtigste »Überlebenshilfe« in der Auseinandersetzung mit den Gegnern Drogen und Sucht sind und bleiben allerdings Sie persönlich als Mutter und Vater. Ihr Maß an Sachkompetenz wie menschlicher Beziehungsfähigkeit ist entscheidend für das überlebensfähige Maß an Hoffnung in schwierigen Zeiten. Sie entscheiden auch darüber, ob das Lachen und der Humor im Leben noch einen Platz haben dürfen. Trotz allen Ernstes der Situation, wenn Drogen und Sucht das Leben überschatten, hat Lachen einen ganz eigenen zwischenmenschlichen, therapeutischen und lebensbejahenden Wert.

»Is(s) was?!« Ess-Störungen

Monika Gerlinghoff, Herbert Backmund

5

Ungefähr drei Viertel der Jugendlichen in Deutschland im Alter zwischen 11 und 17 Jahren haben ein normales Körpergewicht, sind also, nach heute gebräuchlichen Maßstäben, was das Gewicht betrifft, gesund. Das Problem ist, dass nicht alle diese Jugendlichen damit zufrieden sind. Dabei gibt es Unterschiede zwischen Mädchen und Jungen. In ihrer eigenen Wahrnehmung empfindet sich etwas mehr als die Hälfte der Mädchen als zu dick, gegenüber einem guten Drittel der Jungen. Diese Ergebnisse des Kinder- und Jugendgesundheitssurveys KiGGS des Robert Koch-Institutes von 2007 sind vielleicht eine Erklärung dafür, dass so viele Jugendliche – Fachleute schätzen etwa 75 % – schon mindestens einmal eine Diät gemacht haben. Darin mag sich die Unzufriedenheit mit der eigenen Figur widerspiegeln. Nicht selten ist Abnehmen (und Fitness) auch ein Thema in der Familie. Der Einfluss der elterlichen Essgewohnheiten ist für Heranwachsende größer als zum Beispiel der einer Peergroup. Das mütterliche Diätverhalten spielt eine wichtigere Rolle als das des Vaters. Von väterlicher Seite sind es in erster Linie entsprechende Bemerkungen, ob abwertend oder bewundernd, über Figur und Aussehen der Tochter, die zu einer Diät veranlassen können.

Die Unzufriedenheit mit der eigenen Figur ist keineswegs auf Kinder und Jugendliche beschränkt. Über die Zahl der Erwachsenen, die sich oft genug vergebens bemühen, dem geltenden Schlankheitsideal zu entsprechen, gibt es keine aktuellen Angaben. Der Prozentsatz der Unzufriedenen dürfte hoch sein.

Das Besondere bei Jugendlichen besteht darin, dass häufige Diäten, die ständige Beschäftigung mit Aussehen und Figur, verbunden mit dem Wunsch, abzunehmen, unter Fachleuten als Risiko für die Entwicklung einer Ess-Störung von Krankheitswert gelten.

Im medizinischen Sinn sind Ess-Störungen Krankheiten. Sie sind keine krisenhaften Episoden im Stadium des Heranwachsens, und ihre Symptome entsprechen keineswegs launenhaften Attitüden pubertierender Jugendlicher, wie manche Erwachsene auch heute noch glauben.

In der Medizin wird der Begriff Ess-Störungen (eating disorders) etwa seit den 80er-Jahren des letzten Jahrhunderts verwendet. Darunter werden die Magersucht (Anorexia nervosa), die Ess-Brech-Sucht (Bulimia nervosa) und die Ess-Sucht (binge eating disorder) einschließlich atypischer Formen zusammengefasst. Obwohl in der deutschen Bezeichnung dieser Krankheiten der Begriff Sucht verwendet wird, werden sie in der medizinischen Klassifikation nicht dazu gerechnet.

Ess-Störungen entsprechen also definierten Krankheiten und sind von gestörtem Essverhalten zu unterscheiden.

Die Kernsymptome der Ess-Störungen sind in den international verwendeten Diagnoseverzeichnissen aufgelistet.

Magersucht (Anorexia nervosa)

Magersucht ist die am längsten bekannte und auch die spektakulärste unter den Ess-Störungen. Unter medizinischen Gesichtspunkten stammt die älteste Krankheitsbeschreibung von dem Engländer Richard Morton aus dem Jahr 1691. In seinem Bericht über ein 17-jähriges Mädchen sind alle wesentlichen Symptome aufgeführt, mit denen wir uns auch heute auseinandersetzen müssen, einschließlich des gesteigerten Bewegungsdranges und der Ablehnung jeglicher Behandlung. Die Bezeichnung Anorexia nervosa wird dem Londoner Arzt Sir William Gull zugeschrieben, der über die Krankheit mehrfach, u. a. 1873 und 1888, in der medizinischen Wochenzeitschrift *The Lancet* berichtet hat. Zur gleichen Zeit (1873) hat der französische Arzt Ernest Charles Lasègue über Anorexie hystérique geschrieben. Wir wissen aus Berichten, dass den damaligen Ärzten diese Krankheit durchaus bekannt war. Magersucht ist also keineswegs eine Modeerscheinung unserer Zeit, Folge des Schlankheitsideals seit Mitte der 50er-Jahre des 20. Jahrhunderts.

Zu den wesentlichen Symptomen der Magersucht gehören die selbst gewollte und herbeigeführte Gewichtsabnahme (unter einen Body-Mass-Index [BMI] von 17,5), eine panische Angst, zu dick zu sein oder zu werden, und eine nicht nachvollziehbare Störung der eigenen Wahrnehmung, etwa die Überzeugung, einen fetten Bauch zu haben, und zwar selbst noch in einem Stadium bedrohlicher Auszehrung. Viele Magersüchtige müssen sich exzessiv bewegen, nicht nur, um dadurch weiter an Gewicht zu verlieren, sondern auch aus einem kaum beherrschbaren Zwang. Mehr als die Hälfte der Erkrankten kann aus verschiedenen Gründen das selbstauferlegte Hungern nicht durchhalten. Sie essen mehr, als sie sich eigentlich erlaubt haben, und sie versuchen anschließend, durch verschiedene Maßnahmen die Folgen der unerwünschten Kalorienzufuhr zu vermeiden. Wir sprechen von einer bulimischen Form der Magersucht und grenzen sie ab von denjenigen, die nur hungern und sich bewegen.

Ess-Brech-Sucht (Bulimia nervosa)

Bulimie bedeutet so viel wie Stierhunger. Mit diesem Ausdruck soll ein Symptom beschrieben werden, das für diese Krankheit charakteristisch ist, nämlich das Verschlingen großer Nahrungsmengen. Dieses Verhalten kann im Verlauf einer Magersucht auftreten. Als selbstständige Krankheit wurde die Bulimia nervosa erst 1993 definiert und in die Diagnoseverzeichnisse eingeführt. Ein wichtiges diagnostisches Kriterium ist die ausgeprägte Abhängigkeit des Selbstwertes von Gewicht und Figur. Sehr belastend – psychisch ebenso wie körperlich – können sich die so genannten kompensatorischen Maßnahmen auswirken. Dabei geht es darum, die negativen Auswirkungen der oft reichlichen Nahrungsmengen, so gut es geht, zu vermeiden. Zu diesen Maßnahmen gehört selbst herbeigeführtes Erbrechen ebenso wie der übermäßige Gebrauch von Arzneimitteln und anderen abführenden Stoffen oder exzessives Bewegen oder tagelange Nulldiät. Alle diese Praktiken können zu erheblichen psychischen und körperlichen Belastungen führen.

Ess-Sucht (binge eating disorder)

Diese Form der Ess-Störung ist in ihren Kernsymptomen der Bulimie verwandt. Heißhungeranfälle ohne kompensatorische Maßnahmen sind das charakteristische Symptom, so dass es bei den Betroffenen allmählich zu einer Gewichtszunahme kommt. Aber nicht das Übergewicht ist für die Diagnose entscheidend, sondern der oft erhebliche psychische Leidensdruck mit depressiver Verstimmung, Ekel vor sich selbst und Schuldgefühlen, die mit den Essattacken verbunden sind. Die Diskussion darüber, ob die Ess-Sucht eine eigene Krankheitseinheit ist oder eine Sonderform der Bulimie, ist noch nicht abgeschlossen. Gefährlich können die Komplikationen des Übergewichtes, nämlich Bluthochdruck und Diabetes werden.

Epidemiologie der Ess-Störungen

Ess-Störungen beginnen häufig im Jugendalter und setzen sich in das Erwachsenenalter fort. Am meisten betroffen sind Mädchen und junge Frauen im Alter zwischen 12 und 25 Jahren. Magersucht manifestiert sich am häufigsten um das 14. Lebensjahr, kann aber auch vor der Pubertät beginnen. Die Häufigkeit oder Prävalenz der Anorexie beträgt 0,5 bis 1 % in der vorwiegend betroffenen Altersgruppe. Jungen und Männer erkranken wesentlich seltener.

Die Bulimie beginnt etwas später, entwickelt sich nicht selten aus einer anorektischen Phase oder aus vermeintlichem oder tatsächlichem leichtem Übergewicht. Die Prävalenz wird auf 3 % geschätzt. Mädchen und Frauen erkranken häufiger als Männer. Zur Ess-Sucht gibt es bis jetzt sehr viel weniger Daten. Es wird angenommen, dass diese Art der Ess-Störung später beginnt als die Bulimie und häufiger auch Männer erkranken.

Bei Bulimie und Ess-Sucht ist die Dunkelziffer sicher höher als bei der Magersucht. Auch Angaben zur Mortalität der Ess-Störungen sind beschränkt. Für Magersucht wird in der Literatur eine Sterblichkeitsrate von 6 % angegeben, für Bulimie etwa 3 %.

Über die Ursachen

Die genaue Ursache der Ess-Störungen ist unbekannt. Die genaue Ursache der Ess-Störungen ist unbekannt. Es gibt keine einfache Erklärung für ihre Entstehung. Diskutiert wird ein mehrdimensionales Modell mit biologischen, psychosozialen und soziokulturellen Einflüssen. Forschungsergebnisse aus der Neurobiologie gewinnen an Bedeutung. Wie für andere psychische Erkrankungen muss eine genetische Disposition bei der Entstehung von Ess-Störungen angenommen werden. Es ist noch ungeklärt, ob Erklärungsmodelle, wie sie für stoffgebundene Süchte formuliert wurden, auch auf Ess-Störungen angewendet werden können. Zweifellos gibt es Verhaltensweisen bei Essgestörten, die an süchtiges Verhalten erinnern. Vermutlich muss bei Diskussionen um genetische Einflüsse zwischen Magersucht, zumindest ihrer restriktiven Form, und Bulimie unterschieden werden.

Die soziokulturellen ursächlichen Faktoren nehmen in der öffentlichen Diskussion in den Medien den breitesten Raum ein. In erster Linie geht es immer wieder um das Schlankheitsideal, das seit etwa Mitte des vorigen Jahrhunderts die Mode, das Aussehen der Models und als Vorgabe das betont figürliche Aussehen der Gesellschaft beherrscht.

5

Persönliche Eigenschaften und Verhalten der Ess-Gestörten

Der Anfang ist harmlos. Irgendwann interessieren sich später Magersüchtige für Nahrungsmittel und ihre Zusammensetzung, legen auf einmal Wert auf gesunde Lebensmittel und manche entschließen sich, nur noch vegetarisch zu essen. Vor allem aber reduzieren sie die Menge der Nahrung, genießen es, wenn der Erfolg sichtbar wird und ihnen das Abnehmen besser gelingt als anderen Familienmitgliedern oder einer Freundin. Manche entdecken scheinbar plötzlich ihre Vorliebe fürs Kochen und übernehmen die Regie in der Küche. Sie sind unermüdlich, fast rastlos, scheuen keinen Weg, sind ständig unterwegs, laufen, joggen, treiben Sport, wann immer es geht. Sie lernen für die Schule, steigern ihre Leistungen und erzielen noch bessere Noten als zuvor. Eigentlich ist das alles eine erfreuliche Entwicklung, ein Grund, stolz zu sein. Spät erst fällt auf, dass das junge Mädchen seine Fröhlichkeit verloren hat, sich immer mehr zurückzieht, nichts mehr mit Freundinnen und Freunden unternimmt und inzwischen einsam und traurig geworden ist. Die Mutter oder die Eltern geraten in Sorge, weil sie ihr Kind nicht mehr erreichen können. Die Tochter reagiert ungewohnt abweisend, gereizt, verletzt und verletzend, vor allem, wenn sie auf ihre neuerlichen Essgewohnheiten und die zunehmende Gewichtsabnahme angesprochen wird.

Der Anfang ist harmlos.

Es liegt nahe, dieses veränderte Verhalten mit der Pubertät zu erklären, und in der Tat fällt der Beginn einer Magersucht am häufigsten in diesen Entwicklungsabschnitt. Magersüchtige können später davon berichten, wie sehr sie darunter gelitten haben, den Menschen, die ihnen am nächsten stehen, so viel Sorge bereitet zu haben, und sie sagen, dass sie nicht anders konnten.

Ess-Störungen spielen sich im Kopf ab. Denn Ess-Störungen spielen sich im Kopf ab. Nicht wenige sprechen von einer inneren Stimme, die sie beschimpft, oder von einem Dialog zwischen einem »Engel« und einem »Teufel«, der sie unflätig zurechtweist, wenn sie einen Moment lang versucht sind, ihrem Hunger nachzugeben. Aus ihren oft erschütternden schriftlichen Berichten können wir entnehmen, wie sehr die Patientinnen ihrem krankhaften Denken ausgeliefert sind, keine Chance haben, dem Zwang, zu hungern und sich zu bewegen, zu entkommen, auch dann noch, wenn ihnen die Folgen des Gewichtsverlustes zu schaffen machen.

Auszug aus Aufzeichnungen einer magersüchtigen Patientin:

Gedanken am Morgen:
»... Ich bin abstoßend. Ich verstehe sowieso nicht, warum sich überhaupt noch jemand mit mir abgibt. Das ist doch absurd, so fett und hässlich, wie ich bin. In meinem Kopf pocht es, und ich muss mich einen Moment hinsetzen, da der Schwindel wieder Besitz von mir ergreift. Gerechte Strafe. Ich gehe in die Küche. Ich nehme mir den Joghurt mit 0,1 % Fettgehalt und einen Löffel. Ich gebe etwas Joghurt in ein Schälchen und löse eine Süßstofftablette darin auf. Ich beginne langsam, den Joghurt zu löffeln. Ich tue das nicht für mich, ich will nur nicht mit meiner Mutter diskutieren. Mich verletzen ihre Blicke sehr, die Blicke, die sagen: Iss mehr. Aber ich kann nicht, diesen Gefallen kann ich ihr nicht tun, alles, aber nicht essen. Ich gehe ins Bad und wasche mein Gesicht. Ich schaue in den Spiegel, ein hässliches Etwas mit Augenringen schaut mich an. Du bist so hässlich und fett. Diese Beine und dieser Bauch, überall Fett. Ich bin sauer, sauer auf alles, was an mir ist, wie ich bin und wie ich aus-

sehe. Ich trete einmal feste gegen die Badewanne. Gut bestraft. Jetzt noch schnell etwas anziehen, viele Lagen und dann noch die Jacke drüber. Ich verstecke all mein Fett und mich, ich hole meine Schultasche, verabschiede mich und gehe ...« *(Auszug aus Gerlinghoff/Backmund 2007)*

Patientinnen mit Bulimie geht es nicht besser. Man sieht ihnen ihre Krankheit nicht an, die sich noch dazu meistens im Heimlichen abspielt. Auch bei ihnen ist das Ausmaß des zwanghaften Denkens groß. Die gedankliche Beschäftigung mit Essen und Nichtessen, Planung und Organisation von Heißhungeranfällen, das Aufräumen und die Beseitigung von Spuren beherrschen den Tag.

Man sieht Bulimiepatientinnen ihre Krankheit nicht an, die sich noch dazu meistens im Heimlichen abspielt.

Eine Patientin beschreibt einen bulimischen Anfall, wie er sich allabendlich während ihrer Krankheit abgespielt hat:

5

»... Zu Hause mache ich mir Wasser heiß, packe das Essen aus, verdunkle die Fenster und beginne zu essen, mechanisch, einen Bissen von jedem, Geschmacksexplosionen hintereinander. Der gleiche Platz im Kotzloch, das so klein ist, dass ich mich kaum umdrehen kann, das mich abstößt, so dass ich schon seit Wochen nur das Nötigste putze und abspüle.

Ich esse und esse, tunke Gebäck und Schokolade in das heiße Wasser, trinke zwischen den Bissen kühles Leitungswasser, rotiere immer gehetzter zwischen den verschiedenen Lebensmitteln. Irgendwann ist der süße Vorrat aufgebraucht, ich bin aber noch nicht zum Brechen bereit. Denke, wenn ich schon einmal esse, dann auch ALLES, was ich mir den Tag über und viele Jahre lang verboten habe. Im Kühlschrank stehen Hüttenkäse, Marmelade, Honig und im Schrank noch ein paar Scheiben Vollkornbrot. Ich reiße mit zitternden Händen die Packung auf, schmiere die Brote noch vor dem Schrank stehend, schütte Zucker, Marmelade, Honig und den Käse zusammen und stopfe mich mit der süßen Pampe voll, bis ich merke, wie mein Magen heiß wird. Das ist für mich das erste Zeichen, dass ich aufhören muss, jetzt beginne ich, das verbotene Essen zu verdauen, und das gilt es um jeden Preis zu verhindern. Ich lasse alles stehen und liegen, renne ins Klo, ziehe mir mechanisch meine Kotzklamotten an, drehe das Wasser auf, hoffe vergebens, dass mich mein Nachbar, der sich schon mal beschwert hat, durch die dünne Wand nicht hören wird. Mein Telefon klingelt, ich ignoriere es. Dann konzentriere ich mich ganz aufs Brechen, werde panisch, wenn ich merke, wie mühsam es ist und wie ungern mein Körper die Nahrung hergibt. Ich breche und breche und breche, immer erschöpfter, bis ich mich leer und ausgelaugt fühle. Dann verschwindet jedes Gefühl unter einer bleiernen Müdigkeit. Ich räume die Spuren meines Anfalls weg, die Reste vom Essen, und putze Schreibtisch, Spüle, Bad. Alles scheint ertragbar zu sein, ich habe keine Ansprüche mehr, keine Trauer, keine Wut und keinen Hunger, ich bin zufrieden damit, ins Bett zu fallen und in der nächsten Sekunde zu schlafen ...« *(Gerlinghoff 2006)*

Gemeinsam ist den Essgestörten eine besondere Qualität des Denkens, die sie selbst als »sich abwerten« bezeichnen, sie ist für einen nicht Essgestörten kaum nachvollziehbar. Sich abwerten bedeutet, sich bei jeder Gelegenheit – von Höchstleistungen abgesehen – als Versagerin zu fühlen, als untüchtig, dumm, wertlos oder zumindest uninteressant. Diese Einstellung zu sich selbst ist verbunden mit einem starken Leistungsanspruch und einem extremen Perfektionismus in allen Lebensbereichen.

Das sich selbst abwertende Denken ist sehr hartnäckig und überdauert nicht selten eine erfolgreiche Therapie über Jahre.

Dieses sich selbst abwertende Denken ist sehr hartnäckig und überdauert nicht selten eine erfolgreiche Therapie über Jahre. Es kann verhindern, dass nach einem Rückfall erneut therapeutische Hilfe in Anspruch genommen wird, weil die Schuld bei sich selbst und nicht bei der Krankheit gesucht wird.

Eltern können zwar sichtbare Veränderungen, etwa den fortschreitenden Gewichtsverlust, bei ihren Töchtern wahrnehmen, kaum aber deren krankhaftes Denken. Viele Verhaltensweisen bleiben unverständlich, uneinfühlbar. Der Frage, wer an dieser bedrohlichen Entwicklung der Tochter schuld ist, wer sie zu verantworten hat, kann sich kaum eine Familie entziehen. Gegenseitige Schuldzuweisungen stören nachhaltig die Harmonie, die vorher das Familienklima bestimmt hat. Tendenziell bekommen die Mütter den größeren Anteil an Schuld zugeschoben, egal, ob die Ehe der Eltern (noch) besteht oder längst eine Trennung erfolgt ist. Aber die Bedeutung der Väter darf für die Entwicklung einer Ess-Störung nicht unterschätzt werden.

Wir sind davon überzeugt, dass weder Mütter noch Väter die Ess-Störung ihrer Tochter verschuldet haben. Sicherlich finden wir in den Krankengeschichten unserer Patientinnen genügend Hinweise auf zumindest temporär gestörte Beziehungen zwischen der heranwachsenden Tochter und ihrer Mutter oder ihrem Vater (oder beiden). Alle diese Störungen können in der Magersucht oder Bulimie eine Rolle spielen. Aber sie sind auf keinen Fall die alleinige Ursache.

Ess-Störungen sind Krankheiten mit komplexer Ursache, bei denen einer genetischen Komponente eine entscheidende Bedeutung zukommt. Wir haben die Erfahrung gemacht, dass dieses unser Krankheitsverständnis für viele Angehörige eine hilfreiche Erklärung ist und der unsinnigen Diskussion, wer schuld ist, ein Ende setzt.

Therapie der Ess-Störungen

Psychotherapie ist die Methode der Wahl. Es gibt ein breites Spektrum der angewandten Verfahren. Im Vordergrund stehen kognitiv-verhaltenstherapeutische und tiefenpsychologische Methoden, die als Einzel- oder Gruppentherapie angeboten werden. Bei Kindern und Jugendlichen muss die Familie in die Behandlung einbezogen werden.

Psychotherapie ist die Methode der Wahl.

Zur Linderung sehr quälender Symptome, zur Minderung begleitender depressiver Störungen können vereinzelt geeignete Psychopharmaka oder Antidepressiva hilfreich sein, eine generelle pharmakologische Therapie der Ess-Störungen ist nach dem jetzigen Stand der Erkenntnisse nicht angezeigt.

Vor jeder psychotherapeutischen Behandlung ist eine medizinische/pädiatrische Untersuchung notwendig, die in Abhängigkeit vom Schweregrad der Ess-Störung auch stationär durchgeführt werden muss. Eine Ernährungstherapie ist nach unserer Erfahrung ein unverzichtbarer Bestandteil einer notwendigen Psychotherapie, weil es sowohl Magersüchtige als auch Patientinnen mit einer Bulimie verlernt haben, mit Nahrungsmitteln in Bezug auf Art und Menge vernünftig umzugehen.

Die meisten Therapien, ob ambulant oder stationär durchgeführt, sind zunächst erfolgreich. Aber einige Symptome sind hartnäckig und bleiben lange erhalten, auch wenn die Betroffenen den Umgang mit Essen wieder einigermaßen gelernt haben. Alltägliche Widrigkeiten, Frustrationen, Kränkungen, Verletzungen, unvermeidliche Schwierigkeiten in Beziehungen, Ausbildung und Beruf können zu einem Rückfall in symptomatisches Verhalten führen, so dass wir auch nach einer noch so erfolgreichen Therapie nicht von Heilung sprechen. Darum ist es für uns sehr wichtig, den Betroffenen und ihren Angehörigen zu vermitteln, dass ein Rückfall in Symptome der Ess-Störung nicht als schuldhaftes Verhalten der Betroffenen zu verstehen ist, sondern dem Krankheitsverlauf entspricht. Eine lose Anbindung, ein gelegentliches Gespräch ohne zwingenden Anlass, ein E-Mail während eines Auslandsaufenthaltes sind gute Möglichkeiten, schon frühzeitig die Gefahr eines behandlungsbedürftigen Rückfalles zu erkennen und zu reagieren oder zu raten. Weil die Hilfe untereinander eine kaum zu überschätzende Hilfe darstellt, fördern wir Kontakte unter den Ehemaligen, wo immer möglich.

Ein Rückfall in Symptome der Ess-Störung ist nicht als schuldhaftes Verhalten der Betroffenen zu verstehen.

Ess-Störungen verlangen von den Erkrankten viel Kraft und Energie. Wenn es ihnen gelingt, ihre Sensibilität, Kreativität und Power für sich und nicht gegen sich zu nutzen, ist im Sinn einer verbesserten Lebensqualität viel erreicht.

Die Behandlung einer essgestörten Jugendlichen oder jungen Frau kann auch für Eltern eine Chance bedeuten. Zumindest haben wir einige Male erlebt, dass sich der Umgang der Familienmitglieder untereinander geändert hat, dass Probleme angesprochen und Emotionen zugelassen werden, dass Konflikte offen ausgetragen und persönliche Befindlichkeiten auch von Vätern geäußert werden können.

Bei Informationsveranstaltungen werden wir von Angehörigen immer wieder gefragt, wie sie mit ihrer essgestörten Tochter umgehen sollen.

Hier einige Ratschläge von Betroffenen für Eltern:

···⟩ Sprecht mich nicht auf Essen, Gewicht oder Figur an (»Du bist dick/dünn/gefräßig«), sondern fragt mich lieber, wie es mir geht.
···⟩ Redet nicht mit anderen über mich, sondern mit mir. Sonst habe ich das Gefühl, hintergangen und ausgegrenzt zu sein!

⋯⟩ Auch wenn ich Bücher über Ess-Störungen scheinbar ignoriere, brenne ich darauf, sie heimlich zu lesen.

⋯⟩ Zwingt mich nicht zu einer Therapie – nur wenn ich selbst gesund werden will, ist eine Therapie sinnvoll: Der Kampf gegen die Ess-Störung erfordert viel Eigeninitiative.

⋯⟩ Behandelt die Ess-Störung nicht als TABU, sondern sprecht offen und ohne Heimlichtuerei darüber.

⋯⟩ Versucht nicht, mich zum Essen zu zwingen oder zu überreden. Ich kann einfach nicht mehr normal essen!

⋯⟩ Reduziert mich nicht auf die Ess-Störung. Es verletzt mich, wenn ihr euch nur noch für mein Essverhalten interessiert! Ich will als Mensch wahrgenommen werden und nicht als Essgestörte.

⋯⟩ Es ist sinnlos, wenn ihr versucht, mich zu therapieren. Ihr könnt weder einen Therapeuten noch die beste Freundin ersetzen!

⋯⟩ Ich würde mir wünschen, dass ihr euch über Ess-Störungen informiert.

⋯⟩ Behandelt mich nicht wie ein rohes Ei, sondern wie einen normalen Menschen!

⋯⟩ Warum seht ihr hervorragende Leistungen als selbstverständlich an? Ich würde mir wünschen, dass ihr mich auch einmal lobt und mir das Gefühl vermittelt, dass Anerkennung und Liebe davon unabhängig sind. Ich denke sonst leicht, dass ich immer noch besser sein muss, um überhaupt wahrgenommen und geliebt zu werden.

⋯⟩ Ich wünsche mir, dass ihr meine Ess-Störung nicht als kleine Spinnerei oder Schlankheitstick abtut! Es ist furchtbar für mich, wenn ich als »ein bisschen verrückt« abgehandelt werde: Eine Ess-Störung ist eine Krankheit und sie ist entstanden, weil ich Probleme habe, und nicht, weil ich ein bisschen dünner sein wollte.

⋯⟩ Haltet mich nicht von einer Therapie ab: Meine Krankheit ist kein Spleen, sondern eben eine Krankheit. Es ist für mich selbst schon schwer genug, einzusehen, dass ich krank bin und Hilfe brauche! Die Bereitschaft, eine Therapie anzufangen, ist ein Zeichen von Mut und Stärke und keine Schwäche, die dem Ruf der Familie schadet! Es tut verdammt weh, wenn ihr das so seht!

5

Selbstverletzendes Verhalten bei Mädchen und jungen Frauen

Anke Lang

Selbstverletzendes Verhalten in Form oberflächlicher Hautverletzungen am eigenen Körper durch Schneiden, Kratzen oder das Zufügen von Verbrennungen – von Jugendlichen häufig auch als »Ritzen« bezeichnet – ist in den letzten Jahren vor allem unter Mädchen und jungen Frauen zu einem ernst zu nehmenden Problem geworden. In einer im Jahre 2006 veröffentlichten Untersuchung zur Gesundheitslage von Kindern und Jugendlichen berichteten 2 % der Jungen und 6 % der Mädchen von wiederholten bis regelmäßigen Selbstverletzungen in der oben beschriebenen Form. Von den Eltern werde dieses selbstverletzende Verhalten häufig unterschätzt beziehungsweise meist gar nicht wahrgenommen. (Vgl. Haffner et al. 2006, S. 46.)

Selbstverletzendes Verhalten löst bei den damit konfrontierten Eltern und anderen Bezugspersonen häufig unmittelbar Betroffenheit aus und mobilisiert vielfach Angst und Schrecken. Der vorliegende Beitrag soll insbesondere Eltern für das Krankheitsbild der Selbstverletzung sensibel machen, indem er über das Krankheitsbild, dessen Hintergründe und die vielfältigen Funktionen selbstverletzenden Verhaltens aufklärt.

Zum Krankheitsbild der offenen wiederholten Selbstverletzung

Definition
In der medizinischen Fachliteratur wird das klinische Krankheitsbild der offenen wiederholten Selbstverletzung weitgehend übereinstimmend definiert als ein direktes und unmittelbares, bewusst oder unbewusst intendiertes Zufügen einer oberflächlichen Hautverletzung am eigenen Körper. Die

Verletzung ist immerhin so gravierend, dass sie aufgrund einer mehr oder weniger schweren Gewebeschädigung zu bluten beginnt und Narbenbildung zur Folge hat. Auch wenn die Verletzung nicht lebensbedrohlich ist und in der Regel keine Selbstmordabsicht vorliegt, kann die Selbstverletzung zum Tod führen, wenn beispielsweise die selbst zugefügte Verletzung größer ausfällt, als von dem Mädchen eigentlich beabsichtigt.

Mit dieser Definition wird das Krankheitsbild der offenen wiederholten Selbstverletzung klar abgegrenzt gegenüber indirekten Formen selbstschädigenden Verhaltens wie beispielsweise Substanzmittelmissbrauch von Alkohol oder Drogen, heimlich selbst herbeigeführten Krankheiten und nicht krankheitswertigen, (sub)kulturell sanktionierten Körperveränderungen wie beispielsweise Piercing oder Tätowierungen. Allerdings ist gegenüber Piercing oder Tätowierungen eine Grenzziehung insofern schwierig, als eine krankheitswertige Motivation zu diesen körperselbstverletzenden Verhaltensweisen nicht per se ausgeschlossen werden kann und die Übergänge hier teilweise fließend gesehen werden müssen. In einer eigenen empirisch-quantitativen Studie untersuchte die Autorin Patientinnen mit der klinischen Symptomatik Selbstverletzung im Vergleich zu Mädchen und jungen Frauen mit Piercing im Alter von 14 bis 22 Jahren im Hinblick auf die Aspekte Konfliktbelastung, Fähigkeit zur Affekt- und Emotionsregulation, Körperbild und allgemeine Psychopathologie. Im Rahmen dieser Untersuchung hat sich unter anderem bestätigt, dass selbstverletzendes Verhalten in der Form eines klinisch relevanten Krankheitsbildes zu unterscheiden ist von einem – in der Regel – eher modisch motivierten Piercing. (Vgl. Schneider 2004.)

> Selbstverletzendes Verhalten in der Form eines klinisch relevanten Krankheitsbildes ist von einem – in der Regel – eher modisch motivierten Piercing zu unterscheiden.

Diagnostische Zuordnung

Offenes wiederholtes selbstverletzendes Verhalten kann als Begleitsymptomatik vieler verschiedener psychiatrischer Grunderkrankungen auftreten. Im klinischen Kontext werden vor allem bei Patientinnen mit Ess-Störungen gehäuft auch Selbstverletzungshandlungen beobachtet.

Erscheinungsformen

Vom Krankheitsbild der offenen wiederholten Selbstverletzung, wie es oben definiert wurde, sind in erster Linie Mädchen und junge Frauen betroffen.

Jungen und junge Männer fügen sich, wenn sie sich selbst verletzen, in der Regel andere, meist gravierendere Verletzungen zu, die zudem aus einer anderen Motivation heraus durchgeführt werden, als dies bei Mädchen und jungen Frauen der Fall ist. Häufig finden die Selbstverletzungen von Jungen im Zusammenhang mit Mutproben und der Zurschaustellung von Männlichkeit oder der Definition von Banden- bzw. Verbindungsmitgliedschaften statt. Männliche Selbstverletzer, die sich gravierende Selbstverletzungen in Form von Amputationen ganzer Gliedmaßen zufügen, leiden häufig unter einer psychotischen Störung mit Wahnvorstellungen wie Stimmenhören. Die folgenden Ausführungen beziehen sich daher nur auf Mädchen und junge Frauen, also junge Patientinnen, die sich in der oben beschriebenen Form selbst Verletzungen zufügen.

> **Männliche Selbstverletzer, die sich gravierende Selbstverletzungen in Form von Amputationen ganzer Gliedmaßen zufügen, leiden häufig unter einer psychotischen Störung.**

Das Verhalten, um das es in diesem Beitrag geht, wird als offene Selbstverletzung bezeichnet, da die Patientinnen in der Regel ihre Verletzungen nicht verheimlichen.

Die betroffenen Mädchen und jungen Frauen verletzen sich vorwiegend an Handgelenken und Unterarmen, häufig auch an den Beinen. Rumpf und Kopf sowie Genitalbereich sind seltener betroffen. Viele Patientinnen verletzen sich gleichzeitig oder abwechselnd an mehreren Körperstellen.

Die Verletzungen werden häufig durch die Verwendung fremder Objekte herbeigeführt. Für das Zufügen von Schnittverletzungen werden Rasierklingen bevorzugt, jedoch werden auch Glasscherben, Sicherheitsnadeln, Plastikmesser und Ähnliches verwendet. Das Zufügen von Verbrennungen mit Zigaretten oder der Flamme eines Feuerzeuges sind ebenfalls gängige Methoden. Manipulationen an Wunden, großflächige Verletzungen durch Kratzen oder tiefe Bisswunden sind auch keine Seltenheit. Häufig verletzen sich die Patientinnen gleichzeitig auf mehrere Arten.

Meistens sind es leichte Schnittverletzungen, die das Gewebe lediglich oberflächlich verletzen und keine entstellenden Narben hinterlassen. Es kommen aber auch tiefe Schnitte bis in die Muskeln mit Gefäßverletzungen und Nervendurchtrennungen vor, die bleibende Schäden verursachen und eine entstellende Narbenbildung zur Folge haben. Nach Einschätzung des Psychiaters und Psychotherapeuten Ulrich Sachsse korrespondiert die

Schwere des selbstverletzenden Verhaltens mit der Schwere der zugrunde liegenden seelischen Störung. Das Ausmaß der Verletzung lässt darüber hinaus Rückschlüsse auf die momentane Verzweiflung und seelische Not der Patientin zu.

Die Symptomatik beginnt meist im Jugendalter. In einigen Studien wird ein direkter Zusammenhang zwischen der ersten Monatsblutung (Menarche) und der ersten Selbstverletzung beschrieben. In vielen Fällen chronifiziert sich das selbstverletzende Verhalten und dauert dann oft über Jahre an.

Selbstverletzung und Suizid

Sehr häufig wird selbstverletzendes Verhalten mit suizidalem Verhalten, das heißt mit einer Selbstmordabsicht, in Verbindung gebracht. Auch wenn selbstverletzendes und suizidales Verhalten nicht gleichzusetzen sind, ist diese spontane Assoziation nicht unberechtigt.

Offene wiederholte Selbstverletzungen in der eingangs beschriebenen Form sind zwar nicht gezielt lebensbedrohlich und in der Regel liegt bei der Selbstverletzung in Abgrenzung zur suizidalen Handlung keine ausdrückliche Selbsttötungsabsicht vor. Allerdings ist die ausgeprägte Suizidalität bei Patientinnen mit selbstverletzendem Verhalten alarmierend. In der klinischen Praxis haben viele Patientinnen mit Selbstverletzungsverhalten zudem bereits konkrete Suizidversuche hinter sich. Der Kinder- und Jugendpsychiater Franz Resch gibt in diesem Zusammenhang zu bedenken, dass gerade bei Jugendlichen die Grenzen zwischen suizidalem und selbstverletzendem Verhalten oft fließend sind und die suizidalen Impulse überwältigend sein können. Grundsätzlich ist daher jede Selbstverletzung ernst zu nehmen und niemand sollte sich in falscher Sicherheit wiegen. Es besteht immer die Gefahr der Wiederholung mit dem erhöhten Risiko der Selbsttötung, zum Beispiel auch dann, wenn die Verletzung gravierender ausfällt als beabsichtigt oder »geplant«.

Die ausgeprägte Suizidalität bei Patientinnen mit selbstverletzendem Verhalten ist alarmierend.

Selbstverletzung und Sucht

Neben dem Aspekt der Suizidalität ist die Suchtproblematik bei sich selbst verletzenden Patientinnen in zweifacher Hinsicht von großer Bedeutung: Viele sich selbst verletzende Patientinnen haben eine klinisch relevante

Suchtproblematik oder entwickeln eine solche als Zwischenphase der therapeutischen Entwicklung (Sachsse 1997, S. 37). Gleichzeitig kann das Krankheitsbild selbst süchtigen Charakter annehmen. Diese Patientinnen beschreiben sich selbst als »süchtig nach Selbstverletzung«. Bei einer Erweiterung des Abhängigkeitsbegriffes ist offenes wiederholtes selbstverletzendes
Verhalten auch aus medizinischer Sicht als Verhalten mit Suchtcharakter in-
terpretierbar, wie unter anderem Franz Resch ausführt.

Der Ablauf einer Selbstverletzungsepisode

Der Ablauf einer Selbstverletzung weist häufig ein typisches Muster auf, das
im Folgenden in Anlehnung an die medizinische und therapeutische Fachliteratur zum Krankheitsbild der offenen wiederholten Selbstverletzung beschrieben wird. Folgendes Beispiel skizziert zunächst diesen typischen Verlauf einer Selbstverletzungsepisode:

»Gestern Nachmittag habe ich in unserer Wohngemeinschaft die Küche
sauber gemacht. Ganz plötzlich überfiel mich das Gefühl: Du bist hier ganz
alleine! Alles veränderte sich. Die Küche wurde irgendwie unwirklich. Mich
beschlich ein Gefühl, das ich gar nicht näher beschreiben kann, so ähnlich
wie in diesem entsetzlichen Kriegsfilm ›Apocalypse now‹, so etwas wie –
Grauen. Ja. Das trifft es vielleicht noch am ehesten. Ich konnte das gar nicht
aushalten. Ich habe mir einfach ein Schälmesser gegriffen und geschnitten.
... Zuerst war ich voll wütend. Auf alle und jeden. Alle meinten es schlecht
mit mir. Dann kehrte sich das um, ich war allein an allem schuld, alle anderen hatten recht. Diese Schuld wollte ich aus mir herausschneiden. ... Ich
spüre meine Haut dann gar nicht richtig. Die Schnitte tun überhaupt nicht
weh. Dann sehe ich das Blut, fühle es fließen und spüre, dass es warm wird.
Das ist eine wohlige Wärme. Dann weiß ich und fühle ich, dass ich überhaupt lebendig bin. Blut tut gut. Und dann kommt erst der Schmerz, aber
auch gar nicht schlimm. Es ist gut, sich wieder zu spüren« (Sachsse 1997,
S. 51).

Auslösende Situation
Die erste Selbstverletzung tritt fast regelmäßig im Anschluss an eine traumatische oder persönlich schwerwiegend erlebte Konfliktsituation auf. Da-

bei kann die Situation, die die Patientin als schwerwiegende Konfliktsituation erlebt, für andere ganz harmlos erscheinen. Diese starke persönliche Komponente in der Beurteilung der sozialen Situation erschwert oft eine empathische Einfühlung durch andere.

Gefühlsveränderungen

Häufig sind es belastende zwischenmenschliche Erlebnisse, beispielsweise tatsächliche oder eingebildete Zurückweisungen, Trennungs- oder Verlusterlebnisse sowie Erfahrungen von Versagen und Misserfolg, die zu einer gereizten Verstimmung führen. Durcheinander wahrgenommene Gefühle von Wut, Verzweiflung, Angst, absoluter Hilf- und Hoffnungslosigkeit, ferner Rache- und Bestrafungswünsche gegen andere und Furcht vor eigener Aggression kennzeichnen diese Situation. Die Patientinnen sind kaum in der Lage, solche unangenehmen Zustände auszuhalten und mit Angst oder Traurigkeit umzugehen. Die Anspannung wird zunehmend unerträglich.

Handlungsalternativen

Den Patientinnen fehlen die Fähigkeit, sich von diesen Gefühlen abzugrenzen, sie zu trennen und einzuordnen, sowie Möglichkeiten, über diese Gefühle zu sprechen. Daher können sie das häufig widersprüchlich und negativ getönte Gefühlschaos nicht bewältigen, geschweige denn Handlungsalternativen erkennen oder einsetzen.

Totale Verwirrung und dissoziatives Erleben

Die eigene Wahrnehmung und das Denken beginnen unter dem zunehmenden Druck zu dissoziieren, das heißt, es kommt zu einer teilweisen oder völligen Verwirrung, bei der beispielsweise Aspekte wie die Erinnerung an die Vergangenheit, das Identitätsbewusstsein, unmittelbare Empfindungen und die Wahrnehmung des Selbst und der Umgebung durcheinandergeraten. Hinzu kommt, dass auch die Außenwelt als fremd und verändert wahrgenommen wird. Diese totale Verwirrung macht Angst. In dieser Situation beherrscht ein immer heftiger werdender Wunsch, sich zu schneiden, zunehmend das Bewusstsein.

Spannungssteigerung

Eine unaufhaltbare Steigerung des Spannungsgefühls bis ins Unerträgliche führt zu weiteren dissoziativen Erlebnisweisen mit Trancezuständen, Ge-

dächtnisstörungen und Erinnerungsverlusten, Körpergefühls- und Bewe-
gungsstörungen. Symptome wie Schwitzen, Herzjagen und Beklemmungs-
gefühle begleiten diesen Zustand.

Offene Selbstverletzung
Die Selbstverletzung kann schließlich diesen quälenden Zustand beenden.
Manchmal ist es der mit der Verletzung einhergehende Schmerz, häufiger
das Erleben von Blut, das äußerst effektiv das Gefühl von Lebendigkeit wie-
derherstellt – die Haut wird wieder spürbar.

Nachwirkungen
Durch die Selbstverletzung werden die Körperselbstgrenzen wieder aufge-
richtet, das allgemeine Nachlassen von Gefühlen der Anspannung führt zu
einer Regelung des Gefühlchaos, zu einer Stimmungsaufhellung und teilweise auch zu einer Steigerung des Selbstwertgefühles. Allerdings ist diese
positive Wirkung häufig nur von kurzer Dauer, da sich im Anschluss an die
Selbstverletzung wiederum negative Gefühle des Ekels, der Scham und der
Schuld einstellen. Auch die Angst vor entstellenden Narben und dem negativen Echo der Umgebung unterbrechen das erleichternde Gefühl. Damit beginnt der Teufelskreis erneut, so dass die Patientinnen sich gelegentlich
schneiden, weil sie sich geschnitten haben.

Funktionen und Wirkungen selbstverletzenden Verhaltens

Einer Selbstverletzung liegt häufig nicht nur ein einzelnes Motiv, sondern
vielmehr ein ganzes Motivbündel aus bewussten und unbewussten Anteilen
zugrunde, das nur künstlich in einzelne Zweckbedeutungen auflösbar ist,
wie Franz Resch betont. Grundsätzlich gilt: Nichts wirkt »so schnell, so sicher und so intensiv wie ein Schnitt« (Sachsse 1997, S. 86). Einmal verfügbar, bekommt selbstverletzendes Verhalten daher schnell eine Fülle intraper-
sonaler – also persönlicher, nach innen gerichteter – und interpersoneller,
das heißt zwischenmenschlich bedeutsamer Funktionen. Bei Letzteren gilt
zu unterscheiden, welche zwischenmenschliche Wirkung die Selbstverletzung per se hat und welche Wirkung von der Patientin möglicherweise beabsichtigt ist.

Die Wirkung nach innen: Intrapersonale Funktionen der Selbstverletzung
Selbstverletzendes Verhalten erweist sich als eine »paradoxe selbstfürsorgliche Handlung« (Resch 1997, S. 80). Es kann gleichzeitig einerseits – im Sinne eines Versuches der Selbstheilung oder eines Mittels zur Selbsttherapie – entlastende, ichstabilisierende und sogar schützende Funktionen haben und andererseits selbstbestrafende und autoaggressive Anteile beinhalten.

Spannungsabbau durch Selbstverletzung
Eine Selbstverletzung kann sehr wirkungsvoll den Zustand innerseelischer Anspannung beenden und von übergroßer Angst befreien. Damit ist selbstverletzendes Verhalten auf der einfachsten Stufe ein »globales Ventil für inneren Druck« (Sachsse 1997, S. 51). Patientinnen vergleichen in diesem Zusammenhang die Wirkung der Selbstverletzung mit dem Aufschlitzen eines Dampfkessels oder mit dem Zerplatzen eines Ballons. Durch das Schneiden der Haut entstehe eine Öffnung, durch welche die Anspannung, die Angst und alles Schlechte aus dem Inneren des Körpers blitzartig entweichen können. Auslösend für so einen Zustand innerseelischer Anspannung können – wie bereits erwähnt – verschiedenste Situationen sein, die Konflikte hervorbringen. Einsamkeit und Entscheidungssituationen sind hier besonders gefährlich.

> Durch das Schneiden der Haut entstehe eine Öffnung, durch welche die Anspannung, die Angst und alles Schlechte aus dem Inneren des Körpers blitzartig entweichen können.

5

Selbstverletzung, um sich zu spüren
Eng verknüpft mit dem Eindruck des Überwältigtseins von Gefühlen der Angst und Anspannung ist das erschreckende Gefühl der Empfindungslosigkeit im Zusammenhang mit dissoziativem Erleben und damit einhergehender völliger Verwirrung. Selbstverletzendes Verhalten kann diesen Zustand der Empfindungslosigkeit durchbrechen und der Patientin ermöglichen, sich körperlich wieder zu spüren.

Selbstverletzung als Ventil für Wut und Aggression
Viele sich selbst verletzende Patientinnen empfinden eine rasende Wut auf sich selbst, weil sie ihren hohen Ansprüchen nicht gerecht werden, weil sie anderen real oder vermeintlich Schlechtes angetan haben, oder einfach, weil sie sich als schlechte Menschen betrachten. Darüber hinaus sind manche unzufrieden mit ihrem Schicksal, wütend auf ihre Eltern und auf andere

wichtige Bezugspersonen. In der Selbstverletzung finden diese Patientinnen einen Ausdruck für ihre alles beherrschende Wut.

In der Selbstverletzung finden Patientinnen einen Ausdruck für ihre alles beherrschende Wut. Die Wendung der Aggression gegen den eigenen Körper ist darüber hinaus ein »ungefährlicherer« Weg als die direkte Wendung der Wut gegen andere Personen, die eventuell mit Vergeltung reagieren könnten.

Selbstverletzendes Verhalten und die Gefühle von Stolz und Macht
Bei manchen Patientinnen mit selbstverletzendem Verhalten beobachtet man manchmal einen geheimen Stolz über die Fähigkeit, sich selbst zu verletzen und sich selbst und anderen eine Art Macht über den eigenen Körper zu demonstrieren. Diese Funktion des selbstverletzenden Verhaltens wird, so Ulrich Sachsse, in der Therapie lange Zeit verheimlicht und gehütet wie ein Schatz. Insbesondere bei diesen Patientinnen besteht die Gefahr, dass das selbstverletzende Verhalten ins Selbstkonzept integriert und von den Patientinnen als wichtiger Bestandteil ihrer eigenen Person gesehen wird.

Die Wirkung nach außen: Zwischenmenschliche Funktionen der Selbstverletzung
Offenes selbstverletzendes Verhalten hat auch eine Fülle interpersoneller – also zwischenmenschlicher – Wirkungen, wobei es, wie bereits erwähnt, zu unterscheiden gilt, welche zwischenmenschliche Wirkung die Selbstverletzung an sich hat und welche zwischenmenschliche Wirkung von der Patientin möglicherweise beabsichtigt ist. Gleichzeitig kann selbstverletzendes Verhalten durch die ausgelösten heftigen Reaktionen auf Seiten der Bezugspersonen von der Patientin »benutzt« werden. Die »Umweltreaktion« wird damit zu einem wichtigen Faktor für die Aufrechterhaltung eines zwischenmenschlich eingebundenen Selbstverletzungsverhaltens.

Selbstverletzendes Verhalten – Ein Hilferuf
Selbstverletzendes Verhalten kann ein mehr oder weniger bewusster Versuch sein, wichtigen Bezugspersonen etwas von sich mitzuteilen, über das die Patientin von sich aus (noch) nicht sprechen kann. Insbesondere im Hinblick auf diesen Aspekt wird deutlich, dass es für die betroffenen Mädchen und jungen Frauen eine große Hilfe sein kann, wenn Eltern oder Bezugspersonen hier die Initiative ergreifen und das Gespräch suchen.

Selbstverletzung als Ausdruck eines innerseelischen Dilemmas
Selbstverletzendes Verhalten kann auch ein Mittel zur Beziehungsregulierung in einem Nähe-Distanz-Konflikt und in diesem Sinne ein Ausdruck für ein innerseelisches Dilemma sein: Einerseits wünscht sich die Patientin Nähe und Geborgenheit, andererseits will sie möglichst unabhängig und selbstständig sein. In diesem Fall ist der persönliche, innerseelische Konflikt zu einem zwischenmenschlichen Konflikt geworden. Auch hier eröffnet sich wiederum eine Chance für Eltern und Bezugspersonen.

Selbstverletzendes Verhalten als Flucht vor Überforderung
Selbstverletzendes Verhalten ermöglicht der Patientin eine Flucht vor sozialen oder zwischenmenschlichen Anforderungen in die Rolle einer Kranken. Auch diese wichtige Funktion der Selbstverletzung ist ein Ausdruck verzweifelter Hilflosigkeit.

5

Abschließende Überlegungen für Eltern und andere Bezugspersonen

Das Ziel dieses Beitrages ist es, insbesondere Eltern für das Krankheitsbild der Selbstverletzung sensibel zu machen und über das Krankheitsbild, dessen Hintergründe und die vielfältigen Funktionen selbstverletzenden Verhaltens zu informieren. Ein Wissen um die Hintergründe selbstverletzenden Verhaltens ermöglicht ein Verständnis für die davon betroffenen Mädchen und jungen Frauen. Dieses Wissen kann den damit konfrontierten Eltern und anderen Bezugspersonen außerdem helfen, die unmittelbare Betroffenheit und den Schrecken beim Anblick der Wunden zu überwinden. Dies ist wiederum eine wichtige Voraussetzung dafür, mit den Mädchen und jungen Frauen ins Gespräch zu kommen und ihnen Möglichkeiten zu eröffnen, über ihr selbstverletzendes Verhalten zu sprechen.

Auch wenn die selbst zugefügten Verletzungen in der Regel weder tödlich sind noch in suizidaler Absicht durchgeführt werden, ist grundsätzlich jede Selbstverletzung ernst zu nehmen. Selbstverletzendes Verhalten sollte auf keinen Fall verharmlost werden. Im Gespräch mit den betroffenen Mädchen und jungen Frauen ist es wichtig, ihnen deutlich zu machen, dass selbstverletzendes Verhalten besorgniserregend und beängstigend ist, ohne dass das selbstverletzende Verhalten im Einzelfall dramatisiert wird. Bei wiederholten Selbstverletzungen sollte auf jeden Fall – entweder mit dem betroffenen Mädchen gemeinsam oder von den Eltern allein – die Hilfe einer Beratungsstelle oder ärztliche Hilfe in Anspruch genommen werden.

Bei wiederholten Selbstverletzungen sollte auf jeden Fall – entweder mit dem betroffenen Mädchen gemeinsam oder von den Eltern allein – die Hilfe einer Beratungsstelle oder ärztliche Hilfe in Anspruch genommen werden.

Selbstverletzendes Verhalten erfüllt eine Fülle persönlicher, nach innen gerichteter und zwischenmenschlich bedeutsamer Funktionen. Es kann auch als Begleitsymptomatik einer anderen psychischen Grunderkrankung auftreten. Eine Klärung im Einzelfall sollte nur im therapeutischen Prozess erfolgen.

»Mein Kind ist straffällig geworden.« – Jugendkriminalität

Joachim Walter

Grundsätzliches

Ein Elternteil erfährt, dass der Sohn oder die Tochter eine Straftat begangen haben soll. Was ist das Wichtigste, was als Erstes zu tun?

···⟩ *Ruhe bewahren!* Sich nicht durch Gefühlsausbrüche, intervenierende Polizeibeamte, juristische Begriffe wie »gefährliche Körperverletzung« (die liegt bereits vor, wenn zwei Jugendliche einen anderen gemeinschaftlich schlagen), Medienanfragen o. Ä. durcheinanderbringen lassen! Gerade in persönlichen Krisen brauchen Jugendliche überlegt handelnde, verlässliche Eltern. Sobald wie möglich den anderen sorgeberechtigten Elternteil informieren und mit ihm erste Schritte abstimmen.

···⟩ Versuchen, den *Sachverhalt* so präzise wie möglich in Erfahrung zu bringen, insbesondere auch im Gespräch mit dem Jugendlichen. Sich dafür Zeit nehmen! Was genau ist geschehen? Zu klären ist insbesondere: Wurde Anzeige erstattet? Von wem? Wo wird ggf. ein Ermittlungsverfahren geführt (Dienststelle der Polizei, der Staatsanwaltschaft)? Weitere Beteiligte? Wer ist Beschuldigter, wer Zeuge?

···⟩ Gegenüber dem Jugendlichen keine »Ein-für-alle-Mal-Maßnahmen« treffen oder ankündigen. Etikettierungen (»Mein Sohn ist ein Verbrecher ...«) ebenso unterlassen wie vorschnelle Distanzierungen (»Was du dir eingebrockt hast, kannst du gefälligst selbst auslöffeln ...«). Ebenso wenig hilfreich sind Verleugnungen (»Meine Tochter tut das nicht ...«) oder Verharmlosungen.

···⟩ Handelt es sich um einen schwerwiegenden Vorwurf, ist der Jugendliche von der Polizei festgenommen oder in Untersuchungshaft genommen worden, sollte umgehend, ggf. telefonisch, ein *Rechtsanwalt* (möglichst Fachanwalt für Strafrecht) hinzugezogen werden. Jedwede Aussagen, auch der Eltern, gegenüber Ermittlungsbeamten sollten nur nach vorheriger Absprache mit dem Anwalt erfolgen, weil juristische Laien die Tragweite ihrer Aussagen und deren Verwendbarkeit in einem späteren Strafverfahren in der Regel nicht überblicken können. Alle Aussagen können ggf. später nachgeholt werden.

···⟩ Wurde *Untersuchungshaft* angeordnet, ist unbedingt anzustreben, dass der Haftbefehl mit Hilfe des Rechtsanwalts so bald wie möglich, ggf. gegen Auflagen oder Sicherheitsleistung (»Kaution«) aufgehoben oder außer Vollzug gesetzt wird, weil dadurch die Aussetzung einer später etwa verhängten Jugendstrafe zur Bewährung oder auch eine noch mildere Sanktion wahrscheinlicher wird.

···⟩ Meistens ist es sinnvoll, für die notwendige Hilfe und Unterstützung des Jugendlichen *Ressourcen zu mobilisieren*. Also zuverlässige Verwandte, die Großeltern, gute Freunde beteiligen, die eine tragfähige Beziehung zu dem Jugendlichen haben, mit denen die Problematik offen diskutiert werden kann und von denen Rat und Unterstützung erwartet werden können. Der Versuch, alles zu vertuschen und nach außen eine Fassade der Wohlanständigkeit aufrechtzuerhalten, wird früher oder später scheitern, verschlingt aber viel Energie und trübt den Blick für das Notwendige.

Jugendkriminalität – Was sagt die Wissenschaft?

Die »kriminelle Jugend«
Klagen über die »kriminelle Jugend« sind wohl so alt wie die Menschheit und werden in jeder Generation neu erhoben. So heißt es in einer ca. 4000 Jahre alten Keilschrift aus Mesopotamien: »Unsere Welt ist im Niedergang begriffen. Die Jungen gehorchen ihren Eltern nicht mehr ... Das Ende der Welt steht offensichtlich bevor.« Heute sprechen Massenmedien von »Monsterkids« oder mit Blick auf männliche Jugendliche von der »gefährlichsten Spezies der Welt«. Aber auch unabhängig von solcher dramatisierenden Sicht auf abweichendes Verhalten Jugendlicher wird natürlich fast ebenso lange versucht, Jugendkriminalität theoretisch zu *erklären* bzw. im Einzelfall zu *verstehen*.

Einige empirische Befunde

Empirische Forschungen der letzten Jahre beschreiben Jugendkriminalität als

⋯⟶ **entwicklungsbedingt**: Das Jugendalter ist eine Zeit der Entwicklung. Jugendkriminalität ist daher in aller Regel Entwicklungskriminalität (PSB I, S. 477). Aus erziehungswissenschaftlicher Sicht wird dies auch als Erkundungs- und Lernfehlerkriminalität bezeichnet. In relativ kurzer Zeit wird der Jugendliche mit zahlreichen neuen Sozialsystemen (Gleichaltrigengruppe, Partnerschaft, Konsumwelt usw.) konfrontiert. Aus diesen Gründen darf man sich das Hineinwachsen junger Menschen in die Sozial- und Rechtsordnung komplexer Gesellschaften nicht als einen einfachen, gleichmäßig fortschreitenden und linearen Prozess vorstellen. Vielmehr handelt es sich um eine recht störanfällige Entwicklung, die durch gelegentliche Regressionen und Fehlentwicklungen gekennzeichnet ist.

⋯⟶ **normal**: Im statistischen Sinne ist es völlig normal, im Jugendalter zu delinquieren: Fast alle männlichen und auch viele weibliche Jugendliche begehen zwischen dem 14. Lebensjahr und dem Ende der Adoleszenz Straftaten – nach ihren Angaben durchaus mehrfach. Schon in den 1980er-Jahren räumten im Rahmen der Tübinger Jungtäter-Vergleichsuntersuchung 99 % der (20– 30 Jahre alten männlichen) Befragten aus der Normalbevölkerung ein, schon mindestens einmal eine Straftat begangen zu haben. Neuere Befragungen von Neuntklässlern durch das Kriminologische Forschungsinstitut Niedersachsen hatten ein ähnliches Ergebnis (PSB I, S. 554, 558, 559). Auch aus jugendpsychiatrischer Sicht wäre ein Jugendlicher, der die Phase der Pubertät und frühen Adoleszenz ständig stabil und schwankungslos durchleben würde, geradezu als unnormal zu bezeichnen. Die übliche Scheidung zwischen einer kleinen Minderheit von Kriminellen und einer großen Mehrheit von Nichtkriminellen ist somit für das Jugendalter nicht haltbar.

> Fast alle männlichen und auch viele weibliche Jugendliche begehen zwischen dem 14. Lebensjahr und dem Ende der Adoleszenz Straftaten – nach ihren Angaben durchaus mehrfach.

⋯⟶ **weit verbreitet** (ubiquitär): Seit überhaupt Kriminalitätsstatistiken geführt werden, sind die beiden bedeutsamsten Risikofaktoren für Kriminalität länder- und kulturenübergreifend jugendliches Alter und männliches Geschlecht. Die sog. Age-Crime-Kurve zeigt, dass altersbezogen die Kri-

minalitätsbelastung immer und überall vom 14. Lebensjahr an stark an-
steigt, kurz nach dem 20. Lebensjahr ihren Gipfel erreicht, danach fast
ebenso steil wieder abfällt und ab etwa dem 35. Lebensjahr kontinuierlich
ausläuft (Heinz 2006, S. 17ff.; PSB I, S. 479ff.).

···⟩ überwiegend **bagatellhaft**: Bei den Straftaten Jugendlicher handelt es sich
ganz überwiegend um Bagatelldelinquenz. Dies zeigt sich, wenn man im
Vergleich mit der Erwachsenenkriminalität die Deliktstruktur nach juristischen Kriterien bewertet, wie auch, wenn man die Schadenshöhen
vergleicht: Unter beiden Aspekten sind Erwachsene, nicht Jugendliche
die typischen Täter der Schwerkriminalität (Heinz 2006, S. 20ff.).

···⟩ **episodenhaft**: Die wenigsten, aber gleichwohl zahlreiche Jugendliche, die
Straftaten begehen, werden auch erwischt und sanktioniert. Jedoch auch
bei diesen ist Jugendkriminalität nach allen vorliegenden Forschungsergebnissen nicht, wie häufig befürchtet wird, der *Einstieg in spätere Erwachsenenkriminalität*. Es hat sich nämlich gezeigt, dass justizielle Auffälligkeit wegen jugendtypischer Verfehlungen – im
Regelfall – im Lebenslängsschnitt ein nicht häufiges
(episodenhaftes) oder allenfalls ein in einem zeitlich
begrenzten Lebensabschnitt gehäuft auftretendes
(passageres) Phänomen ist. Vielmehr hören die
meisten Jugendlichen von selbst auf, Straftaten zu begehen, und zwar
ohne Eingreifen von Polizei und Justiz. Sogar bei den meisten Mehrfach-
auffälligen mündet ihre temporäre Delinquenz nicht in eine kriminelle
Karriere (PSB I, S. 553): Die Altersabhängigkeit der Straffälligkeit Jugendlicher und ein häufiger Spontanabbruch krimineller Aktivitäten selbst
nach wiederholter offizieller Auffälligkeit stehen außer Frage (Lösel,
1995, S. 38).

**Die meisten Jugendlichen
hören von selbst auf,
Straftaten zu begehen.**

Nochmals: Der straffällige Jugendliche von heute ist in der Regel nicht der
erwachsene Verbrecher von morgen. Denn Jugendkriminalität ist in statisti-
scher wie entwicklungspsychologischer Sicht durchaus normal, weit verbreitet und bleibt in der Regel – wie das Jugendalter selbst – Episode.

Jugendtypische Delikte
Jugendtypische Delikte als Ausdruck einer noch nicht ausgereiften Persönlichkeit können beispielsweise sein:

···⟩ Im *Straßenverkehr*: Fahren ohne Fahrerlaubnis mit Mofa und Moped oder

Auto; Trunkenheit im Verkehr sowie Straßenverkehrsgefährdung; Unfallflucht; Fahren ohne Versicherungsschutz, wenn das Mofa »frisiert« wurde; Urkundenfälschung, wenn abgelaufene oder falsche Kennzeichen verwendet werden.

…⫶ *Eigentumsdelikte*: in erster Linie Ladendiebstahl, aber auch Unterschlagung »geliehener« Gegenstände, Raub und Erpressung, insbesondere das »Abziehen« begehrter Kleidungsstücke, Handys, MP3-Player u. Ä.

…⫶ *Beförderungserschleichung* und *Sachbeschädigung*: also Schwarzfahren; Vandalismus in öffentlichen Anlagen, Sprayen von Graffiti.

…⫶ *Rohheitsdelikte*: insbesondere Körperverletzungen, die einzeln oder zu mehreren begangen werden, nicht selten als Mutprobe oder als Beweis der Zugehörigkeit zur Gruppe, wobei Auslöser häufig Alkoholeinfluss, provozierende Sprüche und Imponiergehabe sind.

…⫶ *Drogendelikte*: Besitz, Einfuhr von und Handel mit illegalen Drogen; sofern Abhängigkeit vorliegt, auch Beschaffungsdelikte.

…⫶ *Fälschungs- und Betrugsdelikte*: insbesondere im Zusammenhang mit Entschuldigungen für die Schule, gefälschten Einverständniserklärungen der Eltern, Ratenkaufvereinbarungen u. Ä.

Was können Eltern kriminalpräventiv, also vorbeugend, tun?

Kriminologische Befunde zeigen, dass Jugendliche, die wenig oder gar nicht durch ihre Eltern überwacht werden und damit ganz dem Peergroup-Einfluss ausgesetzt sind, überdurchschnittlich stark kriminell gefährdet sind (PSB I, S. 482). So geht ein besonders starker Effekt auf Gewalttäterschaft von der Einbindung in delinquente Peer-Netzwerke aus (Baier/Pfeiffer 2008, S. 95). Hier zeigt sich bereits der wichtigste Anhaltspunkt dafür, was getan werden kann: *mehr Zuwendung* und damit auch *mehr »Monitoring«*.

> Jugendliche, die wenig oder gar nicht durch ihre Eltern überwacht werden und damit ganz dem Peergroup-Einfluss ausgesetzt sind, sind überdurchschnittlich stark kriminell gefährdet

Dass im Falle von *Drogenabhängigkeit* der damit verbundene hohe Finanzbedarf sehr häufig in die Beschaffungskriminalität führt, ist durch sorgfältige Untersuchungen belegt. In solchen Fällen kann rechtzeitige therapeutische Einflussnahme Abhilfe schaffen. Über die Anzeichen für erheblichen Drogen- oder Alkoholkonsum und über Hilfen informieren die in jeder größeren Stadt vorhandenen Suchtberatungsstellen oder Internetangebote (wie z. B. www.a-connect.de/bera.php oder www.beratung-caritas.de/suchtberatung.html).

Zahlreiche Untersuchungen belegen, dass die Erfahrung innerfamiliärer Gewalt die Bereitschaft von Jugendlichen hochsignifikant erhöht, selbst Gewalt als Mittel der Konfliktlösung anzuwenden (PSB I, S. 494, 498, 511, 564).

Auch wenn *Medienkonsum* nicht als direkte Ursache für Jugendkriminalität in Anspruch genommen werden kann, ist nicht zu übersehen, dass Fernseher und Computer in vielen Haushalten heute als »heimliche Miterzieher« wirken. Untersuchungen des Kriminologischen Forschungsinstituts Niedersachsen haben ergeben, dass die selbst berichtete Gewaltdelinquenz bei denjenigen Jugendlichen höher ist, die täglich mehrere Stunden vor dem Fernseher und/oder vor dem Computer zubringen und dabei gewalthaltige Filme oder Spiele konsumieren (Baier/Pfeiffer 2008, S. 94). Auch die schulischen Leistungen pflegen stark darunter zu leiden (Pfeiffer u. a. 2007).

Inzwischen ist auch ein deutlicher Zusammenhang zwischen *Schulabsentismus* und Jugenddelinquenz nachgewiesen. Dabei handelt es sich natürlich nicht um das immer schon verbreitete Schwänzen einzelner Stunden oder auch einzelner Tage, sondern darum, dass Jugendliche wochenlang – nicht selten vom Elternhaus, manchmal sogar von der Schule unbemerkt – dem Unterricht fernbleiben.

Inzwischen ist auch ein deutlicher Zusammenhang zwischen Schulabsentismus und Jugenddelinquenz nachgewiesen.

Schon der Strafrechtsreformer von Liszt hatte es postuliert und die neuere Sanktionsforschung hat es bestätigt: Formelle Interventionen gegen Jugendkriminalität wie das gerichtliche Jugendstrafverfahren und erst recht die Jugendstrafe ohne Bewährung sind mit großen Risiken verbunden. Eine rechtzeitige informelle Intervention durch Eltern oder Schule, ggf. auch durch die Jugendhilfe, erscheint unter kriminalpräventiven Aspekten eher Erfolg versprechend. Es sollten daher alle Anstrengungen unternommen werden, ein förmliches Strafverfahren, jedenfalls aber eine Verurteilung zu Jugendstrafe zu vermeiden.

Welche Hilfen stehen zur Verfügung? Jugendhilfe, Jugendamt, Familiengericht.

Nach Art. 6 Abs. 2 Grundgesetz wacht über die Erfüllung der primär den Eltern obliegenden Erziehungsaufgabe der Staat mit der daraus folgenden Verpflichtung, ein Versagen der Erziehungsberechtigten und das Verwahrlosen von Kindern und Jugendlichen zu verhindern. Im VIII. Buch des Sozialgesetzbuches § 1 Abs. 1 wird dieses Verfassungsgebot folgendermaßen konkretisiert: »Jeder junge Mensch hat ein Recht auf Förderung seiner Entwicklung und auf Erziehung zu einer eigenverantwortlichen und gemeinschaftsfähigen Persönlichkeit.« Eltern haben damit gegenüber dem zuständigen Jugendamt als Träger der Jugendhilfe einen *Rechtsanspruch* auf Hilfen zur Erziehung für sich und den Jugendlichen, wenn eine seinem Wohl entsprechende Erziehung nicht gewährleistet ist und die Hilfe für seine Entwicklung geeignet und notwendig ist. Sie sollten sich auf keinen Fall scheuen, die erprobten Hilfen in Anspruch zu nehmen, die auf Antrag üblicherweise durch Sozialarbeiter, Erzieher, Pflegeeltern, Psychologen oder Therapeuten erbracht werden.

U. a. kommen folgende *Hilfen* in Betracht:
- *Erziehungsberatung,*
- *soziale Gruppenarbeit,*
- *Erziehungsbeistand, Betreuungshelfer,*
- *sozialpädagogische Familienhilfe,*
- *betreute Wohnform, Heimerziehung,*
- *intensive sozialpädagogische Einzelbetreuung,*
- *Eingliederungshilfe für seelisch behinderte Jugendliche.*

Hinzu kommen die spezialisierten Hilfsangebote von freien Trägern der Jugendhilfe wie Diakonie, Caritas, Pro Familia, AWO, DPWV wie Elternseminare, Selbsthilfegruppen usw.

Auch *Schutzmaßnahmen* bei akuter Gefährdung des Wohls des Jugendlichen sind zu erwähnen. Nach §§ 1631 III, 1631 b BGB ist auf dessen Wunsch oder mit Zustimmung der Personensorgeberechtigten die *Inobhutnahme* durch das Jugendamt oder (ohne deren Zustimmung) durch Anordnung des Familiengerichts nach § 1666 BGB möglich. Schließlich ist – nur mit Genehmigung des Familiengerichts und nach Einholung eines Sachverständigen-gutachtens (§ 70e FGG) – auch eine (vorübergehende) *Unterbringung in einem geschlossenen Heim* als freiheitsentziehende Maßnahme zulässig.

Und wenn das Kind schon in den Brunnen gefallen ist? – Jugendstrafverfahren

Die am Anfang gegebenen Hinweise nochmals lesen! Möglichst keine Schrit-te ohne anwaltliche Beratung unternehmen!

Strafmündigkeit
Personen unter 14 Jahren (Kinder) sind nach § 19 des Strafgesetzbuches im strafrechtlichen Sinne schuldunfähig; sie sind »strafunmündig« und kön-nen daher nicht mit Kriminalstrafe sanktioniert werden. Das heißt aber kei-neswegs, dass aus Anlass von Straftaten staatlicherseits nichts gegen sie unternommen werden könnte. Vielmehr steht das gesamte Arsenal der Maß-nahmen des Jugendamtes, polizeilicher Gefahrenabwehr (z.B. unmittelba-rer Zwang, Festnahme) sowie familiengerichtlicher Interventionen zur Verfügung – bis hin zur Unterbringung in einem geschlossenen Heim. Trotzdem kommt es häufig vor, dass gegen Kinder bei der Polizei oder der Staatsanwaltschaft Strafanzeige erstattet wird. Dementsprechend werden Straftaten von Kindern in der polizeilichen Kriminalstatistik registriert; die Staatsanwaltschaft hat allerdings das Ermittlungsverfahren mangels Schuld-fähigkeit einzustellen und die Personensorgeberechtigten davon zu verständi-gen. In der Regel wird sie außerdem das zuständige Jugendamt unterrichten.

Aber auch ein über 14-jähriger, jedoch noch nicht 18-jähriger Jugendli-cher kann gemäß § 3 des Jugendgerichtsgesetzes dann als strafunmündig betrachtet werden, wenn er zur Tatzeit »nach seiner sittlichen und geistigen Entwicklung (nicht) reif genug ist, das Unrecht der Tat einzusehen und nach dieser Einsicht zu handeln«. Dies wird im Jugendstrafverfahren selbst bei sehr jungen Beschuldigten manchmal übersehen oder nicht eingehend ge-prüft. Sind insofern Zweifel angebracht, sollte der Verteidiger die Einholung eines Sachverständigengutachtens, vorzugsweise von einem Entwicklungs-psychologen oder Kinder- und Jugendpsychiater, beantragen.

Elternrechte im Jugendstrafverfahren

Das Jugendstrafrecht ist vom Erziehungsgedanken geprägt. Dieser suspendiert jedoch nicht das vorrangige Erziehungsrecht der Eltern; vielmehr bleibt ihnen ihr Recht zur Wahrnehmung von Schutz und Beistand auch im Jugendstrafverfahren erhalten. Häufig wird es primär auf die Abwehr einer gerichtlichen Sanktion gerichtet sein. Es erlaubt den Erziehungsberechtigten, im Verfahren eigene Erziehungsvorstellungen geltend zu machen, und gebietet ihre frühzeitige Beteiligung.[1] Grundsätzlich stehen jedem Erziehungsberechtigten alle Rechte zu, die dem Beschuldigten zustehen. Das sind insbesondere:

- *Informationsrechte*: Alle Mitteilungen, Zustellungen und Ladungen müssen immer auch an die Erziehungsberechtigten gerichtet sein.
- *Recht auf Anwesenheit*, insbesondere bei jeder Vernehmung durch Polizei[2], Staatsanwaltschaft oder Gericht, bei Haftprüfungen, Untersuchungshandlungen jeder Art und natürlich in der Hauptverhandlung. Dementsprechend trifft Polizei, Staatsanwaltschaft und Gericht eine *Benachrichtigungspflicht*.
- Die Erziehungsberechtigten haben das Recht auf *Wahl eines Verteidigers*.
- Ihnen muss *Gelegenheit zur Stellungnahme* (rechtliches Gehör) gewährt werden, wenn es dem Beschuldigten zu gewähren ist. Sie haben wie dieser das Recht auf einen Schlussvortrag in der Hauptverhandlung und das »letzte Wort«.
- Sie haben neben dem Anwesenheitsrecht auch das Frage- und Antragsrecht und können, am besten zur protokollarischen Niederschrift, wie der Staatsanwalt oder der Verteidiger alle *Anträge* stellen (z. B. auf Vernehmung eines Zeugen, Einholung eines Sachverständigengutachtens, Ablehnung von Richtern usw.).
- Sie haben zu Gunsten des Jugendlichen alle *Anfechtungsrechte* wie die Einlegung von Rechtsbehelfen (Berufung, Revision, Beschwerde etc.).

Bei seiner *ersten Vernehmung* als Beschuldigter einer Straftat ist der Jugendliche durch die Polizei darüber zu belehren, dass er das Recht hat, sich nicht nur mit einem Verteidiger, sondern auch mit seinen Erziehungsberechtigten zu beraten, bevor er Angaben zur Sache macht.

---

1   Urteil des Bundesverfassungsgerichts v. 16.1.2003 (2 BvR 716/01), BVerfGE 107, S. 102
2   Vgl. insbesondere § 67 JGG und die Polizeidienstvorschrift 382, dort 3.6.3–3.6.6

Eltern sollten diese Rechte von Anfang an bei der Polizei, gegenüber der Staatsanwaltschaft und im gerichtlichen Verfahren ausdrücklich einfordern, erst recht, wenn der Jugendliche nicht von einem Rechtsanwalt verteidigt wird. Die Devise muss lauten: »Nicht ohne meine Anwesenheit!«

Jugendstrafrechtliche Entscheidungen
Das deutsche Jugendstrafrecht stellt dem Staatsanwalt und (nach Anklageerhebung, falls es dazu kommt) dem Jugendgericht eine breite Palette von Maßnahmen zur Verfügung. Was kann bei einem Ermittlungs- oder Strafverfahren gegen einen Jugendlichen »herauskommen«?
- Die *folgenlose Einstellung* des Verfahrens durch den Staatsanwalt.
- Die Einstellung nach vorausgegangenen sozialen oder Jugendhilfemaßnahmen (siehe oben) durch den Staatsanwalt.
- Die *Einstellung durch Staatsanwalt und Richter gemeinsam.* Dabei handelt es sich um eine informelle richterliche Reaktion (Ermahnung, Weisungen, Auflagen).
- Die *Einstellung nach Anklage* durch den Richter. Diese bedarf grundsätzlich der Zustimmung des Staatsanwalts.

Wird die Sache vor dem Jugendgericht verhandelt – die Eltern als Erziehungsberechtigte sollten von ihrem Anwesenheitsrecht unbedingt Gebrauch machen –, stehen dem Gericht folgende als *Erziehungsmaßregeln* bezeichnete Sanktionen zur Verfügung:
- *Weisungen* (z. B. Arbeitsleistungen erbringen, an einem sozialen Trainingskurs oder einem Verkehrsunterricht teilnehmen, eine Entziehungskur machen) oder
- die Anordnung, Hilfe zur Erziehung in Anspruch zu nehmen.

Die nächste Gruppe der Sanktionen wird als *Zuchtmittel* bezeichnet. Es handelt sich dabei um
- die *Verwarnung,*
- *Auflagen* (Schadenswiedergutmachung, persönliche Entschuldigung, Arbeitsauflage oder die Verpflichtung, einen Geldbetrag an eine gemeinnützige Einrichtung zu bezahlen) sowie
- den *Jugendarrest.* Im so genannten *Freizeitarrest* verbringt der Jugendliche z. B. ein Wochenende in der Jugendarrestanstalt. Beim so genannten *Dauerarrest,* der mindestens 1 Woche, höchstens aber 4 Wochen dauern

kann, wird der Versuch unternommen, ihm in einer Jugendarrestanstalt eindringlich zum Bewusstsein zu bringen, dass er für das von ihm begangene Unrecht einzustehen hat.

Erst wenn dieses ansehnliche Arsenal an jugendrichterlichen Sanktionen nicht ausreicht, kommt die Verhängung einer

···⟩ *Jugendstrafe*, das heißt Freiheitsentzug in einer Jugendstrafanstalt, in Betracht. Ihre Dauer beträgt mindestens 6 Monate. Dies deshalb, weil die Jugendstrafe erzieherisch gestaltet werden soll und man davon ausgeht, dass es dafür einer gewissen Einwirkungsdauer bedarf. Das Höchstmaß beträgt 5 Jahre. Nur wenn es sich bei der Tat um ein so schweres Verbrechen handelt, dass das allgemeine Strafrecht eine Höchststrafe von mehr als 10 Jahren androht, ist das Höchstmaß der Jugendstrafe 10 Jahre.[3]

Die *rechtlichen Voraussetzungen* für die Verhängung der Jugendstrafe (nach § 17 Abs. 2 JGG) sind entweder die *Schwere der Schuld* oder *schädliche Neigungen*. In der Praxis wird namentlich bei Tötungsdelikten, Vergewaltigungen und anderen schweren Verbrechen die Schwere der Schuld bejaht und deshalb Jugendstrafe verhängt. Das ist aber selten. In der großen Mehrzahl der Fälle wird das Vorliegen schädlicher Neigungen angenommen. Ein sehr unbestimmter und umstrittener Rechtsbegriff. Die Rechtsprechung versteht darunter Persönlichkeitsmängel, wenn man so will Erziehungsdefizite, die ohne »stationäre Gesamterziehung«[4] die weitere Begehung von Straftaten erwarten lassen: Weil der betroffene Jugendliche meistens nun schon zum 3. oder 4. Mal vor dem Jugendrichter steht und trotz mehrfacher Sanktionierung erneut Straftaten begangen hat, sieht das Gericht keine andere Möglichkeit mehr, als schädliche Neigungen zu bejahen und auf Jugendstrafe in einer Jugendstrafanstalt zu erkennen.

Bevor das Gericht Jugendstrafe ohne Bewährung verhängt, hat es selbst bei schweren und wiederholten Straftaten zahlreiche Möglichkeiten, die Vollstreckung der Jugendstrafe *zur Bewährung* auszusetzen:

···⟩ Bis zu einem Jahr soll das Gericht Jugendstrafe aussetzen, wenn es eine

---

3 Dies gilt allerdings nur für Jugendliche. Bei (über 18-jährigen) Heranwachsenden, bei denen fakultativ Jugendstrafrecht angewandt werden kann, aber nicht muss, beträgt das Höchstmaß der Jugendstrafe allgemein 10 Jahre.
4 So der Bundesgerichtshof in ständiger Rechtsprechung

günstige Kriminalprognose feststellen kann; bei Jugendstrafe bis zu 2 Jahren, wenn es zusätzlich zur günstigen Prognose die Vollstreckung für nicht geboten ansieht. Wird eine Jugendstrafe unter 2 Jahren – bei längeren Jugendstrafen ist dies nicht möglich – zur Bewährung ausgesetzt, wird eine Bewährungszeit zwischen 2 und 3 Jahren festgesetzt.

┅┅❯ Neben der Möglichkeit, die Jugendstrafe von vornherein zur Bewährung auszusetzen, hat der Richter noch weitere Optionen.

Neben der Möglichkeit, die Jugendstrafe von vornherein zur Bewährung auszusetzen, hat der Richter noch weitere Optionen.

Er kann z. B. trotz ausgesprochener Verurteilung zu Jugendstrafe vorerst keine Entscheidung über die Bewährung treffen. Man nennt dieses von der Praxis in Auslegung des Gesetzes entwickelte Instrument etwas ironisch *Bewährung vor der Bewährung*, weil nämlich, nachdem eine gewisse Zeit lang überhaupt nicht über die Bewährung entschieden worden ist, später immer noch Bewährung gewährt werden kann.

┅┅❯ Eine andere Möglichkeit besteht darin, nur die *Schuld festzustellen*, aber keine Entscheidung über die Verhängung der Jugendstrafe zu treffen, weil noch als unklar angesehen wird, ob die erwähnten schädlichen Neigungen vorliegen, die Voraussetzung für die Verhängung einer Jugendstrafe sind. Es wird dann für eine zu bestimmende Zeit mit der Entscheidung zugewartet, ob solche schädlichen Neigungen vorliegen und deshalb Jugendstrafe zu verhängen ist.

Kommt trotz alledem Bewährung nicht in Betracht und ist die Jugendstrafe zu verbüßen, muss keinesfalls jede Hoffnung aufgegeben werden. Entscheidend für das spätere Auslaufen oder sogar den raschen Abbruch scheinbar verfestigter krimineller Karrieren im Erwachsenenalter sind nämlich nach neueren Forschungen weniger Faktoren aus der frühen Kindheits- und Jugendgeschichte als vielmehr die aktuellen sozialen Einbindungen in Freundschaftsbeziehungen, Partnerschaft, Familie und Arbeitswelt.[5] Auch in diesen Fällen kommt es für die Sicherung einer besseren Zukunft des straffälligen Jugendlichen also entscheidend darauf an, dass er in seinen familiären Beziehungen und im Arbeits- oder Ausbildungsbereich stabil integriert ist.

---

5   Kerner, Hans-Jürgen, im Geleitwort zu Stelly/Thomas, S. 9.

Jugendliche, rechtsextreme Kultur und politischer Extremismus

Benno Hafeneger, Reiner Becker

Seit mehreren Jahren gibt es in der Bundesrepublik Deutschland – wie in vielen anderen europäischen Ländern – eine rechte bzw. rechtsextreme Jugendszene. Es sind nicht mehr nur die rechtsextremen Parteien (NPD, DVU, REP) und neonazistische Kleingruppen, die auf sich aufmerksam machen und von staatlicher Seite beobachtet werden, sondern mit den sogenannten Freien Kameradschaften, Autonomen Nationalisten und der rechten Jugendkultur hat sich eine neue Szene unter Jugendlichen und jungen Erwachsenen herausgebildet und verfestigt. Darüber hinaus zeigen zahlreiche empirische Untersuchungen, dass fremdenfeindliche, rassistische und antisemitische Orientierungen auch in größeren Teilen der jungen Generation und der Erwachsenenwelt verbreitet und nicht nur am »Rand«, sondern in der »Mitte der Gesellschaft« und in allen Bevölkerungsgruppen anzutreffen sind.

In der rechten bzw. rechtsextremen Szene bewegen sich die Einstellungsmuster in einem Kontinuum: von einer eher diffus-emotionalen »rechten« bis hin zu einer ideologisch verfestigten und ausgeprägten rechtsextremen Einstellung; die Verhaltensweisen reichen von Musikkonsum, Outfit, Cliquentreffen über Wahlverhalten, Teilnahme an Aktionen bis hin zu Demonstrationen, Straftatbeständen und Gewalt.

Das Denken und die Verhaltensweisen, die Zugehörigkeit zu Gruppen und Cliquen, Kontakte zum organisierten Rechtsextremismus, die Sprache und Sprüche, das Outfit und die Symbole, die Freunde und Treffpunkte, die Musik und Nutzung des Internets sind für Eltern immer wieder erkennbare Hinweise, dass ihr Sohn (oder auch ihre Tochter) in Gefahr ist, in die rechte Szene abzudriften, oder ihr bereits zugehörig ist. Für viele Eltern sind solche Hinweise wiederholt Anlass, in der Jugendarbeit oder Schule, bei Beratungsstellen oder auch bei der Polizei ersten Rat und Hilfe zu suchen – und z. T. wissen sie nicht, wohin sie sich wenden können und sollen. Vielfach sind sie mit ihren Problemen, Unsicherheiten und Fragen alleingelassen, bleiben in ihrem Umgang mit ihrem Sohn (oder ihrer Tochter) unsicher und ratlos.

Was ist die »rechte Jugendszene«?

Eine rechte Jugendszene und unterschiedliche rechtsextreme Milieus gab es in der Geschichte der Bundesrepublik schon immer, nur ihre Formen, Themen und Aktivitäten haben sich wiederholt verändert. Derzeit sind es die vielen abgrenzbaren Kleingruppen und auch äußerlich erkennbaren Skinheads, die neonazistischen Gruppen, Jungen Nationaldemokraten (JN) und vor allem auch unauffällige und kaum erkennbare Gesellungsformen, die in vielen Kommunen und Regionen, in Schulen, der kommunalen Öffentlichkeit sowie in Jugendeinrichtungen identifiziert werden. Zu ihnen gehören die sogenannten Freien Kameradschaften, die rechtsextreme Jugendkultur mit ihren Cliquen, Inszenierungen von Gemeinschaft, Größe und Stärke, mit ihrer Musik, ihren Pamphleten und Konzerten, öffentlichen oder privaten Treffgelegenheiten und Aktivitäten. Neben dem Propagandamaterial von Gruppen und Organisationen haben das Internet und die rechtsextreme Musik mit ihren Bands und Musikstilen, mit ihren provozierenden Liedern und rassistischen Texten, mit ihrer Emotionalität und dem angebotenen Gemeinschaftsgefühl für den Einstieg und die weitere Einbindung (Politisierung, ideologische Schulung, aktive Teilnahme) in die rechte Szene einen zentralen Stellenwert. Man spricht von einer »Erlebniswelt Rechtsextremismus« (Glaser/Pfeiffer 2007), von einem »Cliquenleben« (Hafeneger/Becker 2007) und einem »rechten Alltag«, der für einen Teil von Jugendlichen »attraktiv« ist. Hier werden ihnen Einstiegsangebote in die Szene gemacht, hier entstehen Bindungen und persönliche Kontakte zu rechtsextremen »Kameraden« und Führungsfiguren, Organisationen und Parteien.

Man spricht von einer »Erlebniswelt Rechtsextremismus«, von einem »Cliquenleben« und einem »rechten Alltag«, der für einen Teil von Jugendlichen »attraktiv« ist.

Es gibt identifizierbare Etappen des Einstiegs und Verbleibs von Jugendlichen in die rechte Szene wie auch ihres Ausstiegs aus der Szene. Es kann ein zufälliges »Hineinrutschen« oder eine gezielte Suche sein; es kann eine kurzfristige Episode in einer informellen Clique oder Gruppe bleiben, und Jugendliche können schnell wieder aussteigen. Kontakte und Zugehörigkeiten können sich aber auch verstetigen und sich mit einem rechten Lebensstil, Mitgliedschaften und engen Einbindungen in Gruppenaktivitäten verbinden. Im weiteren politischen Sozialisationsprozess können Jugendliche und junge Erwachsene dann rechtsextreme Deutungen als Weltbild – vor allem als »Ideologie der Ungleichwertigkeit« von Menschen, der Ablehnung von Demokratie und Menschenrechten – verfestigen. Sie werden dann zu Trägern von ressentimentgeladenen, fremdenfeindlichen, rassistischen und antisemitischen Ideologiefragmenten; sie können zu Aktionismus, Straftaten, zu aggressivem Verhalten und gewalttätigem Handeln gegen Linke, Schwule, Lesben, »Fremde« und andere »Feinde« neigen. Gewalt und »Kampf« gehören zum Handlungsrepertoire und Ideologiebestand der rechtsextremen (Jugend-)Szene, und die unterschiedlichen Formen der rechtsextrem motivierten Straf- und Gewalttaten haben seit vielen Jahren ein hohes Niveau. Sie gehen vor allem von männlichen Jugendlichen und jungen Erwachsenen der Szene aus und werden situativ oder geplant in Gruppen begangen. Am Ende ihrer ideologischen Vergemeinschaftung und Radikalisierungsprozesse leben Jugendliche und junge Erwachsene vielfach ausschließlich im rechtsextremen subkulturellen Milieu, sie haben dann Freundschaften, Kontakte und »Brücken« ins »normale« Leben abgebrochen.

Ablösung von Eltern und Familie

Die Wege in die rechte Szene, die Motive von Jugendlichen, hier mitzumachen, sich zu organisieren und eine Gesellungsform zu finden, sind vielfältig und komplex. Jeder Einstieg, Verbleib und Ausstieg verlaufen unterschiedlich und sind von zahlreichen Merkmalen und Faktoren abhängig. Mehrere wissenschaftliche Studien zeigen, dass in den Einstiegs- und Verbleibsprozessen psychische, soziale und ideologische Motive eine Rolle spielen. Dazu zählen die konkreten Lebensbedingungen und die soziale Wirklichkeit, problematische Bindungserfahrungen, biografisch prägende Enttäuschungs-, Kränkungs- und Gewalterfahrungen in der Herkunftsfamilie, dann negative Erfahrungen in Schule, Ausbildungs- und Arbeitsmarkt. Weiter haben der Freundeskreis (Clique, Peergroup) in der Freizeit und die Mediennutzung in der Beeinflussung und Einbindung der jungen Generation in die Szene eine große Bedeutung. Dabei liegen wesentliche Anlässe und Motive bei männlichen Jugendlichen – die in der Szene dominieren – in der Suche nach Gemeinschaft und sozialer Anerkennung, Abenteuer und Selbstbehauptung, nach Thrill und dem »Kick«, Protest und Provokation.

Wissenschaftliche Studien zeigen, dass es in der Verarbeitung und Bewältigung von Übergängen und Krisen auf die Einflüsse und Kontexte ankommt, denen Kinder und Jugendliche ausgesetzt sind. In der Bewältigung der langen, mit vielen Entwicklungsaufgaben und Übergängen verbundenen Jugendphase, in der Suche nach Anerkennung, Gemeinschaft und Abenteuer kommt der Familie – neben Schule, Ausbildung, Freizeit und Peergroup – eine zentrale Bedeutung zu. In der Phase der Ablösung und der Suche nach einem Platz in der Gesellschaft kommt es wesentlich auch auf die familialen Ressourcen an. Orientierungen und Verhaltensweisen werden gelernt und erfahren, dabei hat die Herkunftsfamilie (Eltern, Geschwister und Großeltern) in der politischen Sozialisation eine prägende Wirkung. Der Erziehungsstil in Familie (und Schule), die Qualität der Bindung und Beziehung, die Bilder vom »Fremden« und die politischen Einstellungen im Elternhaus, der Umgang mit Konflikten und Krisen sowie der familiäre Wertehaushalt (mit Achtung, Anerkennung und Respekt) sind wichtige Variablen in der Entstehung von sozialen und politischen Einstellungen bei Kindern und Jugendlichen. Eine liebevolle, demokratische, zuverlässige und gewaltfreie Erziehung sowie eine anerkennende Familienkultur tragen am ehesten dazu bei, gegen Ressentiments und Vorurteile, fremdenfeindliche und rechtsextreme Einstellungen zu immunisieren. Es gibt jedoch keine kausalen Zusammenhänge, sondern unterschiedliche Entwicklungspfade; so kann die Hinwendung zum Rechtsextremismus von der familialen Herkunft, einer undemokratischen Erziehung und einer ressentimentgeladenen Prägung motiviert sein. Sie kann sich aber auch in Abgrenzung und Protest zur Herkunftsfamilie und durch prägende Einflüsse einer rechten Jugendclique entwickeln.

> Eine liebevolle, demokratische, zuverlässige und gewaltfreie Erziehung sowie eine anerkennende Familienkultur tragen am ehesten dazu bei, gegen Ressentiments und Vorurteile, fremdenfeindliche und rechtsextreme Einstellungen zu immunisieren.

In der Pubertät und der langen, hochgradig ambivalenten Adoleszenzphase, die vor allem mit der Ablösung vom Elternhaus und der Entwicklung von Autonomie verbunden ist, entstehen u.a. Gefühle der Unsicherheit und Scham, der Größen-/Allmachtsphantasien sowie von Vereinzelung und Ohnmacht. In einem prekären Verhältnis von Phantasie und Realität beginnt die Suche nach innerer und äußerer Abgrenzung, nach Zugehörigkeit, Anerkennung und Selbstversicherung; Bilder von sich und der Welt bekommen jetzt eine neue Richtung. In diesem Zusammenhang ist für den Adoleszenten die soziale Anerkennung in einer Gleichaltrigengruppe ein zentrales Moment seiner Stabilisierung. Hier können psychosoziale Befindlichkeiten und die Suche nach Orientierung – vielfach vor dem Hintergrund familiärer Spannungen – ideologisch mit Hass, Verachtung und Gewalt aufgenommen, »nach rechts« ideologisch aufgeladen und aktivistisch gebunden werden. Die rechtsextreme Gruppenidentität kann zu einem starren Korsett und falschen Selbst werden, das mit der Bindung von Omnipotenzphantasien und der Aufwertung der (nationalen, völkischen) Eigengruppe vermeintlich Halt und Stabilität in unsicheren Entwicklungszeiten verspricht. Die hier gebundenen Ressentiments suchen abzuwertende »Objekte«, die in der politischen Kultur virulent sind und von der extremen Rechten aufgenommen, radikalisiert und zum Feind deklariert werden. In der Suche nach Externalisierung ihrer inneren (bösen, feindseligen) Welt neigen Jugendliche – zur eigenen Entlastung z.B. von Perspektivlosigkeit, Zukunftsängsten, Bedrohungsgefühlen, Verletzungen, Selbstentwertungen, fehlenden Anerkennungserfahrungen – zur Projektion, weil damit die Quelle von unerträglichen Lebensgeschichten (z.B. Opfer von Gewalt), Zuschreibungen und Befindlichkeiten nicht mehr im eigenen Selbst, sondern bei vermeintlich »Anderen« liegt. Die »Feinde« werden nicht in der »inneren Welt« und der unmittelbaren sozialen Realität, sondern in der »äußeren Welt«, in immer auch gesellschaftlich und kulturell angebotenen, vermeintlich »bedrohlichen« und »feindseligen« Anderen, Fremden und Gruppen gesucht.

5

> Die rechtsextreme Gruppenidentität kann zu einem starren Korsett und falschen Selbst werden, das mit der Bindung von Omnipotenzphantasien und der Aufwertung der (nationalen, völkischen) Eigengruppe vermeintlich Halt und Stabilität in unsicheren Entwicklungszeiten verspricht.

Konflikte in Familien um die »rechte« Sache

Rechtsextreme Orientierungen bei Jugendlichen kommen in den »besten« Familien vor, und auch eine liebevolle, demokratische, zuverlässige und gewaltfreie Erziehung kann nicht verhindern, dass Jugendliche in die rechtsextreme Szene abdriften. Das Konfliktpotential in Familien hängt von der Problemsicht, den Deutungen und politischen Einstellungen der Eltern ab; wenn sie selbst eine rechte Affinität haben, dann wirken sie kaum »korrigierend« auf ihre Kinder ein. In solchen Familien wird eher eine »Verhaltensklugheit« angeboten, nach der ihre Kinder nicht durch ein allzu exponiertes Verhalten ihren Schulabschluss oder ihren Ausbildungsplatz gefährden sollen. Der Leidensdruck ist für Eltern groß, die sich selbst politisch nicht als »rechts«, sondern als liberal, demokratisch, prosozial oder links verorten und sich somit von der Einstellung und dem damit verbundenen Verhalten ihres Sohnes (oder ihrer Tochter) distanzieren (Becker 2008). Doch woran ist zu erkennen, dass das eigene Kind »rechts« ist? Vielen Eltern fehlen Informationen über rechtsextreme Ideologie und Merkmale der Jugendkultur (wie Bands, Symbole und Stile), um schleichende Entwicklungen und Einstiegsprozesse bemerken und einordnen zu können. Sie stellen im Rückblick fest, dass sie den Einstieg ihres Sohnes (oder ihrer Tochter) in die rechte Szene nicht zeitnah wahrgenommen haben. Betroffene Eltern berichten von einem schleichenden Prozess: Der Musikgeschmack verändert sich; das Internet wird zum Informations- und Kommunikationsmedium; dann werden Kleidungsstücke von Marken erworben, die den Eltern bisher unbekannt waren (typische Szenemarken wie »Lonsdale« oder »Thor Steinar«). Es werden die obligatorischen Springerstiefel und die Kurzhaarfrisur getragen (wobei die rechtsextreme Jugendszene mittlerweile eine Vielzahl von unauffälligeren Stilen anbietet); schließlich werden die Pamphlete und »neuen Freunde«, sprich gleichgesinnte Jugendliche aus einer rechten Clique (Hempel 2008), und die Treffen wahrgenommen und kennen gelernt.

> Vielen Eltern fehlen Informationen über rechtsextreme Ideologie und Merkmale der Jugendkultur (wie Bands, Symbole und Stile), um schleichende Entwicklungen und Einstiegsprozesse bemerken und einordnen zu können.

Mit solchen Entwicklungen verändert sich auch die innerfamiliale Gesprächskultur, und neue Konflikte entstehen: So kann der Gesprächsfaden völlig abreißen, können sich Sprach- und Hilflosigkeit einstellen, ist die Kommunikation von Streit, Vorwürfen und Drohungen dominiert, werden Sanktionen angedroht und durchgesetzt; oder Jugendliche versuchen, ihre Eltern von ihrer politischen Einstellung zu überzeugen, und weisen oftmals ein ideologisch »geschultes« Detailwissen auf. Eine weitere Eskalationsstufe für die Familie ist dann erreicht, wenn der Jugendliche mit seiner rechten bzw. rechtsextremen Gesinnung auffällig wird; etwa in der Schule, am Ausbildungsplatz oder auch nach einer Straftat mit rechtsextremem Hintergrund. Viele Konflikte erhalten dann eine neue Dynamik, denn jetzt können Eltern gegenüber Dritten – etwa Lehrern oder der Polizei – aufgefordert sein, Stellung zu beziehen. Bei wachsenden Konflikten innerhalb und außerhalb der Familie stehen viele Eltern vor der Zerreißprobe, ihren Sohn (oder ihre Tochter) nicht verlieren zu wollen, aber »etwas« gegen seine Einstellung tun zu wollen bzw. zu müssen.

5

Wie können Eltern bei einem Ausstieg helfen?

Das Binnenleben in der rechten bzw. rechtsextremen Jugendszene und den Gruppen ist ambivalent: Es ist einerseits mit Anerkennung, Selbstaufwertung, Action und Gemeinschaft verbunden, andererseits ist es von ritualisierter Langeweile, Alkoholkonsum, Rumhängen und Mutproben sowie Gewalt geprägt. Damit erleben Jugendliche auch eine lebensweltliche Eindimensionalität und Verarmung des Selbst, die ihre persönliche Entwicklung blockiert. Solche ambivalenten Erfahrungen wahrzunehmen und im Gespräch mit den Kindern zu thematisieren kann Eltern wichtige Kommunikationsmöglichkeiten eröffnen und lässt den Gesprächsfaden aufrechterhalten. Studien zeigen, dass das »größte Kapital« der Eltern in der Qualität der Eltern-Kind-Beziehung liegt; wenn diese gut und tragfähig ist, dann stellt sie für die innerfamiliale Auseinandersetzung ein wichtiges psycho-soziales Fundament dar (Hopf u.a. 1995; Becker 2008). Die Familie hat gegenüber anderen sozialen Beziehungsformen immer auch das Interesse, die persönlichen Beziehungen aufrechtzuerhalten. Das ist für Eltern die basale Grundlage, den Spannungsbogen aufzunehmen bzw. aufrechtzuerhalten: *mit* ih-

> **Das Binnenleben in der rechten bzw. rechtsextremen Jugendszene und den Gruppen ist ambivalent.**

rem Kind zu streiten, *für* ihr Kind und *gegen* die rechtsextreme Orientierung zu intervenieren. War die Eltern-Kind-Beziehung aber schon vor den Konflikten um den jugendlichen Rechtsextremismus (erheblich) belastet, dann ist das Interventionspotential der Eltern in dieser »neuen« Krise eher gering.

Die Auseinandersetzung mit dem jugendlichen Rechtsextremismus stellt für Eltern eine doppelte Belastung dar, weil neben den »normalen« Eltern-Kind-Konflikten in der Adoleszenzphase nun auch eine kognitiv und emotional anstrengende Auseinandersetzung über die Orientierungen und Verhaltensweisen hinzukommen. Für Eltern, die keine Affinitäten zu rechten Einstellungen aufweisen, ist die Orientierung des Kindes mit einem erhöhten Scham- und Schuldgefühl verbunden, nämlich als Vater oder Mutter in der Erziehung versagt zu haben. In dieser Lage brauchen Eltern professionelle Hilfe, Unterstützung und Beratung. Der Informationsbedarf von betroffenen Eltern ist groß, denn sie werden mit szenetypischen Symbolen und Codes, mit Musik und durch sie transportierten ideologischen Fragmenten konfrontiert, die ihnen bis dahin unbekannt waren. Das sind z. B. die Fragen: Was bedeutet ein Zahlencode wie »88«? Ist die Marke »Lonsdale« ein rechtsextremes Szenelabel und wie verhält es sich mit der Marke »Thor Steinar«? Ist die Musikgruppe »Böhse Onkelz« rechtsextrem? Was tue ich, wenn mein Kind in rechtsextremen Chatrooms mitmacht, und wie mit den rechtsextremen Freunden umgehen? Mit diesen und weiteren Fragen sind Eltern konfrontiert und hierzu benötigen sie ein Informationsangebot, das ihnen hilft, die Entwicklung und Aktivitäten ihres Sohnes (ihrer Tochter) hin zur bzw. in der rechten Szene einordnen und bewerten zu können.

Berichte aus der Praxis und systematische Auswertungen von zahlreichen Beratungsprojekten und Unterstützungsangeboten, die sich mit Prävention und Intervention befassen, zeigen differenzierte Ansätze, Befunde und Erfahrungen, wie mit rechtsextrem orientierten Jugendlichen pädagogisch gearbeitet werden kann. Sie geben auch Eltern anregende Hinweise, wie sie die Förderung von Distanzierung und des biografisch durchaus konfliktreichen – weil die rechtsextreme Szene auch eine enorme Bindewirkung hat – Ausstiegs aus der Szene begleiten und fördern können. Distanzierung und Ausstieg sind komplexe Prozesse, in denen ermutigende, Schutz und Hilfe gebende erwachsene Personen (hier die Eltern) eine wichtige Rolle spielen. Eltern können mit ihrer Persönlichkeit eine Haltung anbieten, die durch Vertrauen und Wertschätzung sowie »Gespräche auf Augenhöhe« gekennzeichnet ist, die aber auch durch Irritation und Impulse die Distanzierungs- und Ausstiegsentwicklung initiiert, fördert und begleitet. Nach Rieker wenden sich neben Mitgliedern der rechtsextremen Szene auch deren Familienangehörige, vor allem Eltern, an Aussteigerprogramme (Rieker 2009). Solche Programme bieten in staatlicher oder nichtstaatlicher (zivilgesellschaftlicher) Trägerschaft mittlerweile in allen Bundesländern auch Eltern professionelle Beratung, Hilfe und Unterstützung an (Koch/Pfeiffer 2009).

Solche Informationsangebote sind wichtig, sie lösen aber nicht die alltäglichen Herausforderungen und Konflikte. Diese müssen gemeinsam – von Eltern und Kindern – bewältigt werden, und je nach Ausmaß der rechten bzw. rechtsextremen Gesinnung und dem damit einhergehenden Verhalten sind die Belastungsgrenzen schnell erreicht. Hier müssen Eltern ihr Schamoder auch Schuldgefühl sowie ihre Ratlosigkeit überwinden und auch externe Hilfe bei Beratungsstellen suchen. Diese haben neben Kompetenzen in der Erziehungsberatung auch ein entsprechendes Wissen über die Facetten und Phänomene des (jugendlichen) Rechtsextremismus. Die beiden wesentlichen Gegenstände der Beratung sind: die Eltern darin zu entlasten, dass sie nicht allein für die Entstehung von rechtsextremen Einstellungen bei ihrem Sohn (ihrer Tochter) verantwortlich sind und auch nicht die alleinige Verantwortung für den Ausstieg aus der Szene tragen; dann die Klärung und Stärkung der Potentiale von Familien. Auch wenn sich keine schnellen Lösungen der Konflikte abzeichnen, müssen die Eltern darin gestärkt werden, den Kontakt zu ihrem Sohn (ihrer Tochter) nicht abbrechen zu lassen und ein grundlegendes und auf Vertrauen basierendes Beziehungsangebot aufrechtzuerhalten. Damit kann *ein* Beitrag zur Abkehr des Sohnes (oder der Tochter) von der Szene geleistet werden.

Nach Schulabschluss und Ausbildung:
Die schwierigen Jahre der Adoleszenz

Claus Koch

Die »Odysseus-Jahre«

Die Zeit, die bei den Jugendlichen auf den Abschluss ihrer Ausbildung oder nach dem Verlassen der Schule folgt, also die Lebensspanne von etwa 18 Jahren bis Mitte, Ende zwanzig, findet weder in der entwicklungspsychologischen Literatur noch in der vielfältigen Ratgeberliteratur die Erwähnung, die ihr eigentlich zukommen sollte. Werden doch in diesem Lebensabschnitt viele Weichen für »später« gestellt – hinsichtlich der Berufswahl, einer dauerhaften Beziehung, ja hinsichtlich eines gesamten Lebensentwurfes, allesamt grundlegende Fragen, die dann eine wesentliche Rolle auch im »späteren« Erwachsenenleben spielen. Während sich die Jugendlichen in der Pubertät die Frage stellen »*Wer bin ich?*« und nach ihrer persönlichen, geschlechtsbezogenen Identität suchen, lautet die Frage der jungen Erwachsenen in der späteren Adoleszenz »*Wohin will ich?*« – vor allem auf den beiden wichtigsten Feldern des Lebens: *Arbeit und Liebe.*

So dramatisch sich die Suche nach dem eigenen Ich in der Pubertät häufig auch abspielen mag – bei Jugendlichen, die mit ihrem Leben bislang mehr oder weniger gut zurechtkamen, kann davon ausgegangen werden, dass sich das eine oder andere auffällige Verhalten, das Eltern beunruhigt, späterhin beruhigen wird. Anders in der späten Adoleszenz, in der die Konflikte, die sich um die Frage nach dem beruflichen und privaten »Wohin« gruppieren, existentieller sind. So mag der Verlust der »ersten Liebe« in der Pubertät großen psychischen Schmerz verursachen, doch fast immer folgt auf den unbändigen Liebeskummer die nächste große Liebe. Zerbricht eine vielleicht mehrjährige Beziehung hingegen Mitte, Ende zwanzig, an die der eine oder die andere große Zukunftserwartungen knüpfte, ist dieser biographische Einschnitt gravierender. Auch spielen Unsicherheiten der geschlechtsbezogenen Rollenzuteilung in diesem Lebensabschnitt, wenn es darum geht, sich zum ersten Mal eine Zukunft als Familie oder mit Kindern zu vergegenwärtigen, eine viel bedeutendere Rolle als mit sechzehn oder achtzehn Jahren, wo mit Rollen und Rollenklischees noch mehr experimentiert wird und auch experimentiert werden kann.

Ein schlechtes Schuljahr bedeutete nicht den Weltuntergang – zumindest nicht für die Kinder und auch hoffentlich nicht für die Eltern; keinen Studienplatz zu finden, sich auch Mitte zwanzig noch nicht für ein klares Ausbildungsziel entscheiden zu können, das Studium endlos zu verlängern und eine beständige Unsicherheit in der Berufswahl können für die psychische Stabilität wie für eine dauerhafte Integration in die heutige Arbeitswelt Langzeitfolgen haben, die die gesamte Existenz betreffen.

Ein schlechtes Schuljahr bedeutete nicht den Weltuntergang.

Jugendliche und junge Erwachsene reagieren auf diese neuen Herausforderungen unterschiedlich, wobei sich gewisse Trends abzeichnen. So stellte die 15. Shell-Jugendstudie von 2006 fest, dass sie mehrheitlich versuchen, ihrer insgesamt als eher unsicher empfundenen Zukunft mit einem hohen Maß an Pragmatismus und auch Leistungsbereitschaft zu begegnen, und dabei eher nach persönlichen und weniger nach politischen Lösungen suchen. Bei über der Hälfte überwiegt der zuversichtliche Blick auf die Zukunft, doch unter dieser Decke von Pragmatismus und Optimismus lauert nichtsdestoweniger ein beträchtliches Maß an Unruhe und Angst, insbesondere bei denen aus sozial schwachen Elternhäusern. Als »Gegenmittel« in dieser härter werdenden Welt steht an erster Stelle der Wunsch nach Sicherheit, die die Jugendlichen nach wie vor mit Schutz oder Geborgenheit in der Familie gleichsetzen.

Letzteres ist entwicklungspsychologisch gesehen durchaus von Bedeutung, verlängern die Jugendlichen und jungen Erwachsenen ihre Jugendzeit doch auch dadurch, dass die meisten von ihnen nicht wie Generationen vor ihnen das Elternhaus nach Ende der Schulzeit oder nach Ende ihrer Ausbildungszeit verlassen, sondern weiterhin dort wohnen bleiben, häufig bis Mitte zwanzig oder sogar länger. Die Entscheidung, Verantwortung für sich selbst zu übernehmen, wird auf diese Weise oft auf Jahre hinausgezögert, auch wenn die Gründe dafür unterschiedlich sein mögen: finanzielle Gründe, weil das selbstständige Wohnen in vielen großen Städten im Rahmen der Ausbildung einfach zu teuer geworden ist, ein gewisser Hang zur Bequemlichkeit (»Hotel Mama«), vor allem aber auch, weil auf diese Weise der Start ins Erwachsenenleben hinausgeschoben werden kann – oft unter tätiger Mithilfe der Eltern, die ebenfalls Angst haben, allein zurückzubleiben, also ihrerseits vom besonderen »Eltern-Kind-Verhältnis« nicht lassen wollen, besonders dann, wenn sich ihr eigener Lebensentwurf schon frühzeitig nahezu ausschließlich auf die Kinder konzentrierte.

Unterstützt wird diese Tendenz des überlangen »Nesthockens« zudem durch eine Erziehungskultur, in der Generationskonflikte kaum noch eine Rolle spielen – laut Shell-Studie sagen 90 % der Jugendlichen, dass sie mit ihren Eltern gut auskommen – dieselbe Frage hätte vor 40 Jahren wahrscheinlich das umgekehrte Ergebnis erbracht. Und auch, wenn diese Harmonie durchaus ihre positiven Seiten hat, kann sie den jungen Erwachsenen ebenso den Weg hin zum eigenen Lebensentwurf versperren, weil es so schwerfällt, sich von ihren Eltern, und damit der vorhergehenden Generation, abzugrenzen, die nur zu gerne alles daran setzt, nicht besonders viel älter als ihre Kinder zu wirken.

Ein Weiteres könnte dazu kommen. So hat die amerikanische Scheidungsforscherin Judith Wallerstein in einer empirischen Studie einen Zusammenhang zwischen Scheidung der Eltern und einer verlängerten Adoleszenz der betroffenen Kinder herausgefunden. Viele Scheidungskinder zögerten ihren Abschied vom Elternhaus hinaus, weil sie Angst vor neuen festen Bindungen haben und weil sie mit dem, was ihnen in ihrer Kindheit zu Hause zugestoßen ist, noch nicht fertig geworden sind. Insgesamt bräuchten sie einfach länger, bis sie »erwachsen« sind.

Diese einleitenden Sätze umreißen, wie komplex die Probleme in diesem Lebensabschnitt sind, der in den USA bereits die »Odysseus-Jahre« genannt wird, und wie viel Kompetenz von den Jugendlichen erwartet werden muss, ihre Reise ins endgültige Erwachsensein wirklich unbeschadet zu überstehen. Umso mehr mag es verwundern, dass über diesen Zeitabschnitt bislang nur wenig geforscht und geschrieben wurde. Vielleicht spielt eine Rolle die vermeintliche Überzeugung, in diesem Lebensalter sei doch schon »alles gelaufen« und deshalb sowieso »nichts mehr zu machen«. Im Folgenden werde ich versuchen zu zeigen, dass dem nicht so ist und die Eltern auch noch in diesem Lebensabschnitt ihrer Kinder eine bedeutende Rolle einnehmen können, indem sie ihren »Kindern« in den immer noch unwegsamen Zeiten wie der Adoleszenz nötigen Halt geben und der jungen Frau oder dem jungen Mann dabei helfen, die Übersicht und ihren Lebensoptimismus zu bewahren.

Die neue Unübersichtlichkeit und ihre Folgen

Wie gesagt: Die gesellschaftlichen Aussichten der Adoleszenten sind heute weit davon entfernt, ihnen ein umfassendes Sicherheitsgefühl zu vermitteln: Während viele ihrer Väter noch auf eine berufliche Karriere zurückblicken können, die sie biographisch ohne größere Unterbrechungen begleitet hat, steht ihr beruflicher Werdegang – aufs ganze (Berufs-)Leben gesehen – in den Sternen. Stattdessen erwarten sie allerorten Barrieren in Form von begrenzten Zugangsmöglichkeiten, Konkurrenzdruck, auf ein oder zwei Jahre befristete Verträge bis hin zu prekären Arbeitsverhältnissen auch für die, die über eine gute Ausbildung verfügen. Der Absturz in Hartz IV ist keine Schreckensvision, sondern kann jede und jeden treffen. Und für die, die keine entsprechenden Zeugnisse und Ausbildung vorzuweisen haben, wird es ganz schwer. Auch die privaten Angelegenheiten lassen sich in keinen fest gefügten Rahmen einfügen: Rollenvorstellungen in der heterosexuellen Partnerschaft haben sich aufgelöst und sind in den Köpfen dennoch weiter präsent.

> Der Absturz in Hartz IV ist keine Schreckensvision, sondern kann jede und jeden treffen.

Der Kinderwunsch ist vielfach vorhanden, aber Beruf und Karriereabsichten sind ihm, insbesondere was die jungen Frauen betrifft, trotz allen guten Zuredens immer noch abträglich. Und die in den letzten Jahrzehnten gestiegene Anzahl von jungen Erwachsenen aus Scheidungsfamilien kann das in der Kindheit Erlebte gerade dann noch einmal einholen, wenn sie sich fest an jemanden binden wollen (oder dieser Wunsch von ihrer Partnerin an sie herangetragen wird) und sie mit mehr Ängsten und Unsicherheit reagieren als ihre Altergenossen aus intakten Familien – auch dies ein Ergebnis der bereits zitierten Studie von Judith Wallerstein.

So mag es fast erstaunlich anmuten, dass trotz dieser Zukunftserwartungen die übergroße Mehrheit der Jugendlichen alle diese Klippen umschifft und am Ende doch einigermaßen gut ins Leben integriert ist und ihren Platz in der Mitte dieser Gesellschaft findet. Der Zeitgeist, der ihnen bedeutet, dass in einer globalisierten Gesellschaft nichts von Dauer und alles ist im Fluss ist, mag dabei behilflich sein. Junge Erwachsene legen heutzutage nicht mehr so viel Wert auf »traditionelle« Arbeit wie noch ihre Väter und Großväter, sondern reden lieber von »Projekten«, die, was durchaus auch in ihrem Sinne ist, zeitlich begrenzt sein können. Die Zukunft muss nicht sofort durchgeplant sein und man ist offen für Neues – und hier besonders für die »Digitalisierung« aller Lebensbereiche. Dies alles, geplant mit einer gehörigen Portion Pragmatismus, hilft dann, auch mit widrigen Umständen zurechtzukommen.

Nimmt solche »Lockerheit« aber zu starke Formen an und paart sich dabei mit übertriebenen Erfolgserwartungen, dann besteht die Gefahr, dass bei einem Scheitern eines nur auf diesen Vorstellungen beruhenden Zukunftsbildes das ganze Lebensgebäude in sich zusammenbricht. Fehlt den jungen Erwachsenen jetzt noch die »Absicherung« durch die eigene Familie bzw. der eigene abgesicherte private Rahmen, kann es schnell zu einer persönlichen Krise kommen, die weitaus dramatischere Züge aufweist als die vielen kleinen Krisen in der Pubertät und die auch das weitere Leben nachhaltig beeinflussen kann, wenn keine sinnvolle Intervention erfolgt. Die Frage, die sich im Rahmen dieses Beitrages stellt, ist also, was Eltern tun können, um einer solchen Entwicklung vorzubeugen und den Jugendlichen und jungen Erwachsenen auch für diese Zeit den nötigen Halt und die nötige Sicherheit zu vermitteln, bzw. wie sie sich im Fall einer Adoleszenzkrise am besten verhalten.

Die vier Eigenschaften, auf die es in der Adoleszenz ankommt

Wesentlich, um sich in der Adoleszenz der neuen Unübersichtlichkeit gegenüber zu behaupten, Rückschläge bei der Berufsfindung positiv zu verarbeiten und auf persönliche Probleme im beruflichen wie privaten Bereich angemessen, und nicht mit Angst und Panik oder unter Zuhilfenahme von Drogen zu reagieren, sind folgende Eigenschaften, auf die ich im Folgenden näher eingehen werde:

···❯ über eine innere Überzeugung zu verfügen, wertvoll zu sein (Selbstwertgefühl),

···❯ »es trotz aller Hindernisse zu schaffen« (Selbstwirksamkeit, Lebensoptimismus),

···❯ sich anderen mitteilen zu können (Kommunikationsfähigkeit),

···❯ seinem Leben langfristig einen sinnvolles Ziel geben (Sinnfindung).

Diese Eigenschaften sind nicht angeboren, sondern werden lebenslang, anfangs immer wieder im Zusammenspiel mit den ersten Bezugspersonen, dann dem persönlichen Umfeld und später in Auseinandersetzung mit gesellschaftlichen Überzeugungen und Zielen erworben. Die bedeutendste Rolle, von der ihre Entwicklung und Ausprägung abhängen, spielen sicherlich nach wie vor die Eltern (und dies nicht nur in der Kindheit); aber auch die nächste Umgebung (peer group), die Schule und die Gesellschaft beeinflussen die genannten Verhaltensmerkmale auf ihre Weise – positiv oder negativ.

Selbstwertgefühl

Zur Ausbildung eines positiven Selbstwertgefühls ist, wie an vielen Stellen dieses Buches betont, eine positive Bindungserfahrung, zumindest mit einem Elternteil, die beste Voraussetzung. Dies betrifft die Erfahrung des Kindes, geliebt und in seinem Sosein akzeptiert zu werden, eine Verlässlichkeit im Alltag, die dem Kind Sicherheit gibt und in ihm keine Ohnmachtsgefühle entstehen lässt. Elterliche Kritik und Grenzensetzen sind, auch später in der Schulzeit, kein Tabu, aber beides muss auf einer wohlwollenden, das Kind in seiner individuellen Eigenart ernst nehmenden Haltung begründet sein. Lächerlichmachen vor anderen, zynischer Umgang mit seinen Schwächen, blinde Autorität sind Gift und zerstören das Gefühl, etwas für sich und andere »wert« zu sein. Trennungen und Scheidungen können, wenn nicht offen mit ihnen umgegangen wird, ebenfalls das Selbstwertgefühl des Kindes schädigen, das sich häufig selbst die Schuld für das Scheitern der elterlichen Beziehung gibt. Ein gelungenes Selbstwertgefühl schützt in der Adoleszenz vor Rückschlägen jeglicher Art, weil der Jugendliche und junge Erwachsene das Scheitern von etwas, sei es privat oder in Ausbildung und Beruf, nicht automatisch mit seiner – »unfähigen« oder »schwachen« – Person kurzschließt, sondern sich nach einer Phase des Rückzugs wieder aufrappelt mit dem Gefühl, es – vielleicht anders – dennoch zu schaffen. Auch der kritische Blick auf das eigene Verhalten wird von einem Selbstwertgefühl gestützt, zumindest so lange, wie dieses Selbstwertgefühl nicht überhöht ist.

Selbstwirksamkeit

Mit dem Selbstwertgefühl (Ich bin bedeutsam!) verbunden ist die »Selbstwirksamkeit«. Sie bezeichnet das Gefühl für die eigene Kompetenz, gewünschte Handlungen verbunden mit jeweiligen Zielsetzungen erfolgreich ausführen zu können. Ein Mensch, der daran glaubt, auch in schwierigen Situationen etwas bewirken zu können, das ihm nützt, hat ein entsprechend hohes Selbstbewusstsein und eine entsprechend hohe Selbstwirksamkeitserwartung. Auch diese Eigenschaft gründet auf liebevollen, reziprok erfahrenen Beziehungen in der frühesten Kindheit, die den Grundstein dafür legen, dass eine von mir intendierte Handlung »draußen« auch zum Erfolg führt. Sei es, weil die Bezugsperson auf mein Zeichen und meine Handlung hin positiv reagiert oder ich in der Gegenstandswelt etwas bewirken kann, das meinen Intentionen entspricht. In der Schule und Ausbildung ist dieses Lebensgefühl ebenso wichtig wie für alle Konflikte, die sich in der späteren Adoleszenz ergeben. Ohne den Glauben an sich selbst und an die eigenen Möglichkeiten, eine vorgegebene Situation hin zum Positiven verändern zu können, stellen sich Gefühle von Ohnmacht und Hilflosigkeit ein, die das gesamte Erleben beeinträchtigen.

> Ohne den Glauben an sich selbst und an die eigenen Möglichkeiten, eine vorgegebene Situation hin zum Positiven verändern zu können, stellen sich Gefühle von Ohnmacht und Hilflosigkeit ein, die das gesamte Erleben beeinträchtigen.

Kommunikationsfähigkeit

Ein weitere wichtige Fähigkeit, um mit den Fährnissen der späten Adoleszenz umgehen zu können, stellt die Fähigkeit, mit anderen zu kommunizieren, dar. Sie ist durch den unaufhaltsamen Vormarsch digitaler Medien, sei es durch SMS, Chat, Twitter, FaceBook, Computerspiele usw., in Gefahr und sollte von Eltern und in der Schule besonders gefördert werden. Die vielschichtigen Probleme, die sich in einer globalisierten Welt mit in jeder Hinsicht offenen Grenzen ergeben, können nur mit anderen angegangen und gelöst werden. Das Gefühl der Einsamkeit in einer scheinbar jeder und jedem offenen Welt ist grausam. Adoleszente, die nicht gelernt haben, sich mitzuteilen, sind psychisch in jeder Hinsicht gefährdet. Zumeist sind es traumatische Kindheitserfahrungen, die einen Menschen daran hindern, sich anderen gegenüber gefühlsmäßig mitteilen zu können.

Sinnfindung

Der amerikanische Entwicklungspsychologe Matt Damon verglich in einer breit angelegten empirischen Studie Jugendliche und junge Erwachsene auch in Bezug darauf, wie erfolgreich sie die Zeit der späten Adoleszenz bewältigen. Es kristallisierten sich vier Gruppen heraus: Die »disengaged«, also jene, die völlig desinteressiert waren, ihrem Leben und erwünschten Zielen einen Sinn zu geben. Früher hätte man sie wohl die »Null Bock«-Generation genannt. Dann die »dreamers«, durchaus mit Lebenszielen, aber meistens überhöht und unrealistisch wie etwa, ein berühmter Pop-Star zu werden, ein weltberühmter Arzt usw. Dann die »dabblers«, für die es keine wirklich deutsche Übersetzung gibt, gemeint aber sind die, die sinnstiftende Ziele haben, sie aber sehr häufig wechseln, sich heute für den Umweltschutz engagieren, morgen eine Computerfirma gründen und übermorgen mal auswandern wollen. Die letzte Gruppe waren die »purposeful«, also die, die ihrem Leben einen Sinn gaben und auch nichtmaterielle Ziele verfolgten wie zum Beispiel, etwas zu tun, einfach um glücklich und mit sich zufrieden zu sein; die etwas längerfristige Interessen verfolgten, sei es Musik, sei es eine bestimmte Tätigkeit, ein bestimmtes Fach, die also eine klare Vorstellung von dem hatten, was sie auf der Welt wollten.

Matt Damon stellte fest, dass die Hälfte der von ihm mit ausführlichen Tiefeninterviews untersuchten Jugendlichen so dachten wie diese »purposeful« – und es waren genau die, die die Adoleszenz am erfolgreichsten hinter sich brachten. Diese Jugendlichen und jungen Erwachsenen wurden von ihrer Familie in ihrem Bestreben nach sinnerfüllter Selbstständigkeit unterstützt und waren ihrerseits in der Lage, über den familiären Tellerrand hinauszusehen und die Kommunikation mit anderen für sie wichtigen Leuten und Vorbildern aufzunehmen. Und sie verfügten über genau jene Eigenschaften, die ich bereits aufgeführt und erläutert habe: Selbstwertgefühl, Selbstwirksamkeit und Kommunikationsfähigkeit, die offenbar eng mit dem Vermögen verbunden sind, seinem Leben einen positiven und individuellen Sinn zu geben.

Die im späteren Leben zufriedenen jungen Erwachsenen wurden von ihrer Familie in ihrem Bestreben nach sinnerfüllter Selbstständigkeit unterstützt.

Die Rolle der Schule und der Gesellschaft

Bei dem, was die Eigenschaft betrifft, seinem Leben einen Sinn zu geben, es entlang persönlichen Vorstellungen gut zu organisieren, auf Ziele hin, die den Einzelnen auch interessieren und die zu seinen persönlichen Neigungen und Interessen passen, spielt die Schule, sofern sie nach althergebrachtem Muster verfährt, keine besonders förderliche Rolle. Mechanisches Auswendiglernen von Stoff, der nur wenig mit dem wirklichen Leben von Kindern und Jugendlichen zu tun hat, und standardisierte Leistungstests haben nur wenig damit zu tun, was junge Menschen später brauchen, um sich im Leben in dem zurechtzufinden, was von ihnen erwartet wird. Im Gegenteil, beim Lernen gegen einen inneren emotionalen Widerstand bleibt nicht nur nichts von dem hängen, was gelernt werden soll, sondern es fördert geradezu eine Haltung von Entmutigung und Beliebigkeit, wie sie bei den schon erwähnten desinteressierten, träumerischen oder sprunghaften jungen Erwachsenen zu finden ist. Was den meisten Schulen fehlt, ist die Verknüpfung des angebotenen Inhalts mit der jeweilig in den entsprechenden Alterskohorten vorhandenen Neugier und dem Bestreben, die Welt zu erkunden, wie sie ist, ihrem Dasein einen Sinn zu verleihen und die Welt entsprechend zu verändern und zu »bearbeiten«. Aller Unterricht, der in reformierten Schulen Lernstoff, Welterkundung und die Suche nach einem persönlichen Sinn verbindet, ist nachweisbar erfolgreicher – auch in Hinsicht auf konventionelle Leistungskriterien wie etwa die Zeugnis- oder Schulabschlussnoten. (Siehe hierzu auch den Beitrag von Ulrike Kegler.) Etwas zugespitzt könnte man sogar sagen, dass die Schule den jungen Menschen gerade nicht vermittelt, was sie später, in der Zeit danach, an emotionalem Selbstverständnis brauchen, auch wenn ein guter Bildungsabschluss nach wie vor ein sehr hohes – und nützliches! – Gut ist.

In der Gesellschaft dagegen überwiegt aus Sicht der Jugendlichen und jungen Erwachsenen die von nahezu allen Medien überbrachte Botschaft, dass auch kurzfristige Ziele zum Erfolg führen, Inhalte mehr oder minder austauschbar seien und nur zählt, was beruflich und privat schnellen Erfolg bringt – allesamt Punkte, die einem sinnvollen, auch auf nichtmaterielle Ziele hin orientierten Leben dann doch widersprechen und die Betreffenden, wenn es dann nicht so »flutscht« wie gedacht, ratlos und oft wie betäubt zurücklassen. Ein ständig beschworenes »Anything goes« steht im Widerspruch zu einem persönlichen Scheitern, das dann ausschließlich auf die eigene Person bezogen wird. Wenn also Sozialisationsagenturen wie die Schule oder die Gesellschaft sich kaum oder gar nicht mit den wirklichen Fragen, die das Leben an die Jugendlichen stellt, beschäftigen, dann erziehen wir eine Generation, die ins Erwachsenenalter quasi ohne Richtung eintritt oder eben gar nicht erwachsen werden will!

> **Ein ständig beschworenes »Anything goes« steht im Widerspruch zu einem Scheitern, das dann ausschließlich auf die eigene Person bezogen wird.**

5

Die Rolle der Eltern

Die Rolle der Eltern, dies dürfte aus dem Gesagten deutlich geworden sein, ist auch für diese Phase des Lebens wichtiger denn je. Und sie besitzen gegenüber früheren Elterngenerationen durchaus den Vorteil, dass sie von den Jugendlichen und jungen Erwachsenen, wenn die Beziehung von gegenseitigem Respekt und Vertrauen geprägt ist, um Rat gefragt werden. Natürlich muss jede junge Erwachsene und jeder junge Erwachsene den Sinn des Lebens selbst finden, langfristige Ziele sowohl emotional wie sachlich-rational formulieren, eine »Arbeit«, die Eltern nicht für sie übernehmen können und auch nicht sollen. Aber sie können ihre Kinder bei diesem Prozess begleiten, schon in der Schule, indem sie Gesprächbereitschaft signalisieren, am gesellschaftlichen Leben ihrer Kinder teilhaben und, ohne sich in die konkreten Belange einzumischen, immer wieder einmal fragen: Was ist wichtig für dich, was interessiert dich besonders, wo möchtest du hin? Sie sollten ihre Kinder zu Erfahrungen ermuntern, dass sie »gebraucht werden«, (eine Erfahrung, die sie in der Schule meistens nie gemacht haben) – ihnen konkrete Projekte in sozialen Brennpunkten oder sozialen Einrichtungen, auch in sozialen Projekten im Ausland empfehlen, die auf die vier genannten Eigenschaften einen unbedingt positiven Einfluss haben, sich selbst wertvoll zu fühlen, die Erfahrung zu machen, etwas Sinnvolles zu tun, was man selbst in Gang gesetzt hat und nicht andere für einen. Und dann können sie mit den Kindern über weitere Optionen sprechen, das Leben mehr kennen zu lernen, sie können von den eigenen Erfahrungen sprechen und wie sie versucht haben diese große Frage in ihrem Leben zu beantworten: Wozu bin ich auf der Welt?

Nachwort

Jürgen Oelkers

Die öffentliche Diskussion in Deutschland über Erziehungsfragen ist traditionell von Ideologien geprägt gewesen. Man denke nur an den Beginn des 20. Jahrhunderts und so an Ellen Keys »Das Jahrhundert des Kindes« (1902) oder an Heinrich Lhotzkys »Die Seele des Kindes« (1910), die aus völlig konträren Positionen heraus für ähnliche Aufregungen und vor allem für einen ähnlichen Umsatz sorgten. Das eine Buch stammte von einer Sozialdemokratin, das andere von einem völkischen Lebensreformer, beide Bücher waren Bestseller und keines sagte etwas über konkrete Erziehung. Es ging immer nur um die richtigen und falschen Ideen.

Heute wird leidenschaftlich, aber erneut sehr abstrakt darüber diskutiert, ob den Eltern eine Rückkehr zu »mehr Disziplin« anzuraten sei oder ob aufgrund mangelnder Disziplin Kinder mehr oder weniger zu »Tyrannen« entarten. Interessant an dieser Debatte ist auch, dass nie genau gesagt werden kann, was zu tun ist, oder dass die Ratschläge so allgemein ausfallen, dass sie auf keine gegebene Erziehungssituation passen. So kann man sich trefflich, aber zugleich endlos, streiten und aufregen. Ideologien haben den Nachteil, dass sie sich nicht auflösen lassen, und daran scheint manche Diskussion große Freude zu haben.

Die Medien lieben die dramatische Zuspitzung ebenso wie gezielte Tabubrüche und vermeintliche Patentlösungen. Erziehungsratgeber gibt es seit den Hochkulturen, sie sind insofern kein neues Phänomen. Neu ist dagegen, dass sich der Boulevard der Erziehungsthemen annimmt und sie schlagzeilenfähig gemacht hat. Der Preis ist die Reduktion der Probleme auf Schlagworte, die einhergehen mit illusorischen Lösungen, die sich von Wünschen nicht unterscheiden. Das Alltagsgeschäft der Erziehung in Familien und Schulen ist weitgehend unspektakulär, die Medien müssen Einzelfälle zu Trends stilisieren, um die Schlagzeilen zu erreichen.

Von diesen allgemeinen Bildern sind die Realitäten der Erziehung und ihres Umfeldes zu unterscheiden. Das Umfeld besteht aus Erwartungen, die Öffentlichkeit setzt in der Wahrnehmung von Erziehung *Erfolg* voraus. Erziehung ist normaler Bestandteil der Leistungserwartungen, die um den Preis von Imageverlust nicht unterschritten werden dürfen. »Gute Eltern« oder »gute Lehrer« sind so zunächst keine wirklichen Qualitäten, sondern externe Zuschreibungen, die erfüllt werden müssen. Das Gleiche gilt für »erfolgreiche Kinder und Jugendliche«.

Der Schulerfolg beispielsweise ist immer ungleich verteilt, aber auf merkwürdige Weise ist in der Selbstdarstellung *jedes* Kind ein erfolgreicher Schüler oder eine erfolgreiche Schülerin. Verluste und Versagen sind peinlich, eine pädagogische Sprache *dafür* steht nicht zur Verfügung. Zugleich gibt es eine expandierende Entlastungsindustrie, die dafür sorgt, dass der Schein der glücklichen Kindheit und Jugend aufrechterhalten werden kann. Damit wird für Schutz gesorgt und zugleich für Illusionen.

Das öffentliche Bild der »guten Erziehung« ist mit den neuen Realitäten nicht zu vereinbaren. Das Bild unterstellt Selbstlosigkeit ebenso wie grenzenlose Belastungsfähigkeit, also die beiden hauptsächlichen Ursachen für das permanent schlechte Gewissen. Dass Kinder und Jugendliche ihre Eltern belasten können, ist in diesem Bild nicht vorgesehen; wenn es Belastungen gibt, dann müssen die Eltern irgendetwas falsch machen. Aber Erziehung ist immer *Wechselseitigkeit*, die für beide Seiten subtile Abhängigkeiten hervorbringt. Jede Verhandlung ist zweiseitig und muss für einen Ausgleich der Interessen sorgen, ohne dass einfach pädagogische Kommandos den Alltag bestimmen könnten.

Gleichzeitig kreiert der öffentliche Diskurs über Erziehung immer neue Stereotypen der »wahren Beziehung« oder des »echten Dialogs«, die zwar nicht zu verwirklichen sind, aber zusätzlich die Belastungen steigern. Das gilt für Selbstansprüche der Empathie ebenso wie für Konfusionen der Zuordnung, wenn zum Beispiel nicht wirklich entschieden werden kann, ob das eigene Kind nun »hochbegabt« oder »hyperaktiv« ist. Und dabei ist ständig unklar, wie weit die notwendige Selbstlosigkeit gehen soll und wann definitiv die Belastungsgrenze erreicht ist. Man muss oft so tun, »als ob«, und kann aber leicht im Abseits stehen, ohne je eine objektive Gewähr zu erhalten, ob das eigene Handeln den Erwartungen entspricht oder nicht. Die Erwartungen der »richtigen Erziehung« sind so zugleich vage, diffus und hochgradig wirksam.

Die Erziehungsverhältnisse selbst haben sich in den letzten dreißig Jahren und bezogen auf westliche Konsumgesellschaften grundlegend geändert.

Der Erziehungsstil ist mehr oder weniger partnerschaftlich geworden, der Modus der Erziehung ist oft Verhandlung, die Kinder wachsen in eine entwickelte Konsumgesellschaft hinein, Kommerzialisierung ist eine Grunderfahrung, die Eltern müssen zunehmend mit Zeitproblemen umgehen und ein Zusammenhang zwischen den Generationen ist kaum noch vorhanden. Heutige Eltern lernen ihre Rollen im Wesentlichen ohne das Vorbild der eigenen Eltern. Erziehung wird von den Eltern »by doing« gelernt, indem sie es tun, also Aufgaben bewältigen und Probleme lösen, die der Alltag ihnen stellt.

Die meisten heutigen Ratgeber gehen davon aus, dass in dieser Situation die Bedürftigkeit zunimmt und so der eigene Markt entsteht. Dabei wird vorausgesetzt, dass Eltern eine irgendwie homogene Gruppe bilden. Tatsächlich aber existieren zunehmend individualisierte Verhältnisse, die ihre traditionellen Milieubindungen verloren haben. Weder Religion noch soziale Herkunft oder Familientraditionen legen die heutigen Eltern in ihrem Verhalten fest. Insofern beschreibt die Entwicklung zunächst einmal und grundlegend einen Emanzipationsprozess. *Die Eltern bestimmen selbst, wie sie erziehen.*

Die vorliegenden empirischen Studien zeigen aber dennoch Einflussfaktoren, nämlich vor allem den Bildungsstand der Eltern, die soziale Stellung und das zur Verfügung stehende Einkommen. Die Erziehung der Kinder wird davon geprägt, ob sie Wohlstands- oder Armutserfahrungen erleben, wie ihre eigene Bildung durch die der Eltern gefördert wird und in welche soziokulturelle Umgebung sie hineinwachsen.

Das alles zusammengenommen erlaubt also keinen allgemeinen Schluss, der »die« Eltern als Gesamtgruppe beschreiben könnte. Die Erziehungsverhältnisse sind differenziert und so sind es auch die Problemlagen, mit denen Eltern und Kinder umgehen müssen.

Das lässt sich an einer Tendenz zeigen, die selten beachtet wird, nämlich am Umgang mit Zeit. Erziehung erlebt heute eine zunehmende Beschleunigung, die mit knapper werdenden Zeiten ausgehalten und gestaltet werden muss. Dafür ist der Ausdruck »Quality-Time« erfunden worden, der den Eindruck erweckt, nicht die Quantität des Zeitaufwandes sei in der Erziehung von Bedeutung, sondern nur die Qualität. Aber die Eltern wissen, wie verschieden die je erreichte Qualität einer Erziehungserfahrung sein kann, dass oft dann keine Zeit vorhanden ist, wenn sie nötig wäre, und dass vielfach das Zeitproblem gekoppelt ist mit einem Ressourcenproblem. Wenn

Ratgeber realistisch erscheinen wollen, dann müssen sie diese Situation erfassen und weder beschönigen noch dramatisieren.

Brauchen Eltern in dieser Situation Rat? Offenbar ja und ständig, schaut man auf die zahllosen, medial sehr verschiedenen Ratgeber, die sich inzwischen im pädagogischen Bereich ausgebreitet haben. Zahl und Beschaffenheit sind zunächst nichts Ungewöhnliches, weil jeder Bereich des heutigen Lebens, der irgendeine Brisanz verrät, mit Ratgebern überschüttet wird. Ratgeber gibt es für alles und jedes, allein im Erziehungsbereich erscheinen jeden Monat zahlreiche neue Titel, wenn allein nur die Buchproduktion betrachtet wird. Ratgeber im Internet sind ein neues Medium, das inzwischen einen hohen Nutzungsgrad erreicht hat.

Zählt man die Angebote zusammen, dann kann man sich des Eindrucks nicht erwehren, dass Eltern gleichermaßen bedürftig und hilflos sind oder so erscheinen müssen. Vor allem diese Annahme sichert die Nachfrage der Ratgeber, sie basiert auf angenommener Unsicherheit in einem existenziellen Bereich, bei dem niemand mehr öffentlich sagen kann, es gebe kein Problem und die Erziehungspraxis habe die besten Lösungen bereits gefunden. Im Gegenteil wird eine Problemflut behauptet, in der die Eltern untergehen, wenn sie keinen professionellen Rat suchen.

Wer heutigen Eltern aber wirklich einen Rat geben will, sollte voraussetzen, dass bestimmte Personen mit je eigenen Geschichten einen Rat suchen und nicht pauschal Bedürftigkeit unterstellt werden kann. Die meisten Eltern lösen ihre Probleme ohne Ratgeber, und wenn sie Ratgeber verwenden, dann unter klaren und begrenzten Nutzenaspekten. Die Erziehung ihrer Kinder hat bei heutigen Eltern einen herausragenden Rang, was für große Epochen in der Erziehungsgeschichte nicht gesagt werden kann. Die Bedingungen des Aufwachsens haben sich mit Entwicklung des Sozialstaates und der Wohlstandsgesellschaft massiv verbessert. Wiederum ist es irritierend, dass die Zukunft der Erziehung oft mit nostalgischen Augen betrachtet wird. Dass es früher besser war, kann nur behaupten, wer dieses »früher« nie in Augenschein genommen hat.

Damit soll nicht gesagt werden, die heutige Erziehung schaffe keine Probleme, obwohl nach außen viele Eltern genau diesen Eindruck entstehen lassen wollen. Es gibt auch gute Gründe, Konflikte intern zu bearbeiten und möglichst nicht nach außen dringen zu lassen. Eltern und Kinder stehen unter öffentlicher Beobachtung und müssen sich selbst in ihren Erziehungsfähigkeiten darstellen. Dieser Aspekt wird oft übersehen, wenn allzu schnell von »Transparenz« in der Erziehung die Rede ist. Eltern müssen die Risiken der Selbstdarstellung abwägen und kontrollieren, was sie von sich und der Erziehung ihrer Kinder preisgeben.

Sind Ratgeber aber nicht aufdringlich, werden sie von Eltern durchaus genutzt, die froh sind, konkrete Lösungsvorschläge lesen zu können. Aber das wäre dann auch die Messlatte für die Ratgeber, die im Erziehungsbereich besonders häufig abstrakt und mit kruden Beispielen daherkommen. Oft sind die Beispiele konstruiert und einfach so ausgewählt, dass sie zur allgemeinen Aussage passen, während Eltern davon ausgehen müssen, dass sich die Erziehungssituation ständig ändert und Kinder nicht immer wissen, was für sie gut ist. Die Frage der Eltern ist dann einfach, welches Verhalten mit dem besten Effekt verbunden ist. Sie fragen damit genau so, wie viele pädagogische Theorien es ausschließen.

Die Grundannahme jeder vernünftigen Erziehungstheorie und so jedes guten Rates muss dahin gehen, dass die meisten Probleme lösbar sind und die wenigsten Probleme Expertenrat verlangen. Die Eltern sortieren ihren tatsächlichen Problembestand danach, wo und wie die Lösung gefunden wird. Sie werden sich bei Gesundheitsproblemen an einen Kinderarzt wenden, bei Schulproblemen die Lehrkräfte ihrer Kinder aufsuchen und bei eigenen Problemen zunächst den Freundeskreis befragen, bevor eine Therapie in Frage kommt. In dieser Sicht müssen die Eltern in ihrer Selbstständigkeit unterstützt werden. Hilfe ist subsidiär gefragt, also an den Stellen, wo die Eltern selbst der Meinung sind, dass sie nicht weiterkommen. Das kann nicht immer der Fall sein, wenn Erziehung überhaupt stattfinden soll.

Eine andere Frage ist die Rolle der Wissenschaften: Dürfen sie der Öffentlichkeit Rat geben oder sollten sie sich darauf beschränken, mit ihren jeweiligen Methoden die Theorien, die sie vertreten, abzusichern? Diese Frage erstaunt zunächst, weil man daran gewöhnt ist, dass in den Medien ständig wissenschaftliche Experten präsent sind, die unaufhörlich Ratschläge erteilen. Gleichwohl stellt sich diese Frage, weil der erste Adressat der wissenschaftlichen Forschung die eigene Forschungsgemeinschaft ist. Hier wird diskutiert und geprüft, ob Theorien haltbar sind, weiterentwickelt werden sollten oder als widerlegt angesehen werden können.

Seit dem 19. Jahrhundert sind aber immer wieder Versuche unternommen worden, die Ergebnisse wissenschaftlicher Forschung der größeren Öffentlichkeit publik zu machen. In England entstanden zu dieser Zeit University Extension Courses, aus denen später die offenen Universitäten hervorgingen; im deutschen Sprachraum dienten die Volkshochschulen dem gleichen Anliegen der Verbreitung von Wissen in der Bevölkerung. Heute gelten die Vermittlung von Wissen und so die Unterrichtung der Öffentlichkeit als eine der Kernaufgaben der Universität.

Davon zu unterscheiden ist die Ratgeberliteratur. Schon in der Antike können Erziehungsratgeber nachgewiesen werden, die nach der Erfindung des Buchdrucks eine ungeahnte publizistische Dimension angenommen haben. Der Grund für die Expansion speziell der Erziehungsratgeber ist in der Schwierigkeit des Geschäfts zu suchen. Zu keiner Zeit ist die Erziehung von Kindern und Jugendlichen als unproblematisch oder gar harmlos verstanden worden. Erziehungsratgeber sind meistens in einer sehr populären Sprache geschrieben und werden oft als oberflächlich und seicht wahrgenommen.

Die Erziehungswissenschaft hat sich gegenüber der expandierenden Ratgeberliteratur bis heute eher kritisch-analytisch verhalten, aber nicht selber versucht, sich auf diese Literaturgattung mehr einzulassen. Diese distanzierte Haltung ist verschiedentlich moniert worden, ohne dass Versuche unternommen worden wären, aus erziehungswissenschaftlicher Sicht praktisch nachvollziehbar Rat für Eltern zu geben. Das hieße mit anderen Worten, das Feld Autoren zu überlassen, die tatsächlich oft fern von wissenschaftlichen Einsichten sind und so mit Ratschlägen aufgewartet haben, wie heute Erziehung gelingen kann, ohne dafür wirklich Daten zur Verfügung zu haben.

Fast immer wird in solchen Publikationen das Praxisfeld stark vereinfacht und auf wenige, scheinbar schlüssige Formeln reduziert. Meistens werden die Eltern auch nicht wirklich informiert und vielfach bleiben die Alternativen sehr vage. Will man davon loskommen, müssen Ratgeber die Praxis komplexer ansetzen, verschiedenartige Probleme zulassen, Vereinfachungen vermeiden und dennoch eine lesbare Gestalt annehmen. Ein Beispiel dafür liegt mit diesem Buch vor.

Danksagung

Am Entstehen dieses Buches haben viele mitgewirkt, denen wir an dieser Stelle danken möchten. Zunächst bedanken wir uns bei allen in diesem Buch vertretenen Autorinnen und Autoren für die wunderbar gelungene Zusammenarbeit, für die ständige Gesprächsbereitschaft und die Geduld während der zweijährigen Entstehungszeit dieses Buches. Wir bedanken uns bei Philip Waechter, dessen Illustrationen diesem Buch ein ganz besonderes Aussehen verleihen. Wir danken dem Beltz Verlag, der alles dafür getan hat, dieses Projekt erfolgreich abzuschließen. Hier gilt unser besonderer Dank Katrin Meisel, die mit viel Einfühlungsvermögen die einzelnen Arbeitsabläufe koordiniert hat und immer eine verlässliche Ansprechpartnerin für alle gewesen ist. Ohne ihre ständige Unterstützung wären wir weit weniger gut an unser Ziel gekommen.

Sabine Andresen
Micha Brumlik
Claus Koch

6 Anhang

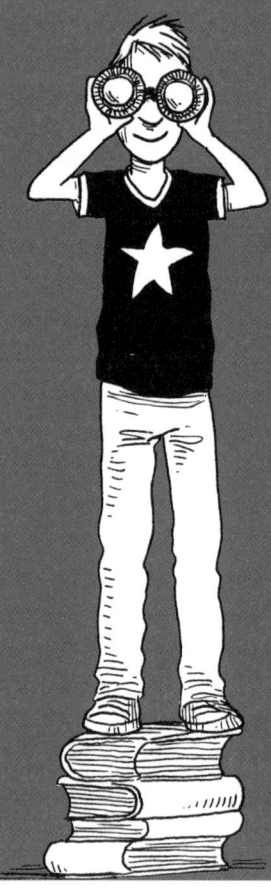

Anmerkungen und Literatur

Vor der Geburt   1

***Ralph Dawirs, Gunther Moll:* »Ich bin schwanger! Wie soll ich damit umgehen?« Pränatale Erfahrungen und ihre Auswirkungen auf das Kind.**

Gunther Moll, Ralph Dawirs (2006): *»Hallo hier spricht mein Gehirn«. Eine Entdeckungsreise von der Zeugung bis zum Schulanfang*. Weinheim und Basel: Beltz.

***Margarita Klein, Bernhard Schön:* Ein Kind verändert die Welt: Frauen werden zu Müttern, Männer zu Vätern und Paare zu Eltern.**

Klein, M.; Schön, B.; Stüwe, M. (2009): *Das BabyBuch. Der große Ratgeber für Schwangerschaft, Geburt und erstes Lebensjahr*. Mit Entspannungs-CD und Poster. Weinheim und Basel: Beltz.

Frühe Kindheit (0 – 3 Jahre)   2

***Barbara Methfessel, Barbara Miltner-Jürgensen:* Abenteuer »Essen« – mit Kleinkindern gemeinsam essen lernen**

Internetinformationen, Ratgeber und Fragemöglichkeiten:
aid infodienst, www.aid.de
Deutsche Gesellschaft für Ernährung e.V. (DGE), www.dge.de
Forschungsinstitut für Kinderernährung Dortmund (FKE), www.fke-do.de (BLE) (Hrsg.) (2007): *Der Ernährungskalender für Eltern mit Kindern von 2 bis 6 Jahren* (kostenlos) www.oekoland-bau.de

Eugster, G. (2007): *Kinderernährung gesund & richtig. Essen am Familientisch genießen*. München: Elsevier (Hintergrundwissen und Grundrezepte)

Juul, J. (2002): *Was gibt's heute? Gemeinsam essen macht Familie stark*. Düsseldorf: Walter. (Hilfreicher Ratgeber bei alltäglichen Unsicherheiten bei der Ernährungserziehung)

***Michael Kirchner:* Mein Kind ist krank**

Adler, A. (1973): *Heilen und Bilden*. Frankfurt a.M.: Fischer.

Gadamer, H.-G. (1993): *Von der Verborgenheit der Krankheit*. Frankfurt a.M.: Suhrkamp.

Klatt, E. (1927/28): Über Kranksein und Heilen. In: *Die Kreatur* (2. Jahrgang). Berlin: Lambert Schneider.

Korczak, J. (2002): *Wie liebt man ein Kind*. Gütersloh: Gütersloher Verlagshaus.

Largo, R. H. (1993): *Babyjahre*. München: Piper.

Largo, R. H. (2000): *Kinderjahre*. München: Piper.

Rattner, E. (1993): *Krankheit, Gesundheit und der Arzt*. München: Quintessenz.

Trüb, H. (1951): *Heilung aus der Begegnung*. (Geleitwort von Martin Buber). Stuttgart: Ernst Klett.

Weizsäcker, V. von (2008): *Warum wird man krank? Ein Lesebuch*. Frankfurt a.M.: Suhrkamp.

Hans von Lüpke: **Wenn Schlafen gestört ist**

Endtinger-Stückmann, S. (2006): *Traum-welt von Kindern und Jugendlichen.* Ba-sel/Freiburg: Karger.

Fricke-Oerkermann, L.; Frölich, J.; Lehm-kuhl, G.; Wiater, A. (2007): *Schlafstö-rungen.* Göttingen/Bern: Hogrefe.

Hamburger, A. (1987): *Der Kindertraum und die Psychoanalyse.* Regensburg: Roderer.

Leuschner, W.; Hau, S.; Fischmann, T. (2000): *Die akustische Beeinflussbar-keit von Träumen.* Tübingen: edition diskord.

Leuschner, W. (2004): *Telepathie und das Vorbewusste.* Tübingen: edition diskord.

Renate Barth: **Wenn das Baby übermäßig viel schreit – Wie Eltern helfen können**

Barth, R. (2008): *Was mein Schreibaby mir sagen will. Hilfe durch bessere Kommu-nikation – Schritt für Schritt zum Erfolg.* Weinheim und Basel: Beltz.

Brisch, K. H.; Grossmann, K. E.; Gross-mann, K.; Köhler, L. (2006): *Bindung und seelische Entwicklungswege: Grund-lagen, Prävention und klinische Praxis.* Klett-Cotta.

Dornes, M. (2006): *Die Seele des Kindes.* Frankfurt a.M.: Fischer.

Papousek, M.; Schieche, M. & Wurmser, H. (Hrsg.) (2004): *Regulationsstörun-gen der frühen Kindheit: Frühe Krisen und Hilfen im Entwicklungskontext der Eltern-Kind-Beziehungen.* Bern: Hu-ber.

Gisela Szagun: **»Muss ich mit meinem Kind sprechen üben?« Frühkindliche Sprachent-wicklung**

Höhle, B. (2004): Sprachwahrnehmung und Spracherwerb im ersten Lebens-jahr. *Sprache – Stimme – Gehör, 28,* S. 2–7.

Penner, Z. (2006): Eltern können es auch. *Kinder- und Jugendarzt, 37,* S. 272–273.

Szagun, G. (2007): *Das Wunder des Sprach-erwerbs: So lernt Ihr Kind sprechen.* Weinheim und Basel: Beltz.

Szagun, G. (2001): Language acquisition in young German-speaking children with cochlear implants: Individual differences and implications for con-ceptions of a »sensitive phase«. *Audio-logy & Neuro-Otology, 6,* S. 288–297.

Szagun, G. (2006): Variabilität im frühen Spracherwerb: normal – nicht patho-logisch. *Kinder- und Jugendarzt, 37,* 11, S. 1–4.

Michael Matzner: **Die Rolle des Vaters in der Kindheit**

Fthenakis, W. E. (1999): *Engagierte Vater-schaft. Die sanfte Revolution in der Fa-milie.* Opladen: Leske + Budrich.

Le Camus, J. (2003): *Väter. Die Bedeutung des Vaters für die psychische Entwick-lung des Kindes.* Weinheim und Basel: Beltz.

Matzner, M. (2008): Jungen brauchen Vä-ter. In: Matzner, M.; Tischner, W. (Hrsg.): *Handbuch Jungen-Pädagogik.* Weinheim und Basel: Beltz, S. 316–330.

Schon, L. (2000): *Sehnsucht nach dem Va-ter. Die Dynamik der Vater-Sohn-Bezie-hung.* Stuttgart: Klett-Cotta.

World Vision Deutschland (2007): *Kinder in Deutschland 2007.* Frankfurt a.M.: Fischer.

Leona Maywald: **Die Bedeutung des Spiels für die seelische Gesundheit**

Dornes, M. (2000): *Die emotionale Welt des Kindes.* Frankfurt: Fischer.

Oerter, R. (1999): *Psychologie des Spiels.* Weinheim und Basel: Beltz.

Piaget, J.; Fatke, R.; Kober, H. (2003): *Mei-ne Theorie der geistigen Entwicklung.* Weinheim und Basel: Beltz.

6

Papousek, M.; Gontard, A. von (2003): *Spiel und Kreativität in der frühen Kindheit*. Stuttgart: Klett-Cotta.

Winnicott, D. W. (1974): *Vom Spiel zur Kreativität*. Stuttgart: Klett-Cotta.

Irit Wyrobnik: Kindern vorlesen – Ratschläge für Eltern

Garbe, C. (2008): »Echte Kerle lesen nicht!?« Was eine erfolgreiche Leseförderung für Jungen beachten muss. In: Matzner, M.; Tischner, W. (Hrsg.): *Handbuch Jungen-Pädagogik*. Weinheim und Basel: Beltz, S. 301–315.

Hurrelmann, B. (2004): Informelle Sozialisationsinstanz Familie. In: Groeben, N.; Hurrelmann, B. (2004): *Lesesozialisation in der Mediengesellschaft. Ein Forschungsüberblick*. Weinheim: Juventa, S. 169–201.

Konrad, F.-M.; Schultheis, K. (2008): *Kindheit. Eine pädagogische Einführung*. Stuttgart: W. Kohlhammer.

Schurian-Bremecker, C. (2008): *Kindliche Einschlafrituale im Kontext sozialer und kultureller Heterogenität*. Kassel: kassel university press GmbH.

Wieler, P. (1995): Vorlesegespräche mit Kindern im Vorschulalter. Beobachtungen zur Bilderbuch-Rezeption mit Vierjährigen in der Familie. In: Rosebrock, C. (Hrsg.): *Lesen im Medienzeitalter. Biographische und historische Aspekte literarischer Sozialisation*. Weinheim: Juventa, S. 45–64.

Wyrobnik, I. (2005): Leseglück und Lebenslauf – phänomenologische und biographische Erkundungen. In: Ecarius, J.; Friebertshäuser, B. (Hrsg.): *Literalität, Bildung und Biographie. Perspektiven erziehungswissenschaftlicher Biographieforschung*. Opladen: Barbara Budrich, S. 128–147.

Wyrobnik, I. (2010): Mädchen im Kindergarten. Pädagogischer Alltag, Konzepte, Fördermöglichkeiten. In: Matz-

ner, M.; Wyrobnik, I. (Hrsg.): *Handbuch Mädchen-Pädagogik*, Weinheim und Basel: Beltz, S. 110–128.

Jörg Maywald: Kinderkrippe – ja oder nein?

Deutsche Liga für das Kind (2008): *Gute Qualität in Krippe und Kindertagespflege*. Berlin.

Maywald, J.; Schön, B. (2008): *Krippen. Wie frühe Betreuung gelingt. Fundierter Rat zu einem umstrittenen Thema*. Weinheim und Basel: Beltz.

Sabine Andresen: Mein Kind kommt in den Kindergarten

Bien, W.; Rauschenbach, T.; Riedel, B. (Hrsg.) (2007): *Wer betreut Deutschlands Kinder?* Weinheim und Basel: Beltz.

Honig, M.-S.; Joos, M.; Schreiber, N. (2004): *Was ist ein guter Kindergarten? Theoretische und empirische Analysen zum Qualitätsbegriff der Pädagogik*. Weinheim: Juventa.

Ministerium für Generationen, Familie, Frauen und Integration des Landes Nordrhein-Westfalen (MGFFI) (2007): *Das Gütesiegel Familienzentrum NRW*. Zertifizierung der Piloteinrichtungen. Düsseldorf.

Wustmann, C. (2009): Frühkindliche Erziehung. In: Andresen, S.; Casale, R.; Gabriel, Th., et al. (Hrsg.): *Handwörterbuch Erziehungswissenschaft*. Weinheim und Basel: Beltz, S. 322–335.

Sigrid Tschöpe-Scheffler: Unterstützung der elterlichen Erziehungskompetenz durch Elternbildungsangebote

Tschöpe-Scheffler, S. (Hrsg.) (2006): *Konzepte der Elternbildung – eine kritische Übersicht*. Opladen: Budrich.

Tschöpe-Scheffler, S. (2005): *Fünf Säulen der Erziehung. Wege zu einem entwicklungsfördernden Miteinander zwischen*

Erwachsenen und Kindern. Mainz: Matthias Grünewald.

Micha Brumlik: Sollen wir unser Kind religiös erziehen, und wenn ja – wie?
Fowler, J. (1991): *Stufen des Glaubens. Die Psychologie der menschlichen Entwicklung und die Suche nach Sinn.* Gütersloh: Gütersloher Verlagshaus.
Glock, C. Y. (1962): Über die Dimensionen der Religiosität. In: Matthes, J. (Hrsg.): *Kirche und Gesellschaft, Einführung in die Religionssoziologie II.* Reinbek bei Hamburg: Rowohlt, S. 150–168.
Oser, F.; Gmünder, P. (1988): *Der Mensch – Stufen seiner religiösen Entwicklung: ein strukturgenetischer Ansatz.* Gütersloh: Gütersloher Verlagshaus.

Frühe Kindheit (4 – 6 Jahre)

Sabine Andresen: Kindheit heute
Brazelton, T. B.; Greenspan, S. I. (2008): *Die sieben Grundbedürfnisse von Kindern. Was jedes Kind braucht, um gesund aufzuwachsen, gut zu lernen und glücklich zu sein.* Weinheim und Basel: Beltz.
Bucher, A. (2009): Was Kinder glücklich macht? Eine glückspsychologische Studie des ZDF. In: Schächter, M. (Hrsg.): *Wunschlos glücklich? Konzepte und Rahmenbedingungen einer glücklichen Kindheit.* Dokumentation des ZDF-Glückskongresses und Auswertung der Tabaluga-tivi-Glücksstudie. Baden-Baden: Nomos, S. 94–195.
Hurrelmann, K.; Andresen, S. (2010): *Lebensphase Kindheit.* Weinheim: Juventa.
World Vision Deutschland e.V. (Hrsg.): *Kinder in Deutschland 2007. 1. World Vision Kinderstudie.* Frankfurt a.M.

Günther Deegener: Frühe Kindheit: Wann muss ich mir Sorgen machen?
Tschöpe-Scheffler, S. (Hrsg.) (2005): *Konzepte der Elternbildung – eine kritische Übersicht.* Opladen: Budrich.

Franz Resch: Kindliche Ängste
Blanz, B.; Schneider, S. (2008): Angststörungen. In: B. Herpertz-Dahlmann, F. Resch, M. Schulte-Markwort, A. Warnke (Hrsg.): *Entwicklungspsychiatrie – Biopsychologische Grundlagen und die Entwicklung psychischer Störungen* (2. Aufl.). Stuttgart: Schattauer, S. 744–770.
Hirschfeld-Becker, D. R.; Micco, J. A.; Simoes, N. A.; Henin, A. (2008): High risk studies and developmental antecedents of anxiety disorders. *Am. J. Med. Genet. C Semin. Med. Genet., 148(2)*, S. 99–117.
In-Albon, T.; Schneider, S. (2007): Psychotherapy of childhood anxiety disorders: A meta-analysis. *Psychother. Psychosom., 76(1)*, S. 15–24.
Möhler, E.; Kagan, J.; Parzer, P.; Wiebel, A.; Brunner, R.; Resch, F. (2006): Relation of behavioral inhibition to neonatal and infant cardiac activity, reactivity and habituation. *Personality and Individual Differences, 41(7)*, S. 1349–1358.
Resch, F.; Parzer, P.; Brunner, R.; Haffner, J.; Koch, E.; Oelkers, R.; Schuch, B.; Strehlow, U. (1999): *Entwicklungspsychopathologie des Kindes- und Jugendalters. Ein Lehrbuch* (2. Aufl.). Weinheim und Basel: Beltz PVU.
Resch, F.; Strehlow, U.; Parzer, P.; Haffner, J.; Brunner, R.; Engellandt-Schnell, A. (2007): Phobische Störungen bei Kindern und Jugendlichen. In: M. Schmidt & F. Poustka (Hrsg.): *Leitlinien zu Diagnostik und Therapie von psychischen Störungen im Säuglings-,*

Kindes- und Jugendalter. Köln: Deutscher Ärzteverlag, S. 277–289.

Schneider, S.; In-Albon, T. (2006): Die psychotherapeutische Behandlung von Angststörungen im Kindes- und Jugendalter – Was ist evidenzbasiert? *Z. Kinder. Jugendpsychiatr. Psychother.*, *34(3)*, S. 191–201.

Claus Koch: Trennung, Scheidung

Hetherington, E. M.; Kelly, J. (2003): *Scheidung und die Perspektiven der Kinder.* Weinheim und Basel: Beltz.

Wallerstein, J. S.; Lewis, J. M.; Blakeslee, S. (2002): *Scheidungsfolgen – Die Kinder tragen die Last. Eine Langzeitstudie über 25 Jahre.* Münster: Votum.

Günther Deegener: Kindesmissbrauch und woran ich ihn erkenne

Deegener, G. (2005): *Kindesmissbrauch – erkennen, helfen, vorbeugen.* 3. aktualisierte Auflage. Weinheim und Basel: Beltz.

Enders, U. (Hrsg.) (2009): *Zart war ich, bitter war's. Handbuch gegen sexuellen Missbrauch.* Köln: Kiepenheuer & Witsch.

Wolfgang Bergmann: Aus Liebe gehorsam – Grenzen, Autorität und Disziplin

Bergmann, W. (2005): *Gute Autoriät. Grundsätze einer zeitgemäßen Erziehung.* Weinheim und Basel: Beltz.

Bergmann, W. (2009): *Warum unsere Kinder ein Glück sind. So gelingt Erziehung heute.* Weinheim und Basel: Beltz.

Barbara Rendtorff: Soll ich meine Tochter anders erziehen als meinen Sohn?

Bischof-Köhler, D. (2004): *Von Natur aus anders. Die Psychologie der Geschlechtsunterschiede*, 2. Auflage. Stuttgart: Kohlhammer.

Bischof-Köhler, D. (2008): Geschlechtstypisches Verhalten von Jungen aus evolutionstheoretischer und entwicklungspsychologischer Perspektive. In: Matzner, M.; Tischner, W. (Hrsg.): *Handbuch Jungen-Pädagogik.* Weinheim und Basel: Beltz.

Bos, W.; et al. (Hrsg.) (2003): *Erste Ergebnisse aus IGLU.* Münster: Waxmann.

Deutsches PISA Konsortium (Hrsg.): *PISA 2000.* Opladen: Leske + Budrich.

Dickhäuser, O.; Stiensmeier-Pelster, J. (2003): Wahrgenommene Lehrereinschätzungen und das Fähigkeitsselbstkonzept von Jungen und Mädchen in der Grundschule. In: *Psychologie in Erziehung und Unterricht, 50,* S. 182–190.

Diefenbach, H. (2008): Jungen und schulische Bildung. In: Matzner, M.; Tischner, W. (Hrsg.): *Handbuch Jungen-Pädagogik.* Weinheim und Basel: Beltz.

Hausmann, M. (2007): Kognitive Geschlechtsunterschiede. In: Lautenbach, S.; Güntürkün, O.; Hausmann, M. (Hrsg.) (2007): *Gehirn und Geschlecht. Neurowissenschaft des kleinen Unterschieds zwischen Mann und Frau.* Heidelberg: Springer Medizin.

Kuhn, H.-P.: Geschlechterverhältnisse in der Schule: Sind die Jungen jetzt benachteiligt? Eine Sichtung empirischer Studien. In: Rendtorff, B.; Prengel, A. (Hrsg.) (2008): *Kinder und ihr Geschlecht. Jahrbuch Frauen- und Geschlechterforschung in der Erziehungswissenschaft.* Opladen: Barbara Budrich.

Maccoby, E. (2000): *Psychologie der Geschlechter.* Stuttgart: Klett-Cotta.

Matzner, M.; Tischner, W. (Hrsg.) (2008): *Handbuch Jungen-Pädagogik.* Weinheim und Basel: Beltz.

Neutzling, R. (2005): Besser arm dran als Arm ab. In: Rose, L.; Schmauch, U. (Hrsg.): *Jungen – die neuen Verlierer?.* Königstein: Helmer.

Rendtorff, B. (2003): *Kindheit, Jugend und Geschlecht. Einführung in die Psychologie der Geschlechter.* Weinheim und Basel: Beltz.

Rendtorff, B. (2006): *Erziehung und Geschlecht. Eine Einführung.* Stuttgart: Kohlhammer.

Rodulfo, R. (2004): *Die lange Geburt des Subjekts.* Gießen: Psychosozial.

Rost, D. H.; Pruisken, Ch. (2000): Vereint schwach? Getrennt stark? Mädchen und Koedukation. In: *Zeitschrift für Pädagogische Psychologie,* 14 (4), 2000.

Salisch, M. v. (2000): *Wenn Kinder sich ärgern. Emotionsregulierung in der Entwicklung.* Göttingen: Hogrefe.

Skelton, Ch. (2001): *Schooling the boys. Masculinities and primary education.* Buckingham: Open University Press.

Stöckli, G. (1997): *Eltern, Kinder und das andere Geschlecht. Selbstwerdung in sozialen Beziehungen.* Weinheim: Juventa.

Tiedemann, J.; Faber, G. (1995): Mädchen im Mathematikunterricht: Selbstkonzept und Kausalattributionen im Grundschulalter. In: *Zeitschrift für Entwicklungspsychologie und Pädagogische Psychologie* 1/1995.

Tischner, W. (2008): Bildungsbenachteiligung von Jungen im Zeichen von Gender-Mainstreaming. In: Matzner, M.; Tischner, W. (Hrsg.): *Handbuch Jungen-Pädagogik.* Weinheim und Basel: Beltz.

Wolfgang Bergmann: Jungen: Auf der Suche nach ihrer Identität

Bergmann, W. (2008): *Kleine Jungs – große Not. Wie wir ihnen Halt geben.* Weinheim und Basel: Beltz.

Ute Andresen: Wie bereite ich mein Kind auf die Schule vor?

Internet
www.achtsam-schreiben-lernen.de
www.atelier-fuer-unterricht.de

Andresen, U.; Popp, M. (2002): *ABC und alles auf der Welt. Ein Lese-Schatz-Buch mit vierfarbigen Bildern.* Weinheim und Basel: Beltz.

Andresen, U. (2002): *So dumm sind sie nicht – Von der Würde der Kinder in der Schule.* Weinheim und Basel: Beltz.

Andresen, U. (2004): *Versteh mich nicht so schnell – Gedichte lesen mit Kindern.* Weinheim und Basel: Beltz.

Andresen, U. (2000): *Ausflüge in die Wirklichkeit – Grundschulkinder lernen im Dreifachen Dialog.* Weinheim und Basel: Beltz.

Flitner, A. (2004): *Konrad, sprach die Frau Mama ... – Über Erziehung und Nicht-Erziehung.* Weinheim und Basel: Beltz.

Tomasello, M. (2006): *Die kulturelle Entwicklung des menschlichen Denkens – Zur Evolution der Kognition.* Frankfurt a.M.: Suhrkamp.

Kindheit (6 – 12 Jahre)

Marianne Leuzinger-Bohleber: Entwicklungsprozesse in der »mittleren Kindheit« Wann muss ich mir Sorgen machen?

Erikson, E. H. (1957): *Kindheit und Gesellschaft.* Zürich: Pan-Verlag, 1971.

Freud, S. (1905): *Drei Abhandlungen zur Sexualtheorie.* GW 5: 33–145.

Freud, A. (1936): Das Ich und die Abwehrmechanismen. In: *Die Schriften der Anna Freud, Bd. 1.* München: Kindler, 1980, 193–364.

Fonagy, P., Target, M. (2003): *Psychoanalyse und die Psychopathologie der Entwicklung.* Stuttgart: Klett-Cotta, 2006.

Leuzinger-Bohleber, M. (2009): *Kindheit als Schicksal? Trauma, Embodiment und soziale Desintegration.* Stuttgart: Kohlhammer.

Leuzinger-Bohleber, M.; Garlichs, A. (1999): *Identität und Bindung*. Weinheim: Juventa.

Leuzinger-Bohleber, M.; Pfeifer, R. (2002a): Embodied Cognitive Science und Psychoanalyse. Ein interdisziplinärer Dialog zum Gedächtnis. In: Giampieri-Deutsch, P. (Hrsg.): *Psychoanalyse im Dialog der Wissenschaften*. Stuttgart: Kohlhammer, 242–271.

Leuzinger-Bohleber, M.; Pfeifer, R. (2002b): Remembering a depressive primary object? Memory in the dialogue between psychoanalysis and cognitive science. *The International Journal of Psychoanalysis 83*: 3–33.

Leuzinger-Bohleber, M.; Fischmann, T.; Vogel, J. (2009): »Weißt Du, manchmal möchte ich nicht mehr leben ...« Frühprävention als Stärkung der Resilienz gefährdeter Kinder? Beobachtungen und Ergebnisse aus der Frankfurter Präventionsstudie. In: Haubl, R.; Dammasch, F.; Krebs, H. (Hrsg.): *Kinder ohne Kindheit*. (Schriften des Sigmund-Freud-Instituts; Reihe 3: Psychoanalytische Sozialpsychologie, Band 4). Göttingen: Vandenhoeck & Ruprecht.

Leuzinger-Bohleber, M.; Haubl, R.; Brumlik, M. (Hrsg.) (2006): *Bindung, Trauma und soziale Gewalt. Psychoanalyse, Sozial- und Neurowissenschaften im Dialog*. (Schriften des Sigmund-Freud-Instituts; Reihe 2: Psychoanalyse im interdisziplinären Dialog, Band 3). Göttingen: Vandenhoeck und Ruprecht.

Leuzinger-Bohleber, M.; Roth, G.; Buchheim, A. (Hrsg.) (2008): *Psychoanalyse, Neurobiologie, Trauma*. Stuttgart: Schattauer.

Parin, P.; Morgenthaler, F.; Parin-Mattéy, G. (1963): *Die Weißen denken zu viel. Psychoanalytische Untersuchungen bei den Dogon in Westafrika*. Zürich: Atlantis.

Rauschenberger, H. (1998): *Einleitung zum Abschlussbericht des Landesforschungsprojekts: »Transformation des Schulunterrichts«*. Unveröffentlichtes Manuskript.

Roth, G. (1996): *Das Gehirn und seine Wirklichkeit*. Frankfurt a.M.: Suhrkamp.

Sandler, J. (1964): Zum Begriff des Über-Ichs. *Psyche 18*. Teil I: 721–743, Teil II: 813–827.

Weike, K. (2004): *Adoleszenzkonflikte in der Schule. Eine empirische Studie mit Überlegungen zu Schule als »potential space«*. Hamburg: Kova.

Ulrike Kegler: Kindheit und Schule

Kegler, U. (2009): *In Zukunft lernen wir anders. Wenn die Schule schön wird*. Weinheim und Basel: Beltz.

Susanne Miller: Wie gehe ich mit Schulempfehlungen um?

Autorengruppe Bildungsberichterstattung (2008): *Bildung in Deutschland 2008: Ein indikatorengestützter Bericht mit einer Analyse zu Übergängen im Anschluss an den Sekundarbereich I*. Bielefeld: Bertelsmann.

Block, R. (2006): Grundschulempfehlung, elterliche Bildungsaspiration und Schullaufbahn. In: *Die Deutsche Schule*, 98/2, S. 149–161.

Bos, W., u.a. (Hrsg.) (2007): *IGLU 2006. Lesekompetenz von Grundschulkindern in Deutschland im internationalen Vergleich*. Münster: Waxmann.

Büchner, P.; Koch, K. (2001): *Von der Grundschule in die Sekundarstufe. Der Übergang aus Kinder- und Elternsicht*. Opladen: Leske + Budrich.

Kaiser, C. (1998): Aus Versagern werden Rückläufer: From Schoolfailure to the Change to Lower School Types. In:

Unterrichtswissenschaft: Zeitschrift für Leseforschung, 26/2, S. 173–190.

Koch, K. (2008): Von der Grundschule zur Sekundarstufe. In: Helsper, W.; Böhme, J. (Hrsg.): *Handbuch Schulforschung*. Wiesbaden: VS, S. 577–592.

Roeder, P. M.; Schmitz, B. (1995): *Der vorzeitige Abgang vom Gymnasium: Teilstudie I: Schulformwechsel vom Gymnasium in den Klassen 5 bis 10; Teilstudie II: Der Abgang von der Sekundarstufe I (Materialien aus der Bildungsforschung, 51)*. Berlin: Max-Planck-Institut für Bildungsforschung.

Katrin Höhmann, Martina Knörzer: Ganztagsschule, Hort oder zu Hause?

Internet

Link zum Programm »Ideen für mehr! Ganztägig lernen«:
www.ganztaegig-lernen.de

Link zum Thema Horte:
www.horte-online.ch, 24.02.2009

Literatur

Burk, K.; Deckert-Peaceman, H. (2006): *Auf dem Weg zur Ganztags-Grundschule. Beiträge zur Reform der Grundschule*. Grundschulverband – Arbeitskreis Grundschule. Frankfurt a.M. Bd. 122.

Deutsches Institut für internationale pädagogische Forschung (DIPF) (2003): *Wirkung ganztägiger Schulorganisation*. Bilanzierung der Forschungslage. Literaturbericht im Rahmen von »Bildung Plus«. Frankfurt am Main.

Durdel, A. (2004): Verantwortung zumuten. Aspekte einer stärkerorientierten Pädagogik. In: *PÄDAGOGIK*, 56. Jg., H. 7/8, S. 17–20.

Fuchs, M. (2006): Anders lernen – aber wie? In: Appel, S.; Ludwig, H.; Rother, U.; Rutz, G.: *Jahrbuch Ganztagsschule 2007. Ganztagsschule gestalten*. Schwalbach i. Ts.: Wochenschau, S. 27–46.

Hagstedt, H. (2005): In Werkstätten lernen – wie Forscher arbeiten. In: *PÄD-Forum*, Heft 4, Juli/August 2005, S. 201–205.

Höhmann, K.; Holtappels, H. G. (2006): *Ganztagsschule gestalten; Konzeption, Praxis, Impulse*. Stuttgart: Klett.

Höhmann, K.; Rademacker, H. (2006): Hausaufgaben und die Frage nach dem Sinn. In: Höhmann, K.; Holtappels, H. G.: *Ganztagsschule gestalten; Konzeption, Praxis, Impulse*. Stuttgart: Klett, S. 132–144.

Holtappels, H. G.; Kamski, I.; Schnetzer, T. (2007): *Ganztagsschule im Spiegel der Forschung. Zentrale Ergebnisse der Ausgangserhebung der »Studie zur Entwicklung von Ganztagsschulen« (StEG) – Eine Informationsbroschüre*. Berlin.

Knörzer, M.; Fischer, H. J. (2008): Zeitkultur – Zeitökonomie: Dem Lernen Zeit geben oder nehmen? In: Esslinger-Hinz, I.; Fischer, H. J.: *Spannungsfelder der Erziehung und Bildung*, S. 218–232. Hohengehren: Schneider.

Kreppner, K. (2001): *Eltern-Kind-Beziehung: Forschungsbefunde*. Max-Planck-Institut für Bildungsforschung. http://www.familienhandbuch.de/cms/Familienforschung-Eltern-Kind-Beziehung.pdf, 20.3.2009.

Kreppner, K. (2001): Eltern-Kind-Beziehung: Forschungsbefunde. In: Fthenakis, W. E.; Textor, M. R. (Hrsg.): *Das Online-Familienhandbuch*: www.familienhandbuch.de (15 p.). München: Staatsinstitut für Frühpädagogik.

Lauterbach, R.; Giest, H.; Marquardt-Mau, B. (Hrsg.) (2009): *Lernen und kindliche Entwicklung*. Bad Heilbrunn: Klinkhardt.

Röhner, C.; Hausmann, A. O. (2006): Kinder bewerten das Ganztagsangebot. Eine Studie zur Qualität der Ganztagsschule aus Kindersicht. In:

6

Burk, K.; Deckert-Peaceman, H.: *Auf dem Weg zur Ganztags-Grundschule. Beiträge zur Reform der Grundschule.* Grundschulverband – Arbeitskreis Grundschule. Frankfurt am Main. Bd. 122, S. 271–278.

Rollett, W. (2007): Schulzufriedenheit und Zufriedenheit mit dem Ganztagsbetrieb. In: Holtappels, H.; Klieme, E.; Rauschenbach, T.; Stecher, L.: *Ganztagsschule in Deutschland. Erste Ergebnisse aus StEG.*

Seupel, H. (2009): Ganztägige Lernarrangements als Unterstützungssystem. In: *PÄDAGOGIK 3/09*, S. 30–33.

Simon, C. P. (2006): Der Zauber der frühen Jahre. In: *GEOWISSEN 37*: Kindheit & Erziehung, S. 6–23.

Tietze, W.; Roßbach, H. G.; Grenner, K. (2005): *Kinder von 4 bis 8 Jahren. Zur Qualität der Erziehung und Bildung in Kindergarten, Grundschule und Familie.* Berlin: Cornelsen.

Tillmann, K.; Rollett, W. (2007): Ganztagsschule als Chance für die Entwicklung des Unterrichts. In: *PÄDAGOGIK 4/07*, S. 42–47.

Zuberbühler 2004/2008, www.horte-online.ch, Stand 25.3.2009

S. Karin Amos: Schulwahl und Schulwechsel: Regelschule, Privatschule oder Internat?

Internet

Deutscher Bildungsserver: www.bildungsserver.de

Die folgenden Seiten sind auch als Link über diesen Server erreichbar.

Note1plus – Erfolgreich übertreten von der Grundschule in weiterführende Schulen

www.note1plus.de

Die Internetpräsenz beantwortet alle Fragen zum Schulübertritt, die sich im 4. Grundschuljahr stellen: Wahl des richtigen Bildungsweges, gezielte Vorbereitung auf den Übertritt, Aufnahmebedingungen und Eignungskriterien für weiterführende Schulen einschließlich Notendurchschnitten und Übertrittszeugnis, Berücksichtigung von Legasthenie, Ablauf des Probeunterrichts. Für den Probeunterricht an Realschule und Gymnasium werden Übungsaufgaben mit Lösungshilfen und einer Anleitung zur Benotung bereitgestellt. Einschließlich wichtiger Bestimmungen im bayerischen Schulsystem.

Stabilisierung und Revision von Übergangsentscheidungen im familiären, schulischen und institutionellen Kontext; Selektionsentscheidungen

DFG-Projekt: http://193.175.239.23/ows-bin/owa/r.einzeldok?doknr=62424

Landesstiftung Baden-Württemberg: http://193.175.239.23/ows-bin/owa/r.einzeldok?doknr=59438

Informationen vom Bundesverband deutscher Privatschulen

www.privatschulen.de

Der VDP vertritt bundesweit über 1.600 Bildungseinrichtungen, die im allgemeinbildenden und berufsbildenden Schulbereich sowie in der Erwachsenenbildung tätig sind. Die Arbeitsschwerpunkte des VDP umfassen: Sicherung der im Grundgesetz verankerten Stellung des privaten Unterrichts- und Bildungswesens; Förderung des Bildungswesens zum Nutzen der Allgemeinheit; Vertretung der Belange seiner Mitglieder gegenüber Behörden und Ministerien durch Auskünfte, Berichte, Gutachten und Anträge. Die Bundesgeschäftsstelle beantwortet private, geschäftliche und wissenschaftliche Anfragen zum Gebiet der Schulen und Erwachsenenbildungseinrichtungen in freier Trägerschaft.

Bertelsmann-Stiftung:

www.bertelsmann-stiftung.de/cps/rde/xchg/SID-0A000F0A-106DCDB0/bst/hs.xsl/336.htm

Der Initiativkreis Bildung der Bertelsmann-Stiftung nennt in seinem Memorandum vom April 1999 »Zukunft gewinnen – Bildung erneuern« die Themen »neue Lernkultur«, »schulische Vielfalt« und »Qualitätssicherung« als Schwerpunkte einer zukünftigen Reform des Bildungswesens. Weiterhin als wichtig erachtet werden »Lebenslanges Lernen«, der verstärkte Einsatz der »Neuen Medien« im Unterricht sowie eine stärkere Autonomie der Schulen.

Welche Schule ist die richtige für mein Kind?
www.familienhandbuch.de/cmain/f_
Aktuelles/a_Schule/s_1169.html
Nach der Grundschulzeit steht die Entscheidung für eine von mehreren möglichen weiterführenden Schulen an. Der Artikel will Eltern als Orientierungs- und Entscheidungshilfe bei der Auswahl des zukünftigen Bildungsweges ihres Kindes dienen.
Um die Entscheidung zu erleichtern, bedarf es unterschiedlicher Informationen: Welche unterschiedlichen Wege und Möglichkeiten stellt unser Bildungssystem bereit? Welche Aussichten bestehen, einen bestimmten Bildungsweg erfolgreich zu absolvieren? Was sind die Voraussetzungen für einen zukünftigen Schulerfolg?

Wie finde ich eine gute Schule für mein Kind?
www.familienhandbuch.de/cmain/f_
Aktuelles/a_Schule/s_1107.html
Nicht erst seit PISA fällt Eltern die Entscheidung schwer, auf welche Schule ihr Kind gehen soll. Noch allzu oft sind Schulen unbekannte Größen, über deren Qualität, Innovationsfreudigkeit und Engagement ein Außenstehender kaum urteilen kann – nicht zuletzt, weil viele Schulen erst langsam damit beginnen, diese Informationen offenzulegen. Wie also können Eltern und Schüler herausfinden, ob die nächstgelegene Schule eine gute Schule ist, die ihren Anforderungen entspricht?

Die Bertelsmann-Stiftung hat einen Fragenkatalog entwickelt, der Eltern dabei helfen soll, eine gute Schule zu identifizieren – unabhängig von der Schulart.

Oelkers, Jürgen: *Expertise Bildungsgutscheine und Freie Schulwahl*. Zusammenfassung. Bern: Erziehungsdirektion (2008), 10 S., http://edudoc.ch/getfile.py?recid=26644

Literatur
Arbeitsgemeinschaft Freier Schulen (Hrsg.) (2002): *Handbuch deutscher Internate. Wie finde ich das richtige Internat für mein Kind?* Neuwied, Kriftel: Luchterhand.

Arbeitsgemeinschaft Freier Schulen (Hrsg.) (1999): *Handbuch Freie Schulen. Pädagogische Positionen, Träger, Schulformen und Schulen im Überblick.* Reinbek bei Hamburg: Rowohlt.

Bourdieu, P. (1984): *Die feinen Unterschiede. Kritik der gesellschaftlichen Urteilskraft.* Frankfurt a.M.: Suhrkamp

Breidenstein, G.; Schütze, F. (Hrsg.) (2008): *Paradoxien in der Reform der Schule. Ergebnisse qualitativer Sozialforschung.* Wiesbaden: VS.

Daschner, P.; Rolff, H.-G.; Stryck, T. (Hrsg.) (1995): *Schulautonomie – Chancen und Grenzen. Impulse für die Schulentwicklung.* Weinheim: Juventa.

Duffell, N. (2000): *The Making of Them. The British Attitude to Children in the Boarding School System.* London: Lone Arrow Press.

Klein, H. E. (2007): *Privatschulen in Deutschland. Regulierung – Finanzierung – Wettbewerb.* Institut der Deutschen Wirtschaft (Hrsg.). Köln: Deutscher Instituts-Verlag.

Liegmann, A. B. (2008): *Schulformwechsel. Perspektiven auf schulische Selektionsprozesse.* Bad Heilbrunn: Klinkhardt.

6

Wössmann, L. (2007): *Letzte Chancen für gute Schulen. Die 12 großen Irrtümer und was wir wirklich ändern müssen.* Gütersloh: ZS Verlag.

Birgit Lütje-Klose: Kinder mit besonderen Bedürfnissen und Behinderungen im Schulalter
Internet
www.gemeinsamleben-gemeinsamlernen.de
Literatur
Betz, D.; Breuninger, H. (1987): *Teufelskreis Lernstörungen: Theoretische Grundlegung und Standardprogramm.* 2., überarb. Aufl. München, Weinheim: Beltz PVU.
Hänsel, D. (2005): Die Historiographie der Sonderschule. Eine kritische Analyse. In: *Zeitschrift für Pädagogik, 51,* 1, S. 101–115.
Kultusministerkonferenz (1994): Empfehlungen zur Sonderpädagogischen Förderung in den Schulen der Bundesrepublik Deutschland. In: Drave, W.; Rumpler, F.; Wachtel, P. (Hrsg.) (2000): *Empfehlungen zur sonderpädagogischen Förderung.* Würzburg: edition bentheim.
Kultusministerkonferenz (2008): *Statistische Veröffentlichungen der Kultusministerkonferenz. Dokumentation Nr. 185, April 2008: Sonderpädagogische Förderung in Schulen 1997 bis 2006.* Bonn.
OECD (2005): *Students with Disabilities, Learning Difficulties and Disadvantages.* Paris.
Ross, D. (2008): Was Eltern wollen. In: Eberwein, H.; Mand, J. (Hrsg.): *Integration konkret.* Bad Heilbrunn: Klinkhardt.
Werning, R.; Reiser, H. (2008): Sonderpädagogische Förderung. In: Cortina, K.; Baumert, J.; Leschinsky, A.; Mayer, K. U.; Trommer, L. (Hrsg.): *Das Bildungswesen in der Bundesrepublik Deutschland. Strukturen und Entwick-* lungen im Überblick. Reinbek: Rowohlt, S. 505–539.

Jutta Standop, Eiko Jürgens: Hausaufgaben
Drews, U. (2008): *Zeit in Schule und Unterricht.* Weinheim und Basel: Beltz.
Kohler, B. (2002): *Hausaufgaben. Helfen – aber wie?* Weinheim und Basel: Beltz.
Lipowski, F. (2007): *Hausaufgaben: Auf die Qualität kommt es an! Ein Überblick über den Forschungsstand.* In: *Lehrende schule. 39,* 2007, S. 7–9.
Niggli, A., u.a. (2007): Elterliche Unterstützung kann hilfreich sein, aber Einmischung schadet. Familiärer Hintergrund, Hausaufgabenengagement und Leistungsentwicklung. *In: Psychologie in Erziehung und Unterricht, 54,* S. 1–14.

Eiko Jürgens: Nachhilfeunterricht und Schule
Bundesverband Nachhilfe und Nachhilfeschulen (2007): *Stellungnahme des VNN.* Fundstelle http://www.nachhilfeschulen.org/verteiler/vninfo.
Haag, L. (2008): Förderung in Nachhilfeeinrichtungen oder durch Einzelpersonen. In: Arnold, K.-H.; Graumann, O.; Rakhkochkine, A. (Hrsg.): *Handbuch Förderung.* Weinheim und Basel: Beltz.
Jürgens, E. (2008): Nachhilfeangebote. In: Coelen, T.; Otto, H.-U. (Hrsg.): *Grundbegriffe Ganztagsbildung. Das Handbuch.* Wiesbaden: Verlag für Sozialwissenschaften, S. 411–421.
Jürgens, E.; Diekmann, M. (2007): *Wirksamkeit und Nachhaltigkeit von Nachhilfeunterricht.* Frankfurt a.M.: Peter Lang.

Karl Gebauer: Schulangst und Mobbing
Bauer, J. (2005): *Warum ich fühle, was du fühlst. Intuitive Kommunikation und das Geheimnis der Spiegelneuronen.* Hamburg: Hoffmann und Campe.

Gebauer, K. (2007): *Mobbing in der Schule.* Weinheim und Basel: Beltz.

Ilona Esslinger-Hinz: »Mein Kind schwänzt die Schule«

Esslinger-Hinz, I. (2009): *Schlüsselkonzepte von Schulen. Eine vergleichende empirische Untersuchung zu ausgewählten Dimensionen schulischer Kulturen.* Bad Heilbrunn: Klinkhardt.

Plasse, G. (2004): *»Schwänzen«: Eingreifen, nicht wegsehen!* Berlin: Cornelsen, Scriptor.

Ricking, H. (2003): *Schulabsentismus als Forschungsgegenstand.* Oldenburg: BIS.

Thimm, Karlheinz (2006): Schulschwänzen und Schulverweigerung. Eine systematische Betrachtung. In: *Erziehungskunst* 70, H. 7/8, S. 778–785.

Claus Koch: Was ist AD(H)S? Was Eltern tun können

Baer, U.; Barnowski-Geiser, W. (2009): *Jetzt reden wir! Diagnose AD(H)S und was die Kinder wirklich fühlen.* Weinheim und Basel: Beltz.

DeGrandpre, R. (2002): *Die Ritalin-Gesellschaft. ADS: Eine Generation wird krankgeschrieben.* Weinheim und Basel: Beltz.

Döpfner, M.; Frölich, J.; Lehmkuhl, G. (2000): Hyperkinetische Störungen. Band 1. In: Döpfner, M.; Lehmkuhl, G.; Petermann, F. (Hrsg.): *Leitfaden Kinder- und Jugendpsychotherapie.* Göttingen: Hogrefe.

Döpfner, M.; Schürmann, S.; Frölich, J. (2007): *Therapieprogramm für Kinder mit hyperkinetischem und oppositionellem Problemverhalten, THOP.* Weinheim und Basel: Beltz.

Roggensack, C. (2006): *Mythos ADHS. Konstruktion einer Krankheit durch die monodisziplinäre Gesundheitsforschung.* Heidelberg: Carl Auer.

Schiffer, E.; Schiffer, H. (2002): *Nachdenken über Zappelphilipp. ADS: Beweg-Gründe und Hilfen.* Weinheim und Basel: Beltz.

Eckhard Schiffer: Teilleistungsschwächen und Lernstörungen: Helfen Medikamente?

Bauer, J. (2002): *Das Gedächtnis des Körpers. Wie Beziehungen und Lebensstile unsere Gene steuern.* Frankfurt a.M.: Eichborn.

Greenspan, S. I.; Schanker, S. G. (2007): *Der erste Gedanke. Frühkindliche Kommunikation und die Evaluation menschlichen Denkens.* Weinheim und Basel: Beltz.

Schiffer, E. (1990): *Der entfremdete Hunger.* Basel und Baunatal: Recom.

Schiffer, E.; Schiffer, H. (2004): *LernGesundheit. Lebensfreude und Lernfreude in der Schule und anderswo.* Weinheim und Basel: Beltz.

Winnicott, D. W. (1979): *Vom Spiel zur Kreativität.* Stuttgart: Klett-Cotta.

Volker Pudel: Ernährung und Gesundheit

Pudel, V. (2002): *So macht Essen Spaß. Ein Ratgeber für die Ernährungserziehung von Kindern.* Weinheim und Basel: Beltz.

6

Jugend (12 bis 18 Jahre) **5**

Micha Brumlik: Was ist »Jugend«?

Bohleber, W. (1996): *Adoleszenz und Identität.* Stuttgart: Klett.

Fend, H. (1998): *Eltern und Freunde, Soziale Entwicklung im Jugendalter.* Bern/Göttingen: Hans Huber.

Flaake, K. (2001): *Körper, Sexualität und Geschlecht. Studien zur Adoleszenz junger Frauen.* Gießen: psychosozial verlag.

Göppel, R. (2005): *Das Jugendalter. Entwicklungsaufgaben – Entwicklungskrisen – Bewältigungsformen*. Stuttgart: Kohlhammer.

Savage, J. (2008): *Teenage. Die Erfindung der Jugend (1875–1945)*. Frankfurt a.M.: Campus.

Franz Resch: Adoleszenz: Wann muss ich mir Sorgen machen? Verhaltensauffälligkeiten im Jugendalter

du Bois, R.; Resch, F. (2005): *Klinische Psychotherapie des Jugendalters*. Stuttgart: Kohlhammer.

Resch, F. (2002): Risikoverhalten und seelische Störungen in der Pubertät und Adoleszenz. In: Zapotoczky, H. G.; P. K. Fischhof (Hrsg.): *Psychiatrie der Lebensabschnitte – ein Kompendium* (S. 55–76). Wien: Springer.

Resch, F. & Brunner, R. (2006): Entwicklungsprozesse der Adoleszenz, Probleme und ihre Überwindung. In: Hohagen, F.; Nesseler, T. (Hrsg.): *Wenn Geist und Seele streiken. Handbuch psychische Gesundheit* (S. 49–62). München: Südwest.

Resch, F.; Parzer, P.; Brunner, R.; Haffner, J.; Koch, E.; Oelkers, R.; Schuch, B.; Strehlow, U. (1999): *Entwicklungspsychopathologie des Kindes- und Jugendalters. Ein Lehrbuch* (2. Aufl.). Weinheim: Beltz PVU.

Elisabeth Raffauf: Aufklärung und Pubertät ... passt das zusammen?

Flaake, K.; King, V. (Hrsg.) (2003): *Weibliche Adoleszenz*. Weinheim und Basel: Beltz.

Flaake, K.; King, V. (Hrsg.) (2005): *Männliche Adoleszenz*. Frankfurt a.M.: Campus.

Forssberg, M. (2006): *For Boys Only. Alles über Sex und Liebe*. Weinheim und Basel: Beltz & Gelberg.

Raffauf, E. (2008): *Only for Girls. Alles über Liebe und Sex*. Weinheim und Basel: Beltz & Gelberg.

Raffauf, E. (2009): *Das können doch nicht meine sein. Gelassen durch die Pubertät*. Weinheim und Basel: Beltz.

Sichtermann, B. (2007): *Pubertät*. Weinheim und Basel: Beltz.

Alexandra Klein: Homosexualität

Biechele, U.; Reisbeck, G.; Keupp, H. (2001): *Schwule Jugendliche: Ergebnisse zur Lebenssituation, sozialen und sexuellen Identität*. Hannover. Online unter: http://cdl.niedersachsen.de/blob/images/C2563512_L20.pdf

Glück, G.; Scholten, A.; Strötges, G. (1990): *Heiße Eisen in der Sexualerziehung*. Weinheim: Deutscher Studienverlag.

Hark, S. (2000): *Neue Chancen – alte Zwänge? Zwischen Heteronormativität und posttraditionaler Vergesellschaftung. Zur sozialen und psychischen Situation lesbischer Mädchen und schwuler Jungen in Nordrhein-Westfalen*. Expertise zum 7. Kinder- und Jugendbericht der Landesregierung NRW. Ministerium für Frauen, Jugend, Familie und Gesundheit des Landes NRW, Düsseldorf.

Hark, S. (2002): Junge Lesben und Schwule – zwischen Heteronormativität und postmoderner Vergesellschaftung. In: *Diskurs 1*, 2002, S. 50–58.

Iconkids & Youth (2002): *Presseerklärung vom 6.5.2002: iconkids & youth international research*. München.

Inglehart, R., et al. (2008): Development, Freedom, and Rising Happiness. A Global Perspective (1981–2007) In: *Perspectives on psychological science 3*, 4, S. 264–285.

Koordinierungsstelle für gleichgeschlechtliche Lebensweisen (Hrsg.) (2004): *München unter'm Regenbogen*.

Lesben und Schwule in München. München.

Lambda NRW (2005): *Lambda will's wissen. Befragung zur Lebenssituation von lesbischen, schwulen und bisexuellen Jugendlichen in NRW.* Aachen.

Maneo (2007): *Gewalterfahrungen von schwulen und bisexuellen Jugendlichen und Männern in Deutschland.* Berlin. Online unter: http://www.maneo-toleranzkampagne.de/umfrage-bericht1.pdf

Watzlawik, M. (2003): *Jugendliche erleben sexuelle Orientierungen.* Dissertation, Technische Universität Braunschweig. Online unter: http://www.digibib.tu-bs.de/?docid=00001407

***Helmut Kuntz:* Drogen und Sucht im Jugendalter**

Kuntz, H. (²2001): *Ecstasy – auf der Suche nach dem verlorenen Glück. Vorbeugung und Wege aus Sucht und Abhängigkeit.* Weinheim und Basel: Beltz.

Kuntz, H. (⁴2009): *Der rote Faden in der Sucht. Abhängigkeit überwinden und verstehen.* Weinheim und Basel: Beltz.

Kuntz, H. (⁴2007): *Cannabis ist immer anders. Haschisch und Marihuana: Konsum – Wirkung – Abhängigkeit.* Weinheim und Basel: Beltz.

Kuntz, H. (2007a): *Drogen & Sucht. Alles, was Sie wissen müssen.* Weinheim und Basel: Beltz.

Kuntz, H. (2007b): *Sucht – eine Herausforderung im therapeutischen Alltag.* Stuttgart: Klett-Cotta.

Kuntz, H. (2009): *Imaginationen. Heilsame Bilder als Methode und therapeutische Kunst.* Stuttgart: Klett-Cotta.

***Monika Gerlinghoff, Herbert Backmund:* »Is(s) was?!« Ess-Störungen**

Gerlinghoff, M.; Backmund, H. (2000): *Was sind Ess-Störungen? Ein kleines*
Handbuch zur Diagnose, Therapie und Vorbeugung. Weinheim und Basel: Beltz.

Gerlinghoff, M.; Backmund, H. (2006): *Ess-Störungen. Fachwissen, Krankheitserleben, Ess-Programme.* Weinheim und Basel: Beltz.

Gerlinghoff, M.; Backmund, H. (2007): *Ess-Störungen. Informationen für LehrerInnen aus dem TCE München.* Weinheim und Basel: Beltz.

***Anke Lang:* Selbstverletzendes Verhalten bei Mädchen und jungen Frauen**

Haffner, J.; Roos, J.; Stehen, R.; Parzer, P.; Klett, M.; Resch, F. (2006): *Lebenssituation und Verhalten von Jugendlichen. Ergebnisse einer Befragung 14- bis 16-jähriger Jugendlicher und deren Eltern im Jahr 2005.* Gesundheitsbericht Rhein-Neckar-Kreis. Heidelberg.

Resch, F. (1997): *Hilft Selbstverletzung dem verletzten Selbst? Zur Klinik und Psychodynamik der Automutilation bei Kindern und Jugendlichen.* In: *Analytische Kinder- und Jugendlichen-Psychotherapie 29,* S. 71–85.

Resch, F.; Karwautz, A.; Schuch, B.; Lang, E. (1993): *Kann Selbstverletzung als süchtiges Verhalten bei Jugendlichen angesehen werden? Aspekte der Pathogenese selbstverletzenden Verhaltens.* In: *Zeitschrift für Kinder- und Jugendpsychiatrie 21,* S. 253–259.

Sachsse, U. (⁴1997): *Selbstverletzendes Verhalten: Psychodynamik – Psychotherapie. Das Trauma, die Dissoziation und ihre Behandlung.* Göttingen: Vandenhoeck & Ruprecht.

Schneider (jetzt: Lang), A. (2004): *»... damit ich mich spüre ...« Zur Symptomgenese und Symptomspezifität Selbstverletzenden Verhaltens. Theoretische Reflexionen und eine empirische Studie zu Selbstverletzung und Piercing.* Berlin: Logos.

6

Joachim Walter: »Mein Kind ist straffällig geworden.« – Jugendkriminalität

Baier, D.; Pfeiffer, C. (2008): Türkische Kinder und Jugendliche als Täter und Opfer von Gewalt. In: Brumlik, M. (Hrsg.): *Ab nach Sibirien? Wie gefährlich ist unsere Jugend?* Weinheim und Basel: Beltz.

Bundesministerium des Innern/Bundesministerium der Justiz (Hrsg.): *Erster Periodischer Sicherheitsbericht (PSB I)*, Berlin 2001 (auch im Internet auf der Homepage der genannten Ministerien verfügbar).

Dörner, K.; Plog, U.; Teller, C.; Wendt, F. (^{3}2007): *Irren ist menschlich. Lehrbuch der Psychiatrie und Psychotherapie.* Bonn: Psychiatrie-Verlag.

Heinz, W. (2004): Rückfall als kriminologischer Forschungsgegenstand – Rückfallstatistik als kriminologisches Erkenntnismittel. In: Heinz, W.; Jehle, J.M. (Hrsg.): *Rückfallforschung.* Schriftenreihe der Kriminologischen Zentralstelle e.V. Band 45; Wiesbaden, S. 12–52.

Heinz, W. (2006): *Kriminelle Jugendliche – gefährlich oder gefährdet?* Konstanz: Uvk.

Kunz, K. L. (^{4}2004): *Kriminologie.* Bern: Haupt.

Lösel, F. (1995): Die Prognose antisozialen Verhaltens im Jugendalter: Eine entwicklungsbezogene Perspektive. In: Dölling, D. (Hrsg.): *Die Täterindividualprognose.* Heidelberg: Kriminalistik Verlag, S. 38.

Pfeiffer, C.; Mößle, T.; Kleimann, M.; Rehbein, F. (2007): *Die PISA-Verlierer – Opfer ihres Medienkonsums.* Eine Analyse auf der Basis verschiedener empirischer Untersuchungen. http://www.kfn.de/versions/kfn/assets/pisaverlierer.pdf

Stelly, W.; Thomas, J. (2001): *Einmal Verbrecher – immer Verbrecher?* Wiesbaden: Westdeutscher Verlag.

Benno Hafeneger, Reiner Becker: Jugendliche, rechtsextreme Kultur und politischer Extremismus

Becker, R. (2008): *Ein normales Familienleben. Interaktion und Kommunikation zwischen »rechten« Jugendlichen und ihren Eltern.* Schwalbach/Ts.: Wochenschau.

Glaser, S.; Pfeiffer, T. (Hrsg.) (2007): *Erlebniswelt Rechtsextremismus. Menschenverachtung mit Unterhaltungswert.* Schwalbach/Ts.: Wochenschau.

Hafeneger, B.; Becker, R. (2007): *Rechte Jugendcliquen.* Schwalbach/Ts.: Wochenschau.

Hempel, C. (2008): *Wenn Kinder rechtsextrem werden. Mütter erzählen.* Springe: zu Klampen.

Hopf, C.; Rieker, P.; Sanden-Marcus, M. (1995): *Familie und Rechtsextremismus.* Weinheim: Juventa.

Koch, R.; Pfeiffer, T. (Hrsg.) (2009): *Einstiegs- und Ausstiegsprozesse von Rechtsextremisten – ein Werkstattbericht.* Braunschweig: Bildungsvereinigung Arbeit und Leben Niedersachsen Ost gGmbH.

Rieker, P. (2009): *Rechtsextremismus: Prävention und Intervention. Ein Überblick über Ansätze, Befunde und Entwicklungsbedarf.* Weinheim: Juventa.

Rommelspacher, B. (2006): *»Der Hass hat uns geeint«. Junge Rechtsextreme und ihr Ausstieg aus der Szene.* Frankfurt a.M.: Campus.

Sutterlüty, F., u.a. (2002): *Gewaltkarrieren. Jugendliche im Kreislauf von Gewalt und Mißachtung.* Frankfurt a.M.: Campus.

Claus Koch: Nach Schulabschluss und Ausbildung: Die schwierigen Jahre der Adoleszenz

Damon, W. (2008): *The Path to Purpose – Why We are Raising Directionless Kids and How to Get Them on Track.* New York: Free Press.

Die Autorinnen und Autoren

Prof. Dr. Karin Amos ist Direktorin des Instituts für Erziehungswissenschaften an der Eberhard Karls Universität Tübingen.

Prof. Dr. Sabine Andresen ist Professorin für Erziehungswissenschaften an der Universität Bielefeld. Sie ist Mitherausgeberin des »Jahrbuchs Frauen- und Geschlechterforschung in der Erziehungswissenschaft«. Ihre Forschungsschwerpunkte sind Kindheits- und Jugendforschung, Familienforschung, Geschlechterforschung und historische Bildungsforschung.

Ute Andresen widmet sich in drei ineinander verwobenen Berufen dem Verstehen der Kinder und deren Verständigung mit ihren Erwachsenen. Sie unterrichtete 25 Jahre lang in der Grundschule. Sie unterrichtet in Universität und Fortbildung LehrerInnen für die Grundschule und verallgemeinert ihre Erfahrungen in wirklichkeitsnahen Erzählungen, in leitenden Prinzipien und ordnenden Theorien, aufgeschrieben und erörtert in Artikeln für Zeitschriften, in Rundfunksendungen und Büchern für Erwachsene und für Kinder. Im Internet findet man sie mit zwei Websites.

Dr. Herbert Backmund arbeitet als Nervenarzt am TCE forum in München. Er hat, zusammen mit Monika Gerlinghoff, zahlreiche Fachbücher und Ratgeber zum Thema Ess-Störungen veröffentlicht.

Renate Barth, Dipl.-Psych., arbeitet als niedergelassene psychologische Psychotherapeutin mit den Schwerpunkten Psychoanalyse sowie Beratung und Psychotherapie von Eltern mit Säuglingen und Kleinkindern in Hamburg. Sie ist Autorin des Buches »Was mein Schreibaby mir sagen will. Hilfe durch bessere Kommunikation – Schritt für Schritt zum Erfolg«.

Dr. Reiner Becker, Politikwissenschaftler, ist wissenschaftlicher Mitarbeiter an der Philipps-Universität Marburg und arbeitet dort im »beratungsNetzwerk hessen – Mobile Intervention gegen Rechtsextremismus«. Weitere Forschungsschwerpunkte sind »Jugend und Rechtsextremismus« und »Familie und Rechtsextremismus«.

Wolfgang Bergmann ist einer der profiliertesten Kinder- und Familientherapeuten Deutschlands und als Autor von Sachbüchern zu psychologischen und pädagogischen Themen weithin bekannt. Er schreibt für verschiedene große Tageszeitungen und Zeitschriften und ist gern gesehener Interviewpartner zu aktuellen Erziehungsthemen in Fernsehen und Rundfunk. Wolfgang Bergmann ist Vater von drei Kindern.

Prof. Dr. Micha Brumlik lehrt Allgemeine Erziehungswissenschaft mit dem Schwerpunkt »Theorien der Bildung und Erziehung« an der Johann-Wolfgang-Goethe-Universität Frankfurt, wo er in den Jahren 2000 bis 2005 zugleich Direktor des

»Fritz Bauer Instituts, Studien- und Dokumentationszentrum zur Geschichte des Holocausts und seiner Wirkung« war.

Prof. Dr. Ralph Dawirs ist Zoologe, Meeresforscher, Hirnforscher, Doktor der Naturwissenschaften und Professor für Neurobiologie. Er leitet die Forschungsabteilung der Kinder- und Jugendabteilung für Psychische Gesundheit am Universitätsklinikum Erlangen. Als Entwicklungs- und Gehirnexperte hat er zahlreiche grundlegende Arbeiten zur Entwicklung des Gehirns und des Verhaltens verfasst. www.kinder-kompetenz.com.

Prof. Dr. Günther Deegener, Dipl.-Psych., war Professor an der Klinik für Kinder- und Jugendpsychiatrie und Psychotherapie der Universitätsklinken des Saarlandes in Homburg. Er ist Autor zahlreicher Publikationen zum Thema Gewalt gegen Kinder, Gewalt in der Familie und Gewalt in der Gesellschaft.

Prof. Dr. Ilona Esslinger-Hinz ist Professorin für Schulpädagogik an der Pädagogischen Hochschule Heidelberg.

Dr. Mauri Fries ist Entwicklungspsychologin, systemische Familientherapeutin und Supervisorin. Sie war wissenschaftliche Mitarbeiterin an den Universitäten in Leipzig, Rostock und Ulm. Schwerpunkte ihrer Arbeit sind Fort- und Weiterbildung, systemische Supervision und Beratung bei Alltagssorgen mit Babys und Kleinkindern. Sie ist Mitbegründerin des Martha-Muchow-Institutes – Praxis und Theorie der frühen Kindheit (Berlin) und Autorin des Standardwerkes »Unser Baby schreit Tag und Nacht«. Sie ist immer wieder fasziniert von den Ausdrucks- und Entwicklungsmöglichkeiten von Babys und kleinen Kinder und weiß: »Es braucht ein ganzes Dorf, um ein Kind großzuziehen.«

Dr. Karl Gebauer war 25 Jahre Schulleiter der Leinebergschule in Göttingen. Er ist Verfasser und Herausgeber zahlreicher Bücher zu Erziehungs- und Bildungsfragen, z. B.: Mobbing in der Schule (2005), Klug wird niemand von allein (2007). Zusammen mit dem Hirnforscher Prof. Dr. G. Hüther hat er die Göttinger Erziehungs- und Bildungskongresse ins Leben gerufen. Weitere Informationen unter: www.gebauer-karl.de

Dr. Monika Gerlinghoff arbeitet als Ärztin und Verhaltenstherapeutin am TCE forum in München. Sie hat, zusammen mit Herbert Backmund, zahlreiche Fachbücher und Ratgeber zum Thema Ess-Störungen veröffentlicht – für Betroffene.

Prof. Dr. Benno Hafeneger, Studium der Erziehungswissenschaft und Psychologie an der Johann-Wolfgang-Goethe-Universität Frankfurt, viele Jahre ehren- und hauptamtlich in der außerschulischen Jugendarbeit und -bildung tätig. Seit 1994 Professor für Erziehungswissenschaft an der Philipps-Universität Marburg und im Schwerpunkt zuständig für die »Außerschulische Jugendbildung«.

Prof. Dr. Katrin Höhmann ist Professorin für Schulpädagogik an der Pädagogischen Hochschule in Ludwigsburg. Ihre Arbeitsschwerpunkte sind Schulentwicklung/Ganztagsschulentwicklung. Sie war unter anderem Mitarbeiterin am Hessischen Institut für Bildungsplanung und Schulentwicklung, hat am Institut für Schulentwicklungsforschung in Dortmund gearbeitet und war stellvertretende Schulleiterin an der Laborschule in Bielefeld.

Prof. Dr. Eiko Jürgens ist ordentlicher Universitätsprofessor für Schulpädagogik an der Universität Bielefeld und war bis 1992

Lehrer für alle allgemeinbildenden Schulformen im Land Bremen. Seine Arbeitsschwerpunkte liegen im Bereich der Pädagogischen Diagnostik, der Schul- und Unterrichtsforschung, der Schultheorie und Allgemeinen Didaktik.

Ulrike Kegler ist Lehrerin und seit 14 Jahren Schulleiterin – ihre Schule in Potsdam, eine staatliche Gemeinschaftsschule für die Klassen 1 bis 10, wurde 2007 mit dem »Deutschen Schulpreis« ausgezeichnet. Ulrike Kegler ist als Rednerin und begeisternde Vordenkerin für eine neue Schule deutschlandweit bekannt.

Dr. Michael Kirchner ist Facharzt für Allgemeinmedizin – seit 2007 im Ruhestand, Lehrbeauftragter für Erziehungswissenschaft an der Universität Bielefeld. Schwerpunkte: Janusz Korczak, Reformpädagogik.

Dr. Alexandra Klein, Dipl.-Päd., hat an der Fakultät für Erziehungswissenschaften an der Universität Bielefeld mit einer Studie über soziale Unterstützung im Internet promoviert. Zuletzt forschte sie im Rahmen eines DFG-Projekts am Department Erziehungswissenschaft der Universität Potsdam zu Fragen sexueller Handlungsfähigkeit. Ab Oktober 2009 vertritt sie die Professur für Sozialpädagogik und Jugendhilfe an der Goethe-Universität Frankfurt am Main.

Margarita Klein, Diplom-Pädagogin, Hebamme, Familientherapeutin. Als freiberufliche Hebamme hat sie Familien rund um die Geburt und im ersten Jahr danach begleitet. Als Familien- und Paartherapeutin berät sie jetzt junge Familien in besonderen Belastungssituationen. Sie unterrichtet in Fortbildungen und Seminaren für Fachleute und schreibt Texte und Bücher. Sie glaubt an den Zauber, der jedem Anfang innewohnt, an die Magie der Worte und die heilende Kraft der Berührung.

Dr. Martina Knörzer ist Erziehungswissenschaftlerin, Diplom-Pädagogin und Grundschullehrerin. Seit ihrer Promotion 2004 zum Thema »Schulentwicklung in Salem« lehrt sie an der Pädagogischen Hochschule Ludwigsburg am Institut für Erziehungswissenschaft. Ihre Arbeits- und Forschungsschwerpunkte liegen in den Bereichen Schulqualität, Lehrerprofessionalität, Pädagogik der Kindheit, Didaktik des Sachunterrichts und Bildung für nachhaltige Entwicklung.

Dr. Claus Koch, Diplom-Psychologe, ist Verlagsleiter beim Beltz-Verlag und stellvertretendes Vorstandsmitglied der Köhler Stiftung im Stifterverband für die deutsche Wirtschaft. Veröffentlichungen zur Psychoanalyse und Psychosomatik und zu den Themen Kindheit und Gesellschaft.

Helmut Kuntz ist Familien-, Körper- und Suchttherapeut. Als erfahrener Suchtexperte arbeitet er seit fast 20 Jahren in Prävention, Beratung und Therapie mit Jugendlichen und Erwachsenen. Außerdem ist er in der sucht- und psychotherapeutischen Fort- und Weiterbildung aktiv. Kontakt: »Aktionsgemeinschaft Drogenberatung«, Saargemünderstraße 76, 66119 Saarbrücken.
h.kuntz@drogenberatung-saar.de

Dr. Anke Lang, M.A., ist wissenschaftliche Mitarbeiterin und Habilitandin am Department Pädagogik der Friedrich-Alexander-Universität Erlangen-Nürnberg. Sie studierte Erziehungswissenschaft, Soziologie und Kinder- und Jugendpsychiatrie an der Ruprecht-Karls-Universität Heidelberg und promovierte dort 2004 mit einer

Dissertation zur Symptomgenese und Symptomspezifität selbstverletzenden Verhaltens. Ihre Forschungsschwerpunkte liegen in der Pädagogischen Anthropologie, der Sozialpädagogik und der Schultheorie.

Prof. Dr. Marianne Leuzinger-Bohleber studierte Medizin, klinische Psychologie und deutsche Literatur an der Universität Zürich. 1980 promovierte sie und ist seit 1981 als Psychoanalytikerin tätig. Seit 1988 an der Universität Kassel, wo sie 1996 das Institut für Psychoanalyse begründete, dem sie vorsteht. Seit 2002 ist sie geschäftsführende Direktorin des Sigmund-Freud-Instituts in Frankfurt am Main. Sie ist Chair des Research Committee for Conceptual Research der International Psychoanalytical Association. M.Leuzinger-Bohleber@sigmund-freud-institut.de

Dr. Beate Lubbe ist Ärztin für Allgemeinmedizin, Homöopathie, Akupunktur und Weiterbildung in Psychoanalyse. Ihr Praxisschwerpunkt liegt bei der Diagnostik und Beratung bei Hochbegabung, AD(H)S sowie Lern- und Entwicklungsstörungen. Sie ist Referentin zu den obigen Themen an verschiedenen Weiterbildungsstellen.

Dr. Hans von Lüpke ist Kinderarzt und Psychotherapeut. Seine Arbeitsschwerpunkte: Entwicklungs- und Therapiekonzepte, die Bedeutung organischer, psychischer und sozialer Faktoren in ihrer lebenslangen Komplexität, Wechselseitigkeit von therapeutischer Praxis, Lehre und methodischer Grundlagenforschung.

Prof. Dr. Birgit Lütje-Klose ist Professorin für Sonderpädagogik mit dem Schwerpunkt Heterogenität an der Universität Bielefeld und ist dort zuständig für den

Studiengang »Integrierte Sonderpädagogik«. Ihre derzeitigen Arbeitsschwerpunkte liegen in den Bereichen der Diagnostik und Förderplanung sowie der inklusiven Förderung von Kindern mit Sprach- und Lernbeeinträchtigungen im internationalen Vergleich.

Dr. Michael Matzner ist Diplom-Betriebswirt (FH), Erziehungswissenschaftler und Soziologe, Lehrbeauftragter, Offizier der Bundeswehr von 1982 bis 1992, seit 1998 Projektleiter in der Jugendberufshilfe. Arbeitsschwerpunkte: Jungenpädagogik, Mädchenpädagogik, Männer- und Väterforschung, Übergang Schule–Beruf. Kontakt: iris.matzner@t-online.de

Jörg Maywald ist Soziologe, Geschäftsführer der Deutschen Liga für das Kind und Sprecher der National Coalition für die Umsetzung der UN-Kinderrechtskonvention in Deutschland.

Leona Maywald ist Analytische Kinder- und Jugendlichenpsychotherapeutin in freier Praxis in Berlin.

Prof. Dr. Barbara Methfessel ist Professorin im BA Gesundheitsförderung und im Lehramtsstudiengang für die Ernährungs-, Gesundheits- und Verbraucherbildung an der Pädagogischen Hochschule Heidelberg. methfessel@ph-heidelberg.de

Prof. Dr. Susanne Miller ist Professorin für Grundschulpädagogik an der Universität Bielefeld und ist dort verantwortlich für den Studiengang »Integrierte Sonderpädagogik«. Ihre Arbeits- und Forschungsschwerpunkte sind der Umgang mit Heterogenität im Primarbereich, Kinderarmut und Bildungsbenachteiligung sowie der Übergang vom Kindergarten in die Grundschule.

Dr. **Barbara Miltner-Jürgensen** ist Diplom-Biologin und Doktor für Humanbiologie. Sie ist Fachfrau für *Bewusste Kinderernährung (BeKi) im Auftrag des Ministeriums für Ernährung und Ländlichen Raum BW* und Lehrbeauftragte an der Päd. Hochschule Heidelberg.
barbara.miltner.beki@web.de

Prof. Dr. Gunther Moll ist Arzt, Doktor der Medizin und Professor für Kinder- und Jugendpsychiatrie und Psychotherapie. Er leitet die Kinder- und Jugendabteilung für Psychische Gesundheit am Universitätsklinikum Erlangen und beschäftigt sich im Besonderen mit den optimalen Entwicklungsbedingungen von Kindern, den Lebensbedingungen von Familien und der Ausbildung psychischer Gesundheit. www.kinder-kompetenz.com.

Prof. Dr. Jürgen Oelkers ist Professor für Allgemeine Pädagogik an der Universität Zürich. Zuvor Professor für Allgemeine Pädagogik an der Universität Lüneburg (1979–87) und o. Prof. für Allgemeine Pädagogik an der Universität Bern (1987–1999). Forschungsgebiete: Geschichte der Pädagogik (18. und 19. Jahrhundert), Reformpädagogik, Bildungstheorie, Lehrerbildung, analytische Erziehungsphilosophie. Mitherausgeber der »Zeitschrift für Pädagogik«. Er war Vorsitzender der Hamburger Kommission Lehrerbildung.

Prof. Dr. Volker Pudel ist Ernährungspsychologe, außerplanmäßiger Professor und Leiter der Ernährungspsychologischen Forschungsstelle am Zentrum für Psychologische Medizin an der Universität Göttingen. Von 1976 bis 2006 war er Mitglied des Präsidiums der Deutschen Gesellschaft für Ernährung (DGE). Seine Forschungsinhalte gelten dem emotionalen Essverhalten und seinen Störungen. Er hat Therapie- und Präventionsprogramme

entwickelt, die nach dem Prinzip des sozialen Marketings die Menschen motivieren, so zu essen, wie sie sich ernähren sollten.

Elisabeth Raffauf ist Diplom-Psychologin und an einer Erziehungsberatungsstelle tätig. Dort leitet sie Gruppen für Eltern pubertierender Jugendlicher, für junge Mädchen und für Kinder von Eltern, die sich getrennt haben. Für die WDR-Sendereihe »Lilipuz« arbeitet sie bei der Aufklärungsreihe »Herzfunk« mit. Hier können Kinder Fragen zu den Themen »Liebe, Körper und Gefühl« stellen. Sie ist Autorin vieler Erziehungsratgeber und Aufklärungsbücher sowie Koautorin mehrerer Broschüren der Bundeszentrale für gesundheitliche Aufklärung. Sie gehört außerdem zum Team der Fernsehsendung »Kummerkasten« im Kinderkanal »KI.KA«.

Prof. Dr. Barbara Rendtorff studierte Pädagogik Soziologie und Geschichte und arbeitete nach ihrer Promotion in Soziologie zwölf Jahre in einer autonomen Frauenbildungseinrichtung, der Frankfurter Frauenschule. Dann Habilitation in Erziehungswissenschaft, Lehrstuhlvertretungen und Lehraufträge an verschiedenen Universitäten. Seit 2008 Professorin für Schulpädagogik und Geschlechterforschung an der Universität Paderborn.
Barbara.Rendtorff@uni-paderborn.de

Prof. Dr. Franz Resch ist Ordinarius und ärztlicher Leiter der Klinik für Kinder- und Jugendpsychiatrie der Universität Heidelberg, geb. 1953 in Wien, Ausbildung zum Facharzt für Psychiatrie und Neurologie und zum Facharzt für Kinder- und Jugendneuropsychiatrie an der Universitätsklinik Wien, 1993 Berufung nach Heidelberg, 2002/2003 Präsident der Deutschen Gesellschaft für Kinder- und Jugendpsychiatrie, Psychosomatik und

6

Psychotherapie. Präsident der Deutschen Liga für das Kind. Wissenschaftliche Schwerpunkte: Entwicklungspsychopathologie, klinische Emotionsforschung, Psychosen des Jugendalters.

Dr. Eckhard Schiffer war bis Februar 2009 Chefarzt der Abteilung für Psychosomatische Medizin mit Familientherapeutischem Zentrum am Christlichen Krankenhaus Quakenbrück. Weiterhin Supervision und ambulante Tätigkeit im Med. Versorgungszentrum. Arbeitsschwerpunkt: Salutogenetische Konzepte in Therapie und Pädagogik. Er ist analytisch orientierter Psychotherapeut und hat zusätzlich ein philosophisches Studium absolviert.

Bernhard Schön, M.A., Erziehungswissenschaftler, ist Lektor und Autor erfolgreicher Sachbücher für Eltern. Er setzte sich schon als junger Vater mit seiner Rolle auseinander: in Vätergruppen, als Autor eines der ersten Väterbücher und anderer erfolgreicher Elternratgeber und als Referent auf Fortbildungen. Er ist Herausgeber der renommierten Reihe »Mit Kindern leben«.

Dr. Jutta Standop ist wissenschaftliche Assistentin an der Erziehungswissenschaftlichen Fakultät der Universität Bielefeld, AG 5 Schulpädagogik und Allgemeine Didaktik. Sie war sechs Jahre als Grundschullehrerin tätig. Ihre Arbeitsschwerpunkte liegen im Bereich der Allgemeinen Didaktik, Lehr- und Lern-Forschung, Schulentwicklung sowie Theorie und Praxis der Werteerziehung.

Prof. Dr. Gisela Szagun hat in London an der School of Economics Psychologie studiert. Sie war an der Universität Oldenburg Professorin für Entwicklungspsychologie und ist jetzt Honorary Visiting Emeritus Professor am University College London. Als renommierte Sprachforscherin war sie verantwortlich für eine langjährige Sprachstudie, die untersuchte, wie Kinder in Deutschland ihre Muttersprache lernen.
gisela.szagun@googlemail.com.
www.giselaszagun.com

Prof. Dr. Sigrid Tschöpe-Scheffler, Leiterin des Instituts für Kindheit, Jugend und Familie an der Fachhochschule Köln, Fakultät für angewandte Sozialwissenschaften. Aktueller Forschungsschwerpunkt: Unterstützung der elterlichen Erziehungskompetenz durch Angebote der Elternbildung. Autorin u. a.: Fünf Säulen der Erziehung (2005), Kinder brauchen Wurzeln und Flügel (2002), Elternstärkentest (2007).
sigrid.tschoepe-scheffler@fh-koeln.de

Dr. Joachim Walter, nach Tätigkeiten als Rechtsanwalt, Staatsanwalt und als stellvertretender Anstaltsleiter in verschiedenen Justizvollzugsanstalten des Landes Baden-Württemberg, ab 1979 Leiter der Anstalt für junge Gefangene in Pforzheim, seit 1989 Leiter der Jugendstrafanstalt in Adelsheim. Mitherausgeber der Zeitschrift »Neue Kriminalpolitik«. Zahlreiche wissenschaftliche Veröffentlichungen zum Jugendstrafrecht und Jugendstrafvollzug.

Dr. Irit Wyrobnik, Erziehungswissenschaftlerin M. A., Dozentin an der Justus-Liebig-Universität Gießen, Institut für Schulpädagogik und Didaktik der Sozialwissenschaften, Professur Pädagogik der Kindheit. Arbeitsschwerpunkte: Kindheits- und Jugendforschung, Professionalisierung der Frühpädagogik, Bildungsbereiche in der frühen Kindheit.
www.iritwyrobnik.de

Sachregister

6

6

6

Das Anna Wahlgren
KinderBuch

Wie
kleine
Menschen
groß
werden

Skandinaviens meistgelesenes Elternbuch

»Das KinderBuch« unterscheidet sich von allen Ratgebern für Eltern, die es bisher gegeben hat. Hier wird nicht erzählt, welche Fehler Eltern machen.

Vielmehr geht es Anna Wahlgren darum, dass Eltern lernen, ihrer inneren Stimme, ihrer eigenen Vernunft zu vertrauen. Sie traut Eltern Fähigkeiten und Ressourcen zu, die von »professionell« Zuständigen oft unterschätzt werden. Dabei geht sie auf alles ein, was mit der Entstehung eines Kindes bis zu seinem Erwachsenwerden zu tun hat. Ein ausführliches Register macht das Buch darüber hinaus zu einem großartigen Nachschlagewerk.

»Anna Wahlgrens Buch ist ein Glücksfall des Gesprächs über Familie und in seiner unbekümmerten Redeweise ein Solitär. Schon allein wegen dieser ansteckenden Freude am Leben mit Kindern lohnt sich seine Anschaffung. Man wird sich darauf gefasst machen müssen, dass es nicht beim Buch bleibt. Das KinderBuch macht Lust auf eine größere Familie.« FAZ

Anna Wahlgren
Das KinderBuch
Wie kleine Menschen groß werden
Gebunden, 824 Seiten
ISBN 978-3-407-85787-3

BELTZ

Himmelsmacht und Teufelswerk – Wie Sexualität und Erotik alles verändern

Die Pubertät ist eine Zeit voller Not und Verheißung. Extreme liegen oft dicht beieinander. Bestsellerautorin Barbara Sichtermann stellt die Pubertät aus dem Blickwinkel der Jugendlichen und ihrer sich entwickelnden Sexualität und Erotik dar: Ein Buch, das mehr ist als ein Ratgeber, ein Buch, das Themen berührt, von denen in der Familie, in der Schule und in den Medien sonst kaum gesprochen oder berichtet wird.

»Es ist ein weises anspruchsvolles und außerordentlich gut geschriebenes Buch. So wenig die Autorin die Zeit der Pubertät beschönigt, so skandalisiert sie auch die Ausrutscher nicht. Sie behält einen klaren Kopf und denkt ihren Ansatz konsequent« Deutschlandradio

»Intelligent, sensibel und toll zu lesen.« emotion

Barbara Sichtermann
Pubertät
Not und Versprechen
Gebunden mit Schutzumschlag, 272 Seiten
ISBN 978-3-407-85762-0